EBS 중학

뉴런

| 역사 ① |

개념책

| 기획 및 개발 |
박영민 이은희

| 집필 및 검토 |
강현태(학익고) 심원섭(신일고) 안정희(면목고) 왕홍식(보성중) 전에스더(사당중) 한유섭(성서중)

| 감수 |
김정인(춘천교대) 남종국(이화여대) 윤세병(공주대) 윤재운(대구대) 최병택(공주교대)

| 검토 |
김경미 김창수 박지숙 방대광 서인원 송병욱 오정현 이지은 정홍태
최효성 한효석

교재 정답지, 정오표 서비스 및 내용 문의 EBS 중학사이트 → 교재 검색 → 교재 선택

EBS 중학

뉴런

ㅣ 역사 ① ㅣ

개념책

Structure 이 책의 구성과 특징

개념책

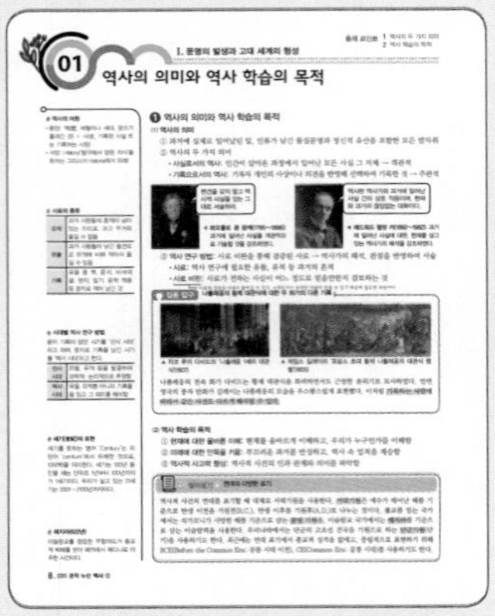

학습 내용 정리

중단원의 핵심 개념을 체계적으로 정리하였습니다. 시험에 자주 나오는 자료를 다룬 '집중 탐구' 코너와 교과서의 배경 지식을 풍부하게 하는 '더 알아보기' 코너를 통해 핵심 개념을 완벽하게 공부해 보세요.

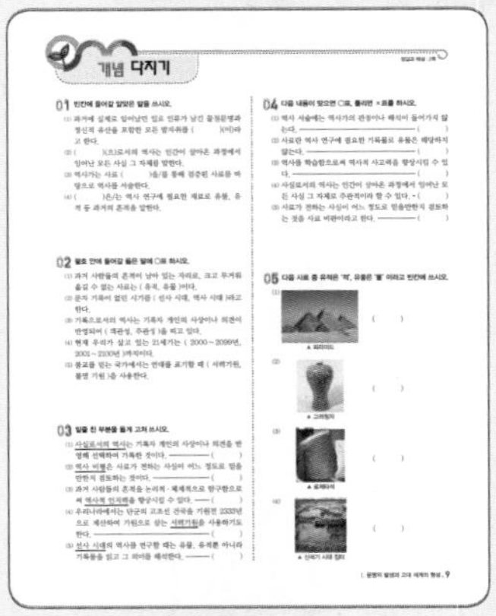

개념 다지기

중단원의 핵심 개념을 간단한 문제를 통해 확인할 수 있도록 구성하였습니다. 핵심 개념을 단단하게 짚어 학습하는 코너로 활용하세요.

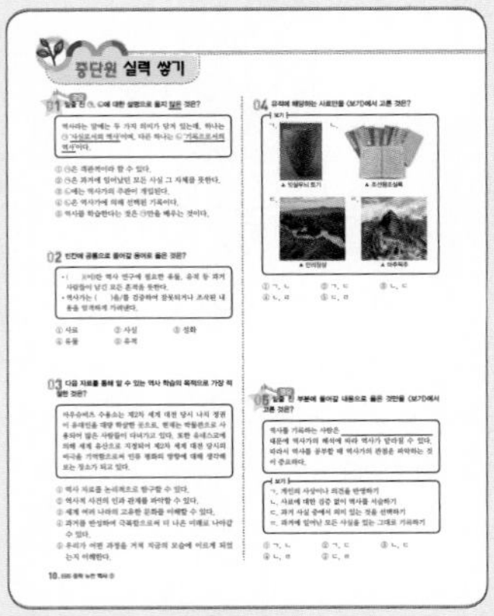

중단원 실력 쌓기

다양한 유형을 풀어 보면서 학습한 내용을 확인하는 코너입니다. 특히 중학교에서 보다 확대된 서술형·논술형 평가를 대비하기 위한 코너가 준비되어 있습니다. 다양한 유형의 문제로 실력을 탄탄하게 쌓아 보세요.

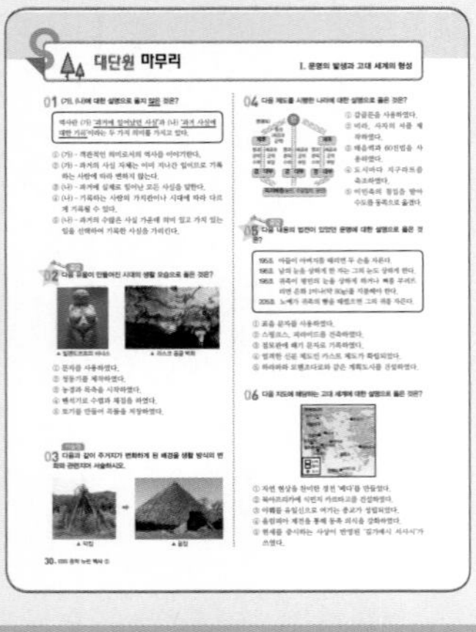

대단원 마무리

대단원의 핵심 문제를 엄선하여 구성한 코너입니다. 대단원의 다양한 유형의 문제를 통해 단원 학습을 마무리해 보세요.

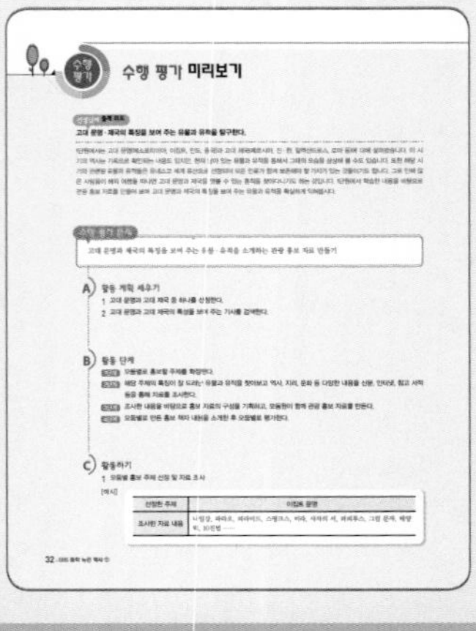

수행 평가 미리보기

중학교에서 보다 확대된 수행 평가를 대비할 수 있는 코너입니다. 선생님께서 직접 출제하신 문제를 통해 수행 평가를 준비해 보세요.

- EBS 홈페이지(mid.ebs.co.kr)에 들어오셔서 회원으로 등록하세요.
- 본 방송 교재의 프로그램 내용을 인터넷 동영상(VOD)으로 다시 보실 수 있습니다.
- 교재 및 강의 내용에 대한 문의는 EBS 홈페이지(mid.ebs.co.kr)의 Q&A 서비스를 활용하시기 바랍니다.

실전책

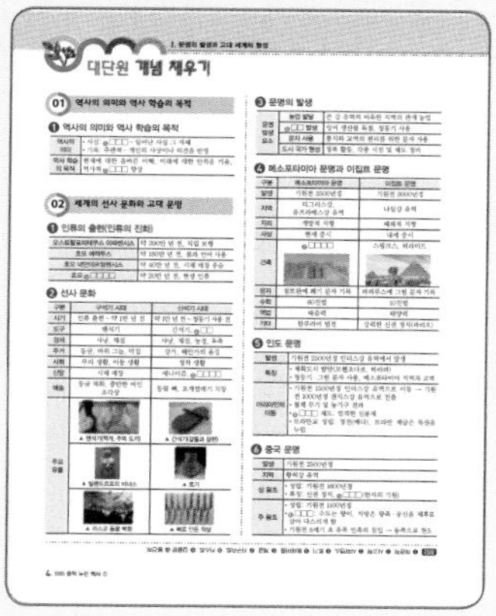

대단원 개념 채우기

단원별 핵심 내용을 표로 일목요연하게 정리한 코너입니다. 빈칸의 핵심 개념을 채우면서 주요 개념을 완벽하게 익혀 보세요.

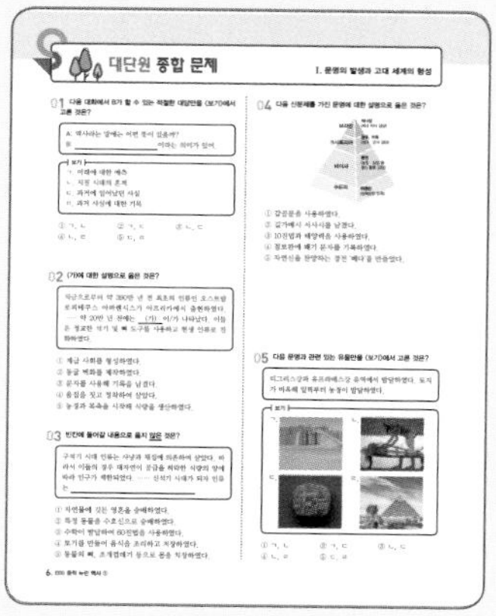

대단원 종합 문제

단원 통합형 문제를 확실하게 대비할 수 있도록 다양한 문제를 구성하였습니다. 다양한 실전 문제를 통해 학교 시험에 완벽히 대비해 보세요.

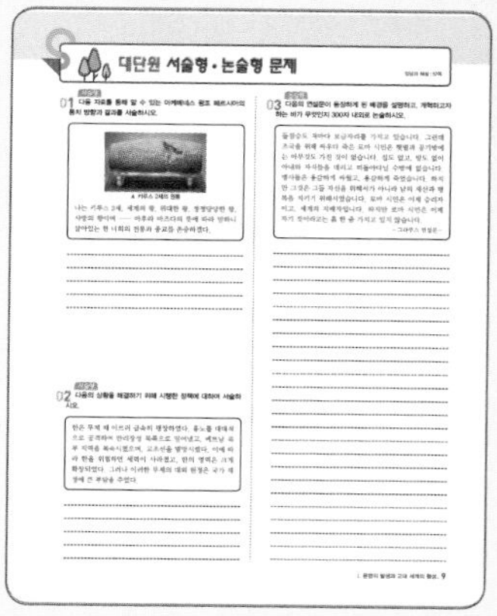

대단원 서술형 · 논술형 문제

중학교에서 보다 확대된 서술형 · 논술형 평가를 대비하기 위한 코너입니다. 문제를 풀어 보며 서술형 · 논술형 평가에 대한 자신감을 쌓아 보세요.

정답과 해설

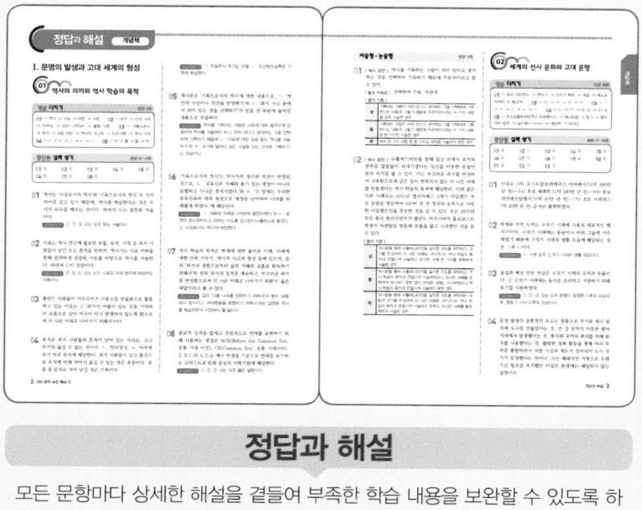

정답과 해설

모든 문항마다 상세한 해설을 곁들여 부족한 학습 내용을 보완할 수 있도록 하였습니다. 문제 풀이 후 해설은 꼭 읽고 넘어가야 공부의 완성이라는 점을 잊지 마세요!

미니북

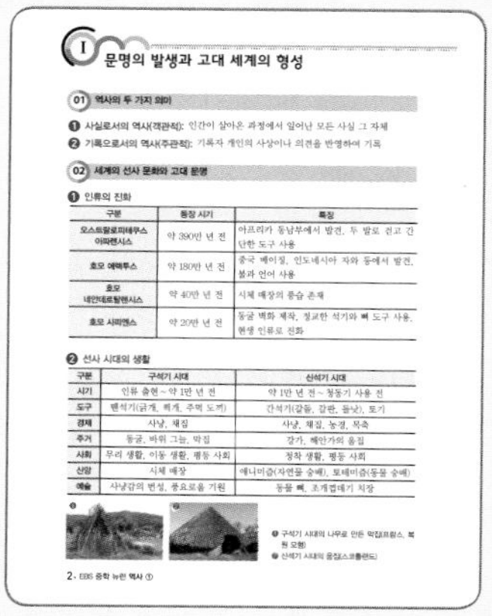

핵심 족보

핵심 내용을 따로 정리해 한눈에 볼 수 있도록 미니북으로 제공하였습니다.

Contents 이 책의 차례

개념책

• 교재 및 강의 내용에 대한 문의는 EBS 중학 홈페이지(mid.ebs.co.kr)의 Q&A 서비스를 활용하시기 바랍니다.

I

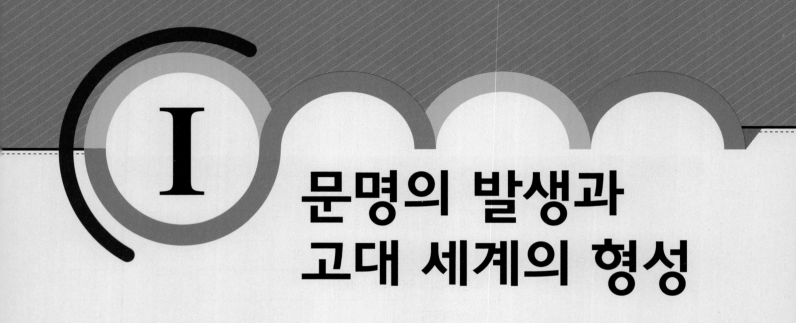

문명의 발생과 고대 세계의 형성

01
역사의 의미와 역사 학습의 목적

02
세계의 선사 문화와 고대 문명

03
고대 제국들의 특성과 주변 세계의 성장

출제 포인트 1 역사의 두 가지 의미
2 역사 학습의 목적

01 역사의 의미와 역사 학습의 목적

❶ 역사의 의미와 역사 학습의 목적

(1) 역사의 의미

① 과거에 실제로 일어났던 일, 인류가 남긴 물질문명과 정신적 유산을 포함한 모든 발자취

② 역사의 두 가지 의미

- 사실로서의 역사: 인간이 살아온 과정에서 일어난 모든 사실 그 자체 → 객관적
- 기록으로서의 역사: 기록자 개인의 사상이나 의견을 반영해 선택하여 기록한 것 → 주관적

편견을 갖지 말고 역사적 사실을 있는 그대로 서술하라.

◀ 레오폴트 폰 랑케(1795~1886): 과거에 일어난 사실을 객관적으로 기술할 것을 강조하였다.

역사란 역사가와 과거에 일어난 사실 간의 상호 작용이며, 현재와 과거의 끊임없는 대화이다.

◀ 에드워드 핼릿 카(1892~1982): 과거에 일어난 사실에 대한, 현재를 살고 있는 역사가의 해석을 강조하였다.

③ 역사 연구 방법: 사료 비판을 통해 검증된 사료 → 역사가의 해석, 관점을 반영하여 서술

- 사료: 역사 연구에 필요한 유물, 유적 등 과거의 흔적
- 사료 비판: 사료가 전하는 사실이 어느 정도로 믿을만한지 검토하는 것
  - → 사료에 잘못된 내용이 들어갈 수 있고, 누락되거나 조작된 내용이 있을 수 있기 때문에 필요한 과정이다.

집중 탐구 나폴레옹의 황제 대관식에 대한 두 화가의 다른 기록

▲ 자크 루이 다비드의 '나폴레옹 1세의 대관식'(1807)

▲ 제임스 길레이의 '프랑스 초대 황제 나폴레옹의 대관식 행렬'(1805)

나폴레옹의 전속 화가 다비드는 황제 대관식을 화려하면서도 근엄한 분위기로 묘사하였다. 반면 영국의 풍자 만화가 길레이는 나폴레옹의 모습을 우스꽝스럽게 표현했다. 이처럼 기록하는 사람에 따라서 같은 사건도 다르게 해석될 수 있다.

(2) 역사 학습의 목적

① 현재에 대한 올바른 이해: 현재를 올바르게 이해하고, 우리가 누구인가를 이해함

② 미래에 대한 안목을 키움: 부끄러운 과거를 반성하고, 역사 속 업적을 계승함

③ 역사적 사고력 향상: 역사적 사건의 인과 관계와 의미를 파악함

더 알아보기 ▶ 연대의 다양한 표기

역사적 사건의 연대를 표기할 때 대체로 서력기원을 사용한다. 서력기원은 예수가 태어난 해를 기준으로 탄생 이전을 기원전(B.C.), 탄생 이후를 기원후(A.D.)로 나누는 것이다. 불교를 믿는 국가에서는 석가모니가 사망한 해를 기준으로 삼는 불멸 기원을, 이슬람교 국가에서는 헤지라를 기준으로 삼는 이슬람력을 사용한다. 우리나라에서는 단군의 고조선 건국을 기원으로 하는 단군기원(단기)을 사용하기도 한다. 최근에는 연대 표기에서 종교적 성격을 없애고, 중립적으로 표현하기 위해 BCE(Before the Common Era: 공통 시대 이전), CE(Common Era: 공통 시대)를 사용하기도 한다.

+ 역사의 어원

- 동양: 역(歷, 세월이나 세대, 왕조가 흘러간 것) + 사(史, 기록된 사실 또는 기록하는 사람)
- 서양: History('탐구해서 얻은 지식'을 뜻하는 그리스어 historia에서 유래)

+ 사료의 종류

유적	과거 사람들의 흔적이 남아 있는 자리로, 크고 무거워 옮길 수 없음
유물	과거 사람들이 남긴 물건으로 유적에 비해 작아서 옮길 수 있음
기록	유물 중 책, 문서, 비석의 글, 편지, 일기, 문학 작품 등 문자로 적어 남긴 것

+ 시대별 역사 연구 방법

문자 기록이 없던 시기를 '선사 시대'라고 하며, 문자로 기록을 남긴 시기를 '역사 시대'라고 한다.

선사 시대	유물, 유적 등을 발굴하여 과학적·논리적으로 추정함
역사 시대	유물, 유적뿐 아니라 기록물을 읽고 그 의미를 해석함

+ 세기(世紀)의 표현

세기를 뜻하는 영어 'Century'는 라틴어 'centum'에서 유래한 것으로, 100(백)을 의미한다. 세기는 100년 동안을 세는 단위로 1년부터 100년까지가 1세기이다. 우리가 살고 있는 21세기는 2001~2100년까지이다.

+ 헤지라(622년)

이슬람교를 정립한 무함마드가 종교적 박해를 받아 메카에서 메디나로 이주한 사건이다.

개념 다지기

정답과 해설 | 2쪽

01 빈칸에 들어갈 알맞은 말을 쓰시오.

(1) 과거에 실제로 일어났던 일로 인류가 남긴 물질문명과 정신적 유산을 포함한 모든 발자취를 (　　　)(이)라고 한다.

(2) (　　　)(으)로서의 역사는 인간이 살아온 과정에서 일어난 모든 사실 그 자체를 말한다.

(3) 역사가는 사료 (　　　)을/를 통해 검증된 사료를 바탕으로 역사를 서술한다.

(4) (　　　)은/는 역사 연구에 필요한 재료로 유물, 유적 등 과거의 흔적을 말한다.

02 괄호 안에 들어갈 옳은 말에 ○표 하시오.

(1) 과거 사람들의 흔적이 남아 있는 자리로, 크고 무거워 옮길 수 없는 사료는 (유적, 유물)이다.

(2) 문자 기록이 없던 시기를 (선사 시대, 역사 시대)라고 한다.

(3) 기록으로서의 역사는 기록자 개인의 사상이나 의견이 반영되어 (객관성, 주관성)을 띠고 있다.

(4) 현재 우리가 살고 있는 21세기는 (2000～2099년, 2001～2100년)까지이다.

(5) 불교를 믿는 국가에서는 연대를 표기할 때 (서력기원, 불멸 기원)을 사용한다.

03 밑줄 친 부분을 옳게 고쳐 쓰시오.

(1) <u>사실로서의 역사</u>는 기록자 개인의 사상이나 의견을 반영해 선택하여 기록한 것이다. ······ (　　　)

(2) <u>역사 비평</u>은 사료가 전하는 사실이 어느 정도로 믿을 만한지 검토하는 것이다. ······ (　　　)

(3) 과거 사람들의 흔적을 논리적·체계적으로 탐구함으로써 <u>역사적 인지력</u>을 향상시킬 수 있다. ······ (　　　)

(4) 우리나라에서는 단군의 고조선 건국을 기원전 2333년으로 계산하여 기원으로 삼는 <u>서력기원</u>을 사용하기도 한다. ······ (　　　)

(5) <u>선사 시대</u>의 역사를 연구할 때는 유물, 유적뿐 아니라 기록물을 읽고 그 의미를 해석한다. ······ (　　　)

04 다음 내용이 맞으면 ○표, 틀리면 ×표를 하시오.

(1) 역사 서술에는 역사가의 관점이나 해석이 들어가지 않는다. ······ (　　　)

(2) 사료란 역사 연구에 필요한 기록물로 유물은 해당하지 않는다. ······ (　　　)

(3) 역사를 학습함으로써 역사적 사고력을 향상시킬 수 있다. ······ (　　　)

(4) 사실로서의 역사는 인간이 살아온 과정에서 일어난 모든 사실 그 자체로 주관적이라 할 수 있다. ······ (　　　)

(5) 사료가 전하는 사실이 어느 정도로 믿을만한지 검토하는 것을 사료 비판이라고 한다. ······ (　　　)

05 다음 사료 중 유적은 '적', 유물은 '물' 이라고 빈칸에 쓰시오.

(1)

▲ 피라미드　(　　　)

(2)

▲ 고려청자　(　　　)

(3)
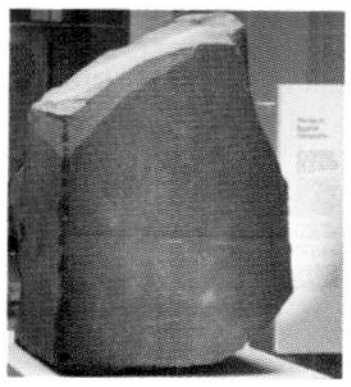
▲ 로제타석　(　　　)

(4)

▲ 신석기 시대 집터　(　　　)

중단원 실력 쌓기

중요

01 밑줄 친 ㉠, ㉡에 대한 설명으로 옳지 않은 것은?

> 역사라는 말에는 두 가지 의미가 담겨 있는데, 하나는 ㉠ '사실로서의 역사'이며, 다른 하나는 ㉡ '기록으로서의 역사'이다.

① ㉠은 객관적이라 할 수 있다.
② ㉠은 과거에 일어났던 모든 사실 그 자체를 뜻한다.
③ ㉡에는 역사가의 주관이 개입된다.
④ ㉡은 역사가에 의해 선택된 기록이다.
⑤ 역사를 학습한다는 것은 ㉠만을 배우는 것이다.

02 빈칸에 공통으로 들어갈 용어로 옳은 것은?

> • (　　)(이)란 역사 연구에 필요한 유물, 유적 등 과거 사람들이 남긴 모든 흔적을 뜻한다.
> • 역사가는 (　　)을/를 검증하여 잘못되거나 조작된 내용을 엄격하게 가려낸다.

① 사료　② 사실　③ 설화
④ 유물　⑤ 유적

03 다음 자료를 통해 알 수 있는 역사 학습의 목적으로 가장 적절한 것은?

> 아우슈비츠 수용소는 제2차 세계 대전 당시 나치 정권이 유대인을 대량 학살한 곳으로, 현재는 박물관으로 사용되어 많은 사람들이 다녀가고 있다. 또한 유네스코에 의해 세계 유산으로 지정되어 제2차 세계 대전 당시의 비극을 기억함으로써 인류 평화의 방향에 대해 생각해 보는 장소가 되고 있다.

① 역사 자료를 논리적으로 탐구할 수 있다.
② 역사적 사건의 인과 관계를 파악할 수 있다.
③ 세계 여러 나라의 고유한 문화를 이해할 수 있다.
④ 과거를 반성하여 극복함으로써 더 나은 미래로 나아갈 수 있다.
⑤ 우리가 어떤 과정을 거쳐 지금의 모습에 이르게 되었는지 이해한다.

04 유적에 해당하는 사료만을 〈보기〉에서 고른 것은?

| 보기 |

ㄱ.

▲ 빗살무늬 토기

ㄴ.
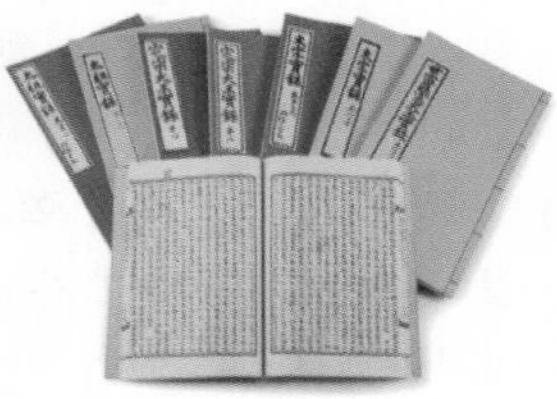
▲ 조선왕조실록

ㄷ.

▲ 만리장성

ㄹ.

▲ 마추픽추

① ㄱ, ㄴ　② ㄱ, ㄷ　③ ㄴ, ㄷ
④ ㄴ, ㄹ　⑤ ㄷ, ㄹ

중요

05 밑줄 친 부분에 들어갈 내용으로 옳은 것만을 〈보기〉에서 고른 것은?

> 역사를 기록하는 사람은 ______________________ 때문에 역사가의 해석에 따라 역사가 달라질 수 있다. 따라서 역사를 공부할 때 역사가의 관점을 파악하는 것이 중요하다.

| 보기 |

ㄱ. 개인의 사상이나 의견을 반영하기
ㄴ. 사료에 대한 검증 없이 역사를 서술하기
ㄷ. 과거 사실 중에서 의미 있는 것을 선택하기
ㄹ. 과거에 일어난 모든 사실을 있는 그대로 기록하기

① ㄱ, ㄴ　② ㄱ, ㄷ　③ ㄴ, ㄷ
④ ㄴ, ㄹ　⑤ ㄷ, ㄹ

06 '기록으로서의 역사'에 해당하는 것으로 옳은 것만을 〈보기〉에서 고른 것은?

| 보기 |

ㄱ. 서로마 제국은 476년에 멸망하였다.
ㄴ. 로마의 콘스탄티누스 대제는 수도를 콘스탄티노폴리스로 옮겼다.
ㄷ. 김유신은 지혜와 용기 있는 명장이 아니라 음험하고 사나운 정치가였다.
ㄹ. 수 양제는 무리한 토목건축과 대외 원정으로 재정을 낭비하여 나라를 위태롭게 하였다.

① ㄱ, ㄴ　② ㄱ, ㄹ　③ ㄴ, ㄷ
④ ㄴ, ㄹ　⑤ ㄷ, ㄹ

중요

07 교사의 질문에 옳게 대답한 학생을 고른 것은?

교사: 역사 학습의 목적은 무엇일까요?
갑: 다른 나라의 상황을 잘 알아서 침략하기 위해서입니다.
을: 과거의 경험으로부터 삶의 지혜와 교훈을 획득하기 위해서입니다.
병: 우리가 남들보다 항상 앞서가고, 위대했음을 증명하기 위해서입니다.
정: 과거의 업적을 계승하고, 부끄러운 과거를 반성함으로써 더 나은 미래로 나아가기 위함입니다.

① 갑, 을　② 갑, 병　③ 을, 병
④ 을, 정　⑤ 병, 정

08 연대의 표기에 대한 설명 중 옳지 않은 것은?

① 서력기원은 예수가 탄생한 해를 기준으로 한다.
② 이슬람력은 헤지라가 발생한 해를 기준으로 한다.
③ 불멸 기원은 석가모니가 사망한 해를 기준으로 한다.
④ 단군기원은 고조선 건국을 기원전 2333년으로 정하여 기준으로 삼는다.
⑤ 최근 종교적 성격을 없애고 중립적으로 표현하기 위해 B.C.와 A.D.를 사용한다.

서술형 · 논술형

서술형

01 빈칸에 관련된 내용을 넣어 문장을 완성하시오.

'사실로서의 역사'는 과거에 일어난 일이나 만들어진 유물 자체를 뜻하기 때문에 객관적이라고 할 수 있다. '기록으로서의 역사'는 ________________

논술형

02 다음 사례를 통해 알 수 있는 역사 학습의 목적을 쓰고, 유사한 사례 한 가지를 300자 내외로 논술하시오.

▲ 슈톨퍼스타인

슈톨퍼스타인은 독일어로 '걸림돌'이라는 뜻이다. 독일 사람들은 제2차 세계 대전 당시 독일 정부에 희생당한 유대인들을 잊지 않기 위해 그들의 사망 연도와 이름 등을 새긴 돌을 곳곳에 두었다. 독일 베를린을 비롯하여 유럽 지역 곳곳에 설치되어 있으며, 사람들이 쉽게 지나치지 않게 걸림돌로 설치되었다.

02 세계의 선사 문화와 고대 문명

❶ 인류의 출현과 선사 문화

(1) 인류의 출현과 진화

① 지구의 역사: 약 46억 년 전 탄생한 후 지각 변동으로 여러 대륙으로 분열됨

② 인류의 출현과 진화

- 오스트랄로피테쿠스 아파렌시스(약 390만 년 전): 최초의 인류로 아프리카에서 출현, 두 발로 걷고 간단한 도구 사용
- 호모 에렉투스(약 180만 년 전): 중국 베이징, 인도네시아 자와 등에서 화석 발견, 불과 간단한 언어 사용
- 호모 네안데르탈렌시스(약 40만 년 전): 시체를 매장하는 풍습
- 호모 사피엔스(약 20만 년 전): 동굴 벽화 제작, 정교한 석기 및 뼈 도구 사용, 현생 인류로 진화

오늘날 인류의 직접 조상으로 여겨진다.

(2) 구석기 시대

① 시기: 약 1만 년 전까지의 시기

② 도구: 나뭇가지, 짐승의 뼈나 뿔, 돌을 깨뜨려 만든 뗀석기 사용

③ 경제: 사냥 및 채집

④ 주거: 동굴이나 바위 그늘, 강가의 막집에 거주

⑤ 사회: 무리지어 이동하며 생활, 평등 사회

⑥ 신앙: 시체를 매장하고 장식품과 도구를 함께 넣는 장례 문화

⑦ 예술: 사냥의 성공과 풍요를 기원하는 동굴 벽화나 풍만한 여인 조각상 등 제작

더 알아보기 ▶ 구석기 시대의 유물과 유적

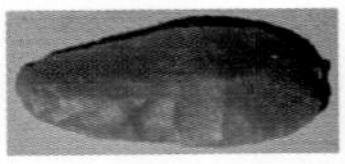
▲ 긁개(영국)

▲ 찍개(탄자니아)

▲ 네안데르탈인(이라크, 복원 모형)

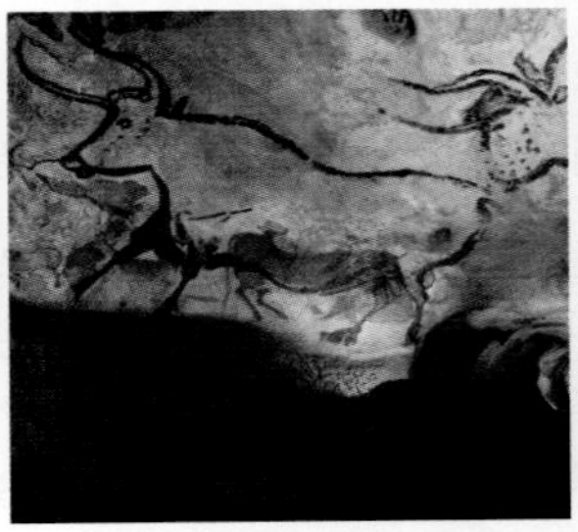
▲ 라스코 동굴 벽화(프랑스)

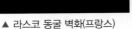

말·사슴·들소 등의 동물 그림이 그려져 있는데, 사냥감이 많아져 풍요롭고 사냥이 잘 되기를 기원하는 주술적 의미가 담겨 있는 것으로 추정된다.

▲ 빌렌도르프의 비너스(오스트리아)

먹을 것이 풍족하지 않고, 어린아이의 사망률이 높았던 구석기 시대에 다산과 풍요를 기원하며 만든 조각상으로 추정된다.

✚ 최초의 화석 인류 '루시'

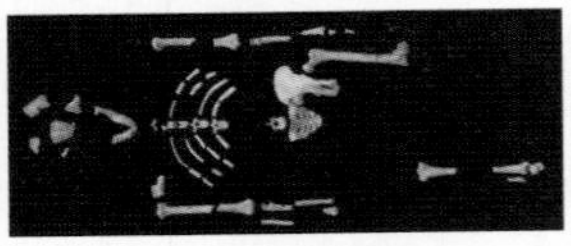

루시는 1974년 에티오피아에서 발굴된 오스트랄로피테쿠스 아파렌시스의 여자 인류이다. 오스트랄로피테쿠스는 '남방의 원숭이'라는 뜻이다. 한편, 이곳 외에도 중앙아프리카의 차드 북부에서도 유골이 발견된 것으로 미루어 봤을 때 인류는 아프리카에서 생겨났다고 볼 수 있다.

✚ 호모 에렉투스

곧선 사람, 즉 직립 보행을 하는 사람이라는 뜻이다. 초원에서 똑바로 서면 사냥감과 적을 찾기 쉬워지고, 이동에 쓰이지 않는 팔은 신호를 보내거나 무언가를 던지는 데 사용할 수 있다.

✚ 호모 네안데르탈렌시스

인류의 진화 과정에서 네안데르탈인을 호모 사피엔스의 한 계통으로 보는 경우도 있다. 이때에는 현생 인류를 호모 사피엔스 사피엔스로 표현한다.

✚ 호모 사피엔스

프랑스에서 발견된 크로마뇽인이 잘 알려져 있으며, 우리나라에서는 승리산 사람, 흥수아이 등이 발견되었다.

✚ 구석기 시대 나무로 만든 막집(프랑스, 복원 모형)

(3) 신석기 시대

① 시기: 약 1만 년 전부터 간빙기가 찾아와 기후가 따뜻해지면서 환경 변화가 나타남

(움집이 작고 빠른 동물이 많아져 이들을 사냥하기 위해 도구의 변화가 나타났다.)

② 도구: 정교하고 날카로운 간석기와 뼈 도구, 음식을 조리하고 저장하는 토기 사용

③ 경제: 농경(조, 기장 등의 잡곡)과 목축 시작 → 신석기 혁명

(혁명: 이전의 관습이나 제도, 방식 따위를 단번에 깨뜨리고 질적으로 새로운 것을 급격하게 세우는 일을 뜻한다.)

④ 주거: 강가나 바닷가의 움집에 거주

⑤ 사회: 정착 생활, 씨족·부족 사회, 평등 사회

⑥ 신앙: 태양이나 물과 같은 농경과 밀접한 자연물에 깃든 영혼 숭배(애니미즘), 특정 동물을 수호신으로 숭배(토테미즘)

⑦ 예술: 동물의 뼈, 조개껍데기 등으로 몸을 치장

더 알아보기 ▶ 신석기 시대의 유물

▲ 메소포타미아 지방의 토기(시리아)

▲ 갈돌과 갈판(중국)

▲ 차탈회위크에서 발굴된 여신 조각상(터키)

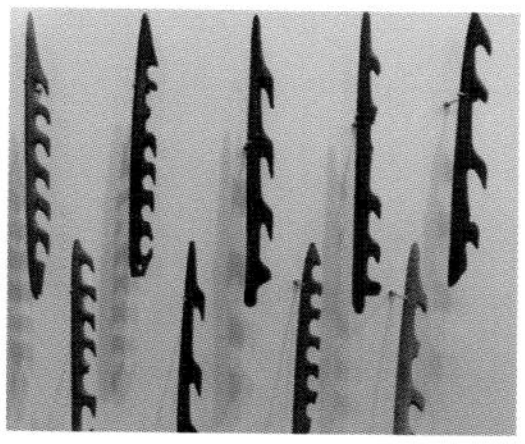
▲ 뼈로 만든 작살(덴마크)

(메소포타미아: 가장 먼저 문명이 발생한 메소포타미아 지역에서는 바둑판·삼각형·원·체크·지그재그 등 기하학적 무늬 외에 동물이나 인물이 새겨진 토기도 발견되었다.)

(차탈회위크: 농업을 위해 정착했던 신석기 시대 초기의 유적이 발견된 곳으로, 선사 시대의 사회·조직·문화·풍습을 보여 주는 유물이 다수 발견되었다. 2012년 유네스코 세계 문화유산으로 지정되었다.)

2 문명의 발생과 여러 문명

(1) 문명의 발생

① 문명 발생의 요소

- 농업 발달: 농경에 유리한 큰 강 유역의 비옥한 지역에서 관개 농업 → 생산력 증대
- 계급 발생: 잉여 생산물을 독점하고, 청동기를 사용하는 지배 계급이 형성됨
- 도시 국가 형성: 활발한 정복 활동을 통한 여러 부족 통합 → 각종 시설 및 제도 정비
- 문자 사용: 통치와 교역의 편리를 위해 문자 사용

(잉여 생산물: 공동체 구성원들이 충분히 먹고도 남은 생산물이라는 뜻이다.)

(문자 사용: 문자를 사용함으로써 선사 시대에서 역사 시대로 접어들었다.)

② 세계 4대 문명: 메소포타미아(티그리스강·유프라테스강 유역), 이집트(나일강 유역), 인도(인더스강 유역), 중국(황허강 유역)

③ 문명 발상지의 지리적 공통점: 큰 강을 낀 평야 지역, 북위 20~40도의 온난한 기후 지역

▲ 세계 4대 문명

+ 빙하기와 간빙기
빙하기는 북반구의 많은 부분이 얼음으로 덮여 있어 해수면이 낮았던 시기이고, 간빙기는 빙하기 사이에 기온이 올라 빙하가 녹으면서 해수면이 올라갔던 시기이다.

+ 신석기 혁명
한 곳에 정착하여 농사를 짓고 가축을 기르면서 식량을 생산함으로써 생산력이 확대되고 인구가 증가하는 등 이전의 생활 모습과 비교했을 때 여러 분야에서 급격한 변화가 나타났다.

+ 신석기 시대의 움집(스코틀랜드)

+ 문명(civilization)
인류가 물질적·정신적 발전으로 이룩한 고도로 발달된 문화와 사회를 말한다.

+ 관개 농업
농사에 필요한 물을 끌어와 농경지에 대는 농업 방법으로 많은 사람들의 협력이 필요하다.

+ 청동기
구리에 주석이나 아연을 섞어 만든 금속이다. 청동은 귀했기 때문에 소수의 지배 계급이 독점하여 무기나 제사용 도구를 만들어 사용하였다.

(2) 메소포타미아 문명

① 발생: 기원전 3500년경 티그리스강과 유프라테스강 유역에서 수메르인이 문명 건설

② 특징

잦은 홍수와 이민족의 잦은 침입을 겪으면서 죽은 뒤의 세계보다 현실의 문제를 더 중요하게 생각하였다.

수메르의 한 도시 국가인 우루크의 왕 길가메시가 영원한 생을 살기 위한 모험을 하다가 인간의 운명은 정해져 있다는 깨달음을 얻는다는 내용을 주제로 한 대서사시이다.

- 지리: 개방적인 지형 → 이민족의 잦은 침입
- 종교: 다신교, 신전(지구라트) 건축, 내세보다 현세를 중시(길가메시 서사시)
- 문화: 점토판에 쐐기 문자 기록, 태음력 · 60진법 · 점성술 발달

③ 바빌로니아 왕국

법률과 행정 및 병역 제도의 개혁, 종교 및 언어의 통일을 시행하여 중앙 집권 국가의 기초를 확립하였는데, 특히 그가 제정한 함무라비 법전은 이후 메소포타미아 지역의 여러 나라에서 법전의 모범이 되었다.

- 전성기: 함무라비왕 때 메소포타미아 지역 최초 통일(기원전 18세기경)
- 함무라비 법전: 효과적 통치를 위해 법전을 편찬하여 돌기둥에 새김
- 쇠퇴: 함무라비왕 사후 쇠퇴 → 철제 무기를 사용한 히타이트에 멸망(기원전 16세기경)

집중 탐구 함무라비 법전을 통해 살펴본 바빌로니아의 사회 모습

195조 아들이 아버지를 때리면 두 손을 자른다.
196조 남의 눈을 상하게 한 자는 그의 눈도 상하게 한다.
205조 노예가 귀족의 뺨을 때렸으면 그의 귀를 자른다.

함무라비 법전은 귀족, 평민, 노예 사이에 엄격한 신분 차이를 인정하여 형벌이 차별적으로 적용되었다. 또한 '눈에는 눈, 이에는 이'로 대표되는 복수주의의 특징을 띠고 있다.

함무라비 법전비 ▶

앞면과 뒷면에 형법, 민법, 상법에 관한 282개조의 법 조항이 쐐기 문자로 새겨져 있다.

(3) 이집트 문명

① 발생: 기원전 3000년경 나일강 유역에서 문명 발생

② 특징

이집트의 왕 파라오는 태양신의 아들이자 살아있는 신으로서 절대적인 권력을 행사하였다.

- 지리: 폐쇄적인 지형 → 이민족의 침입이 적어 오랫동안 통일 왕국 유지
- 종교: 다신교(태양신을 최고로 섬김), 신권 정치(파라오), 내세 중시(미라, 피라미드, 스핑크스, 사자의 서)
- 문화: 파피루스에 상형(그림) 문자 기록, 태양력 · 10진법 · 천문학 · 수학 발달

지구가 태양을 공전하는 시간을 기준으로 만든 달력을 태양력, 달이 차고 기우는 데 걸리는 시간을 기준으로 만들어진 달력을 태음력이라고 한다.

집중 탐구 영원한 삶을 꿈꾼 이집트인들

▲ 스핑크스와 피라미드

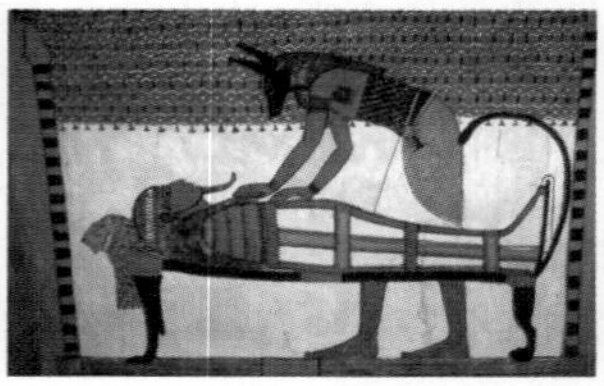

▲ 미라를 만드는 모습

▲ 사자의 서

이집트인은 영혼은 죽지 않고 다시 살아날 것으로 생각하여 죽은 사람을 미라로 만들었다. 파라오의 미라를 보존하기 위해 거대한 피라미드와 수호신인 스핑크스를 만들었으며, 내세에서 받을 심판에 대비하여 죽은 자를 안내해 주는 '사자의 서'를 함께 묻었다.

(4) 동부 지중해 연안

① 히타이트: 철제 무기와 전차를 사용해 활발한 정복 활동

② 페니키아: 기원전 1200년경 지중해 동부에서 성립, 활발한 해상 활동을 통해 지중해 연안에 카르타고 등 식민 도시 건설, 표음 문자(알파벳의 기원) 사용

③ 헤브라이: 기원전 1000년경 팔레스타인 지방에서 성립, 유일신(야훼)을 섬기는 유대교를 믿음 → 크리스트교와 이슬람교 성립에 영향

헤브라이인이 세운 이스라엘 왕국은 이스라엘과 유대로 분열된 후 각각 아시리아와 신바빌로니아에 멸망당하였다.

+ 메소포타미아 문명

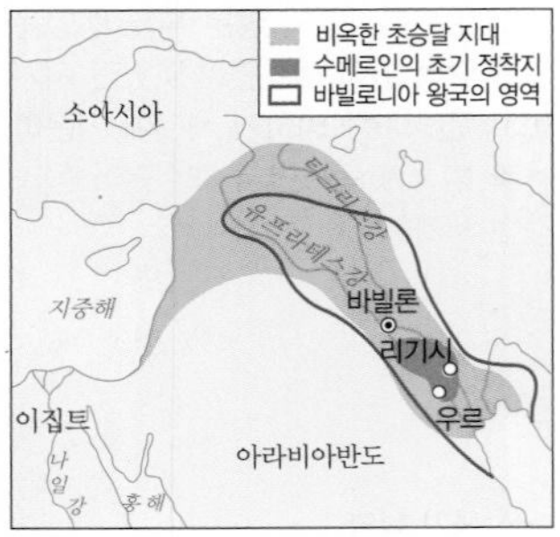

+ 지구라트

지구라트는 높은 곳이란 뜻을 갖고 있는 말이다. 하늘과 땅을 연결하기 위해 지은 건축물로 일종의 신전이라 할 수 있다.

+ 쐐기 문자

젖은 점토 위에 갈대나 금속으로 만든 펜으로 새겨 썼기 때문에 문자의 선이 쐐기 모양으로 되어 쐐기 문자라고 부른다. 신에 대한 제사, 왕의 업적, 교역 내용 등이 주로 기록되어 있다.

+ 이집트 문명

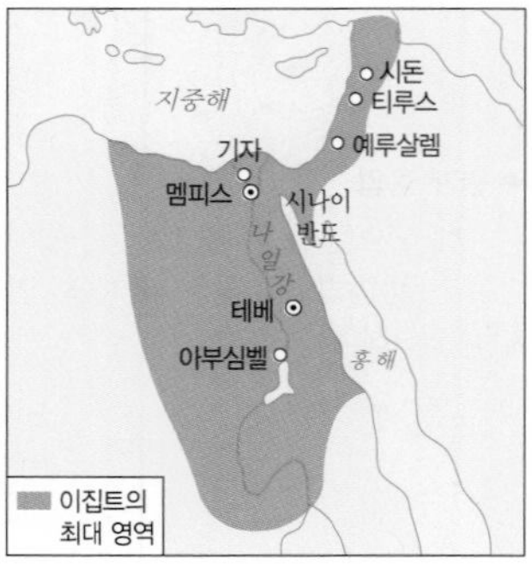

+ 파피루스

나일강 습지에서 자라는 갈대류의 식물로 이집트인들은 이를 종이로 만들어, '사자의 서'와 같은 기록을 남겼다.

(5) **인도 문명**: 기원전 2500년경 인더스강 유역에 드라비다인이 문명 건설

① **특징**: 계획도시(하라파, 모헨조다로 등) 발달, 청동기와 상형 문자 사용, 메소포타미아 지역과 교역 활발

② 아리아인의 이동

- 기원전 1500년경 중앙아시아의 유목민 아리아인이 인더스강 유역으로 이동 → 기원전 1000년경 갠지스강 유역으로 진출 → 철제 무기 및 농기구 사용
- **카스트 제도**: 아리아인이 원주민을 지배하기 위해 만든 엄격한 신분제
- **브라만교**: 자연신을 찬양하는 경전 '베다'를 만드는 과정에서 성립 → 제사 의식을 주관하는 브라만은 종교적 권위를 통해 특권을 누림

집중 탐구 인도 문명을 간직한 계획 도시 모헨조다로

사각형 안에 오목하게 새겨진 형태로 발견되어 인장(도장)으로 사용되었을 것이라 추정된다.

▲ 모헨조다로 유적(파키스탄)

▲ 인장

▲ 인물상

모헨조다로는 정교한 도시 계획에 의해 건설되고 관리되어 기원전 2500년경부터 기원전 1500년경까지 번영을 누렸다. 도시에는 높은 성채를 쌓았고, 중앙에는 큰 목욕장을 두었다. 거리는 직선으로 분리하였으며, 중앙 도로 아래에는 배수관을 설치하였다. 이곳에서 동물과 문자가 새겨진 인장과 통치자나 제사장으로 추정되는 인물상이 발견되었다.

(6) **중국 문명**: 기원전 2500년경 일찍부터 농업이 발달했던 황허강 유역에서 문명 발생

① 상 왕조 → 상에 앞서 하 왕조가 있었다고 전해지나 기록상으로만 존재한다. 상 왕조도 기록으로만 존재한다고 알려졌다가 19세기 말 은허 유적이 발견됨으로써 실존하였음이 밝혀졌다. 최근 하 왕조의 유적이 발견되고 있다고 한다.

- **성립**: 기원전 1600년경 황허강 유역(은허 유적) → 고대 상나라 수도 유적으로, 2006년에 유네스코 세계 문화유산으로 지정되었다.
- **특징**: 매우 발달된 청동기 사용, 태음력을 적용한 달력 사용, 신권 정치(왕이 정치와 종교 의식을 주관), 갑골문(국가의 중대사를 점쳐 거북의 껍데기나 소뼈에 기록, 한자의 기원) 사용

② 주 왕조 → 주 왕조는 하늘이 천하를 다스릴 능력이 있는 자에게 권력을 맡긴다는 천명사상을 통해 건국을 정당화하고 군주에게 절대적인 권위를 부여하였다.

- **성립**: 기원전 1100년경 상 왕조를 멸망시키고 창장강 일대까지 영토 확장
- **봉건제**: 넓은 영토를 효율적으로 다스리기 위해 도읍 일대는 왕이 다스리고, 나머지 지역은 왕족이나 공신을 제후로 삼아 다스리게 함 → 제후는 왕에게 세금과 특산물을 바치고, 군대를 동원할 의무가 있음
- **쇠퇴**: 기원전 8세기 초 서북쪽 유목 민족의 침입으로 수도를 옮기면서 왕의 권위가 약해짐 → 제후들이 서로 세력을 다투면서 혼란에 빠짐(춘추 전국 시대) (→ 호경에서 낙읍(뤄양)으로 수도를 옮기게 되었다.)

집중 탐구 주 왕조의 봉건제

봉건은 '왕이 혈연관계에 있는 형제나 공신에게 토지를 나누어 주어 제후국을 세우게 한다'는 의미를 갖고 있다. 제후는 왕으로부터 토지와 관직을 받고, 세금과 군역을 바칠 의무가 있었다. 제후는 다시 혈연을 바탕으로 경, 대부를 임명하고 토지와 관직을 수여하였다. 주의 봉건제는 혈연관계를 바탕으로 중앙 정부의 통치력을 유지하였기 때문에 종묘와 사직에 제사를 올리고 혈연 내의 상하 질서를 확인하는 일이 중요시되었다. 그러나 시간이 지남에 따라 왕실과 제후 간의 혈연관계가 느슨해진다는 한계점도 동시에 갖고 있었다.

+ 인도 문명

+ 카스트 제도의 신분 구성

카스트(바르나)는 원래 직업에 의한 구별에서 시작되었으나 아리아인이 다른 원주민을 지배하는 과정에서 특권을 유지하기 위해 카스트 제도를 만들었다. 카스트의 네 계급에도 속하지 못하는 불가촉천민(달리트)은 가장 많은 차별을 당했다.

+ 중국 문명

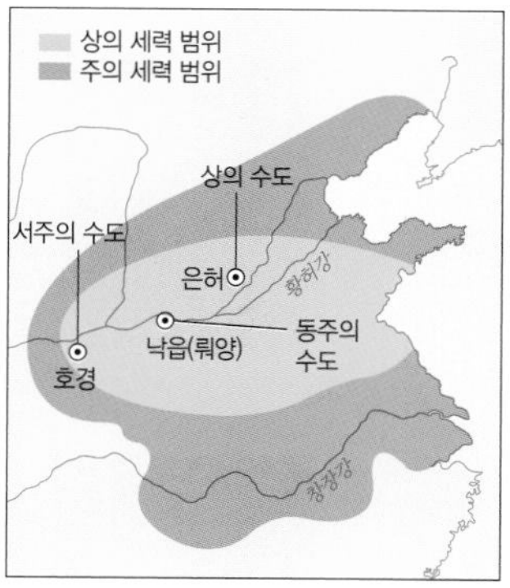

+ 은허 유적

상의 마지막 수도 유적으로, 무덤, 궁전, 갑골문, 청동기 등이 발굴되었다.

개념 다지기

정답과 해설 | 3쪽

01 **빈칸에 들어갈 알맞은 말을 쓰시오.**

(1) 현재 인류의 조상으로 추정되며 약 20만 년 전에 출현한 인류는 (   )이다.

(2) 구석기 시대에는 돌을 깨뜨려 만든 (   )을/를 사용하였다.

(3) (   )(이)란 농사를 짓고 가축을 키우면서 식량을 생산함으로써 이전의 생활 모습과 비교했을 때 인류의 생활 모습이 급격하게 달라진 것을 일컫는 말이다.

(4) 농업 생산력이 증대되면서 잉여 생산물을 독점하고, 청동기를 사용하는 지배 (   )이/가 형성되었다.

(5) (   ) 문명은 티그리스강 · 유프라테스강 유역에서 발생하였다.

(6) 주 왕조의 (   )은/는 도읍 일대는 왕이 직접 다스리고, 나머지 지역은 왕족이나 공신을 제후로 삼아 다스리게 했던 제도이다.

02 **다음 유물과 유적 중 구석기 시대의 것은 '구', 신석기 시대의 것은 '신' 이라고 빈칸에 쓰시오.**

(1)

▲ 갈돌과 갈판

(   )

(2)

▲ 빌렌도르프의 비너스

(   )

(3)

▲ 메소포타미아 지방의 토기

(   )

(4)

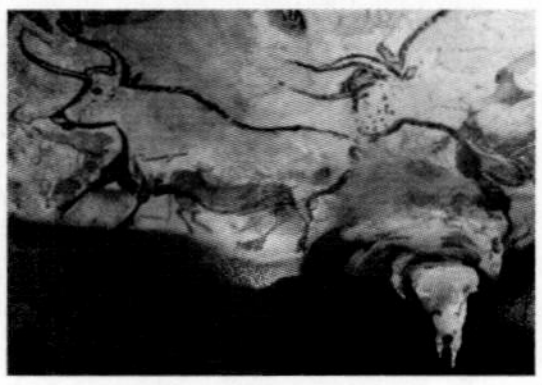

▲ 라스코 동굴 벽화

(   )

03 **다음 내용이 맞으면 ○표, 틀리면 ×표를 하시오.**

(1) 신석기 시대에는 강가나 바닷가의 움집에서 생활하였다. ··· (   )

(2) 호랑이, 곰 등의 특정 동물을 자기 부족의 수호신으로 삼아 숭배하는 것을 애니미즘이라고 한다. ··· (   )

(3) 세계 4대 문명은 북위 20~40도의 큰 강 유역 부근 평야 지역에서 발생하였다. ··· (   )

(4) 이집트 문명은 외부의 침략이 잦아 국가가 자주 바뀌었다. ··· (   )

(5) 중국의 상 왕조는 전쟁이나 정치 등 국가의 큰 일을 점친 후 그 결과를 점토판에 쐐기 문자로 기록하였다. ··· (   )

04 **각 문명과 관련 있는 내용을 옳게 연결하시오.**

(1) 메소포타미아 문명 •		• ㉠ 피라미드
(2) 이집트 문명 •		• ㉡ 지구라트
(3) 인도 문명 •		• ㉢ 갑골 문자
(4) 중국 문명 •		• ㉣ 은허 유적
		• ㉤ 모헨조다로
		• ㉥ 카스트 제도

05 **괄호 안에 들어갈 알맞은 말에 ○표 하시오.**

(1) 최초의 인류로 약 390만 년 전 아프리카에서 출현해 두 발로 걷고 간단한 도구를 사용했던 것은 (호모 에렉투스, 오스트랄로피테쿠스 아파렌시스)이다.

(2) 태양이나 물과 같은 농경과 밀접한 자연물에 깃든 영혼을 숭배하는 사상은 (애니미즘, 토테미즘)이다.

(3) 신석기 시대에는 음식을 조리하고 저장하기 위한 목적으로 (토기, 주먹 도끼)를 제작하였다.

(4) 바빌로니아의 함무라비왕이 통치 체제를 정비하여 만든 법전은 (함무라비 법전, 사자의 서)이다.

(5) 메소포타미아 지역 사람들은 사후 세계보다 현세를 중시하는 경향이 강했는데, 이는 (길가메시 서사시, 표음 문자)를 통해 확인할 수 있다.

(6) 이집트 문명은 천문학이 발달하여 (태양력, 태음력)을 사용하였다.

(7) 기원전 1000년경 팔레스타인 지방에서 성립한 헤브라이는 (유대교, 브라만교)를 믿었다.

중단원 실력 쌓기

정답과 해설 | 3쪽

01 인류를 출현한 순서대로 골라 옳게 나열한 것은?

> (가) 호모 사피엔스
> (나) 호모 에렉투스
> (다) 호모 네안데르탈렌시스
> (라) 오스트랄로피테쿠스 아파렌시스

① (가) – (나) – (다) – (라) ② (나) – (라) – (다) – (가)
③ (다) – (가) – (라) – (나) ④ (라) – (나) – (다) – (가)
⑤ (라) – (다) – (나) – (가)

02 다음과 같은 도구를 사용한 사람들에 대한 설명으로 옳은 것만을 〈보기〉에서 고른 것은?

▲ 찍개와 주먹 도끼

| 보기 |
ㄱ. 동굴이나 바위 그늘에 거주하였다.
ㄴ. 돌을 깨뜨려 만든 뗀석기를 사용하였다.
ㄷ. 한 곳에 정착해 농사를 짓고 가축을 기르며 살았다.
ㄹ. 정교하고 날카로운 간석기와 뼈 도구를 사용하였다.

① ㄱ, ㄴ ② ㄱ, ㄹ ③ ㄴ, ㄷ ④ ㄴ, ㄹ ⑤ ㄷ, ㄹ

중요
03 다음 유적과 유물이 만들어진 시기에 볼 수 있는 모습으로 가장 적절한 것은?

▲ 움집

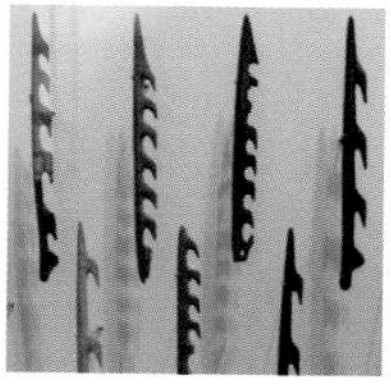

▲ 뼈로 만든 작살

① 철제 농기구로 벼를 베는 농민
② 계획적으로 건설되어 관리되는 도시
③ 문자를 이용해 왕의 말을 기록하는 신하
④ 음식을 저장하기 위해 토기를 빚는 사람
⑤ 청동 무기를 사용해 다른 부족을 정복하는 족장

중요
04 다음 지도에 나타난 4대 문명의 공통점으로 옳지 않은 것은?

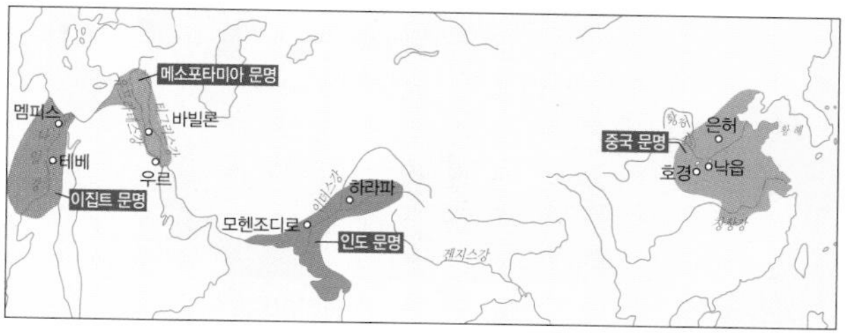

① 청동 무기와 제사 도구를 사용하였다.
② 큰 강 유역의 평야 지대에서 발생하였다.
③ 통치와 교역의 편리를 위해 문자를 사용하였다.
④ 각종 시설과 제도가 정비된 도시 국가를 건설하였다.
⑤ 개방적인 지형으로 인해 이민족의 침입을 자주 받았다.

05 다음 문자를 사용한 문명의 특징으로 옳은 것만을 〈보기〉에서 고른 것은?

▲ 쐐기 문자

| 보기 |
ㄱ. 태양력 ㄴ. 태음력
ㄷ. 10진법 ㄹ. 60진법
ㅁ. 지구라트 ㅂ. 피라미드

① ㄱ, ㄷ, ㅁ ② ㄱ, ㄷ, ㅂ
③ ㄴ, ㄹ, ㅁ ④ ㄴ, ㄹ, ㅂ
⑤ ㄷ, ㅁ, ㅂ

중단원 실력 쌓기

중요

06 다음 유적이 발견된 문명에 대한 설명으로 옳지 <u>않은</u> 것은?

▲ 스핑크스와 피라미드

① 나일강 유역에서 발생하였다.
② 죽은 사람을 미라로 만들었다.
③ 60진법으로 숫자를 계산하였다.
④ 파라오를 태양신의 아들로 여겼다.
⑤ 파피루스에 상형(그림) 문자를 남겼다.

07 빈칸 ㉠, ㉡에 들어갈 용어를 순서대로 나열한 것은?

> 페니키아는 기원전 1200년경 지중해 동부 해안 지대에 세워진 나라이다. 이들은 지중해를 무대로 해상 무역을 주도하면서 아프리카 북부에 (㉠)와/과 같은 많은 식민 도시를 건설하였다. 이들이 무역 활동에 사용하던 (㉡) 문자는 그리스에 전해져 알파벳의 기원이 되었다.

	㉠	㉡		㉠	㉡
①	카르타고	표음	②	카르타고	그림
③	히타이트	표음	④	히타이트	그림
⑤	헤브라이	갑골			

08 다음 제도가 실시된 문명으로 옳은 것은?

> 카스트 제도는 아리아인이 다른 원주민을 지배하는 과정에서 특권을 유지하기 위해 만들어진 엄격한 신분 제도이다.

◀ 카스트 제도의 신분 구성

① 인도 문명
② 중국 문명
③ 이집트 문명
④ 지중해 문명
⑤ 메소포타미아 문명

09 다음 유적에 대한 설명으로 옳은 것만을 〈보기〉에서 고른 것은?

▲ 모헨조다로 유적

보기

ㄱ. 상 왕조의 마지막 수도였던 곳이다.
ㄴ. 동물과 문자가 새겨진 인장이 발견되었다.
ㄷ. 파라오의 시신을 미라로 만들어 보존하였다.
ㄹ. 목욕탕, 상하수도 등의 공공시설을 갖추었다.

① ㄱ, ㄴ　② ㄱ, ㄹ　③ ㄴ, ㄷ
④ ㄴ, ㄹ　⑤ ㄷ, ㄹ

중요

10 다음 유물을 남긴 왕조에 대한 설명으로 옳은 것은?

> 거북이의 배딱지(갑)나 짐승 뼈(골)에 작은 구멍을 파내고 불로 지져서 갈라지는 금의 모양을 보고 신의 뜻을 판단하였다. 갑골에 점을 친 날짜와 사람, 내용과 결과를 새겨 기록하였는데, 이것을 갑골문이라 한다. 갑골문의 내용은 제사, 농사, 전쟁, 수렵에 관한 것이 가장 많다.

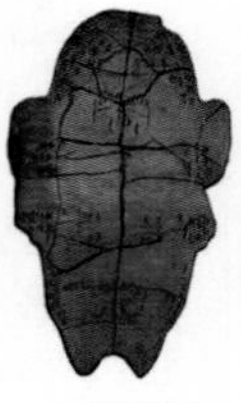

▲ 갑골문

① 봉건제를 실시하였다.
② 지구라트라는 신전을 세웠다.
③ 왕을 태양신의 아들로 여겼다.
④ 카스트 제도로 원주민을 지배하였다.
⑤ 왕이 정치와 종교 의식을 주관하였다.

11 각 문명의 특징이 옳게 연결된 것만을 〈보기〉에서 고른 것은?

보기

ㄱ. 중국 문명 – 봉건제
ㄴ. 인도 문명 – 사자의 서
ㄷ. 이집트 문명 – 은허 유적
ㄹ. 메소포타미아 문명 – 길가메시 서사시

① ㄱ, ㄴ　② ㄱ, ㄹ　③ ㄴ, ㄷ
④ ㄴ, ㄹ　⑤ ㄷ, ㄹ

중요

12 다음 유물을 남긴 문명에 대한 설명으로 옳은 것은?

▲ 함무라비 법전비

① 태음력을 사용하였다.
② 피라미드를 건축하였다.
③ 표음 문자로 기록하였다.
④ 죽은 사람을 미라로 만들었다.
⑤ 은허 지역을 중심으로 발전하였다.

13 다음 지도에서 (가) 민족의 이동으로 나타난 사실로 옳은 것만을 〈보기〉에서 고른 것은?

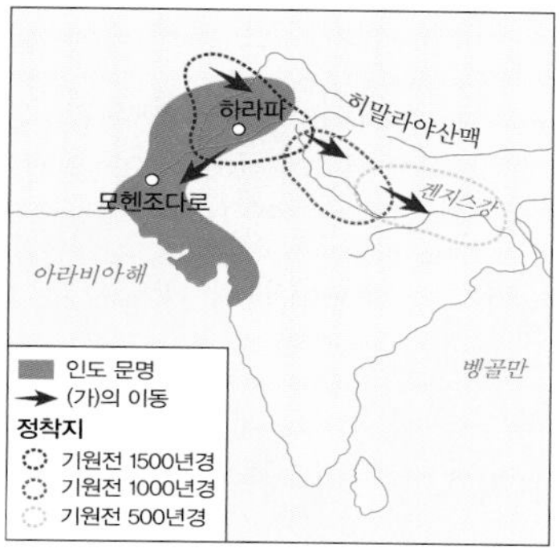

보기

ㄱ. 갑골문이 사용되었다.
ㄴ. 철기 문화가 전파되었다.
ㄷ. 카스트 제도가 성립되었다.
ㄹ. 피라미드와 스핑크스가 세워졌다.

① ㄱ, ㄴ　② ㄱ, ㄷ　③ ㄴ, ㄷ
④ ㄴ, ㄹ　⑤ ㄷ, ㄹ

서술형 · 논술형

서술형

01 다음 자료를 통해 알 수 있는 메소포타미아 문명의 종교관을 해당 지역의 지리적 특징과 관련지어 서술하시오.

…… 길가메시여, 당신은 생명을 찾지 못할 것입니다. 신들이 인간을 만들 때 인간에게 죽음도 함께 붙여 주었습니다. 생명만 그들이 보살피도록 남겨 두었지요. 좋은 음식으로 배를 채우십시오. 밤낮으로 춤추며 즐기십시오.

－『길가메시 서사시』－

우르크의 길가메시왕 ▶

논술형

02 다음 제도가 어떻게 운영되었는지 서술하고, 이와 같은 방식으로 국가를 운영했을 때 오랜 시간이 지나면 발생할 수 있는 한계점을 300자 이내로 논술하시오.

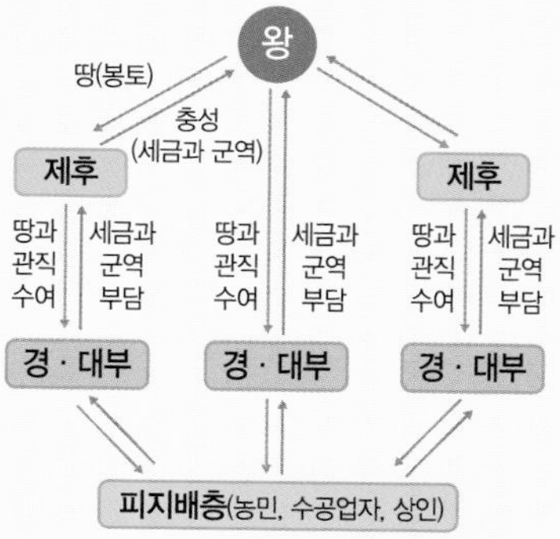

03 고대 제국들의 특성과 주변 세계의 성장

❶ 페르시아 제국

(1) 아시리아와 아케메네스 왕조 페르시아

① 아시리아: 기원전 7세기 강력한 군사력을 바탕으로 서아시아 지역 대부분 통일 → 피정복민에 대한 강압적 통치로 반란이 일어나 멸망 → 여러 나라로 분열

→ 이집트, 신바빌로니아, 리디아, 메디아 등 4국으로 분열되었다.

② 아케메네스 왕조 페르시아

- 서아시아 재통일: 기원전 6세기 중엽 분열되어 있던 서아시아 재통일
- 전성기: 다리우스 1세
  - 전국을 20여 개의 주로 나누어 총독 파견
  - 감찰관('왕의 눈', '왕의 귀')을 파견하여 총독 감시
  - 신속한 왕명 전달, 세금 징수를 위해 수도와 각 지방을 연결하는 도로('왕의 길') 건설
  - 화폐와 도량형 통일

  → 수사에서 사르디스까지 약 2,400km에 이르렀다.
- 피정복민에 대한 관용 정책: 세금을 거두는 대신 고유한 언어 · 종교 · 법 등을 인정하고 자치 허용 → 정복지 주민의 협력을 얻어 약 200년 동안 통일 제국 유지
- 그리스 · 페르시아 전쟁 패배 후 점차 쇠퇴하다가 기원전 4세기 말 알렉산드로스에게 멸망

(2) 파르티아와 사산 왕조 페르시아

① 파르티아: 기원전 3세기 무렵 현재의 이란 동북부 지역에서 등장 → 한과 로마 사이에서 동서 무역을 통해 번영하다가 로마와 갈등을 겪으며 쇠퇴 → 사산 왕조 페르시아에 멸망

② 사산 왕조 페르시아

- 3세기 초 아케메네스 왕조 페르시아의 부흥을 내세우며 등장, 파르티아 정복 → 4세기 말 메소포타미아에서 인더스강에 이르는 대제국 건설
- 동서를 잇는 중계 무역을 통한 번영, 로마 제국 · 쿠샨 왕조와 경쟁
- 7세기 중엽 이슬람 세력에 멸망

→ 사산 왕조 페르시아의 샤푸르 1세는 로마의 황제 발레리아누스를 생포한 적도 있다. 이란 나크시에 로스탐에는 그 모습을 새겨 놓은 부조가 있다.

(3) 페르시아 제국의 문화

→ 그리스, 이집트, 아시리아의 양식이 혼합되어 있다. 알렉산드로스에 의해 파괴되어 지금은 돌기둥을 비롯한 일부만 남아 있다.

① 국제적 문화: 활발한 대외 교류를 통해 이집트, 아시리아 등 주변 지역의 문화 융합

- 페르세폴리스 궁전: 그리스, 아시리아, 이집트 등 여러 지역의 미술 양식 융합
- 정교한 공예 발달: 금속 세공품, 유리 공예품 → 유럽, 아시아 지역으로 전파

② 조로아스터교: 기원전 6세기경 조로아스터가 창시

→ 조로아스터교 최고의 신 아후라 마즈다는 상반신은 사람으로, 하반신은 둥근 원이 감싼 것으로 묘사되어 있다.

- 특징: 세상을 선한 신(아후라 마즈다)과 악한 신(아리만)의 대립으로 파악, 선한 신의 상징인 불을 숭배

  → 불을 신성시하는 종교라는 뜻에서 '배화교'라고도 부른다.
- 확산: 다리우스 1세의 후원으로 널리 전파 → 사산 왕조 페르시아 때 국교로 지정
- 영향: 크리스트교, 이슬람교 교리에 영향(최후의 심판, 천국과 지옥, 구세주 출현 등)

집중 탐구 신라에 영향을 준 페르시아의 문화

국제적인 성격을 띤 페르시아 문화는 활발한 교역 과정에서 중국을 거쳐 우리나라에 들어왔다. 사산 왕조 페르시아에서 생산된 유리 공예품은 비단길, 초원길 등을 통해 중국과 한국, 일본으로도 전해졌다. 신라의 고분에서는 페르시아의 것과 비슷한 모양의 유리병이 출토되었다. 한편, 페르시아 대서사시 쿠쉬나메에는 신라가 등장해 직 · 간접적인 교류가 있었을 것으로 추정하고 있다.

◀ (왼쪽) 페르시아의 주전자, (오른쪽) 신라 고분에서 출토된 유리병

✚ 아시리아와 아케메네스 왕조 페르시아의 영역

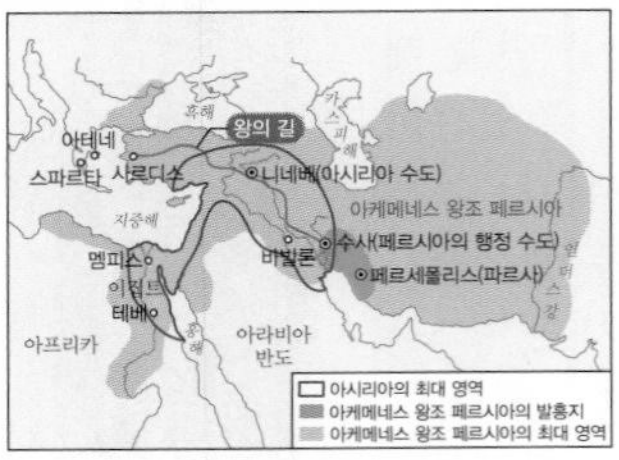

✚ 아케메네스 왕조의 키루스 2세 원통

기원전 539년에 아케메네스 왕조 키루스 2세가 바빌로니아를 정복하고 그들의 전통과 종교를 존중하겠다는 선언을 원통형의 진흙판에 쐐기 문자로 새겼다. 유엔은 이 유물을 '고대의 인권 선언'으로 홍보하고 있다.

✚ 사산 왕조 페르시아의 영역

✚ 페르세폴리스 궁전의 만국의 문

다리우스 1세가 건설한 궁전이다.

✚ 조로아스터교의 최고신 아후라 마즈다(부조)

❷ 진 · 한 제국

(1) 춘추 전국 시대

'춘추'는 공자가 편찬한 역사책 '춘추'에서 유래하였고, '전국'은 한 왕조의 유향이 저술한 '전국책'에서 유래하였다.

① 시작: 기원전 8세기 무렵 유목 민족의 침입 → 동쪽(낙읍)으로 천도 후 주의 정치 혼란 → 제후들이 세력을 확대하며 경쟁, 약 550년 동안 지속

② 사회 · 경제적 변화
- 농업 발달: 철제 농기구 사용, 소를 농사에 이용
- 상업과 수공업 발달: 도시와 시장 성장, 다양한 화폐 사용
- 철제 무기 사용: 전쟁이 치열해지고 규모가 커짐

③ 제자백가의 출현: 각국의 부국강병 추진 과정에서 유능한 인재 우대 → 여러 사상가와 학파 등장

'제자'란 공자, 노자, 묵자, 한비자 등과 같은 여러 사상가를 말하고, '백가'란 유가, 도가, 묵가, 법가 등 다양한 학파를 가리킨다.

유가, 도가, 묵가, 법가 외에도 병가, 명가, 음양가, 종횡가 등이 있다.

- 유가(공자, 맹자): '예'와 '인'을 중심으로 한 도덕 정치 강조
- 도가(노자, 장자): 자연의 순리에 맞게 살 것을 강조(무위자연)
- 묵가(묵자): 차별 없는 사랑과 평화 강조
- 법가(한비자): 엄격한 법을 통한 통치 강조

(2) 진(秦)의 중국 통일

전국 7웅 중 하나로 서쪽 변방에 자리 잡고 있었다.

① 진의 통일: 법가 사상을 바탕으로 부국강병에 성공한 진이 중국을 통일(기원전 221)

첫 번째 황제라는 뜻으로 시황제라 칭하였다.

② 시황제의 통일 정책

전국을 36개의 군으로 나누고 그 아래에 현을 설치하여, 직접 관리를 보내 다스리게 했다. 모든 군은 중앙 정부로부터 직접 임명된 세 명의 지방관이 통치하도록 하였다.

- 황제 칭호 사용, 군현제 실시, 도로망 정비, 화폐 · 도량형 · 문자 통일
- 영토 확장: 흉노를 북쪽으로 몰아내고 만리장성 축조, 베트남 북부까지 영토 확장

③ 멸망: 법가 사상에 바탕을 둔 가혹한 통치와 사상 탄압(분서갱유), 만리장성 · 아방궁 · 병마용갱 등 대규모 토목 공사로 인한 백성의 반발 → 시황제 사후 농민 반란으로 멸망(기원전 206)

(3) 한의 발전

① 성립: 한 고조(유방)가 초의 항우를 물리치고 중국 재통일(기원전 202) → 군국제 실시

② 전성기: 한 무제 때 국력 팽창

재위 기간 내내 대규모 병력을 동원하여 흉노를 내쫓았기 때문에 무(武)를 상징하는 시호를 얻었다.

- 군현제 전국 확대
- 영토 확장: 흉노 정벌(장건의 비단길 개척), 베트남 북부 점령, 고조선 멸망
- 전매 제도 실시: 소금, 철, 술을 국가가 독점하여 생산 및 판매 → 재정 확보

③ 쇠퇴: 무제 사후 국력 쇠퇴 → 외척 왕망의 신 건국(8) → 광무제의 후한 성립(25)

④ 멸망: 외척 · 환관의 득세, 호족의 횡포, 농민 봉기(황건적의 난) → 멸망(220) 후 위 · 촉 · 오 삼국으로 분열

황제의 외가와 황후의 집안사람을 일컫는다.

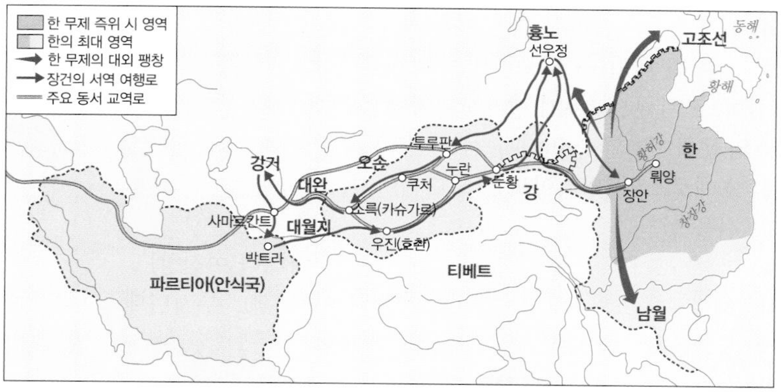

▲ 한의 영역과 장건의 서역 여행로

✚ 춘추 전국 시대

춘추 시대에는 춘추 5패가 왕을 받든다는 명분으로 주변 제후국을 거느렸고, 전국 시대에는 전국 7웅이 주변국을 통합하였다.

✚ 황제

전설상의 임금 삼황과 오제에서 한 글자씩을 취하여 만들었다. 황제라는 명칭에는 통일 제국을 지배하는 절대적인 존재라는 뜻이 담겨 있다. 황제가 지배하는 통치 체제는 후대 왕조에도 계승되어 2천여 년 동안 유지되었다.

✚ 분서갱유

법가 서적과 실용서를 제외한 모든 책을 불태우고, 이를 비판하는 유학자들을 산 채로 땅에 묻은 사건을 말한다.

✚ 군국제

주의 봉건제와 진의 군현제를 절충한 것으로 수도와 가까운 곳은 군현제로, 수도와 멀리 떨어진 곳은 봉건제로 다스리는 방식이었다.

✚ 환관

궁중에서 황제의 시중을 들던 내시직을 맡은 남자를 말한다.

✚ 호족

중앙 귀족과 대비되는 용어로, 지방에서 많은 노비와 대토지를 소유한 세력가를 말한다. 유학을 공부하여 중앙 관리가 되기도 했다.

✚ 황건적의 난

후한 말 장각이 수십만 명의 신도를 모아 일으킨 농민 반란으로, 머리에 노란 두건을 써서 붙여진 이름이다.

✚ 훈고학
시황제의 유교 탄압 이후 흩어져 있던 경전을 모아 바르게 해석하고 주석을 달아 정리하는 학문이다.

✚ 『사기』
중국 신화시대부터 한 무제 때까지의 역사를 기록한 책으로, 황제들의 업적과 주요 인물들의 활동 등을 서술하였다.

✚ 고대 지중해의 주요 폴리스

✚ 도편 추방제

참주(독재자)가 될 위험이 있는 인물의 이름을 도자기 파편에 적게 하여 그 수가 최다이면서 6,000개 이상이 되면 해당 인물을 10년간 국외로 추방하였다.

✚ 델로스 동맹
아케메네스 왕조 페르시아의 재침입에 대비하기 위해 아테네를 중심으로 결성된 폴리스들의 동맹이다.

✚ 파르테논 신전

아테네의 수호신 아테나를 모시기 위해 만든 신전으로, 건축물의 높이와 너비, 길이 사이의 황금 비율을 맞추어 수학적으로 적절한 균형을 이루고 있다.

(4) **한의 문화**: 중국 전통 문화의 기틀 마련

① **유학의 발달**: 한 무제 때 유교를 통치 이념으로 채택, 훈고학 발달, 태학 설치
(태학: 수도(장안)에 설치된 유교 교육 기관이다.)

② **역사**: 사마천의 『사기』 편찬 → 후대 중국 역사 서술의 모범

③ **제지술**: 채륜의 제지술 개량 → 종이의 보급을 통한 학문과 사상의 발전에 기여

④ **활발한 동서 교류**: 비단길(장건)을 통해 중국의 비단이 유럽에 전파, 인도의 불교 전래

(5) **흉노 제국**

① **흉노**: 기원전 3세기경 유목 제국 건설
(유목: 한곳에 정착하지 않고 가축을 데리고 다른 장소로 이주하며 생활하는 것을 말한다.)

② **묵특 선우 때 전성기**
(선우: 중국의 황제에 해당하는 흉노 제국의 지도자를 부르는 말이다.)
- 한을 침공해 고조와 화친 조약 체결 → 한이 매년 비단과 곡물 제공
- 한과 서역 사이의 중계 무역으로 번영

③ **쇠퇴**: 한 무제의 공격 이후 쇠퇴 → 일부는 한에 복속, 나머지는 서쪽으로 이동
(서역: 중국 서쪽에 있던 대월지, 페르시아, 인도 지역을 가리키는 말이다.)

❸ 고대 지중해 세계의 형성

(1) 고대 그리스 세계

① **폴리스의 형성과 발전**: 기원전 2000년경부터 에게 문명(크레타 문명, 미케네 문명 등) 발달 → 기원전 10세기~기원전 8세기경 그리스 곳곳에 수백 개의 폴리스 등장, 강한 동족 의식(같은 언어 사용, 같은 신 숭배, 올림피아 제전)
(폴리스: 작은 규모의 국가로 중심 도시와 주변 농촌을 아울렀다. 중심 도시에는 아크로폴리스(신전, 요새)와 아고라(광장)가 있었다. 고대 그리스에는 폴리스와는 달리 중심 도시가 없는 국가들이 존재했는데, 이를 에트노스(ethnos)라고 불렀다.)
(동족 의식: 그리스인은 스스로를 헬레네스의 후손으로 여겼으며, 다른 지역의 사람들은 바르바로이(야만인)라고 하여 자신들과 엄격하게 구분하였다.)
(올림피아 제전: 4년마다 신에게 제사를 지낸 후 각종 운동 경기를 개최하였다.)

② **아테네의 민주 정치 발전**
- 배경: 해외 무역과 상업 발달 → 부유해진 평민층의 정치 참여 확대 요구
(부유해진 평민층: 부유한 평민들이 스스로 무장하여 전쟁에 참여하면서 지위가 높아졌다.)
- 발전 과정
  - 솔론: 재산의 정도에 따라 참정권 부여
  - 클레이스테네스: 평민의 정치 참여 확대, 도편 추방제 도입
  - 페리클레스: 그리스 · 페르시아 전쟁 이후 민회 중심의 직접 민주주의 발전
(민회: 실질적인 입법권을 갖고 있는 기구였다.)
- 한계: 여성, 노예, 외국인은 정치에 참여할 수 없음
(그리스 · 페르시아 전쟁: 기원전 492~기원전 479년 사이에 아케메네스 왕조 페르시아가 그리스 지역을 세 차례 침입한 전쟁이다. 페르시아의 1차 그리스 원정은 자연재해 때문에 실패하였고, 2차 원정은 마라톤 평원의 전투에서 패배함으로써 실패하였다. 3차 원정은 살라미스 해전과 플라타이아이 전투에서 패배하여 실패로 끝났다.)

③ **그리스 세계의 번영과 쇠퇴**
- 스파르타의 발전
  - 정치: 국왕과 소수의 귀족이 정치 담당, 중대사는 민회에서 결정
  - 사회: 소수의 시민이 다수의 피지배층을 다스리며 엄격하고 폐쇄적인 사회 제도 유지
  - 교육: 남성 시민에게 어린 시절부터 군사 교육 실시 → 막강한 군사력 확보
- 쇠퇴: 그리스 · 페르시아 전쟁 이후 델로스 동맹(아테네 주도)과 펠로폰네소스 동맹(스파르타 주도) 대립 → 펠로폰네소스 전쟁에서 스파르타 승리 → 분열과 대립으로 폴리스 쇠퇴 → 기원전 4세기 마케도니아에 정복
(펠로폰네소스 동맹: 델로스 동맹이 아테네의 이익을 우선하는 조직으로 변질되자 이에 불만을 가진 폴리스들이 스파르타를 중심으로 펠로폰네소스 동맹을 맺었다.)

④ **그리스의 문화**: 합리적, 인간 중심적 문화
- 문학: 호메로스의 『일리아드』, 『오디세이아』
- 종교: 신을 인간의 모습으로 표현
- 건축 · 미술: 조화와 균형 강조(파르테논 신전, 아테나 여신상)
- 역사: 헤로도토스의 『역사』(그리스 · 페르시아 전쟁), 투키디데스 『역사』(펠로폰네소스 전쟁)
- 철학: 소피스트 등장, 소크라테스, 플라톤, 아리스토텔레스 → 서양 철학의 기초 마련
(플라톤은 철학자가 나라를 다스리는 이상 국가론을 제시하였고, 아리스토텔레스는 여러 분야의 학문을 체계적으로 정리하였다.)
- 기타: 의학(히포크라테스), 수학(피타고라스)
(소피스트: 기원전 5세기 무렵 주로 아테네의 자유민으로서 웅변술을 가르치는 일을 직업으로 삼던 사람들이다.)
(소크라테스: 인간의 삶에 객관적이고 절대적인 진리가 있다고 주장하며 민회나 아고라에 나가 사람들과 대화하고 토론하면서 잘못된 지식을 바로잡는 데 앞장섰다. 펠로폰네소스 전쟁에서 아테네가 패배한 이후 청년들을 타락시켰다는 혐의로 사형을 당하였다.)

(2) 알렉산드로스 제국과 헬레니즘 문화

① 알렉산드로스 제국의 발전

- 마케도니아의 성장: 알렉산드로스의 동방 원정 → 유럽, 아시아, 아프리카에 이르는 대제국 건설
  - → 알렉산드로스는 페르시아식 왕관과 옷을 걸치고, 그리스인들에게 왕 앞에 무릎을 꿇고 인사하게 하여 동방의 군주정을 계승하는 모습을 보이기도 했다.
- 동서 융합 정책: 제국 곳곳에 '알렉산드리아'라는 도시 건설, 그리스인 이주, 페르시아인과 결혼 장려
- 분열: 알렉산드로스 사후 시리아, 이집트, 마케도니아로 분열 → 로마에 멸망

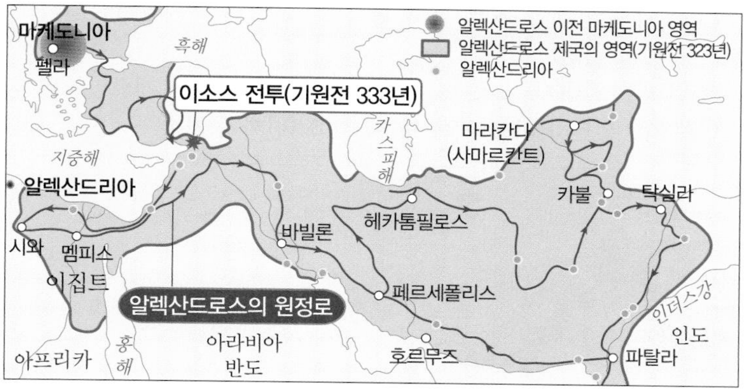

▲ 알렉산드로스 제국

② 헬레니즘 문화: 그리스 문화에 페르시아 문화가 융합되어 나타난 문화

- 특징: 정복지에 그리스 문화 보급 → 동서 문화 융합
- 철학: 세계 시민주의와 개인주의 등장, 스토아학파(금욕주의)와 에피쿠로스학파(정신적 쾌락) 발달
  - → 국가나 민족이라는 단위를 초월하여 세계의 모든 인류를 하나로 보고 평등과 통일을 추구하는 사상이다.
- 미술: 사실적이고 생동감 있는 조각 예술 발달(라오콘 군상, 밀로의 비너스)
- 자연 과학 발달: 기하학(유클리드), 물리학(아르키메데스)

❹ 로마 제국의 성장

(1) 로마 공화정의 발전

→ 정치 체제 중 왕이 없는 형태를 총칭하는 말로, 로마는 귀족의 권한이 강했기 때문에, 민주정이 아니라 공화정이라는 명칭을 사용하였다.

① 로마의 성립: 기원전 8세기 중엽 작은 도시 국가로 출발 → 기원전 6세기 말 왕정에서 공화정으로 변화 → 점차 평민에게 참정권이 확대되어 기원전 5세기 초 평민회 구성, 호민관 선출

→ 최고 행정 기관으로 처음에 두 명의 귀족으로 구성되었다가 이후 둘 중 한 명은 평민 중에서 선출하였다.

② 공화정의 구성: 원로원(감독, 자문), 집정관(행정, 군사), 민회(법률 제정), 호민관(평민의 권리 옹호) → 상호 견제를 통한 세력 균형

→ 귀족 세력을 견제하기 위한 평민의 대표로, 원로원이나 집정관의 결정에 대하여 거부권을 행사할 수 있었다.

③ 공화정의 발전

- 기원전 3세기 중엽 이탈리아반도 통일
- 포에니 전쟁(기원전 264～기원전 146)
  - 배경: 지중해 해상권을 둘러싸고 로마와 카르타고 대립
  - 전개: 3차에 걸친 전쟁에서 로마가 승리 → 기원전 2세기 중엽 지중해 세계 장악
  - 영향: 귀족들의 노예를 이용한 대농장(라티푼디움) 경영, 중소 자영 농민층의 몰락 → 군사력 약화, 계층 갈등 심화

④ 그라쿠스 형제의 개혁: 귀족의 대토지 소유 억제를 통한 자영농 육성 → 귀족의 반발로 실패 → 사회·경제적 위기로 사회 혼란 심화

⑤ 공화정 붕괴: 군인 정치가들의 등장과 대립 → 카이사르의 권력 장악 → 카이사르 암살 → 내전 이후 옥타비아누스의 권력 장악

→ 로마 공화정 말기의 정치가이자 군인으로, 갈리아 지방을 정복하고 강력한 독재 정치를 실시하고자 하였으나 반대파에 의해 암살당하였다.

✚ 이소스 전투
기원전 333년 소아시아의 이소스 평원에서 벌어진 전투로, 마케도니아 왕국의 알렉산드로스가 아케메네스 왕조 페르시아 제국의 다리우스 3세를 물리친 전투이다.

✚ 스토아학파
헬레니즘 시대에 제논이 창설한 학파로 개인의 행복과 마음의 안정을 중요시하며 금욕주의를 강조하였다.

✚ 라오콘 군상

헬레니즘 문화를 대표하는 조각으로, 고통을 받고 있는 인간의 모습을 사실적으로 표현하였다.

✚ 원로원
귀족으로 구성된 회의체로 원로원의 결정은 법적 효력이 없었으나, 임기를 마친 집정관이 원로원 의원이 되었기 때문에 실질적으로는 가장 강력한 권한을 행사하였다.

✚ 로마 공화정의 운영 체제

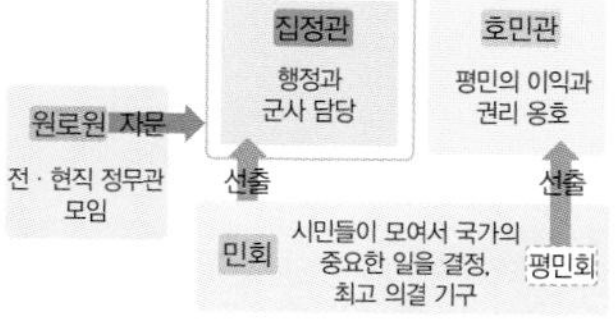

✚ 라티푼디움
'대농장'이라는 뜻의 라틴어이다. 오랜 전쟁으로 자영농이 몰락하고, 소수의 귀족들이 정복지에서 공급된 노예 노동을 통해 대농장을 운영하게 되면서 자영농을 중심으로 한 로마의 국방 체제가 흔들리고, 공화정의 위기로 이어졌다.

✚ 아우구스투스

'존엄한 자'라는 의미로, 옥타비아누스는 스스로를 '제1 시민(프린켑스)'으로 자처하였다. 이는 반대파를 안심시키기 위함이었으며, 이를 위해 공화정의 여러 제도를 유지하거나 부활시켰지만 실제로는 황제나 다름없었다.

✚ 5현제

'네르바, 트라야누스, 하드리아누스, 안토니우스 피우스, 마르쿠스 아우렐리우스' 다섯 황제를 가리킨다. 특히 마르쿠스 아우렐리우스는 스토아 철학자로 『명상록』을 집필하였다.

✚ 밀라노 칙령(313)

콘스탄티누스 대제가 모든 사람에게 신앙의 자유를 인정한 법령이다. 크리스트교를 처음으로 인정하여 신앙의 자유를 주고, 국고로 몰수했던 교회 재산을 되돌려 주었다.

✚ 아피아 가도

로마는 정복지 곳곳에 계획도시를 세우고, 그 도시와 로마를 연결하는 약 85,000km의 도로를 정비하였다. 이 길을 통해 로마의 군대가 제국의 어디든 신속하게 이동할 수 있었으며, 각종 세금이나 물자가 원활히 운송될 수 있었다.

✚ 카타콤

좁은 통로로 이루어진 지하 묘지로, 로마 시대에 크리스트교도들이 박해를 피해 이곳에 모여 예배를 드리기도 하였다.

(2) 로마 제국의 발전과 쇠퇴

① **제정 성립**: 옥타비아누스가 원로원으로부터 아우구스투스 칭호를 받고 사실상 황제로 등극(기원전 27)

② **로마의 평화(Pax Romana) 시대**: 옥타비아누스부터 5현제 시대까지 약 200년 동안 전성기

③ **군인 황제 시대**
- 2세기 말 군대의 반란으로 26명의 황제 교체 → 황제권 약화
- 3세기 북쪽에서 게르만족, 동쪽에서 사산 왕조 페르시아의 침입, 상공업과 도시 쇠퇴

④ **콘스탄티누스 대제의 개혁**: 4세기 초 콘스탄티노폴리스(비잔티움)로 천도, 크리스트교 공인(313, 밀라노 칙령)

→ 공인: 국가나 공공 단체 또는 사회단체 등의 존재나 행위를 공식적으로 인정해 주는 것을 말한다.

⑤ **쇠퇴**: 콘스탄티누스 대제 사후 동·서 로마로 분열(395) → 게르만족의 침입으로 서로마 제국 멸망(476), 동로마(비잔티움) 제국은 1453년까지 지속

→ 테오도시우스 황제는 395년에 제국을 둘로 나누어 동로마를 장남에게, 서로마를 차남에게 통치하게 하였다.

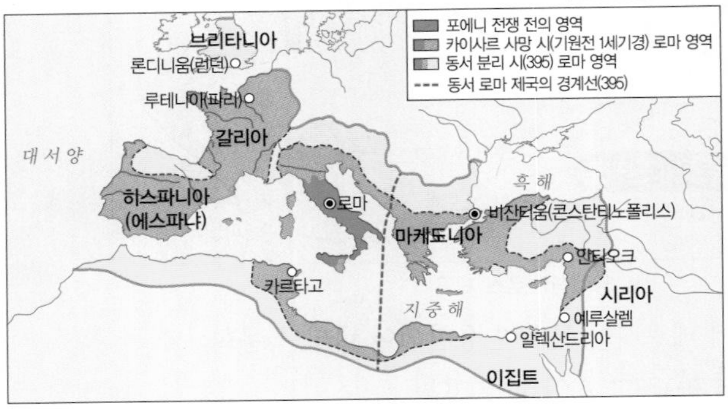

◀ 로마 제국의 영역

(3) 로마의 문화

① **특징**: 법률, 건축, 도로 등 실용적 문화 발달

② **법률**: 관습법 → 12표법(로마 최초의 성문법) → 시민법(로마 시민에게만 적용) → 만민법(로마 제국 안의 모든 민족에게 적용) → 동로마 제국의 『유스티니아누스 법전』으로 집대성

→ 12표법: 기원전 450년경 평민을 귀족으로부터 보호하기 위해 제정된 법이다.

→ 만민법: 스토아 철학과 자연 철학의 영향을 받아 로마 시민과 외국인에게 동등하게 적용된 법이다. 자유민 모두에게 로마 시민권이 부여됨으로써 만민법이 로마법의 중심이 되었다.

③ **건축**: 도로망, 콜로세움, 개선문, 공중목욕탕, 수도교, 판테온 신전 등

④ **학문과 예술**: 고대 그리스 문화 모방

> **집중 탐구 | 로마 제국의 실용적인 문화**
>
> 
>
> ▲ 콜로세움
>
> 
>
> ▲ 수도교
>
> 로마 제국에서는 넓은 영토를 다스리는 과정에서 실용적인 문화가 발달하였다. 콜로세움(원형 경기장)은 4층 규모의 원형 경기장으로 동시에 5만 명을 수용할 수 있는 규모였다. 검투사의 싸움이 벌어지거나 물을 채워 모의 해상전을 벌이기도 했다. 수도교는 산에서 물을 끌어오기 위해 세운 수로이자 다리로 맨 위층이 수로이고, 아래층에는 사람과 말이 다녔다.

(4) 크리스트교의 성립과 발전

① **성립 및 전파**: 예수가 민족과 신분을 초월한 신의 사랑과 평등을 강조 → 제자들에 의해 곳곳에 전파

② **발전**: 황제 숭배 거부로 로마의 박해 → 콘스탄티누스 대제 때 밀라노 칙령으로 공인 → 4세기 말 로마의 국교로 채택(392) → 유럽의 보편적 종교로 자리 잡고 세계 종교로 성장

→ 숭배: 우러러 공경함을 뜻하는 말이다.

개념 다지기

정답과 해설 | 5쪽

01 다음 내용이 맞으면 ○표, 틀리면 ×표를 하시오.

(1) 아케메네스 왕조 페르시아는 왕의 명령을 빨리 전달하고 세금과 공물을 쉽게 거두어들이기 위해 '아피아 가도'를 만들어 도로망을 정비하였다. ············ (　　　)

(2) 춘추 전국 시대에는 청동제 농기구의 사용으로 농업 생산력이 크게 향상되었다. ························ (　　　)

(3) 한 고조(유방)는 전국을 효율적으로 통치하기 위해 봉건제를 시행하였다. ···································· (　　　)

(4) 폴리스는 도시와 주변의 농촌으로 이루어진 작은 도시 국가였다. ·· (　　　)

(5) 포에니 전쟁은 로마와 카르타고 간의 전쟁이었다. ·· (　　　)

02 빈칸에 들어갈 알맞은 말을 쓰시오.

(1) 기원전 6세기경 창시된 (　　　　)교는 사산 왕조 페르시아 때 국교로 지정되었고, 크리스트교와 이슬람교 교리에 영향을 주었다.

(2) 진(秦)은 (　　　　) 사상을 바탕으로 부국강병에 성공하여 전국을 통일하였다.

(3) 그리스 · 페르시아 전쟁을 승리로 이끈 (　　　　)은/는 델로스 동맹 성립 이후 국력이 크게 확대되었다.

(4) 알렉산드로스는 정복 지역 곳곳에 그리스인을 이주시키고, 그리스식의 도시인 (　　　　)을/를 건설하여 그리스의 문화를 전파하였다.

(5) 콘스탄티누스 대제는 (　　　　)을/를 내려 크리스트교를 공인하였다.

03 각 학파에 해당하는 내용을 옳게 연결하시오.

(1) 도가 •		• ㉠ 금욕주의
(2) 유가 •		• ㉡ 무위자연
(3) 스토아학파 •		• ㉢ '예'와 '인'
(4) 에피쿠로스학파 •		• ㉣ 정신적 쾌락 추구

04 괄호 안에 들어갈 알맞은 말에 ○표 하시오.

(1) (아시리아, 아케메네스 왕조 페르시아)는 피정복민에 대한 관용 정책을 바탕으로 정복지 주민의 협력을 얻어 약 200년 동안 통일 제국을 유지하였다.

(2) 진(秦) 시황제는 흉노를 북쪽으로 몰아내고 그들을 견제하고자 (만리장성, 아방궁)을 축조하였다.

(3) 한의 (고조, 무제)는 부족한 재정을 보충하기 위해 소금, 철, 술에 대한 전매 제도를 실시하였다.

(4) (아테네, 스파르타)는 그리스 · 페르시아 전쟁 이후 민회 중심의 직접 민주 정치를 발전시켰다.

(5) 포에니 전쟁 이후 (그라쿠스 형제, 카이사르)가 귀족의 대토지 소유 억제와 자영농 육성을 위한 개혁을 시도했지만 실패하였다.

(6) (옥타비아누스, 콘스탄티누스)는 콘스탄티노폴리스(비잔티움)로 수도를 옮겼다.

05 다음 물음에 알맞은 답을 쓰시오.

(1) 중앙 집권적인 통치 체제를 확립하여 아케메네스 왕조 페르시아의 전성기를 이끌었던 인물은? ······ (　　　)

(2) 춘추 전국 시대에 등장한 다양한 학파와 사상가를 일컫는 말은? ·· (　　　)

(3) 한 무제가 흉노 정벌에 성공하여 중앙아시아까지 세력을 확대하는 과정에서 개척된 길은? ············ (　　　)

(4) 한 왕조 때 종이 만드는 법을 개량하여 종이의 생산을 쉽게 만든 인물은? ··································· (　　　)

(5) 참주(독재자)가 될 위험이 있는 사람의 이름을 도자기 파편에 적게 하여 해당 인물을 10년 동안 국외로 추방했던 아테네의 제도는? ······························· (　　　)

(6) 헬레니즘 시대에 제논이 창설하여 개인의 행복과 마음의 안정을 중요시하며 금욕주의를 강조한 학파는? ··· (　　　)

(7) 로마에서 4층 규모의 원형 경기장으로 동시에 5만 명을 수용할 수 있으며, 검투사의 싸움이 펼쳐지거나 물을 채워 모의 해상전을 벌였던 건축물은? ···· (　　　)

중단원 실력 쌓기

중요

01 (가) 국가에 대한 설명으로 옳은 것은?

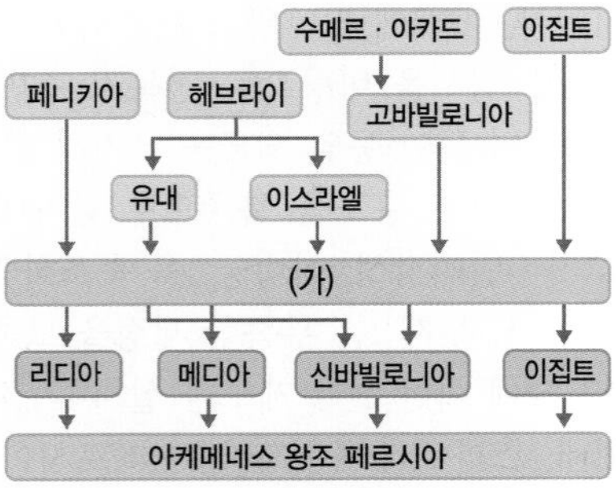

▲ 서아시아 국가의 변천 과정

① 서아시아 지역을 두 번째로 통일하였다.
② 다리우스 1세 때 대제국을 건설하고 전성기를 맞이하였다.
③ 피정복민에 대한 강압적 통치로 반란이 일어나 멸망하였다.
④ 서쪽으로 세력을 확장하기 위해 그리스를 공격하였지만 실패하였다.
⑤ 세금을 거두는 대신 피정복민의 고유한 문화를 인정하고 자치를 허용하였다.

02 다음과 같은 특징을 갖는 종교로 옳은 것은?

- 선(善)의 신 아후라 마즈다를 숭배한다.
- 아후라 마즈다의 상징인 불을 숭배한다.
- 구세주의 출현, 최후의 심판, 천국과 지옥과 같은 교리가 크리스트교 등에 영향을 끼쳤다.

① 불교 ② 유대교 ③ 브라만교
④ 이슬람교 ⑤ 조로아스터교

03 다음 설명에 해당하는 나라로 옳은 것은?

- 아케메네스 왕조 페르시아 제국의 멸망 후 기원전 3세기 무렵 이란 동북부 지역에 등장하였다.
- 로마 제국, 쿠샨 왕조와 경쟁하였다.
- 동서를 잇는 중계 무역을 통해 번영하였다.

① 메디아 ② 아시리아 ③ 파르티아
④ 페니키아 ⑤ 바빌로니아

중요

04 빗금 친 영역을 차지하였던 국가에 대한 설명으로 옳지 <u>않은</u> 것은?

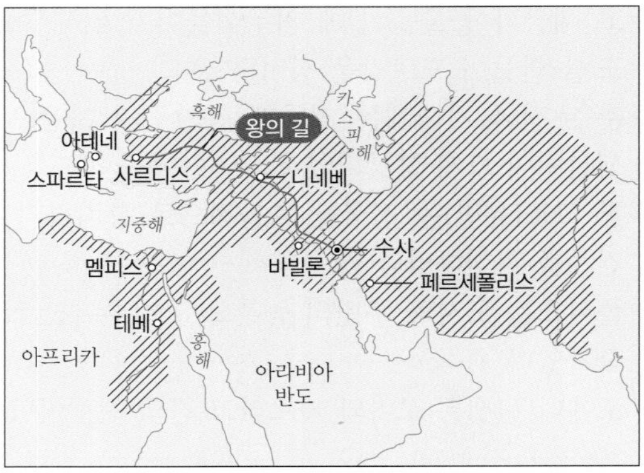

① 7세기 중엽 이슬람 세력에게 멸망당했다.
② 기원전 6세기 중엽 분열되어 있던 서아시아를 재통일하였다.
③ '왕의 눈', '왕의 귀'라 불린 감찰관을 파견하여 지방의 총독을 감시하였다.
④ 피정복민에게 세금을 거두는 대신 고유한 풍습을 인정하고 자치를 허용하였다.
⑤ 왕의 명령을 신속하게 전달하고 세금 징수를 위해 수도와 각 지방을 연결하는 도로를 건설하였다.

05 다음 자료와 관련된 나라에 대한 설명으로 옳은 것만을 〈보기〉에서 고른 것은?

나는 키루스 2세, 세계의 왕, 위대한 왕, 정정당당한 왕, 사방의 왕이며 …… 아후라 마즈다의 뜻에 따라 말하니 살아 있는 한 너희의 전통과 종교를 존중하겠다.

▲ 키루스 2세의 원통

보기
ㄱ. 파르티아를 멸망시켰다.
ㄴ. 조로아스터교를 국교로 지정하였다.
ㄷ. 전국을 20여 개의 주로 나누어 총독을 파견하였다.
ㄹ. 기원전 4세기 말 알렉산드로스의 원정으로 멸망하였다.

① ㄱ, ㄴ ② ㄱ, ㄷ ③ ㄴ, ㄷ
④ ㄴ, ㄹ ⑤ ㄷ, ㄹ

중요
06 다음 지도에 나타난 시대에 대한 설명으로 옳지 않은 것은?

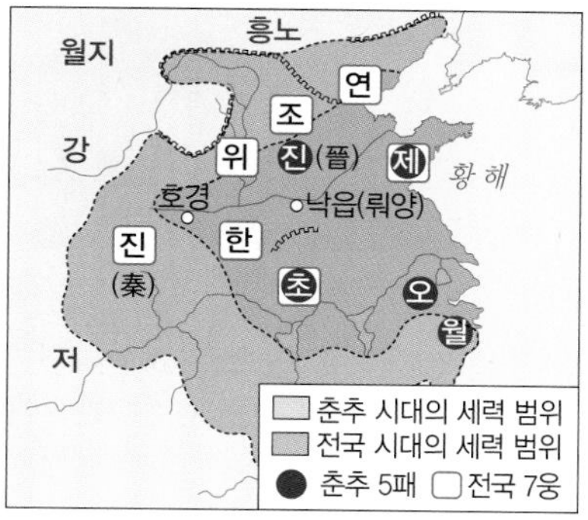

① 철제 무기가 사용되었다.
② 모든 나라가 법가 사상을 바탕으로 백성을 통제하였다.
③ 제자백가가 출현하여 사회 혼란의 해결책을 제시하였다.
④ 철제 농기구와 소를 이용하면서 농업 생산력이 크게 향상되었다.
⑤ 주 왕실의 권위가 떨어져 제후들이 각자 독립하여 세력을 키워 나갔다.

07 춘추 전국 시대에 다음과 같은 주장을 한 사상가로 옳은 것은?

오직 덕으로 백성을 이끌고 예로서 따르게 해야 합니다.

① 노자 ② 공자 ③ 묵자
④ 장자 ⑤ 한비자

08 진(秦)의 시황제에 대한 설명으로 옳은 것만을 〈보기〉에서 고른 것은?

| 보기 |
ㄱ. 중국을 최초로 통일하였다.
ㄴ. 문자, 화폐, 도량형을 통일하였다.
ㄷ. 유가의 사상을 통치 이념으로 삼았다.
ㄹ. 과거제를 시행하여 인재를 등용하였다.

① ㄱ, ㄴ ② ㄱ, ㄷ ③ ㄴ, ㄷ
④ ㄴ, ㄹ ⑤ ㄷ, ㄹ

09 한 무제의 업적으로 옳은 것만을 〈보기〉에서 고른 것은?

| 보기 |
ㄱ. 군국제 실시 ㄴ. 비단길 개척
ㄷ. 만리장성 축조 ㄹ. 소금, 철 등 전매제 실시

① ㄱ, ㄴ ② ㄱ, ㄷ ③ ㄴ, ㄷ
④ ㄴ, ㄹ ⑤ ㄷ, ㄹ

10 밑줄 친 '역사서'로 옳은 것은?

사마천은 흉노와의 전쟁에서 패한 장군을 옹호하다가 한 무제의 노여움을 사 큰 형벌을 받았다. 하지만 그는 좌절하지 않고 역사 편찬에 몰두하여 동아시아 역사 편찬의 모범이 되는 <u>역사서</u>를 완성해 냈다.

① 역사 ② 사기 ③ 춘추
④ 전국책 ⑤ 삼국지

중요
11 다음 지도에 나타난 장건의 서역 행로와 관련된 설명으로 옳은 것만을 〈보기〉에서 고른 것은?

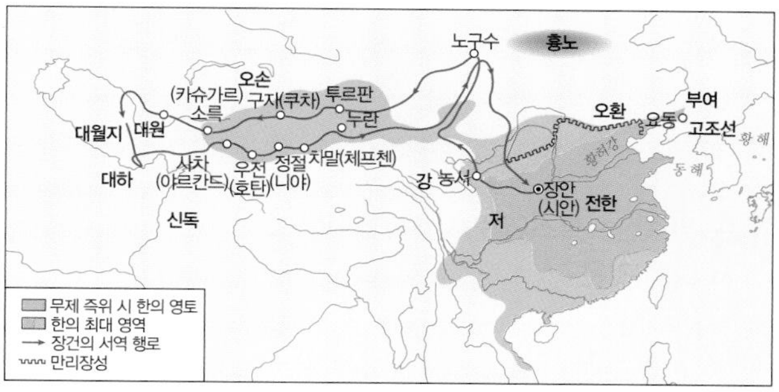

| 보기 |
ㄱ. 비단길 개척의 계기가 되었다.
ㄴ. 흉노 정벌을 목적으로 한 활동이었다.
ㄷ. 인도의 불교를 수용하기 위해 파견되었다.
ㄹ. 지방에 파견된 총독을 감시하기 위해서였다.

① ㄱ, ㄴ ② ㄱ, ㄷ ③ ㄴ, ㄷ
④ ㄴ, ㄹ ⑤ ㄷ, ㄹ

12 그리스의 폴리스에 대한 설명으로 옳은 것만을 〈보기〉에서 고른 것은?

| 보기 |
ㄱ. 스파르타에서는 민주 정치가 발달하였다.
ㄴ. 동족 의식을 다지기 위해 올림피아 제전이 열렸다.
ㄷ. 중심 도시에는 페르세폴리스와 '왕의 길'이 있었다.
ㄹ. 펠로폰네소스 전쟁 이후 스파르타가 주도권을 잡았다.

① ㄱ, ㄴ ② ㄱ, ㄹ ③ ㄴ, ㄷ
④ ㄴ, ㄹ ⑤ ㄷ, ㄹ

중요
13 다음 내용과 관련된 아테네의 정치 체제를 설명한 것으로 옳지 않은 것은?

권력은 소수의 수중에 있지 않고 전 시민에게 있기 때문에 우리의 정치 제도를 민주주의라고 부릅니다. …… 공직에 임명할 때 그것은 그가 어느 특정한 계층에 속해 있기 때문이 아니라, 그가 갖고 있는 실질적인 능력 때문입니다. …… 우리는 민회에서 정책을 결정하거나 적절한 토론에 부칩니다.
-투키디데스, 『역사』-

① 원로원 중심의 직접 민주주의가 발전하였다.
② 클레이스테네스는 도편 추방제를 도입하였다.
③ 솔론은 재산의 정도에 따라 참정권을 부여하였다.
④ 그리스 · 페르시아 전쟁의 승리 이후 더욱 발전하였다.
⑤ 여자와 외국인, 노예에게 정치 참여의 권리를 인정하지 않았다.

14 알렉산드로스의 동서 융합 정책으로 옳은 것만을 〈보기〉에서 고른 것은?

| 보기 |
ㄱ. 조로아스터교를 국교로 지정하였다.
ㄴ. 그리스인과 페르시아인 사이의 결혼을 장려하였다.
ㄷ. 정복지에 알렉산드리아라는 도시를 세우고, 그리스인을 이주시켰다.
ㄹ. 지방에 총독을 파견하고, '왕의 눈', '왕의 귀'라 불리는 감찰관을 파견하였다.

① ㄱ, ㄴ ② ㄱ, ㄹ ③ ㄴ, ㄷ
④ ㄴ, ㄹ ⑤ ㄷ, ㄹ

15 다음 유적과 관련된 문화에 대한 설명으로 옳지 않은 것은?

▲ 파르테논 신전

① 신의 모습을 인간의 모습으로 표현하였다.
② 합리적, 인간 중심적인 문화가 발전하였다.
③ 호메로스는 일리아드와 같은 작품을 남겼다.
④ 크리스트교가 유럽의 보편적인 종교로 자리 잡았다.
⑤ 소크라테스 등의 철학자들이 등장하여 서양 철학의 기초가 만들어졌다.

중요
16 다음 문화유산을 제작한 제국의 문화적 특징으로 옳지 않은 것은?

▲ 라오콘 군상

① 실용적인 문화가 발달하였다.
② 유클리드가 기하학을 발전시켰다.
③ 아르키메데스가 물리학을 발전시켰다.
④ 스토아학파, 에피쿠로스학파가 등장하였다.
⑤ 세계 제국이 건설되면서 세계 시민주의와 개인주의 경향이 나타났다.

17 다음과 같은 주장을 내세운 사람으로 옳은 것은?

• 소수 귀족의 대토지 소유를 제한해야 한다.
• 빈민에게 싼 가격으로 곡물을 분배해야 한다.
• 농민에게 토지를 재분배하고, 국고 보조금을 지원해야 한다.

① 카이사르 ② 옥타비아누스
③ 그라쿠스 형제 ④ 아리스토텔레스
⑤ 콘스탄티누스 대제

서술형·논술형

서술형

01 다음 지도를 보고, 장건이 서역에 파견한 배경과 그 결과를 서술하시오.

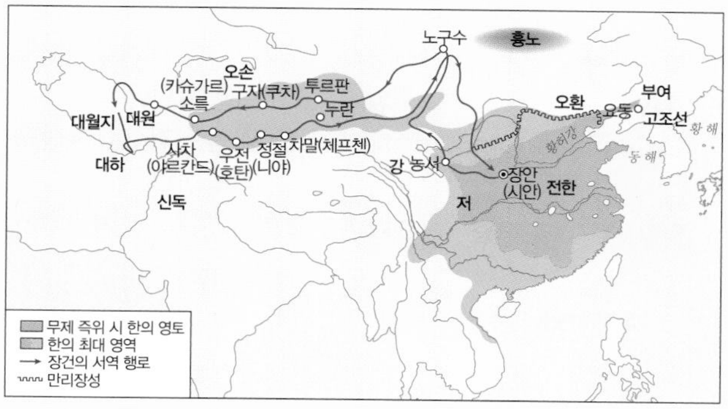

서술형

02 다음 자료를 보고 물음에 답하시오.

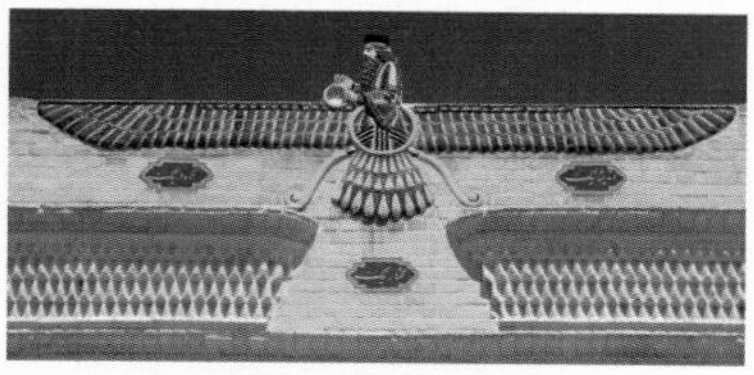
▲ 아후라 마즈다(부조)

(㉠)은/는 선의 신인 아후라 마즈다를 불, 밝음과 동일시하여 숭배하였다. (㉠)은/는 불을 섬기는 종교라 하여 '배화교'라고 불리기도 하였다. 아케메네스 왕조 페르시아의 다리우스 1세 때 후원을 받아 널리 확산되었다. 사산 왕조 페르시아 때는 국교로 지정되기도 하였다.

(1) ㉠에 해당하는 종교를 쓰시오.

(2) ㉠ 종교가 이후 등장하는 종교에 어떤 영향을 끼쳤는지 서술하시오.

논술형

03 (가), (나)가 각각 어떤 학파의 주장에 해당하는지 쓰고, (가) 사상이 진(秦)의 중국 통일에 어떤 영향을 주었는지, 시황제가 (나) 사상을 왜 탄압하였는지 300자 내외로 논술하시오.

(가) 명철한 군주는 뭇 신하가 법(法)을 벗어날 궁리를 못하게 하고, 법의 적용에 온정을 기대하지 못하게 하며, 모든 행동은 법에 따르지 않는 것이 없게 한다.

–『한비자』–

(나) 힘으로써 남을 복종하게 하면 힘이 부족해서 복종하는 것이지 마음으로부터 복종하는 것이 아니다. 덕(德)으로써 남을 복종하게 하면 마음으로부터 기뻐하며 진정으로 복종하게 된다.

–『맹자』–

논술형

04 (가), (나)가 각각 어떤 기능을 하였는지 쓰고, 이를 통해 알 수 있는 로마 문화의 특징과 이러한 특징이 나타난 이유를 300자 내외로 논술하시오.

(가)

▲ 아피아 가도

(나)

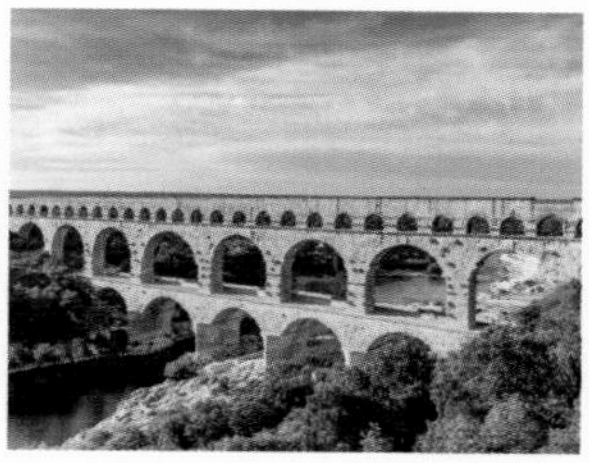
▲ 수도교

01 (가), (나)에 대한 설명으로 옳지 않은 것은?

> 역사란 (가) '과거에 일어났던 사실'과 (나) '과거 사실에 대한 기록'이라는 두 가지 의미를 가지고 있다.

① (가) – 객관적인 의미로서의 역사를 이야기한다.
② (가) – 과거의 사실 자체는 이미 지나간 일이므로 기록하는 사람에 따라 변하지 않는다.
③ (나) – 과거에 실제로 일어난 모든 사실을 말한다.
④ (나) – 기록하는 사람의 가치관이나 시대에 따라 다르게 기록될 수 있다.
⑤ (나) – 과거의 수많은 사실 가운데 의미 있고 가치 있는 일을 선택하여 기록한 사실을 가리킨다.

중요

02 다음 유물이 만들어진 시대의 생활 모습으로 옳은 것은?

▲ 빌렌도르프의 비너스

▲ 라스코 동굴 벽화

① 문자를 사용하였다.
② 청동기를 제작하였다.
③ 농경과 목축을 시작하였다.
④ 뗀석기로 수렵과 채집을 하였다.
⑤ 토기를 만들어 곡물을 저장하였다.

서술형

03 다음과 같이 주거지가 변화하게 된 배경을 생활 방식의 변화와 관련지어 서술하시오.

▲ 막집

→

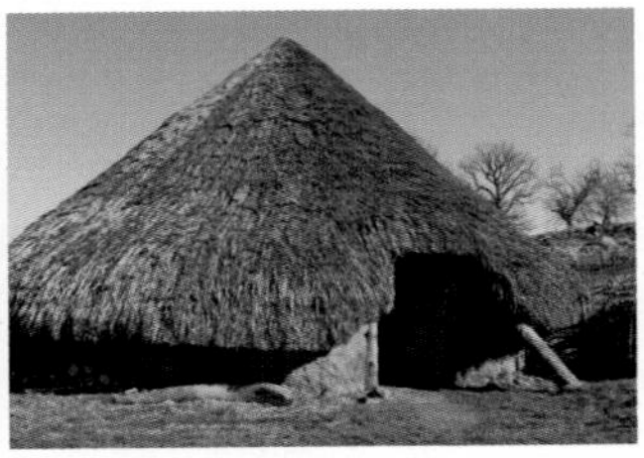

▲ 움집

04 다음 제도를 시행한 나라에 대한 설명으로 옳은 것은?

① 갑골문을 사용하였다.
② 미라, 사자의 서를 제작하였다.
③ 태음력과 60진법을 사용하였다.
④ 도시마다 지구라트를 축조하였다.
⑤ 이민족의 침입을 받아 수도를 동쪽으로 옮겼다.

중요

05 다음 내용의 법전이 있었던 문명에 대한 설명으로 옳은 것은?

> 195조 아들이 아버지를 때리면 두 손을 자른다.
> 196조 남의 눈을 상하게 한 자는 그의 눈도 상하게 한다.
> 198조 귀족이 평민의 눈을 상하게 하거나 뼈를 부러뜨리면 은화 1미나(약 80g)를 지불해야 한다.
> 205조 노예가 귀족의 뺨을 때렸으면 그의 귀를 자른다.

① 표음 문자를 사용하였다.
② 스핑크스, 피라미드를 건축하였다.
③ 점토판에 쐐기 문자로 기록하였다.
④ 엄격한 신분 제도인 카스트 제도가 확립되었다.
⑤ 하라파와 모헨조다로와 같은 계획도시를 건설하였다.

06 다음 지도에 해당하는 고대 세계에 대한 설명으로 옳은 것은?

① 자연 현상을 찬미한 경전 '베다'를 만들었다.
② 북아프리카에 식민지 카르타고를 건설하였다.
③ 야훼를 유일신으로 여기는 종교가 성립되었다.
④ 올림피아 제전을 통해 동족 의식을 강화하였다.
⑤ 현세를 중시하는 사상이 반영된 '길가메시 서사시'가 쓰였다.

중요

07 **다음 지도의 상황이 전개되던 시기에 있었던 사실로 옳은 것만을 〈보기〉에서 고른 것은?**

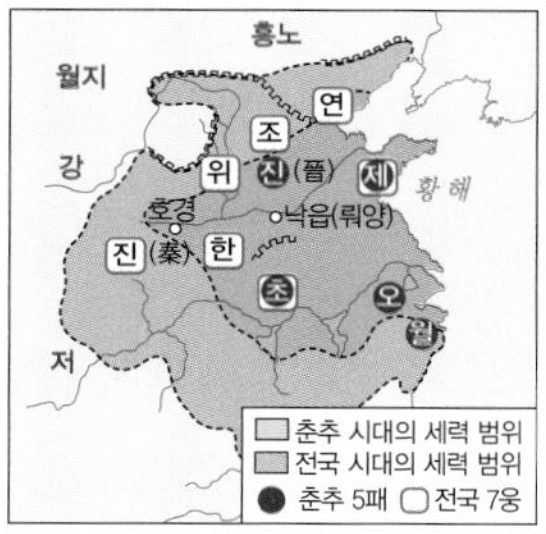

보기
ㄱ. 문자, 화폐, 도량형이 통일되었다.
ㄴ. 흉노를 북쪽으로 몰아내고 만리장성을 축조하였다.
ㄷ. 제자백가가 출현하여 사회적 혼란의 해결책을 제시하였다.
ㄹ. 철제 농기구가 사용되고, 소를 이용해 농사를 짓기 시작하였다.

① ㄱ, ㄴ ② ㄱ, ㄷ ③ ㄴ, ㄷ
④ ㄴ, ㄹ ⑤ ㄷ, ㄹ

08 **다음 서적이 저술된 왕조에서 있었던 사실로 옳은 것은?**

『사기』는 사마천이 중국의 신화시대부터 한 무제 때까지의 역사를 편찬한 책이다. 사마천은 흉노에 투항한 친구를 변호하다가 한 무제의 노여움을 사 궁형을 당하는 수모를 극복하고 10여 년의 노력 끝에 『사기』를 완성하였다.

① 훈고학이 발달하였다.
② 상앙이 개혁을 추진하였다.
③ 조로아스터교가 유행하였다.
④ 춘추 전국 시대를 통일하였다.
⑤ 최초로 황제 칭호를 사용하였다.

서술형

09 **다음 내용과 관련된 인물을 쓰고, 종이의 발명이 끼친 영향을 서술하시오.**

종이가 발명되기 전에는 대나무를 쪼개서 만든 죽간이나 나뭇조각으로 만든 목간, 또는 비단에 글을 썼다. 그러나 죽간이나 목간은 무거웠고, 비단은 비쌌다. 한 왕조 시기에 종이 만드는 법이 개량되어 가벼우면서도 싸고 편리한 종이가 등장하였다.

10 **(가)~(다)의 제도를 일어난 순서대로 옳게 나열한 것은?**

(가) 참주(독재자)가 될 위험이 있는 인물을 도자기 조각에 적어 투표한 후, 위험 인물이 결정되면 10년 동안 외국으로 추방하였다.
(나) 민회에 모든 성인 남성 시민이 참석하였다. 수당 제도를 통해 가난한 시민도 정치에 참여할 수 있었고, 추첨 제도를 통해 시민들이 관직을 맡았다.
(다) 보유하고 있는 재산을 기준으로 시민을 4개의 등급으로 구분하여 정치적 권리를 차등 분배하였다.

① (가)－(나)－(다) ② (나)－(가)－(다)
③ (나)－(다)－(가) ④ (다)－(가)－(나)
⑤ (다)－(나)－(가)

11 **(가), (나) 사이 시기의 일로 옳은 것은?**

(가) 옥타비우스가 원로원으로부터 ‘아우구스투스’ 칭호를 받았다.
(나) 서로마 제국이 게르만족의 침입으로 멸망하였다.

① 카이사르가 갈리아를 정복하였다.
② 콘스탄티노폴리스로 수도가 옮겨졌다.
③ 왕정에서 공화정으로 정치 체제가 바뀌었다.
④ 포에니 전쟁에서 로마가 카르타고에 승리하였다.
⑤ 그라쿠스 형제가 자영 농민의 몰락을 막기 위한 개혁에 나섰다.

중요

12 **다음 건축물을 제작한 나라의 문화에 대한 설명으로 옳지 <u>않은</u> 것은?**

▲ 콜로세움

① 실용적 문화가 발달하였다.
② 도시를 잇는 도로망이 발달하였다.
③ 스토아학파와 에피쿠로스학파가 처음 나타났다.
④ 12표법, 시민법, 만민법 순으로 법률이 개정되었다.
⑤ 크리스트교를 박해하다가 합법 종교로 인정하고 국교로 삼았다.

수행 평가 수행 평가 미리보기

선생님의 출제 의도

고대 문명 · 제국의 특징을 보여 주는 유물과 유적을 탐구한다.

1단원에서는 고대 문명(메소포타미아, 이집트, 인도, 중국)과 고대 제국(페르시아, 진 · 한, 알렉산드로스, 로마 등)에 대해 살펴봤습니다. 이 시기의 역사는 기록으로 확인되는 내용도 있지만, 현재 남아 있는 유물과 유적을 통해서 그때의 모습을 상상해 볼 수도 있습니다. 또한 해당 시기와 관련된 유물과 유적들은 유네스코 세계 유산으로 선정되어 모든 인류가 함께 보존해야 할 가치가 있는 것들이기도 합니다. 그로 인해 많은 사람들이 해외 여행을 떠나면 고대 문명과 제국을 엿볼 수 있는 흔적을 찾아다니기도 하는 것입니다. 1단원에서 학습한 내용을 바탕으로 관광 홍보 자료를 만들어 보며 고대 문명과 제국의 특징을 보여 주는 유물과 유적을 확실하게 익혀봅시다.

수행 평가 문제

고대 문명과 제국의 특징을 보여 주는 유물 · 유적을 소개하는 관광 홍보 자료 만들기

A) 활동 계획 세우기

1 고대 문명과 고대 제국 중 하나를 선정한다.

2 고대 문명과 고대 제국의 특성을 보여 주는 기사를 검색한다.

B) 활동 단계

1단계 모둠별로 홍보할 주제를 확정한다.

2단계 해당 주제의 특징이 잘 드러난 유물과 유적을 찾아보고 역사, 지리, 문화 등 다양한 내용을 신문, 인터넷, 참고 서적 등을 통해 자료를 조사한다.

3단계 조사한 내용을 바탕으로 홍보 자료의 구성을 기획하고, 모둠원이 함께 관광 홍보 자료를 만든다.

4단계 모둠별로 만든 홍보 책자 내용을 소개한 후 모둠별로 평가한다.

C) 활동하기

1 모둠별 홍보 주제 선정 및 자료 조사

[예시]

선정한 주제	이집트 문명
조사한 자료 내용	나일강, 파라오, 피라미드, 스핑크스, 미라, 사자의 서, 파피루스, 그림 문자, 태양력, 10진법 ……

2 홍보 자료 구성 및 기획

[예시]

책자에 넣을 사진	책자에 넣을 내용
 ▲ 스핑크스와 피라미드 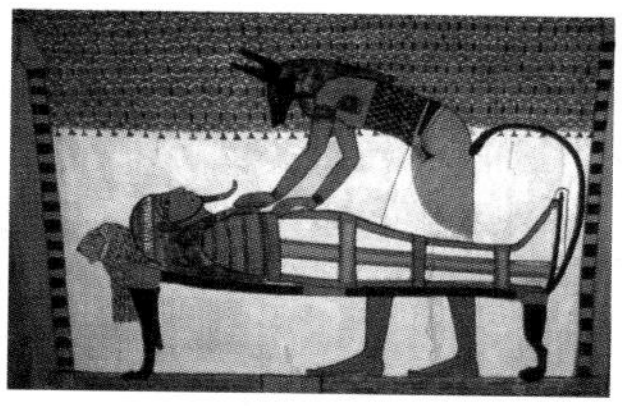 ▲ 미라를 만드는 모습  ▲ 사자의 서	이집트 문명하면 떠오르는 것이 피라미드, 스핑크스, 미라 등이다. 가장 큰 피라미드는 기자에 있는 쿠푸왕의 피라미드로 높이가 약 147m에 달하고 사용된 돌의 무게가 약 600만 톤이나 된다. 그런데 피라미드를 이루는 네 변 길이의 오차가 불과 25mm밖에 나지 않아 당시의 수학, 측량술의 수준이 놀랍게 정밀하였음을 알 수 있다. 수천 년 동안 스핑크스가 지키고 있는 피라미드 안에는 당시 최고의 권력자 파라오의 미라가 들어 있다. 이집트인들이 미라를 만든 이유는 죽은 후의 세계가 있다고 믿었기 때문이고, 언젠가 영혼이 다시 몸으로 돌아올 것을 대비해 시신이 부패하지 않도록 미라의 형태로 남긴 것이다. 이와 같은 이집트인들의 사후 세계관은 '사자의 서'를 통해 확인할 수 있는데, 이는 내세에서 받을 심판에 대비해 죽은 자를 안내해 주는 것으로 시신과 함께 묻었다. ……

채점 기준

평가 영역	채점 기준	배점
자료 정리	적절한 주제를 선정하였다.	2
	정확하고 적합한 자료를 수집하였다.	2
제작 내용	주제의 특징이 잘 드러나도록 만들었다.	2
	제작된 내용이 창의적이고 흥미를 유발하였다.	1
제작 과정 및 결과물	열심히 모둠 활동에 참여하였다.	2
	흥미로운 문구와 다양한 시각 자료를 사용하였다.	1

수행 평가 꿀 Tip **홍보 책자를 어떻게 만들어야 할지 막막하다면?**

가까운 박물관이나 전시회장, 세계 문화유산 등을 방문하면 무료로 제공해 주는 홍보물이 있습니다. 그것을 몇 개 얻어서 비교해 보면 공통적으로 들어가는 내용이 보일 것입니다. 모방은 창조의 어머니라는 말이 있죠. 무(無)에서 유(有)를 창조하는 일은 매우 어렵습니다. 따라서 기존에 만들어진 다른 것을 보고 그 형식에 맞춰 내용을 채워 보는 방법을 활용해 보세요.

Ⅱ 세계 종교의 확산과 지역 문화의 형성

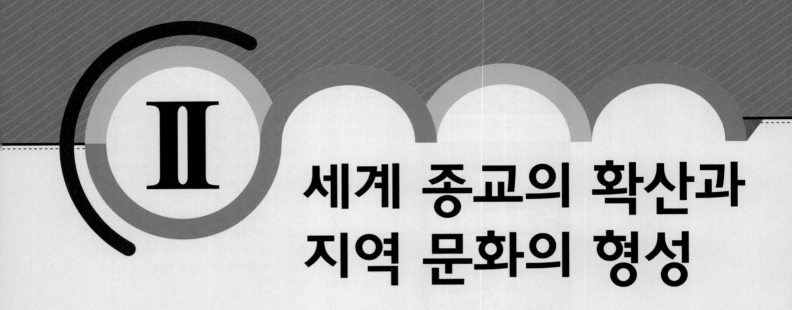

01
불교 및 힌두교 문화의 형성과 확산

02
동아시아 문화의 형성과 확산

03
이슬람 문화의 형성과 확산

04
크리스트교 문화의 형성과 확산

01 불교 및 힌두교 문화의 형성과 확산

❶ 불교의 성립과 통일 왕조

(1) 불교의 성립

① 배경: 상업의 발달로 크샤트리아·바이샤 계급 성장 → 브라만교의 형식적인 제사 의식과 카스트제의 계급 차별 비판

→ 크샤트리아는 정치, 군사를 담당하는 왕족·귀족이었고, 바이샤는 생산을 담당한 평민이었다. 카스트제에서는 브라만, 크샤트리아, 바이샤, 수드라의 4계층으로 구분되었다.

→ 브라만교는 『베다』 경전을 근거로 성립된 인도 고대 민족 종교로, 카스트 제도라는 엄격한 신분제에 바탕을 두었다.

② 성립(기원전 6세기경): 고타마 싯다르타(석가모니) – 브라만교의 권위주의와 신분 차별 반대 → 자비와 평등, 해탈 강조

→ 인간이 깨달음의 경지에 이를 때까지 삶과 죽음을 반복한다는 인도의 전통 사상을 '윤회'라고 하며, 이러한 윤회의 속박에서 벗어나는 것을 '해탈'이라고 한다.

③ 결과: 크샤트리아와 바이샤 계급의 지지로 불교 확산

집중 탐구 불교가 환영받은 이유는 무엇일까요?

고타마 싯다르타(석가모니)는 고된 수행 끝에 윤회의 속박에서 벗어나 해탈에 이르는 깨달음을 얻어 부처가 되었다. 그리고 모든 인간은 자신과 같이 수행을 통해 부처가 될 수 있다고 하였다. 종교 지도자인 브라만은 윤회와 카스트라는 운명을 벗어날 수 없다고 가르치고 브라만의 권위에 복종케 하였다. 그러나 싯다르타가 자비와 평등을 강조하자, 점차 사람들은 불교에 관심을 갖게 되었다.

◀ 고행하는 석가모니(라호르 박물관)

(2) 마우리아 왕조의 발전

① 성립: 찬드라굽타 – 마우리아 왕조 수립, 인도 북부 통일

② 발전: 아소카왕(기원전 3세기) – 남부 일부를 제외한 인도 대부분 통일

- 중앙 집권 체제 강화: 도로망 정비, 전국에 관료 파견 등
- 상좌부 불교 장려: 실론(스리랑카), 동남아시아로 전파

→ '덕이 높은 승려의 가르침을 따르는 불교'라는 뜻으로, 엄격한 수행을 통한 개인의 해탈을 중시하였다.

(3) 쿠샨 왕조와 간다라 양식의 발달

① 쿠샨 왕조

→ 쿠샨 왕조는 동서 교역로를 장악하고 중국, 서아시아, 로마를 연결하는 중계 무역으로 번성하였다.

- 성립: 인도 서북부에서부터 중앙아시아 지역 차지
- 발전: 카니슈카왕 – 영토 확장, 동서 교역로 장악, 학문과 불교 장려 → 대승 불교 등장

→ 대승은 '많은 사람을 구제하여 극락으로 태우고 가는 큰 수레'라는 뜻으로, 대승 불교는 중생의 구제를 강조하였다.

② 간다라 양식의 발달: 간다라 지방에서 헬레니즘 문화와 불교 문화의 결합 → 불상 제작(간다라 양식) → 중앙아시아, 중국 등으로 전파

→ 상좌부 불교는 마우리아 왕조의 아소카왕 때 동남아시아로, 대승 불교는 쿠샨 왕조 때 비단길을 따라 중앙아시아와 중국으로 전파되었다.

Q&A 마우리아 왕조와 쿠샨 왕조는 왜 불교를 지원하였나요?

마우리아 왕조

칼링가를 정복하면서 나는 결코 돌이킬 수 없는 양심의 가책을 느꼈다. 그들의 영토가 시체로 뒤덮인 처참한 광경을 바라보면서 나의 가슴은 찢어졌다. …… 앞으로 나는 오직 진리에 맞는 법만을 실천하고 가르칠 것이다.

▲ 아소카왕의 돌기둥

아소카왕은 전국 각지에 돌기둥을 새겨 자신의 통치 방향을 사람들에게 널리 알렸다. 아소카왕은 자신의 잘못을 뉘우치고 불교에 귀의하였으며 불교를 통치의 근간으로 삼았다.

→ 사자는 왕의 권위를 나타내고, 수레바퀴는 불교의 법과 진리를 상징한다. 오늘날 인도에서는 아소카왕의 정신을 기려 돌기둥의 머리 부분 모양을 인도 국기와 화폐 등에 사용하고 있다.

쿠샨 왕조

◀ 간다라 불상

▲ 카니슈카왕이 새겨진 금화

대승 불교에서는 부처를 신적인 존재로 여겨 불상을 제작하고 숭배하였으며, 이는 국왕의 권위와도 연계되었다. 쿠샨 왕조 때 만들어진 금화에는 한면에 카니슈카왕이, 한면에는 부처가 새겨져 있다.

✚ 마우리아 왕조와 쿠샨 왕조의 영역

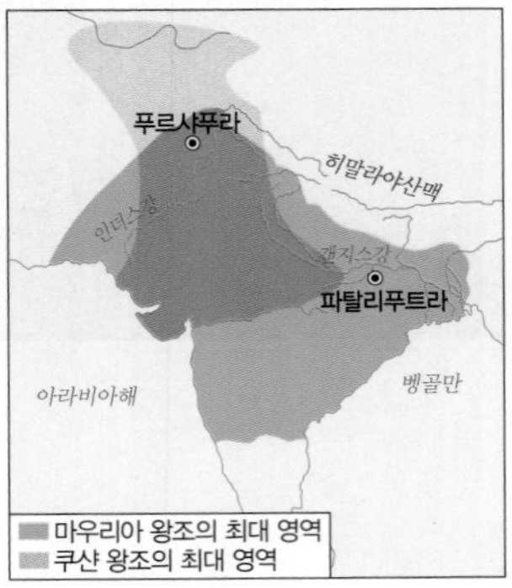

✚ 산치 대탑

아소카왕 당시 부처의 사리를 모시기 위해 세운 최초의 스투파(탑)로 알려져 있다. 스투파(탑)는 원래 '무덤'이란 뜻이다.

쿠샨 왕조의 중심지였던 간다라 지방에서는 알렉산드로스의 침입 이후 헬레니즘 문화의 영향을 받아 그리스 신상을 본떠 불상을 제작하였다.

✚ 상좌부 불교와 대승 불교

상좌부 불교	대승 불교
• 개인의 해탈 강조 • 마우리아 왕조 때 발달	• 중생의 구제 강조 • 쿠샨 왕조 때 발달

✚ 불교의 전파

❷ 굽타 왕조와 힌두교의 발전

(1) 굽타 왕조의 성립과 발전

① 성립: 4세기 초 인도 북부 재통일

② 발전: 찬드라굽타 2세 – 영토 확장, 동서 해상 교통로 확보로 경제 번영, 문화 발달

③ 쇠퇴: 에프탈의 침략으로 쇠퇴, 6세기 중엽 멸망

(2) 힌두교의 성립과 발전

'힌두'는 인더스강을 뜻하는 페르시아어로, '인도'와 같은 뜻이다. 힌두교는 인도의 종교를 의미한다.

① 성립: 브라만교에 민간 신앙, 불교 등이 결합

② 발전: 굽타 왕조의 후원 → 인도 민족 종교로 성장

③ 영향: 마누 법전 정리 → 힌두교와 카스트 제도에 기초한 사회 질서 정착

인류의 시조인 마누가 신의 계시를 받아 만들었다고 한다. 카스트를 비롯하여 각종 의례와 관습, 법 등이 기록되어 힌두교도의 일상생활에 영향을 주었다.

집중 탐구 인도인의 대표적인 종교, 힌두교

▲ 창조의 신 브라흐마

▲ 평화의 신 비슈누

▲ 파괴와 창조의 신 시바

굽타 왕조 때 브라만교를 중심으로 민간 신앙과 불교 등이 융합되어 인도 고유의 종교인 힌두교가 성립되었다. 힌두교는 창시자가 없으며 브라흐마, 비슈누, 시바 등 다양한 신을 숭배하며 토착적 신앙을 바탕으로 하였다. 힌두교는 불교의 영향을 받아 브라만의 복잡한 제사 의식과 제물을 간소화하여 사람들에게 널리 수용되었으며, 비슈누가 왕의 모습으로 세상에 나타났다고 하여 왕의 권위를 높였으므로 왕실의 보호를 받으며 성장하였다.

(3) 인도 고전 문화의 발전

① 배경: 정치적 안정과 경제적 발전 → 인도 고전 문화의 전성기 형성

② 내용: 산스크리트어 문학 발달(『마하바라타』, 『라마야나』 등), 굽타 양식의 발달(아잔타 석굴 사원, 엘롤라 석굴 사원), 수학과 천문학의 발달('0'의 개념, 원주율, 지구 자전설 등)

③ 영향: 이슬람 세계에 전파 → 이슬람의 자연 과학 발달에 영향

'순수한 언어', '완성된 언어'라는 뜻으로, 지식 계층이 사용한 인도 고유의 언어이다.

굽타 왕조의 수학자이자 천문학자인 아리아바타는 원주율을 계산하고 이를 바탕으로 지구의 둘레를 추산하였다.

인도에서 최초로 '0'이라는 숫자를 만들고 10진법을 사용하였다. 인도 숫자는 이슬람 세계에 전해져 현재 사용하는 아라비아 숫자가 되었다.

더 알아보기 ▸ 굽타 양식의 등장

연꽃을 들고 있으며, 화려한 장신구를 착용하고 있다.

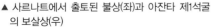

▲ 사르나트에서 출토된 불상(좌)과 아잔타 제1석굴의 보살상(우)

◀ 아잔타 석굴 사원

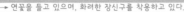

굽타 왕조 시기에 미술에서는 간다라 양식과 인도 고유의 양식이 융합된 굽타 양식이 나타났다. 아잔타 석굴 사원과 엘롤라 석굴 사원의 불상과 벽화가 대표적이다.

사르나트의 초전법륜상은 옷 주름선을 완전히 생략하고 인체의 윤곽선을 그대로 드러내고 있다. 또한 아잔타 석굴의 연화수 보살 벽화는 화려한 장신구와 연꽃뿐만 아니라 얇은 옷 속에 드러난 인체의 윤곽선 등을 특징으로 하고 있다.

+ 굽타 왕조의 영역

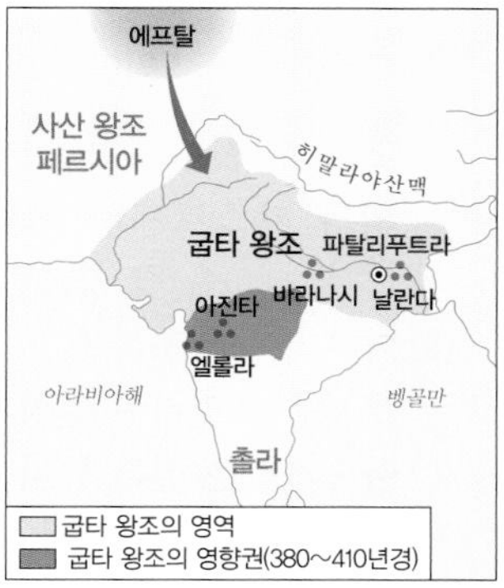

+ 간다라 양식과 굽타 양식의 불상

간다라 양식 불상	굽타 양식 불상
• 옷이 신체를 가리며 주름이 깊게 표현됨 • 머리카락이 구불거리게 표현됨(물결 모양)	• 옷이 얇아 인체의 윤곽이 그대로 드러남 • 머리 부분이 나발 형식으로 표현됨

+ 『마하바라타』와 『라마야나』

『마하바라타』와 『라마야나』는 인도의 전설과 설화를 담은 서사시로, 산스크리트어로 정리되었다.

+ 아잔타 석굴

기원전 2세기부터 기원후 7세기까지 조성된 석굴 사원으로, 불상이 없던 시기의 모습부터 굽타 양식까지 모두 관찰할 수 있다. 8세기경 불교가 쇠퇴하면서 방치되었던 것이 19세기 초에 발견되었다.

+ 엘롤라(엘로라) 석굴 사원

600~1000년에 걸쳐 만들어졌고 초기에는 불교 사원이, 후기에는 힌두교 사원이 들어섰다.

개념 다지기

01 **빈칸에 들어갈 알맞은 말을 쓰시오.**

(1) 고타마 싯다르타(석가모니)는 브라만교의 권위주의와 카스트제의 차별을 비판하고 (   )와/과 (   )을/를 강조하였다.

(2) 마우리아 왕조는 (   ) 때 남부를 제외한 인도 대부분을 통일하여 전성기를 맞이하였다.

(3) 아소카왕은 실론 등지에 포교단을 파견하여 (   ) 이/가 동남아시아 지역으로 전파되었다.

(4) (   )은/는 부처를 초월적인 존재로 신격화하여 중생의 구제를 강조하였다.

(5) 쿠샨 왕조의 중심지였던 인도 서북부에서는 헬레니즘 문화의 영향으로 (   ) 양식의 불상을 제작하였다.

(6) 굽타 왕조 때 브라만교를 중심으로 민간 신앙과 불교 등이 융합되어 (   )이/가 성립하였다.

(7) 마하바라타와 라마야나는 그동안 입으로 전해 내려오던 신화와 전설들이 (   )(으)로 기록되었다.

02 **다음 내용이 맞으면 ○표, 틀리면 ×표를 하시오.**

(1) 석가모니의 가르침은 크샤트리아와 바이샤의 지지를 받으며 널리 퍼져 나갔다. ············ (   )

(2) 상좌부 불교는 비단길을 따라 중앙아시아와 중국으로 전파되었다. ············ (   )

(3) 카니슈카왕은 불교를 장려하여 불경을 정리하고 산치 대탑 등 사원과 탑을 세웠다. ············ (   )

03 **카스트 제도에 따른 인도인의 의무와 규범을 기록한 책으로, 최근까지도 인도인들의 사회생활에 영향을 끼치고 있는 것은?**

04 **다음 설명이 가리키는 인도의 왕조를 쓰시오.**

(1) 산스크리트어가 공용어로 사용되었으며, 문학 · 미술 분야에서 인도 고유의 색채가 강하게 나타났다. ············ (   )

(2) 알렉산드로스의 침략 이후 혼란스러운 상황을 수습하고 북인도를 통일하였다. ············ (   )

(3) 중국과 서아시아를 연결하는 동서 교역로를 장악하고, 로마와도 교역하였다. ············ (   )

05 **인도의 종교에 따른 특성을 옳게 연결하시오.**

(1) 힌두교 •　　　　• ㉠ 개인의 해탈 중시

(2) 대승 불교 •　　　　• ㉡ 중생의 구제 목적

(3) 상좌부 불교 •　　　　• ㉢ 브라만교와 민간 신앙 융합

06 **다음 내용이 맞으면 ○표, 틀리면 ×표를 하시오.**

(1) 마우리아 왕조 때에는 간다라 양식이 발달하였다. ············ (   )

(2) 쿠샨 왕조 때에는 대승 불교가 발달하였다. ············ (   )

(3) 굽타 왕조 때에는 인도 고유의 색채를 띤 미술 양식이 발달하였다. ············ (   )

07 **힌두교와 관련 있는 문화유산만을 〈보기〉에서 있는 대로 고르시오.**

보기	
ㄱ. 산치 대탑	ㄴ. 아소카왕의 석주
ㄷ. 아잔타 석굴 사원	ㄹ. 엘롤라(엘로라) 석굴 사원

08 **밑줄 친 부분을 옳게 고쳐 쓰시오.**

(1) <u>마우리아 왕조</u>는 중국, 서아시아를 잇는 동서 무역로를 차지하고 중계 무역으로 번영을 누렸다. ············ (   )

(2) 쿠샨 왕조의 서북 지역에서는 인도 문화와 헬레니즘 문화가 융합된 <u>굽타 양식</u>이 발달하였다. ······ (   )

(3) 굽타 왕조에서는 국왕들이 자신을 신에 비유하면서 왕권 강화를 위해 <u>불교</u>를 보호하였다. ············ (   )

09 **중국, 한국, 일본 등 동아시아에 전파되어 불상 제작에 영향을 준 것만을 〈보기〉에서 있는 대로 고르시오.**

보기	
ㄱ. 대승 불교	ㄴ. 굽타 양식
ㄷ. 상좌부 불교	ㄹ. 간다라 양식

10 **아소카왕의 통치 방침이 새겨진 돌기둥에는 왕의 권위를 나타내는 (   )와/과 불교의 법과 진리를 상징하는 (   )이/가 조각되어 있다. 이 무늬는 현재 인도의 지폐와 국기에 그려져 있다.**

중단원 실력 쌓기

01 불교에 대한 설명으로 옳지 않은 것은?

① 고타마 싯다르타가 창시하였다.
② 엄격한 카스트 제도를 강조하였다.
③ 브라만교의 권위주의에 반대하였다.
④ 크샤트리아와 바이샤의 지지를 받았다.
⑤ 해탈에 이르는 바른 수행을 요구하였다.

중요
02 (가) 왕조 시기에 있었던 사실로 옳은 것만을 〈보기〉에서 고른 것은?

| 보기 |
ㄱ. 간다라 양식이 유행하였다.
ㄴ. 상좌부 불교가 발달하였다.
ㄷ. 산스크리트어가 공용어로 사용되었다.
ㄹ. 실론(스리랑카) 및 동남아시아와 교역하였다.

① ㄱ, ㄴ ② ㄱ, ㄷ ③ ㄴ, ㄷ
④ ㄴ, ㄹ ⑤ ㄷ, ㄹ

03 밑줄 친 '나'에 대한 설명으로 옳은 것은?

나는 무력으로 칼링가를 정복하였다. 이 전쟁에서 15만 명이 체포되고 10만 명이 목숨을 잃었다. …… 민간인들까지 이유 없이 죽거나 부상당해 고통 받는 모습을 보는 나의 가슴에는 온통 후회와 슬픔밖에 남지 않았다. …… 앞으로 나는 오직 진리에 맞는 법만을 실천하고 가르칠 것이다.

① 마우리아 왕조를 건국하였다.
② 알렉산드로스의 침략을 받았다.
③ 힌두교의 비슈누를 자처하였다.
④ 비단길을 장악하고 동서 교역을 주도하였다.
⑤ 산치 대탑을 세워 부처님의 사리를 보관하였다.

04 밑줄 친 '이 기둥'에 대한 설명으로 옳지 않은 것은?

이 기둥은 인도에서 발견된 석조 조각 유물 중 하나로, 인도 역사의 중요한 건축물이에요.

① 불교의 가르침을 새겼다.
② 산치 대탑과 함께 조성되었다.
③ 헬레니즘 문화의 영향을 받았다.
④ 아소카왕이 전국 각지에 세웠다.
⑤ 현재 인도의 국기와 화폐 문양에 활용되었다.

중요
05 (가) 왕조 시기에 있었던 사실로 옳은 것은?

① 마누 법전이 편찬되었다.
② 대승 불교가 발달하였다.
③ 석가모니가 불교를 창시하였다.
④ 인도 고전 문화의 전성기를 맞이하였다.
⑤ 엘롤라(엘로라) 석굴 사원이 만들어졌다.

중단원 실력 쌓기

06 부처의 상징이 (가)에서 (나)로 변화하게 된 배경으로 옳은 것은?

(가)

(나)

① 힌두교가 성립되었다.
② 동서 무역을 중계하였다.
③ 아잔타 석굴이 만들어졌다.
④ 헬레니즘 문화가 전파되었다.
⑤ 브라만교에 대한 비판이 일어났다.

중요

07 (가) 불교에 대한 설명으로 옳은 것만을 〈보기〉에서 고른 것은?

| 보기 |
ㄱ. 개인의 해탈을 중시하였다.
ㄴ. 왕권의 강화에 기여하였다.
ㄷ. 아소카왕이 적극 지원하였다.
ㄹ. 중생의 구제를 목표로 하였다.

① ㄱ, ㄴ ② ㄱ, ㄷ ③ ㄴ, ㄷ
④ ㄴ, ㄹ ⑤ ㄷ, ㄹ

08 (가) 왕에 대한 설명으로 옳은 것은?

로마 제국 등과의 교역에 사용된 이 금화에는 (가) 왕의 모습이 새겨져 있다. '왕들의 왕'이라는 글자가 새겨져 있어 통치 기간 당시 왕조의 최전성기를 누렸다는 사실을 알 수 있다.

① 마누 법전을 정비하였다.
② 쿠샨 왕조를 건국하였다.
③ 대승 불교를 적극 지원하였다.
④ 최초로 이슬람 왕조를 수립하였다.
⑤ 상좌부 불교를 동남아시아에 전파하였다.

09 (가) 왕조에 대한 설명으로 옳은 것은?

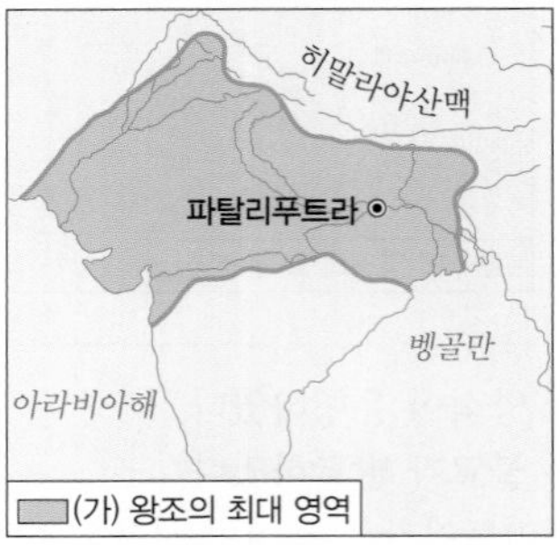

① 불상이 제작되기 시작하였다.
② 힌두교가 민족 종교로 발전하였다.
③ 카스트 제도의 신분 차별을 반대하였다.
④ 실론(스리랑카) 등지에 포교단을 파견하였다.
⑤ 불교의 가르침을 돌기둥에 새겨 전국에 세웠다.

중요

10 밑줄 친 '이 종교'에 대한 설명으로 옳지 않은 것은?

이것은 이 종교에서 숭배하는 시바 신상이다. 시바가 춤을 출 때 세상이 파괴된다고 하여 파괴의 신으로 일컫는다.

① 왕실의 보호를 받아 성장하였다.
② 카스트의 신분 차별을 인정하였다.
③ 마우리아 왕조 때 적극 장려되었다.
④ 브라만교를 바탕으로 민간 신앙이 결합되었다.
⑤ 복잡한 제사 의식과 값비싼 제물을 요구하지 않았다.

11 밑줄 친 '이것'에 대한 설명으로 옳지 <u>않은</u> 것은?

<u>이것</u>은 인도의 사상, 제도를 집대성하여 기원전 3세기경부터 기원후 3세기경 사이에 정비된 법전이다. 이 법전에는 민법, 형법뿐만 아니라 종교, 도덕을 규정하여 최근까지도 인도 사회의 규범으로 사용되고 있다.

① 쿠샨 왕조 때 정비되었다.
② 산스크리트어로 기록되었다.
③ 힌두교의 생활과 의식에 영향을 끼쳤다.
④ 카스트 제도에 따른 의무와 규범을 규정하였다.
⑤ 브라만 계급의 지위와 영향력이 높아지게 하였다.

12 밑줄 친 ㉠을 뒷받침할 수 있는 내용으로 적절하지 <u>않은</u> 것은?

굽타 왕조 시대에는 정치적 안정과 경제적 발달을 바탕으로 ㉠ <u>인도의 고전 문화가 발달</u>하였다. 특히 문학, 미술 등의 분야에서 인도 고유의 특색이 강조되었다.

① 산치 대탑 등 스투파를 세웠다.
② 아잔타 석굴 사원을 조성하였다.
③ 산스크리트어가 공용어로 사용되었다.
④ 원주율을 계산하여 지구의 둘레를 추산하였다.
⑤ 인도의 전설과 설화를 담은 마하바라타가 편찬되었다.

중요

13 (가), (나)에 대한 설명으로 옳은 것만을 〈보기〉에서 고른 것은?

(가)

▲ 사르나트 불상

(나)

▲ 아잔타 석굴 보살상

| 보기 |

ㄱ. 간다라 양식으로 제작되었다.
ㄴ. 상좌부 불교의 영향을 받았다.
ㄷ. 굽타 왕조 시대에 조성되었다.
ㄹ. 인도 고유의 특색을 엿볼 수 있다.

① ㄱ, ㄴ ② ㄱ, ㄷ ③ ㄴ, ㄷ ④ ㄴ, ㄹ ⑤ ㄷ, ㄹ

서술형 · 논술형

서술형

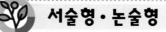

01 (가)와 (나)에 해당하는 불교 종파를 각각 쓰고, 두 종파의 차이점을 두 가지만 서술하시오.

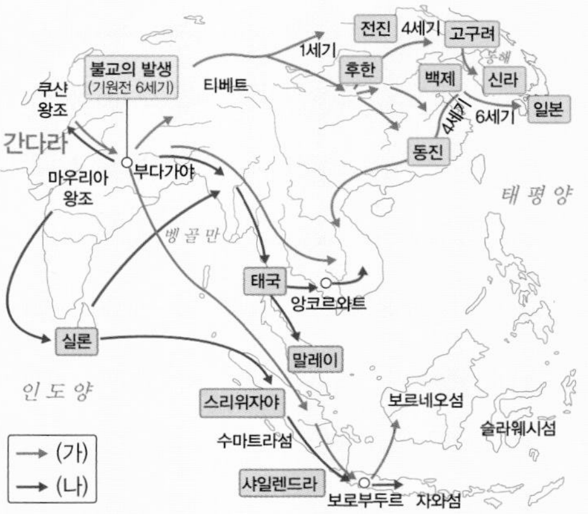

논술형

02 다음 내용을 토대로 힌두교가 인도의 대표적인 종교로 자리 잡게 된 배경을 500자 이내로 논술하시오.

• 불교의 쇠퇴 • 힌두교의 성립

02 동아시아 문화의 형성과 확산

+ 위진 남북조 시대의 전개

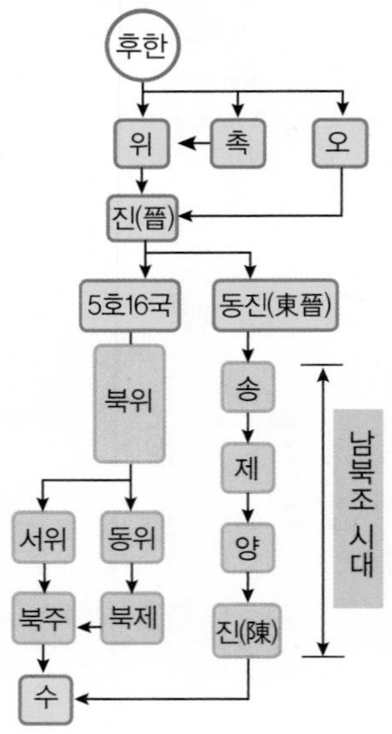

❶ 위진 남북조 시대의 전개

(1) **삼국 시대**: 후한 멸망 후 삼국(위·촉·오)으로 분열 → 위를 이은 진(晉)이 삼국 통일

(2) **5호 16국 시대**: 북방의 5민족이 화북 차지 → 한족이 창장강 이남으로 이동 → 동진 건국
- 5호는 선비·흉노·갈·강·저의 다섯 북방 민족을 가리키고, 16국은 이들과 한족이 화북 지방에 세운 나라이다.

(3) **남북조 시대**: 한족과 유목 민족의 문화 융합

① 북조: 북위(선비족)가 5호 16국 통합 → 서위와 동위로 분열 → 북주와 북제로 이어짐

• 북위 효문제의 한화 정책 실시: 뤄양 천도, 한족의 언어와 의복 사용, 한족 성씨 사용, 한족과 혼인 장려, 균전제 실시
- 뤄양 천도: 북위의 원래 수도는 북쪽의 평성(다퉁)이었는데, 한족의 기반이었던 뤄양으로 옮겼다.
- 균전제: 농인에게 일정한 토지를 나누어 주는 제도로 수·당에 계승되었다.

집중 탐구 북위 효문제의 한화 정책

▲ 북위 효문제의 출행도

"이제 중원의 언어만 사용하도록 하려고 하오. 만약 고의로 선비어를 쓴다면 마땅히 작위를 낮추고 관직에서 내칠 것이오."

북위의 효문제가 적극적인 한화 정책을 추진하여 북방 유목 민족의 문화와 한족의 문화가 융합되었다. 아울러 한족들은 북방 민족의 의자와 침대가 편리함을 알게 되어 생활에 활용하였다. 북방 민족과 한족의 문화는 서로 영향을 주고받으며 어우러졌고, 이는 수와 당으로 이어져 중국 문화 발전의 기반이 되었다.

② 남조(한족 왕조): 빈번한 왕조 교체[동진(東晉) → 송 → 제 → 양 → 진(陳)], 강남 개발로 경제 발전
- 경제 발전: 새로운 농업 기술이 보급되고 개간이 활발히 진행되어 강남 지방의 경제력이 크게 향상되었다.

(4) **위진 남북조 시대의 사회와 문화**

① 문벌 귀족 사회 형성: 9품중정제 실시 → 문벌 귀족의 성장
- 9품중정제 실시: 중정관이 주로 호족의 자제와 친족들을 추천함으로써 호족이 중앙 관직에 진출하여 문벌 귀족을 형성하게 되었다.

② 불교의 발달: 왕실과 귀족의 보호 → 윈강·룽먼 석굴 사원 조성

③ 귀족 문화의 발달(남조): 도교와 청담 사상의 유행
- 청담 사상: 모든 권위를 부정하고 자연 속에서 개인의 자유로운 삶을 추구하는 경향을 말하며, '죽림칠현'과 관련이 있다.

+ 남북조의 영역(북위와 송)

❷ 수의 통일

(1) **건국**: 선비족 계통의 양견(문제)이 통일

① 문제: 균전제, 부병제, 과거제 실시
- 과거제: 시험을 통해 관리를 선발하는 제도이다. 수 대에 실시된 이후 중국의 대표적인 관리 선발 방식으로 자리 잡았다.

② 양제: 대운하 건설 → 화북과 강남의 경제 통합
- 대운하 건설: 수 문제가 수도 장안에서 황허강을 연결하였고, 양제는 탁군(베이징)에서 여항(항저우)을 연결하였다.

(2) **쇠퇴**: 대규모 토목 공사로 백성의 불만 고조, 고구려 원정 실패 → 농민 봉기로 멸망

+ 9품중정제

중정관이 지역 사회의 평판과 덕망, 재능 등을 바탕으로 지역의 인재를 9등급으로 평가하여 중앙에 추천하는 제도이다.

+ 윈강 석굴

이 불상은 북위 황제의 모습을 본떠 만들었다고 한다.

집중 탐구 수의 대운하 건설

남북조를 통일한 수는 서쪽에서 동쪽으로 흐르는 중국의 강을 남북으로 잇는 대운하를 건설하였다. 대운하는 뤄양을 중심으로 남쪽으로는 여항(항저우)에 이르고 북쪽으로는 탁군(베이징)을 연결하였다. 대운하는 강남의 풍부한 물자를 정치의 중심지인 수도(대흥)와 군사 중심지인 탁군(베이징)으로 흡수하여 수의 중앙 집권화에 크게 이바지하였다. 대운하는 현재까지도 중국의 남북을 잇는 중요한 운송로 역할을 하고 있다. 하지만 대운하를 건설하기 위해 6년 동안 500만 명 이상이 동원될 정도로 힘겨운 일이었다.

❸ 당의 건국과 발전

(태종이 통치하는 동안 나라 전체를 평화롭게 잘 다스렸다고 하여 후세의 통치자들이 그의 연호를 따서 '정관의 치'라 불렀다. 태종은 중국과 북방 유목민의 왕을 의미하는 '천가한'이라는 칭호를 받았다.)

(1) **건국**: 이연(고조)이 장안에 건국(618)

(2) **발전**: 태종 때 가장 융성

(농민에게 조(곡물), 용(노동력), 조(특산물)를 세금으로 내게 한 제도이다.)

① 율령 체제 완성: 3성 6부와 주현제 시행, 균전제 · 조용조 · 부병제 실시

② 영토 확장: 동돌궐 정벌, 고구려 원정 시도

(형법과 행정법 중심으로 국가를 운영해 나가는 통치 방식을 말한다.)

(변방 지역을 지키기 위해 마련한 직책으로, 안사의 난 이후 주둔 지역의 군사, 행정을 장악하였다.)

(3) **쇠퇴**: 안사의 난 이후 중앙 권력 다툼, 절도사 성장, 농민 반란(황소의 난)으로 혼란 → 절도사에 의해 멸망(918)

(신라의 최치원이 당시 '토황소격문'을 작성하여 문장력을 인정받기도 하였다.)

(당 현종 시기 지방의 절도사였던 안녹산과 그 부하인 사사명이 일으킨 반란이다.)

❹ 당의 문화

(유학의 경전을 문자나 어구를 해석하는 방법으로 연구하는 경향을 말한다.)

(당 태종 때 공영달 등이 5경에 주석을 달아 설명한 책이다. 5경이란 『시경』, 『서경』, 『역경』, 『예기』, 『춘추』이다.)

(1) **귀족 문화의 발달**: 시(이백, 두보)와 산수화(왕유) 발달, 훈고학의 집대성(『오경정의』 편찬), 인도 순례 · 경전 번역(현장)으로 불교 발달, 황실의 보호로 도교 사원 건립

(2) **국제적인 문화 발달**: 국제 문물 교류 활발, 유학생 · 유학승의 왕래, 조로아스터교 · 경교(네스토리우스교) · 마니교 · 이슬람교 등 전래, 당삼채 유행

집중 탐구 당의 문화

▲ 서역인의 모습이 표현된 당삼채

(당 대에 제작된 대표적인 도자기로, 백색 · 갈색 · 녹색 3가지 색채의 유약을 사용하여 구웠다.)

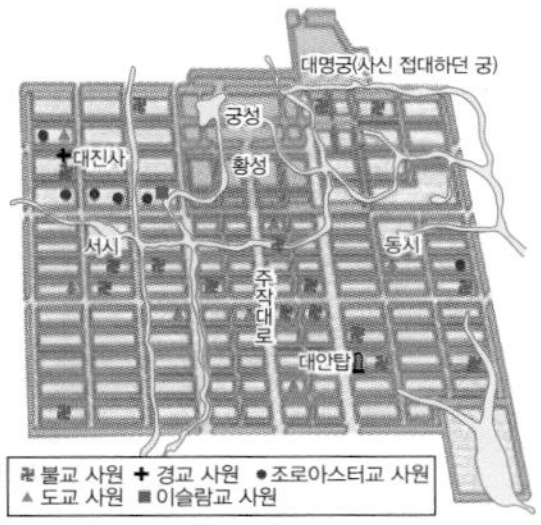

▲ 장안의 구조

▲ 현장이 인도에서 가져온 불경을 보관하기 위해 만든 대안탑

▲ 경교(네스토리우스교)의 교리를 담은 대진경교유행중국비

▲ 페르시아 춤인 호선무

당에서는 시와 서예, 회화, 공예 등 각 분야에서 귀족의 취향에 맞는 화려한 문화가 꽃을 피웠다. 당의 수도 장안은 동서 교류의 중심지로 번성하여 세계 각지의 사람들이 모여들었고, 이를 토대로 당 대에는 국제적인 문화가 발달하였다.

❺ 동아시아 문화권의 형성

(1) **만주와 한반도**: 고조선 멸망 이후 고구려 · 백제 · 신라 경쟁 → 나당 연합으로 신라가 삼국 통일 → 고구려 유민의 발해 건국으로 남북국 시대 전개

(중국과 한반도의 선진 문화를 받아들여 문화를 발전시켰다.)

(2) **일본**: 야마토 정권 수립 → 아스카 문화 발달(쇼토쿠 태자의 불교 장려) → 다이카 개신(645, 당의 율령 수용) → '일본' 국호와 '천황' 칭호 사용(7세기 말) → 헤이조쿄 건설 후 천도, 도다이사 건립 등 불교 발달(나라 시대) → 헤이안쿄(교토) 천도, 귀족 성장, 무사 등장, 가나 문자 제정 등 일본 고유문화 발달(헤이안 시대)

(한자의 음과 훈을 빌려 고대 일본어의 음절을 표기하였다.)

(3) **동아시아 문화권 형성**

① 배경: 한반도, 일본, 베트남 등이 한자 · 율령 · 유교 · 불교 등 당의 선진 문화 수용

② 영향: 한자 활용(한반도의 이두, 일본의 가나 문자, 베트남의 쯔놈 문자), 3성 6부제 도입(발해, 일본), 장안성 모방(발해 상경성, 일본 헤이조쿄), 유교 수용(공자 사당 건립), 불교 전래 → 각국의 상황에 맞게 독자적 발전

✚ 당의 최대 세력 범위

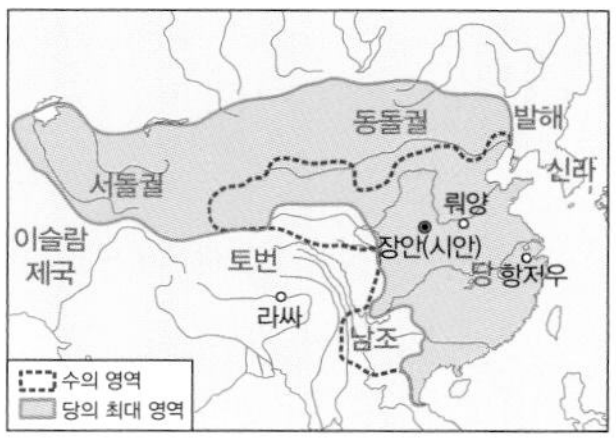

✚ 당의 3성 6부제

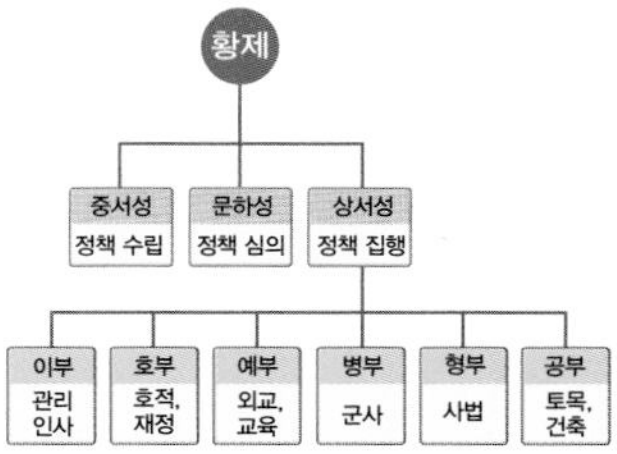

당 태종은 수의 제도를 이어받아 율령 체제를 완성하였다. 중앙에 3성 6부를 운영하고, 지방에 주현을 두어 관리를 파견하였다.

✚ 당의 농민 통치 제도

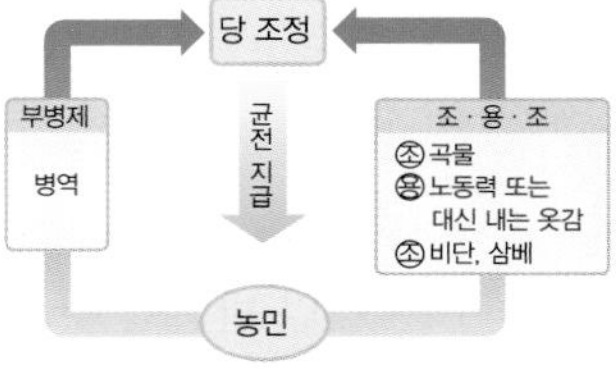

당은 균전제를 실시하여 농민에게 일정한 토지를 나누어 주었다. 그 대가로 조용조의 세금을 거두었고 농민을 병사로 복무시키는 부병제를 실시하였다.

✚ 일본 고대 국가의 중심지

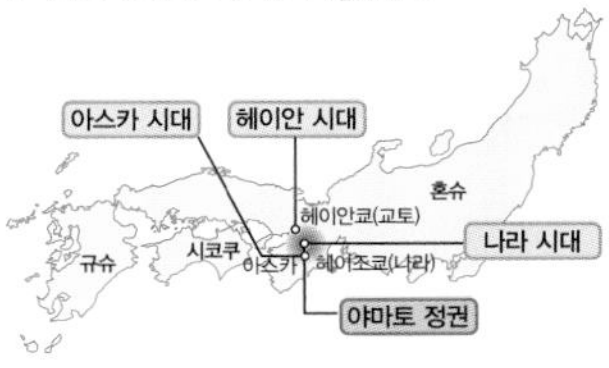

✚ 도다이사

나라 시대에 세워진 사찰로 일본 최대의 목조 건축물이다.

개념 다지기

정답과 해설 | 11쪽

01 빈칸에 들어갈 알맞은 말을 쓰시오.

(1) 북방 민족이 화북 지방을 차지하자, 화북 지방에 살던 한족은 창장강 이남으로 내려가 (　　　)을/를 세웠다.

(2) 선비족이 세운 (　　　)이/가 5호 16국의 혼란을 정리하고 화북 지방을 통일하였다.

(3) 북위의 (　　　)은/는 수도를 뤄양으로 옮긴 뒤 한화 정책을 적극적으로 추진하였다.

(4) (　　　) 시대에 윈강과 룽먼 등 거대한 석굴 사원이 만들어졌고 고구려와 백제에 불교가 전파되었다.

(5) 위진 남북조 시대에는 노장 사상과 신선 사상, 민간 신앙을 결합한 (　　　)이/가 성립되어 유행하였다.

(6) 당의 승려인 (　　　)이/가 인도를 순례하고 불교 경전을 들여와 번역하면서 불교의 수준이 높아졌다.

(7) 통일 신라와 발해는 사신과 유학생을 파견하여 (　　　)의 제도와 문물을 받아들였다.

02 다음 내용이 맞으면 ○표, 틀리면 ×표를 하시오.

(1) 화북 지방에서 이주해 온 한족이 앞선 농업 기술을 이용하여 강남 지방을 개발하였다. ………… (　　　)

(2) 수는 농민 반란인 황소의 난으로 급격히 쇠퇴하였다. ………… (　　　)

(3) 당은 추천으로 관리를 선발하는 9품중정제를 실시하였다. ………… (　　　)

03 유교 경전에 대한 시험을 통해 관리를 등용함으로써 신분보다는 능력에 따라 관리를 선발하였던 제도는?

04 다음 설명이 가리키는 세력을 쓰시오.

(1) 지방의 토착 세력이었으나 9품중정제의 실시로 중앙 관직에 진출하였다. ………… (　　　)

(2) 당의 변방을 지키기 위해 마련된 직책으로, 안사의 난 이후 권한이 막강해졌다. ………… (　　　)

(3) 당에서 이들은 대대로 관직을 독차지하면서 비슷한 가문끼리 결혼하여 자신들의 지위를 강화하였다. ………… (　　　)

05 다음 제도와 그에 해당하는 특성을 옳게 연결하시오.

(1) 균전제 •　　　• ㉠ 농민이 병사로 복무

(2) 조용조 •　　　• ㉡ 곡물, 노동력, 특산물 납부

(3) 부병제 •　　　• ㉢ 농민에게 일정한 토지 분배

06 다음 내용이 맞으면 ○표, 틀리면 ×표를 하시오.

(1) 당은 3성 6부를 운영하고 지방에 주현을 두어 관리를 파견하였다. ………… (　　　)

(2) 안사의 난을 계기로 각 지역에서 절도사의 권한이 약해지고 중앙 정부가 강해졌다. ………… (　　　)

(3) 훈고학을 집대성한 오경정의가 편찬되어 과거 시험의 기준이 되었다. ………… (　　　)

07 동아시아 문화권의 공통적인 문화 요소만을 〈보기〉에서 있는 대로 고르시오.

보기		
ㄱ. 율령	ㄴ. 유교	ㄷ. 불교
ㄹ. 도교	ㅁ. 한자	ㅂ. 경교

08 밑줄 친 부분을 옳게 고쳐 쓰시오.

(1) 쇼토쿠 태자는 한반도로부터 선진 문물을 적극적으로 받아들여 <u>국풍 문화</u>를 발전시켰다. ………… (　　　)

(2) 나라 시대에 불교가 융성하여 <u>호류사</u>와 같은 대규모 사찰이 건립되었다. ………… (　　　)

(3) 8세기 초 일본은 당의 장안성을 본떠 <u>헤이안쿄</u>를 건설하여 수도를 옮겼다. ………… (　　　)

09 당의 문화 가운데 국제적인 성격을 갖는 문화유산만을 〈보기〉에서 있는 대로 고르시오.

보기	
ㄱ. 대안탑	ㄴ. 당삼채
ㄷ. 오경정의	ㄹ. 청담 사상
ㅁ. 윈강 석굴 사원	ㅂ. 대진경교유행중국비

중단원 실력 쌓기

정답과 해설 | 11쪽

중요

01 (가) 왕조에 대한 설명으로 옳은 것은?

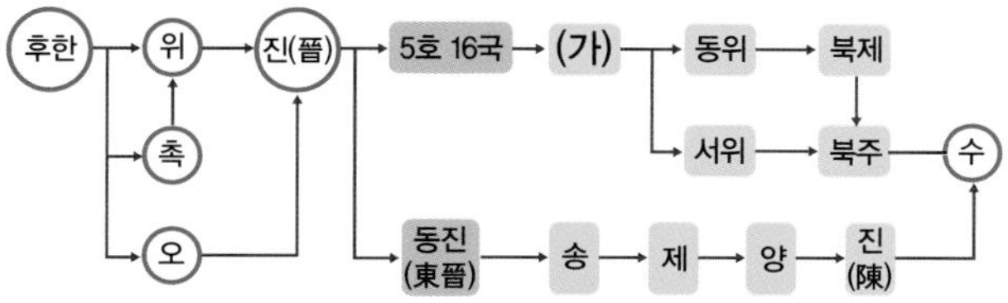

① 위를 계승하고 삼국을 통일하였다.
② 화북 지방을 점령한 흉노족이 세웠다.
③ 북방 민족과 한족의 문화를 융합하였다.
④ 한족 이주민이 창장강 이남에 건국하였다.
⑤ 두 차례에 걸친 고구려 원정에 실패하였다.

02 밑줄 친 '이 인물'에 대한 설명으로 옳지 않은 것은?

이것은 룽먼 석굴에 새겨진 조각으로, 이 인물이 예불을 드리는 장면이다. 이 인물은 수도를 평성에서 뤄양으로 옮겼다.

① 한족의 언어와 의복을 사용하였다.
② 선비족과 한족의 결혼을 장려하였다.
③ 과거제를 실시하여 관료를 선발하였다.
④ 선비족의 성씨를 한족의 성씨로 바꾸었다.
⑤ 한족과 선비족을 중앙 관직에 등용하였다.

03 밑줄 친 '이 인물'에 대한 설명으로 옳은 것은?

이 인물은 남조의 진을 정복하여 4세기 동안 분열되었던 중국을 다시 통일하였다.

① 대운하를 완성하였다.
② 만리장성을 축조하였다.
③ 율령 체제를 완성하였다.
④ 과거제를 처음 시행하였다.
⑤ 소금과 철의 전매제를 실시하였다.

04 (가) 국가에 대한 설명으로 옳은 것만을 〈보기〉에서 고른 것은?

| 보기 |

ㄱ. 한화 정책이 추진되었다.
ㄴ. 윈강 석굴 사원이 조성되었다.
ㄷ. 강남 지역의 개발이 촉진되었다.
ㄹ. 노장 사상과 청담 사상이 유행하였다.

① ㄱ, ㄴ　② ㄱ, ㄷ　③ ㄴ, ㄷ
④ ㄴ, ㄹ　⑤ ㄷ, ㄹ

중요

05 다음 지도의 운하 건설에 대한 설명으로 옳은 것만을 〈보기〉에서 고른 것은?

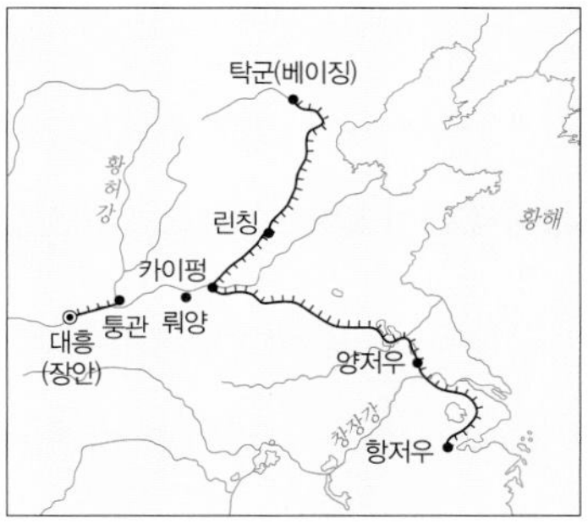

| 보기 |

ㄱ. 절도사의 성장에 영향을 주었다.
ㄴ. 농민 봉기의 원인으로 작용하였다.
ㄷ. 강남의 물자를 화북 지방으로 옮겼다.
ㄹ. 문벌 귀족의 관직 독점을 방지하였다.

① ㄱ, ㄴ　② ㄱ, ㄷ　③ ㄴ, ㄷ
④ ㄴ, ㄹ　⑤ ㄷ, ㄹ

06 밑줄 친 '이 인물'에 대한 설명으로 옳지 <u>않은</u> 것은?

> <u>이 인물</u>은 고구려 원정을 단행하였으나 결국 안시성 싸움에서 퇴각하였다. 그는 고구려 원정을 하지 말라는 방현령의 간언을 물리친 일을 후회하며, 태자에게 고구려 침공을 하지 말라고 유언했다고 한다.

① 동돌궐을 정복하였다.
② 3성 6부제를 완성하였다.
③ 오경정의를 편찬케 하였다.
④ '천가한'이라는 칭호를 얻었다.
⑤ 안사의 난을 계기로 권력이 약해졌다.

중요
07 다음 제도가 시행된 시기 농민의 생활에 대한 설명으로 옳지 <u>않은</u> 것은?

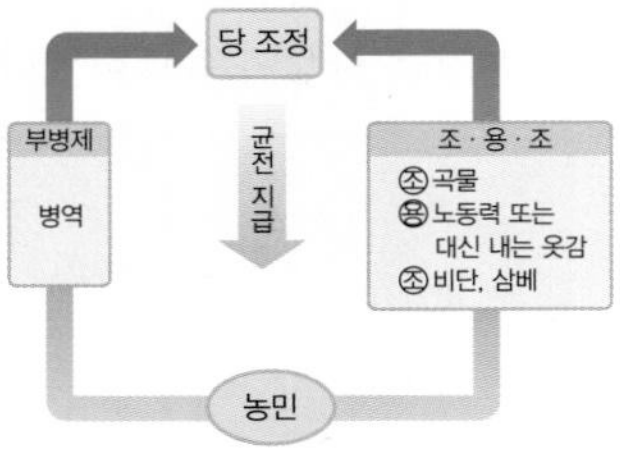

① 농한기에 군사 훈련을 받았다.
② 일정한 양의 토지를 분배받았다.
③ 지주에게 토지를 빌려 경작하였다.
④ 전쟁이 나면 병사로 전쟁터로 나갔다.
⑤ 곡물, 노역, 직물을 세금으로 납부하였다.

08 다음 도성에서 볼 수 있는 모습으로 옳지 <u>않은</u> 것은?

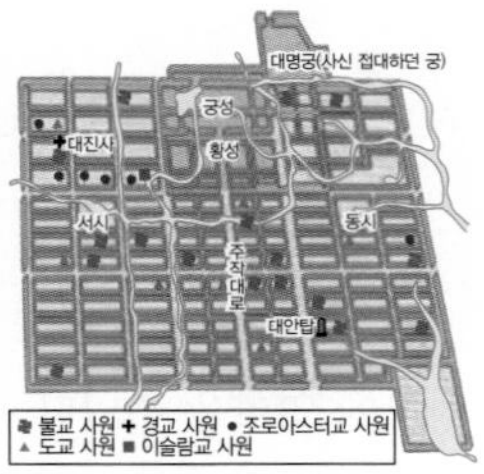

① 불을 숭배하는 조로아스터교 사원
② 대운하 건설로 고통을 호소하는 농민들
③ 승려 현장이 가져온 불교 경전을 모신 대안탑
④ 경교의 주요 교리를 새긴 대진경교유행중국비
⑤ 백·갈·녹색을 사용하여 만든 당삼채를 파는 상점

09 (가) 왕조에 대한 탐구 주제로 옳은 것만을 〈보기〉에서 고른 것은?

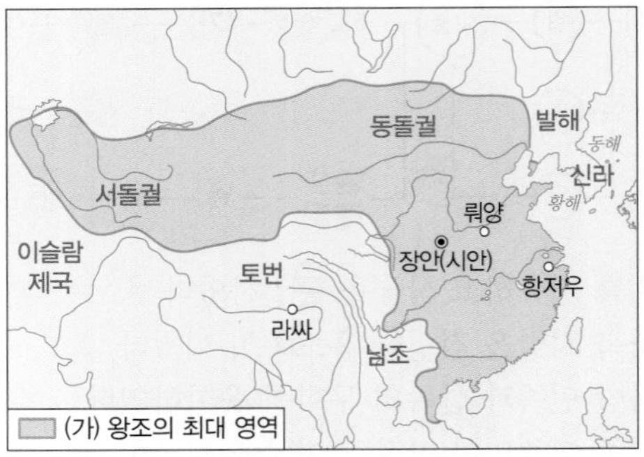

| 보기 |
ㄱ. 안사의 난과 절도사
ㄴ. 훈고학과 오경정의 편찬
ㄷ. 고구려 원정과 살수 대첩
ㄹ. 흉노 정벌과 장건의 파견

① ㄱ, ㄴ ② ㄱ, ㄷ ③ ㄴ, ㄷ
④ ㄴ, ㄹ ⑤ ㄷ, ㄹ

중요
10 다음 통치 체제에 대한 설명으로 옳지 <u>않은</u> 것은?

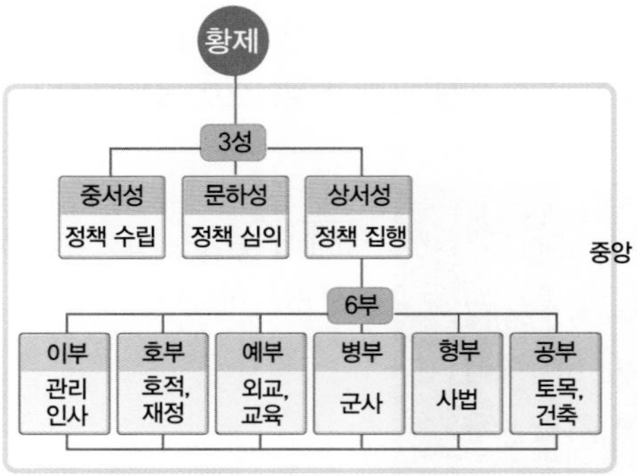

① 중정관을 통해 관리를 선발하였다.
② 수의 제도를 계승하여 정비되었다.
③ 황제 권력의 독주를 막을 수 있었다.
④ 정책 수립 – 심의 – 집행을 분리하였다.
⑤ 발해와 일본의 통치 조직에도 영향을 주었다.

11 밑줄 친 ㉠의 영향으로 이루어진 사실로 옳은 것은?

> 한반도의 삼국이 성장하는 과정에서 일어난 전쟁과 정치적 격변을 피해 많은 사람들이 일본으로 건너갔다. 일본에서는 한반도에서 온 이들을 바다를 건너온 사람들이라는 뜻의 ㉠ '도래인(渡來人)'으로 불렀다.

① 도다이사가 건설되었다.
② 다이카 개신이 일어났다.
③ 가나 문자가 제정되었다.
④ 야요이 시대가 전개되었다.
⑤ 아스카 문화가 발달하였다.

중요

12 밑줄 친 '이 인물'에 대한 설명으로 옳은 것은?

> 이 인물은 중국과 한반도에서 유교와 불교 등 선진 문물을 받아들여 중앙 집권 체제를 강화하였다.

① 호류사를 건립하였다.
② 다이센 고분을 건설하였다.
③ '천황'이라는 칭호를 사용하였다.
④ 수도를 나라에서 헤이안쿄(교토)로 옮겼다.
⑤ 당의 율령 체제를 모방한 개혁을 추진하였다.

13 다음 사찰과 불상이 처음 건립된 시대에 대한 설명으로 옳은 것만을 〈보기〉에서 고른 것은?

▲ 도다이사

▲ 도다이사 대불

| 보기 |

ㄱ. 헤이조쿄가 건설되었다.
ㄴ. 국풍 문화가 발달하였다.
ㄷ. 일본이라는 국호를 사용하였다.
ㄹ. 고유 문자인 가나를 사용하였다.

① ㄱ, ㄴ　② ㄱ, ㄷ　③ ㄴ, ㄷ
④ ㄴ, ㄹ　⑤ ㄷ, ㄹ

서술형 · 논술형

서술형

01 다음 정책을 시행한 국왕의 이름을 쓰고, 이러한 정책을 시행하게 된 배경을 서술하시오.

> "이제 중원의 언어만 사용하도록 하려고 하오. 만약 고의로 선비어를 쓴다면 마땅히 작위를 낮추고 관직에서 내칠 것이오."

논술형

02 (가), (나)의 제도가 무엇인지 쓰고, (가)에서 (나)로 제도가 바뀌게 된 이유를 서술하고, 인재 선발의 기준은 어떠해야 하는지 자신의 생각을 300자 이내로 논술하시오.

(가)　(나)

각 주현의 중정관은 관할 지역의 인재를 9등급으로 구분하여 추천하라.
유교 경전에 대한 시험을 거쳐 우수한 사람을 관리로 뽑겠다.

03 이슬람 문화의 형성과 확산

+ 6세기 교역로의 변화

+ 쿠란(이집트 국립 도서관)

무함마드가 알라로부터 받은 계시를 기록한 것으로, 이슬람교의 경전이다.

+ 칼리프

무함마드를 잇는 '계승자'라는 뜻으로, 종교 지도자이면서 정치·군사적 실권을 가졌다. 나중에는 종교적 지도자라는 의미로 권한이 축소되었다.

+ 이슬람 제국의 발전

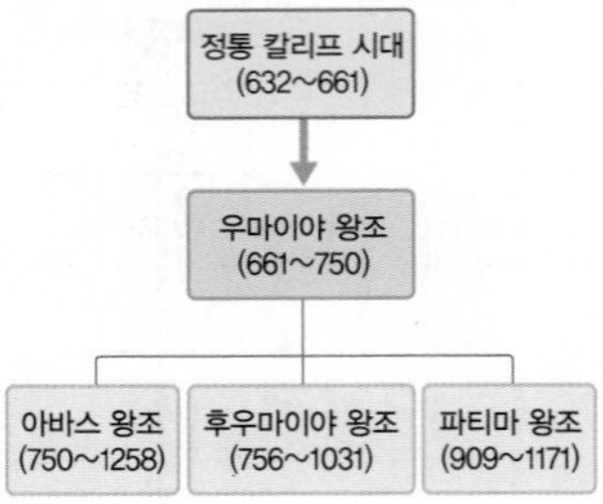

+ 수니파와 시아파

시아파는 제4대 칼리프 알리와 그의 후손만이 후계자가 될 수 있다고 보았다. 반면 수니파는 알리의 후손이 아니어도 능력에 따라 후계자의 혈통은 바뀔 수 있다고 보았으며, 이슬람교의 다수를 차지하였다.

+ 탈라스 전투

당과 아바스 왕조가 751년 중앙아시아 패권을 둘러싸고 충돌하였다. 이를 계기로 중국의 제지술이 이슬람 세계에 전파되었다.

❶ 이슬람 제국의 성립과 발전

(1) 이슬람교의 성립

① 배경: 페르시아와 비잔티움 제국의 대립 → 새로운 교역로 등장 → 메카, 메디나 번성
(새로운 교역로: 6~7세기 무렵 아라비아반도의 홍해 연안에서 아라비아해로 가는 교역로가 개척되었다.)

② 성립: 무함마드가 창시, 유일신 알라 숭배, 신 앞의 평등 강조 → 하층민의 지지, 귀족들의 탄압
(귀족들의 탄압: 귀족들은 다신교를 믿고 있었으며 신 앞에서 평등하다는 이슬람교의 주장에 반발하였다.)

③ 확산: 무함마드가 메디나로 이동(헤지라) → 이슬람 공동체 조직 → 메카 입성 → 아라비아반도 통일
(헤지라: '성스러운 이주'라는 뜻으로, 이 사건이 있었던 622년은 이슬람력의 기원이 되었다.)

Q&A 이슬람교도의 다섯 가지 의무는 이슬람 사회에 어떤 영향을 끼쳤을까?

메카
❶ 알라 이외의 신은 없고 무함마드는 알라의 사도라고 신앙 고백을 한다.
❷ 하루에 다섯 번 메카를 향해 예배를 드린다.
❸ 라마단 기간 동안 해가 떠 있을 때는 음식을 먹지 않는다.
❹ 일생에 한 번 이상 성지인 메카를 순례한다.
❺ 자기 재산의 일부를 기부하여 가난한 사람을 돕는다.

이슬람교도는 '쿠란'에 제시된 다섯 가지 의무를 지키며 생활하였다. 이러한 규정들은 이슬람교도의 행동을 규제하였고 정치·경제·사회·문화 등 사회 전반에 영향을 끼쳤다. 그 결과 이슬람교를 믿는 지역의 사람들은 쿠란과 아랍어를 공통된 문화 기반으로 이슬람 문화권을 형성하였다.

(2) 이슬람 제국의 발전

① 정통 칼리프 시대: 칼리프 선출, 시리아와 이집트 정복, 사산 왕조 페르시아를 멸망시킴

② 우마이야 왕조: 우마이야 가문이 칼리프 세습 → 수니파와 시아파로 분열, 아랍인 우월주의 실시
(아랍인 우월주의: 우마이야 왕조는 아랍인을 우대하고 아랍인이 아닌 이슬람교도를 차별하여 사람들의 불만을 샀다.)

③ 아바스 왕조: 수도 바그다드 건설, 비아랍인에 대한 차별을 없앰, 당과의 탈라스 전투 승리 → 동서 교역 장악
(비아랍인에 대한 차별을 없앰: 아바스 왕조는 비아랍인을 군인이나 관료로 등용하고 세금 부과에서도 차별을 없애 민족과 인종을 초월한 이슬람 제국으로 발전하였다.)

(3) 이슬람 세계의 확대

① 후우마이야 왕조: 이베리아반도 차지 → 유럽에 영향
(유럽에 영향: 이베리아반도의 그라나다에 있는 알함브라 궁전은 유럽에서 이슬람 왕조가 번영했음을 상징한다.)

② 셀주크 튀르크: 칼리프로부터 술탄 칭호를 받음, 예루살렘 점령
(예루살렘 점령: 셀주크 튀르크의 예루살렘 점령으로 유럽에서 십자군 전쟁이 시작되었다.)

③ 인도: 8세기 이후 이슬람 세력의 침입(→ 델리 술탄 시대)
(술탄: '권력'이라는 뜻의 아랍어로, 정치·행정·군사상의 실권을 가진 군주의 칭호로 사용되었다.)

④ 동남아시아: 이슬람 상인이 전래, 이슬람 왕국 수립

집중 탐구 이슬람 제국의 번영

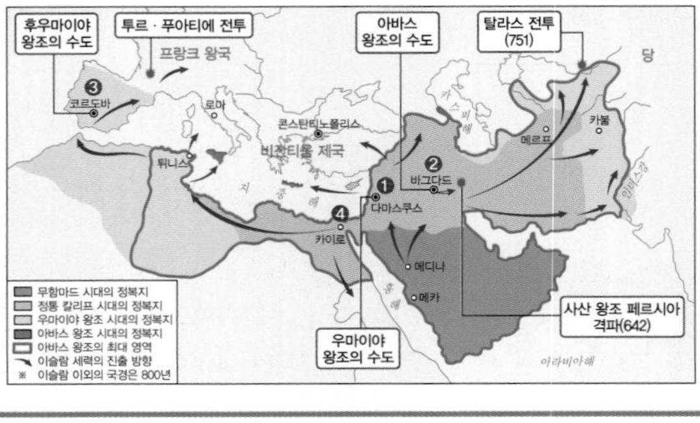

무함마드는 아라비아반도를 통일하였으며, 그의 사후 정통 칼리프 시대에 시리아와 이집트로 진출하였고 사산 왕조 페르시아를 멸망시켰다. 우마이야 왕조 때에는 중앙아시아에서 북아프리카, 이베리아반도에 이르는 대제국을 형성하였다. 아바스 왕조 때에는 탈라스 전투에서 당과 겨루어 승리하였다.

❷ 이슬람의 경제와 문화

(1) 이슬람 상인의 국제 교류

→ 아바스 왕조는 사방으로 뻗어나가는 도로망을 바탕으로 수도 바그다드를 건설하였으며, 이후 바그다드는 세계의 시장으로 불릴만큼 번성하였다.

① 배경: 상업 활동 중시, 도로망 정비 → 자유로운 상업 활동 보장 → 상인의 성장, 도시 발달

② 전개: 유럽 · 아프리카와 아시아의 통로 → 동서 교역 활발

- 육로 교역: 아프리카에서 중앙아시아를 거쳐 중국까지 왕래
- 해로 교역: 아프리카에서 지중해, 인도양을 거쳐 중국의 동부 해안까지 왕래

③ 영향

→ 향신료는 음식에 풍미를 주어 식욕을 촉진시키는 식품으로, 이슬람 상인들은 인도양을 통한 해상 향신료 교역을 독점하여 막대한 이익을 차지하였다.

- 금 · 은, 비단, 향신료 등 거래 → 막대한 이익 독점
- 나침반 · 화약 · 제지술 등 중국 문물을 유럽에 소개 → 유럽의 과학 기술 발달에 영향

더 알아보기 ▶ 이슬람 상인의 활동

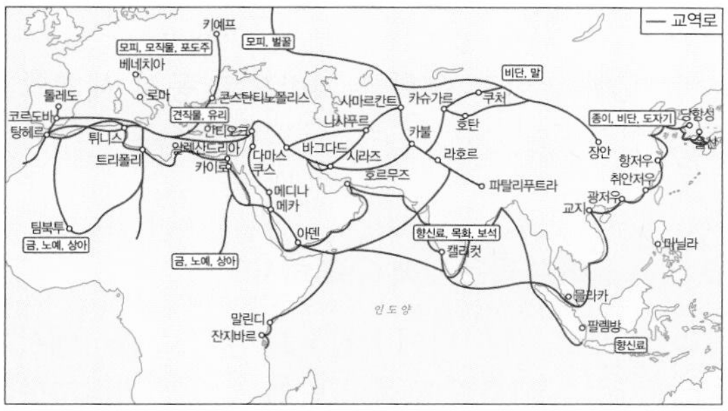

이슬람 국가들은 이슬람의 교리에 따라 도로망을 정비하는 등 상업 활동을 지원하였다. 그 결과 상업과 교역이 발달하고 도시가 성장하였다. 이슬람 상인들은 육로와 해로를 통해 아프리카에서 중앙아시아를 거쳐 중국까지 왕래하면서 무역을 주도하였으며, 중국의 제지술 · 나침반 · 화약을 유럽에 전파하는 등 동서 문화 교류에도 크게 기여하였다.

(2) 이슬람 문화권의 형성

→ 이슬람 사회는 '쿠란'의 가르침이 일상생활을 지배하는 사회였다.

① 이슬람 문화권: 신학과 법학 발달, 쿠란과 아랍어 중시 → 종교 중심의 사회

② 역사학 발달: 무함마드의 전기 제작

③ 천문 · 지리학 발달: 메카 순례와 상업 활동에 필요

→ 이슬람에서는 메카를 향한 예배와 성지 순례, 교역을 위해 천문 · 지리학이 활발하게 연구되었다.

④ 문학: 『아라비안나이트』가 대표적

⑤ 건축: 모스크 건축 활발(둥근 지붕과 뾰족한 탑, 아라베스크 문양 발달)

⑥ 자연 과학 발달: 의학 · 천문학 · 화학 · 수학 · 연금술 발달

더 알아보기 ▶ 이슬람의 과학

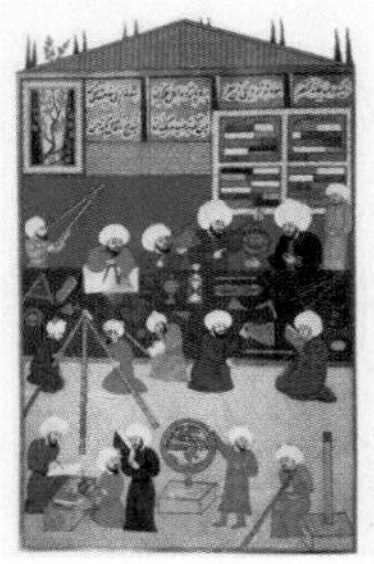
▲ 이슬람 천문학자

→ 행성의 운동과 별의 위치를 계산할 때 사용하였다.

▲ 아스트롤라베(천체 기구)

▲ 이슬람 연금술사

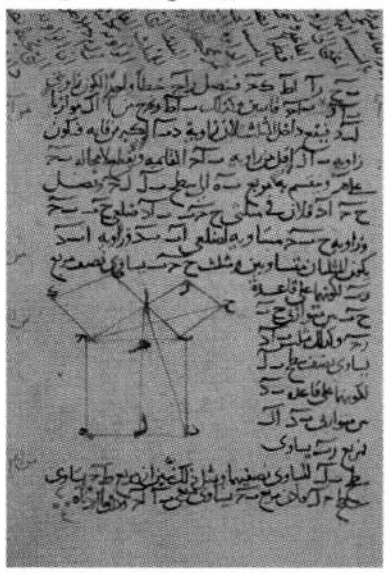
▲ 이슬람 수학서

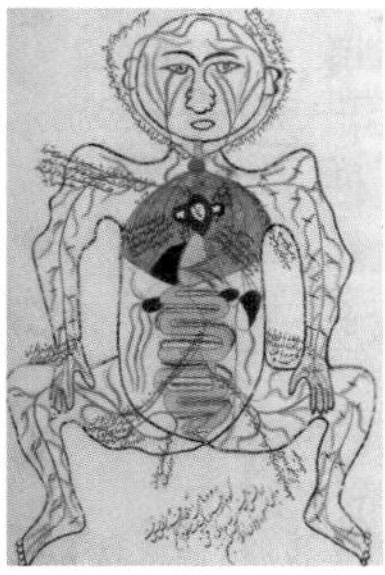
▲ 인체 해부도

이슬람의 천문학자들은 아스트롤라베 등 다양한 천체 기구를 사용하여 지구의 둘레를 정확하게 계산하였고, 지구가 둥글다는 것을 증명하였다. 또 금속을 이용하여 보석이나 불로장생의 약을 만드는 연금술이 유행하면서 화학 실험이나 합금 기술이 발전하였다. 이슬람 학문에서는 수학이 발달하여 '0'을 포함한 아라비아 숫자를 완성하였다. 의학 분야에서는 예방 의학과 외과 수술이 성행하였다. 이러한 이슬람의 자연 과학은 유럽에 전해져 유럽의 근대 과학 발전에 기여하였다.

+ 이슬람 상인

이슬람 상인은 화폐로 금 · 은을 사용하였고, 신용장 · 어음 · 수표로 신용 거래를 하였다. 이슬람 상인들은 낙타나 말을 타고 무리를 지어 비단길을 이동하였다. 해로에서는 삼각돛을 단 다우선을 타고 이동하였다.

+ 다우선을 타고 있는 이슬람 상인

+ 낙타를 탄 이슬람 상인

+ 아라비안나이트

인도와 페르시아 등에서 전래된 설화에 아랍적인 요소를 더해 문학 작품으로 출간되었다. 후에 유럽에서 『아라비안나이트』라는 제목으로 번역되어 전 세계에 알려졌다.

+ 모스크

이슬람교도들이 모여 예배하는 장소로, 돔과 아치, 뾰족한 탑을 특징으로 건축되었다. 모스크 내부에는 아라베스크와 아랍어 글씨로 장식하였다.

+ 아라베스크

우상 숭배를 금지하는 이슬람 교리에 따라 조각 대신에, 기하학적 무늬나 덩굴무늬 등을 배열하여 벽을 장식하였다.

+ 이슬람의 의학

12세기 이븐 시나가 저술한 『의학전범』은 라틴어로 번역되어 17세기까지 유럽 각 대학의 의학 교재로 사용되었다.

+ 연금술

이슬람인들은 금속을 이용하여 귀한 보석이나 불로장생의 약을 만들 수 있다고 믿었다. 이 과정에서 연금술이 발달하여 증류 · 용해 · 여과 등의 실험 방법이 개발되고 여러 화학 용어가 생겨났다.

개념 다지기

정답과 해설 | 13쪽

01 **빈칸에 들어갈 알맞은 말을 쓰시오.**

(1) 비단길을 통한 동서 교역이 어려워지자, (   )와/과 메디나가 교역의 중심 도시로 성장하였다.
(2) 무함마드는 우상 숭배를 금지하고 유일신인 (   )에게 절대 복종해야 한다고 가르쳤다.
(3) 네 명의 칼리프가 차례로 선출되어 이슬람 공동체를 이끌었는데, 이 시기를 (   ) 시대라고 한다.
(4) 바그다드를 수도로 한 (   ) 왕조는 비아랍인의 차별을 없앴다.
(5) 셀주크 튀르크는 아바스 왕조의 칼리프로부터 (   )의 칭호를 부여받았다.
(6) 이슬람 상인들은 (   ), (   ), (   )와/과 같은 중국 문물을 유럽에 소개하였다.
(7) 우상 숭배를 금지하는 이슬람 교리에 따라 조각 대신에 기하학적 모양의 (   ) 문양이 유행하였다.

02 **다음 내용이 맞으면 ○표, 틀리면 ×표를 하시오.**

(1) 우마이야 왕조는 아시아, 아프리카, 유럽의 세 대륙에 걸친 대제국으로 발전하였다. ······ (   )
(2) 아바스 왕조는 정복 지역의 주민들이 이슬람으로 개종하면 세금 부과에 차별을 두지 않았다. ······ (   )
(3) 이슬람의 과학 지식은 유럽에 전해져 유럽의 근대 과학 발달에 영향을 주었다. ······ (   )

03 **무함마드를 잇는 '계승자'라는 뜻으로, 종교 지도자이면서 정치 · 군사적 실권을 장악한 인물을 가리키는 명칭은?**

04 **다음 내용에 해당하는 이슬람 제국의 이름을 쓰시오.**

(1) 왕조 수립 이후 이슬람교도들은 시아파와 수니파로 나뉘어 대립하였다. ······ (   )
(2) 아랍인이 아닌 이슬람교도에게 부과하던 세금을 면제하였고 유능한 사람은 관리나 군인으로 임명하였다. ······ (   )
(3) 멸망한 우마이야 왕조의 남은 세력이 이베리아반도에서 세웠다. ······ (   )

05 **다음 용어에 대한 옳은 설명을 연결하시오.**

(1) 쿠란 •   • ㉠ 이슬람교 경전
(2) 모스크 •   • ㉡ 이슬람력의 기원
(3) 헤지라 •   • ㉢ 이슬람교도의 예배 장소

06 **다음 내용이 맞으면 ○표, 틀리면 ×표를 하시오.**

(1) 이슬람 사회는 상업 활동을 부정적으로 여겨 상업 활동이 부진하였다. ······ (   )
(2) 셀주크 튀르크는 우마이야 왕조의 칼리프로부터 술탄의 칭호를 받았다. ······ (   )
(3) 이슬람 문화는 아랍 문화를 기반으로 동서 세계의 문화를 융합하였다. ······ (   )

07 **괄호 안에 들어갈 옳은 말에 ○표 하시오.**

(1) (탈라스, 투르 · 푸아티에) 전투를 계기로 중국에서 전해진 제지술은 이슬람 문화의 발전에 크게 기여하였다.
(2) (시아파, 수니파)는 능력에 따라 칼리프의 후계자를 정할 수 있다고 주장하였다.

08 **이슬람 문화에 속한 내용만을 〈보기〉에서 있는 대로 고르시오.**

보기

ㄱ. 연금술	ㄴ. 호선무
ㄷ. 당삼채	ㄹ. 의학전범
ㅁ. 산치 대탑	ㅂ. 아라비안나이트

09 **밑줄 친 부분을 옳게 고쳐 쓰시오.**

(1) <u>시아파</u>는 우마이야 왕조의 정통성을 인정하였으며 이슬람교도 중 다수를 차지하였다. ······ (   )
(2) 아바스 왕조의 수도 <u>메카</u>는 세계의 시장으로 불릴 만큼 번성하였다. ······ (   )
(3) 이슬람교와 <u>그리스어</u>를 공통 요소로 이슬람 문화권이 형성되었다. ······ (   )

10 **다음 사건들을 일어난 순서대로 나열하시오.**

(가) 정통 칼리프 시대	(나) 아바스 왕조 수립
(다) 아라비아반도 통일	(라) 우마이야 왕조 수립

중단원 실력 쌓기

정답과 해설 | 13쪽

01 무함마드에 대한 설명으로 옳지 않은 것은?

① 아라비아반도를 통일하였다.
② '알라'를 유일신으로 내세웠다.
③ 자신의 후계자를 직접 선출하였다.
④ 메카에서 메디나로 근거지를 옮겼다.
⑤ 인간은 신 앞에서 평등하다고 주장하였다.

02 다음 의무를 수행하는 사람들의 생활로 옳지 않은 것은?

- 알라 이외에 신은 없고, 무함마드는 알라의 사도라고 신앙 고백을 한다.
- 하루에 다섯 번 메카를 향해 예배를 드린다.
- 라마단 기간 동안 해가 떠 있을 때는 음식을 먹지 않는다.
- 일생에 한 번 이상 성지인 메카를 순례한다.
- 자기 재산의 일부를 기부하여 가난한 사람을 돕는다.

① 우상 숭배를 배격한다.
② 쿠란에 근거하여 생활한다.
③ 아랍어를 공용어로 사용한다.
④ 농업에 비해 상업을 경시한다.
⑤ 이슬람교도의 평등을 중시한다.

중요
03 밑줄 친 ㉠ 시기에 있었던 사실로 옳은 것만을 〈보기〉에서 고른 것은?

이슬람교의 세력이 점차 커지자, 메카의 귀족들은 이슬람교를 탄압하였다. 이슬람교가 자신들의 권력을 위협한다고 여긴 것이었다. 결국 무함마드는 박해를 피해 ㉠ 메디나에 정착하였다.

보기
ㄱ. 메카를 탈환하였다.
ㄴ. 이슬람 공동체가 만들어졌다.
ㄷ. 시아파와 수니파가 나뉘어졌다.
ㄹ. 페르시아와 튀르크 등 이민족이 침략하였다.

① ㄱ, ㄴ　② ㄱ, ㄷ　③ ㄴ, ㄷ
④ ㄴ, ㄹ　⑤ ㄷ, ㄹ

04 다음 지도와 같이 무역로의 변화 결과로 옳은 것은?

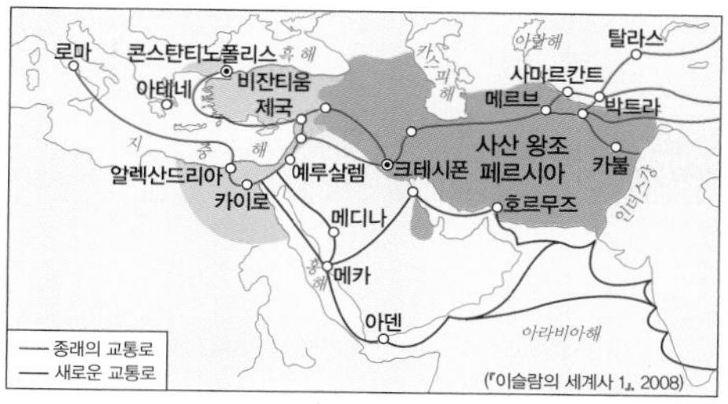

① 이슬람이 예루살렘을 점령하였다.
② 제지술이 이슬람 세계에 전해졌다.
③ 사산 왕조 페르시아가 멸망하였다.
④ 동서 교역로인 사막길이 개척되었다.
⑤ 메카와 메디나 등의 도시가 발달하였다.

중요
05 (가) 왕조에 대한 설명으로 옳은 것만을 〈보기〉에서 고른 것은?

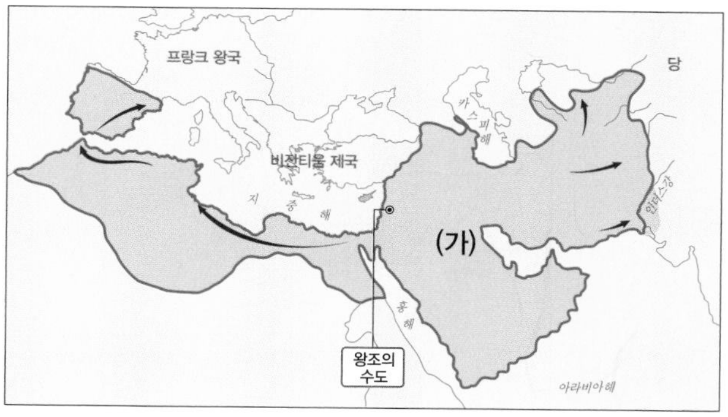

보기
ㄱ. 다마스쿠스를 수도로 삼았다.
ㄴ. 수니파가 다수를 차지하였다.
ㄷ. 당과의 탈라스 전투에서 승리하였다.
ㄹ. 아랍인 중심의 민족 차별 정책을 폐지하였다.

① ㄱ, ㄴ　② ㄱ, ㄷ　③ ㄴ, ㄷ
④ ㄴ, ㄹ　⑤ ㄷ, ㄹ

중요
06 (가) 왕조에 대한 설명으로 옳은 것은?

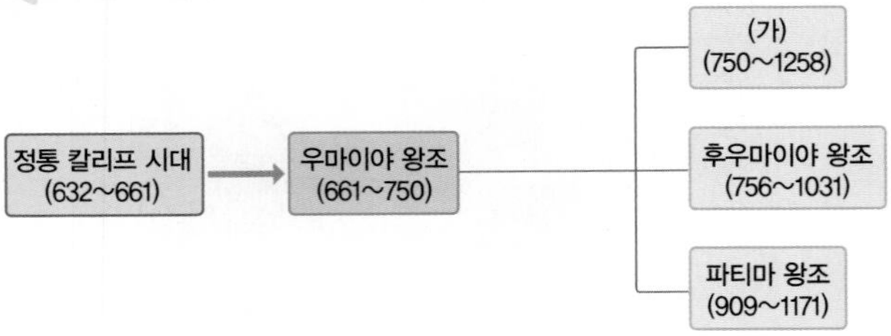

① 칼리프를 선출하였다.
② 아랍인 우월주의를 강조하였다.
③ 사산 왕조 페르시아를 멸망시켰다.
④ 바그다드를 건설하여 수도로 삼았다.
⑤ 북부 아프리카와 이베리아반도로 진출하였다.

07 빈칸 ㉠에 들어갈 사건으로 옳은 것은?

> 아바스 왕조는 중앙아시아 패권을 둘러싸고 경쟁하였다. [㉠]의 승리를 계기로 아바스 왕조는 동서 교역로를 장악하여 경제적으로 번영하였다. 이후 중국의 제지술이 이슬람에 전파되어 학문 발달에도 기여하였다.

① 십자군 전쟁　② 탈라스 전투
③ 칼링가 정복　④ 포에니 전쟁
⑤ 투르 · 푸아티에 전투

08 (가) 국가에 대한 설명으로 옳은 것만을 〈보기〉에서 고른 것은?

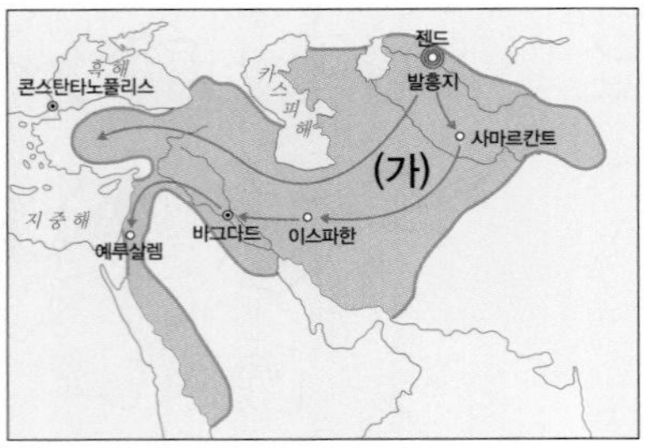

| 보기 |
ㄱ. 아랍인과 비아랍인을 차별하였다.
ㄴ. 사산 왕조 페르시아를 정복하였다.
ㄷ. 칼리프로부터 술탄의 칭호를 받았다.
ㄹ. 예루살렘을 점령하고 비잔티움 제국을 압박하였다.

① ㄱ, ㄴ　② ㄱ, ㄷ　③ ㄴ, ㄷ
④ ㄴ, ㄹ　⑤ ㄷ, ㄹ

중요
09 밑줄 친 '이 도시'에 대한 설명으로 옳은 것만을 〈보기〉에서 고른 것은?

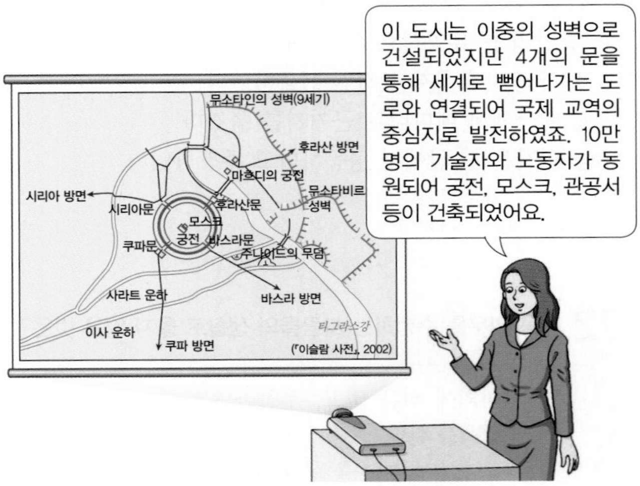

| 보기 |
ㄱ. 아바스 왕조의 수도였다.
ㄴ. 이슬람교가 정립된 곳이다.
ㄷ. 상업과 학문의 중심지였다.
ㄹ. 무함마드가 이슬람 공동체를 처음 조직한 곳이다.

① ㄱ, ㄴ　② ㄱ, ㄷ　③ ㄴ, ㄷ
④ ㄴ, ㄹ　⑤ ㄷ, ㄹ

10 다음 지도의 교역 활동이 이루어질 수 있었던 배경으로 옳지 <u>않은</u> 것은?

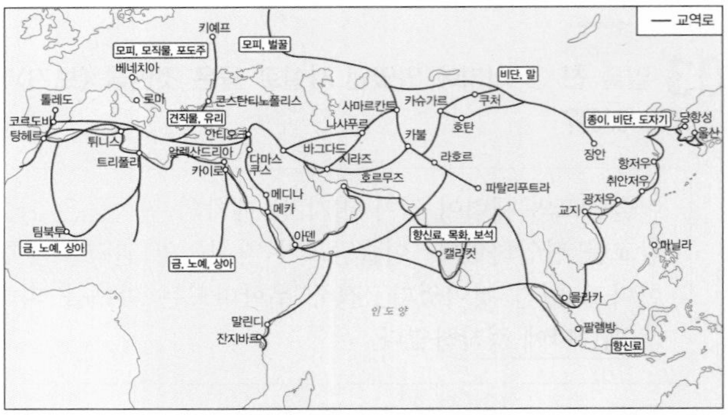

▲ 이슬람 상인의 동서 교역로

① 이슬람 상인들은 현물 거래를 중요시하였다.
② 이슬람교에서는 상업 활동을 긍정적으로 여겼다.
③ 이슬람 제국은 도로망 정비를 위해 적극적이었다.
④ 당과의 탈라스 전투에서 승리하여 사막길을 장악하였다.
⑤ 이슬람 제국은 유럽과 아프리카, 아시아를 잇는 통로에 위치하였다.

중요
11 다음 건축물에 대한 설명으로 옳은 것은?

이것은 예루살렘에 건설되었으며, 무함마드가 이곳에서 승천한 것을 기려 세워졌다고 합니다.

▲ 바위의 돔

① 크리스트교의 성지이다.
② 헬레니즘 문화를 계승하였다.
③ 아라베스크 문양으로 장식되었다.
④ 인도 양식과 이슬람 양식이 결합되었다.
⑤ 유럽에서 이슬람 왕조가 번영했음을 상징한다.

12 빈칸 ㉠에 들어갈 내용으로 옳은 것은?

Q. 이슬람의 자연 과학 발달에 대해 알려 주세요.
→ A: 연금술을 연구하는 과정에서 화학 작용의 원리를 발견하였습니다.
→ B: [㉠]

① 영(0)의 개념을 처음 발견하였습니다.
② 활판 인쇄술, 화약, 나침반을 발명하였습니다.
③ 미라를 만드는 과정에서 의학이 발달하였습니다.
④ 강의 범람을 예측하기 위해 태양력을 만들었습니다.
⑤ 메카의 방향과 기도 시간을 알기 위해 천문학이 발달하였습니다.

13 다음 기구에 대한 설명으로 옳지 않은 것은?

▲ 아스트롤라베

① 이슬람 천문학자들이 개량하였다.
② 태양과 별들의 고도를 측정하였다.
③ 고대 그리스에서 처음 만들어졌다.
④ 유럽에 전해져 항로 개척에 활용되었다.
⑤ 연금술을 연구하는 과정에서 개발되었다.

서술형 • 논술형

서술형
01 (가)와 (나)에 해당하는 종파를 각각 쓰고, (가), (나)로 분열하게 된 이유를 두 가지 서술하시오.

예언자 무함마드의 혈통을 이어받은 사람이 칼리프가 되어야지.

전체 이슬람 공동체의 지지를 받는 사람이 칼리프가 되어야 해.

논술형
02 다음 제시문을 읽고, 이슬람 여성들의 전통 의상인 히잡을 어떻게 볼 것인지 밑줄 친 ㉠에 대한 자신의 생각을 500자 이내로 논술하시오.

이슬람 여성들은 가족이 아닌 사람들 앞에서는 '히잡'이라는 천으로 몸을 가리는데, 이는 『쿠란』에 규정된 것이다. 오늘날 히잡을 이슬람 여성 차별의 상징으로 볼 것인지, ㉠ 이슬람의 전통 의상으로 볼 것인지 찬반 여론이 팽팽하게 대립하고 있다.

04 크리스트교 문화의 형성과 확산

❶ 서유럽 봉건 사회의 형성

(1) 게르만족의 이동과 교황권의 성립

게르만족은 주로 발트해 연안에서 수렵과 목축업에 종사한 민족이었으나 2세기경부터 로마 제국 내에서 땅을 빌려 농사를 짓거나 로마 군대의 용병이 되기도 하였다.

① 게르만의 이동: 훈족 압력 → 게르만 이동 → 서로마 제국 멸망

중앙아시아의 유목민이었다.

② 교황권의 형성: 로마 교회의 대주교가 교황 자처 → 교회가 행정 업무 담당

(2) 프랑크 왕국의 발전과 로마 교회의 세력 확대

① 프랑크 왕국의 발전

- 8세기 초: 이슬람 세력 침략 격퇴 후 로마 교황의 지지를 얻음
- 카롤루스 대제: 옛 서로마 제국 영토의 대부분 차지, 정복지에 교회 건설 → 교황의 서로마 황제 대관(800) → 사망 후 프랑크 왕국 분열

② 로마 교회의 세력 확대: 성상 숭배 금지령(비잔티움 제국 황제) → 로마 교황의 반발 → 카롤루스 대제를 서로마 황제로 임명 → 비잔티움 제국으로부터 독립

비잔티움 제국 황제 레오 3세가 성자와 성모상 숭배를 금지한 칙령(726)이다. 로마 교회는 게르만족 포교를 위해 성상이 필요하다는 이유로 이를 거부하였다.

Q&A 카롤루스 대제가 서로마 황제의 관을 받게 된 결과는 무엇일까요?

카롤루스 대제의 서로마 황제 대관식 그림으로, 교황이 새로운 '황제'를 임명한 것은 그동안 크리스트교 세계의 유일한 황제로 군림하던 동로마 제국 황제에 정면으로 도전장을 던진 것이었다.

800년, 카롤루스 대제는 이탈리아에서 교황을 위협하던 세력을 없애고 정복한 지역에 교회를 세우는 등 크리스트교 보급에 힘쓴 공로를 인정받아 로마 교황 레오 3세에게 서로마 황제의 관을 받았다. 이는 게르만족이 세운 프랑크 왕국이 로마의 계승자로 임명받은 것이며, 더 이상 서유럽은 비잔티움 제국의 황제가 간섭할 수 없는 땅이 된 것을 의미하였다. 이로써 유럽은 종교적으로나 정치적으로 두 세계로 분리되는 계기가 마련되었다.

(3) 봉건제의 성립

카롤루스 대제가 죽은 후 프랑크 왕국은 서프랑크, 중프랑크, 동프랑크로 나뉘어 오늘날의 프랑스, 이탈리아, 독일의 기원이 되었다.

스칸디나비아반도에 살던 노르만족(바이킹)은 유선형의 날렵한 배를 타고 다니며 유럽 전역을 침략하였다.

① 배경: 프랑크 왕국의 분열, 노르만족 등 이민족 침입

② 특성: 계약에 의한 주종 관계, 장원 경제 기반 → 봉건제 발달 → 왕권 약화, 영주권 강화

장원제는 봉건 사회에서 토지 소유자인 영주와 경작자인 농노 간에 맺어진 지배·예속 관계를 말한다. 농노는 가정을 이룰 수는 있었지만 영주에게 예속되어 장원을 떠날 수는 없었다.

(4) 교황권의 성장

① 신성 로마 제국의 성립: 프랑크 왕국 분열 후 동프랑크의 오토 1세가 황제로 즉위

② 수도원 운동 전개: 교회의 세속화에 저항

교회가 세속화되어 성직 매매 등 부패와 타락의 모습이 나타났다. 이에 수도원의 수도사들은 기도와 노동을 통한 청빈한 생활을 하여 교회의 세속화를 막기 위한 개혁 운동을 펼쳤다.

③ 교황권의 성장: 군주의 성직 임명권 부정(그레고리우스 7세) → 카노사의 굴욕(1077) → '교황은 해, 황제는 달'(인노켄티우스 3세)

교황의 영향력은 13세기에 절정에 이르렀다.

(5) 크리스트교 중심의 서유럽 문화

① 특징: 로마 문화, 크리스트교, 게르만 문화 융합 → 서유럽 문화 형성

② 내용: 신학 발달(토마스 아퀴나스의 『신학대전』), 대학 설립(자치 운영), 고딕 양식의 교회 건축 발달(첨탑, 스테인드글라스), 기사 문학 유행(『아서왕 이야기』 등)

'고딕'이란 '고트적'이란 뜻으로, 르네상스 시대의 미술가들이 그들 이전의 미술을 야만적이라고 멸시하여 부른 데서 유래하였다. 고딕 양식의 건축물로는 쾰른 대성당, 샤르트르 대성당 등이 대표적이다.

집중 탐구 교황과 황제의 대결, 카노사의 굴욕

황제 하인리히 4세가 클뤼니 수도원장과 카노사의 성주인 백작 부인에게 교황과의 만남을 주선해 달라고 부탁하고 있다.

교황 그레고리우스 7세는 국왕의 성직자 임명권을 금지한다고 선언하였다. 이에 신성 로마 제국 황제 하인리히 4세가 반발하여 대립하였다. 결국 황제는 교황을 직접 찾아가 무릎을 꿇고 용서를 빌었다. 이후에도 성직자 임명권을 둘러싸고 갈등이 계속되다가 12세기 초에 이르러 교황만이 그 권한을 가지는 협약이 체결되었다.

+ 게르만족의 이동

+ 프랑크 왕국의 분열

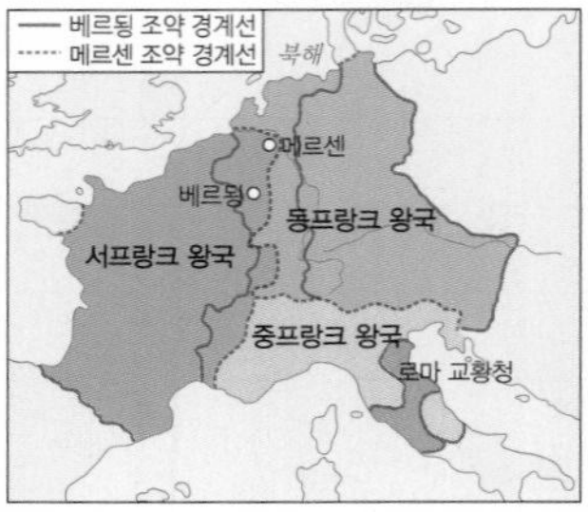

+ 봉건제의 구조

+ 신성 로마 제국

동프랑크의 오토 1세가 황제로 즉위한 이후 로마 제국을 계승하였다는 의미로 붙여진 이름이다.

+ 성경을 필사하는 수도원의 수도사

수도사들이 성경 등 고전을 필사하여 문화 보존에 기여하였다.

❷ 비잔티움 제국의 변화

(1) 비잔티움 제국의 발전과 쇠퇴

① 발전

- 유스티니아누스 황제 때 전성기, 옛 서로마 제국 영토 대부분 회복, 이슬람 세력의 침입 격퇴
- 『유스티니아누스 법전』 편찬, 성 소피아 대성당 건축

→ 유스티니아누스 황제는 여러 형태로 번잡하게 전해지던 로마 시대의 법을 체계적으로 정리하여 법전을 편찬하였다. 『로마법 대전』이라고도 부르며, 오늘날 유럽 국가의 법체계에 영향을 주었다.

② 특징: 황제 중심의 중앙 집권 체제 확립

- 관료제 정립: 황제가 수많은 관리를 거느리고 전국을 다스림
- 교회의 수장: 황제가 교회의 우두머리 역할 담당
- 수도: 콘스탄티노폴리스(동서 무역의 중심지, 세계 최대의 도시)

③ 쇠퇴: 귀족과 대토지 소유 확대, 자영 농민층의 몰락, 국가 통치력 약화 → 오스만 제국의 공격으로 멸망(1453)

→ 고대 그리스 시대에는 비잔티움이라고 불렸다. 330년 콘스탄티누스 대제가 수도를 비잔티움으로 옮기면서 본인의 이름을 따 콘스탄티노폴리스로 이름을 바꾸었다. 1453년 비잔티움 제국이 오스만 제국에 멸망한 후 이스탄불로 이름이 바뀌었다.

더 알아보기 ▶ 비잔티움 제국의 발전

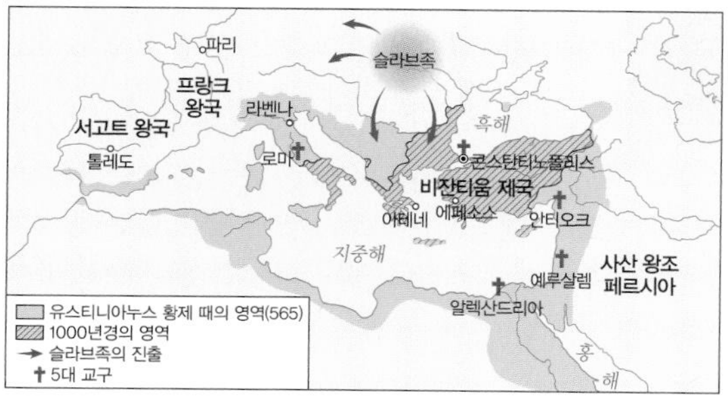

◀ 비잔티움 제국의 영역

비잔티움 제국은 6세기 전반 유스티니아누스 황제 때 전성기를 맞았다. 그는 옛 로마 제국의 영토였던 이탈리아와 아프리카 북부, 에스파냐 남부 등의 지역을 상당 부분 회복하였다.

(2) 비잔티움 제국의 문화

→ 콘스탄티노폴리스를 수도로 한 비잔티움 제국에서 발달한 크리스트교의 일파로 가톨릭과는 달리 비잔티움 의례를 중시하며 자치적인 성향을 갖추었다.

① 특징: 그리스 정교 바탕, 그리스어 공용 → 헬레니즘과 로마의 전통 융합

- 영향: 그리스·로마 고전에 대한 연구 활발 → 이후 이탈리아 르네상스에 영향
- 건축: 비잔티움 양식 → 성 소피아 대성당(천장의 돔, 내부의 모자이크화 유명)
- 법률: 로마 법률을 발전시킨 『유스티니아누스 법전』 편찬

→ 4개의 반원을 받침대로 그 위에 큰 돔을 설치하였는데, 당시 세계에서 가장 큰 돔이었다.

② 계승: 유럽 동북부 지역의 슬라브족에 영향

→ 오늘날 동유럽과 러시아 문화권의 토대가 되었다.

- 키예프 공국: 그리스 정교로 개종 → 후에 러시아로 발전
- 러시아: 비잔티움 제국 멸망 후 비잔티움 제국의 계승자, 그리스 정교의 보호자로 자처

집중 탐구 성 소피아 대성당

❶ 성 소피아 대성당
❷ 성당의 내부 모습
❸ 성당 내부의 모자이크화

터키 이스탄불에 있는 성 소피아 대성당은 비잔티움 양식의 대표적인 건축물이다. 이 성당은 외부의 거대한 돔과 내부의 화려한 모자이크화가 특징이다. 이는 그리스 정교회 성당의 모범이 되었다. 그러나 성 소피아 대성당은 오스만 제국의 지배 아래에서 4개의 첨탑이 추가되는 등 이슬람 사원으로 개조되기도 하였다.

✚ 유스티니아누스 황제의 모자이크화 (산비탈레 성당)

그림의 정 중앙에는 황제가 있고 왼쪽에는 군인과 관료, 오른쪽에는 성직자가 자리하고 있다. 이는 정치와 종교 모두를 관장하는 황제의 위치를 잘 드러낸다. 또한 황제의 머리에는 후광이, 손에는 미사 때 사용하는 빵 바구니가 그려져 있어 황제가 종교에서 갖는 권위를 상징하고 있음을 알 수 있다.

✚ 콘스탄티노폴리스

유럽과 아시아가 만나는 흑해 입구에 위치하여 동서양의 중계 무역을 통해 경제적 번영을 누렸다.

✚ 중세 서유럽과 비잔티움 제국

중세 서유럽	비잔티움 제국
• 로마 가톨릭	• 그리스 정교
• 지방 분권적인 봉건제 발달	• 황제 중심의 중앙 집권 체제
• 장원 중심의 농업 발달	• 동서 무역 중심의 상공업 발달
• 고딕 양식	• 비잔티움 양식

✚ 키릴 형제와 키릴 문자

비잔티움 제국의 그리스 정교 선교사였던 키릴 형제가 그리스어를 바탕으로 만든 문자는 슬라브족이 사용하는 키릴 문자의 기원이 되었다.

✚ 슬라브족

유럽의 동북부에 살던 슬라브족은 6세기 무렵부터 남하하여 발칸반도와 동유럽 및 러시아 지역에 정착하면서 비잔티움 문화에 동화되었다. 이들은 대부분 그리스 정교를 받아들였으나, 일부는 로마 가톨릭을 받아들이기도 하였다.

❸ 교황권의 쇠퇴

(1) 십자군 전쟁(1096~1270)

① 배경: 셀주크 튀르크의 비잔티움 위협 → 비잔티움 황제의 도움 요청 → 교황의 성지 회복 호소

② 전개: 국왕 · 영주 · 기사 · 상인 · 농민 참여, 1차 원정 때 성지 탈환 이후 변질 → 170여 년간 지속되었으나 실패

4차 십자군은 원정 목적에서 벗어나 비잔티움 제국의 수도 콘스탄티노폴리스를 점령하기도 하였다.

③ 영향: 교황의 권위 하락, 기사 계층의 몰락, 이탈리아와 북해 연안 도시의 번영, 비잔티움과 이슬람 문화 전파

십자군 전쟁을 계기로 지중해 중심의 원거리 무역이 활발해지면서 이를 주도한 이탈리아의 항구 도시가 크게 성장하였다. 북유럽에서도 도시가 성장하여 한자 동맹을 결성하고 발트해와 북해 연안의 무역을 독점하였다.

Q&A 당시 사람들이 십자군 전쟁에 참여하려 한 까닭은 무엇일까요?

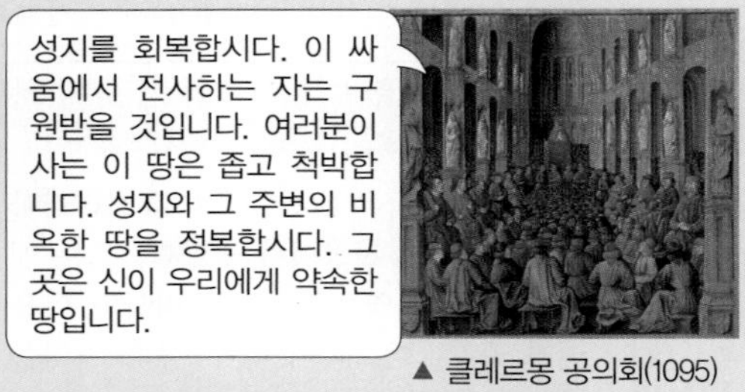

성지를 회복합시다. 이 싸움에서 전사하는 자는 구원받을 것입니다. 여러분이 사는 이 땅은 좁고 척박합니다. 성지와 그 주변의 비옥한 땅을 정복합시다. 그곳은 신이 우리에게 약속한 땅입니다.

▲ 클레르몽 공의회(1095)

11세기 후반 이슬람 세력인 셀주크 튀르크가 예루살렘을 점령하고 크리스트교도의 성지 순례를 금지하였다. 비잔티움 제국의 황제는 로마 교황 우르바누스 2세에게 도움을 요청하였다. 이에 로마 교황은 성지 회복을 명분으로 전쟁을 호소하였으며, 여기에 많은 제후와 기사, 상인, 농민 등이 호응하면서 십자군 전쟁이 시작되었다. 전쟁을 통해 교황은 자신의 권위를 높이려 하였으며, 제후들은 새로운 영지를 개척할 기회로 삼았다. 상인들은 동방과 직접 교류하여 이익을 증대시키려 하였으며, 농민들은 신분의 자유를 얻고 그동안 지은 죄를 용서받을 수 있다고 믿었다.

(2) 도시의 성장과 장원의 해체

① 도시의 성장

- 상공업 발달, 십자군 전쟁 이후 원거리 무역 발달
- 이탈리아(동방 무역 활발), 북독일(북해와 발트해 연안의 무역 독점), 연계 도시(지중해 무역과 북방 무역 연결)
- 도시의 자치권 확보 → 도시의 자유로운 분위기 확산

베네치아, 제노바 등의 도시들이 번성하였다.

이들은 한자 동맹을 맺어 북유럽의 무역을 주도하였다.

농노가 도시로 도망쳐 1년 1일을 거주하면 영주로부터 자유를 얻을 수 있었다. 이 때문에 농노들이 도시로 몰려들었다.

② 장원의 해체: 상품 화폐 경제의 발달, 흑사병 유행, 농민 반란(프랑스 자크리의 난 등)의 영향

영주는 농노에게 세금을 화폐로 받기도 하였다.

(3) 교황권의 쇠퇴와 왕권의 강화

① 교황권의 쇠퇴: 십자군 전쟁의 실패로 교황의 권위 약화 → 성직자 과세 문제로 국왕과 대립(아비뇽 유수) → 교회의 분열

아비뇽 유수 이후 로마와 아비뇽에 2명의 교황이 분립하게 되는 교회의 대분열로 이어지면서 교황권은 더욱 약해졌다.

② 왕권의 강화: 십자군 전쟁 실패로 봉건 영주들의 세력 약화 → 백년 전쟁(영국과 프랑스의 왕위 계승 다툼), 장미 전쟁(영국의 왕위 계승 문제) → 왕권 강화 → 중앙 집권 국가 등장(영국, 프랑스)

집중 탐구 흑사병의 공포

▲ 죽음의 무도

14세기 중엽 페스트균이 일으킨 급성 전염병인 흑사병이 전 유럽을 휩쓸었다. 흑사병에 걸린 사람은 피부색이 시커멓게 변하고 고열과 오한을 앓다가 며칠 안에 목숨을 잃었다. 흑사병으로 유럽 인구의 약 3분의 1이 줄었다. 당시 사람들은 흑사병을 신이 내린 형벌이라고 믿고는 회개한다며 자기 몸을 혹독하게 다루었으며, 때로는 마을에 사는 마녀가 병을 퍼뜨렸다는 소문을 믿고 죄없는 여성을 불에 태워 죽이는 '마녀 사냥'을 일삼기도 하였다.

흑사병은 신분을 가리지 않고 누구에게나 찾아온다는 내용의 그림으로, 흑사병에 대한 사람들의 공포심을 알 수 있다.

✚ 십자군 전쟁의 전개

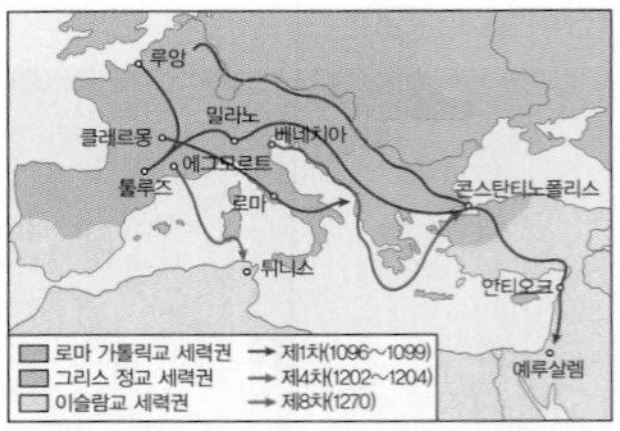

✚ 자치권을 인정한 특허장을 받은 시민

도시에 거주하는 시민 계층이 성장하였는데, 이들이 영주에게 무력으로 저항하거나 돈으로 자치권을 획득하였다. 자치권을 얻은 도시는 시의회를 중심으로 운영되었으며 도시민은 경비를 부담하는 대신 자유를 누렸다.

✚ 자크리의 난(1358)

힘든 노동과 불공평한 세금 징수 등에 반발하여 프랑스에서 백년 전쟁 중에 일어난 농민 봉기이다.

✚ 아비뇽 유수

14세기 초 로마 교황이 성직자의 과세 문제를 두고 프랑스 국왕과 대립하다가 굴복하여 교황청이 아비뇽으로 옮겨진 사건을 말한다.

✚ 백년 전쟁

14세기 중엽 프랑스와 영국 사이에 플랑드르 지방에 대한 주도권과 프랑스의 왕위 계승 문제를 둘러싸고 일어났다. 이 전쟁에서 잔다르크는 영국군에 맞서 싸워 승리를 거두었고 잔다르크의 활약으로 사기가 높아진 프랑스군은 전세를 역전하여 백년 전쟁에서 승리하였다.

✚ 장미 전쟁

15세기 중엽 영국에서 백년 전쟁이 끝난 뒤 왕위 계승 문제를 둘러싸고 흰 장미를 문양으로 하는 요크 가문과 붉은 장미를 문장으로 하는 랭커스터 가문 사이에서 일어났다.

4 르네상스와 종교 개혁

(1) 르네상스

① 배경: 십자군 전쟁을 계기로 비잔티움·이슬람 문화 전래 → 그리스 고전 연구 활발

→ 로마의 문화유산이 많이 남아 있고 지중해 무역으로 경제적 번영을 이룬 이탈리아에서 시작되었다. 특히 비잔티움 제국 멸망 이후 많은 학자가 이주해 오면서 고전 문화 연구가 더욱 활발해졌다.

② 의의: 인간 중심의 새로운 문화 창조

→ 신 중심의 세계관에서 벗어나 사람들의 삶에 관심을 가졌다.

③ 전개

- 이탈리아: 문학과 미술 발달, 보카치오의 『데카메론』, 레오나르도 다빈치 등
- 알프스 이북: 현실 사회와 종교 비판으로 종교 개혁에 영향, 에라스뮈스의 『우신예찬』 등

→ 알프스 이북 지역에서 르네상스는 현실 사회를 비판하는 경향이 강하였다.

더 알아보기 ▶ 르네상스 시기의 미술

→ 이탈리아의 르네상스

▲ 미켈란젤로의 '천지창조'

▲ 보티첼리의 '비너스의 탄생'

▲ 레오나르도 다빈치의 '모나리자'

→ 알프스 이북의 르네상스

▲ 얀 반 에이크의 '아르놀피니 부부의 초상'

▲ 브뤼헐의 '농부의 결혼식'

르네상스가 가장 먼저 일어난 이탈리아에서는 인간의 개성과 능력을 존중하는 '인문주의'가 발달하였다. 미술에서는 인체의 아름다움과 사물을 있는 그대로 표현하였다. 알프스 이북에서 르네상스는 사회와 교회의 문제점을 비판하는 경향이 강하였다. 미술에서도 종교적 주제와 함께 평범한 사람들의 일상생활 모습을 표현하였다.

(2) 종교 개혁

① 초기

- 루터의 종교 개혁: 교회의 면벌부 판매 → 루터의 95개조 반박문 발표 → 아우크스부르크 화의(루터파 인정)

→ 로마 가톨릭교회가 신자에게 돈을 받고 교황의 이름으로 벌을 면해 준 문서이다.

- 영국의 종교 개혁: 헨리 8세의 이혼 문제로 로마 교회로부터 독립 선언

② 확산

- 가톨릭교회의 개혁: 교황의 권위와 교리 재확인 → 내부 결속 다짐, 예수회 설립(에스파냐의 로욜라 주도, 아시아·아프리카 등 선교 활동 전개)

→ 로욜라가 파리에서 창설한 가톨릭의 남자 수도회로, 가톨릭(구교)의 반성과 혁신을 주장하였다.

- 칼뱅의 종교 개혁: 예정설·직업 소명설 주장, 상공업자들의 환영 → 프랑스·영국·네덜란드 등 서유럽 전역으로 확산

→ 인간의 구원은 미리 정해져 있으므로 구원을 믿고 성서에 따라 생활해야 한다는 주장이다.

③ 영향: 칼뱅파의 교세 확장으로 가톨릭교회와 충돌 → 독일에서 30년 전쟁으로 확대(각국의 이해관계에 따라 가담) → 인명 피해 극심 → 베스트팔렌 조약 체결 → 칼뱅파 공식적 인정

→ 1648년 독일의 제후가 가톨릭, 루터파, 칼뱅파 중에서 하나를 선택할 수 있게 되었으며, 스위스와 네덜란드의 독립이 승인되었다.

집중 탐구 | 루터와 칼뱅의 종교 개혁

인간은 오직 신앙과 신의 은총에 의해서만 구제된다. 신앙의 근거는 교회와 교황에게 있는 것이 아니라 오직 성서에 있다. -루터-

인간의 구원은 신에 의해 미리 정해져 있다. 인간은 오로지 검소한 생활과 더불어 직업에 충실하면 된다. -칼뱅-

루터는 '95개조 반박문'을 발표하고 인간의 구원은 오직 신앙과 성서에 의해서만 가능하다고 주장하였다. 칼뱅은 인간의 구원은 신에 의해 이미 결정되었으며 인간은 직업에 충실한 삶을 살아야 한다고 주장하여 신흥 상공업자들의 지지를 받았다.

✚ 르네상스

'재생', '부활'을 뜻하는 프랑스어이다. 고대 그리스·로마 문화를 부활하여 인간 중심의 새로운 문화를 만들려고 한 문예 부흥 운동이다.

✚ 면벌부

로마 가톨릭교회가 신자에게 기부금을 받고 교황의 이름으로 죄의 대가로 받아야 할 벌을 사면해 주었음을 증명하는 면벌부를 발행하였다.

✚ 루터와 칼뱅의 종교 개혁

루터	• 면벌부 판매 → 95개조 반박문 발표 • 아우크스부르크 화의로 인정
칼뱅	• 스위스의 개혁 → 예정론, 직업 소명설 주장 • 베스트팔렌 조약으로 인정

✚ 16세기 유럽의 종교 분포

✚ 30년 전쟁(1618~1648)

30년 전쟁은 유럽의 여러 왕가가 자신들의 이해관계에 따라 전쟁에 참여함으로써 국제 전쟁으로 확대되었다. 영국, 네덜란드, 프랑스 등이 신교를 지원하고, 에스파냐는 구교를 지원하였다. 오랜 종교 전쟁으로 각국의 국왕들이 통치권을 강화함에 따라 국왕 중심의 중앙 집권 국가가 출현하는 데 영향을 끼쳤다.

개념 다지기

정답과 해설 | 15쪽

01 **빈칸에 들어갈 알맞은 말을 쓰시오.**

(1) 게르만족의 대이동으로 (　　　　)이/가 멸망하였다.
(2) 카롤루스 대제 때 로마 문화와 (　　　　), 게르만 문화가 융합되어 서유럽 문화의 기틀이 마련되었다.
(3) 크리스트교는 비잔티움 제국 황제가 내린 (　　　　)을/를 계기로 동서 간 대립이 격화되었다.
(4) 서유럽의 봉건제는 주종 관계와 (　　　　)을/를 기반으로 성립되었다.
(5) 장원은 주군의 간섭 없이 독자적으로 운영되었으며, 장원의 구성원은 (　　　　)이었다.
(6) (　　　　)을/를 중심으로 교회의 세속화에 반대하여 청빈과 정결을 주장하는 개혁 운동이 일어났다.
(7) 비잔티움 제국은 (　　　　)을/를 바탕으로 그리스·로마 문화와 헬레니즘 문화를 결합하여 독특한 문화를 발전시켰다.

02 **다음 내용이 맞으면 ○표, 틀리면 ×표를 하시오.**

(1) '카노사의 굴욕'을 계기로 교황권이 강력해졌다. ………… (　　)
(2) 로마 교황은 이슬람 세력으로부터 예루살렘을 되찾아야 한다며 십자군 원정을 호소하였다. ……… (　　)
(3) 독일에서 일어난 30년 전쟁은 로마 가톨릭교회와 그리스 정교회 간의 갈등에서 시작되었다. ……… (　　)

03 **30년 전쟁의 결과 제후가 가톨릭, 루터파, 칼뱅파 중에 하나를 선택할 수 있도록 허용된 조약은?**

04 **다음 설명이 가리키는 인물의 이름을 쓰시오.**

(1) 정복한 지역에 크리스트교를 전파하여 로마 교황으로부터 서로마 황제의 관을 받았다. ……………… (　　)
(2) 활발한 정복 활동을 벌여 옛 로마 제국의 영토를 상당 부분 회복하였으며 성 소피아 대성당을 세웠다. ………… (　　)
(3) 『우신예찬』에서 교황과 성직자의 부패를 날카롭게 비판하였다. ………… (　　)

05 **다음 양식에 대한 특징을 옳게 연결하시오.**

(1) 고딕 양식 •　　　　• ㉠ 거대한 돔과 모자이크
(2) 비잔티움 양식 •　　　　• ㉡ 첨탑과 스테인드글라스

06 **괄호 안의 단어 중 옳은 것을 골라 ○표 하시오.**

(1) 루터는 면벌부 없이도 벌을 면할 수 있다고 주장하여 (교황과 황제, 제후와 농민)의 지지를 받았다.
(2) 영국과 프랑스 간에 플랑드르 지방과 왕위 계승을 둘러싸고 (백년 전쟁, 장미 전쟁)이 일어났다.

07 **비잔티움 문화권에 해당하는 내용만을 〈보기〉에서 있는 대로 고르시오.**

보기
ㄱ. 바위의 돔　　ㄴ. 쾰른 대성당
ㄷ. 샤르트르 대성당　　ㄹ. 성 소피아 대성당
ㅁ. 성 베드로 대성당　　ㅂ. 유스티니아누스 법전

08 **밑줄 친 부분을 옳게 고쳐 쓰시오.**

(1) <u>이탈리아</u>의 상인과 수공업자들은 한자 동맹을 맺고 무역 활동을 펼쳤다. ………… (　　)
(2) 비잔티움 문화는 <u>게르만족</u>에 전해져 동유럽 문화의 발전에 큰 영향을 주었다. ………… (　　)
(3) <u>성직자 임명</u> 문제를 두고 국왕과 교황이 대립하여 아비뇽 유수가 일어났다. ………… (　　)

09 **다음 내용이 맞으면 ○표, 틀리면 ×표를 하시오.**

(1) 중세 서유럽의 농노는 영주의 허락 없이 거주지를 자유롭게 옮길 수 있었다. ………… (　　)
(2) 칼뱅은 인간의 구원은 신에 의해 예정되어 있음을 믿고 자신의 직업에 충실해야 한다고 주장하였다. ………… (　　)

10 **(　　　)이/가 (　　　)을/를 개발하면서 종교 개혁가들의 글이 유럽 전역에 퍼져, 이후 전개된 종교 개혁에 영향을 주었다.**

중단원 실력 쌓기

정답과 해설 | 15쪽

중요
01 다음의 상황 직후 나타난 사실로 옳은 것은?

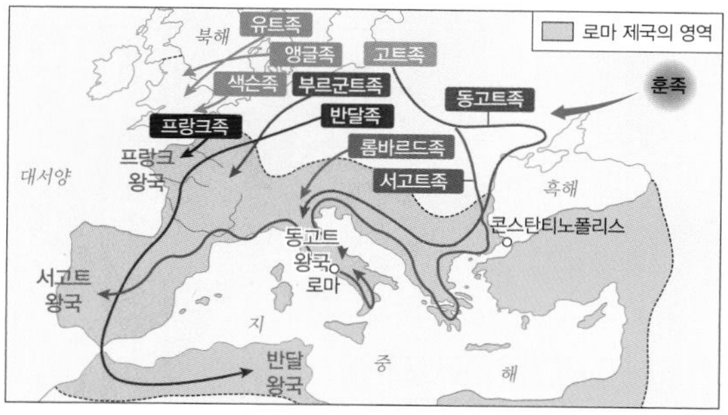

① 장원 경제가 붕괴되었다.
② 서로마 제국이 멸망하였다.
③ 흑사병이 크게 유행하였다.
④ 이슬람이 유럽으로 침략하였다.
⑤ 서유럽 봉건 사회가 형성되었다.

02 카롤루스 대제에 대한 설명으로 옳지 않은 것은?

① 궁정과 수도원에 학교를 세웠다.
② 이슬람 세력의 침입을 격퇴하였다.
③ 교황에게 서로마 황제의 관을 받았다.
④ 옛 서로마 제국 영토의 대부분을 정복하였다.
⑤ 정복지에 교회를 세워 크리스트교를 전파하였다.

03 밑줄 친 '분열'을 초래한 과정으로 옳은 것만을 〈보기〉에서 고른 것은?

> 크리스트교는 교황을 중심으로 하는 로마 가톨릭교회와 비잔티움 제국 황제를 수장으로 하는 정교회로 분열되었다.

보기
ㄱ. 교황이 국왕의 성직자 임명권을 폐지하였다.
ㄴ. 성지 탈환을 목표로 십자군 전쟁이 시작되었다.
ㄷ. 비잔티움 제국 황제가 성상 숭배 금지령을 내렸다.
ㄹ. 카롤루스 대제가 교황에게 서로마 황제로 임명되었다.

① ㄱ, ㄴ ② ㄱ, ㄷ ③ ㄴ, ㄷ
④ ㄴ, ㄹ ⑤ ㄷ, ㄹ

중요
04 다음 자료의 사회 구조에 대한 설명으로 옳은 것만을 〈보기〉에서 고른 것은?

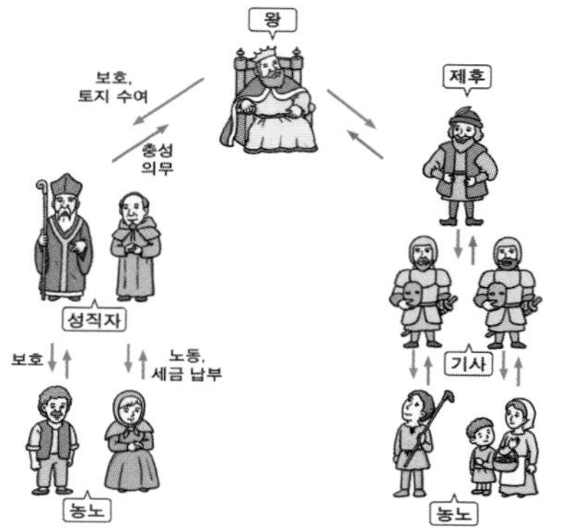

보기
ㄱ. 주군과 봉신은 혈연관계로 맺어졌다.
ㄴ. 농노는 결혼하여 가정을 꾸릴 수가 없었다.
ㄷ. 농노는 교회가 정한 달력에 맞추어 일하였다.
ㄹ. 봉신은 영주로서 장원을 독자적으로 다스렸다.

① ㄱ, ㄴ ② ㄱ, ㄷ ③ ㄴ, ㄷ
④ ㄴ, ㄹ ⑤ ㄷ, ㄹ

05 다음 상황을 극복하는 과정에서 일어난 사실로 옳은 것만을 〈보기〉에서 고른 것은?

> 크리스트교는 프랑크 왕국의 보호 아래 세력을 확장하였다. 교회는 왕과 봉건 제후들로부터 봉토를 받아 봉신이 되었으며, 성직자 임명권도 왕과 제후가 차지하는 일이 많아졌다. 이로 인해 교회는 점차 세속화되었고, 성직자가 혼인을 하거나 성직을 매매하는 등 부패한 모습이 나타났다.

보기
ㄱ. 백년 전쟁 ㄴ. 수도원 운동
ㄷ. 아비뇽 유수 ㄹ. 카노사의 굴욕

① ㄱ, ㄴ ② ㄱ, ㄷ ③ ㄴ, ㄷ
④ ㄴ, ㄹ ⑤ ㄷ, ㄹ

06 다음 건물의 건축 당시 내부를 장식했던 양식으로 옳은 것은?

① 모자이크 벽화 ② 스테인드글라스
③ 아라베스크 문양 ④ 첨탑과 아치 양식
⑤ 성모와 성자상 조각

중요
07 다음 지도의 원정 결과 나타난 사회 변화로 옳지 않은 것은?

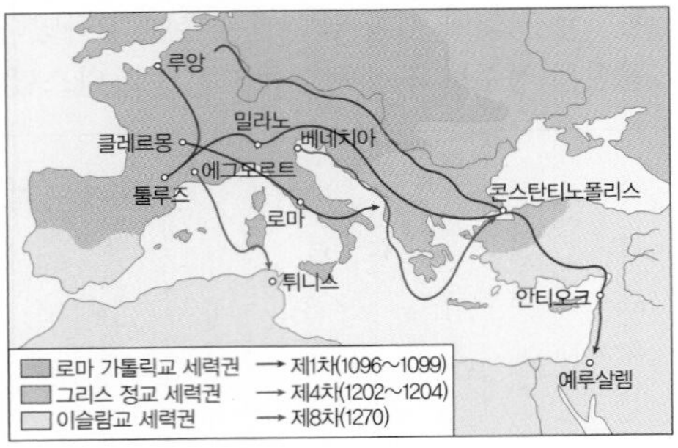

① 장원이 해체되었다.
② 도시가 번성하였다.
③ 교황의 권위가 강해졌다.
④ 영주의 권한이 약해졌다.
⑤ 원거리 무역이 발달하였다.

08 다음 자료의 결과를 초래한 배경으로 옳지 않은 것은?

> 노동력이 부족해지자 영주들은 농노의 처우를 개선해 주거나 농민들을 억압하기도 하였지만 농민의 지위는 더욱 향상되었다. 이러한 상황 속에 장원은 해체되었고 중세 봉건 사회도 흔들리게 되었다.

① 농민 봉기가 일어났다.
② 흑사병이 크게 유행하였다.
③ 도시와 상업이 발달하였다.
④ 영주는 돈을 받고 농노를 해방시켜 주었다.
⑤ 영주는 화폐 대신 노동력이나 현물로 세금을 받았다.

09 (가) 황제 때 있었던 사실로 옳은 것만을 〈보기〉에서 고른 것은?

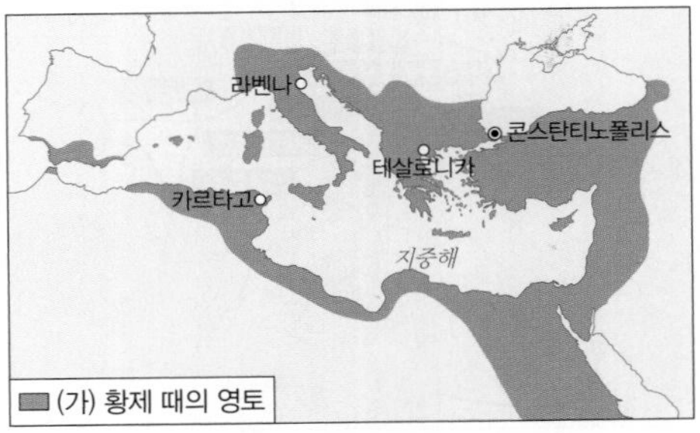

| 보기 |
ㄱ. 성 소피아 대성당이 건설되었다.
ㄴ. 콘스탄티노폴리스로 수도를 옮겼다.
ㄷ. 로마법을 집대성하여 법전을 편찬하였다.
ㄹ. 성상 숭배를 금지하여 성상 파괴령을 내렸다.

① ㄱ, ㄴ ② ㄱ, ㄷ ③ ㄴ, ㄷ
④ ㄴ, ㄹ ⑤ ㄷ, ㄹ

중요
10 (가), (나)에 대한 설명으로 옳은 것만을 〈보기〉에서 고른 것은?

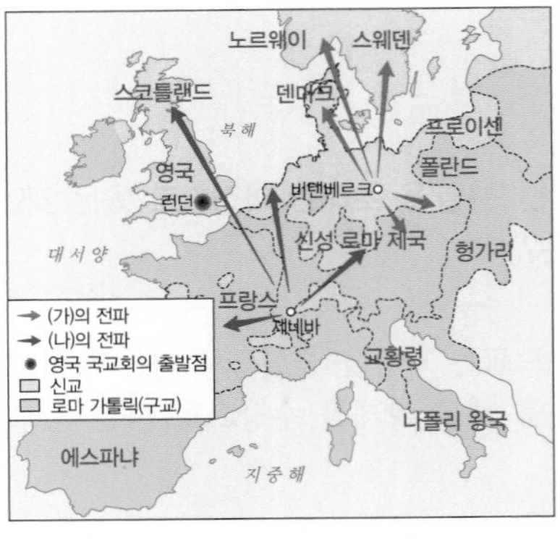

| 보기 |
ㄱ. (가) – 신성 로마 제국 황제가 지지하였다.
ㄴ. (나) – 상공업자들의 환영을 받았다.
ㄷ. (나) – 베스트팔렌 조약으로 신앙이 허용되었다.
ㄹ. (가), (나) – 서로 충돌하여 30년 전쟁이 일어났다.

① ㄱ, ㄴ ② ㄱ, ㄷ ③ ㄴ, ㄷ
④ ㄴ, ㄹ ⑤ ㄷ, ㄹ

중요
11 다음 작품들이 갖는 공통점으로 옳은 것은?

▲ 보티첼리의 '비너스의 탄생'

▲ 레오나르도 다빈치의 '모나리자'

① 서민들의 일상생활을 묘사하였다.
② 국왕의 절대적 권위를 강조하였다.
③ 활판 인쇄술의 발달에 영향을 받았다.
④ 인간의 개성과 아름다움을 중시하였다.
⑤ 부패한 교회와 불합리한 현실을 비판하였다.

12 다음 주장을 뒷받침할 수 있는 작품으로 옳은 것은?

> 16세기 이후 르네상스 운동은 알프스 이북으로 확산되었다. 이 지역에서는 부패한 교회와 불합리한 현실을 비판하는 경향이 강하였다.

① 보카치오의 데카메론
② 이븐 시나의 의학전범
③ 에라스뮈스의 우신예찬
④ 미켈란젤로의 천지창조
⑤ 토머스 맬러리의 아서왕 이야기

13 다음 주장을 펼친 인물에 대한 설명으로 옳은 것은?

> 제20조 교황이 모든 벌을 면제한다고 선언한다면 그것은 진정한 의미에서의 모든 벌이 아니라 단지 교황 자신이 내린 벌을 면제한다는 것뿐이다.
> 제36조 진실로 회개한 크리스트교도는 면벌부가 없어도 벌이나 죄에서 완전히 해방된다.

① 예정설과 직업 소명설을 주장하였다.
② 예수회를 창설하여 선교 사업에 힘썼다.
③ 국왕이 교회의 수장이라는 수장법을 공포하였다.
④ 활판 인쇄술을 발명하여 종교 개혁에 영향을 주었다.
⑤ 아우크스부르크 화의를 통해 공식적으로 인정받았다.

서술형 · 논술형

서술형
01 (가)와 (나)의 크리스트교 종파를 각각 쓰고, 두 종파가 갈라진 계기를 서술하시오.

(가)

로마 교구의 우두머리인 나는 서로마 황제를 임명할 수 있는 권위의 소유자이다.

(나)

나, 황제는 교회의 머리요, 교리의 확정자이다.

논술형
02 루터의 주장은 농민들의 지지를 받았고 칼뱅의 주장은 상공업자들의 환영을 받았다. 루터와 칼뱅의 지지 세력이 달랐던 이유를 서술하고, 그에 대한 자신의 생각을 500자 이내로 논술하시오.

중요

01 다음 건축물을 건설한 인물에 대한 설명으로 옳은 것만을 〈보기〉에서 고른 것은?

| 보기 |

ㄱ. 대승 불교를 적극 후원하였다.
ㄴ. 칼링가를 정복하고 인도를 통일하였다.
ㄷ. 상좌부 불교를 동남아시아에 전파하였다.
ㄹ. 동서 교역로를 장악하고 무역을 주도하였다.

① ㄱ, ㄴ ② ㄱ, ㄷ ③ ㄴ, ㄷ
④ ㄴ, ㄹ ⑤ ㄷ, ㄹ

02 밑줄 친 ㉠의 사례로 옳지 않은 것은?

굽타 왕조는 농지의 확대와 활발한 해상 무역을 통해 경제적으로 번영하여, 이를 바탕으로 종교, 문학, 예술 등이 발전하였다. ㉠ 이 시대에는 인도 고유의 특색이 강조된 굽타 문화가 발전하였다.

① 힌두교가 성립하였다.
② 마누 법전이 정비되었다.
③ 산스크리트 문학이 발달하였다.
④ 불교의 가르침이 대중의 환영을 받았다.
⑤ 수학에서 '0'의 개념이 처음 도입되었다.

서술형

03 밑줄 친 '굽타 양식'의 특징을 간다라 양식의 불상과 비교하여 서술하시오.

굽타 양식의 불상은 헬레니즘 문화의 영향을 받은 간다라 양식의 불상과 달리, 인도 고유의 특색이 강조되었다. 아잔타 석굴 사원과 엘롤라(엘로라) 석굴 사원의 불상 등에 이러한 특징이 잘 반영되어 있다. 이 양식은 중앙아시아, 중국을 거쳐 한반도, 일본에까지 영향을 끼쳤다.

04 다음 지도의 상황이 전개되었던 시기에 대한 설명으로 옳지 않은 것은?

① 9품중정제가 실시되었다.
② 윈강·룽먼 석굴 사원이 조성되었다.
③ 북방 민족과 한족의 문화가 융합되었다.
④ 중앙에 3성 6부의 행정 조직을 갖추었다.
⑤ 유교에 대한 반발로 노장 사상이 유행하였다.

중요

05 다음의 중앙 통치 조직을 갖춘 왕조에 대한 설명으로 옳은 것만을 〈보기〉에서 고른 것은?

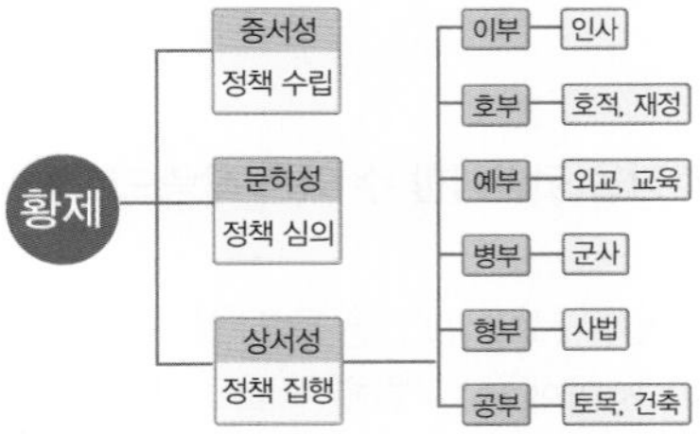

| 보기 |

ㄱ. 대운하를 건설하였다.
ㄴ. 오경정의가 편찬되었다.
ㄷ. 과거제를 처음 실시하였다.
ㄹ. 인도 불경을 보관하기 위해 대안탑을 쌓았다.

① ㄱ, ㄴ ② ㄱ, ㄷ ③ ㄴ, ㄷ
④ ㄴ, ㄹ ⑤ ㄷ, ㄹ

06 밑줄 친 '이 시기'에 대한 설명으로 옳은 것은?

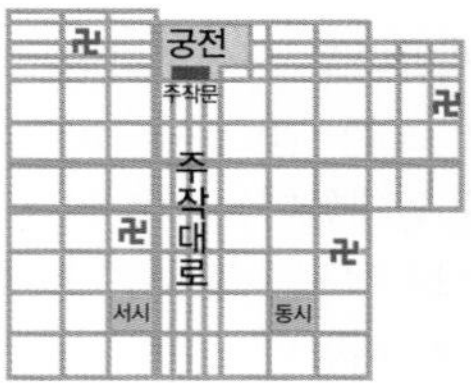

야마토 정권은 그림의 도성을 쌓고 나라에 천도하여 통치하였다. 이 시기에 '일본'이라는 국호와 '천황'이라는 칭호가 널리 사용되었다.

① 도다이사가 건설되었다.
② 가나 문자가 제정되었다.
③ 다이카 개신이 실시되었다.
④ 귀족이 무사를 고용하였다.
⑤ 아스카 문화가 발달하였다.

07 밑줄 친 '이 왕조'에 대한 설명으로 옳은 것은?

> 이 왕조는 당과 벌인 탈라스 전투에서 승리하여 중앙아시아의 동서 교역로를 장악하였다. 그 결과 이 왕조는 동서양을 잇는 국제 무역으로 번영하였고, 수도 바그다드는 외국인과 다양한 문물이 모여드는 국제도시로 성장하였다.

① 사산 왕조 페르시아를 정복하였다.
② 이베리아반도까지 영토를 확장하였다.
③ 이슬람 공동체가 칼리프를 선출하였다.
④ 아랍인 중심의 차별 정책을 폐지하였다.
⑤ 시아파와 수니파가 분리되는 배경이 되었다.

08 (가), (나) 종교의 공통점으로 옳은 것은?

> • 아라비아반도의 사회적 혼란 속에서 메카의 상인이던 무함마드는 신의 계시를 받았다고 주장하며 (가) 을/를 성립시켰다.
> • 비잔티움 제국은 (나) 을/를 바탕으로 고대 그리스·로마 문화와 헬레니즘 문화를 결합하여 독자적인 문화를 발전시켰다.

① 우상 숭배를 금지하였다.
② 장원제 발달에 기여하였다.
③ 다신교의 전통을 계승하였다.
④ 슬라브족 문화의 바탕이 되었다.
⑤ 그리스어가 공용어로 사용되었다.

중요
09 다음 사건이 일어나게 된 직접적 배경으로 옳은 것은?

> 마침내 하인리히 4세가 두어 명의 수행원만 거느리고 내가 머물고 있던 카노사에 찾아왔소. 황제는 적대적이거나 오만한 기색이 전혀 없이 성문 앞에서 사흘 동안 빌었다오.
> –그레고리우스 7세, 『서한집』–

① 두 명의 교황이 존재하여 교회가 분열하였다.
② 구교와 신교의 대립으로 30년 전쟁이 일어났다.
③ 클뤼니 수도원을 중심으로 개혁 운동이 일어났다.
④ 교회가 로마 가톨릭과 그리스 정교로 분열하였다.
⑤ 성직 임명권을 둘러싸고 교황과 황제가 대립하였다.

10 다음 주장의 사례로 옳지 않은 것은?

> 이슬람 제국이 확대되면서 이슬람교가 세계 각지에 전파되었고 다양한 문화가 이슬람 세계로 흘러들어왔다. 그리하여 이슬람교를 바탕으로 다양한 문화 요소가 융합된 이슬람 문화가 형성되었으며, 또 세계 각 지역으로 퍼져 나갔다.

① 이슬람의 천문 역법이 중국과 한국에서 활용되었다.
② 최초로 '0'이라는 숫자를 만들고 10진법을 사용하였다.
③ 중국에서 발명된 제지술, 나침반, 화약이 유럽에 전해졌다.
④ 이슬람의 의학 서적이 중세 유럽 대학에서 교재로 사용되었다.
⑤ 그리스에서 만든 아스트롤라베를 이슬람 천문학자들이 개량하였다.

중요
11 밑줄 친 '그'에 대한 설명으로 옳은 것은?

> 그는 프랑크 왕국의 왕이지만 그리스, 로마의 고전 문화를 부흥시키고 정복한 땅에는 교회를 세웠어.

> 그는 서유럽 통합의 상징으로, 현재에도 유럽 통합에 기여한 인물을 선정하여 그의 이름으로 상을 주고 있어.

① 성 소피아 대성당을 건설하였다.
② 성상 숭배 금지령을 발표하였다.
③ 카노사에서 교황에게 굴복하였다.
④ 교황이 교회의 수장임을 선포하였다.
⑤ 교황으로부터 서로마 황제의 관을 받았다.

서술형
12 밑줄 친 ㉠과 같이 구텐베르크가 발명한 활판 인쇄술이 종교 개혁에 끼친 영향을 서술하시오.

> 루터는 인간의 구원은 오직 신앙과 성서에 의해서만 가능하다고 주장하였다. 그의 주장은 ㉠ 인쇄술의 발달에 힘입어 독일 전역에 널리 퍼졌으며 교황과 대립하던 독일의 제후들에게 지지를 받았다.

수행 평가

수행 평가 미리보기

선생님의 출제 의도

세계 각 지역의 문화권을 소개하는 포트폴리오 만들기

2단원에서는 불교, 힌두교, 이슬람교, 크리스트교 등의 세계 종교가 성립하고 확산하는 과정을 동아시아, 인도, 서아시아, 유럽 등 지역 세계의 형성 및 성장과 관련하여 학습했습니다. 이 시기에 종교를 바탕으로 형성된 지역 세계의 문화가 오늘날까지 일상생활에도 지속적으로 영향을 미치고 있다는 점을 이해해야 합니다. 따라서 수행 평가에서는 불교, 힌두교, 이슬람교, 크리스트교를 바탕으로 지역 문화가 형성되고 확산되어 세계사에 어떤 영향을 끼치고 있는가를 잘 이해하고 있는지 평가하는 문제가 출제될 수 있습니다.

수행 평가 문제

모둠별로 2단원에서 배운 문화권 중 하나를 선정하여 문화권의 특징을 소개하는 포트폴리오를 만들어 보자.

A 활동 계획 세우기

1 불교 · 힌두교 · 유교 · 이슬람 · 크리스트교 문화권 중 하나를 선정한다.

2 선정한 문화권의 특징을 보여 주는 기사를 검색하여 2~3개 정도 정한다.

B 활동 단계

1단계 주제와 관련된 내용의 신문 기사나 인터넷 자료를 찾아본다.

2단계 자료에 나타난 문화적 특징을 파악하고 그 특징이 나타난 배경을 탐색한다.

3단계 탐색한 자료를 이용하여 포트폴리오를 만든다.

4단계 완성된 포트폴리오를 교실에 전시하고 다른 모둠의 모둠원에게 포트폴리오를 소개한다.

C 활동하기

1 모둠별 주제 선정 및 자료 조사

[예시]

주제 선정	힌두교 문화권
조사한 자료 내용	쿰브멜라 축제, 브라흐마 신상, 아바타 등

2 포트폴리오 만들기 – 힌두교 문화권 알아보기

[예시]

쿰브멜라 축제	브라흐마 신상	아바타

쿰브멜라 축제는 인도 최대의 힌두교 축제이다. 한 달 동안 진행되는 이 축제에서 힌두교도들은 바라나시 등 네 곳의 성지를 돌며 목욕 의식을 치르면 죄를 씻고 복을 받을 수 있다고 믿는다.	브라흐마는 창조의 신으로, 시바, 비슈누와 함께 힌두교 3대 신 중 하나이다. 브라흐마는 네 개의 팔과 네 개의 얼굴을 갖고 있으며, 주로 붉은 피부를 가진 흰 수염의 노인으로 묘사된다.	아바타는 고대 인도에서 땅으로 내려온 신의 화신을 지칭한다. 인터넷 시대가 열리면서 3차원이나 가상 현실 게임 등에서 그래픽 아이콘을 가리키는 용어로 사용된다.

채점 기준

평가 영역	채점 기준	배점
자료 수집	여러 경로를 거쳐 다양한 자료를 수집하였다.	1
	선정한 문화권과 관련된 적절하고 객관적인 자료를 수집하였다.	2
	참신하고 창의적인 자료를 포함하여 수집하였다.	1
제작 내용	주제에 맞는 내용을 적절하게 선택하였다.	1
	포트폴리오의 구성이 창의적이고 흥미를 유발하였다.	2
모둠 참여 태도	모둠원의 역할이 적절히 분배되었다.	1
	모둠원 간의 협력이 잘 이루어졌다.	1
	포트폴리오의 내용을 체계적이고 명료하게 발표하였다.	1

수행 평가 꿀 Tip **모둠 활동할 때 자신의 잠재력을 알 수 있다면?**

수행 평가는 과제를 수행하는 과정을 평가하는 것입니다. 즉, 결과물도 중요하지만 그 결과물을 만드는 과정에서 나 자신의 새로운 모습과 능력을 발견할 수도 있습니다. 어려운 과제를 해결하려는 적극적인 의지를 가지고 참여해 보세요. 협동성, 창의력, 인내심, 배려심 등 자신 안에 숨겨진 잠재력을 발견할 수도 있으니까요.

Ⅲ 지역 세계의 교류와 변화

01
몽골 제국과 문화 교류

02
동아시아 지역 질서의 변화

03
서아시아 · 북아프리카 지역 질서의 변화

04
신항로 개척과 유럽 지역 질서의 변화

01 몽골 제국과 문화 교류

❶ 송과 북방 민족의 성장

(1) 송의 건국과 변천

① 건국: 조광윤(송 태조)이 카이펑을 수도로 건국(960), 5대 10국의 분열 수습

→ 당 멸망 이후부터 송이 중국을 통일하기까지 등장하였던 5개의 왕조와 10개의 나라를 말한다.

② 문치주의: 문신 관료 중심의 정치

- 목적: 절도사 세력을 비롯한 무인 세력 억제, 황제권 강화
- 내용: 황제의 군사권 장악, 과거제 강화(전시 제도)
- 영향: 군사력 약화와 북방 민족의 침입 → 평화 유지를 위해 세폐 바침 → 국가 재정 악화

③ 남송 성립: 금(여진)이 송과 연합하여 요(거란)를 멸망시킴 → 금의 침입으로 화북 지방을 빼앗기고 강남으로 밀려난 송은 수도를 항저우(임안)로 옮김(남송, 1127)

(2) 북방 민족의 성장

① 요(거란): 야율아보기가 거란족을 통합하여 건국(916), 연운 16주 차지, 송과 대립

② 서하: 탕구트족이 건국(1038), 비단길을 통한 동서 무역의 이익을 장악하여 번영

③ 금(여진): 아구다가 여진족을 통일하고 건국(1115), 송의 수도 카이펑 함락, 화북 지방 차지

Q&A 송 대의 북방 민족들에 대해 더 알고 싶어요.

▲ 요와 송의 영역

▲ 금과 남송의 영역

송 대에 성장한 북방 민족으로 거란(요), 여진(금), 탕구트(서하) 등이 있다. 이들은 송의 국방력이 약화된 틈에 부족을 통일하여 통일 국가를 세우고 우월한 군사력을 바탕으로 송을 압박하여 막대한 물자를 제공받았다. 또한 고유의 문자를 제정하는 등 독자적인 전통과 문화를 지키려고 노력하였다.

❷ 송의 경제와 문화 발전

(1) 송의 경제 발전

① 농업 발달: 강남 저습지 개간으로 농경지 증가, 모내기법 보편화, 이모작과 품종 개량 등으로 쌀 생산량 증가, 상품 작물 재배(차, 사탕수수 등)

→ 시장에 팔 목적으로 재배하는 농작물로, 과일 · 차 · 사탕수수 등이 대표적이다.

→ 모판에서 따로 모를 길러 논에 옮겨 심는 농법으로, 생산량을 크게 늘릴 수 있다.

② 상공업 발달: 상인 · 수공업자 동업 조합 결성, 전국적인 규모의 시장 발달, 동전과 지폐(교자) 사용, 상업 도시의 발달(카이펑, 항저우 등)

③ 해상 교역의 발달: 조선술, 항해술, 지도 제작 기술 등의 발달 → 해상 무역 발달, 항저우 · 취안저우 등 해외 무역항 성장, 시박사 확대 설치(세금과 무역 업무 담당)

→ 해상 무역을 담당하던 관청으로, 당 대 처음으로 광저우에 설치되었고, 송 대에 확대 설치되었다.

(2) 성리학과 서민 문화의 발달

① 사대부의 형성: 유교 지식을 갖춘 관료 지식층인 사대부가 사회 중심 세력으로 성장

② 성리학의 발달: 대의명분과 화이론 중시 → 송의 통치 이념이 됨

③ 서민 문화의 발달: 경제 성장으로 서민층 성장, 구어체 소설 · 수필 유행, 도시 공연장에서 서민 오락 성행(만담, 곡예, 인형극, 동물 서커스 등)

→ 중국이 천하 문명의 중심인 화(華)이고, 주변의 모든 민족은 오랑캐(夷)라는 중국 중심의 세계관이다.

④ 과학 기술의 발전: 화약 · 나침반 · 활판 인쇄술의 발달 → 이슬람 세계를 거쳐 유럽 사회에 전파

→ 사(士)는 선비, 대부(大夫)는 관료를 의미한다. 송 대에 과거제에 의해 형성된 새로운 관료 지식인층으로 송 대 정치와 사회의 중심 세력이었다.

✚ 문치주의
문신 위주로 관리를 등용하여 무력이 아닌 학문과 법령에 따라 정치를 펴는 방식이다.

✚ 전시 제도
과거 3차 시험에서 황제가 직접 시험관으로 참여하여 합격자의 순위를 결정하는 제도로, 최종 합격자는 자신을 선발해 준 황제에 대해 충성을 다하였다.

✚ 세폐
원래 중국의 주변 국가들이 중국에 바치던 공물을 뜻했지만, 송 대에는 매년 북방 민족에게 평화의 대가로 제공한 은 · 비단 등의 물자를 말한다.

✚ 연운 16주
거란이 만리장성 남쪽에 가지고 있었던 16개의 주로, 송은 여진족의 금과 연합하여 이 지역의 일부를 겨우 회복했지만 1127년에 금의 공격을 피해 수도를 남쪽인 항저우로 옮기게 됨으로써 이 지역은 금의 지배하에 들어갔다.

✚ 교자

세계 최초의 지폐로, 송은 상업과 무역이 발달하면서 동전이 부족해지자 지폐를 유통시켰다.

✚ 성리학
주희가 집대성한 것으로, 인간의 본성과 우주 만물의 원리를 탐구하는 유교의 한 갈래이다.

더 알아보기 ▶ 송의 과학 기술

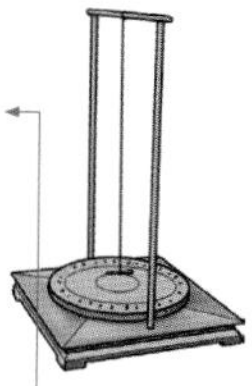
▲ 나침반

송의 해상 무역 확대에 기여하였고, 이후 유럽에 전해져 신항로 개척에 활용되었다.

▲ 화약 무기

13세기경 이슬람 세계를 거쳐 유럽에 전해져 중세 유럽 기사 계급의 몰락과 봉건 사회 붕괴에 영향을 주었다.

▲ 활판 인쇄술

활자를 이용한 활판 인쇄술로 많은 양의 책을 빠른 속도로 만들어 낼 수 있게 되어 지식의 보급에 기여하였다.

❸ 몽골, 유라시아에 걸친 대제국 건설

(1) 몽골 제국의 성장

① 건국: 테무친이 몽골 고원 유목민 통일 → 칭기즈 칸으로 추대 → 서하와 금 공격, 중앙아시아 지역 정복, 인더스강 유역과 페르시아까지 진출, 몽골 제국 건설(13세기)

② 4한국 성립: 칭기즈 칸의 후손들이 금 정복, 아바스 왕조 멸망, 러시아와 동유럽 일대까지 정복 → 유럽과 아시아에 걸친 대제국 건설

→ 오고타이한국(우구데이 울루스), 킵차크한국(주치 울루스), 차가타이한국(차가타이 울루스), 일한국(훌라그 울루스)이 성립하였다.

(2) 원의 중국 지배

① 원 제국의 성립: 쿠빌라이 칸이 수도를 대도(베이징)로 옮기고 국호를 원으로 바꿈(1271) → 남송 정복 → 중국 전역 지배

→ 이민족 왕조 최초로 중국 전역을 지배하였다.

② 몽골 제일주의: 몽골인을 최고 신분으로 하고 색목인 우대, 한인과 남인 차별

③ 쇠퇴: 황위 계승 분쟁, 지폐(교초)의 남발, 귀족의 사치와 부패로 인한 경제 혼란으로 국력 약화, 홍건적(한족)의 난으로 쇠퇴 → 만리장성 북쪽으로 밀려남

(3) 원의 경제와 서민 문화 발달

① 서민 경제력의 성장: 농업 생산력 증가, 상공업 발달, 지폐인 교초 널리 사용

② 서민 문화 발달: 농업 · 상공업 발달로 서민 생활 수준 향상 → 구어체 소설, 잡극 등 유행

❹ 교역권의 통합과 교류의 확대

(1) 유라시아 교역망의 형성

① 역참 설치: 광대한 영토의 효율적 통치와 원활한 물자 운반을 위해 도로망을 정비하고 역참 설치 → 여행과 물자 운송 활발, 제국 전역에 대한 지배력도 강화

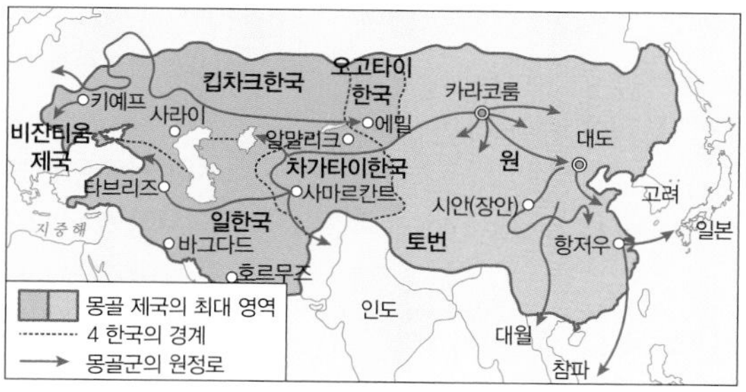

▲ 몽골 제국의 발전

② 해상 교역 번성: 바닷길 중심으로 해상 교역 번성

→ 바닷길을 통해 인도양, 아라비아반도, 아프리카 동부에 이르는 교역이 번성하면서 서역 상인의 왕래와 물자 교류가 활발하게 이루어졌다.

③ 유라시아 교역망 형성: 몽골 제국의 지배가 안정되면서 유럽과 아시아가 하나의 교역권으로 연결되어 동서 문화 교류 활발

(2) 몽골 제국 시기 문화 교류

① 다양한 문화의 공존: 몽골 제국의 관용적 태도 → 티베트 불교(라마교), 이슬람교, 크리스트교, 마니교 등 다양한 종교 공존, 다양한 문자와 언어 통용

② 원거리 여행 활발: 이탈리아 상인 마르코 폴로(『동방견문록』), 모로코의 이븐 바투타(『여행기』), 선교사 카르피니 등 몽골 제국 방문

③ 과학 기술의 발전: 이슬람의 천문학 · 역법 · 자연 과학 · 의학 등 유입, 중국의 화약 · 나침반 · 활판 인쇄술 등이 서양에 전파

✚ 중국의 4대 발명품

화약, 나침반, 활판 인쇄술에 한 대에 발명된 채륜의 제지법을 더하여 중국 4대 발명품이라 한다.

✚ 4한국(四汗國)

칭기즈 칸이 4명의 아들에게 분봉한 4개의 국가로, 몽골어로 울루스(많은 사람, 부족, 국가를 뜻함)라고도 한다.

✚ 쿠빌라이 칸

칭기즈 칸의 손자로, 몽골 제국의 5대 칸이다. 서역인(색목인) 등을 우대하는 등 통일된 다민족 국가의 발전을 위해 공헌하였고, 넓은 영토를 차지한 대제국을 완성하여 원의 전성 시대를 이루었다.

✚ 몽골 제일주의

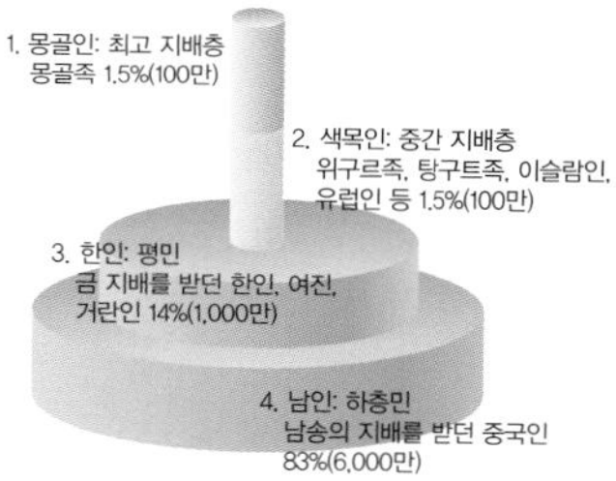

원 제국은 정복민에 대한 철저한 민족 차별 정책으로 통치하였다. 제1 계층은 몽골인이었고, 제2 계층인 서역인은 색목인이라 하여 우대하였다. 제3 계층은 한인으로 금 지배를 받던 화북민, 고려인 등이 여기에 속했다. 제4 계층은 몽골에 끝까지 저항하였던 남송인으로 사회적인 차별뿐만 아니라 관직 진출과 같은 정치적인 면에서도 차별받았다.

✚ 역참

중앙과 지방을 잇는 도로 곳곳에 사람과 말을 배치하여 물자의 유통, 사람의 왕래, 소식의 전달을 도왔던 제도이다.

✚ 티베트 불교(라마교)

티베트에서 발달한 불교의 한 종파로, 몽골, 부탄, 네팔 등에도 널리 보급되어 있다. 원래 라마는 스승을 뜻하는 말이다.

개념 다지기

정답과 해설 | 19쪽

01 빈칸에 들어갈 알맞은 말을 쓰시오.

(1) 조광윤(송 태조)은 절도사의 권한을 약화시키고 문신을 우대하는 (   ) 정책을 실시하였다.

(2) 송 태조는 황제가 직접 과거 시험을 주관하는 (   )을/를 통해 관리들을 황제에게 충성하도록 하였다.

(3) 12세기 초 아구다는 요의 영향력 아래에 있던 (   )을/를 통일하고 금을 세웠다.

(4) 송 대에는 어린 모를 따로 기른 후 논으로 옮겨 심는 농법인 (   )이/가 보편화되어 생산력이 크게 늘어났다.

(5) 송 대에는 과거제가 강화되면서 유교적 소양을 갖춘 (   )이/가 사회의 지배층으로 등장하였다.

(6) (   )은/는 주희가 집대성한 것으로 인간의 본성과 우주 만물의 원리를 탐구하는 유교의 한 갈래이다.

02 다음 설명에 해당하는 나라 또는 민족을 〈보기〉에서 골라 쓰시오.

보기	
ㄱ. 남송	ㄴ. 거란
ㄷ. 여진	ㄹ. 탕구트

(1) 금의 공격으로 화북 지방을 빼앗긴 후 창장강 이남에 세워진 나라 ………………………… (   )

(2) 서하를 건국하고 비단길을 통한 무역을 주도하면서 번영한 민족 ………………………… (   )

(3) 발해를 멸망시키고 연운 16주를 차지한 민족 ………………………… (   )

(4) 송과 연합하여 요를 멸망시킨 후 송의 수도 카이펑을 차지한 민족 ………………………… (   )

03 다음 내용이 맞으면 ○표, 틀리면 ×표를 하시오.

(1) 송 대에는 서민의 사회·경제적 지위가 향상되면서 도시를 중심으로 서민 문화가 발달하였다. …… (   )

(2) 송 대에는 이모작이 보급되고 강남 저습지가 개발되어 농업 생산이 늘어났다. ………………………… (   )

(3) 송 대 조선술과 항해술의 발달은 해상 무역의 발달을 가져왔다. ………………………… (   )

04 각 인물과 관련 있는 사항을 옳게 연결하시오.

(1) 칭기즈 칸 •   • ㉠ 대도 천도

(2) 쿠빌라이 칸 •   • ㉡ 동방견문록

(3) 마르코 폴로 •   • ㉢ 몽골족 통합

05 다음 내용이 맞으면 ○표, 틀리면 ×표를 하시오.

(1) 칭기즈 칸 사후 몽골 제국은 킵차크한국, 오고타이한국, 차가타이한국, 일한국의 4한국으로 나뉘었다. ………………………… (   )

(2) 원은 몽골 제일주의를 내세워 몽골인을 최고 신분으로 하고 색목인은 우대하는 반면, 한인과 남인은 차별하였다. ………………………… (   )

(3) 원 대에는 서민들이 즐길 수 있는 가부키 문화가 발달하였다. ………………………… (   )

06 밑줄 친 부분을 옳게 고쳐 쓰시오.

(1) 원 대에 남인은 서역 출신으로 재정, 행정을 담당하였다. ………………………… (   )

(2) 원 대에는 100리마다 시박사가 설치되는 등 교역로가 안정되어 동서 교류가 활발하였다. …………… (   )

(3) 마르코 폴로는 송을 방문하고 여행기를 남겼다. ………………………… (   )

07 다음 각 역사 용어를 송과 원으로 구분하시오.

(1) 교초 ………………………… (   )

(2) 역참 ………………………… (   )

(3) 세폐 ………………………… (   )

(4) 성리학 성립 ………………………… (   )

(5) 마르코 폴로 ………………………… (   )

중단원 실력 쌓기

정답과 해설 | 19쪽

01 송의 문치주의에 대한 설명으로 옳지 않은 것은?

① 군사력의 약화를 가져왔다.
② 절도사의 권한을 강화하였다.
③ 군대를 황제 직속으로 개편하였다.
④ 황제가 직접 과거 시험을 주관하였다.
⑤ 유교적 소양을 갖춘 사대부 계층이 형성되었다.

중요
02 (가) 국가에 대한 설명으로 옳은 것은?

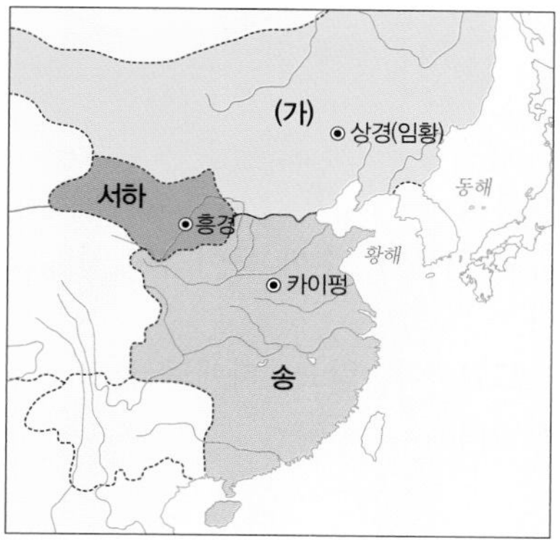

① 연운 16주를 차지하고 송과 대립하였다.
② 비단길을 장악하고 중계 무역을 주도하였다.
③ 송을 강남으로 몰아내고 화북 지방을 차지하였다.
④ 진이 만리장성을 건설하게 된 원인을 제공하였다.
⑤ 12세기 아구다가 부족을 통일하여 세운 나라이다.

03 다음 설명에 해당하는 지배 계층으로 옳은 것은?

> 학문을 익혀 관리가 된 사람들로 유교적 지식을 갖춘 송 대의 지배층이다. 주로 성리학을 공부하였다.

① 호족　② 신사　③ 무신
④ 사대부　⑤ 문벌 귀족

04 송 대의 경제에 대한 설명으로 옳지 않은 것은?

① 서민 경제력이 높아졌다.
② 교초라는 지폐를 사용하였다.
③ 모내기법 등 농업 기술이 발달하였다.
④ 상인과 수공업자들은 동업 조합을 만들었다.
⑤ 강남 지역의 개간이 본격화되어 농지가 늘어났다.

중요
05 (가) 왕조에 대한 설명으로 옳은 것만을 〈보기〉에서 고른 것은?

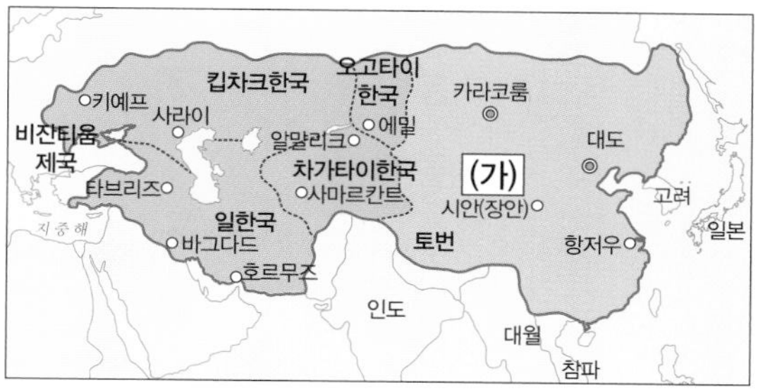

> **보기**
> ㄱ. 문치주의 정책을 실시하였다.
> ㄴ. 몽골인을 우대하고 한족을 차별하였다.
> ㄷ. 윈강, 룽먼 등 대규모 석굴 사원을 건축하였다.
> ㄹ. 이민족 왕조로는 처음으로 중국 전체를 지배하였다.

① ㄱ, ㄴ　② ㄱ, ㄷ　③ ㄴ, ㄷ
④ ㄴ, ㄹ　⑤ ㄷ, ㄹ

06 다음에서 알 수 있는 송 대 문화에 대한 설명으로 가장 적절한 것은?

> • 구어체로 쓴 소설과 수필이 유행하였다.
> • 곡예, 연극을 볼 수 있는 공연장이 생겼다.

① 서민 문화가 발달하였다.
② 국제적이고 개방적이었다.
③ 다양한 종교가 유행하였다.
④ 과학 기술의 발전이 두드러졌다.
⑤ 귀족적이고 화려한 문화가 발달하였다.

07 몽골 제국에 대한 설명으로 옳지 않은 것은?

① 문치주의 정책을 실시하여 북방 민족의 침입을 받았다.
② 아시아와 유럽을 아우르는 역사상 최대 규모의 제국을 건설하였다.
③ 13세기 테무친이 부족을 통일하고 칭기즈 칸으로 추대되면서 성립하였다.
④ 정복지에 도로를 건설하고 역참을 설치하여 제국의 원활한 지배를 가능하게 하였다.
⑤ 제국이 안정적으로 통치되면서 동서 교류가 확대되어 수많은 사람과 물자가 오가게 되었다.

중요
08 (가)~(라)에 해당하는 계층에 대한 설명으로 옳지 않은 것은?

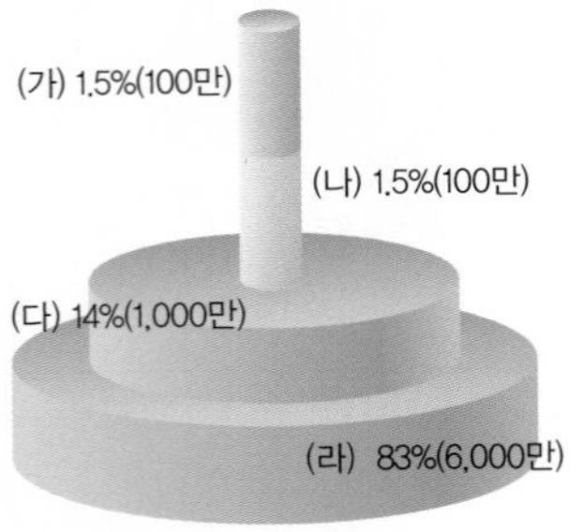

▲ 원의 신분 구조

① (가) – 주요 관직을 독점하였다.
② (나) – 재정과 행정 실무를 담당하였다.
③ (나) – 서아시아인, 중앙아시아인 등을 포함한다.
④ (다) – 마지막까지 몽골에 저항하였다.
⑤ (라) – 정치 진출과 사회적 지위 등 차별을 받았다.

09 다음 설명에 해당하는 인물로 옳은 것은?

> 약 17년 동안 중국에 머무르며 각지를 육로와 해로를 따라 여행하였다. 이후 고향으로 돌아가 여행 기간에 보고 들었던 것들을 기록하여 『동방견문록』을 남겼다.

① 카르피니
② 칭기즈 칸
③ 이븐 바투타
④ 쿠빌라이 칸
⑤ 마르코 폴로

중요
10 다음 제도에 대한 설명으로 옳은 것은?

> 황제가 시험관으로 참여하여 최종 시험에서 급제자를 선정하는 제도로 송 대에 실시되었다.

① 황제권 강화에 기여하였다.
② 지방 인재를 9등급으로 나누었다.
③ 문벌 귀족 사회가 성립하는 계기가 되었다.
④ 중앙에서 파견한 중정관이 인재를 추천하였다.
⑤ 관리 선발에 능력보다는 가문이 중요하게 되었다.

11 원 대의 문화에 대한 설명으로 옳지 않은 것은?

① 서민을 중심으로 한 서민 문화가 발전하였다.
② 우주의 본질과 원리를 탐구하는 성리학이 등장하였다.
③ 교통로를 따라 각지의 상인과 선교사들이 방문하였다.
④ 이슬람의 천문학, 수학 등이 전해져 과학 기술이 발달하였다.
⑤ 크리스트교, 이슬람교, 티베트 불교 등 다양한 종교가 공존하였다.

12 (가)~(다)에 해당하는 용어 세 가지를 옳게 연결한 것은?

> (가) 송의 해상 무역 확대에 기여하였고, 이후 유럽으로 건너가 신항로 개척에 활용되었다.
> (나) 13세기경 이슬람 세계를 거쳐 유럽에 전해져 중세 유럽 기사 계급의 몰락과 봉건 사회 붕괴에 영향을 주었다.
> (다) 많은 양의 책을 빠른 속도로 만들어 낼 수 있게 되어 지식의 보급에 기여하였다.

	(가)	(나)	(다)
①	시계	지도	활판 인쇄술
②	시계	총	화약
③	나침반	화약	활판 인쇄술
④	나침반	총	종이
⑤	지도	화약	종이

중요

13 다음 설명에 해당하는 몽골 제국의 제도가 가져온 영향으로 옳지 않은 것은?

> 수도 칸발룩(지금의 베이징)으로부터 각 지방으로 많은 도로가 나 있다. 각각의 도로에는 행선지에 따라 그 이름이 붙여져 있다. 이곳에서부터 40km 간격으로 역참이 있다. 역참에는 넓고 근사한 여관이 있어 칸의 사신이 숙박할 때 제공된다.

① 동서 교류가 확대되었다.
② 한족의 영향력이 점차 커졌다.
③ 이슬람 문화가 중국으로 전래되었다.
④ 중국의 문화가 세계 각지로 전해졌다.
⑤ 마르코 폴로, 이븐 바투타 등 수많은 유럽, 이슬람 사람들이 중국을 왕래하였다.

14 원의 쇠퇴 원인으로 옳지 않은 것은?

① 황위 계승권 다툼
② 차별받던 한인의 반발
③ 몽골 귀족의 사치와 부패
④ 막대한 세폐로 인한 재정난
⑤ 지폐의 남발로 인한 경제 혼란

15 다음 나라들의 공통점으로 옳은 것은?

> • 요　　　• 서하　　　• 금

① 고유 문자 사용
② 중국 전체 지배
③ 중계 무역 주도
④ 한인과 남인 차별
⑤ 몽골 제국에 멸망

서술형 • 논술형

서술형

01 송의 태조가 무인 세력이 정치에 개입하는 것을 막고 권력을 황제에게 집중시키기 위해 실시한 정책을 두 가지 이상 서술하시오.

논술형

02 소수의 몽골 부족이 다수의 한족을 다스리기 위해 실시한 원 대의 정책과, 이것이 원의 중국 지배에 미친 결과를 300자 이내로 논술하시오.

02 동아시아 지역 질서의 변화

❶ 명의 건국과 발전

(1) 건국: 원 말 홍건적을 이끌던 주원장(홍무제)이 난징(금릉)에 건국(1368)
→ 미륵불의 구원을 바라는 민간 불교 교단인 백련교도가 일으킨 반란 집단을 말한다.

(2) 홍무제의 정책

① **중앙 집권 강화:** 재상 제도 폐지(6부를 황제 직속으로 편입 → 황제 독재 체제 확립), 이갑제(지방 통치 조직 정비), 토지 대장과 호적 대장 정리(재정 수입 증대, 농민 생활 안정)

② **한족 전통 문화 부흥:** 육유 반포 → 백성 교화, 유교적 통치 질서 확립

(3) 영락제의 정책
→ 중국의 주변 나라들이 정기적으로 중국에 사절을 보내 예물을 바치는 외교 방식을 말한다.

① **중앙 집권 강화:** 자금성 건설, 베이징 천도

② **대외 팽창 정책:** 몽골 공격, 정화의 함대 파견 → 동남아시아에서 아프리카 해안까지 진출 → 명 중심의 조공 질서 확립, 해외 진출의 계기 마련, 중국 문화의 확산

(4) 멸망: 명 후기 세력을 강화한 북쪽 몽골과 동남 해안 왜구의 침략(북로남왜), 임진왜란 때 조선에 원병 파병으로 재정 악화, 당쟁과 농민 반란 → 이자성의 농민군에게 멸망(1644)

Q&A 정화의 항해에 대해 더 알고 싶어요.

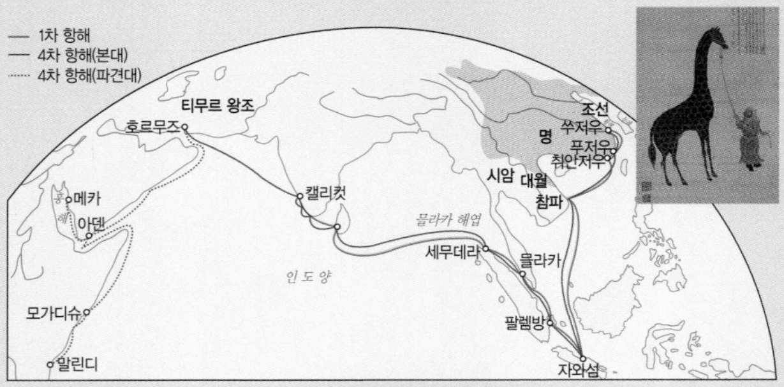

▲ 정화의 항해(좌)와 기린도(우)

영락제는 명 중심의 국제 질서를 확대하기 위해 환관 정화에게 29년 동안 대규모 항해를 추진하게 하였다. 정화의 항해는 1405년부터 총 7차례에 걸쳐 이루어졌고, 함대의 규모도 어마어마하였다. 정화의 항해의 결과 30여 개에 이르는 국가가 명에 새로 조공하게 되었고, 중국인들이 동남아시아에 진출하는 계기가 되었다.

❷ 청 중심의 동아시아 질서

(1) 건국: 만주족의 누르하치(태조)가 후금 건국(1616) → 홍타이지(태종) 때 국호를 '청'으로 바꿈 → 명 멸망 후 베이징으로 천도(1644)

(2) 발전: 강희제, 옹정제, 건륭제 3대 130여 년 동안 전성기

(3) 영토 확장: 내몽골, 칭하이, 신장, 티베트, 타이완 등 오늘날 중국 영토 대부분 확보

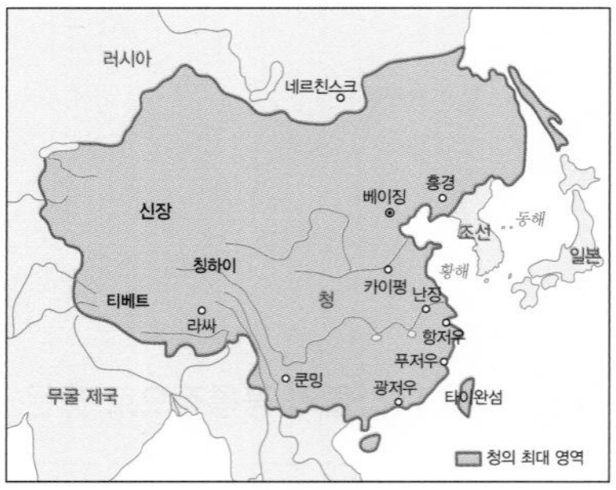

▲ 청의 최대 영역

(4) 청의 중국 통치: 강경책과 회유책 사용

① **강경책:** 팔기군 유지, 한족에게 변발·호복 강요, 중화사상에 의한 만주족 비난 금지

② **회유책:** 과거제 시행, 신사층 특권 유지, 한족 학자를 동원한 대규모 편찬 사업 실시, 만한 병용(만주족과 한족 함께 등용), 농민의 조세 부담 경감

(5) 대외 관계: 조선·베트남과는 조공 책봉 관계 유지, 서양 국가들과는 공행 무역 실시

✚ 이갑제(里甲制)
110호를 1리로 하고 그 가운데 부유한 10호를 이장호로 하고, 나머지 100호를 갑수호로 하여 10호를 1갑으로 편성하여 이장이 세금 징수와 행정을 담당하게 한 제도를 말한다.

✚ 육유(六諭)
명의 홍무제가 반포한 여섯 가지 유교 가르침으로, 부모에게 효도하고, 윗사람을 존경하며, 마을 사람들과 화목하고, 자손을 잘 교육시키며, 자신의 일에 최선을 다하고, 나쁜 짓을 행하지 말라는 내용을 담고 있다.

✚ 명의 대외 관계

해금 정책	민간인의 해상 무역을 엄격하게 금지하고 조공·책봉 형식을 통한 교류만 허용
조공·책봉 체제	조선·일본·베트남 등이 정권 안정과 경제적 이익을 위해 조공

✚ 팔기군
누르하치가 여진족을 통합하면서 새롭게 고안한 조직 체계로서, 군사와 행정의 기능을 겸하였다. 여덟 개의 깃발에 따라 부대를 편성한 것에서 유래한 명칭이다.

✚ 변발

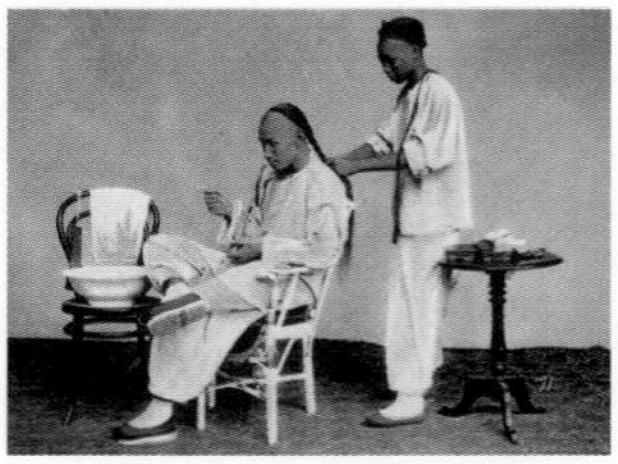

만주족의 풍습으로, 남자의 앞머리를 깎고 뒷머리만 길러서 땋는 형태를 말한다.

✚ 만한 병용
청은 정부의 요직에 만주족과 한족을 함께 임명하여, 유능한 한족 인재를 등용하면서 동시에 만주족의 귀족이 감시할 수 있도록 하였다.

❸ 명·청 시대의 경제와 문화

(1) 경제

① **농업과 상공업의 성장**: 창장강 하류 지방을 중심으로 상품 작물 재배(면화·차·뽕 등), 외래 작물 보급(옥수수·고구마·땅콩 등), 면직물·견직물·도자기 생산 증가

② **대외 교역**

- 은의 유입: 유럽에서 신항로 개척 이후 중국 물품 수요 증가 → 차·도자기·비단 등 수출 증가 → 은 대량 유입 → 은으로 세금을 납부하는 일조편법(명)과 지정은제(청) 실시
- 명 후기 해금 정책 완화 → 청 대 공행 무역 중심

(공행: 외국과 무역할 수 있도록 공식적인 허가를 받은 광저우의 상인 조합을 말한다.)

더 알아보기 ▶ 명·청 대 은의 유입

중국의 주요 수출품이었던 비단·도자기·차 등이 유럽 상류층에 큰 인기를 얻으면서 유럽 국가들이 많은 은을 중국에 지불하였다. 그리하여 명·청 대에는 은 중심의 경제 체제가 수립되어 모든 세금을 은으로 납부하는 일조편법과 지정은제가 시행되었다. 명의 일조편법은 여러 항목의 세금을 토지세와 인두세로 통합하여 은으로 납부하는 것이고, 청의 지정은제는 인두세를 토지세에 포함하여 토지를 기준으로 세금을 부여하고 은으로 납부하는 것이다.

(2) 사회와 문화

① **지배층**: 신사 – 유교적 소양을 갖춘 지식인, 지방관을 도와 향촌 질서 유지

② **학문**: 양명학(명, 지행합일의 실천 강조, 인간이 평등하다고 주장), 고증학(청, 경전을 실증적으로 연구) 발달

(고증학: 옛 문헌에서 확실한 증거를 찾아 경서를 설명하려는 학문을 말한다.)

③ **서민 문화 발전**: 『삼국지연의』, 『수호전』, 『서유기』, 『홍루몽』 등 소설 유행, 경극 유행

④ **서양 문물의 전래**: 크리스트교, 대포 제조법, 천문학, 역법, 수학, 지리학 등 전래, 마테오 리치의 '곤여만국전도', '천주실의'

❹ 일본의 막부 정치

(막부: 원래 지휘관이 전쟁터에서 업무를 보던 천막을 의미하는 개념으로, 쇼군과 무사 사이에 토지를 매개로 한 주종 관계를 바탕으로 성립한 무사 정권을 말한다.)

(1) 배경: 헤이안 시대 말 귀족들이 장원을 지키기 위해 무사 고용 → 무사 세력이 독자적인 세력으로 성장 → 무사 중심의 봉건 사회 발전

(2) 무사 정권의 성립

① **가마쿠라 막부**: 최초의 무사 정권 → 몽골의 침략 이후에 쇠퇴

② **무로마치 막부**: 조선과 외교 사절 교환, 명과 조공 무역 전개

③ **전국 시대**: 15세기 중엽부터 100여 년 동안 무사들이 다툼을 벌임 → 도요토미 히데요시가 통일, 명 정벌을 명분으로 조선 침략(임진왜란)

④ **에도 막부**: 도쿠가와 이에야스, 중앙 집권적 봉건제 수립(산킨코타이제), 대도시 발전, 조닌 문화 발전

(조닌: 에도 시대의 상공업자들로, 이들의 경제 수준이 높아지면서 이들을 중심으로 한 문화(우키요에, 가부키 등)가 발달하였다.)

(3) 대외 교류

① **감합 무역**: 무로마치 막부는 명과 조공 책봉 관계를 맺고 감합 무역 실시

② **제한된 대외 정책**: 에도 막부는 17세기 전반 크리스트교의 확산 억제, 해금 정책 실시, 나가사키에서 네덜란드 상인들만 무역 허용 – 유럽의 과학 기술과 학문 유입, 난학 유행

Q&A 일본의 봉건 제도에 대해 알고 싶어요.

막부 시대 천황은 상징적 존재에 불과하였고, 모든 권력은 무사 계급의 우두머리인 쇼군이 장악하였다. 최고 지배자인 쇼군은 다이묘에게 영지를 주고, 다이묘는 쇼군에게 충성을 바쳤다. 다이묘는 영지를 독자적으로 다스릴 수 있었지만 쇼군의 강력한 통제를 받기도 하였다.

(다이묘: 토지를 많이 보유한 자라는 의미에서 유래하였다. 에도 시대에는 생산량 1만 석 규모 이상의 토지를 보유한 영주를 일컬었다.)

✚ 해금 정책

조공 무역을 제외하고, 명의 자국민이 해외로 나가 무역을 하거나 외국인이 명에 와서 무역하는 것을 금지하였던 명의 무역 정책이다.

✚ 신사

명·청 시대의 지배 세력이다. 유교적 소양을 갖춘 지식인으로 요역을 면제받고 형법상의 특권을 누렸으며, 지방관을 도와 지역 사회에서 국가 권력의 통치를 보조하였다.

✚ 경극

청 대에 수도 베이징을 중심으로 발전한 연극으로, 극중 여성의 역할도 남자가 맡는다.

✚ 곤여만국전도

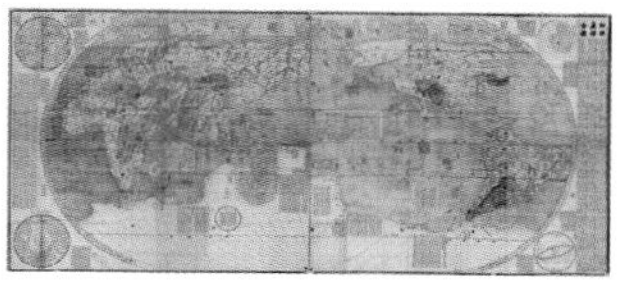

유럽의 지리적 지식을 바탕으로 중국에서 만들어진 세계 지도이다. 세계를 5대륙으로 나누어 그렸다.

✚ 일본 봉건 사회의 구조

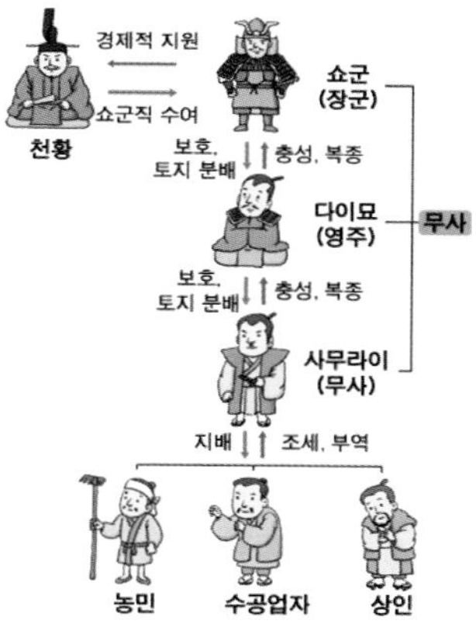

✚ 산킨코타이

에도 막부에서 다이묘를 통제하고자 도입한 제도로, 다이묘가 1년마다 교대로 영지에서 나와 에도에 와서 근무하며 쇼군의 지휘를 받게 하였다. 다이묘의 에도 이동 과정에서 전국 도로망과 숙박업, 상업의 발달이 이루어졌으며, 에도를 비롯한 중앙의 문화가 지방으로 전파되어 지방 문화가 발달하였다.

✚ 난학(蘭學)

네덜란드를 '화란'이라고 불렀기 때문에 이를 통해 전래된 학문이라고 하여 난학이라고 불렀다.

개념 다지기

01 빈칸에 들어갈 알맞은 말을 쓰시오.

(1) 명의 홍무제는 (   )을/를 실시하여 지방 통치 조직을 정비하였다.
(2) 명의 영락제는 (   )의 함대를 보내어 명 중심의 조공 관계를 확립하였다.
(3) 청은 한족에게 만주족의 머리 모양인 (   )을/를 강요하였다.
(4) 명 대에는 은이 대량으로 유입되어 은으로 세금을 납부하는 (   )을/를 실시하였다.
(5) 청 대에는 (   )을/를 통해 서양 국가와 무역을 하였다.
(6) 일본에서는 최초의 무사 정권인 가마쿠라 (   )이/가 성립하여 쇼군이 권력을 장악하고 다이묘들에게 토지를 나누어 주었다.

02 청의 중국 통치 방식 중 강경책은 '강', 회유책은 '회'라고 쓰시오.

(1) 과거제 실시 ························ (   )
(2) 만한 병용제 ························ (   )
(3) 한족에게 변발 강요 ························ (   )
(4) 중화사상에 의한 만주족 비난 금지 ·············· (   )

03 다음 내용이 맞으면 ○표, 틀리면 ×표를 하시오.

(1) 명의 홍무제는 육유를 반포하여 유교의 가르침을 전파하였다. ························ (   )
(2) 명은 후기에 이르러 북쪽에서는 몽골이, 남쪽에서는 왜구가 공격해 오면서 국력이 약해졌다. ······ (   )
(3) 도요토미 히데요시는 명을 정복하러 간다는 명분으로 조선을 침략하여 임진왜란을 일으켰다. ······· (   )
(4) 명은 절도사의 난으로 멸망하였다. ·············· (   )
(5) 청은 거란족이 세운 나라이다. ······················ (   )
(6) 강희, 옹정, 건륭 3대 130여 년 동안 청은 오늘날 중국 영토의 대부분을 확보하였다. ······················ (   )
(7) 청은 조선 · 베트남 등과는 공행 관계를 유지하고, 서양 국가들과는 조공 무역을 실시하였다. ··········· (   )

04 다음 내용과 관련 있는 사항을 옳게 연결하시오.

(1) 가마쿠라 막부 •
(2) 무로마치 막부 •
(3) 전국 시대 통일 •
(4) 에도 막부 •

• ㉠ 산킨코타이
• ㉡ 막부의 시작
• ㉢ 명과 조공 관계
• ㉣ 도요토미 히데요시

05 다음 내용이 맞으면 ○표, 틀리면 ×표를 하시오.

(1) 명 · 청 대의 지배 계층은 사대부이다. ·········· (   )
(2) 명 대에는 실증적이고 과학적인 연구를 중시하는 성리학이 유행하였다. ························ (   )
(3) 명 · 청 대에는 삼국지, 수호전, 서유기 등의 소설이 유행하였다. ························ (   )
(4) 명 중기 이후 크리스트교 선교사들이 서양 학문을 중국에 소개하였다 ························ (   )
(5) 아담 샬이 만든 '곤여만국전도'는 중국인의 세계관에 큰 영향을 끼쳤다. ························ (   )

06 밑줄 친 부분을 옳게 고쳐 쓰시오.

(1) <u>다이묘</u>는 막부 정권에서 최고의 지배자로 군림하고 무사 계급을 다스렸다. ························ (   )
(2) 막부 정권에서 무사들은 <u>혈연</u>을 매개로 주종 관계를 맺었다. ························ (   )
(3) 15세기 후반 무로마치 막부의 통치력이 약화되자 각 지방의 다이묘들이 군사 대결을 벌이는 <u>춘추</u> 시대가 전개되었다. ························ (   )
(4) <u>도쿠가와 이에야스</u>는 전국 시대를 통일하고 임진왜란을 일으켰다. ························ (   )
(5) 에도 막부 시대 <u>사무라이</u>들 사이에서는 가부키, 우키요에 등이 유행하였다. ························ (   )

07 다음 각 역사적 사건과 용어를 명과 청으로 구분하시오.

(1) 정화 ························ (   )
(2) 지정은제 ························ (   )
(3) 일조편법 ························ (   )
(4) 임진왜란 ························ (   )
(5) 만한 병용 ························ (   )
(6) 자금성 건설 ························ (   )

중단원 실력 쌓기

01 명의 홍무제가 다음과 같은 가르침을 내린 목적으로 가장 적절한 것은?

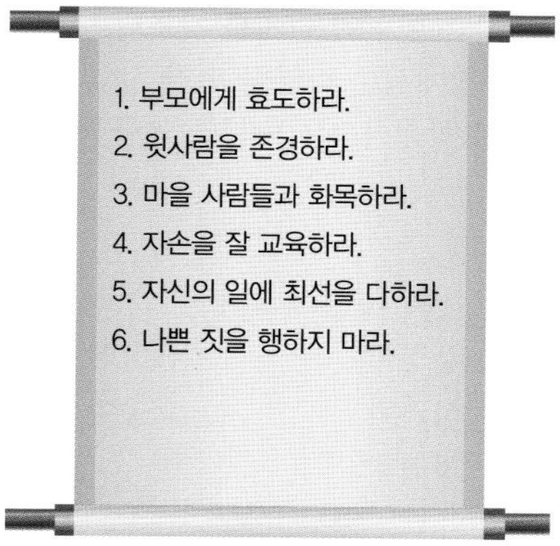

1. 부모에게 효도하라.
2. 윗사람을 존경하라.
3. 마을 사람들과 화목하라.
4. 자손을 잘 교육하라.
5. 자신의 일에 최선을 다하라.
6. 나쁜 짓을 행하지 마라.

① 국방력 강화　② 지방 통치 조직 정비
③ 중앙 집권 체제 강화　④ 조세 징수 기초 확립
⑤ 유교적 통치 질서 확립

중요
[02~03] 다음 지도를 보고 물음에 답하시오.

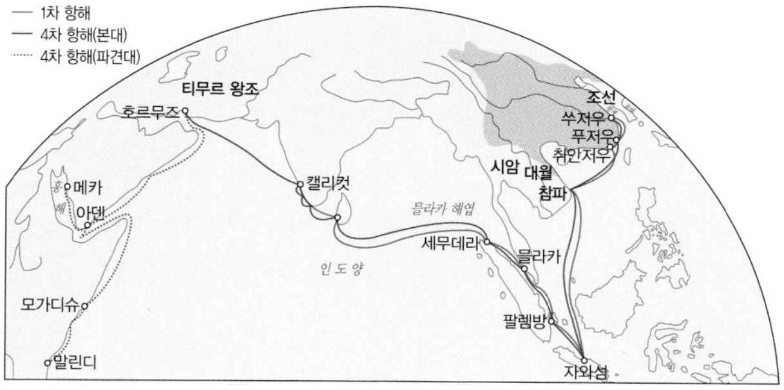

02 위 지도에 나타난 항해에 대한 설명으로 옳지 않은 것은?

① 아프리카 동해안까지 진출하였다.
② 환관 출신 정화가 추진한 항해이다.
③ 동남아시아와 인도양을 항해하였다.
④ 홍무제의 명으로 이루어진 항해였다.
⑤ 조공 국가를 확보하는 것이 목적이었다.

03 위 항해의 결과로 옳은 것은?

① 중국의 영토가 현재와 비슷해졌다.
② 명 중심의 조공 질서를 확립하였다.
③ 몽골족과 왜구의 침입을 받게 되었다.
④ 서양과 활발한 무역이 일어나게 되었다.
⑤ 청 중심의 동아시아 질서가 수립되었다.

04 다음에서 설명하는 사건이 동아시아에 미친 영향으로 옳은 것만을 〈보기〉에서 고른 것은?

> 16세기 말 일본을 통일한 도요토미 히데요시는 명을 정복하러 간다는 명분으로 그 길목인 조선을 침략하였다. 명이 조선에 원군을 파견하면서 이 전쟁은 동아시아 전쟁으로 확대되었다.

보기

ㄱ. 명의 국력이 강화되었다.
ㄴ. 일본에서 에도 막부가 성립되었다.
ㄷ. 조선은 인구가 줄고 재정이 궁핍해졌다.
ㄹ. 조선과 일본의 조공 책봉 관계가 확립되었다.

① ㄱ, ㄴ　② ㄱ, ㄷ　③ ㄴ, ㄷ
④ ㄴ, ㄹ　⑤ ㄷ, ㄹ

중요
05 다음 지도의 영역을 차지한 나라에 대한 설명으로 옳은 것은?

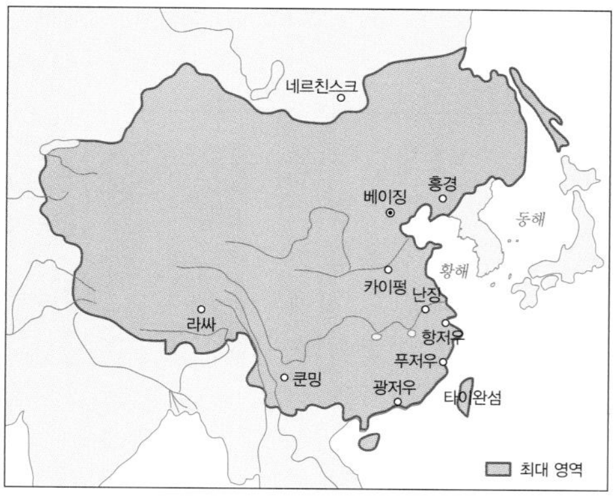

① 양명학이 등장하였다.
② 한족이 세운 왕조이다.
③ 몽골인 제일주의를 내세웠다.
④ 북방 민족에게 세폐를 바쳤다.
⑤ 오늘날 중국 영토의 대부분을 확보하였다.

중단원 실력 쌓기

중요

06 다음 정책을 실시한 목적으로 가장 적절한 것은?

> • 중요한 관직에는 만주족과 한족을 같은 수로 임명하는 만한 병용제를 실시하였다.
> • 과거제 등 명 대의 정책을 이어받아 시행하였다.
> • 한족 학자들을 동원하여 대규모 편찬 사업을 실시하였다.

① 향촌 질서 유지
② 농민 조세 부담 경감
③ 황제 지배 체제 확립
④ 한족을 지배하기 위한 회유책
⑤ 청 중심의 동아시아 질서 확립

07 명·청 시대의 공통점으로 옳은 것만을 〈보기〉에서 고른 것은?

보기	
ㄱ. 공행 무역 실시	ㄴ. 신사 중심 사회
ㄷ. 변발과 호복 강요	ㄹ. 세금을 은으로 납부

① ㄱ, ㄴ ② ㄱ, ㄷ ③ ㄴ, ㄷ
④ ㄴ, ㄹ ⑤ ㄷ, ㄹ

08 다음 사실을 통해 알 수 있는 명·청 대 문화에 대한 설명으로 옳은 것은?

> 명 대에는 『수호전』, 『서유기』, 『삼국지연의』, 청 대에는 『홍루몽』과 같은 소설 작품이 널리 읽혔다. 청에서는 춤과 노래, 연극이 혼합된 경극이 큰 인기를 누렸다.

▲ 오늘날의 경극 모습

① 서민 문화가 발달하였다.
② 국제적이고 개방적이었다.
③ 실증적인 학풍이 유행하였다.
④ 과학 기술이 크게 발달하였다.
⑤ 화려하고 귀족적인 문화가 발달하였다.

09 빈칸 ㉠, ㉡에 들어갈 말이 옳게 짝지어진 것은?

> 명 중기에는 이론과 형식에 치우친 성리학을 비판하고 올바른 지식과 행위의 일치를 강조한 (㉠)이 나타났다. 그리고 청에서는 다양한 편찬 사업의 영향으로 문헌에 근거하여 실증적으로 학문을 연구하는 (㉡)이 발달하였다.

	㉠	㉡
①	성리학	양명학
②	양명학	고증학
③	양명학	성리학
④	고증학	양명학
⑤	고증학	성리학

중요

10 명·청 대에 다음과 같은 조세 제도가 실시되었던 배경으로 가장 적절한 것은?

> • 일조편법 • 지정은제

① 서양의 조세 제도를 그대로 수입하였다.
② 인구의 급격한 증가로 조세 수입이 늘어났다.
③ 수확량이 감소하여 세금을 쌀로 걷기 어려웠다.
④ 활발한 정복 활동으로 많은 양의 은이 유입되었다.
⑤ 차, 도자기 등의 수출로 일본과 유럽에서 많은 양의 은이 들어왔다.

11 다음 사건들을 일어난 순서대로 옳게 나열한 것은?

> (가) 교토에 무로마치 막부가 들어섰다.
> (나) 도쿠가와 이에야스가 에도 막부를 열었다.
> (다) 미나모토노 요리토모가 쇼군이 되어 가마쿠라 막부를 세웠다.
> (라) 각 지방의 다이묘들이 군사 대결을 벌이는 전국 시대가 전개되었다.

① (가)–(다)–(나)–(라) ② (나)–(다)–(가)–(라)
③ (다)–(가)–(나)–(라) ④ (다)–(가)–(라)–(나)
⑤ (라)–(가)–(나)–(다)

12 일본의 봉건 체제와 관련된 용어에 대한 설명으로 옳지 않은 것은?

① 사무라이: 무사
② 다이묘: 토지를 가진 영주
③ 막부: 무사 정권의 권력 기구
④ 쇼군: 이념상 최고 지배자, 의례를 담당하는 존재
⑤ 산킨코타이: 정기적으로 다이묘가 영지와 에도에 번갈아 거주하도록 한 제도

중요

13 다음 문화가 유행한 시대에 관한 설명으로 옳은 것만을 〈보기〉에서 고른 것은?

그림은 일본의 풍속화인 우키요에의 대표적인 작품으로, 가쓰시카 호쿠사이의 '가나가와 해변의 높은 파도 아래'이다.

보기
ㄱ. 조닌 계층이 성장하였다.
ㄴ. 최초의 무사 정권이 시작되었다.
ㄷ. 서양 학문을 토대로 난학이 발달하였다.
ㄹ. 전국 시대의 혼란이 통일되고 임진왜란이 일어났다.

① ㄱ, ㄴ ② ㄱ, ㄷ ③ ㄴ, ㄷ
④ ㄴ, ㄹ ⑤ ㄷ, ㄹ

14 빈칸에 들어갈 유럽 국가로 옳은 것은?

에도 막부는 일본의 전통과 질서를 해친다는 이유로 일본 내 크리스트교 신자들을 탄압하고 선교사들의 포교 활동을 금지하였다. 하지만 종교와 무역의 분리를 약속한 (   )에 대해서는 나가사키를 통한 교역을 허락하였다.

① 영국 ② 프랑스 ③ 네덜란드
④ 포르투갈 ⑤ 에스파냐

서술형 · 논술형

서술형

01 청이 소수의 만주족으로 다수의 한족을 다스리기 위해 실시한 정책을 회유책과 강압책으로 나누어 각각 두 가지씩 서술하시오.

논술형

02 에도 막부 시대에 산킨코타이 제도를 실시한 이유를 쓰고, 이것이 에도 막부 시대의 경제와 문화에 어떤 영향을 끼쳤는지 300자 이내로 논술하시오.

03 서아시아 · 북아프리카 지역 질서의 변화

❶ 서아시아의 이슬람 왕조

(1) 셀주크 튀르크의 발전

① 성장: 11세기 아바스 왕조의 수도인 바그다드 점령, 칼리프로부터 술탄의 칭호를 얻음, 예루살렘 정복(비잔티움 제국 압박)

칼리프: 이슬람 공동체를 통치하는 최고 종교 지배자를 말한다.

술탄: 아랍어로 '권위', '권력'을 뜻하며, 이슬람 세계의 정치적 지배자를 가리킨다.

② 쇠퇴: 십자군 전쟁, 내부 분열로 쇠퇴

(2) 티무르 왕조의 발전

① 건국: 14세기 후반 티무르가 몽골 제국의 부활과 이슬람 세계의 확대를 내세우며 수립, 사마르칸트를 수도로 삼음

② 성장

- 활발한 정복 전쟁: 인도 서북부에서 중앙아시아를 거쳐 서아시아에 이르는 대제국 건설
- 동서 무역 독점: 유럽과 아시아를 잇는 교통의 요지에 위치 → 동서 무역으로 번영

▲ 티무르 왕조와 사파비 왕조

③ 쇠퇴: 티무르가 명 정벌 도중 죽고 난 후 중앙의 정치 다툼으로 약화됨 → 16세기 초 우즈베크인에게 멸망

(3) 이란에서 일어난 사파비 왕조

① 건국: 이란 지역에서 이스마일 1세가 페르시아 제국의 계승을 내세우며 건설(1501)

② 성장: 시아파 이슬람교를 국교로 삼음, 페르시아의 군주 칭호 부활

③ 아바스 1세: 왕권 강화, 오스만 제국 격퇴 → 바그다드를 비롯한 서아시아 지역 차지, 수도를 이스파한으로 옮김, 비단 산업을 국영 산업으로 육성, 비단과 양탄자 수출

❷ 오스만 제국의 성장

(1) 성립: 오스만 튀르크족이 소아시아 지역에서 건국(1299)

(2) 발전

① 메흐메트 2세: 비잔티움 제국 정복(1453), 콘스탄티노폴리스(이스탄불)를 함락하고 수도로 삼음

- 밀레트(종교 공동체 조직)를 통해 제국 내 여러 민족 고유의 정체성 유지 허용
- 오스만 제국의 술탄이 칼리프의 지위 획득(술탄 칼리프 제도 확립) → 이슬람 세계의 정치와 종교를 아우르는 절대 권력 행사

② 술레이만 1세: 헝가리 정복, 『술레이만 법전』 편찬, 오스트리아의 수도 빈 포위 공격, 유럽의 연합 함대를 격퇴하고 지중해 해상권 장악 – 전성기

(3) 쇠퇴: 술레이만 1세 사후 내분, 레판토 해전 패배, 서양 세력의 침입으로 국력 약화

(4) 오스만 제국의 통치 정책

① 관용 정책: 비이슬람교도도 지즈야(인두세)만 납부하면 신앙의 자유와 종교 공동체 조직 허용, 능력에 따른 인재 등용

지즈야(인두세): 머릿수대로 내는 세금을 말한다.

② 예니체리 편성: 크리스트교도 청소년들을 이슬람교로 개종시키고 훈련시켜 술탄의 친위 부대로 삼음

✚ 셀주크 튀르크

✚ 사파비 왕조

민족 단결을 위하여 시아파를 국교로 삼았으며, 페르시아 문화를 바탕으로 이란 · 이슬람 문화를 발전시켰다.

✚ 오스만 제국

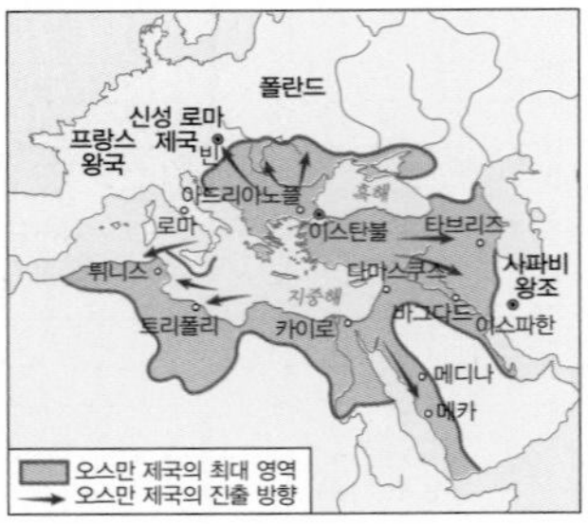

✚ 술탄 칼리프 제도

오스만 튀르크의 셀림 1세 때부터 세속 통치자인 술탄이 이슬람 공동체를 통치하는 최고 종교 지도자인 칼리프 직을 겸하였다.

✚ 레판토 해전

지중해를 제압하고 있던 오스만 제국이 베네치아령 키프로스섬을 점령하자, 1571년에 신성 동맹(베네치아, 제노바, 에스파냐) 함대가 오스만 제국의 함대를 격파한 해전이다.

집중 탐구 오스만 제국의 관용 정책

밀레트	예니체리
오스만 제국은 정복지 주민들이 각자의 종교별로 공동체를 구성하고 자치를 누릴 수 있게 하였다. 각 종교 공동체들은 인두세만 내면 종교적인 자유를 얻을 수 있었다.	오스만 제국은 발칸반도의 재능 있는 크리스트교도 청소년들을 선발하여 이슬람교로 개종시킨 후 훈련과 교육을 받게 하여 예니체리로 편성하였다.

(5) **오스만 제국의 문화**

① **동서 교류의 발달**: 세 대륙에 걸친 영토, 이스탄불이 유라시아 교역 중심지로 발전

② **오스만 튀르크 문화의 발달**: 이슬람 문화를 바탕으로 페르시아 · 튀르크 · 비잔티움 문화 융합, 아랍어 · 튀르크어 · 페르시아어 등 다양한 언어 사용

- **미술**: 페르시아 세밀화 유행
- **건축**: 모스크 발달(술탄 아흐메트 사원), 성 소피아 대성당을 이슬람 사원으로 사용
- **기타**: 천문학 · 수학 · 지리학 등 실용적 학문 발달, 주변 지역으로 문화 전파

3 인도의 이슬람 제국

(1) **무굴 제국의 성립과 발전**

① **건국**: 중앙아시아에서 일어난 티무르의 후손 바부르가 인도에 침입하여 건국(1526)

② **아크바르 황제**

- **영토 확장**: 데칸고원 이남을 제외한 인도 대부분 통일, 아프가니스탄에 이르는 대제국 건설
- **정책**: 중앙 집권 체제 확립, 이슬람교와 힌두교의 화합 정책 추진

→ 힌두교도를 관리로 등용하고, 비이슬람교도의 인두세를 폐지하였다.

③ **아우랑제브 황제**

- **최대 영토 확보**: 남인도 점령 → 오랜 전쟁으로 재정 궁핍
- **이슬람 제일주의 정책**: 인두세 부활, 힌두 사원 파괴 → 힌두교도 반발

④ **쇠퇴**: 각지의 반란으로 분열, 18세기 영국과 프랑스의 침략으로 급속한 국력 약화

(2) **무굴 제국의 문화**: 인도 · 이슬람 문화(이슬람 문화와 힌두 문화의 융합)

① **종교**: 시크교(힌두교와 이슬람교 융합) – 유일신, 인간 평등 주장, 카스트 제도 부정

② **언어**: 우르두어(힌디어 + 페르시아어 + 아랍어 혼합)

→ 나나크가 창시한 시크교는 모든 종교적 형식과 의례를 부정하고 우상 숭배를 금지하며, 오직 유일신에 대한 사랑과 경배만이 인간을 해탈과 구원으로 이끈다고 믿었다.

③ **건축**: 타지마할(힌두 양식과 이슬람 양식의 융합)

④ **회화**: 무굴 회화 발달(페르시아의 세밀화와 인도 양식의 조화)

더 알아보기 ▶ 아크바르 황제의 종교 정책

> 나는 나의 신앙에 일치시키려고 다른 사람들을 박해하였으며, 그것이 신에 대한 귀의라고 생각하였다. 그러나 …… 강제로 개종시킨 사람에게서 어떤 성실성을 기대할 수 있을까? …… 인간의 힘으로 이해할 수 없는 존재에 이름을 붙이는 것은 부질없는 짓이다. – 아불 파즐, 『아크바르나마』 –

아크바르 황제는 종교 · 사회적으로 분열되어 대립하던 사람들을 화해시키는 관용 정책을 펼쳤다. 그는 힌두교의 브라만, 자이나교와 조로아스터교의 승려, 고아 지방에 와 있던 크리스트교 선교사까지 궁중에 불러 이야기를 듣는 등 모든 종교에 대해서도 관심을 가졌다. 그는 이슬람교로 개종할 것을 강요하지 않았으며, 모든 종교인들을 동등하게 대하고 그들의 종교를 존중하였다. 이러한 정책은 무굴 제국이 안정적으로 번영을 누리는 결과를 가져왔다.

+ 술탄 아흐메트 사원(블루 모스크)

아흐메트 1세가 성 소피아 대성당을 능가하는 건축물을 짓고자 건너편에 만든 사원이다. 바로크 양식과 오스만 양식이 조화를 이루는 웅장한 건축물로 기둥과 돔, 벽을 뒤덮고 있는 푸른 색상의 타일 때문에 '블루 모스크'라고 불린다.

+ 무굴 제국

+ 아크바르 황제와 아우랑제브 황제

구분	아크바르 황제	아우랑제브 황제
정책	힌두교와 이슬람교의 화합 정책(인두세 폐지)	비이슬람교도에 대한 차별 정책(인두세 부활)
결과	힌두 문화와 이슬람 문화의 융합	힌두교도 반란 → 무굴 제국 쇠퇴

+ 타지마할

무굴 제국의 황제 샤자한이 그의 부인 뭄타즈 마할의 죽음을 애도하여 만든 무덤으로, 인도 · 이슬람 양식의 대표적인 건축물이다.

개념 다지기

정답과 해설 | 22쪽

01 **빈칸에 들어갈 알맞은 말을 쓰시오.**

(1) (　　　)은/는 11세기에 이르러 아바스 왕조의 수도 바그다드를 점령하였다.

(2) 티무르 왕조의 수도 (　　　)은/는 동서 교통의 요지에 위치하여 국제적인 상업 도시로 번영하였다.

(3) 오스만 제국은 비잔티움 제국을 정복하고 콘스탄티노폴리스를 (　　　)(으)로 개칭하여 새로운 수도로 삼았다.

(4) 오스만 제국의 전성기를 이룬 (　　　)은/는 유럽의 연합 함대를 격퇴하고 지중해 해상권을 장악하였다.

(5) 무굴 제국은 (　　　) 황제 때 전성기를 누렸으며, (　　　) 황제 때 인도 역사상 가장 넓은 영토를 차지하였다.

(6) 무굴 제국의 황제 샤자한의 재위 시기에 만들어진 (　　　)은/는 힌두 양식과 이슬람 양식이 혼합된 건축물이다.

02 **다음 설명에 해당하는 나라 또는 민족을 〈보기〉에서 골라 쓰시오.**

보기	
ㄱ. 사파비 왕조	ㄴ. 티무르 왕조
ㄷ. 오스만 제국	ㄹ. 셀주크 튀르크

(1) 십자군 전쟁 ········ (　　　)

(2) 몽골 제국의 재건 주장 ········ (　　　)

(3) 술탄의 칼리프 지위 획득 ········ (　　　)

(4) 페르시아 제국의 부흥 주장 ········ (　　　)

03 **다음 내용이 맞으면 ○표, 틀리면 ×표를 하시오.**

(1) 셀주크 튀르크는 아바스 왕조의 수도인 사마르칸트를 점령하여 칼리프로부터 술탄의 칭호를 받았다. ········ (　　　)

(2) 티무르는 몽골 제국의 부활을 주장하며 티무르 왕조를 건설하였다. ········ (　　　)

(3) 오스만 제국은 비잔티움 제국을 멸망시키고 콘스탄티노폴리스를 수도로 삼았다. ········ (　　　)

(4) 아바스 1세는 이슬람 양식에 인도의 양식을 조합한 타지마할을 세웠다. ········ (　　　)

04 **다음 인물과 관련 있는 사항을 모두 연결하시오.**

(1) 아크바르 황제 •

(2) 아우랑제브 황제 •

• ㉠ 인두세 폐지
• ㉡ 인두세 부활
• ㉢ 북인도 점령
• ㉣ 데칸고원 남쪽 정복

05 **다음 내용이 맞으면 ○표, 틀리면 ×표를 하시오.**

(1) 티무르 제국의 수도는 사마르칸트이다. ········ (　　　)

(2) 사파비 왕조의 수도는 바그다드이다. ········ (　　　)

(3) 오스만 제국의 수도는 이스탄불이다. ········ (　　　)

(4) 술레이만 1세는 비잔티움 제국을 정복하였다. ········ (　　　)

(5) 예니체리는 오스만 제국의 술탄 친위 부대이다. ········ (　　　)

(6) 아우랑제브 황제는 이슬람 제일주의를 내세웠다. ········ (　　　)

06 **밑줄 친 부분을 옳게 고쳐 쓰시오.**

(1) <u>아크바르 황제</u>는 비잔티움 제국을 정복하고 콘스탄티노폴리스(이스탄불)를 수도로 삼았다. ········ (　　　)

(2) 오스만 제국은 인두세만 납부하면 종교 공동체인 <u>예니체리</u>를 구성하는 것을 허용해 주었다. ········ (　　　)

(3) 오스만 제국에서는 페르시아의 영향을 받아 <u>무굴 회화</u>가 유행하였다. ········ (　　　)

(4) 무굴 제국의 <u>블루 모스크</u>는 힌두 양식과 이슬람 양식이 융합된 독특한 건축물이다. ········ (　　　)

07 **다음 설명에 해당하는 말을 쓰시오.**

(1) 비이슬람교 성인 남자에게 부과되던 인두세 ········ (　　　)

(2) 발칸반도의 크리스트교 청소년을 징집하여 만든 술탄의 친위 부대 ········ (　　　)

(3) 정치 지배자인 술탄이 종교적 지도자까지 겸하는 제도 ········ (　　　)

(4) 두 문화가 융합된 무굴 제국의 문화 ········ (　　　)

(5) 힌두교와 이슬람교를 융합하여 성립된 종교 ········ (　　　)

중단원 실력 쌓기

정답과 해설 | 22쪽

01 다음 설명에 해당하는 나라로 옳은 것은?

- 중앙아시아의 유목 민족
- 아바스 왕조의 칼리프로부터 '술탄'의 칭호를 얻음
- 예루살렘을 장악하고 비잔티움 제국 위협

① 무굴 제국 ② 티무르 왕조
③ 사파비 왕조 ④ 오스만 제국
⑤ 셀주크 튀르크

중요
02 빈칸 ㉠에 해당하는 나라에 대한 설명으로 옳은 것은?

중앙아시아의 오아시스 도시인 사마르칸트는 동양과 서양을 연결하는 비단길에 있어 상인들의 쉼터이자 교역의 중심지였다. (㉠)은/는 사마르칸트를 제국의 수도로 삼고 사마르칸트를 거쳐 가는 상인들에게 통행세를 거두고, 여러 지역에 대한 정보를 얻으며 발전하였다.

① 술탄이 칼리프를 겸하였다.
② 몽골 제국의 부흥을 내세웠다.
③ 십자군 전쟁으로 국력이 약해졌다.
④ 시아파 이슬람교를 국교로 삼았다.
⑤ 인도에 세워진 최초의 이슬람 왕조이다.

03 다음 지도에 표시된 제국에 대한 설명으로 옳지 <u>않은</u> 것은?

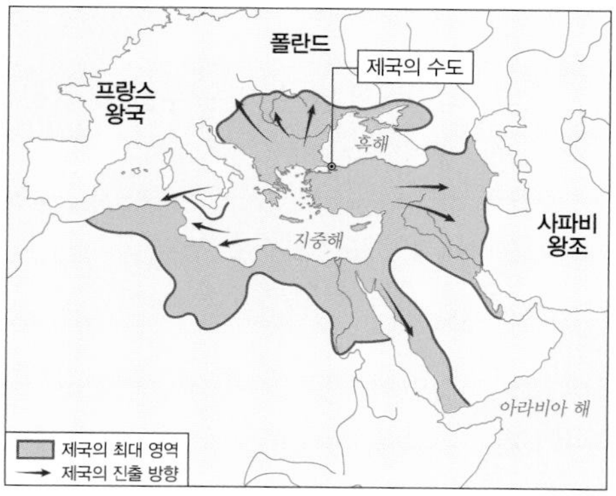

① 수도는 이스탄불이다.
② 비잔티움 제국을 멸망시켰다.
③ 술탄이 칼리프직을 겸하였다.
④ 동서 무역을 장악하여 십자군과 충돌하였다.
⑤ 아시아, 아프리카, 유럽에 걸친 영토를 확보하였다.

04 다음 나라들을 건국 순서대로 옳게 나열한 것은?

(가) 오스만 제국　(나) 사파비 왕조
(다) 티무르 왕조　(라) 셀주크 튀르크

① (가) – (나) – (다) – (라) ② (나) – (가) – (다) – (라)
③ (다) – (나) – (가) – (라) ④ (다) – (라) – (가) – (나)
⑤ (라) – (가) – (다) – (나)

중요
05 빈칸 ㉠에 들어갈 용어에 대한 설명으로 옳은 것은?

(㉠)은/는 '새로운 군대'라는 뜻으로 술탄의 친위 부대로 활약하였으며, 전투와 직무 수행에서 뛰어난 성과를 올렸다. 오스만 제국의 번영에 크게 기여하면서 점차 강력한 권력 집단으로 성장하였다.

① ㉠은 밀레트이다.
② 농민이 곧 병사가 되었다.
③ 땅을 대가로 충성을 맹세하였다.
④ 자신의 종교를 유지하면서도 출세할 수 있었다.
⑤ 발칸반도의 크리스트교 청소년들로 구성되었다.

06 오스만 제국에 관한 역사 용어 설명으로 옳은 것만을 〈보기〉에서 있는 대로 고른 것은?

보기
ㄱ. 지즈야: 인두세
ㄴ. 밀레트: 자치적인 종교 공동체
ㄷ. 술탄 칼리프 제도: 술탄이 칼리프를 겸함
ㄹ. 예니체리: 크리스트교 청소년들을 개종하여 만든 술탄의 친위 부대

① ㄱ ② ㄱ, ㄴ ③ ㄴ, ㄷ
④ ㄱ, ㄴ, ㄹ ⑤ ㄱ, ㄴ, ㄷ, ㄹ

07 다음 리포터가 소개하고 있는 문화유산을 찾아볼 수 있는 도시로 옳은 것은?

> 이곳은 세계에서 가장 크고 오래된 실내 시장인 그랜드 바자르입니다. 오스만 제국의 메흐메트 2세 때 조성된 이 시장은 비단길의 종착지에 세워진 만큼 동서양의 수많은 물건이 넘쳐나는 곳이었습니다. 지금도 5,000여 개의 상점이 있으며, 시장에서는 금은, 보석, 양탄자, 유리 제품 등 세계 각지에서 온 온갖 물건이 판매되고 있습니다.

① 메카　② 바그다드　③ 이스탄불　④ 예루살렘　⑤ 사마르칸트

중요

08 다음 지도의 영역을 차지한 나라에 대한 설명으로 옳은 것은?

① 십자군 전쟁을 일으켰다.
② 술탄이 칼리프를 겸하였다.
③ 페르시아의 부활을 내세웠다.
④ 인도 · 이슬람 문화가 발달하였다.
⑤ 콘스탄티노폴리스를 수도로 삼았다.

중요

09 다음과 같은 생각으로 무굴 제국의 아크바르 황제가 실시한 정책으로 옳은 것만을 〈보기〉에서 고른 것은?

> 나는 나의 신앙에 일치시키려고 다른 사람들을 박해하였으며, 그것이 신에 대한 귀의라고 생각하였다. 그러나 …… 강제로 개종시킨 사람에게서 어떤 성실성을 기대할 수 있을까? …… 인간의 힘으로 이해할 수 없는 존재에 이름을 붙이는 것은 부질없는 짓이다.
>
> – 아불 파즐, 『아크바르나마』 –

보기

ㄱ. 이슬람 제일주의
ㄴ. 중앙 집권 체제 강화
ㄷ. 힌두교도를 관리로 등용
ㄹ. 비이슬람교도의 인두세 폐지

① ㄱ, ㄴ　② ㄱ, ㄷ　③ ㄴ, ㄷ　④ ㄴ, ㄹ　⑤ ㄷ, ㄹ

10 다음 사실을 종합해서 알 수 있는 무굴 제국 문화의 특징으로 옳은 것은?

- 힌두어와 페르시아어가 합쳐진 우르두어가 사용되었다.
- 페르시아의 세밀화와 인도 문화가 조화를 이룬 무굴 회화가 발달하였다.
- 힌두교와 이슬람의 건축 양식이 혼합된 힌두 · 이슬람 양식이 발전하였다.

① 비잔티움 문화를 계승하였다.
② 페르시아의 전통을 되살리려 하였다.
③ 서양 문화를 적극적으로 받아들였다.
④ 이슬람 문화와 몽골 문화가 융합되었다.
⑤ 힌두교 문화와 이슬람 문화가 융합되었다.

11 다음 통치 정책을 시행한 무굴 제국의 황제로 옳은 것은?

- 이슬람 제일주의
- 인도 남부 지역 정복
- 비이슬람교도에 대한 인두세 부활

① 바부르 ② 티무르
③ 아크바르 ④ 아우랑제브
⑤ 술레이만 1세

중요
12 다음 설명에 해당하는 문화유산으로 옳은 것은?

무굴 제국의 황제 샤자한이 황후 뭄타즈 마할의 넋을 기리기 위해 20여 년에 걸쳐 만든 건축물이다. 흰색 대리석 벽, 연꽃 문양 격자무늬 창, 돔 옆의 작은 탑은 인도 양식이고, 돔형 지붕, 뾰족한 탑, 벽면의 쿠란 구절, 아라베스크는 이슬람 양식이다.

①

▲ 타지마할

②

▲ 술탄 아흐메트 사원

③

▲ 콘스탄티노폴리스 요새

④

▲ 성 소피아 대성당

⑤

▲ 이맘 모스크

서술형 · 논술형

서술형
01 밑줄 친 ㉠, ㉡의 이름을 쓰고, 오스만 제국이 ㉠, ㉡의 제도를 만든 공통된 목적을 서술하시오.

- 오스만 제국은 발칸반도의 크리스트교도 가운데 재능 있는 청소년들을 선발하여 이슬람교로 개종시키고 훈련과 교육을 통해서 ㉠ 술탄의 친위 부대로 편성하는 정책을 시행하였다.
- 오스만 제국은 나라를 안정시키기 위해 ㉡ 종교 공동체의 자치권을 인정해 주었다. 이에 소속된 이교도들은 인두세만 내면 자신들의 고유한 신앙을 유지할 수 있었다.

- ㉠: ____________ • ㉡: ____________
- 목적: ____________

논술형
02 아크바르 황제의 종교 정책의 특징과, 이것이 무굴 제국의 발전에 어떤 영향을 주었는지를 300자 이내로 논술하시오.

04 신항로 개척과 유럽 지역 질서의 변화

❶ 신항로 개척

(1) 배경

① 동방과의 직접 교류 욕구 증대: 십자군 전쟁 이후 동방 물품 수요 증가, 동방에 대한 관심 고조 → 이슬람 상인의 무역 독점으로 직접 교역로 개척 필요

(마르코 폴로의 『동방견문록』도 동방에 대한 호기심을 자극하였다.)

② 과학 기술의 발달: 지리학, 천문학, 선박과 지도 제작 기술 발달, 나침반 이용

(지중해 무역에서 소외된 포르투갈과 에스파냐가 직접 교역로를 개척하게 되었다.)

(2) 전개 과정

① 바스쿠 다 가마(포르투갈): 아프리카의 희망봉을 거쳐 인도 항로 개척

② 콜럼버스(에스파냐): 대서양 항로로 아메리카 대륙의 서인도 제도 도착(1492)

(현재의 바하마 근처로, 콜럼버스는 그곳을 인도로 생각해서 서인도라는 이름이 붙여졌다.)

③ 마젤란 일행(에스파냐): 최초의 세계 일주(1519~1522) → 지구 구형설 입증

(지구가 둥글다는 사상이다.)

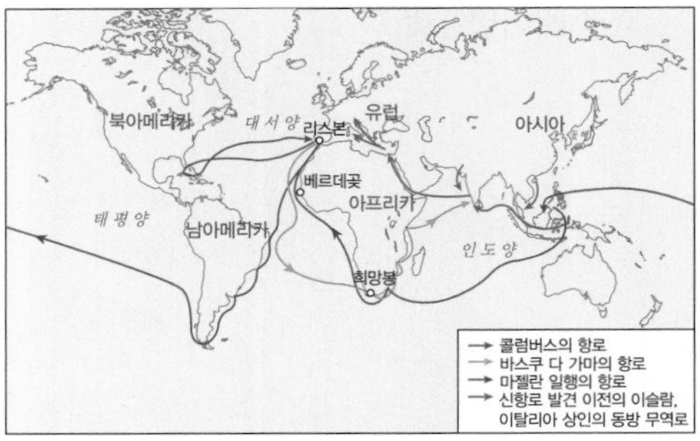

▲ 신항로 개척

(3) 신항로 개척의 영향

① 아메리카 토착 문명 파괴와 식민 지배
- 코르테스(에스파냐) – 아스테카 제국 정복, 피사로(에스파냐) – 잉카 제국 정복
- 원주민을 동원하여 금·은 수탈, 플랜테이션 농장 건설 → 고된 노동과 천연두, 홍역 등의 질병으로 원주민 인구 급감

② 교역망의 확장
- 대서양 무역: 무역의 중심지가 지중해에서 대서양으로 변동
- 삼각 무역: 유럽 – 아메리카 – 아프리카 연결
- 상품 작물 재배: 아메리카 대륙에서 설탕·담배·목화 등을 재배하여 유럽에 판매
- 세계적인 교역망 형성: 중국의 비단·차, 동남아시아의 향신료를 구입하면서 아메리카의 은 지불

③ 유럽의 변화
- 새로운 작물의 전래: 아메리카 대륙의 감자·담배·옥수수·토마토 등 유럽 전래 (이로 인해 하층민들의 식량 사정이 개선되었다.)
- 물가 상승: 귀금속이 들어오면서 물가가 급등하여 가격 혁명
- 자본주의 발달의 토대 마련: 상공업과 금융업 발달

④ 아프리카: 노예 무역으로 인구 급감

Q&A 신항로 개척으로 무역은 어떻게 변했을까?

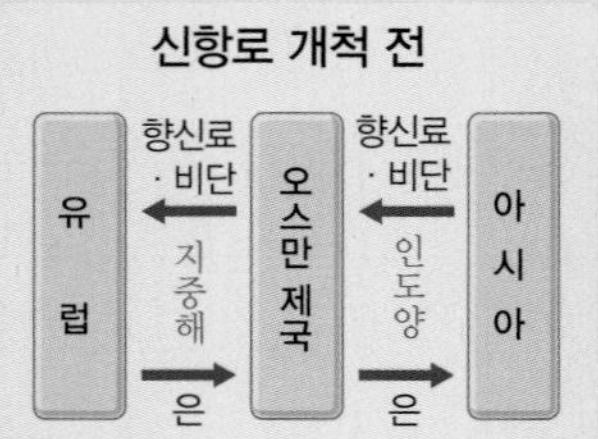

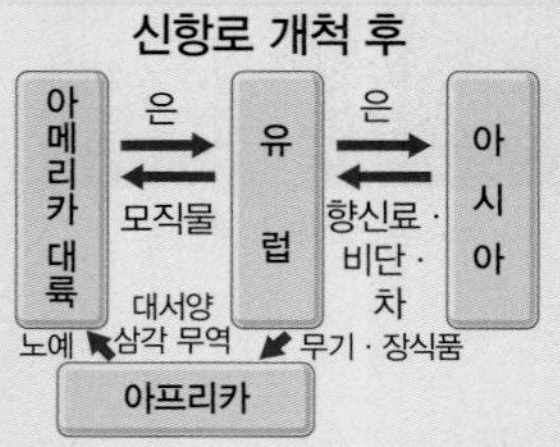

신항로 개척 이후 무역의 중심지는 지중해에서 대서양으로 바뀌었다. 유럽은 아메리카와 아프리카를 잇는 삼각 무역을 이끌며 대서양 교역의 중심지가 되었다. 유럽인들은 총·옷감 등을 아프리카 노예와 교환하였다. 또 동남아시아의 향신료, 중국의 차 및 도자기 등을 구입하면서 아메리카 대륙에서 가져온 은을 지불하였다. 아메리카 대륙에서 생산된 막대한 양의 은은 대부분 중국으로 흘러들어갔다. 이렇게 신항로 개척 이후 아메리카, 아프리카, 유럽, 아시아를 아우르는 세계적인 교역망이 형성되었다.

✚ 희망봉
아프리카 최남단으로, 포르투갈의 바르톨로메우 디아스는 희망봉으로 가는 항로를 개척하였다.

✚ 아스테카 제국
14세기 중반부터 16세기 중반까지 현재의 멕시코고원 일대를 중심으로 번영한 제국이다.

✚ 잉카 제국
15세기부터 16세기 초까지 남아메리카의 안데스 지방을 지배한 고대 제국이다.

✚ 향신료
음식에 풍미를 주어 식욕을 촉진시키는 식물성 물질이다. 후추·계피·정향·육두구 등 향신료는 고기의 풍미를 더해 주고 부패를 막아 주는 역할을 해 유럽인들은 동남아시아에서 주로 생산되는 향신료를 얻기 위해 신항로 개척에 뛰어들었다.

✚ 노예 무역
유럽인들은 아메리카에 대규모 플랜테이션(유럽인의 자본과 기술을 바탕으로 원주민의 값싼 노동력을 이용해 단일 경작하는 기업적 농업 경영) 작물을 재배하면서 부족한 노동력을 보충하기 위해 노예 무역을 확대하였다. 이 과정에서 노예 무역선에 실려간 흑인 노예의 사망률은 매우 높았으며, 아메리카 대륙에 도착하여서도 유럽인을 위한 농장(설탕·담배·목화 등) 노동에 동원되었다.

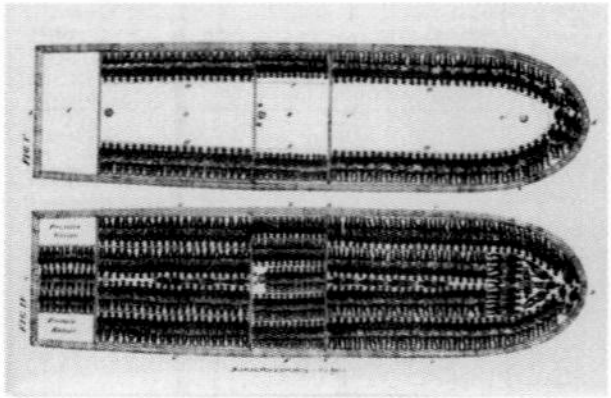

▲ 노예 무역선

❷ 유럽의 절대 왕정

(1) **절대 왕정의 성립**: 국왕 중심의 중앙 집권적 정치 체제(16~18세기)
① **왕권신수설**: 왕권은 신이 부여한 것이므로 반드시 복종해야 한다는 사상
② **중상주의**: 수출 장려, 관세를 높여 수입 억제, 상공 시민 계층의 상공업 활동 보호 → 시민 계층의 성장
③ **왕권 강화 기반**: 관료제, 상비군, 상공 시민층의 경제적 지원
→ 중앙 집권적인 통치를 위해 행정 관리가 필요해지면서 나타나게 되었다.

(2) **서유럽의 절대 왕정**
→ 가장 먼저 절대 왕정을 확립하였다.
① **에스파냐**: 펠리페 2세 때 무적함대를 앞세워 지중해 해상권 장악
② **영국**: 엘리자베스 1세 때 무적함대 격파, 해외 시장 개척, 모직물 공업 육성
③ **프랑스**: 루이 14세가 '태양왕' 자처, 베르사유 궁전 건설, 중상주의 정책 강화, 상비군 육성
→ '짐이 곧 국가다.'라는 말로 유명하며, 당대 프랑스 문화를 집대성한 베르사유 궁전을 개축하였다.
→ 재상 콜베르를 등용하여 국내 상공업을 보호 육성하였다.

(3) **동유럽의 절대 왕정**
① **러시아**: 표트르 대제가 서유럽 문화 수용, 상트페테르부르크 건설, 서구화 정책
② **프로이센**: 프리드리히 2세 때 영토 확장, 산업 장려, 상수시 궁전 건설, 계몽 군주 자처
→ '왕은 국가 제1의 심부름꾼이다.'라는 신조 하에 계몽 전제 군주의 한 전형을 이루었다.

Q&A 중상주의란?

절대 왕정에서 국가는 경제 활동에 적극 개입하고 이를 통제하여 국가의 부를 늘리는 정책을 추진하였다. 이를 중상주의라고 한다. 절대 군주들은 금과 은과 같은 귀금속을 부의 기준으로 삼고 이를 축적하기 위해 금, 은의 유출을 막으려 하였다. 또한 수입을 억제하기 위해 높은 관세를 매기고, 국내 상품의 적극적인 수출을 장려하였다.

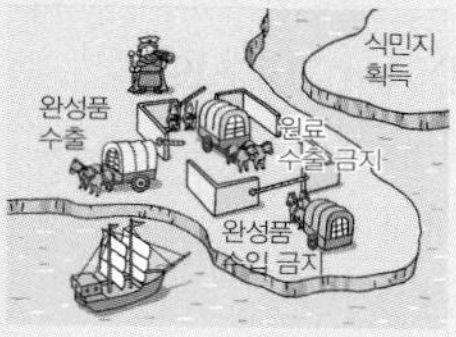

절대 왕정에서는 경제 활동에 적극 개입하여 국가의 부를 늘리는 정책을 추진하였다. 이를 중상주의라고 한다. 대표적인 중상주의 정치가로는 프랑스 루이 14세 때의 재상 콜베르가 있다.

❸ 17~18세기의 문화

(1) **과학 혁명**: 뉴턴(만유인력의 법칙 발견) 등 → 자연 현상을 신의 섭리가 아닌 과학적 법칙에 따라 움직이는 것으로 이해

(2) **근대 철학**
① **데카르트**: 인간의 이성 강조
② **계몽사상**: 인간의 이성과 인류의 진보를 믿는 사상, 몽테스키외(삼권 분립), 볼테르(언론의 자유), 루소(국민 주권설) → 시민 혁명의 사상적 기반

더 알아보기 ▶ 계몽 사상가들의 생각

국가 권력을 입법, 사법, 행정의 셋으로 나누어야 한다.

▲ 몽테스키외

신앙과 언론 및 출판의 자유가 민주주의의 기초이다.

▲ 볼테르

국가는 사회 계약을 통해 만들어졌다. 따라서 정부는 모든 사람이 보편적으로 원하는 것을 실천해야 한다.

▲ 루소

계몽사상은 불합리한 제도를 개혁하여 사회를 발전시켜야 한다는 주장으로, 미국 혁명과 프랑스 혁명을 일으키는 원동력이 되었다.

+ 절대 왕정의 성격
절대 왕정 시대는 중세 봉건 사회에서 근대 시민 사회로 넘어가는 과도기이다. 상공 시민 계층의 성장, 자본주의의 발달 등 근대적인 요소가 나타났지만 신분적 차별, 농민의 봉건적 부담 등 봉건적 요소도 여전히 남아 있었다.

+ 절대 왕정의 구조

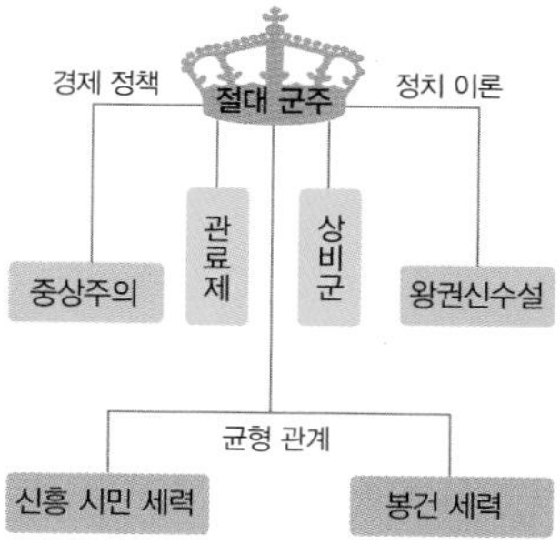

+ 상비군
'항상 준비된 군대'라는 의미로, 국내 치안 유지와 외적 방어를 위한 군대가 필요하였다.

+ 무적함대
에스파냐가 자랑하던 함대로, 레판토 해전에서 오스만 제국의 강력한 해군을 물리쳤다. 하지만 이후 영국의 엘리자베스 1세 때 패배하였다.

+ 만유인력의 법칙
지구상의 모든 물체 사이에는 보편적으로 작용하는 끌어당기는 힘이 있다는 법칙이다.

개념 다지기

01 빈칸에 들어갈 알맞은 말을 쓰시오.

(1) 신항로 개척에 앞장선 나라는 지중해 무역에서 소외되었던 에스파냐와 (   )이다.
(2) (   )은/는 아프리카의 희망봉으로 가는 항로를 개척하였다.
(3) (   )은/는 아프리카 희망봉을 돌아 인도로 가는 항로를 개척하였다.
(4) (   )은/는 대서양 항로를 개척하여 아메리카 대륙의 서인도 제도에 도착하였다.
(5) (   )의 일행은 최초로 세계 일주를 하였다.

02 다음 설명에 해당하는 용어를 〈보기〉에서 고르시오.

보기
ㄱ. 관료제 ㄴ. 상비군
ㄷ. 중상주의 ㄹ. 왕권신수설

(1) 왕권은 신이 부여한 것이므로 반드시 복종해야 한다는 사상 ………… (   )
(2) 절대 왕정의 권력을 뒷받침하는 군대 ………… (   )
(3) 신흥 시민 세력의 상공업 활동 지원 ………… (   )
(4) 중앙 집권적 통치를 위한 조직 ………… (   )

03 신항로 개척의 영향으로 나타난 세계의 변화에 대한 설명이 맞으면 ○표, 틀리면 ×표를 하시오.

(1) 무역의 중심지가 대서양에서 지중해로 이동하였다. ………… (   )
(2) 유럽인들은 아프리카에서 노예를 사서 아메리카 대륙에 팔았다. ………… (   )
(3) 아메리카 대륙의 금은이 대량으로 유럽에 유입되면서 물가가 낮아졌다. ………… (   )
(4) 아메리카 대륙과 아프리카 대륙의 인구는 급격히 늘어났다. ………… (   )

04 다음 인물과 관련 있는 사항을 옳게 연결하시오.

(1) 루이 14세 • • ㉠ 무적함대 격파
(2) 표트르 대제 • • ㉡ 짐이 곧 국가다
(3) 엘리자베스 1세 • • ㉢ 서유럽 기술 적극 수용
(4) 프리드리히 2세 • • ㉣ 왕은 국가 제1의 심부름꾼

05 다음 내용이 맞으면 ○표, 틀리면 ×표를 하시오.

(1) 프랑스에서는 가장 먼저 절대 왕정이 확립되었다. ………… (   )
(2) 엘리자베스 1세는 무적함대를 격파하였다. ………… (   )
(3) 루이 14세는 상수시 궁전을 건축하였다. ………… (   )
(4) 프리드리히 2세는 계몽 군주를 자처하였다. (   )
(5) 표트르 대제는 상트페테르부르크를 건설하였다. ………… (   )

06 밑줄 친 부분을 옳게 고쳐 쓰시오.

(1) 데카르트는 만유인력의 법칙을 발견하는 등 우주가 움직이는 법칙을 수학적으로 설명하였다. ………… (   )
(2) 뉴턴은 신과 분리된 인간의 이성을 강조하였다. ………… (   )
(3) 과학 혁명은 인간의 이성에 의한 진보를 믿는 사상이다. ………… (   )
(4) 몽테스키외, 루소와 같은 사상가들의 주장은 절대 왕정의 사상적 기반이 되었다. ………… (   )

07 다음 인물과 관련 있는 사항을 옳게 연결하시오.

(1) 몽테스키외 • • ㉠ 삼권 분립
(2) 볼테르 • • ㉡ 국민 주권설
(3) 루소 • • ㉢ 신앙, 언론, 출판의 자유

중단원 실력 쌓기

정답과 해설 | 24쪽

중요
01 다음 자료와 관련 있는 신항로 개척의 배경으로 가장 적절한 것은?

> 육식을 즐겼던 유럽인들은 후추를 매우 귀하게 여겼다. 후추는 같은 무게의 금보다 비싸게 거래될 정도로 그 가치가 컸다.

① 나침반이 항해에 사용되었다.
② 동방에 대한 호기심이 커졌다.
③ 크리스트교를 전파하고자 하였다.
④ 천문학, 지리학, 조선술이 발달하였다.
⑤ 아시아의 향신료를 직접 수입하려 하였다.

02 다음 지도에 나타난 탐험의 영향으로 옳지 않은 것은?

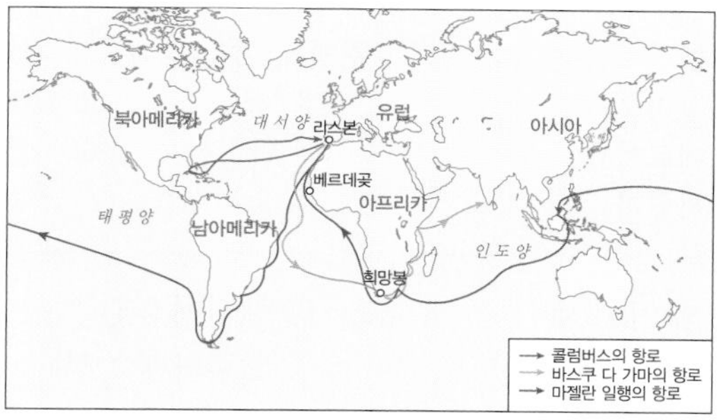

① 지중해 무역이 활성화되었다.
② 상공업 계층이 크게 성장하였다.
③ 동방의 비단, 향신료 등이 유럽으로 수입되었다.
④ 아메리카의 금은의 대량 유입으로 가격 혁명이 일어났다.
⑤ 아메리카 대륙의 설탕, 담배, 감자 등이 유럽에 전래되었다.

03 다음 설명에 해당하는 인물로 옳은 것은?

> 지구가 둥글다고 믿으며 서쪽으로 가면 인도에 도착할 수 있다고 에스파냐의 국왕을 설득하여 후원을 받았다. 1492년에 대서양을 횡단하여 오늘날 아메리카 대륙에 있는 서인도 제도에 도착하였다. 죽을 때까지 자신이 도착한 땅이 인도라고 생각하였다.

① 마젤란　② 코르테스
③ 콜럼버스　④ 바스쿠 다 가마
⑤ 바르톨로메우 디아스

중요
04 다음 지도에 표시된 ㉠ 항해에 대한 설명으로 옳지 않은 것은?

① 최초의 세계 일주였다.
② 에스파냐의 지원을 받았다.
③ 마젤란 일행의 항해를 표시한 것이다.
④ 희망봉을 돌아 인도에 가는 항로이다.
⑤ 아메리카 남단을 돌아 필리핀을 거쳐 돌아왔다.

05 다음 그림의 상황이 아프리카 대륙에 미친 영향을 옳게 설명한 것은?

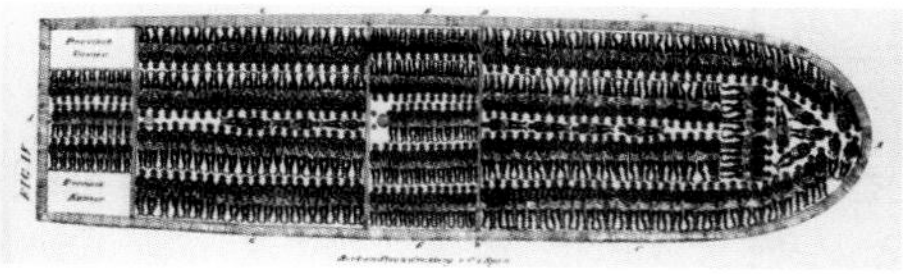

▲ 노예 무역선

① 자본주의가 발전하였다.
② 금은이 대량 유입되었다.
③ 크리스트교가 널리 전파되었다.
④ 플랜테이션 농업이 발달하였다.
⑤ 인구가 감소하고 성비가 불균형해졌다.

06 신항로 개척이 아메리카에 가져온 변화로 옳은 것만을 〈보기〉에서 고른 것은?

> 보기
> ㄱ. 잉카, 아즈텍 문명이 파괴되었다.
> ㄴ. 산업이 발달하면서 인구가 급증하였다.
> ㄷ. 감자, 담배 등 새로운 작물이 전래되었다.
> ㄹ. 원주민들은 아메리카의 금·은광 개발에 동원되었다.

① ㄱ, ㄴ　② ㄱ, ㄹ　③ ㄴ, ㄷ
④ ㄴ, ㄹ　⑤ ㄷ, ㄹ

07 다음 그림을 통해 알 수 있는 유럽의 변화에 대해 옳게 이야기한 사람만을 고른 것은?

▲ 고흐의 '감자 먹는 사람들'

갑: 신항로 개척 이후 새로운 작물이 유럽에 전래된 것을 알 수 있어.
을: 저 사람이 먹고 있는 감자는 아시아에서 전래된 농작물이야.
병: 유럽 사람들은 아메리카 농장에서 감자를 대량으로 재배해서 유럽에 수출했다고 해.
정: 감자랑 같이 들어온 새로운 작물로 담배와 옥수수가 있어.
무: 유럽의 물가가 낮아지면서 서민들이 살기 좋아졌겠네.

① 갑, 병 ② 갑, 정 ③ 을, 정
④ 병, 정 ⑤ 정, 무

중요
08 빈칸 A, B에 대한 설명으로 옳은 것만을 〈보기〉에서 고른 것은?

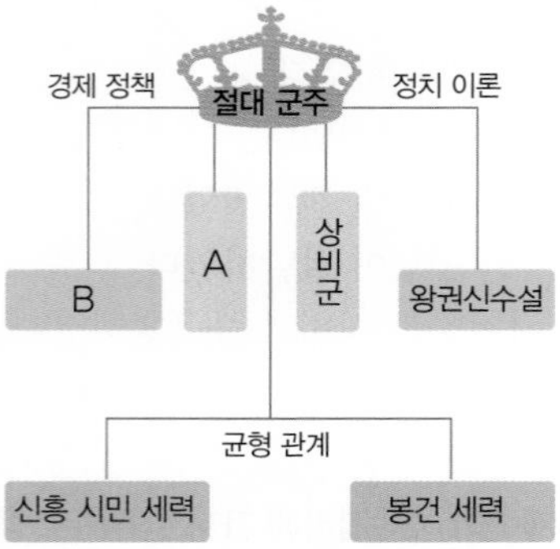

보기
ㄱ. A는 항상 준비된 군대라는 뜻이다.
ㄴ. A는 국왕의 통치를 뒷받침하는 관료 조직이다.
ㄷ. A를 유지하기 위해 막대한 비용이 필요하였다.
ㄹ. B를 통해 상공 시민 계층이 성장하였다.
ㅁ. B는 관세를 낮추고 수입을 장려하는 정책이다.

① ㄱ, ㄴ, ㄷ ② ㄱ, ㄹ, ㅁ ③ ㄴ, ㄷ, ㄹ
④ ㄴ, ㄹ, ㅁ ⑤ ㄷ, ㄹ, ㅁ

09 다음 내용과 관련 있는 사상으로 옳은 것은?

- 왕권은 신에게서 받은 것
- 왕권을 신성하고 절대적인 것으로 여김
- 절대 왕정을 사상적으로 뒷받침

① 중상주의 ② 계몽사상
③ 민주주의 ④ 인문주의
⑤ 왕권신수설

10 다음 설명에 해당하는 인물로 옳은 것은?

콜베르를 등용하여 중상주의 정책을 강화하고 관료제와 상비군을 정비하였다. 스스로 '태양왕'이라고 칭하였고, 베르사유 궁전을 통해 자신의 막강한 권력과 부를 과시하였다.

① 루이 14세 ② 펠리페 2세
③ 표트르 대제 ④ 엘리자베스 1세
⑤ 프리드리히 2세

중요
11 다음 문화유산을 건립한 군주에 대한 설명으로 옳은 것은?

▲ 상수시 궁전

① 동인도 회사를 설립하였다.
② 상트페테르부르크를 건설하였다.
③ 에스파냐의 무적함대를 격파하였다.
④ 국가 제1의 심부름꾼을 자처하였다.
⑤ 오스만 제국과의 전쟁에서 승리하였다.

12 다음 설명에 해당하는 문화유산으로 옳은 것은?

루이 13세 때 지은 별장을 루이 14세 때 증축한 것이다. 정원에는 1,400여 개의 분수와 태양신 아폴론의 조각상 등이 늘어서 있다. 거울의 방 등 웅장하고 화려한 바로크 양식의 대표 건축물이다.

① 상수시 궁전
② 베르사유 궁전
③ 노트르담 대성당
④ 엘에스코리알 궁전
⑤ 상트페테르부르크 여름 궁전

중요

13 (가), (나)에 대한 설명으로 옳지 않은 것은?

(가) 자연권인 생명, 자유, 재산의 권리를 가진 인간은 이러한 권리가 잘 보장되도록 정부를 세우는 데 합의한 것이다.
(나) 통치 권력을 입법, 사법, 행정으로 나누어야 한다.

① (가)는 왕권신수설이라고 한다.
② (나)는 삼권 분립을 주장하고 있다.
③ (가), (나)와 같은 사상을 계몽사상이라고 한다.
④ (가), (나)의 사상은 시민 혁명에 영향을 주었다.
⑤ (가), (나)의 사상은 인간의 이성과 인류의 진보를 믿었다.

서술형 • 논술형

서술형

01 제시된 용어를 사용하여 절대 왕정의 특징을 서술하시오.

• 왕권신수설 • 관료제 • 상비군 • 중상주의

논술형

02 신항로 개척이 세계사에 끼친 긍정적인 영향과 부정적인 영향을 쓰고, 이에 대한 자신의 평가를 300자 이내로 논술하시오.

대단원 마무리

01 빈칸 ㉠에 들어갈 말로 옳은 것은?

> **송의 건국과 발전**
> (1) ______㉠______
> ① 목적: 황제 권한 강화
> ② 내용: 군대의 황제 직속화, 문인 관료 우대, 황제가 과거 시험 직접 주관

① 문치주의 ② 절대 왕정 ③ 사대부의 성장
④ 몽골 제일주의 ⑤ 서민 문화 발달

02 다음 지도와 같은 국제 상황에서 있었던 사실로 옳은 것만을 〈보기〉에서 고른 것은?

> **보기**
> ㄱ. 몽골이 대제국을 건설하였다.
> ㄴ. 송은 요, 서하에 세폐를 바쳤다.
> ㄷ. 송은 창장강 이남으로 수도를 옮겼다.
> ㄹ. 송, 요, 서하가 다원적 국제 질서를 형성하였다.

① ㄱ, ㄴ ② ㄱ, ㄷ ③ ㄴ, ㄷ ④ ㄴ, ㄹ ⑤ ㄷ, ㄹ

중요
03 다음 그래프에 대한 설명으로 옳지 않은 것은?

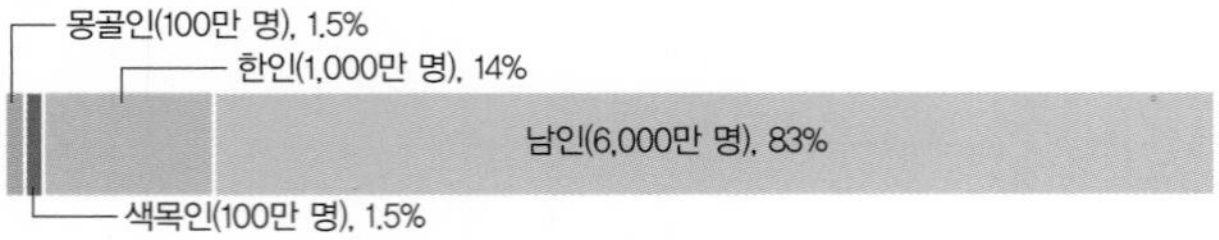

▲ 원의 인구 비율

① 소수의 몽골인이 다수의 한족을 다스렸다.
② 신분은 몽골인, 색목인, 한인, 남인 순이었다.
③ 주요 관직에는 몽골인과 한족이 같은 수로 임명되었다.
④ 남인은 몽골의 침입에 끝까지 저항한 남송 출신의 한족을 말한다.
⑤ 색목인은 서아시아, 중앙아시아, 유럽 등지에서 온 외국인을 말한다.

중요
04 다음 지도에 표시된 항해의 결과로 옳은 것은?

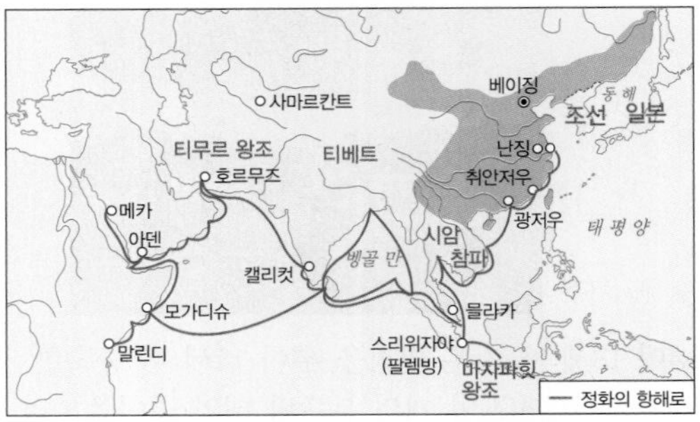

① 명 중심의 조공 질서가 확립되었다.
② 동양에 대한 유럽인의 호기심이 커졌다.
③ 평화를 유지하고자 북방 민족에게 재물을 바쳤다.
④ 유럽, 아메리카, 아프리카의 삼각 무역이 시작되었다.
⑤ 중국의 나침반, 화약, 인쇄술이 아라비아에 전파되었다.

05 빗금 친 영역을 차지한 왕조에 대한 설명으로 옳은 것은?

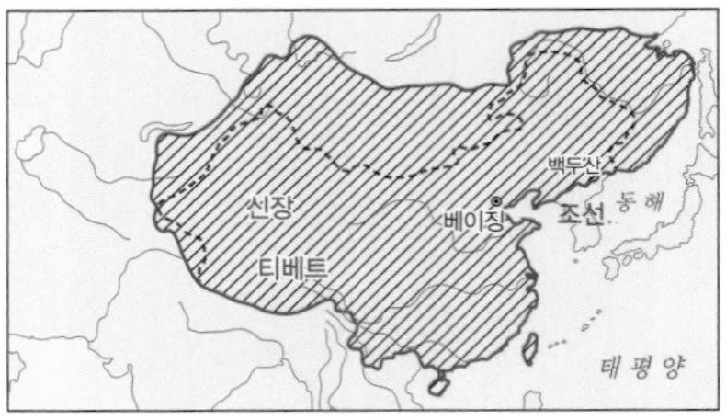

① 몽골인 제일주의 정책을 실시하였다.
② 임진왜란에 참여하여 국력이 약화되었다.
③ 강희제, 옹정제, 건륭제 시기가 전성기였다.
④ 해상 무역이 크게 발달하여 시박사가 설치되었다.
⑤ 주요 교역로에 역참을 설치하고 활발하게 교류하였다.

서술형
06 다음 상황이 명 · 청 대 조세 제도에 가져온 변화를 서술하시오(구체적인 제도의 명칭을 사용하여 서술할 것).

07 다음 제도에 대한 설명으로 옳지 않은 것은?

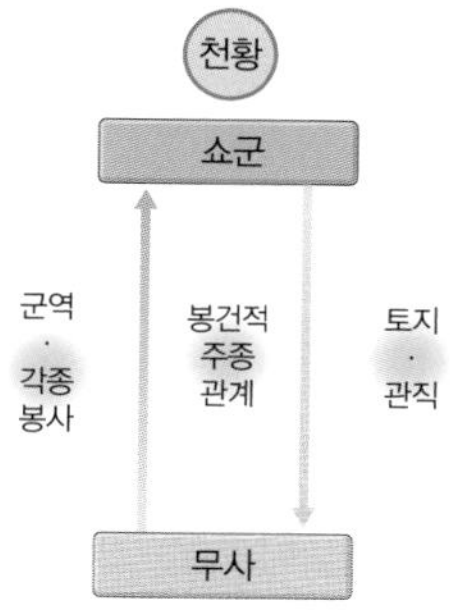

① 영주를 다이묘라고 하였다.
② 일본의 봉건제에 관한 것이다.
③ 실질적인 지배권은 천황이 가졌다.
④ 토지를 매개로 하여 주종 관계를 맺었다.
⑤ 가마쿠라 막부 때 무사 정권이 성립하였다.

중요

08 다음 자료의 A에 대한 설명으로 옳은 것만을 〈보기〉에서 고른 것은?

◀ 오스만 제국의 술탄 친위 부대인 [A]

| 보기 |

ㄱ. 밀레트라고 불렸다.
ㄴ. 오스만 제국이 능력을 중시하였음을 보여 준다.
ㄷ. 이들은 지즈야를 내고 자신의 종교를 인정받았다.
ㄹ. 발칸반도의 크리스트교도 청소년을 개종시켜 만들었다.

① ㄱ, ㄴ ② ㄱ, ㄷ ③ ㄴ, ㄷ
④ ㄴ, ㄹ ⑤ ㄷ, ㄹ

09 다음 글에서 설명하는 이슬람 국가로 옳은 것은?

> 이스파한으로 천도한 아바스 1세는 "세계에서 가장 아름다운 도시를 건설하라."는 명령을 내렸다. 당대 최고의 건축가들을 동원하여 이맘 광장을 중심으로 이맘 모스크, 상인들을 위한 숙소, 학교, 정원 등이 만들어졌다. 아름다운 건축물과 다양한 사람들, 그리고 넘쳐나는 상품으로 인해 당시 사람들은 '이스파한은 세계의 절반'이라고 자랑하였다.

① 무굴 제국 ② 사파비 왕조 ③ 오스만 제국
④ 티무르 왕조 ⑤ 셀주크 튀르크

중요

[10~11] 다음 글을 읽고 물음에 답하시오.

> 나는 나의 신앙에 일치시키려고 다른 사람들을 박해하였으며, 그것이 신에 대한 귀의라고 생각하였다. 그러나 …… 강제로 개종시킨 사람에게서 어떤 성실성을 기대할 수 있을까? …… 인간의 힘으로 이해할 수 없는 존재에 이름을 붙이는 것은 부질없는 짓이다. −아불 파즐, 『아크바르나마』−

10 위와 같은 종교 정책을 펼친 무굴 제국의 황제에 대한 설명으로 옳지 않은 것은?

① 종교적 관용 정책을 펼쳤다.
② 다양한 종교에 관심을 가졌다.
③ 힌두교도를 관료로 등용하였다.
④ 비이슬람교도의 인두세를 폐지하였다.
⑤ 남인도 대부분을 정복하여 최대 영토를 차지하였다.

서술형

11 (1) 위 정책을 펼친 황제의 이름을 쓰고, (2) 오스만 제국의 종교 관용 정책과의 차이점을 서술하시오.

12 다음 무역이 성행한 시기에 대한 설명으로 옳은 것은?

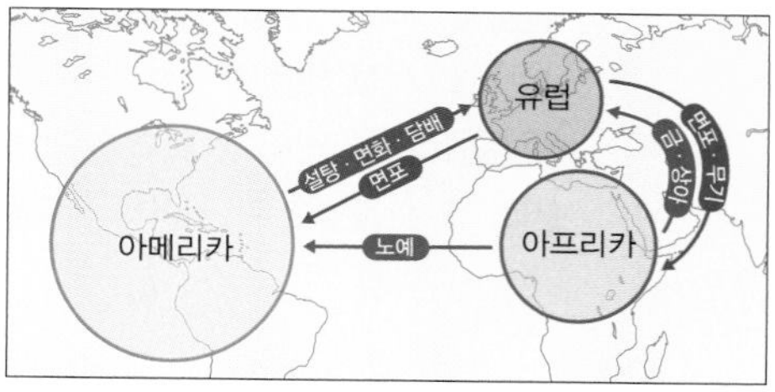

① 유럽과 아프리카의 인구가 감소하였다.
② 무역의 중심지가 지중해로 이동하였다.
③ 십자군 전쟁의 결과로 일어난 무역이다.
④ 아메리카의 원주민 인구는 크게 증가하였다.
⑤ 유럽 국가들은 아메리카에 식민지를 건설하였다.

13 다음은 유럽에서 나타난 어떤 정치 형태의 요소들이다. 이와 관련 있는 인물로 옳지 않은 것은?

> • 왕권신수설 • 관료제와 상비군 • 중상주의 경제 정책

① 루이 14세 ② 아바스 1세
③ 펠리페 2세 ④ 엘리자베스 1세
⑤ 프리드리히 2세

수행 평가 미리보기

선생님의 출제 의도

역사 신문 만들기

3단원에서는 지역 세계가 교류를 통해 성장해 가는 모습을 학습했는데요. 특히 신항로 개척은 유럽과 아메리카 대륙뿐만 아니라 아시아, 아프리카 대륙까지 교류하게 된 진정한 의미의 세계사가 시작된 사건이라고 할 수 있습니다. 이 단원의 수행 평가에서는 세계 여러 나라의 교류 모습을 구체적인 사례로 조사하고 표현하여 핵심 개념을 잘 이해하고 있는지를 종합적으로 묻는 문제가 출제될 수 있습니다.

수행 평가 문제

신항로 개척의 내용을 담은 역사 신문을 만들어 보자.

A) 활동 계획 세우기

1 신항로 개척의 배경, 과정, 결과가 잘 드러나도록 주제를 선정한다.

2 주제에 적합한 다양한 표현 방식을 이용한다.

B) 활동 단계

1단계 모둠원별로 주제를 나눈다(예시. 신항로 개척 항해기, 인물 인터뷰, 각 대륙에 미친 영향, 새로운 작물 소개 등).

2단계 서적, 인터넷 등을 통해 자료를 수집한다.

3단계 사설, 인터뷰, 광고, 사건 보도, 심층 기사 등 다양한 형식으로 기사를 작성한다.

4단계 모둠별로 만든 역사 신문을 친구에게 소개한다.

C) 활동하기

1 주제와 사건 선정하기

[예시]

신항로 개척의 배경	• 동방에 대한 호기심 • 향신료, 비단 등 수요 증가 • 지중해 무역에서 소외된 국가들의 교역로 개척 • 지리학, 천문학, 과학 기술 발달	신항로 개척의 과정	• 포르투갈: 바스쿠 다 가마, 인도 항로 개척 • 에스파냐: 콜럼버스의 서인도 제도 도착, 마젤란 일행의 세계 일주 성공
신항로 개척의 영향 (긍정적 측면)	• 무역의 확대 • 세계적인 교역망의 형성 • 자본주의 발달의 토대 마련 • 감자, 옥수수 등 새로운 작물 전래	신항로 개척의 영향 (부정적 측면)	• 아메리카 대륙 원주민들에 미친 영향 • 아프리카 노예 무역

2 관련 자료 수집하기: 책, 인터넷, 교과서 자료 등 활용

3 기사 작성하기: 사설, 인터뷰, 광고, 사건 보도, 심층 기사 등 다양한 형식을 활용하여 기사를 작성한다.

[예시]

인터뷰 기사 만들기	(1) 인터뷰를 할 인물을 선정한다. (2) 모둠 구성원들과 토의를 통해 적절한 질문을 3~4가지 선정한다. (3) 역사적 상상력을 발휘하여 질문에 대한 답변을 써 본다.

4 역사 신문의 지면 구성하기

[예시]

○○○○년 ○○월 ○○일

발행인 ○○○

역사 신문

[사설] 신항로 개척은 축복인가

신항로 개척으로 유럽인들의 생활이 변하고 있다. 우리의 생활은 이전과는 전혀 다른 모습으로 변하였다. ……

[탐구 기사] 마젤란 일행의 항해를 따라가 보자.

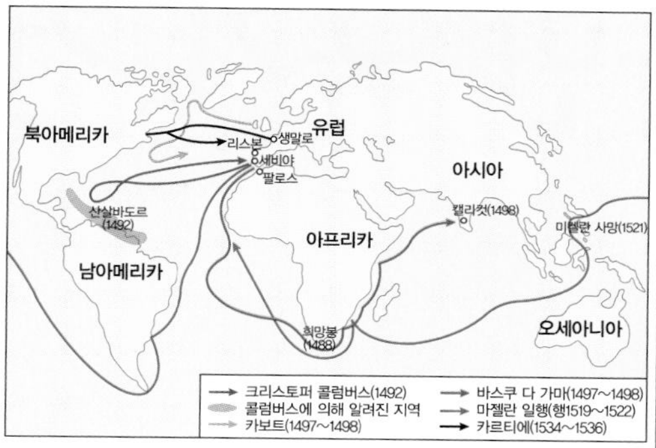

[인터뷰] 잉카 제국 멸망의 주역 피사로

기자: 오늘은 잉카 제국을 에스파냐의 식민지로 만든 주역! 피사로를 모시고 그때의 상황을 들어보겠습니다.

피사로: 안녕하세요. 피사로입니다.

기자: 잉카 제국을 멸망시킨 것이 뛰어난 계략의 결과라고 하던데요. 그때 과정을 들어볼 수 있을까요?

피사로: 네 저는 먼저 국왕의 사절단이라고……

[광고] 튼튼한 노예를 저렴한 가격으로!

[광고] 신대륙의 새로운 음식을 맛보세요!

채점 기준

평가 영역	채점 기준	배점
역사적 상상력	과거의 사건들을 생생하게 재구성하였나요.	2
	역사적 사실을 왜곡하지 않고 기사를 작성하였나요.	1
역사적 사고력	주제와 관련된 적절한 사건을 선정하였나요.	1
	논리적으로 사건을 구성하였나요.	1
	자신의 관점에서 역사적 사건을 비판적으로 평가하였나요.	1
협동	모둠원 모두가 주어진 역할을 충실히 수행하였나요.	2
	모둠원들 간에 의사 소통이 잘 되었나요.	1
	다른 관점을 존중하는 태도를 보였나요.	1

수행 평가 꿀 Tip **모둠 활동할 때 안 친한 친구가 있다면?**

수행 평가는 학생 스스로의 지식이나 기능 등을 평가하는 것입니다. 따라서 결과물도 중요하지만 그 결과물을 만드는 과정에서 쌓은 협동심과 배려 또한 중요한 성과입니다. 서로 도우면서 실행해 보면 의외로 친한 친구가 생길지도 모릅니다.

Ⅳ 제국주의 침략과 국민 국가 건설 운동

01

유럽과 아메리카의 국민 국가 체제

02

유럽의 산업화와 제국주의

03

서아시아와 인도의 국민 국가 건설 운동

04

동아시아의 국민 국가 건설 운동

01 유럽과 아메리카의 국민 국가 체제

❶ 영국 청교도 혁명과 명예혁명

(1) 청교도 혁명

① 배경: 17세기 영국에서 상공업과 도시 발달로 시민 계급과 젠트리 성장, 의회 다수 차지 → 의회가 권리 청원 제출, 찰스 1세의 승인 → 의회는 찰스 1세의 실정을 비판

(실정: 주변 세력과 전쟁을 치르면서 재정이 소모되자 세금을 부과하려 하였다.)

② 전개: 찰스 1세의 의회 무력 탄압에 의회 저항(내전 발생) → 크롬웰의 의회파가 왕당파 격퇴 후 찰스 1세 처형, 공화정 수립

③ 크롬웰의 활동: 아일랜드 정복, 항해법 제정, 호국경 취임, 청교도 윤리를 앞세운 독재 실시

(2) 명예혁명

배경	크롬웰 사후 왕정복고, 이후 즉위한 제임스 2세의 전제 정치
전개	의회가 제임스 2세 폐위, 그의 딸 메리와 남편 윌리엄을 공동 왕으로 추대 → 메리와 윌리엄이 권리 장전 승인 → 앤 여왕 때 식민지 확대, 조지 1세 때 내각 책임제 실시

집중 탐구 권리 장전

> 제1조 국왕이 의회의 동의 없이 법의 효력을 정지하거나 법의 집행을 중지하는 것은 위법이다.
> 제6조 평화 시에 의회의 동의를 받지 않고 왕국 내에 상비군을 양성하거나 유지하는 것은 불법이다.

영국 의회는 공동 왕 메리와 윌리엄에게 권리 장전을 승인 받아 입헌 군주정의 토대를 마련하였다. 이를 통해 왕도 법의 제한을 받고 의회의 동의를 얻으며 국정을 이끌도록 하여 영국 의회 민주주의의 전통을 확립할 수 있었다.

❷ 미국 혁명과 아메리카 합중국의 탄생

(1) 미국의 독립 혁명

배경	17세기부터 영국이 북아메리카 동부 해안에 13개 식민지 건설 → 프랑스와의 전쟁으로 재정이 어려워진 영국이 식민지에 인지세 · 차세 등 부과, 식민지 주민들의 반발
전개	보스턴 차 사건 발생, 영국 정부의 식민지 탄압 → 식민지 대표들의 대륙 회의 개최, 본국에 항의 → 독립 전쟁 발발 → 2차 대륙 회의 개최, 워싱턴을 총사령관에 임명, 독립 선언서 발표(1776. 7. 4.) → 유럽 국가들의 지원을 받은 식민지인들이 승리, 영국과 파리 조약 체결(독립 인정)

(인지세: 재정을 확보하고자 각종 인쇄물에 매긴 세금을 말한다.)

(2) 아메리카 합중국의 발전

① 아메리카 합중국(미국)의 탄생: 독립 후 각 주의 대표들이 헌법 제정(연방제, 주권 재민, 삼권 분립 규정) → 워싱턴을 초대 대통령으로 선출, 아메리카 합중국 성립

(삼권 분립: 입법, 행정, 사법의 권한이 나누어져 서로 견제함을 뜻한다.)

② 미국의 발전

서부 개척	유럽 국가들의 지배 지역 확보, 서부 개척 추진 → 이 과정에서 원주민 희생
영토 확장	멕시코와의 전투로 서쪽 지역(태평양 연안)까지 확보, 캘리포니아 금광 개발

집중 탐구 미국 독립 선언문

> 모든 인간은 평등하게 창조되었으며 그 누구에게도 넘겨줄 수 없는 권리를 신으로부터 부여받았다. 그중에는 생명, 자유 그리고 행복 추구의 권리가 있다. 이 권리를 확보하기 위해 인류는 정부를 조직하였으며, 이러한 정부의 정당한 권력은 국민의 동의에서 나오는 것이다.

아메리카 식민지인들은 영국의 지배에서 벗어나기 위해 독립 전쟁을 벌였다. 이들이 발표한 독립 선언문에는 자연권, 주권 재민, 저항권 등 민주주의의 원리가 담겨 있다.

✚ 젠트리
귀족과 자영 농민 사이에 위치한 계층이다. 영국에서 모직물 산업이 발달하는 가운데 농경지와 황무지에 울타리를 쳐 방목지를 확대하는 인클로저 운동으로 부를 축적하였다.

✚ 권리 청원
국왕이 의회의 동의 없이 세금을 부과할 수 없으며, 불법적인 체포나 구금을 금지한다는 내용을 담고 있다.

✚ 항해법
크롬웰이 제정하였으며 영국과 영국 식민지로 들어오는 수입품의 수송은 영국이나 그 식민지의 선박 또는 수출하는 국가의 선박을 이용하도록 규정한 법률이다.

✚ 인지세

영국의 인지세법에 따라 사용된 인지(왼쪽)와 이에 저항하는 사람들이 만든 도안(오른쪽)이다. 해골 그림 등을 통해 인지세법을 비난하고 있다.

✚ 보스턴 차 사건(1773)

아메리카 식민지 주민들이 영국의 세금 부과에 반발하여 보스턴 항구에 머물던 영국 동인도 회사의 배를 습격하여 차 상자를 바다에 던져버린 사건이다.

❸ 프랑스 혁명

(1) 혁명 이전의 프랑스 상황

① **신분제의 모순**: 18세기 프랑스에서 성직자(제1 신분)와 귀족(제2 신분)은 면세 특권을 누리며 권력과 대토지 소유, 반면 평민은 무거운 세금 부담, 정치 참여 제한

② **시민 계급의 성장**: 상공업 활동으로 부 축적, 낡은 제도 비판, 계몽사상과 미국 혁명의 영향을 받아 자유·평등 사회 추구

(2) 프랑스 혁명 발생

① **원인**: 계속된 전쟁과 왕실의 사치로 재정이 악화되자 루이 16세가 삼부회 소집 → 신분별 표결 방식에 제3 신분(평민)이 반발, 국민 의회 구성 및 테니스코트의 서약 발표

→ 귀족과 성직자가 손을 잡으면 특권층에 유리한 결과를 내었다. 반면 제3 신분은 머릿수 표결을 주장하였다.

② **전개**

국민 의회	제3 신분들이 구성, 국왕이 탄압하려 하자 파리 시민들이 바스티유 감옥 습격, 봉건제 폐지 선언, '인간과 시민의 권리 선언(인권 선언)' 발표, 루이 16세 체포 → 국민 의회가 헌법 제정
입법 의회	헌법에 따라 구성, 오스트리아와 프로이센에 전쟁을 선포함 (→ 혁명의 확대를 우려해 프랑스를 위협하자 전쟁을 선포한 것이다.)
국민 공회	전쟁 지속, 물가 상승 등 사회 혼란 → 파리 시민들의 왕궁 습격 → 왕권 정지, 국민 공회 수립, 공화정 선포 → 루이 16세 처형, 로베스피에르 중심의 급진파가 공포 정치 실시 → 이에 반발하여 쿠데타 발생, 로베스피에르 몰락
총재 정부	5명의 총재가 국정 운영

집중 탐구 인간과 시민의 권리 선언

제1조 인간은 자유롭게, 그리고 평등한 권리를 가지고 태어났다.
제2조 모든 정치적 결사의 목적은 인간의 자연적이고 소멸할 수 없는 권리를 보전함에 있다. 이 권리란 자유, 재산, 안전, 압제에 대한 저항이다.
제3조 모든 주권은 국민에게 있다. 어떤 개인이나 단체도 국민으로부터 나오지 않는 권력을 행사할 수 없다.

프랑스 혁명 초기에 국민 의회는 봉건제 폐지를 선언하고 국민 주권, 자유와 평등, 재산권 보호 등의 이념을 담은 '인간과 시민의 권리' 선언을 발표하였다. 이후 프랑스 혁명은 자유, 평등, 우애 등을 표어로 내세웠다.

(3) 나폴레옹의 집권

① **경과**: 총재 정부가 국내외 혼란을 수습하지 못함 → 나폴레옹이 쿠데타를 일으켜 총재 정부 붕괴, 통령 정부 수립

② **개혁 추진**: 국립 은행 설립, 국민 교육 제도 도입, 『나폴레옹 법전』 편찬

③ **제정의 성립**: 민심을 얻은 나폴레옹은 국민 투표를 통해 황제에 즉위

④ **대외 팽창**: 오스트리아, 프로이센, 러시아 등 격퇴로 유럽 대부분 차지, 영국을 고립시키고자 대륙 봉쇄령 실시, 정복 전쟁으로 프랑스 혁명 정신이 전파되면서 유럽에 자유주의·민족주의 확산

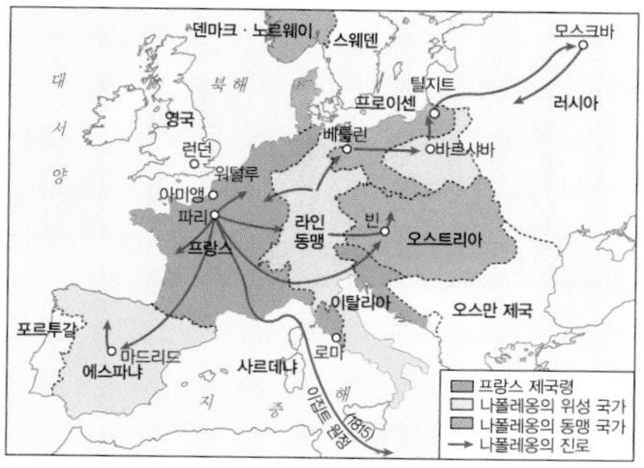

▲ 나폴레옹의 대외 팽창

⑤ **몰락**: 러시아가 대륙 봉쇄령을 위반하자 모스크바까지 대규모 원정에 나섰으나 실패 → 대프랑스 동맹군에게도 패배하면서 나폴레옹 몰락

→ 영국을 비롯한 유럽 국가들이 나폴레옹의 대외 팽창에 맞서 여러 차례 체결한 군사 동맹이다.

✚ 삼부회
중세 시대 이래로 국가의 여러 신분 대표가 모여 국정을 논의하던 기구이다. 전국 신분회, 삼신분회라고도 부른다.

✚ 테니스코트의 서약
루이 16세가 소집한 삼부회의 표결 방식에 불만을 품은 제3 신분이 자신들의 요구가 받아들여지지 않자 국민 의회를 결성하고 테니스코트에 모여 새로운 헌법이 제정될 때까지 해산하지 않겠다고 맹세한 일이다.

✚ 「인간과 시민의 권리 선언」

✚ 나폴레옹 법전

나폴레옹 집권기에 편찬된 법전으로, 모든 사람에게 적용되는 합리적 법률을 담았으며, 근대적 법률 체계 수립에 기여하였다.

✚ 대륙 봉쇄령
나폴레옹이 실시한 조치로, 영국과의 무역 활동 및 서신 왕래 금지, 영국과 영국 식민지에서 온 선박들의 유럽 대륙 내 항구 출입 금지 등을 규정하였다.

+ 민중을 이끄는 자유의 여신

프랑스 7월 혁명을 기념하기 위해 들라크루아가 1830년에 그린 그림이다. 그림 가운데의 여성이 자유를 상징한다.

+ 영국의 선거법 개정 과정

개정(시기)	선거권을 획득한 계층
개정 전	귀족, 젠트리
제1차(1832)	도시의 신흥 상공업자
제2차(1867)	도시의 소시민과 노동자
제3차(1884)	농촌, 광산의 노동자
제4차(1918)	만 21세 이상 남성, 만 30세 이상 여성
제5차(1928)	21세 이상의 남녀

+ 인민헌장

1. 21세 이상 모든 남자에게 선거권을 부여할 것
2. 유권자 보호를 위해 비밀 투표를 실시할 것
3. 하원 의원의 자격 중 재산 조항을 폐지할 것
4. 하원 의원에게 보수를 지급할 것
5. 인구 비례에 따라 선거구를 조정할 것
6. 매년 선거를 실시할 것

1838년 영국의 노동자들이 선거권 확대를 요구하면서 발표한 주장이다.

+ 데카브리스트의 봉기

데카브리스트는 '12월 당원'이라는 뜻이며, 1825년 청년 장교와 일부 지식인들이 전제 정치 타도와 입헌 군주제를 요구하며 일으킨 봉기이다.

❹ 국민 국가의 발전

(1) 빈 체제

① **형성**: 나폴레옹 몰락 이후 유럽 각국 대표가 오스트리아의 빈에 모여 유럽 질서 논의(빈 회의, 메테르니히 주도) → 유럽 각국의 영토와 정치 체제를 프랑스 혁명 이전으로 회복하기로 합의

② **빈 체제 시기 유럽의 상황**: 각지의 자유주의·민족주의 운동 탄압, 그리스 독립 운동 발생(영국·러시아 등 지원 → 오스만 제국으로부터 독립)

(2) 프랑스 7월 혁명과 2월 혁명

→ 빈 체제 형성에 따라 부르봉 왕조가 다시 들어서게 되었다. (왕정복고)

7월 혁명	• 배경: 빈 체제로 프랑스 왕정복고, 샤를 10세가 의회 해산, 언론 자유 억압 • 전개: 자유주의 세력과 파리 시민들이 샤를 10세 축출, 루이 필리프 추대(입헌 군주정 수립)
2월 혁명	• 배경: 노동자 수 증가, 7월 왕정이 여전히 소수의 부유한 시민에게만 선거권 부여 • 전개: 중소 시민층과 노동자들이 선거권 확대를 요구하며 루이 필리프 축출, 공화정 수립 • 영향: 자유주의·민족주의 운동 확산, 빈 체제 붕괴, 독일과 이탈리아의 통일 운동 자극

집중 탐구 빈 체제의 성립과 붕괴

▲ 빈 체제의 풍자화

▲ 2월 혁명의 모습

나폴레옹 몰락 이후 유럽은 프랑스 혁명 이전의 모습으로 되돌아 가는 빈 체제가 형성되었다. 이에 따라 프랑스에서는 왕정이 복고되었고 각지에서 일어난 자유주의·민족주의 운동도 탄압을 받았다. 그러나 자국의 이익과 프랑스 2월 혁명 등으로 다시 유럽 곳곳에 자유주의와 민족주의가 확산되었다. 그리고 오스트리아에서도 혁명이 일어나 메테르니히가 쫓겨나면서 빈 체제는 무너졌다.

(3) 영국의 자유주의 개혁

민주주의 발전	의회 주도로 가톨릭교도 차별 폐지, 제1차 선거법 개정 → 노동자들이 선거권을 요구하며 인민헌장 발표, 차티스트 운동 전개
경제 체제 확립	19세기 중반 곡물법·항해법 폐지

→ 곡물법: 수입 곡물에 관세를 부과하여 영국 내의 지주들을 보호한 법이다.

더 알아보기 ▶ 차티스트 운동

▲ 차티스트 운동 모자이크 벽화

▲ 인민헌장을 든 노동자 풍자화

1832년에 영국은 제1차 선거법 개정을 추진하였다. 그러나 이때 노동자들은 선거권을 얻지 못해서, 1838년에 인민헌장을 발표하여 참정권의 확대를 주장하였다. 비록 의회가 받아들이지 않았지만, 이후 수차례의 선거법 개정에 영향을 끼쳤다.

(4) 러시아의 개혁

① **배경**: 나폴레옹 군대와 전투를 벌였던 청년 장교들이 자유주의 사상 수용 → 전제 정치 타도, 농노제 폐지 등을 요구하며 봉기(데카브리스트의 봉기)하였으나 실패 → 니콜라이 1세의 전제 정치 강화, 오스만 제국과의 전쟁에서 패배

② **개혁 노력**: 알렉산드르 2세의 농노 해방령 발표, 지식인들의 브나로드 운동 전개 → 알렉산드르 2세 암살 이후 전제 정치 강화, 자유주의 운동 탄압

→ 브나로드 운동: 러시아 지식인들이 농민들을 계몽하기 위해 전개한 운동이다.

(5) 이탈리아의 통일

① **상황:** 이탈리아반도가 오랫동안 여러 나라로 분열, 오스트리아 · 프랑스 등의 간섭

② **전개:** 프랑스 2월 혁명 이후 사르데냐 왕국 중심으로 통일 운동 추진, 카보우르의 활약(오스트리아와의 전쟁에서 승리), 가리발디 의용군이 이탈리아 남부 점령 후 사르데냐 국왕에게 넘김

③ **결과:** 이탈리아 왕국이 베네치아, 교황령까지 통합하며 통일 완성

(6) 독일의 통일

① **상황:** 19세기까지 여러 나라로 분열되어 혼란

② **전개:** 프로이센 주도로 관세 동맹 결성 → 프랑스 2월 혁명 직후 의회 중심의 통일 방안 논의, 성과 미비 → 프로이센 재상 비스마르크가 철혈 정책 추진 → 오스트리아 격퇴, 북독일 연방 결성 → 프랑스와의 전쟁 승리, 독일 제국 수립

(철혈 정책: 강력한 군비 확장 정책을 추진하였다.)

집중 탐구 이탈리아의 통일과 독일의 통일

19세기 중엽까지 이탈리아와 독일은 여러 나라로 분열되어 혼란한 상황에 놓여 있었다. 그러나 이탈리아는 사르데냐 왕국을 중심으로, 독일은 프로이센을 중심으로 통일 운동을 전개하여 19세기 후반에 통일을 완성할 수 있었다.

(7) 미국의 발전

① 남북 전쟁

원인	산업 혁명이 전개되면서 남부와 북부의 경제 갈등 심화(남부 – 면화 · 담배 재배, 자유 무역과 노예제 옹호, 북부 – 상공업 발달, 보호 무역과 노예제 확대 반대)
경과	북부의 링컨이 대통령으로 선출, 남부 7개 주가 연방 탈퇴(전쟁 시작) → 초기 남부 우세, 링컨의 노예 해방 선언, 북부의 반격 → 게티즈버그 전투에서 북부 승리 → 전쟁 종료

② **산업 발전:** 남북 전쟁 과정에서 중공업 발전, 서부 개척 가속화 → 전쟁 종료 후 보호 무역 정책과 이민 정책 실시, 대륙 횡단 철도 개통 → 19세기 말 세계 최대 공업국으로 성장

(8) 라틴 아메리카의 독립

① **배경:** 미국 독립, 프랑스 혁명 등의 영향 → 라틴 아메리카에서 에스파냐와 포르투갈 지배를 벗어나려는 독립 운동 전개, 미국도 먼로 선언 발표(라틴 아메리카의 독립 지지)

② **내용:** 흑인 노예들 주도로 아이티 공화국 수립, 크리오요(볼리바르, 산마르틴 등)의 활약으로 베네수엘라 · 콜롬비아 · 볼리비아 · 아르헨티나 · 칠레 등 독립, 멕시코도 공화국 수립, 브라질도 포르투갈에서 독립 선언

(아이티 공화국 수립: 프랑스에 저항하여 1804년에 라틴 아메리카 최초의 독립국을 세웠다.)

③ **변화:** 각국이 국민 국가 건설 과정에서 미국 등 외세의 간섭, 독재 정권 수립, 빈부의 격차 등 여러 정치 · 사회 혼란을 겪음

Q&A 볼리바르는 어떤 인물이었나요?

볼리바르는 크리오요 출신으로 유럽으로 건너가 계몽사상을 접하였어요. 이후 라틴 아메리카로 돌아와 군대를 이끌고 에스파냐에 맞서 싸웠고, 베네수엘라 · 볼리비아 독립에 기여하여 '해방자'라 불렸어요.

✚ 카보우르
사르데냐 왕국의 농업 장관 겸 재무 장관과 재상을 지낸 인물로, 이탈리아 통일에 주도적인 역할을 담당하였다.

✚ 가리발디
'붉은 셔츠대'라는 의용군을 이끌고 시칠리아와 나폴리 등 남이탈리아를 정복한 후 사르데냐 왕국에 바쳐 이탈리아 통일에 기여한 인물이다.

✚ 비스마르크
프로이센의 재상을 지냈으며 독일 통일을 다수결이 아닌 무력으로 이루고자 철혈 정책을 추진한 인물로, 독일 제국 수립 후 첫 수상이 되었다.

✚ 먼로 선언
1823년 미국의 먼로 대통령이 아메리카 대륙에 대한 유럽의 간섭이나 식민지 건설을 허용하지 않겠다는 내용을 담고 있다.

✚ 크리오요
라틴 아메리카에서 태어난 에스파냐인의 후손으로, 본국의 차별에 맞서 라틴 아메리카 독립 운동을 주도하였다.

✚ 산마르틴
라틴 아메리카에서 태어나 에스파냐로 가서 군인이 되었으며 라틴 아메리카 독립 운동에 참여하기 위해 부에노스아이레스로 가서 혁명군에 가담하였다. 그 결과 칠레, 페루 등의 독립에 기여하였다.

개념 다지기

정답과 해설 | 27쪽

01 빈칸에 들어갈 알맞은 말을 쓰시오.

(1) 17세기 영국의 농촌에서는 중소 지주층인 (　　　)의 세력이 강해졌는데, 이들은 대부분 청교도였다.

(2) 영국 의회는 찰스 1세에게 (　　　)을/를 제출하여 승인받음으로써, 국왕이 의회의 동의 없이 세금을 부과할 수 없도록 하였다.

(3) 청교도 혁명에서 의회파를 이끈 (　　　)은/는 아일랜드를 정복하고 항해법을 제정하였다.

(4) (　　　)의 딸 메리와 그녀의 남편 윌리엄은 의회가 제정한 권리 장전을 승인하였다.

(5) (　　　) 차 사건으로 영국 정부가 아메리카 식민지를 탄압하자, 대륙 회의에서 영국에 맞서기로 결의하였다.

(6) 아메리카 합중국의 헌법에는 행정 · 입법 · 사법권을 나누는 (　　　)의 원칙이 규정되었다.

(7) 18세기 프랑스에서는 제1, 2 신분인 (　　　)와/과 귀족이 세금을 내지 않는 특권을 누렸다.

02 다음 내용이 맞으면 ○표, 틀리면 ×표를 하시오.

(1) 프랑스 국민 의회는 공화정을 선포하고 루이 16세를 처형하였다. ………… (　　　)

(2) 로베스피에르 등 급진파는 프랑스 혁명에 반대하는 세력을 처형하는 등 공포 정치를 펼쳤다. ………… (　　　)

(3) 프랑스 입법 의회는 혁명이 번질 것을 두려워한 오스트리아, 프로이센 등과 전쟁을 선포하였다. ………… (　　　)

03 프랑스에서 총재 정부가 국내외 혼란을 수습하지 못하자 이를 무너뜨리고 통령 정부를 수립한 인물은?

04 프랑스 혁명의 전개 순서를 번호로 표시하시오.

(1) 제3 신분 대표들이 테니스코트의 서약을 발표하였다. ………… (　　　)

(2) 루이 16세가 어려워진 재정 문제를 해결하고자 삼부회를 소집하였다. ………… (　　　)

(3) 국민 공회가 성인 남성의 보통 선거권을 보장하는 등의 개혁을 추진하였다. ………… (　　　)

05 나폴레옹의 활동과 그 내용을 옳게 연결하시오.

(1) 대륙 봉쇄령 •		• ㉠ 국립 은행 설립
(2) 산업 보호 정책 •		• ㉡ 영국과의 무역 금지
(3) 근대적 법률 체계 •		• ㉢ 나폴레옹 법전 편찬

06 다음 내용이 맞으면 ○표, 틀리면 ×표를 하시오.

(1) 나폴레옹 몰락 이후 빈 체제는 보수주의를 표방하고 세력 균형을 강조하였다. ………… (　　　)

(2) 프랑스 7월 혁명의 결과 루이 필리프가 축출되고 새로운 공화정이 수립되었다. ………… (　　　)

(3) 영국의 제1차 선거법 개정에 불만을 품은 노동자들이 인민헌장을 발표하였다. ………… (　　　)

07 19세기 러시아의 개혁과 관련된 사실들만을 〈보기〉에서 있는 대로 고르시오.

보기	
ㄱ. 농노 해방령	ㄴ. 브나로드 운동
ㄷ. 차티스트 운동	ㄹ. 알렉산드르 2세
ㅁ. 곡물법 · 항해법 폐지	

08 밑줄 친 부분을 옳게 고쳐 쓰시오.

(1) 빈 체제로 부활한 프랑스 부르봉 왕조의 제임스 2세는 의회를 해산하고 언론 자유를 억압하였다. ………… (　　　)

(2) 청년 장교들의 봉기를 진압한 프로이센의 니콜라이 1세는 오스만 제국과 전쟁을 벌였다. ………… (　　　)

(3) 사르데냐 왕국의 재상 비스마르크는 이탈리아의 통일 운동을 주도하였다. ………… (　　　)

09 다음 설명에 해당하는 내용을 〈보기〉에서 고르시오.

보기	
ㄱ. 링컨	ㄴ. 가리발디
ㄷ. 볼리바르	ㄹ. 산마르틴

(1) 미국의 대통령으로 남북 전쟁 때 노예 해방을 선언하였다.

(2) 크리오요 출신으로 베네수엘라, 볼리비아 등의 독립에 기여하였다.

중단원 실력 쌓기

01 다음 상황의 결과 나타난 사실로 옳은 것은?

> 17세기 영국 의회에는 시민 계급과 젠트리가 다수를 차지하고 있었다. 그런데 찰스 1세는 의회를 무시하고 마음대로 세금을 부과하였으며, 청교도를 탄압하였다.

① 가격 혁명이 발생하였다.
② 권리 청원이 제출되었다.
③ 왕권신수설이 등장하였다.
④ 동인도 회사가 설립되었다.
⑤ 카노사의 굴욕이 일어났다.

중요
02 밑줄 친 '그'에 대한 설명으로 옳은 것만을 〈보기〉에서 고른 것은?

> 그는 의회파를 이끌고 왕당파 군대를 격파한 후 찰스 1세를 처형하고 공화정을 수립하였다. 이후 그는 엄격한 청교도 윤리를 앞세워 독재 정치를 펼쳤다.

| 보기 |
ㄱ. 항해법을 제정하였다.
ㄴ. 아일랜드를 정복하였다.
ㄷ. 콘스탄티노폴리스를 함락하였다.
ㄹ. 에스파냐 무적함대를 격퇴하였다.

① ㄱ, ㄴ ② ㄱ, ㄷ ③ ㄴ, ㄷ
④ ㄴ, ㄹ ⑤ ㄷ, ㄹ

03 (가), (나) 사이에 있었던 사실로 옳은 것은?

> (가) 영국이 재정 문제 해결을 위해 아메리카 식민지에서 판매되는 차의 독점권을 동인도 회사에게만 주었다.
> (나) 영국이 보스턴항을 봉쇄하면서 강경하게 대응하자 아메리카 식민지 대표들이 대륙 회의를 열었다.

① 십자군 전쟁이 시작되었다.
② 보스턴 차 사건이 일어났다.
③ 비잔티움 제국이 성립하였다.
④ 루터가 95개조 반박문을 발표하였다.
⑤ 콜럼버스가 서인도 제도에 도착하였다.

중요
04 밑줄 친 '이 선언문'이 발표된 이후에 있었던 사실로 옳은 것만을 〈보기〉에서 고른 것은?

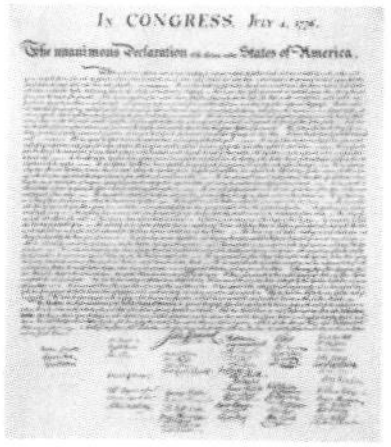

> 이 선언문은 아메리카 식민지 대표들이 발표한 것으로, 자연권, 주권 재민, 저항권 등 민주주의 원리가 담겨 있었다.

| 보기 |
ㄱ. 아비뇽 유수가 일어났다.
ㄴ. 파리 조약이 체결되었다.
ㄷ. 요크타운 전투가 발생하였다.
ㄹ. 영국과 프랑스가 백년 전쟁을 벌였다.

① ㄱ, ㄴ ② ㄱ, ㄷ ③ ㄴ, ㄷ
④ ㄴ, ㄹ ⑤ ㄷ, ㄹ

05 (가)에 들어갈 내용으로 적절한 것은?

① 길드를 조직하였어.
② 자크리의 난을 일으켰어.
③ 권리 장전을 제출하였어.
④ 바스티유 감옥을 습격하였어.
⑤ 클뤼니 수도원 중심으로 개혁을 펼쳤어.

06 (가)에 들어갈 사실로 옳은 것은?

> 국민 의회는 봉건제의 폐지를 선언하고, 프랑스 혁명의 기본 이념을 밝힌 '인간과 시민의 권리 선언'을 발표하였다.
>
> ⬇
>
> (가)
>
> ⬇
>
> 총재 정부가 국내외의 혼란을 수습하지 못하자, 나폴레옹이 이를 무너뜨리고 통령 정부를 수립하였다.

① 장미 전쟁이 일어났다.
② 칼뱅이 예정설을 주장하였다.
③ 클레르몽 공의회가 개최되었다.
④ 루이 14세가 콜베르를 등용하였다.
⑤ 국민 공회가 공화정을 선포하였다.

중요
07 밑줄 친 '이 회의'의 결과로 옳은 것은?

> 메테르니히의 주도로 진행된 <u>이 회의</u>를 통해 유럽 각국은 정통성의 원칙을 채택하고 보수주의를 표방하였다. 이에 유럽 각지의 자유주의 운동과 민족주의 운동을 억눌렀다.

① 요크타운 전투가 벌어졌다.
② 영국에서 명예혁명이 일어났다.
③ 베스트팔렌 조약이 체결되었다.
④ 프랑스에서 왕정이 복고되었다.
⑤ 와트 타일러의 난이 발생하였다.

08 (가), (나)를 활용한 탐구 주제로 가장 적절한 것은?

> (가) 사르데냐 왕국의 재상 카보우르는 프랑스의 도움을 받아 오스트리아와의 전쟁에서 승리하였다.
> (나) 가리발디가 의용군을 이끌고 나폴리와 시칠리아를 점령하고 이 지역을 사르데냐 국왕에게 바쳤다.

① 빈 체제의 성립 배경
② 그리스 독립 전쟁의 결과
③ 이탈리아의 통일 운동 전개
④ 프로이센의 철혈 정책 추진
⑤ 아이티 공화국의 수립 과정

09 밑줄 친 '그'에 대한 설명으로 옳은 것만을 〈보기〉에서 고른 것은?

> 이 그림은 고야의 작품으로, 1804년 프랑스의 황제로 즉위한 <u>그</u>가 1808년 자신의 형을 에스파냐의 국왕으로 세우고, 이에 반발하여 봉기한 에스파냐인들을 탄압한 상황을 보여 준다.
>
> 
> ▲ 고야의 '1808년 5월 3일의 학살'

| 보기 |
ㄱ. 국립 은행을 설립하였다.
ㄴ. 루이 16세를 처형하였다.
ㄷ. 대륙 봉쇄령을 실시하였다.
ㄹ. 청교도 혁명을 주도하였다.

① ㄱ, ㄴ　② ㄱ, ㄷ　③ ㄴ, ㄷ
④ ㄴ, ㄹ　⑤ ㄷ, ㄹ

중요
10 교사의 질문에 대한 학생의 답변으로 적절한 것만을 〈보기〉에서 고른 것은?

| 보기 |
ㄱ. 비잔티움 제국이 멸망하였어요.
ㄴ. 미국이 먼로 선언을 발표하였어요.
ㄷ. 영국의 제임스 2세가 폐위되었어요.
ㄹ. 볼리바르가 에스파냐에 무력으로 항쟁하였어요.

① ㄱ, ㄴ　② ㄱ, ㄷ　③ ㄴ, ㄷ
④ ㄴ, ㄹ　⑤ ㄷ, ㄹ

정답과 해설 | 27쪽

중요

11 밑줄 친 ㉠의 구체적인 내용으로 옳은 것만을 〈보기〉에서 고른 것은?

> ■ 학습 주제: 19세기 유럽 각국의 자유주의 개혁
> ■ 주요 학습 내용
> • 프랑스: 7월 혁명과 2월 혁명의 발생
> • 영국: 의회 주도의 ㉠ 법률 개정 추진

보기
ㄱ. 가톨릭교도 차별 폐지
ㄴ. 도시 상공업 계층의 선거권 획득
ㄷ. 아메리카 식민지에 인지세, 차세 부과
ㄹ. 루이 필리프 추대 및 입헌 군주정 마련

① ㄱ, ㄴ ② ㄱ, ㄷ ③ ㄴ, ㄷ
④ ㄴ, ㄹ ⑤ ㄷ, ㄹ

12 (가) 국가의 통일 과정에서 있었던 사실로 옳은 것은?

① 30년 전쟁이 일어났다.
② 관세 동맹이 체결되었다.
③ 베르사유 궁전이 건설되었다.
④ 아우크스부르크 화의가 이루어졌다.
⑤ 프리드리히 2세가 개혁을 추진하였다.

13 밑줄 친 '이 전쟁'에 대한 설명으로 옳은 것만을 〈보기〉에서 고른 것은?

> 이 전쟁은 초기에는 남부가 우세하였지만, 인구와 자원이 우세한 북부가 반격하면서 상황이 달라졌다. 그리고 영국과 프랑스가 북부의 입장을 지지하면서 국제 여론도 북부에 유리하게 작용하였다.

보기
ㄱ. 서부 개척이 시작되는 계기가 되었다.
ㄴ. 북부와 남부의 경제 대립을 배경으로 일어났다.
ㄷ. 링컨의 노예 해방 선언이 전세에 영향을 끼쳤다.
ㄹ. 워싱턴이 초대 대통령에 오르는 결과를 가져왔다.

① ㄱ, ㄴ ② ㄱ, ㄷ ③ ㄴ, ㄷ
④ ㄴ, ㄹ ⑤ ㄷ, ㄹ

서술형 • 논술형

서술형

01 다음과 같이 영국 선거법이 개정되는 과정에서 제1차 개정과 제2차 개정 사이에 있었던 사실을 서술하시오.

개정(시기)	선거권을 획득한 계층
개정 전	귀족, 젠트리
제1차(1832)	도시의 신흥 상공업자
제2차(1867)	도시의 소시민과 노동자
제3차(1884)	농촌, 광산의 노동자
제4차(1918)	만 21세 이상 남성, 만 30세 이상 여성
제5차(1928)	21세 이상의 남녀

논술형

02 다음 사건에 대해 빈 체제를 주도한 메테르니히는 어떤 입장이었는지 서술하고, 이 사건이 빈 체제의 변화에 어떠한 영향을 끼쳤는지 300자 이내로 논술하시오.

> 그리스는 오스만 제국의 지배에서 벗어나기 위해 독립 전쟁을 일으켰다. 바이런, 들라크루아 등 유럽의 자유주의자들이 그리스의 독립을 적극적으로 지지하고, 오스만 제국을 견제하던 러시아와 영국, 프랑스가 그리스를 지원하면서 그리스는 독립을 이루었다.

02 유럽의 산업화와 제국주의

❶ 산업 혁명의 전개와 확산

(1) 산업 혁명의 배경

① 산업 혁명의 뜻: 기계 발명과 기술 혁신으로 급증한 생산력에 따른 사회·경제적 변화, 영국에서 시작

② 영국의 상황: 명예혁명 이후 정치 안정, 인클로저 운동의 영향으로 농민들이 도시로 이동, 지하자원 풍부(철, 석탄 등), 넓은 식민지 확보(원료 공급지, 상품 판매처로 활용)

(2) 산업 혁명의 전개

① 시작: 수요가 증가한 면직물 공업에서 방직기·방적기 등 개발, 증기 기관을 동력으로 사용 → 직물 생산량 증대 → 가내 수공업에서 공장제 기계 공업으로 발전

② 교통·통신 발달: 스티븐슨이 개발한 증기 기관차 등장 이후 각지에 철도 부설, 풀턴이 증기선 실용화, 모스의 유선 전신 발명 → 원료와 제품 수송 활발, 교역 편리

③ 확산: 프랑스, 독일, 미국, 러시아 등에서 산업 혁명 발생, 본격적인 산업화 진전

→ 유선 전신: 전선에 흐르는 전류의 길고 짧음을 신호로 삼아 정보를 전달하는 통신 기술이다.

(3) 산업 혁명의 영향

① 산업의 다양화: 철강·기계·석유 화학 등의 발달, 전화·전기·자동차 등 신문물의 출현

② 자본주의 경제 발전: 이윤 추구를 목적으로 하는 상품 생산 활발 → 자본가와 노동자의 관계 형성, 생산과 소비가 시장에 의해 결정

집중 탐구 자본주의의 빛과 그림자

▲ 런던 만국 박람회 수정궁 내부

▲ 런던 뒷골목의 주택가

산업 혁명으로 다양한 상품이 대량으로 생산되면서 사람들의 생활은 풍요로워졌다. 기술의 발전으로 삶의 질이 높아지게 된 것이다. 그러나 많은 인구가 모여든 도시에는 주택과 위생 시설 부족, 환경 오염 등 여러 사회 문제가 발생하였다.

③ 사회 변화 및 각종 문제의 발생

도시화	산업화가 진행되면서 도시 발달, 농촌 인구의 도시 이동(노동력 유입)
생활 변화	다양한 상품의 대량 생산으로 풍요로운 생활, 교통·통신 발달로 지역 간 교류 활발 → 기술과 경제의 발전으로 인간의 삶 편리
빈부 격차 문제	산업 혁명의 혜택이 모든 사람에게 돌아가지 못하면서 경제적 차이 발생
노동자 문제	이윤 추구에 집중하는 자본가로 인해 노동자들이 열악한 환경에서 적은 임금으로 장시간 노동에 시달림, 여성은 남성보다 더 악조건에서 노동, 아동 노동력도 착취 (열악한 환경: 대표적으로 노동자들이 일하는 공장은 비위생적이고 안전이 보장되지 않았다.)
도시 환경 문제	부족하면서도 비위생적인 주택, 부족한 위생 시설(상하수도 등), 특히 노동자 거주 지역은 각종 질병과 범죄에 노출

④ 사회 문제 해결 노력

노동자의 저항	공장 기계가 일자리를 빼앗는다는 생각으로 러다이트 운동 전개, 노동조합 결성으로 근로 조건 개선, 노동자 지위 향상 노력 (러다이트 운동: 19세기 초반 영국에서 일어난 기계 파괴 운동으로, 공장에 기계가 들어서면서 일자리를 빼앗길 것으로 생각한 노동자들이 전개하였다.)
사회주의 사상	• 자본주의 체제를 비판하면서 등장, 빈부 격차를 없애기 위해 생산 수단(공장·토지 등)을 공동 소유·관리하자고 주장 • 오언: 초기 사회주의 사상가, 빈부 격차 없는 이상적 공동체 강조 • 마르크스·엥겔스: 노동자가 단결하여 자본가 타도, 새로운 사회 건설 주장

✚ 인클로저 운동
지주들이 공동 경작지와 미개간지에 울타리를 쳐서 자신의 소유지로 삼은 일이다. 16세기에는 양 사육 지역 확대를 위해, 18세기에는 곡물 경작지 확대 위해 전개되었으며, 많은 농민들이 일터를 잃게 되었다.

✚ 방적기

방적기는 실을 뽑아내는 기계로, 18세기 후반 제니 방적기가 발명된 이후 면직물 공업이 급속히 발전하게 되었다.

✚ 유럽의 철도망 확대

⬇

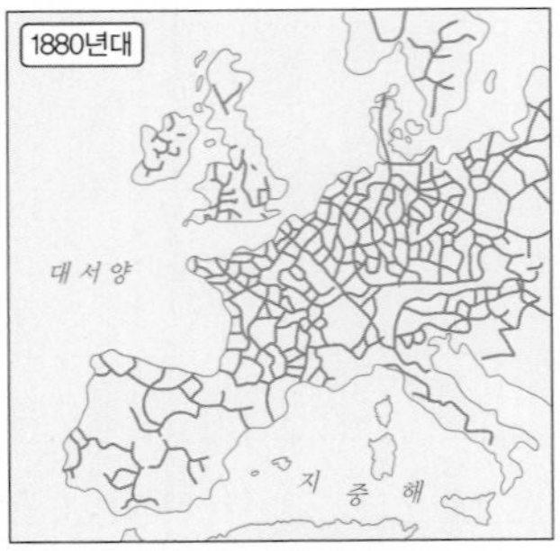

증기 기관의 개량과 이를 이용한 증기 기관차의 등장으로 각지에 철도가 부설되면서 19세기 후반 유럽에 그물망 같은 철도망이 형성되었다.

❷ 제국주의 열강의 침략과 세계 분할

(1) 제국주의의 등장

① **배경:** 산업 혁명에 따른 자본주의 경제 발전(19세기 후반), 공업 발달로 생산량 증대 → 소수의 대기업 출현, 국내 시장 독점, 새로운 소비 시장 필요

② **제국주의의 형성**

의미	상품 수출과 자본 투자가 가능한 새로운 시장 및 값싼 원료 공급지를 확보하기 위해 서양 열강들이 군사력과 경제력을 앞세워 추진한 대외 팽창 정책
이론적 배경	• 사회 진화론: 약육강식과 적자생존 논리를 인간 사회에 적용 → 약소국에 대한 열강의 침략을 정당화 • 백인 우월주의(인종주의): 아시아 · 아프리카인을 미개인으로 보고 열강(백인)이 식민 지배로 그들을 문명화시킬 수 있다고 주장

(2) 제국주의 열강의 아프리카 침략

→ 이집트의 카이로와 남아프리카의 케이프타운 식민지를 연결하는 식민지 확대 정책이다.

① **배경 및 내용:** 신항로 개척 이후 서양 열강이 아프리카 서부 해안에 진출, 노예 무역 · 황금 무역 등으로 이익 획득 → 19세기 탐험가 · 선교사의 활동으로 아프리카 내륙 정보 획득

영국	종단 정책과 3C 정책 추진	파쇼다에서 양국이 충돌(파쇼다 사건)
프랑스	횡단 정책 추진, 모로코를 놓고 독일과 대립	
독일	3B 정책 추진, 모로코를 둘러싸고 프랑스와 대립	
기타	벨기에 · 이탈리아 등도 아프리카 분할에 가담	

→ 베를린, 비잔티움, 바그다드 세 도시를 가리킨다.

→ 알제리와 마다가스카르섬을 연결하는 식민지 확대 정책이다.

② **결과:** 20세기 초에 에티오피아 · 라이베리아를 제외한 아프리카 전 지역이 서양 열강에 분할 · 점령당함

더 알아보기 ▶ 제국주의 열강의 침략 실상

▲ 인종주의 풍자화

▲ 아프리카 침략 풍자화

▲ 영국의 제국주의 풍자화

서양 열강들은 사회 진화론과 인종주의 등을 내세우며 제국주의 팽창을 정당화하였다. 왼쪽 그림은 백인이 유색 인종들을 문명으로 이끈다는 의미이며, 가운데는 아프리카 원주민을 수탈하는 상황이다. 오른쪽 그림은 영국이 아프리카, 인도 등 세계 각지에 식민지를 만든 사실을 풍자하였다.

(3) 제국주의 열강의 아시아 침략

① **배경 및 내용:** 신항로 개척 이후 서양 열강들이 아시아에 진출하여 해상 무역 전개

에스파냐	필리핀을 식민지 지배
포르투갈	동남아시아에 진출하여 향신료 무역 독점
영국	17세기 초 동인도 회사를 앞세워 인도에 진출, 플라시 전투에서 프랑스에 승리 → 19세기 중엽 인도 대부분 지역 점령, 싱가포르 · 말레이반도 · 미얀마 등지로 세력 확대, 아편 전쟁으로 중국 침략, 오스트레일리아와 뉴질랜드 지배
프랑스	베트남 · 캄보디아 등 인도차이나반도에서 세력 확대
네덜란드	17세기에 동인도 회사를 앞세워 자와섬 장악, 인도네시아 대부분을 식민지화
미국	에스파냐와의 전쟁에서 승리한 후 필리핀 식민지화, 쿠바 보호국화, 괌 · 하와이 차지

② **결과:** 열강이 아시아 각지를 경쟁적으로 침탈하여 식민 지배, 영국 · 프랑스 · 독일 등이 중국에 진출하여 각종 이권 요구

✚ 사회 진화론

생물학적 진화론을 이용하여 인간 사회의 여러 모습을 설명하는 이론으로, 스펜서가 제기하였다. 인간 사회에도 약육강식과 적자생존 등의 원칙이 적용된다고 주장하였다.

✚ 3C 정책

19세기 말에서 20세기 초 영국이 취한 제국주의적 식민지 확대 정책으로, 남아프리카의 케이프타운, 이집트의 카이로, 인도의 콜카타를 연결하는 정책으로, 세 지역의 머리글자가 모두 C이므로 이렇게 부른다.

✚ 파쇼다 사건

▲ 파쇼다 사건 풍자화

1898년 영국과 프랑스가 아프리카 수단의 파쇼다에서 충돌한 사건이다. 횡단 정책을 추진하던 프랑스가 파쇼다를 차지하자, 영국군이 프랑스의 철군을 요구하며 무력 충돌 직전까지 가게 되었으나 양국의 절충으로 전쟁 없이 정리되었다.

✚ 서양 열강의 아프리카 분할

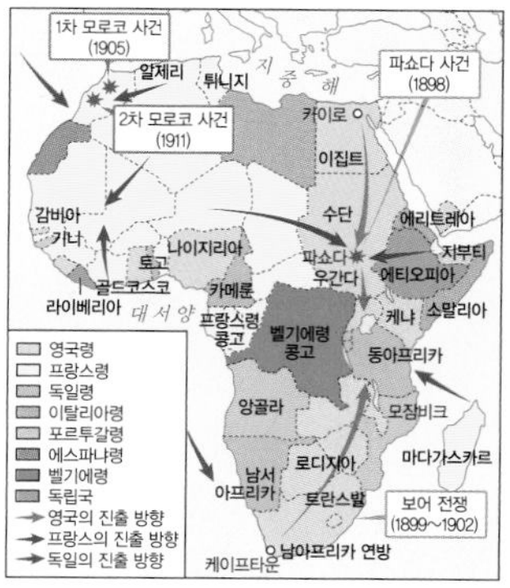

열강의 제국주의 침탈 결과 20세기 초에 에티오피아와 라이베리아를 제외한 아프리카 전 지역이 열강의 식민지로 전락하였다

개념 다지기

정답과 해설 | 29쪽

01 빈칸에 들어갈 알맞은 말을 쓰시오.

(1) 산업 혁명은 18세기 말 영국의 (　　　) 공업에서부터 시작되었다.
(2) 산업 혁명이 진행되면서 와트가 개량한 (　　　)을/를 기계의 새로운 동력으로 사용하였다.
(3) 19세기에 영국의 (　　　)이/가 증기 기관차를 개발한 이후 각지에 철도가 부설되었다.
(4) 미국은 (　　　) 전쟁 이후 산업화가 빠르게 진행되었다.
(5) 산업 혁명 시기에 (　　　) 기술도 발달하여 먼 곳의 소식을 빠르게 전할 수 있는 전신과 전화가 발명되었다.
(6) 18세기 영국에서는 면직물의 수요가 늘어나자 이를 대량으로 생산하기 위해서 실로 옷감을 짜는 기계인 (　　　)이/가 발명되었다.
(7) 산업화가 진행되면서 유럽 각국에서 공업 도시가 성장하면서 사회는 농업 사회에서 (　　　) 사회로 바뀌었다.

02 다음 내용이 맞으면 ○표, 틀리면 ×표를 하시오.

(1) 프랑스에서는 인클로저 운동으로 토지를 잃은 농민들이 도시로 몰려들었다. ········ (　　　)
(2) 영국은 명예혁명 이후 정치적으로 안정되어 경제 발전에 전념할 수 있어 산업 혁명이 가능하였다. (　　　)
(3) 미국의 풀턴이 증기선을 실용화하면서 상품과 원료 수송이 보다 원활해졌다. ········ (　　　)

03 영국의 산업 혁명 과정에서 공장의 기계가 자신들의 일자리를 빼앗는다고 생각한 노동자들이 전개한 기계 파괴 운동의 명칭은?

04 사회주의 사상에 대한 설명이 맞으면 ○표, 틀리면 ×표를 하시오.

(1) 공장·토지 등의 생산 수단을 자본가가 독점해야 한다고 주장하였다. ········ (　　　)
(2) 초기 사회주의자인 오언은 빈부 격차가 없는 이상적 공동체를 추구하였다. ········ (　　　)
(3) 마르크스와 엥겔스는 노동자들이 단결하여 자본가 계급을 타도해야 한다고 하였다. ········ (　　　)

05 제국주의에 관한 내용들을 옳게 연결하시오.

(1) 식민지 •　　　• ㉠ 스펜서가 주장함
(2) 사회 진화론 •　　　• ㉡ 원료 공급지, 상품 판매처
(3) 백인 우월주의 •　　　• ㉢ 아프리카인을 미개인으로 봄

06 다음 내용이 맞으면 ○표, 틀리면 ×표를 하시오.

(1) 영국은 알제리, 모로코에서 마다가스카르섬을 잇는 횡단 정책을 실시하였다. ········ (　　　)
(2) 영국과 프랑스는 아프리카 침략 과정에서 파쇼다에서 충돌하였다. ········ (　　　)
(3) 식민지 쟁탈에 뒤늦게 뛰어든 독일은 3B 정책을 추진하였다. ········ (　　　)

07 서구 열강들이 제국주의 팽창 정책을 펼치는 과정에서 발생한 사건들만을 〈보기〉에서 있는 대로 고르시오.

보기	
ㄱ. 관세 동맹	ㄴ. 아편 전쟁
ㄷ. 백년 전쟁	ㄹ. 모로코 위기
ㅁ. 미국과 에스파냐 전쟁	

08 밑줄 친 부분을 옳게 고쳐 쓰시오.

(1) 신항로 개척 이후 에스파냐는 동남아시아에 진출하여 <u>베트남</u>을 식민지로 삼았다. ········ (　　　)
(2) 20세기 초 에티오피아와 <u>이집트</u>를 제외한 아프리카 전 지역이 열강에 분할·점령되었다. ········ (　　　)
(3) 영국은 카이로에서 <u>베를린</u>을 잇는 아프리카 종단 정책을 실시하였다. ········ (　　　)

09 영국이 프랑스를 물리치고 인도 벵골 지역의 지배권을 확보한 전투는?

10 쿠바를 보호국으로 삼은 후 괌과 하와이를 차지한 국가는?

중단원 실력 쌓기

정답과 해설 | 29쪽

01 (가)에서 (나)로 변화하면서 나타난 사실로 옳은 것은?

(가)

▲ 가내 수공업

(나)

▲ 공장제 기계 공업

① 신항로 개척이 이루어졌다.
② 젠트리가 성장하기 시작하였다.
③ 대서양 삼각 무역이 전개되었다.
④ 제품의 대량 생산이 가능해졌다.
⑤ 유럽에서 가격 혁명이 일어났다.

중요

02 (가)에 들어갈 내용으로 적절한 것만을 〈보기〉에서 고른 것은?

> 산업 혁명은 기계의 발명과 기술의 혁신으로 생산력이 급증하면서 나타난 사회 · 경제적 대변혁을 가리킨다. 산업 혁명은 영국에서 가장 먼저 시작되었는데, 그 배경으로는 [(가)]

보기

ㄱ. 장원이 발달하였다.
ㄴ. 로베스피에르가 집권하였다.
ㄷ. 석탄, 철 등의 자원이 풍부하였다.
ㄹ. 명예혁명 이후 정치가 안정되었다.

① ㄱ, ㄴ ② ㄱ, ㄷ ③ ㄴ, ㄷ
④ ㄴ, ㄹ ⑤ ㄷ, ㄹ

03 밑줄 친 '그'에 해당하는 인물로 옳은 것은?

> 산업 혁명 시기에 그가 개량한 증기 기관이 기계의 새로운 동력으로 사용되면서 공장제 기계 공업의 발달이 촉진되었다.

① 칼뱅 ② 스티븐슨
③ 제임스 와트 ④ 하인리히 4세
⑤ 바스쿠 다 가마

04 (가) 국가에 대한 설명으로 옳은 것은?

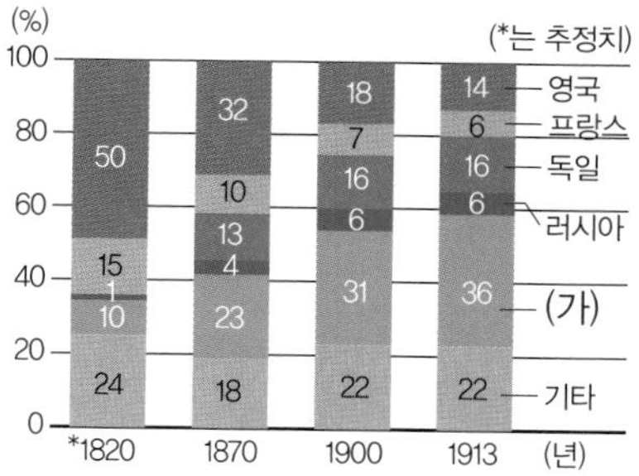

▲ 주요 국가의 공업 생산 점유율

> [(가)]은/는 남북 전쟁 이후 산업화가 빠르게 전개되어 공업 생산이 크게 늘었다.

① 데카브리스트의 봉기를 겪었다.
② 민주 공화정 체제를 채택하였다.
③ 영국을 견제하고자 대륙 봉쇄령을 내렸다.
④ 재상 카보우르가 통일 운동을 주도하였다.
⑤ 로베스피에르 몰락 후 총재 정부가 들어섰다.

중요

05 밑줄 친 ㉠~㉣의 구체적인 내용으로 옳은 것만을 〈보기〉에서 고른 것은?

> 19세기 후반 ㉠ 통신의 발달과 ㉡ 새로운 교통 수단 및 동력이 등장하였다. 그리고 ㉢ 새로운 산업 분야를 중심으로 산업 혁명이 새로운 변화를 맞이하였다. 이 과정에서 공업 생산 비율이 영국을 앞서는 ㉣ 새로운 공업 강국이 출현하였다.

보기

ㄱ. ㉠ – 전신 · 전화가 발명되었다.
ㄴ. ㉡ – 캐러벨선이 항해에 이용되었다.
ㄷ. ㉢ – 철강, 석유 화학 등이 성장하였다.
ㄹ. ㉣ – 프랑스, 러시아가 이에 해당한다.

① ㄱ, ㄴ ② ㄱ, ㄷ ③ ㄴ, ㄷ
④ ㄴ, ㄹ ⑤ ㄷ, ㄹ

중단원 실력 쌓기

06 다음 자료를 활용한 탐구 활동으로 가장 적절한 것은?

19세기 초 영국의 직물 공업 지역에서 일어난 러다이트 운동을 보여 주는 그림이다.

① 보스턴 차 사건의 원인을 찾아본다.
② 왕권신수설의 주요 논리를 분석한다.
③ 크롬웰의 독재 정치 내용을 조사한다.
④ 공장 기계에 대한 노동자의 입장을 알아본다.
⑤ 마르코 폴로의 여행기가 끼친 영향을 살펴본다.

07 밑줄 친 ㉠의 내용으로 적절하지 않은 것은?

산업 혁명으로 삶의 질이 높아졌지만, 각종 사회 문제도 발생하였지?
㉠ 도시화, 노동자의 처지 등에서 산업화의 그늘이 존재하였어.

① 노동자들이 장시간 노동에 시달렸다.
② 생계를 위해 아동도 일터에 가야 하였다.
③ 노동자 거주 지역은 전염병에 노출되었다.
④ 인구 증가로 도시에 위생 시설이 부족해졌다.
⑤ 길드가 형성되고 도시민들이 자치권을 얻었다.

중요

08 다음 주장에 대한 설명으로 옳은 것은?

- 사회는 단순한 상태에서 복잡한 상태로 진화하며, 더 발달된 사회가 덜 발달된 사회를 지배하는 적자생존의 원칙도 적용된다.
- 문명인이 보여 주는 능력의 범위가 더욱 넓고 다양하다는 점에서 판단하건대, 문명인은 미개인보다 더욱 복잡하고 정교한 신경을 가졌다고 추론할 수 있다.

① 프랑스 7월 혁명의 이념이 되었다.
② 아우크스부르크 화의에서 인정을 받았다.
③ 카노사의 굴욕이 일어나는 배경이 되었다.
④ 영국 노동자들의 인민헌장을 뒷받침하였다.
⑤ 제국주의 열강의 침략 행위를 정당화하였다.

09 다음 자료의 상황을 보고 학생들이 나눈 대화 내용으로 적절한 것은?

19세기 리버풀과 맨체스터를 오가던 열차의 모습이다. 그런데 일등석(위)과 삼등석(아래)의 객차 수준이 큰 차이를 보이고 있다.

① 산업 혁명으로 빈부 격차가 심화되었어.
② 아프리카 노예 무역의 실상을 담고 있어.
③ 서유럽 절대 왕정의 형성 배경이 되었어.
④ 흑사병의 유행으로 나타난 사회 모습이야.
⑤ 와트 타일러의 난이 일어나는 원인이 되었어.

중요

10 (가) 사상에 대한 설명으로 옳은 것만을 〈보기〉에서 고른 것은?

19세기 이후 빈부 격차 심화와 노동 환경 열악 등 자본주의 체제에 문제가 드러나면서, 이를 비판하는 사상으로 (가) 이/가 등장하였다. 이 사상을 내세운 대표적인 인물로, 영국의 오언, 프로이센 출신의 마르크스와 엥겔스 등을 꼽을 수 있다.

| 보기 |

ㄱ. 노동자들이 단결하여 자본가를 타도하자고 하였다.
ㄴ. 초기에는 협동을 통한 이상적 공동체를 구상하였다.
ㄷ. 인간과 시민의 권리 선언이 발표되는 배경이 되었다.
ㄹ. 영국에서 인클로저 운동이 일어나는 결과를 가져왔다.

① ㄱ, ㄴ ② ㄱ, ㄷ ③ ㄴ, ㄷ
④ ㄴ, ㄹ ⑤ ㄷ, ㄹ

정답과 해설 | 29쪽

중요

11 **(가) 국가에 대한 설명으로 옳은 것은?**

그림에서 할머니 가면을 쓴 늑대는 (가) 을/를 상징하며, 파쇼다라고 쓰인 파이를 들고 있는 빨간 모자 소녀는 프랑스를 상징한다.

① 3B 정책을 추진하였다.
② 플라시 전투에서 패배하였다.
③ 콜럼버스의 항해를 지원하였다.
④ 아프리카 종단 정책을 전개하였다.
⑤ 모로코를 둘러싸고 독일과 충돌하였다.

12 **(가) 국가에 대한 설명으로 옳지 않은 것은?**

① 알제리를 차지하였다.
② 먼로 선언을 발표하였다.
③ 아프리카 횡단 정책을 추진하였다.
④ 루이 14세 때 콜베르가 등용되었다.
⑤ 2월 혁명의 결과 공화정이 수립되었다.

13 **(가), (나) 국가를 옳게 짝지은 것은?**

서양 열강은 1840년에 일어난 아편 전쟁을 계기로 (가) 에 경쟁적으로 침략하였다. 영국, 프랑스, 독일 등이 이 국가에 특권을 요구하면서 반식민지로 만들어 나갔다. 한편, 열강들은 태평양의 섬 지역에도 진출하였는데, 그중 미국은 에스파냐를 물리치고 (나) 을/를 식민지로 삼았다.

	(가)	(나)		(가)	(나)
①	중국	미얀마	②	중국	필리핀
③	일본	캄보디아	④	중국	싱가포르
⑤	캄보디아	인도네시아			

서술형 · 논술형

서술형

01 **다음 자료를 통해 추론할 수 있는 산업 혁명의 긍정적인 면과 부정적인 면을 각각 서술하시오.**

그림은 19세기 유럽의 모습을 묘사하고 있다. 왼쪽은 깔끔하게 정돈된 거리와 도시민의 모습을 보여 주고, 오른쪽은 도시의 공장에서 매연이 뿜어져 나오는 상황을 보여 준다.

논술형

02 **(가)에 해당하는 영국의 대외 팽창 명칭을 쓰고, 당시 이러한 활동을 정당화하는 데 이용된 사상의 내용과 문제점을 300자 이내로 논술하시오.**

영국의 대표적인 제국주의자인 세실 로즈의 모습이다. 그가 밟고 있는 땅은 아프리카이며 들고 있는 것은 전신선이다. 이는 영국의 (가) 을/를 상징적으로 보여 준다.

03 서아시아와 인도의 국민 국가 건설 운동

❶ 오스만 제국의 쇠퇴와 개혁 노력

→ 지중해 무역으로 번성하던 오스만 제국은 대서양 무역의 발달로 19세기 이후 열강의 간섭 심화, 제국 내 민족들의 독립 시도 등으로 국력이 쇠퇴하였다.

(1) **오스만 제국의 위기**: 술탄의 권위 약화, 제국 내 여러 민족의 독립 요구, 영국·러시아 등 유럽 열강의 간섭 심화 → 그리스 독립, 이집트 자치권 획득, 소아시아 지역으로 영토 축소

→ 흑해, 지중해 등으로 둘러싸인 지역으로 현재 터키 영토의 대부분에 해당한다.

(2) **국민 국가 건설 노력**

① 탄지마트

특징	서양 문물의 수용을 통한 근대 국가로의 변화 추구
내용	중앙 집권적 행정 기구 설치, 근대적 군대와 사법 제도 마련
입헌 정치 추진	미드하트 파샤 주도로 헌법 제정, 의회 설립
한계	보수 세력 반발, 열강의 간섭, 재정 악화

② 청년 튀르크당의 활동

배경	개혁 실패, 러시아와의 전쟁 → 술탄의 전제 정치 강화(헌법 정지, 의회 해산 등)
내용	• 젊은 장교·관료·지식인 등이 청년 튀르크당 조직 → 무장 봉기로 정권 장악, 헌법 부활, 근대화 개혁 추진(여성 차별 철폐, 언론 자유 보장, 교육 개혁 등) • 한계: 극단적 튀르크 민족주의 → 제국 내 다른 민족의 반발

집중 탐구 오스만 제국의 근대화 개혁

• 모든 오스만인은 개인의 자유를 누린다.
• 출판은 법률이 허용하는 범위 내에서 자유이다.
• 적법하게 취득한 재산은 보장을 받는다.
• 제국 의회는 원로원과 대의원의 양원제로 구성한다.

–1876년에 발표된 헌법의 주요 내용–

오스만 제국은 서양 열강의 침탈, 제국 내의 분열 등 여러 문제를 극복하기 위해 '탄지마트'를 실시하였다. 그리고 1876년에는 입헌 정치의 토대가 되는 헌법을 제정하고 이듬해에는 의회도 설립하였다. 그러나 보수 세력의 반발로 개혁이 성과를 거두지 못한 가운데 청년 튀르크당이 다시 입헌 정치를 추진하였다.

❷ 아라비아반도와 이란의 민족 운동

(1) **배경**: 오스만 제국의 쇠퇴를 계기로 아랍 지역에 서양 열강의 세력 확대

(2) **와하브 운동**: 18세기 중엽 이븐 압둘 와하브가 전개, 이슬람교 초기의 순수성 회복 주장 → 제1차 사우디 왕국 수립 → 오스만 제국에 멸망

→ 훗날 사우디아라비아 왕국이 건설되는 데 영향을 끼쳤다.

(3) **이란의 입헌 혁명**

배경	카자르 왕조의 쇠퇴(러시아와 영국의 대립 속에 영토와 이권 상실)
내용	• 담배 불매 운동: 영국인이 담배에 관한 독점적 권리 획득 → 성직자 주도로 전국적 불매 운동 → 담배 이권 회수, 이란인의 민족의식 고취, 그러나 영국에 막대한 위약금 지불 • 입헌 혁명: 헌법 제정·의회 개설 요구 운동 전개 → 정부의 수용, 그러나 영국과 러시아의 무력간섭으로 혁명 실패

(4) **이집트의 근대화 운동**

전개	총독 무함마드 알리 주도로 근대화 정책 추진 → 징병제 실시, 서양식 군대 창설, 근대적 공장 설립 등 → 오스만 제국과 전쟁 → 자치권 획득
문제	철도 부설, 수에즈 운하 건설 등 경제 자립 노력 → 유럽 열강의 간섭, 급격한 개혁, 거듭된 전쟁 등으로 재정 악화 → 영국·프랑스의 재정 관리
민족 운동	외세의 경제 지배에 저항하여 아라비 파샤 주도로 민족 운동 전개(헌법 제정, 의회 설립, '이집트인을 위한 이집트 건설' 주장) → 영국군의 진압(영국의 보호국화)

→ 이집트 최초의 민족 운동을 이끌었던 지도자로, '이집트 독립 운동의 아버지'로 불린다.

+ 오스만 제국의 쇠퇴

+ 탄지마트 칙령

• 모든 백성의 생명, 명예, 재산을 법으로 보장한다.
• 조세 징수에 관한 원칙을 마련한다.
• 군대의 징집에 대한 정식 규정 및 근무 기간을 설정한다.

+ 청년 튀르크당의 행진

행진을 하고 있는 청년 튀르크당의 모습이다. 이들은 규율, 정의, 질서, 헌법 만세 등을 내세우며 정권을 장악하였다.

+ 와하브 운동

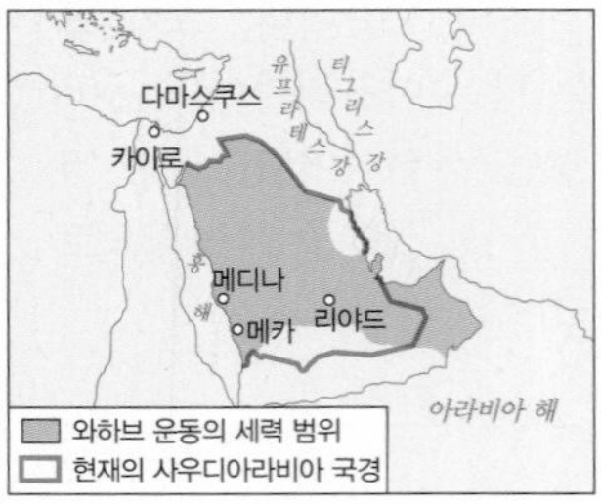

18세기 중엽 이븐 압둘 와하브를 중심으로 이슬람교의 개혁을 내세워 전개되었다.

+ 수에즈 운하

지중해와 홍해, 인도양을 연결하는 운하로, 이집트 시나이 반도 서쪽에 건설되었다. 19세기 후반에 완공되었으며 건설에 들어간 자본금 중 상당액을 영국·프랑스가 부담하게 되면서 실질적인 소유권이 양국에 넘어가게 되었다.

❸ 인도의 민족 운동

(1) **영국의 인도 장악:** 무굴 제국의 쇠퇴, 영국과 프랑스의 경쟁 → 플라시 전투에서 영국 승리 → 이후 영국이 인도 대부분 지역 점령

(2) **인도 사회의 변화**

경제	값싼 영국산 면직물의 대량 유입(→ 인도 면직물 산업 붕괴), 영국이 근대식 토지 제도 도입, 높은 토지세 부과 → 촌락 공동체 붕괴, 민생 악화
문화	영국이 힌두교와 이슬람교의 대립 조장, 크리스트교로의 개종 강요

(3) **인도 민족 운동의 전개**

① 19세기 초의 사회 개혁 운동: 종교 지도자와 지식인들이 사회 개혁 → 람 모한 로이 중심으로 카스트 제도 철폐, 각종 악습 폐지 주장

→ 남편이 죽으면 부인을 함께 화장하는 '사티'와 같은 악습을 없애자고 하였다.

② 세포이의 항쟁(1857~1859)

배경	영국의 침략과 수탈 심화, 인도인 간의 종교 갈등 조장
전개	세포이들의 무장봉기, 한때 수도 델리 점령 → 전국적 반영 운동으로 확대 → 영국군의 진압 → 무굴 제국 황제 폐위, 영국령 인도 제국 수립(1877)

→ 영국이 인도를 직접 통치하게 되었음을 의미한다.

더 알아보기 ▶ 세포이의 항쟁

▲ 세포이들의 모습

▲ 세포이의 항쟁 모습

세포이는 영국 동인도 회사에 고용된 인도인 용병이었다. 그런데 이들에게 지급된 탄약 포장지에 소기름·돼지기름이 칠해져 있다는 소문이 돌면서, 힌두교와 이슬람교를 무시하는 영국인들에 대한 반감이 커지게 되었다. 이는 결국 세포이들의 무장봉기로 이어졌다.

③ 인도 국민 회의

영국식 교육을 받은 상인, 지식인 등과 관료들이 참여하여 설립되었다.

배경	서양 문물을 경험한 인도 지식인층이 사회 개혁 추진, 영국의 차별적 통치 정책 비판
성립	인도인들의 반영 감정을 무마하기 위해 영국의 지원으로 인도 국민 회의 결성
활동	• 초기: 영국의 인도 지배에 협조적이면서 인도인의 권익을 지키려는 자세를 보임 • 반영 운동: 영국의 벵골 분할령 발표에 반발하여 반영 활동 전개 → 콜카타 대회 개최, 4대 강령〔영국 상품 불매, 국산품 애용(스와데시), 자치권 획득(스와라지), 국민 교육 진흥〕 채택 → 영국의 벵골 분할령 철회, 인도에 명목상 자치 허용

집중 탐구 인도 국민 회의의 반영 운동

▲ 벵골 분할령

→ 영국의 인도 총독은 벵골이 넓은 면적과 많은 인구로 다스리기 곤란하다며 동서로 분할하겠다고 하였다.

▲ 스와데시 운동 기간 중의 시민 행진

인도 국민 회의는 초기에는 영국의 식민 지배를 인정하면서 인도인의 권리 확대를 요구하였다. 그러나 영국이 벵골 분할령(1905)을 실시하여 종교적 분열을 조장하고 민족 운동 세력을 약화시키려 하자, 인도 국민 회의는 반영 운동에 나섰다. 그리고 스와데시·스와라지 등을 주장해 나갔다.

✚ 플라시 전투
1757년 영국군이 인도의 벵골 세력과 프랑스군 연합을 격퇴한 전투로, 영국은 이 승리로 벵골 지역의 지배권을 확보할 수 있게 되었다.

✚ 인도와 영국의 면직물 교역 상황

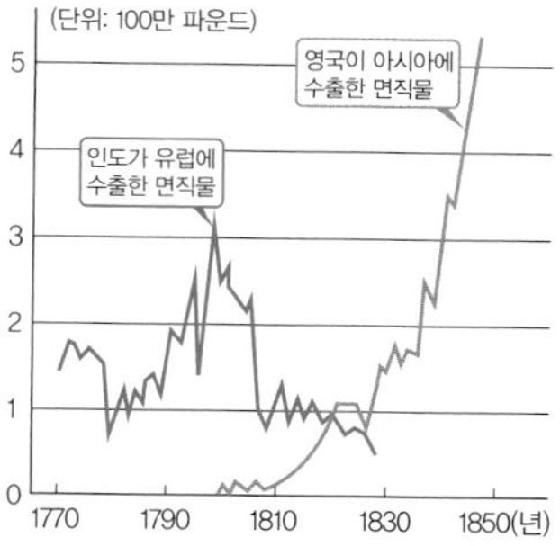

산업 혁명 이전까지는 인도가 세계에서 가장 큰 면직물 수출 국가였는데, 산업 혁명 이후 영국의 공장에서 대량 생산된 면직물이 인도로 유입되면서 인도 면직물 산업이 급격히 몰락하였다.

✚ 람 모한 로이(1772~1833)
인도의 종교 개혁가이자 사회 개혁 지도자로, 힌두교 개혁 운동을 펼쳤다. '인도 근대화의 아버지', '근대 인도의 선각자'라는 평가를 받는다.

✚ 벵골 분할령
1905년에 영국이 벵골 지역을 서벵골과 동벵골로 분리하겠다고 발표한 법령이다. 당시 벵골에는 힌두교도와 이슬람교도가 함께 생활하고 있었는데, 영국이 종교를 빌미로 인도인을 분리하는 조치를 취한 것이다. 이에 반발하여 영국이 인도인들 사이에 갈등을 부추긴다는 비판이 쏟아지게 되었다.

개념 다지기

정답과 해설 | 31쪽

01 빈칸에 들어갈 알맞은 말을 쓰시오.

(1) 15세기 (   ) 제국을 멸망시켰던 오스만 제국은 신항로 개척으로 대서양 무역이 성행하자 점차 쇠퇴하였다.

(2) 오스만 제국은 (   )의 독립과 이집트의 자치권 획득 등으로 내부 분열을 겪어야 했다.

(3) 19세기 전반 오스만 제국은 (   )(이)라고 불린 개혁을 통해 서구 문물을 통한 근대화를 추진하였다.

(4) 오스만 제국에서는 1876년 미드하트 파샤를 중심으로 (   ) 제정, 의회 개설을 통한 입헌 정치가 추진되었다.

(5) 근대적 개혁 실패 이후 술탄의 전제 정치가 강화되자 군인과 학생을 중심으로 청년 (   )이/가 조직되었다.

(6) 18세기 아라비아반도에서 이븐 압둘 와하브를 중심으로 (   ) 운동이 전개되었다.

(7) 이란의 (   ) 왕조는 러시아와 영국 사이에서 많은 영토와 이권을 빼앗겼다.

02 다음 내용이 맞으면 ○표, 틀리면 ×표를 하시오.

(1) 이란에서는 러시아의 담배 독점 판매권에 저항하는 담배 불매 운동이 일어났다. .... (   )

(2) 탄지마트의 결과 아라비아반도에 와하브 왕국이 건설되었다. .... (   )

(3) 이란의 개혁 세력은 20세기 초 입헌 혁명을 일으켜 헌법 제정과 의회 설립을 추진하였다. .... (   )

03 오스만 제국과의 전쟁을 통해 자치권을 획득한 이집트 총독의 이름은?

04 이집트에 해당하는 내용이 맞으면 ○표, 틀리면 ×표를 하시오.

(1) 아라비 파샤가 이끄는 민족주의자들이 헌법 제정, 의회 설립 등을 요구하는 운동을 펼쳤다. .... (   )

(2) 급격한 개혁과 거듭된 전쟁 등으로 재정이 어려워지자 수에즈 운하 주식을 영국에 매각하였다. .... (   )

(3) 와하브 운동이 일어나 민족의식을 일깨우고 사우디아라비아 왕국의 이념이 되었다. .... (   )

05 영국의 인도 장악 상황과 그 내용을 옳게 연결하시오.

(1) 플라시 전투 •	• ㉠ 인도 시장 장악
(2) 값싼 면직물 수출 •	• ㉡ 벵골 지역 통치권 획득
(3) 근대적 토지 제도 •	• ㉢ 전통적 촌락 공동체 붕괴

06 다음 내용이 맞으면 ○표, 틀리면 ×표를 하시오.

(1) 세포이들이 무장봉기를 일으켜 한때 델리를 점령하기도 하였다. .... (   )

(2) 세포이의 항쟁이 실패로 돌아간 후 인도에는 무굴 제국이 성립되었다. .... (   )

(3) 영국은 인도를 직접 통치하기 위해 영국령 인도 제국을 세웠다. .... (   )

07 인도 국민 회의에 대한 설명으로 옳은 것만을 〈보기〉에서 있는 대로 고르시오.

보기
ㄱ. 인클로저 운동을 전개하였다. ㄴ. 초기에 영국의 식민 통치를 인정하였다. ㄷ. 서양식 교육을 받은 지식인들이 참여하였다. ㄹ. 튀르크 민족주의로 다른 민족을 차별하였다.

08 밑줄 친 부분을 옳게 고쳐 쓰시오.

(1) 영국은 힌두교도와 <u>크리스트교도</u>의 분열을 부추기는 벵골 분할령을 공포하였다. .... (   )

(2) 람 모한 로이 중심으로 카스트제 <u>실시</u>, 각종 악습 폐지 등을 주장하는 민족 운동이 일어났다. .... (   )

09 다음 설명에 해당하는 내용을 〈보기〉에서 고르시오.

보기	
ㄱ. 스와데시	ㄴ. 스와라지
ㄷ. 콜카타 대회	ㄹ. 러다이트 운동

(1) 인도 국민 회의가 벵골 분할령에 저항하여 개최한 반영 운동 행사이다.

(2) 반영 운동 중 자치 획득을 목표로 추진된 활동이다.

중단원 실력 쌓기

정답과 해설 | 31쪽

중요

[01~02] 다음을 읽고 물음에 답하시오.

> 오스만 제국은 19세기 전반부터 약 40여 년 동안 (가) (이)라고 불린 근대화 개혁을 실시하였다. 이를 통해 유럽식 제도를 받아들이고 근대 국가로의 변화를 추구하였다.

01 (가)에 들어갈 용어로 옳은 것은?

① 탄지마트 ② 권리 청원
③ 먼로 선언 ④ 와하브 운동
⑤ 인클로저 운동

02 (가)에 대한 설명으로 옳은 것만을 〈보기〉에서 고른 것은?

| 보기 |

ㄱ. 의회 설립을 추진하였다.
ㄴ. 근대적 군대가 양성되었다.
ㄷ. 청년 튀르크당이 주도하였다.
ㄹ. '인간과 시민의 권리 선언'이 발표되었다.

① ㄱ, ㄴ ② ㄱ, ㄷ ③ ㄴ, ㄷ
④ ㄴ, ㄹ ⑤ ㄷ, ㄹ

03 오스만 제국의 근대화 과정에서 (가)에 들어갈 내용으로 옳은 것은?

탄지마트 ➡ (가) ➡ 청년 튀르크당 결성

① 권리 장전 승인
② 근대 헌법 제정
③ 세포이의 항쟁 발발
④ 아라비 파샤 주도의 혁명 발생
⑤ 크리오요 중심의 독립 운동 전개

04 밑줄 친 '이 단체'에 대한 설명으로 옳은 것은?

위 사진은 이 단체가 행진하는 모습으로, 이들은 '규율, 정의, 질서' 등을 내세우며 정권을 장악하였다. 이 단체는 술탄의 전제 정치에 반발한 청년 장교, 지식인, 관료 등이 주축이 되었다.

① 헌법을 부활시켰다.
② 2월 혁명을 일으켰다.
③ 벵골 분할령에 반발하였다.
④ 와하브 운동을 주도하였다.
⑤ 그리스의 독립을 지지하였다.

중요

05 밑줄 친 '이 운동'에 대한 설명으로 옳은 것은?

> 18세기 중엽 아라비아반도에서 시작된 이 운동은 이슬람 초기의 순수성을 되찾자는 운동이다. 이슬람교의 근본 원리를 중시하고, 『쿠란』의 가르침에 따라 생활할 것을 주장하였다.

① 빈 체제에 반발하였다.
② 튀르크 민족주의를 주장하였다.
③ 아랍 민족 운동의 기반이 되었다.
④ 수에즈 운하의 건설을 추진하였다.
⑤ 영국의 담배 독점 판매권에 저항하였다.

중단원 실력 쌓기

중요
06 (가)에 들어갈 내용으로 적절한 것은?

> 이란 카자르 왕조는 남하 정책을 추진하는 러시아와 이를 견제하려는 영국의 경쟁에 휩쓸려 많은 영토와 이권을 빼앗겼다. 특히 19세기 말 영국 상인에게 이권을 빼앗기게 되자 이에 저항하여 [(가)]

① 대륙 봉쇄령이 내려졌다.
② 러다이트 운동이 일어났다.
③ 파쇼다 사건이 발생하였다.
④ 청년 튀르크당이 결성되었다.
⑤ 담배 불매 운동이 전개되었다.

07 다음 지도와 같은 상황 속에서 (가) 국가에서 전개된 민족 운동으로 옳은 것은?

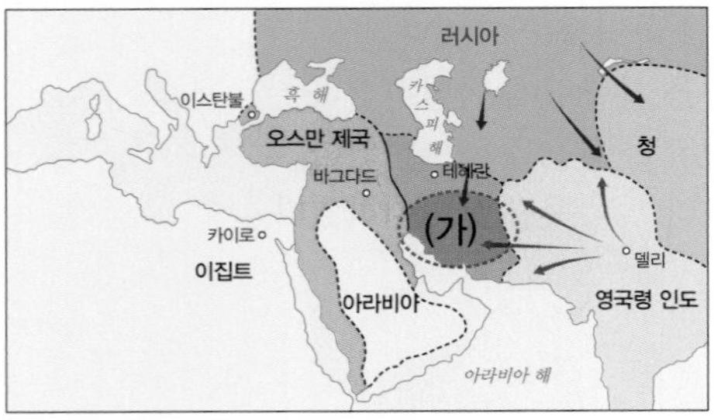

① 입헌 혁명이 일어났다.
② 3C 정책이 추진되었다.
③ 탄지마트가 전개되었다.
④ 국민 공회가 결성되었다.
⑤ 테니스코트의 서약이 발표되었다.

08 (가) 국가에 대한 설명으로 옳은 것은?

> 19세기 중엽 이집트는 [(가)]와/과 프랑스의 자금을 빌려 철도와 전신 시설을 마련하고 지중해와 홍해를 잇는 수에즈 운하를 건설하였다. 그러나 이 과정에서 많은 빚을 지게 된 이집트는 [(가)]와/과 프랑스의 내정 간섭을 받게 되었다.

① 먼로주의를 발표하였다.
② 쿠바를 보호국으로 삼았다.
③ 모로코를 둘러싸고 독일과 충돌하였다.
④ 동인도 회사를 앞세워 인도에 진출하였다.
⑤ 알렉산드르 2세 때 농노 해방령을 발표하였다.

09 (가)에 들어갈 내용으로 적절하지 않은 것은?

이 나라는 나폴레옹의 침입을 계기로 서양 기술의 우수성을 실감하고 근대화의 필요성을 깨닫게 되었어. 그래서 무함마드 알리의 주도로 근대화 개혁이 추진되었지. 이후 이 나라에서는 무슨 일들이 일어났을까?
(가)

① 수에즈 운하를 건설하였어.
② 아라비 파샤가 혁명을 일으켰어.
③ 오스만 제국으로부터 자치권을 획득하였어.
④ 입헌 혁명이 러시아의 개입으로 실패하였어.
⑤ 20세기 초에 영국의 보호국으로 전락하였어.

중요
10 밑줄 친 '이 단체'에 대한 설명으로 옳은 것은?

> 19세기 후반 인도에는 영국식 근대 교육을 받은 지식인과 학생이 늘어나면서 정치의식이 높아졌다. 이들은 인도 사회를 개혁하고 영국에 저항하는 활동을 펼쳤다. 이에 영국은 이들의 정치 참여를 확대하여 불만을 잠재우고자 이 단체의 결성을 지원하였다.

| 보기 |
ㄱ. 탄지마트를 추진하였다.
ㄴ. 와하브 운동을 전개하였다.
ㄷ. 초기에는 영국의 통치에 협조적이었다.
ㄹ. 스와데시, 스와라지 등의 강령을 채택하였다.

① ㄱ, ㄴ ② ㄱ, ㄷ ③ ㄴ, ㄷ
④ ㄴ, ㄹ ⑤ ㄷ, ㄹ

11 밑줄 친 '이 사건'에 대한 설명으로 옳은 것만을 〈보기〉에서 고른 것은?

이 사건은 동인도 회사의 용병들이 일으켰어. 소와 돼지의 기름이 탄약통에 칠해졌다는 소문이 발단이 되었지.
용병들은 이를 종교 탄압으로 받아들여 크게 반발하였어.

보기

ㄱ. 벵골 분할령에 반발하여 발생하였다.
ㄴ. 무굴 제국이 멸망하는 계기가 되었다.
ㄷ. 영국과 프랑스가 파쇼다에서 충돌하였다.
ㄹ. 영국의 침략에 저항하는 민족 운동이었다.

① ㄱ, ㄴ　② ㄱ, ㄷ　③ ㄴ, ㄷ
④ ㄴ, ㄹ　⑤ ㄷ, ㄹ

중요

12 (가) 정책이 끼친 영향으로 옳은 것은?

빗금 친 지역은 영국이 인도 민족 운동을 약화시키기 위해 (가) 을/를 공포하여 종교 갈등을 의도적으로 부추긴 곳이다. 결국 이슬람교도가 많이 사는 동쪽 일부 지역은 인도에서 분리되어 지금의 방글라데시가 되었다.

① 플라시 전투가 벌어졌다.
② 세포이의 항쟁이 일어났다.
③ 스와라지 운동이 전개되었다.
④ 인도 국민 회의가 결성되었다.
⑤ 영국령 인도 제국이 수립되었다.

서술형 · 논술형

서술형

01 세포이의 항쟁 이후 영국의 인도 통치 방식의 변화를 서술하시오.

논술형

02 다음 지도에 나타난 수에즈 운하 개통의 의미를 서술하고, 운하 개통이 이집트에 미친 부정적 영향에 대해 300자 이내로 논술하시오.

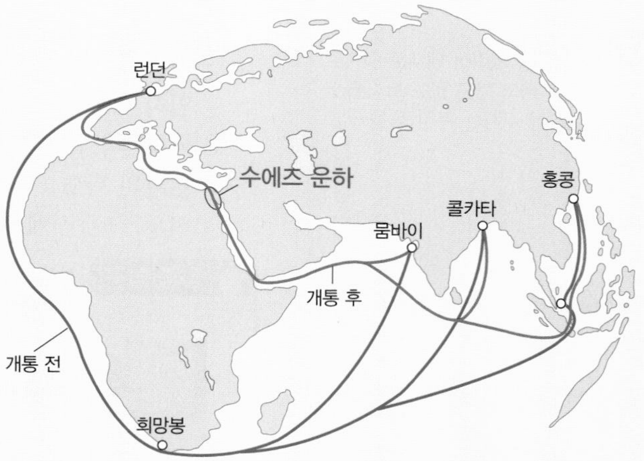

04 동아시아의 국민 국가 건설 운동

❶ 중국의 국민 국가 건설 운동

(1) 청의 개항

① 배경: 영국의 대청 무역 적자 심화 → 삼각 무역으로 인도의 아편을 청에 밀수출

② 전개: 청의 아편 단속(임칙서 파견)을 계기로 아편 전쟁 발발 → 난징 조약 체결 → 애로호 사건 발생, 제2차 아편 전쟁 발발 → 톈진 조약과 베이징 조약 체결

(난징 조약: 5개 항구 개항, 홍콩 할양 등을 담고 있다.)

(톈진 조약과 베이징 조약: 외국 공사의 베이징 주둔, 크리스트교 포교 허용 등을 내용으로 한다.)

(2) 근대화 개혁의 추진

① 양무운동: 이홍장 등 한인 관료층 주도, '중체서용'을 바탕으로 군수 공업 등 산업 육성 → 체계적 계획 없이 지방에서 개별적 추진, 청일 전쟁 패배로 한계 노출

('중체서용': '중국의 사상과 전통을 유지하면서 서양의 기술만을 수용한다'는 뜻으로, 양무운동을 주도한 한인 관료들이 내세웠다.)

② 변법자강 운동: 캉유웨이·량치차오 등 주도, 입헌 군주제와 의회 제도 도입, 낡은 정치 제도 개혁 추진 → 서태후 등 보수파의 반대로 실패

③ 근대화 과정에서 나타난 반발: 태평천국 운동(홍수전 주도, 멸만흥한 내세우며 청 정부에 반기, 천조 전무 제도 발표), 의화단 운동 등

(의화단 운동: 부청멸양을 내세우며 반외세 무장 투쟁을 전개하였으나 서양 열강에 진압되어 신축조약을 체결하게 되었다.)

(3) 신해혁명과 중화민국의 수립

① 배경: 의화단 운동 실패, 청 왕조의 무능과 부패 → 청 타도를 내세우는 혁명 운동 발생, 쑨원이 공화 정부 수립을 목표로 중국 동맹회 결성, 삼민주의를 내세우며 무장 봉기 시도

(삼민주의: 민족·민권·민생주의의 3원칙으로 이루어져 있다.)

② 혁명 전개: 청 왕조가 재정 문제 해결을 위해 민간 철도 국유화 선언 → 우창에서의 신군이 무장봉기(1911) → 지방의 성들이 독립 선언 → 혁명 세력이 중화민국 선포, 쑨원이 임시 대총통 취임

(우창에서의 신군이 무장봉기: 청 정부의 민간 철도 국유화 조치에 반대하는 움직임이 우창 봉기로 이어지면서 신해혁명이 전국적으로 전개되었다.)

③ 중화민국 수립 이후 상황: 청 왕조가 위안스카이에게 혁명 진압 요청 → 위안스카이와 혁명파의 타협, 청 왕조 붕괴 → 위안스카이가 중화민국의 대총통에 취임, 황제 체제 부활 시도 → 각지에서 군벌 성장

집중 탐구 쑨원의 삼민주의

나는 유럽과 미국의 진화가 3대 주의와 밀접한 관련이 있다고 생각한다. 로마가 멸망하자 민족주의가 일어나 유럽 각국이 독립하였다. 이후 각국이 전제 정치를 행하자 백성이 고통을 견디지 못해 민권주의가 일어났다. …… 경제 문제가 정치 문제의 뒤를 이어 일어나 민생주의가 두드러지게 되었다.

청 정부의 근대화 개혁들이 계속 실패로 돌아가고 외세의 간섭이 더욱 심해지는 가운데, 쑨원은 중국 동맹회를 결성하고 삼민주의를 내세우며 혁명 운동을 주도하였다. 그의 주장은 신해혁명과 중화민국의 수립을 뒷받침하였다.

❷ 일본의 국민 국가 건설 운동

(1) 개항과 메이지 유신

① 개항과 막부의 변화

개항	미국 페리 함대의 개항·통상 강요 → 미일 화친 조약, 미일 수호 통상 조약 등 불평등 조약 체결, 항구 개방
막부의 변화	외세 배척 세력의 결집, 특히 하급 무사들을 중심으로 막부 타도 주장, 존왕양이 운동 전개 → 에도 막부 붕괴, 천황 중심의 새로운 정부(메이지 정부) 수립

(존왕양이: 천황을 받들고 외세의 침략을 물리친다는 의미이다.)

+ 청과 영국의 무역 변화

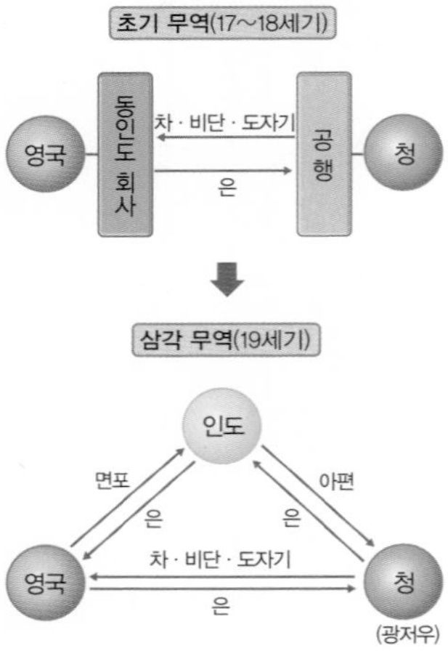

+ 천조 전무 제도

태평천국 운동 세력이 내세운 것으로, 신분·남녀 등의 차별 없이 토지를 골고루 나누어 주자는 주장 등을 담고 있다.

+ 신해혁명의 전개

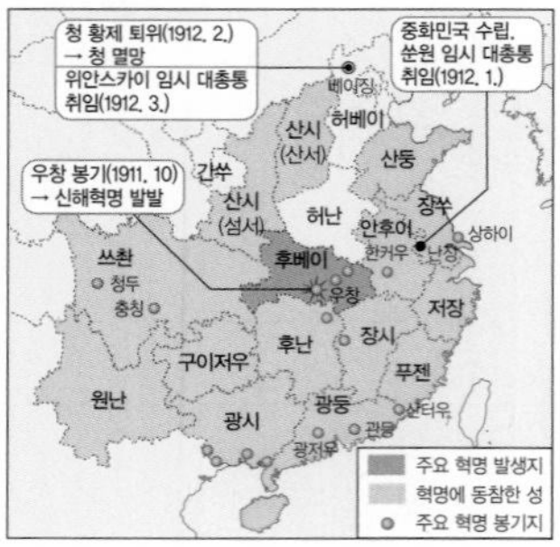

+ 미일 화친 조약, 미일 수호 통상 조약

일본과 미국 사이에 체결되었으며, 미일 화친 조약에서는 시모다·하코다테 2개 항구 개항, 미국에 최혜국 대우 인정 등이 규정되었고, 미일 수호 통상 조약에서는 항구 추가 개항과 미국의 영사 재판권 인정 등이 규정되었다.

② 메이지 유신의 추진

목표 및 내용	• 서양 문물 수용을 통한 부국강병 • 에도의 명칭을 도쿄로 바꾸고 수도로 삼음, 폐번치현, 신분 차별 철폐, 서양식 교육 제도 실시, 유학생 · 사절단 파견, 근대적 산업 육성, 징병제 시행 등
자유 민권 운동	헌법 제정과 서양식 의회 설립을 주장 → 메이지 정부의 탄압
근대 국가 기틀 마련	자유 민권 운동 이후 일본 제국 헌법 제정(1889) 및 이듬해 의회 개설, 그러나 천황에게 절대적 권한 부여, 국민 기본권 제한

→ 폐번치현: 이전까지 지방 통치를 담당하였던 번을 폐지하고 지방 통치 기관을 중앙 정부가 통제하는 부(府)와 현(縣)으로 일원화한 행정 개혁이다.

(2) **일본의 제국주의 팽창**

① **배경**: 메이지 유신 추진으로 국력 성장, 몰락 무사 등 일부 계층의 불만, 산업화에 필요한 시장과 원료 공급지 확보 필요, 조선 지배 야욕, 대륙으로의 진출 도모

② **청일 전쟁(1894~1895)**: 조선의 동학 농민 운동 발발 → 조선에 대한 주도권을 놓고 일본군의 청군 공격, 전쟁 발발 → 일본 승리, 시모노세키 조약 체결 → 삼국 간섭으로 랴오둥반도 반환(이후 만주 · 한반도에서 러시아의 영향력 확대)

③ **러일 전쟁(1904~1905)**: 만주 · 한반도 지배권을 놓고 대립 → 일본이 뤼순 공격, 전쟁 발발 → 미국의 중재로 포츠머스 조약 체결, 일본이 만주와 한반도에 대한 지배권 확보

집중 탐구 일본 근대화의 두 가지 모습

▲ 근대적 모습을 갖춘 일본 모습

▲ 러일 전쟁 풍자화

에도 막부가 붕괴되고 신정부가 들어서면서 일본에서는 메이지 유신이라는 근대적 개혁이 추진되었다. 이에 따라 서구식 공장과 건물, 철도 등이 들어와 일본인들의 생활 모습이 바뀌게 되었다. 그러나 서양의 무기와 군사 제도 등을 도입하면서 제국주의 팽창에 나섰다.

❸ 조선의 국민 국가 건설 운동

(1) **개항**: 운요호 사건(1875)을 빌미로 일본이 조선에 개항 요구 → 강화도 조약 체결(1876)

→ 강화도 조약: 3개 항구 개항, 일본에 해안 측량권 허용, 영사 재판권 인정 등의 내용을 담고 있는 불평등 조약이다.

(2) **개화 정책 추진**: 청과 일본에 사절단 파견, 신식 군대 창설 등 → 개화 정책을 놓고 유생층 반발(위정척사), 개화파 간의 대립 → 갑신정변 발생(1884), 청의 간섭 심화

(3) **동학 농민 운동과 갑오개혁**: 1894년 탐관오리의 횡포에 반발하여 동학 농민 운동 발생, 일본의 내정 간섭 등을 배경으로 갑오개혁 추진(과거제 · 신분제 폐지 등)

(4) **독립 협회의 활동**: 아관 파천(1896)으로 갑오개혁 중단 → 서재필의 주도로 독립 협회 창립, 근대 의식 보급 → 만민 공동회 주최(1898), 의회 설립 운동 전개

(5) **대한 제국의 수립**: 러시아 공사관에서 환궁한 고종이 1897년 황제 즉위, '광무' 연호 제정 → 1899년 대한국 국제 공포(자주 독립 천명, 전제 군주 국가 선언) → 일본에 국권 피탈

더 알아보기 ▶ 대한국 국제

> 제1조 대한국은 세계 만국이 공인한 자주독립 제국이다.
> 제2조 대한 제국의 정치는 만세불변의 전제 정치이다.
> 제3조 대한국 대황제는 무한한 군권을 지니고 있다.
> 제9조 대한국 대황제는 조약을 맺은 각국에 사신을 파견하며 …… 여러 가지 조약을 체결한다.

1899년 대한 제국은 국가 체제와 운영의 기본 원칙 등을 규정한 대한국 국제를 반포하였다. 여기에서 대한 제국은 전제 군주정임을 명확히 하였으며, 황제에게 절대적 권한이 있다고 선언하였다.

✚ 일본 제국 헌법

> 제1조 대일본 제국은 만세일계의 천황이 통치한다.
> 제4조 천황은 국가의 원수로서 통치권을 총괄하고 헌법의 조항에 따라 이를 행한다.
> 제5조 천황은 제국 의회의 동의를 얻어 입법권을 행사한다.

일본 제국 헌법의 내용을 보면, 일본은 입헌 군주제의 모습을 갖춘 것 같지만 실제로는 천황에게 권력이 집중되어 있음을 알 수 있다.

✚ 시모노세키 조약

1895년 4월, 청일 전쟁 뒤 청의 이홍장과 일본의 이토 히로부미가 일본의 시모노세키에서 체결한 강화 조약이다. 청이 군비 2억 냥을 배상하며, 랴오둥반도와 대만, 펑후섬을 일본에 할양하는 것 등을 내용으로 한다.

✚ 삼국 간섭

청일 전쟁에서 승리한 일본이 랴오둥반도를 획득함으로써 대륙 진출의 발판을 마련하게 되자, 러시아가 프랑스, 독일과 함께 일본을 외교적으로 압박하여 랴오둥반도를 청에 반환하게 한 사건이다.

✚ 운요호 사건

일본이 군함인 운요호를 강화도 앞바다에 보내 조선군과 충돌을 일으켜 영종진 등을 공격하고 돌아간 사건이다.

✚ 만민 공동회

1898년 독립 협회의 주도로 종로에서 개최된 대중 집회로 연사들이 나와 외세의 이권 침탈을 규탄하고 민권을 보호하자는 주장을 펼치고 호응을 이끌어냈다.

개념 다지기

정답과 해설 | 33쪽

01 빈칸에 들어갈 알맞은 말을 쓰시오.

(1) 청과의 무역에서 적자가 계속된 영국은 19세기에 이르러 (　　　)에서 재배한 아편을 청에 밀수출하였다.
(2) 청 정부는 영국의 아편 밀무역을 단속하기 위해 (　　　)을/를 광저우에 파견하였다.
(3) 아편 전쟁에서 패한 청은 영국과 (　　　) 조약을 맺어 항구를 개항하고 막대한 배상금을 지불하였다.
(4) 홍수전은 (　　　) 운동을 전개하면서 천조 전무 제도를 내세웠다.
(5) 청의 근대화 개혁인 (　　　)을/를 추진한 한인 관료들은 서양의 기술만을 수용하자는 뜻의 중체서용을 내세웠다.
(6) 청의 지식인들이 일본의 (　　　)을/를 본보기로 삼아 개혁할 것을 주장하자, 황제의 호응을 얻어 변법자강 운동이 추진되었다.
(7) 청의 서태후와 보수 세력은 서양 열강을 몰아내려고 (　　　)을/를 이용하였으나 8개국 연합군에게 진압되었다.

02 다음 내용이 맞으면 ○표, 틀리면 ×표를 하시오.

(1) 위안스카이는 민족, 민권, 민생의 삼민주의를 처음 제시하며 혁명 운동을 전개하였다. ……………… (　　　)
(2) 우창의 신식 군대가 봉기를 일으킨 것을 계기로 신해혁명이 일어났다. ……………………………… (　　　)
(3) 쑨원은 중화민국이 수립되면서 임시 대총통의 자리에 올랐다. ……………………………………… (　　　)

03 미국 페리 제독 함대가 무력시위를 벌이자 에도 막부가 이에 굴복하여 체결한 조약의 명칭은?

04 일본에서 추진한 메이지 유신의 내용이 맞으면 ○표, 틀리면 ×표를 하시오.

(1) 하급 무사들이 막부 타도를 외치며 존왕양이 운동을 전개하였다. ……………………………………… (　　　)
(2) 다이묘들이 다스리던 번을 없애고 현을 설치한 후 지방관을 파견하였다. ……………………………… (　　　)
(3) 징병제를 실시하고 서양의 무기를 갖추어 근대적인 군대를 육성하였다. ……………………………… (　　　)

05 일본의 제국주의 침략 활동과 그 내용을 옳게 연결하시오.

(1) 청일 전쟁 •　　　　• ㉠ 포츠머스 조약 체결
(2) 러일 전쟁 •　　　　• ㉡ 대한 제국 강제 병합
(3) 한반도 침탈 •　　　　• ㉢ 타이완 할양, 배상금 지불

06 다음 내용이 맞으면 ○표, 틀리면 ×표를 하시오.

(1) 메이지 유신이 진행되는 가운데 서양의 의회 제도를 도입하자는 자유 민권 운동이 일어났다. …… (　　　)
(2) 메이지 정부는 헤이조쿄를 도쿄로 이름을 바꾸고 수도로 삼았다. ……………………………………… (　　　)
(3) 청일 전쟁이 끝난 직후 러시아, 프랑스, 독일이 일본에 압력을 가하는 삼국 간섭이 일어났다. ……… (　　　)

07 중국의 근대화 개혁과 관련이 있는 인물들만을 〈보기〉에서 있는 대로 고르시오.

보기		
ㄱ. 장건	ㄴ. 이홍장	ㄷ. 왕안석
ㄹ. 량치차오	ㅁ. 캉유웨이	

08 밑줄 친 부분을 옳게 고쳐 쓰시오.

(1) 의화단은 '청을 도와 서양 세력을 없애자'는 뜻의 <u>삼민주의</u>를 외치며 서양인을 공격하였다. ………… (　　　)
(2) 일본은 <u>애로호 사건</u>을 빌미로 조선에 개항을 요구하였고, 그 결과 강화도 조약이 체결되었다. ……. (　　　)
(3) 김옥균, 홍영식 등은 <u>갑오개혁</u>을 통해 정권을 장악하였으나 청의 개입으로 실패하였다. …………… (　　　)

09 다음 설명에 해당하는 내용을 〈보기〉에서 고르시오.

보기	
ㄱ. 임오군란	ㄴ. 대한국 국제
ㄷ. 만민 공동회	ㄹ. 동학 농민 운동

(1) 고종이 반포하였으며 대한 제국이 전제 군주 국가임을 규정하였다.
(2) 독립 협회가 주도하여 개최된 대중 집회로 국권·민권 수호 운동을 뒷받침하였다.

중단원 실력 쌓기

중요

01 (가), (나) 형태의 무역이 이루어진 시기에 대한 설명으로 옳은 것만을 〈보기〉에서 고른것은?

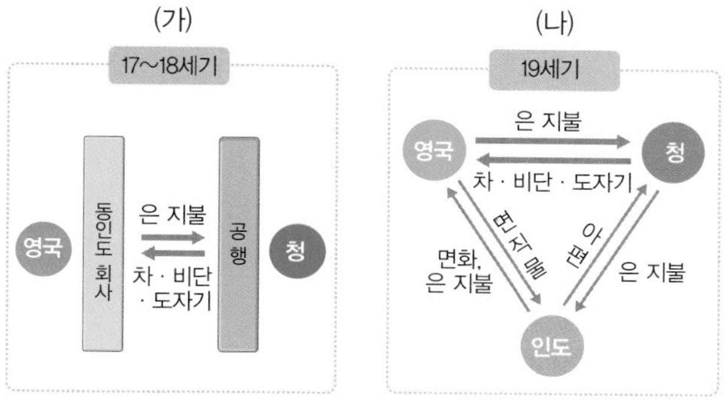

| 보기 |
- ㄱ. (가) – 청의 무역 적자가 심화되었다.
- ㄴ. (가) – 상하이 등 5개 항구가 개항되었다.
- ㄷ. (나) – 청에서 아편 중독자가 급증하였다.
- ㄹ. (나) – 은의 유출로 청의 재정이 악화되었다.

① ㄱ, ㄴ　② ㄱ, ㄷ　③ ㄴ, ㄷ　④ ㄴ, ㄹ　⑤ ㄷ, ㄹ

02 다음 조약 체결의 배경이 된 전쟁에 대한 설명으로 옳지 않은 것은?

- 영국 국민은 광저우 · 상하이 등 5개 항구에 거주할 수 있고, 박해나 구속을 받지 않고 상업을 할 수 있다.
- 청은 영국에 홍콩을 넘기고, 영국의 법률로써 통치할 수 있다.
- 앞으로 공행하고만 거래하는 것을 폐지한다.

① 청이 전쟁에서 패배하였다.
② 청이 개항하는 계기가 되었다.
③ 제1차 아편 전쟁이라고 부른다.
④ 임칙서의 아편 몰수가 발단이 되었다.
⑤ 영국이 애로호 사건을 구실로 일으켰다.

03 (가) 운동에 대한 설명으로 옳지 않은 것은?

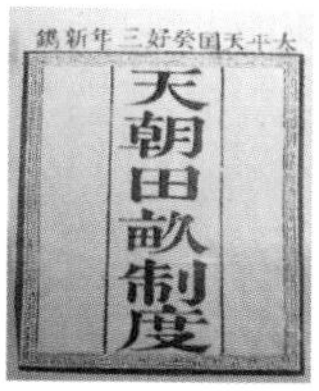

천조 전무 제도는 (가) 을/를 주도한 세력이 주장한 토지 제도이다. 신분이나 남녀 차별 없이 토지를 골고루 나누어 주자는 내용을 담고 있어 농민들의 지지를 받았다.

① 홍수전이 일으켰다.
② 청 왕조 타도를 주장하였다.
③ 크리스트교의 영향을 받았다.
④ 남녀평등과 악습 폐지를 내세웠다.
⑤ 중체서용을 토대로 부국강병을 이루려 하였다.

04 밑줄 친 '이들'이 일으킨 운동으로 옳은 것은?

이들은 중국인의 반외세 감정이 고조되던 상황을 배경으로 산둥 지역에서 조직되었다. 이들은 '청을 도와 서양 세력을 없애자(부청멸양)'라고 외치며 서양 선교사와 외교관을 공격하였고, 교회와 철도, 전신 등 서양 시설을 파괴하였다.

① 양무운동　② 의화단 운동
③ 변법자강 운동　④ 태평천국 운동
⑤ 애국 계몽 운동

중요

05 밑줄 친 '이 운동'에 대한 설명으로 옳지 않은 것은?

청일 전쟁 패배 이후 청에서는 양무운동에 한계를 느끼고 더욱 넓은 범위의 개혁을 요구하는 움직임이 일어났다. 이에 광서제의 신임을 얻은 지식인들이 정치 체제의 근본적 개혁을 주장하는 이 운동을 추진하였다.

① 일본의 메이지 유신을 모방하였다.
② 캉유웨이, 량치차오 등이 주도하였다.
③ 민족 · 민권 · 민생의 삼민주의를 내세웠다.
④ 의회 설립과 입헌 군주제 실시를 주장하였다.
⑤ 서태후를 비롯한 보수파의 반발로 실패하였다.

중단원 실력 쌓기

중요

06 다음 주장을 펼친 인물에 대한 설명으로 옳은 것은?

> 나는 유럽과 미국의 발전이 민족, 민권, 민생의 3대 주의에 의해 이루어졌다고 생각한다. …… 이제는 경제 문제가 정치 문제에 이어 일어나 민생주의가 유행하고 있다. 20세기는 민생주의 시대일 수밖에 없다.

| 보기 |
ㄱ. 중국 동맹회를 결성하였다.
ㄴ. 태평천국 운동을 진압하였다.
ㄷ. 중화민국 임시 대총통에 취임하였다.
ㄹ. 혁명 세력을 탄압하고 황제 제도의 부활을 시도하였다.

① ㄱ, ㄴ ② ㄱ, ㄷ ③ ㄴ, ㄷ
④ ㄴ, ㄹ ⑤ ㄷ, ㄹ

07 (가), (나) 조약의 공통점으로 옳은 것은?

(가) • 시모다, 하코다테 외에 4개 항구를 추가로 개항할 것.
• 일본인에게 죄를 지은 미국인은 미국 영사 재판소에서 조사하여 미국법에 따라 처벌받을 것.
(나) • 조선은 부산과 2개 항구를 개방하고 일본인이 통상할 수 있게 한다.
• 일본인이 조선의 항구에 머무는 동안 죄를 범하면 일본 관원이 심판한다.

① 미국의 강요에 의해 체결되었다.
② 메이지 정부가 체결을 주도하였다.
③ 영토 할양에 대한 내용이 담겨 있다.
④ 치외 법권 등을 인정한 불평등 조약이다.
⑤ 공행을 통한 제한적 무역 방식이 철폐되었다.

08 다음 자료들을 활용한 탐구 주제로 가장 적절한 것은?

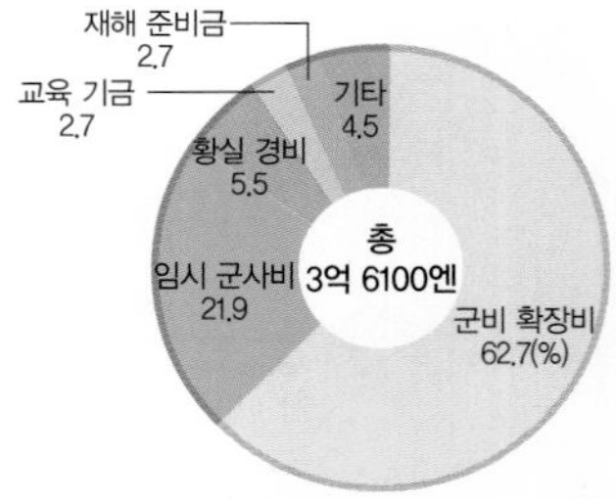

▲ 청일 전쟁 배상금 사용 내역

▲ 러일 전쟁 풍자화

① 일본의 제국주의 대외 팽창 정책
② 중국 최초의 공화국인 중화민국 수립
③ 메이지 유신 이후 변화된 일본의 사회상
④ 일본의 침략에 맞선 조선의 국권 수호 운동
⑤ 조선에 대한 지배권을 둘러싼 청과 일본의 갈등

중요

09 (가) 시기에 있었던 사실로 옳은 것은?

〈일본의 근대화 개혁 추진 과정〉

메이지 정부 수립 ➡ (가) ➡ 일본 제국 헌법 제정

① 청일 전쟁이 발발하였다.
② 존왕양이 운동이 펼쳐졌다.
③ 자유 민권 운동이 전개되었다.
④ 미일 화친 조약이 체결되었다.
⑤ 대한 제국의 주권을 강제로 빼앗았다.

10 (가)에 들어갈 근대화 운동으로 옳은 것은?

수업 주제: (가) 의 전개
• 중심인물: 전봉준, 김개남, 손화중
• 주장: 토지 제도 개혁, 탐관오리 처단, 신분제 폐지, 일본 등 외세 배격
• 결과: 관군과 일본군에게 진압

① 갑신정변 ② 갑오개혁
③ 임오군란 ④ 의병 운동
⑤ 동학 농민 운동

11 조선의 근대화 운동 과정에서 나타난 사실들을 순서대로 옳게 나열한 것은?

> (가) 갑신정변 발생 (나) 독립 협회의 활동
> (다) 동학 농민 운동 발생 (라) 갑오·을미개혁 단행

① (가) – (다) – (라) – (나) ② (가) – (라) – (다) – (나)
③ (나) – (다) – (라) – (가) ④ (나) – (라) – (가) – (다)
⑤ (다) – (라) – (가) – (나)

12 (가), (나)에 들어갈 내용으로 옳은 것은?

> 1884년에 김옥균, 박영효 등 (가) 의 주도로 갑신정변이 일어났다. 이들은 (나) 을/를 본보기로 삼아 근대적 개혁을 추진하려 했으나 청의 개입으로 실패하였다.

	(가)	(나)
①	동학	양무운동
②	급진 개화파	양무운동
③	급진 개화파	메이지 유신
④	온건 개화파	메이지 유신
⑤	온건 개화파	변법자강 운동

중요
13 다음은 학생들이 만든 역사 신문 기사이다. 밑줄 친 ㉠에 대한 설명으로 옳은 것만을 〈보기〉에서 고른 것은?

> **역 사 신 문**
>
> ㉠ 새로운 정부가 수립되다!
> 러시아 공사관으로 거처를 옮긴 고종의 환궁을 요구하는 목소리가 높아지자, 고종은 1년 만에 경운궁으로 돌아왔다. 곧이어 연호를 광무로 정하고 황제에 즉위하였다. 국내외의 어려운 여건 속에서 고종 황제가 어떻게 국정을 운영해 나갈지 주목된다.

보기
ㄱ. 광무개혁을 추진하였다.
ㄴ. 만민 공동회를 개최하였다.
ㄷ. 대한국 국제를 발표하였다.
ㄹ. 입헌 군주제를 지향하였다.

① ㄱ, ㄴ ② ㄱ, ㄷ ③ ㄴ, ㄷ
④ ㄴ, ㄹ ⑤ ㄷ, ㄹ

서술형·논술형

서술형
01 밑줄 친 '새로운 정부'에서 추진한 근대화 정책을 세 가지 서술하시오.

서양의 압박을 받아 개항하자 에도 막부의 외교 정책을 비판하는 목소리가 커졌어.
일부 지방의 하급 무사들이 에도 막부를 타도하였고 새로운 정부가 세워졌지.

논술형
02 (가), (나)의 주장에 따라 추진된 근대화 운동의 명칭을 쓰고, 두 근대화 운동의 의의와 한계에 대해 500자 이내로 논술하시오.

(가)
> 중국의 문물이나 제도는 서양보다 우세하나, 중국이 자강하려면 외국의 이점을 배워야 한다. 외국의 이점을 배우려면 외국의 좋은 기술, 특히 무기 제조 기술을 중국의 것으로 완성하여야 한다.

▲ 이홍장

(나)
> 중국이 부강한 나라를 이룩하려면 서양의 제도를 배워야 한다. 서양의 의회 제도는 군주와 백성이 하나가 되고 윗사람과 아랫사람이 한마음이 되자는 것이지, 황제의 권력에 손상이 가는 것이 아니다.

▲ 캉유웨이

대단원 마무리

중요

01 (가) 인물에 대한 설명으로 옳은 것만을 〈보기〉에서 고른 것은?

그림은 17세기 전반 의회파를 이끌고 왕당파 군대를 격파한 후 찰스 1세를 처형하고 공화정을 수립한 (가) 의 모습이다.

| 보기 |

ㄱ. 항해법을 제정하였다.
ㄴ. 아일랜드를 정복하였다.
ㄷ. 권리 청원을 승인하였다.
ㄹ. 대륙 봉쇄령을 실시하였다.

① ㄱ, ㄴ ② ㄱ, ㄷ ③ ㄴ, ㄷ
④ ㄴ, ㄹ ⑤ ㄷ, ㄹ

02 (가)에 들어갈 내용으로 옳은 것은?

〈미국 독립 혁명의 전개 과정〉

▲ 보스턴 차 사건

➡ (가) ➡

▲ 미합중국 헌법에 서명하는 모습

① 남북 전쟁이 일어났다.
② 대륙 회의가 개최되었다.
③ 먼로 선언이 발표되었다.
④ 링컨이 대통령에 당선되었다.
⑤ 대륙 횡단 철도가 개통되었다.

03 밑줄 친 '그'에 대한 설명으로 옳은 것은?

그가 몰락한 이후, 유럽 각국의 대표는 오스트리아의 빈에 모여 프랑스 혁명과 그가 일으킨 전쟁의 수습을 논의하였다. 이 회의에서 유럽 각국은 영토와 정치 체제를 프랑스 혁명 이전의 상태로 되돌린다는 원칙에 합의하였고, 이로써 빈 체제가 성립되었다.

① 권리 장전을 승인하였다.
② 통령 정부를 수립하였다.
③ 국민 공회를 결성하였다.
④ 테니스코트의 서약을 발표하였다.
⑤ 프랑스 7월 혁명으로 즉위하였다.

서술형

04 다음 자료의 인물이 누구인지 쓰고, 그의 주장에 따라 일어난 사실을 두 가지 서술하시오.

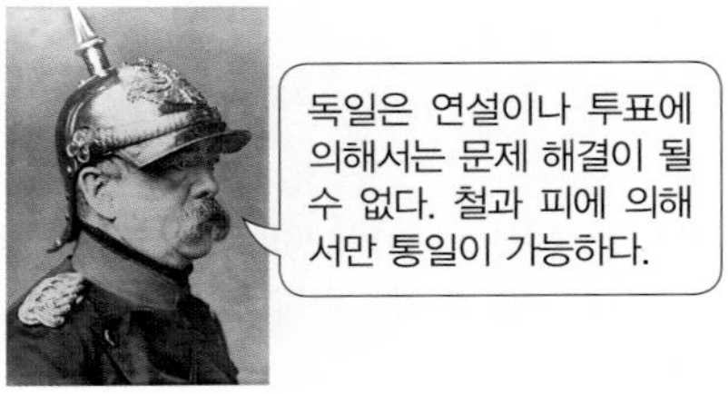

독일은 연설이나 투표에 의해서는 문제 해결이 될 수 없다. 철과 피에 의해서만 통일이 가능하다.

05 (가) 국가에서 있었던 사실로 옳지 않은 것은?

(가) 은/는 이집트의 카이로와 남아프리카의 케이프타운 식민지를 연결하는 아프리카 종단 정책을 추진하였다. 반면에 프랑스는 알제리, 모로코에서 동쪽의 마다가스카르섬을 연결하는 아프리카 횡단 정책을 펼쳤다. 이후 (가) 와/과 프랑스는 파쇼다에서 충돌하였다.

① 러다이트 운동이 일어났다.
② 동인도 회사가 설립되었다.
③ 세포이의 항쟁이 발생하였다.
④ 인클로저 운동이 전개되었다.
⑤ 노동자들이 인민헌장을 발표하였다.

중요

06 밑줄 친 '우리'에 대한 설명으로 옳은 것만을 〈보기〉에서 고른 것은?

| 보기 |

ㄱ. 와하브 운동을 전개하였다.
ㄴ. 튀르크 민족주의를 내세웠다.
ㄷ. 정권 장악 후 헌법을 부활시켰다.
ㄹ. 크리오요 출신으로 에스파냐에 저항하였다.

① ㄱ, ㄴ ② ㄱ, ㄷ ③ ㄴ, ㄷ
④ ㄴ, ㄹ ⑤ ㄷ, ㄹ

07 (가), (나) 사이 시기에 있었던 사실로 옳은 것은?

(가) 이집트의 총독 무함마드 알리는 적극적인 부국강병 정책을 통한 국력 향상을 바탕으로 오스만 제국과 전쟁을 치러 자치권을 획득하였다.
(나) 아라비 파샤 등은 헌법 제정과 의회 설립, 외국인 지배로부터의 해방을 요구하며 민족 운동을 벌였다. 그러나 영국 군대에 의해 진압되었다.

① 수에즈 운하 건설
② 탈라스 전투 발생
③ 비잔티움 제국 멸망
④ 셀주크 튀르크 성립
⑤ 베스트팔렌 조약 체결

08 밑줄 친 '이 단체'에 대한 설명으로 옳은 것만을 〈보기〉에서 고른 것은?

영국의 지원을 받아 결성된 이 단체는 초기에는 완전 자치나 독립보다는 인도 지식인 계층의 이익과 정치적 권리의 확대를 위해 노력하였다.

보기
ㄱ. 콜카타 대회를 개최하였다.
ㄴ. 벵골 분할령에 반발하였다.
ㄷ. 영국령 인도 제국을 건설하였다.
ㄹ. 플라시 전투에서 프랑스를 물리쳤다.

① ㄱ, ㄴ ② ㄱ, ㄷ ③ ㄴ, ㄷ
④ ㄴ, ㄹ ⑤ ㄷ, ㄹ

중요
09 밑줄 친 '이 조약'에 대한 설명으로 옳은 것은?

청과 영국 사이에 맺어진 이 조약에 따라 상하이 등 5개 항구가 개항되었다. 아울러 영국에 홍콩이 할양되었고 공행 무역이 폐지되었으며, 영국의 영사 재판권이 인정되었다. 한편, 협정 관세도 규정되었다.

① 애로호 사건을 계기로 체결되었다.
② 제1차 아편 전쟁의 결과로 맺어졌다.
③ 홍건적의 난이 일어나는 배경이 되었다.
④ 미일 화친 조약보다 나중에 마련되었다.
⑤ 정화가 항해에 나서는 데 영향을 끼쳤다.

서술형
10 (가) 단체의 명칭을 쓰고, 이 단체가 어떠한 활동을 펼쳤는지 서술하시오.

만민 공동회는 (가) 이/가 주도하여 종로 일대에서 개최된 우리나라 최초의 대중 집회였다. 누구나 참여할 수 있었으며 신분과 성별에 관계없이 단상에 올라 다양한 주장을 펼 수 있는 기회를 가졌다.

중요
11 밑줄 친 '나'에 대한 설명으로 옳은 것만을 〈보기〉에서 고른 것은?

나는 유럽과 미국의 진화가 3대 주의와 밀접한 관련이 있다고 생각한다. 로마가 멸망하자 민족주의가 일어나 유럽 각국이 독립하였다. 이후 각국이 제국으로 나아가 전제 정치를 행하자 백성이 그 고통을 견디지 못해 민권주의가 일어났다.
-『민보』, 창간사-

보기
ㄱ. 태평천국을 수립하였다.
ㄴ. 양무운동을 주도하였다.
ㄷ. 중국 동맹회를 결성하였다.
ㄹ. 중화민국 임시 대총통이 되었다.

① ㄱ, ㄴ ② ㄱ, ㄷ ③ ㄴ, ㄷ
④ ㄴ, ㄹ ⑤ ㄷ, ㄹ

12 밑줄 친 '정부'가 추진한 정책으로 옳은 것은?

이와쿠라가 이끌었던 이 사절단은 정부 수립 초기에 미국과 유럽 국가들을 방문하여 근대 문물과 제도 등을 시찰하였다.

① 삼국 간섭을 일으켰다.
② 갑오개혁을 시행하였다.
③ 변법자강 운동을 전개하였다.
④ 일본 제국 헌법을 공포하였다.
⑤ 산킨코타이 제도를 실시하였다.

수행 평가 미리보기

선생님의 **출제 의도**

유럽과 미국의 시민 혁명 전개 탐구

4단원에서는 18세기~19세기에 유럽과 미국에서 시민 혁명이 일어나면서 정치 체제에 변화가 나타나고 자유주의와 민족주의가 확산되는 상황을 학습했는데요. 이러한 변화에 산업 혁명이 맞물리면서 유럽과 미국은 산업화가 진전되고 자본주의 경제가 발전하여 열강으로 거듭납니다. 그리고 제국주의 팽창 정책으로 아프리카와 아시아를 침탈하기도 하였습니다. 이렇게 유럽의 정치 · 경제적 변화가 전 세계에 매우 큰 영향을 끼쳤음을 파악할 수 있어야 하며, 수행 평가에서는 유럽과 미국의 정치 변동 흐름을 잘 이해하고 있는지를 종합적으로 묻는 문제가 출제될 수 있습니다.

수행 평가 문제

모둠별로 유럽과 미국의 시민 혁명 전개 상황을 마인드맵으로 만들어 보자.

A) 활동 계획 세우기

1 유럽과 미국의 시민 혁명 중 한 가지를 골라 주요 내용을 학습하고 정리한다.

2 마인드맵 형식을 활용하여 시민 혁명의 전개 과정과 주요 사건, 인물들을 어떻게 연결할 것인지 구상한다.

B) 활동 단계

1단계 유럽과 미국의 시민 혁명에 대한 학습 자료를 찾아본다.

2단계 토의를 통해 유럽과 미국의 시민 혁명 중 하나를 선택하고 핵심 내용을 용어 중심으로 정리한다.

3단계 마인드맵 형식을 어떻게 구현할 것인지 논의하여 그 형태를 구체화시킨다.

4단계 시민 혁명과 사건, 인물 등 주요 내용을 시간 순서대로 연결시키면서 설명을 덧붙인다.

C) 활동하기

1 영국 혁명의 전개를 주제로 한 마인드맵 작성을 위한 주요 내용 정리

[예시]

청교도 혁명	찰스 1세, 권리 청원, 의회 해산, 의회파, 크롬웰, 왕당파, 내전
명예혁명	찰스 2세, 제임스 2세, 권리 장전, 메리와 윌리엄, 입헌 군주제

2 영국 혁명의 주요 내용을 마인드맵으로 만들기

[예시]

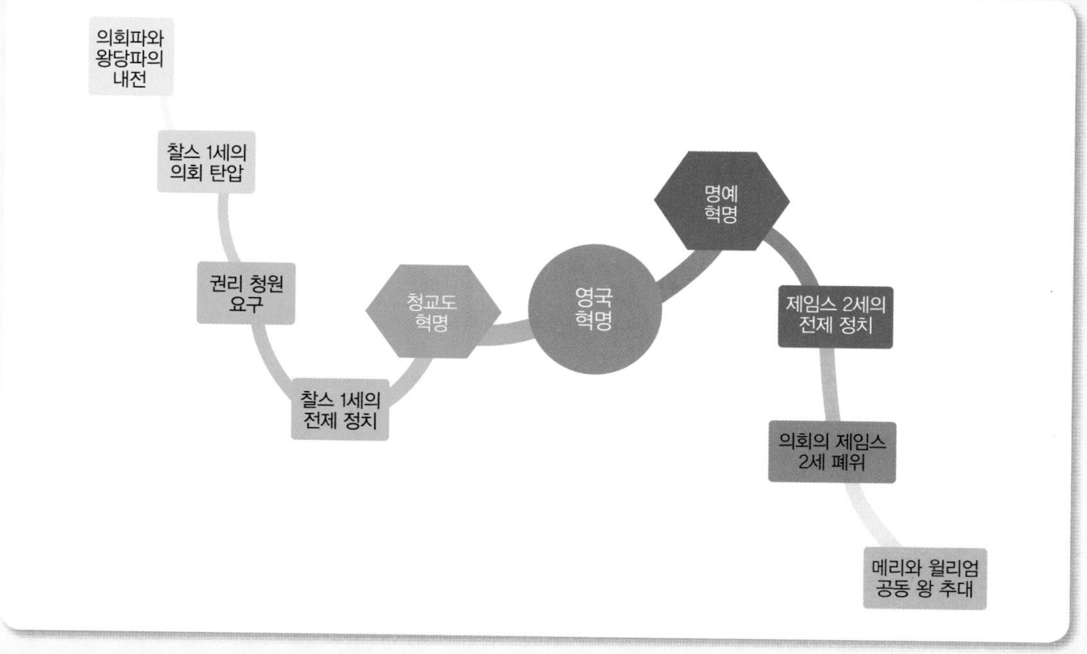

채점 기준

평가 영역	채점 기준	배점
내용 정리	교과서를 비롯하여 여러 자료를 통해 내용을 정리하였다.	1
	시민 혁명에 대한 적절하고 객관적인 내용으로 정리하였다.	1
	시민 혁명이 갖는 의미가 잘 드러날 수 있도록 정리하였다.	1
제작 내용	주제에 따라 적절하게 키워드와 내용들을 잘 연결하였다.	2
	마인드맵의 내용 전개가 논리적으로 잘 연결되어 표현되었다.	1
모둠 참여 태도	모둠원의 역할이 적절히 분배되었다.	2
	모둠원 간의 협력이 잘 이루어졌다.	1
	포트폴리오의 내용을 체계적이고 명료하게 발표하였다.	1

수행 평가 꿀 Tip **모둠 활동할 때 친구와 의견 차이가 있다면?**

수행 평가는 모둠원들이 서로 의견을 나누어 가면서 합의에 이르고 결과물을 만들어 내는 과정을 평가하는 것입니다. 결과물도 중요하지만 마인드맵을 만드는 과정에서 서로 소통하면서 논리적 · 합리적으로 역사적 사실을 정리하는 것도 중요한 성과입니다. 친구와 의견이 조금 맞지 않는다면 서로의 주장을 뒷받침하는 근거를 꼼꼼하게 살피고 상대방을 존중하는 태도를 가지면 좋겠어요.

V 세계 대전과 사회 변동

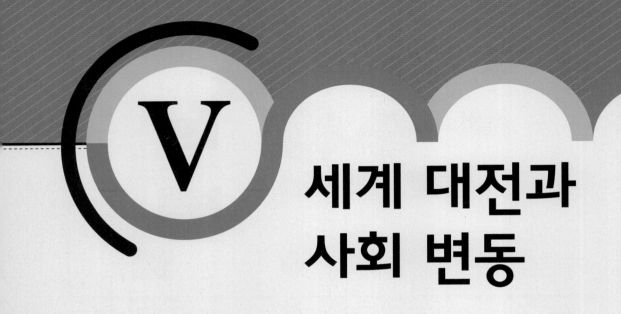

01
세계 대전과 국제 질서의 변화

02
민주주의의 확산

03
인권 회복과 평화 확산을 위한 노력

01 세계 대전과 국제 질서의 변화

❶ 제1차 세계 대전과 베르사유 체제

(1) 제1차 세계 대전의 발발과 전개

① 전쟁의 배경

- 19세기 후반 제국주의 국가 간의 대립(3국 동맹 ↔ 3국 협상)

3국 동맹	독일을 중심으로 오스트리아·헝가리 제국, 이탈리아 등이 결성
3국 협상	3국 동맹에 맞서 영국, 프랑스, 러시아가 참여

- 발칸반도의 상황: 범게르만주의(독일, 오스트리아·헝가리 제국)와 범슬라브주의(러시아)가 대립하며 긴장 고조

(범슬라브주의 → 슬라브족을 중심으로 오스만 제국으로부터 독립하고자 했던 민족 운동이다.)

(범게르만주의 → 독일의 주도하에 모든 게르만족을 모아 세계 지배를 도모하는 민족 운동이다.)

② 전쟁의 시작: 사라예보 사건 → 오스트리아·헝가리 제국이 세르비아에 선전 포고 → 3국 동맹과 3국 협상의 전쟁 가담 → 제1차 세계 대전의 시작

③ 전쟁의 전개

- 동맹국과 연합국의 참전으로 전쟁의 확대 → 전쟁의 장기화에 따른 총력전 전개

(→ 제1차 세계 대전 중에는 기관총·탱크 등 신무기들이 대거 등장하였고, 참호를 파고 대치하는 참호전이 전개되면서 전쟁이 장기화되었다.)

동맹국	독일, 오스트리아·헝가리 제국, 불가리아, 오스만 제국 참여
연합국	영국, 프랑스, 러시아에 이탈리아와 일본 등이 가담

(→ 이탈리아는 전쟁 발발 이후 3국 동맹에서 탈퇴해 연합국에 가담하였다.)

- 영국의 해상 봉쇄 → 독일의 무제한 잠수함 작전 → 미국의 참전으로 연합국의 우세

④ 전쟁의 종결: 러시아, 혁명 이후 독일과 단독 강화 조약 → 독일의 대공세 실패 → 동맹국들의 항복 → 독일 혁명으로 들어선 임시 정부와 연합국의 휴전 조약 체결 → 전쟁 종료

(2) 제1차 세계 대전 이후의 세계

① 파리 강화 회의와 베르사유 체제

- 목적: 제1차 세계 대전의 전후 문제 처리
- 원칙: 미국의 윌슨 대통령이 제안한 14개조 평화 원칙에 기초해 진행

(14개조 평화 원칙 → 1918년 1월, 미국 대통령 윌슨이 미국 의회에서 발표한 것으로, 전쟁 종결을 위해 민족 자결주의, 비밀 외교 종식, 군비 축소 등 14개조의 평화 원칙을 제시하였다.)

- 결과: 승전국과 독일 사이에 베르사유 조약 체결(독일에 전쟁 책임, 식민지 상실, 배상금 부과) → 이후 승전국과 패전국 사이에 개별적 강화 조약 체결
- 베르사유 체제 성립: 승전국 특히, 미국 중심의 새로운 국제 질서 형성

② 국제 연맹의 창설(1920)

- 목적: 국제 평화와 협력 촉진을 위해 창설, 군비 축소 등 합의
- 한계: 미국의 불참 및 독일·소련의 가입 제외, 침략국을 제재할 군사적 수단 부재

(→ 이후 독일은 1926년, 소련은 1934년에 가입하였다.)

③ 평화를 위한 노력: 군비 축소를 위한 워싱턴 회의 개최, 국제 분쟁의 평화적 해결에 합의한 부전 조약 체결

(부전 조약 → 세계 각국이 분쟁 해결의 수단으로 무력을 사용하지 않겠다고 약속한 조약이다. 켈로그·브리앙 조약이라고도 한다.)

집중 탐구 베르사유 조약

> 제119조 독일은 해외 식민지에 관한 모든 권리와 소유권을 연합국과 그 협력국에 넘겨 준다.
>
> 제191조 독일에서 잠수함의 건조와 취득은 금지된다. 이는 상업적 목적을 위한 경우에도 마찬가지이다.
>
> 제235조 독일은 연합국과 그 협력국의 최종 청구액이 확정되기 이전에 …… 시급히 필요한 200억 마르크 금화에 상당하는 돈을 지불한다.

베르사유 조약은 제1차 세계 대전이 끝나고 전승국과 독일 사이에 체결된 것으로 전쟁의 책임을 독일에게 전가하고, 영토 일부 축소, 식민지 상실, 군대 보유 제한, 막대한 배상금을 강요하였다. 전쟁 책임을 독일에게 일방적으로 전가한 베르사유 조약에 독일은 큰 불만을 품게 되었다.

✚ 3국 협상과 3국 동맹

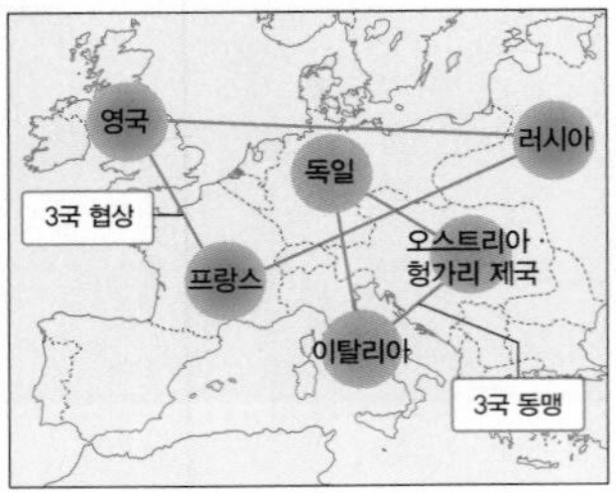

✚ 사라예보 사건

1914년 6월, 보스니아의 세르비아계 청년이 오스트리아·헝가리 제국의 지배에 반발해 황태자 부부를 살해한 사건이다.

✚ 제1차 세계 대전의 발발

사라예보 사건이 30여 개국이 참여하는 세계 대전으로 확대된 과정을 풍자한 그림이다.

✚ 무제한 잠수함 작전

독일이 연합국을 오가는 군용 및 민간 선박을 가리지 않고 경고 없이 공격한 작전으로 독일 잠수함이 중립국이었던 미국의 선박까지 여러 차례 공격하자, 미국은 연합국으로 전쟁에 참가하였다.

✚ 독일 혁명

1918년 독일에서 발생한 민주주의 혁명으로 제정을 무너뜨리고, 공화국 정부는 연합국과 휴전 조약을 체결하였다.

✚ 워싱턴 회의(1921~1922)

제1차 세계 대전 종전 후 군비 축소를 위해 승전국들이 참가해 해군 함선의 수량 제한 및 폐기, 해군 함선의 무기 제한, 독가스 사용 금지 등을 합의하였다.

❷ 러시아 혁명

(1) 혁명 전 러시아

(차르 → 제정 러시아의 황제를 지칭한다.)

① 차르 중심의 전제 정치: 19세기까지 농업 중심의 경제와 전제 정치 유지 → 19세기 말부터 산업화의 진행으로 노동자 계층 등장

② 피의 일요일 사건(1905): 러일 전쟁에서의 열세, 물가 폭등 등 생활이 어려워진 노동자들이 개혁을 요구하며 평화 시위 → 군대의 발포로 많은 사상자 발생

(2) 2월 혁명과 10월 혁명

구분	2월 혁명(1917)	10월 혁명(1917)
배경	제1차 세계 대전에서 연이은 패전과 경제난	2월 혁명으로 수립된 임시 정부가 전쟁 지속
주도 세력	노동자, 병사 소비에트가 주도	레닌 주도의 볼셰비키가 주도
결과	니콜라이 2세 퇴위, 임시 정부 수립	임시 정부 붕괴, 소비에트 정부 수립

(3) 소련의 수립

① 레닌의 정책

- 독일을 비롯한 동맹국들과 단독 강화 조약 체결
- 사회주의 개혁(토지 · 산업 국유화 등) 추진 → 경제난으로 신경제 정책[NEP] 추진 (신경제 정책 → 공산주의 경제 정책을 일시적으로 포기하고, 자본주의 요소를 일부 도입하였다.)
- 코민테른 조직 및 소비에트 사회주의 공화국 연방 결성(소련, 1922)

② 스탈린의 정책: 독재 체제 강화, 경제 개발 5개년 계획 추진

❸ 아시아 · 아프리카의 민족 운동

(1) 아시아의 민족 운동

(신문화 운동 → 유교를 비판하고, 과학과 민주주의를 주장하였다.)

① 중국: 신문화 운동 전개, 일본의 '21개조 요구'에 저항하는 5 · 4 운동 전개, 군벌과 일제에 저항하는 과정에서 국민당과 공산당 사이에 제1, 2차 국공 합작 성립

② 인도: 영국의 지배에 맞서 간디의 비폭력 · 불복종 운동 전개 → 인도 독립 동맹, 네루를 중심으로 완전한 독립 주장

③ 동남아시아: 베트남(호찌민이 베트남 공산당을 결성해 민족 운동 주도), 인도네시아(수카르노가 인도네시아 국민당을 결성해 네덜란드에 저항)

④ 서아시아: 터키(무스타파 케말 주도로 터키 공화국 수립), 팔레스타인 문제(영국의 맥마흔 · 밸푸어 서한으로 인해 아랍인과 유대인의 갈등 발생)

(2) 아프리카의 민족 운동

① 이집트: 영국의 수에즈 운하에 군대 주둔을 유지하는 조건으로 독립

② 범아프리카 운동: 사하라 사막 이남 지역에서 아프리카의 통일 추구

▲ 제1차 세계 대전 이후 아시아 · 아프리카의 민족 운동

✚ 볼셰비키
'다수파'라는 의미를 지닌 러시아 혁명 세력들 중 하나로, 정권을 잡은 이후 공산당으로 명칭을 변경하였다.

✚ 소비에트
러시아어로 '대표자 회의'라는 뜻으로, 러시아 혁명 때부터 의회를 대신하는 권력 기구 역할을 수행하였다.

✚ 코민테른
러시아 혁명을 전파하기 위해 레닌이 만든 국제 사회주의 운동 조직이다.

✚ 21개조 요구
일본은 중국 정부에 제1차 세계 대전 이전에 독일이 가지고 있던 산둥반도의 이권을 넘겨 달라고 요구하였다.

✚ 호찌민(1890~1969)

호찌민은 당시 공산주의가 중시한 계급 문제보다 민족 해방이 더 중요하다고 여겨 갈라진 베트남 민족의 단합을 추구하며 독립운동을 전개하였다.

✚ 새로 만든 터키 문자를 설명하는 무스타파 케말

무스타파 케말은 터키 공화국을 수립하고 남녀평등권 도입, 터키 문자 제정 등 근대화를 추진하였다.

❹ 대공황의 발생

(1) 대공황의 발생

① **배경:** 1920년대 미국의 호황 → 과잉 생산에 비해 구매력 감소 → 주가 대폭락 → 대공황 발생(1929)

② **전개:** 많은 은행과 기업의 도산, 실업자 급증

③ **파급:** 미국에서 시작된 대공황이 유럽 및 세계 곳곳으로 파급

(2) 대공황의 극복 노력

국가	정책	내용
미국	뉴딜 정책	• 국가가 기업의 생산 활동에 개입해 생산 조절 • 대규모 공공사업을 통한 실업자 구제, 각종 사회 보장 제도 실시
영국, 프랑스	블록 경제	본국과 식민지를 묶는 블록 경제권 형성 → 과잉 생산된 물품은 식민지에 판매, 수입품에는 높은 관세 부과(보호 무역 정책)

더 알아보기 ▶ 뉴딜 정책

▲ 테네시강 유역 개발 공사 당시의 댐 건설 모습

대공황 극복을 위해 미국의 루스벨트 대통령은 뉴딜 정책을 실시하였다. 정부는 그간의 자유방임의 경제 원칙을 수정해 국가가 시장에 적극 개입해 생산을 조절하는 정책을 실시하였다. 구체적으로 테네시강 유역 개발 공사 등 대규모 사업을 통해 일자리를 창출하고, 최저 임금제 도입 및 연금과 실업 보험 등 복지 확대 정책 등을 통해 구매력 향상을 도모하였다.

❺ 전체주의의 등장

→ 개인의 모든 활동은 민족이나 국가 등 전체의 발전을 위해서만 존재한다는 이념을 바탕으로 국가 권력이 국민 생활을 통제하는 독재 체제로 이탈리아의 파시즘과 독일의 나치즘이 대표적이다.

(1) 등장 배경 및 전개: 경제 기반이 약하고 식민지가 없거나 적은 이탈리아, 독일, 에스파냐, 일본 등에서 대공황 전후의 경제 위기와 사회적 불안을 틈타 전체주의 확산

이탈리아	• 무솔리니가 이끄는 파시스트당이 '로마 진군'을 통해 정권 장악(1922) • 파시스트 독재 체제 구축: 파시스트당을 제외한 모든 정당 해산, 에티오피아 점령
독일	• 히틀러가 이끄는 나치당이 선거에서 승리해 정권 장악(1933) • 나치당, 독일 민족의 우수성 강조 및 유대인을 탄압하는 인종주의 정책 실시 • 오스트리아 병합, 체코슬로바키아 일부 점령
에스파냐	파시즘의 지원을 받은 프랑코 세력이 독재 정권 수립
일본	군부가 정권을 잡고 군국주의를 강화하면서 대륙 침략 본격화(만주 사변, 중일 전쟁)

→ 로마 진군: 1922년에 이탈리아 파시스트당의 검은 셔츠단이 로마로 진군해 정권을 장악한 사건이다.

(2) 추축국의 형성: 독일과 일본이 코민테른과 소련에 대항하기 위해 방공 협정 체결, 여기에 이탈리아가 참여하면서 추축국 성립

→ 추축은 정치나 권력의 중심을 뜻하는 말로, 제2차 세계 대전 당시 연합국과 대립한 독일, 이탈리아, 일본을 중심으로 형성된 국제 동맹을 일컫는다.

집중 탐구 전체주의의 특징

> 파시스트의 국가 개념은 모든 것을 포괄하며, 국가를 떠나서는 인간과 영혼의 가치도 존재하지 않는다. …… 국민이 국가를 발생시키는 것이 아니라 국가가 국민을 창조한다. …… 오직 전쟁만이 인간의 힘을 최고조에 이르게 하고 이에 직면할 용기를 가진 국민에게 고귀함을 부여한다. -무솔리니, 『파시즘 독트린』-

> 민족주의 국가는 인종을 모든 생활의 중심에 두어야 한다. 국가는 인종의 순수한 유지를 추구해야 한다. …… 자기가 병약하고 결함이 있는데도 아이를 낳는 것은 치욕일 뿐이며, …… 독일 민족에 상응하는 영토를 이 지상에서 확보해야 할 것이다. -히틀러, 『나의 투쟁』-

이탈리아와 독일은 대공황을 전후로 강력한 독재 체제를 갖추고 국가와 민족을 최우선으로 하는 전체주의를 내세웠으며, 대공황의 위기를 극복하기 위해 군비를 늘리고 대외 팽창에 나섰다.

+ 대공황의 발생 과정

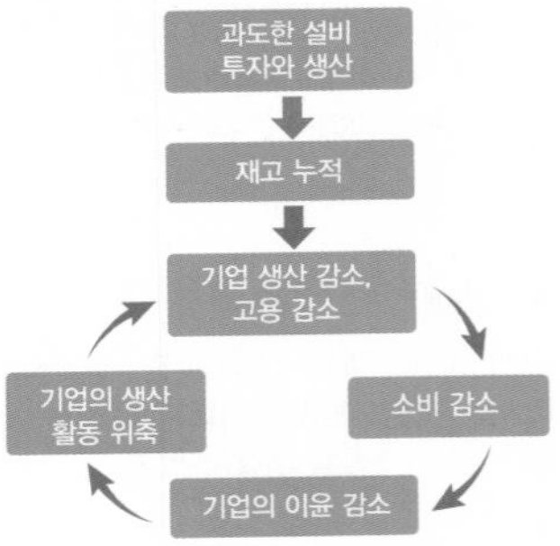

+ 블록 경제

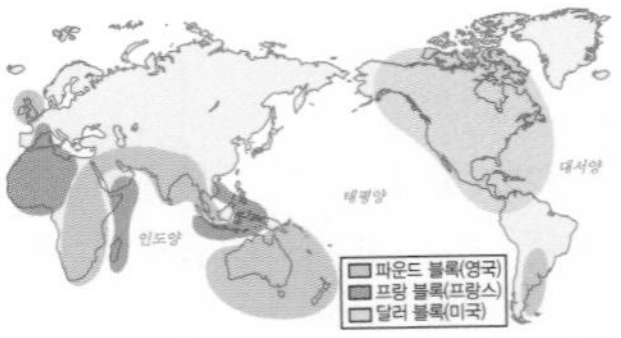

영국은 파운드 블록, 프랑스는 프랑 블록, 미국은 달러 블록을 만들어 본국과 식민지 사이의 보호 무역 체계 구축하였다.

+ 독일의 실업자 수와 나치스의 득표 수 변화

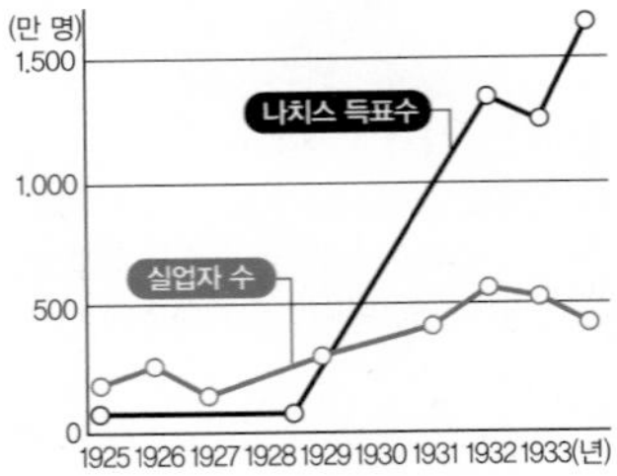

+ 히틀러 친위대의 행진

+ 군국주의

국가의 가장 중요한 목적을 군사력에 의한 대외적 발전에 두고, 전쟁과 그 준비를 제일 중요시하는 정치 체제이다.

6 제2차 세계 대전

(1) 제2차 세계 대전의 발발

→ 독일이 소련에 폴란드 분할을 약속하며 서로 상대국을 침략하지 않는다는 조건으로 조약을 체결하였다.

① 독일, 소련과 독소 불가침 조약 체결(1939) → 폴란드 침공

② 영국과 프랑스의 선전 포고로 제2차 세계 대전 발발

(2) 제2차 세계 대전의 전개

유럽 전선	• 전쟁 초기 독일은 영국을 제외한 유럽 대부분 점령(벨기에, 네덜란드, 프랑스) → 프랑스 드골의 망명 정부와 영국 처칠 정부의 항전 • 독일, 전쟁 장기화에 대비한 식량과 석유 확보를 위해 불가침 조약 파기 → 소련 침공
태평양 전선	• 일본, 중일 전쟁의 장기화에 따라 자원 확보를 위해 동남아시아 침략 → 미국, 경제 봉쇄를 통한 일본 견제 → 일본, 하와이 진주만의 미군을 기습 공격해 태평양 전쟁 발발(1941) → 미국은 일본에 철강과 석유 수출을 금지하는 경제 봉쇄를 실시하였다. • 일본의 진주만 기습 사건을 계기로 미국이 연합국의 일원으로 전쟁 참여

→ 연합국에는 미국, 영국, 프랑스, 소련, 중국 등으로 구성되어 추축국에 대항하였다.

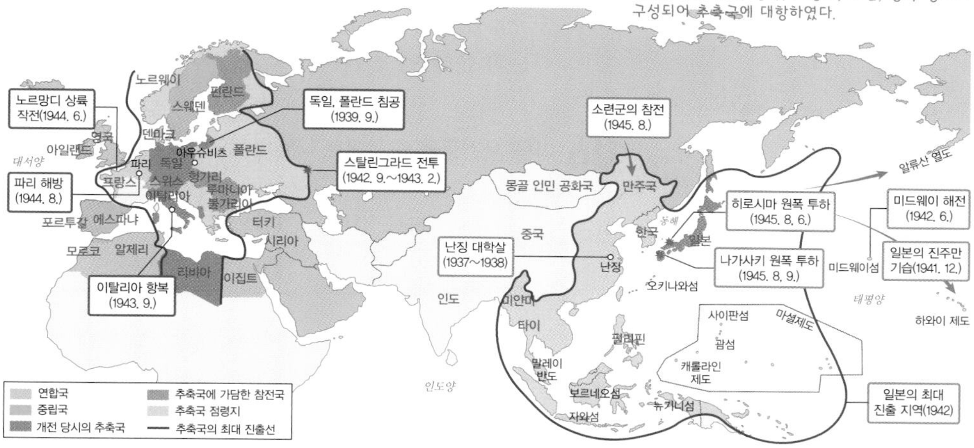

▲ 제2차 세계 대전의 전개

(3) 제2차 세계 대전의 종결

→ 1,200척이 넘는 함선과 15만 명에 달하는 대병력이 동원된 작전으로, 연합국 승리의 결정적 전환점이 되었다.

유럽 전선	• 스탈린그라드 전투에서 소련이 독일에 승리 • 연합군은 이탈리아로 진격해 무솔리니 정권을 붕괴시킴 → 노르망디 상륙 작전을 통해 파리 해방 → 독일의 항복(1945. 5.)
태평양 전선	미국, 미드웨이 해전에서 승리 → 일본의 저항 → 히로시마·나가사키에 원자 폭탄 투하 → 일본의 항복(1945. 8.)

Q&A 제2차 세계 대전의 피해는 어떠했나요

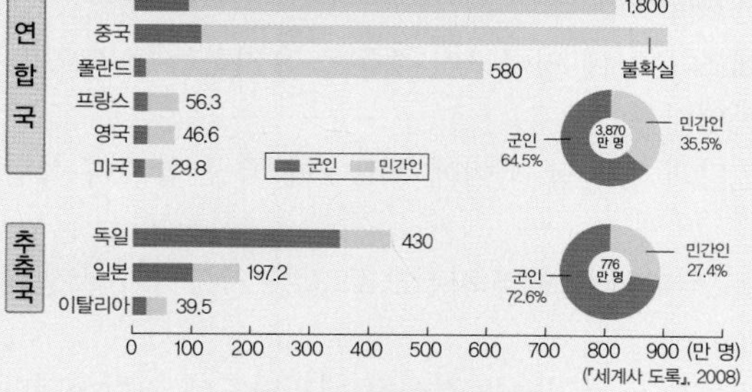

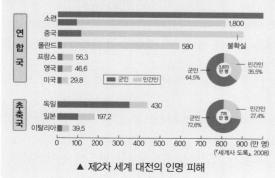

▲ 제2차 세계 대전의 인명 피해

제2차 세계 대전은 전체 사망자가 5,000만 명에 달할 정도로 인류 역사상 가장 피해가 큰 전쟁으로 민간인의 희생도 컸다. 사망자가 가장 많았던 나라는 소련이었고, 일본군에 의한 민간인 사망자가 많았던 중국도 피해가 컸다. 유대인이 많이 살고 있었던 폴란드 등 유럽 전역에서 민간인 사망자가 많았다.

+ 독소 불가침 조약 풍자화

그림 하단에는 "신혼여행이 얼마나 오래 지속될 수 있을까 궁금하네?"라고 쓰여 있다.

+ 사진으로 보는 제2차 세계 대전

▲ 독일의 폴란드 침공

▲ 개선문을 통과하는 독일군

▲ 일본의 진주만 기습

▲ 소련 반격의 계기

▲ 노르망디 상륙 작전

▲ 폐허가 된 히로시마

개념 다지기

정답과 해설 | 38쪽

01 **빈칸에 들어갈 알맞은 말을 쓰시오.**

(1) (   )을/를 방문한 오스트리아·헝가리 제국의 황태자 부부가 보스니아계 세르비아 청년에게 살해당한 사건을 계기로 제1차 세계 대전이 발발하였다.
(2) 독일의 무제한 잠수함 작전 이후 (   )이/가 참전하면서 전쟁은 연합국에 우세해졌다.
(3) 제1차 세계 대전 이후 승전국들과 독일 사이에 (   ) 조약이 체결되었다.
(4) 1917년 2월 러시아의 노동자, 병사 중심의 (   )은/는 니콜라이 2세를 폐위시키고, 임시 정부를 수립하였다.
(5) 레닌은 혁명 이후 경제난이 심해지자 자본주의 요소를 일부 도입한 (   )을/를 실시하였다.
(6) (   )은/는 베트남 공산당을 결성해 베트남의 민족 운동을 이끌었다.
(7) 대공황이 발생하자 미국은 (   )을/를 통해 위기를 극복하고자 하였다.
(8) 독일, 이탈리아, 일본 등에서 대공황 전후의 경제 위기와 사회적 불안을 틈타 국가와 민족을 강조하는 (   )이/가 확산되었다.
(9) 독일은 소련과 독소 (   ) 조약을 체결한 뒤 폴란드를 침공하였다.

02 **다음 내용이 맞으면 ○표, 틀리면 ×표를 하시오.**

(1) 독일은 오스트리아·헝가리 제국, 이탈리아 등과 함께 3국 협상을 결성하였다. ··········· (   )
(2) 국제 연맹은 국제 평화를 유지하기 위해 창설되었으나 침략국을 제재할 군사적 수단이 부재하였다. ··········· (   )
(3) 임시 정부가 전쟁을 지속하자 레닌이 주도한 볼셰비키가 혁명을 일으켜 소비에트 정부를 수립하였다. ··········· (   )
(4) 일본에서는 대공황 이후 군국주의를 강화하며 대륙 침략을 본격화하였다. ··········· (   )

03 **제1차 세계 대전의 전후 문제를 처리하기 위해 개최된 회의의 이름은?**

04 **유럽 각 국의 전체주의를 이끌었던 인물을 연결하시오.**

(1) 독일 •   • ㉠ 히틀러
(2) 이탈리아 •   • ㉡ 프랑코
(3) 에스파냐 •   • ㉢ 무솔리니

05 **괄호 안에 들어갈 옳은 말에 ○표 하시오.**

(1) 제1차 세계 대전 이후 (프랑스, 미국) 중심의 새로운 국제 질서가 형성되었다.
(2) 노동자·병사 주도의 소비에트가 (2월, 10월) 혁명을 성공으로 이끌어 로마노프 왕조가 붕괴되었다.
(3) 중국에서는 일본의 '21개조 요구'에 저항하는 (5·4 운동, 신문화 운동)이 전개되었다.

06 **다음 사건들을 순서대로 나열하시오.**

(가) 스탈린그라드 전투	(나) 독일의 폴란드 침공
(다) 일본의 진주만 기습	(라) 노르망디 상륙 작전

07 **밑줄 친 부분을 옳게 고쳐 쓰시오.**

(1) <u>3국 동맹</u>은 영국, 프랑스, 러시아가 참여하였다. ··········· (   )
(2) <u>네루</u>는 비폭력·불복종 운동으로 영국에 저항하였다. ··········· (   )
(3) <u>독일</u>, 프랑스 등은 블록 경제를 통해 대공황을 극복하고자 노력하였다. ··········· (   )

08 **다음에서 설명하는 국가를 〈보기〉에서 고르시오.**

보기	
ㄱ. 중국	ㄴ. 이집트
ㄷ. 러시아	ㄹ. 인도네시아

(1) 수에즈 운하에 영국군이 주둔을 유지하는 조건으로 독립하였다. ··········· (   )
(2) 국민당과 공산당 사이에 제1, 2차 국공 합작이 성립되었다. ··········· (   )
(3) 1905년 피의 일요일 사건으로 많은 사상자가 발생하였다. ··········· (   )
(4) 수카르노가 국민당을 결성해 네덜란드에 저항하였다. ··········· (   )

중단원 실력 쌓기

정답과 해설 | 38쪽

01 (가)에 해당하는 국가로 옳은 것은?

> 19세기 후반, (가) 은/는 오스트리아·헝가리 제국, 이탈리아 등과 3국 동맹을 결성하였고, 발칸반도에서 범게르만주의를 이끌었다.

① 독일 ② 영국 ③ 미국
④ 프랑스 ⑤ 러시아

중요
02 다음 지도에 나타난 전쟁에 대한 설명으로 옳지 않은 것은?

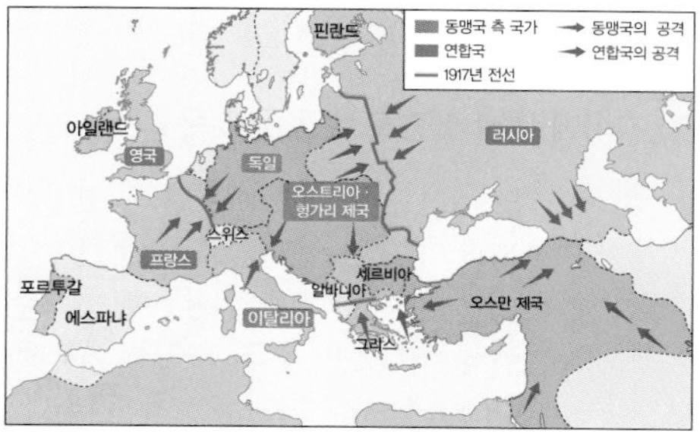

① 사라예보 사건을 배경으로 발생하였다.
② 참호전이 전개되면서 전쟁이 장기화되었다.
③ 영국, 프랑스, 일본 등이 연합국을 구성하였다.
④ 영국의 무제한 잠수함 작전으로 미국이 참전하였다.
⑤ 러시아는 독일 등과 단독으로 강화 조약을 체결하였다.

03 다음 조약에 대한 설명으로 옳은 것만을 〈보기〉에서 고른 것은?

> 제119조 독일은 해외 식민지에 관한 모든 권리와 소유권을 연합국과 그 협력국에 넘겨 준다.
> 제191조 독일에서 잠수함의 건조와 취득은 금지된다. 이는 상업적 목적을 위한 경우에도 마찬가지이다.
> 제235조 독일은 연합국과 그 협력국의 최종 청구액이 확정되기 이전에 …… 시급히 필요한 200억 마르크 금화에 상당하는 돈을 지불한다.

보기
ㄱ. 파리 강화 회의에서 논의되었다.
ㄴ. 전쟁 책임이 독일에 있음을 명시하였다.
ㄷ. 제1차 세계 대전의 원인으로 작용하였다.
ㄹ. 국제 연합(UN) 창설의 기초를 마련하였다.

① ㄱ, ㄴ ② ㄱ, ㄷ ③ ㄴ, ㄷ ④ ㄴ, ㄹ ⑤ ㄷ, ㄹ

중요
[04~05] 다음 물음에 답하시오.

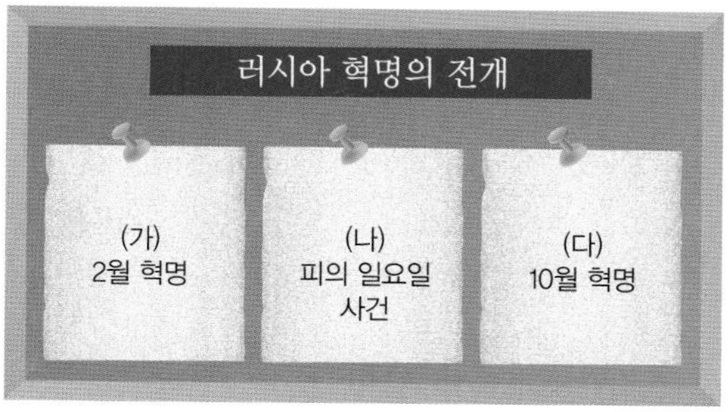

04 (가)~(다)를 일어난 순서대로 배열한 것은?

① (가) – (나) – (다)
② (가) – (다) – (나)
③ (나) – (가) – (다)
④ (나) – (다) – (가)
⑤ (다) – (나) – (가)

05 (가)에 대한 설명으로 옳은 것은?

① 레닌이 주도하였다.
② 소비에트 정부가 수립되었다.
③ 차르 중심의 전제 군주제가 유지되었다.
④ 스탈린 중심의 독재 체제가 강화되었다.
⑤ 노동자, 병사로 이루어진 소비에트가 주도하였다.

06 밑줄 친 '나'에 해당하는 인물로 옳은 것은?

> 나는 제1차 세계 대전 이후 자치권을 약속했던 영국이 오히려 탄압을 강화하자 '소금 행진' 등 비폭력·불복종 운동을 전개하였습니다.

① 간디 ② 호찌민 ③ 수카르노
④ 무솔리니 ⑤ 무스타파 케말

07 다음 일기의 배경이 되는 사건에 대한 설명으로 옳은 것만을 〈보기〉에서 고른 것은?

> 1929년 ○○월 □□일
> 오늘도 일자리를 구하기 위해 하루 종일 돌아다녔지만 소득이 없었다. 얼마 전 갑자기 주가가 폭락하더니 우리 공장까지 폐업을 하면서 일자리를 잃게 되었다. 내일은 일자리를 찾을 수 있을까?

보기
ㄱ. 미국에서 시작되었다.
ㄴ. 많은 은행과 기업이 도산하였다.
ㄷ. 생산에 비해 소비가 급증하면서 발생하였다.
ㄹ. 극복 과정에서 자유방임의 경제 원칙이 널리 퍼졌다.

① ㄱ, ㄴ ② ㄱ, ㄷ ③ ㄴ, ㄷ
④ ㄴ, ㄹ ⑤ ㄷ, ㄹ

중요
08 다음 주장을 내세운 인물의 활동으로 옳은 것은?

> 민족주의 국가는 인종을 모든 생활의 중심에 두어야 한다. 국가는 인종의 순수한 유지를 추구해야 한다. …… 자기가 병약하고 결함이 있는데도 아이를 낳는 것은 치욕일 뿐이며. …… 독일 민족에 상응하는 영토를 이 지상에서 확보해야 할 것이다. -『나의 투쟁』-

① '로마 진군'을 통해 권력을 장악하였다.
② 인종주의를 바탕으로 유대인을 탄압하였다.
③ 군국주의를 바탕으로 만주 사변을 일으켰다.
④ 파시스트당을 제외한 모든 정당을 해산하였다.
⑤ 파시즘의 지원을 받아 독재 정권을 수립하였다.

09 다음 그림이 표현하고 있는 역사적 사건으로 옳은 것은?

① 추축국의 성립 ② 전체주의의 등장
③ 러시아 혁명의 발생 ④ 태평양 전쟁의 발발
⑤ 독소 불가침 조약의 체결

중요
10 (가), (나)에 대한 설명으로 옳은 것은?

(가)

▲ 진주만 기습 작전

(나)

▲ 노르망디 상륙 작전

① (가) – 일본이 소련군을 기습 공격하였다.
② (가) – 영국의 경제 봉쇄에 대한 대응이었다.
③ (나) – 독일군이 폴란드를 점령하였다.
④ (나) – 소련이 독일군에게 승리를 거뒀다.
⑤ (나) – 독일에 점령당한 프랑스가 해방되었다.

11 (가), (나)에 들어갈 용어가 옳게 짝지어진 것은?

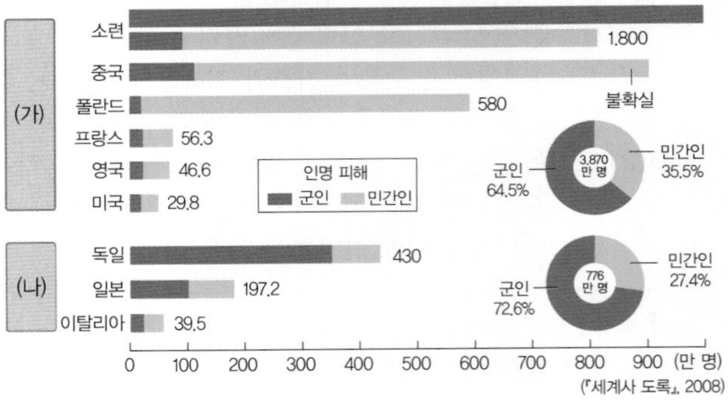

(『세계사 도록』, 2008)

	(가)	(나)
①	동맹국	추축국
②	동맹국	연합국
③	연합국	동맹국
④	연합국	추축국
⑤	추축국	연합국

서술형 • 논술형

서술형

01 (가)에 해당하는 국제기구의 이름을 쓰고, 해당 조직이 가진 한계점을 한 가지만 서술하시오.

> 제1차 세계 대전은 기존 전쟁과는 비교할 수 없을 만큼 큰 피해를 남겼다. 이에 국제 사회는 1920년에 평화 유지, 협력 촉진을 위해 (가) 을/를 창설하였다.

서술형

02 (가)에 해당하는 사진 속 인물의 이름과 (나)에 해당하는 국가명을 쓰고, (다)의 사례를 한 가지만 서술하시오.

> (가) 은/는 오스만 제국을 무너뜨리고 (나) 공화국을 건설하고, (다) 여러 개혁을 추진하였다.

서술형

03 밑줄 친 ㉠에 해당하는 용어를 쓰고, ㉡에 해당하는 사례를 두 가지만 서술하시오.

> 대공황이 발생하자 미국의 루스벨트 대통령은 이를 해결하기 위한 ㉠ 정책을 실시하였다. 이 정책은 국가가 시장에 적극 개입해 생산을 조절하는 것으로, ㉡ 다양한 방법으로 추진되었다.

논술형

04 다음 핵심 개념을 바탕으로 제1차 세계 대전의 특징을 200자 내외로 논술하시오.

> • 신무기의 등장 • 참호전 • 총력전

02 민주주의의 확산

❶ 공화정의 확산

(1) 바이마르 공화국

① 수립: 독일 혁명 → 제헌 의회 구성 → 바이마르 헌법 제정 및 공화국 선포(1919)

② 붕괴: 나치당이 정권을 장악하고, 히틀러가 총통에 취임하면서 소멸(1934)

집중 탐구 바이마르 헌법

> 제1조 독일은 공화국이다. 국가 권력은 국민으로부터 나온다.
> 제22조 국회 의원은 비례 대표제의 원칙에 따라 20세 이상의 남녀 보통 · 평등 · 직접 · 비밀 선거로 선출된다.
> 제159조 노동 조건 및 경제 조건을 보호하고 개선하기 위하여 결사의 자유는 누구에게나 보장된다.

바이마르 공화국의 헌법은 여성 참정권을 보장하고, 노동자의 단결권, 단체 교섭권 등을 인정한 당시로서는 가장 민주적인 헌법이었다. 이후 바이마르 헌법은 여러 나라의 헌법에 영향을 미쳤다.

(2) 신생 독립국의 탄생

→ 윌슨이 제시한 민족 자결주의 원칙의 영향으로 독립하게 되었다.

① 신생 독립국의 등장: 제1차 세계 대전 이후 유럽 곳곳에서 신생 독립국들의 등장

② 신생 독립국들 대부분 민주 공화정 채택

- 오스트리아 · 헝가리 제국 → 민주 공화국 수립
- 오스만 제국 → 시리아 · 이라크 · 팔레스타인 등으로 분리되고, 터키 공화국 수립
- 핀란드 등 제정이 무너진 러시아로부터 독립한 나라들도 공화정 채택

▲ 제1차 세계 대전 이후의 유럽

Q&A 왜 제1차 세계 대전 이후 공화정이 보편적인 정치 체제가 되었을까요?

제1차 세계 대전이 끝난 뒤 유럽에서는 공화정이 대세를 이루었다. 왕을 중심으로 단결하자는 국가주의로 인해 제1차 세계 대전이 발생하였고, 이를 극복하기 위해서는 민중에 의한 정치, 즉 민주주의에 의한 통치 체제가 필요하다고 생각한 것이다. 그리하여 독일, 오스트리아, 오스만 제국이 있던 자리에는 공화국이 들어섰고, 새로 독립한 나라들도 대부분 공화정을 선택하였다.

❷ 보통 선거의 확대와 여성 참정권 운동

→ 성별, 재산 정도에 관계없이 일정 연령 이상의 국민 모두에게 선거권을 주는 제도이다.

(1) 보통 선거의 확대

① 배경: 제1차 세계 대전의 총력전 양상 → 모든 국민의 전쟁 참여 → 후방에서 여성과 노동자, 농민이 큰 역할 담당

② 결과: 여성 참정권 및 보통 선거의 확대

더 알아보기 ▶ 참정권의 의미와 발전

참정권은 투표권을 비롯해 정치에 참여할 수 있는 시민의 권리를 말한다. 그러나 참정권은 오랫동안 재산 소유의 정도에 따라 제한되어 가난한 평민들은 권리를 누릴 수 없었다. 그러나 영국의 차티스트 운동과 프랑스의 2월 혁명, 제1차 세계 대전 등을 거치며 점차 성별, 재산 정도에 일정 연령 이상의 국민 모두에게 선거권을 주는 보통 선거가 확대되었고, 참정권도 확대되었다.

+ 바이마르 공화국의 선거

1920년대에 진행된 바이마르 공화국의 선거로, 왼쪽은 투표 용지이며, 오른쪽은 선거 포스터를 보고 있는 유권자들의 모습이다.

+ 바이마르 헌법 제정 의회

남녀 20세 이상 보통 선거를 통해 구성된 제헌 의회는 헌법 제정을 통해 바이마르 공화국을 선포(1919)하였다.

+ 바이마르 헌법과 공화국

바이마르 헌법은 당시로서는 매우 민주적인 헌법으로, 언론 · 출판의 자유를 보장하고 법 앞의 평등을 약속함과 동시에 18세까지 의무 교육 실시를 규정하였다. 독일 사회 민주당의 당수 에베르트가 바이마르 공화국의 초대 대통령으로 선출되었으며, 베르사유 조약을 승인하였다.

+ 여성의 전쟁 참여

제1차 세계 대전 당시 공장에서 폭탄을 만드는 여성 노동자의 모습으로, 전쟁의 양상 변화는 종전 후 여성 참정권 확대에 큰 영향을 미치게 되었다.

(2) 여성 참정권 운동

① 전개: 영국과 미국을 중심으로 19세기 후반부터 여성 참정권 운동 전개 → 여성 참정권 주장 단체 결성, 집회와 시위 및 청원

→ 전선에서는 간호 인력으로, 후방에서는 물자 공급 등으로 전쟁에 참여하였다.

② 발전: 제1차 세계 대전에서 여성의 참여 및 전후 여성 노동자들의 증가로 여성의 사회적 · 경제적 역할 증대

→ 아시아와 아프리카의 여성들은 제2차 세계 대전 이후 독립을 달성하고 민주주의를 도입하는 과정에서 참정권을 인정받게 되었다.

③ 결과: 제1차 세계 대전을 전후로 유럽 대부분의 국가가 여성 참정권 인정

집중 탐구 에밀리 데이비슨

▲ 달리는 경주마에 뛰어든 에밀리 데이비슨

여성 참정권 운동은 영국의 여성 사회 정치 연합(WSPU)이 결성되면서 더욱 적극적인 행동으로 나타나는데, 이 단체의 회원이었던 에밀리 데이비슨은 1913년 런던 인근에서 개최된 경마 대회에서 달리는 국왕의 말 앞으로 뛰어들며 "여성에게 투표권을!"이라고 외쳤다. 이 일로 그녀가 사망하게 되었는데, 이를 계기로 전국의 여성 참정권 운동가들은 에밀리 데이비슨의 장례식에 모여 항의 운동을 펼쳤고, 여성 참정권 운동은 더욱 활발해졌다.

3 노동자의 권리 보호와 복지 국가 이념의 등장

(1) 노동자의 권리 확대

① 배경: 제1차 세계 대전을 전후로 노동자가 생산과 소비 주체로서의 역할 증대, 전쟁 중 노동자의 참여로 사회적 지위 향상

② 전개

→ 1886년 5월 1일 미국 시카고의 노동자들이 8시간 노동제 등을 요구하면서 총파업을 벌였는데, 5월 3일 경찰의 발포로 6명의 노동자가 사망. 이를 기리기 위해 1889년 프랑스 파리 제2 인터내셔널(국제 노동자 협회)에서 5월 1일을 노동절로 지정하였다.

유럽	• 메이 데이(노동절) 제정: 1889년 프랑스 파리에서 노동자들이 모여 제정 • 국제 노동 기구(ILO) 설립(1919): 베르사유 조약에 규정된 노동 관련 상설 기구로 설립되어 1일 8시간, 1주 48시간 노동을 국제 표준으로 확립
영국	노동자의 투표권 인정(1867), 노동당 창당(1900)
독일	사회 민주당 창당(1875), 바이마르 헌법(노동자의 권리 보호 명시)
미국	• 와그너법 제정(1935): 노동자의 단결권과 단체 교섭권 인정 • 최저 임금제와 주 40시간 근로제 도입

→ 미국에서는 대공황을 거치며 노동자의 권리를 보호하는 여러 정책을 시행하였다.

(2) 복지 국가 이념의 등장

① 배경: 제1, 2차 세계 대전을 거치며 참정권이 확대되고 사회권에 대한 인식 발전

② 전개

- 19세기 후반: 독일의 비스마르크 주도로 사회 보장 제도 도입(사회 보험, 연금 등)
- 20세기: 스웨덴의 사회 민주당, 영국의 노동당 등이 부상해 노동자 권리와 사회 보장 제도 옹호
- 제2차 세계 대전 이후: 복지 국가 이념 발전

더 알아보기 ▶ 사회권의 의미

사회권은 현대 복지 국가에서 널리 인정받는 권리로, 인간다운 생활을 할 권리를 의미한다. 산업 혁명 이래, 19~20세기를 거치며 참정권이 확대되고 사회권에 대한 인식이 발전하면서 민주주의가 심화되었는데, 이러한 사회권은 제2차 세계 대전을 거치면서 복지 국가 이념으로 발전하였다. 그리고 1948년 국제 연합(UN)에서 채택한 세계 인권 선언에는 인권의 개념에 사회권이 포함되었다.

✚ 에멀린 팽크허스트(1858~1928)

여성 사회 정치 연합(1903)을 결성해 영국의 여성 참정권 운동을 주도하였다.

✚ 여성 참정권 획득 시기

1893 뉴질랜드
1906 핀란드
1913 노르웨이
1918 소련, 독일, 캐나다, 영국(30세 이상)
1920 미국
1928 영국(21세 이상)
1944 프랑스
1945 일본
1948 대한민국

✚ 국제 노동 기구 본부(스위스)

노동자의 경제적 · 사회적 지위 향상을 목표로 설립되었다. 우리나라는 1991년에 가입하였다.

✚ 8시간 노동 포스터

1889년 영국 리즈의 석탄 가스 노동조합이 제작한 포스터이다.

✚ 복지 국가

일반적으로 국민의 생존권을 보장하고 복지의 증진과 확보 및 행복의 추구를 국가의 중요한 임무로 하는 국가를 의미한다.

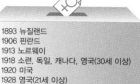

개념 다지기

01 빈칸에 들어갈 알맞은 말을 쓰시오.

(1) 제1차 세계 대전 이후 독일에는 (　　　　) 공화국이 수립되었다.
(2) 제1차 세계 대전 이후 등장한 신생 독립국들은 대부분 민주 (　　　　)을/를 채택하였다.
(3) (　　　　) 선거는 성별, 재산 정도에 관계없이 일정 연령 이상의 국민 모두에게 선거권을 주는 제도이다.
(4) (　　　　)은/는 정치에 참여할 수 있는 시민의 권리를 말한다.
(5) 제1차 세계 대전을 전후로 유럽 대부분의 국가가 (　　　　) 참정권을 인정하였다.
(6) 1919년에 제정된 독일의 (　　　　) 헌법은 노동자의 권리 보호를 명시하였다.
(7) 1935년 미국에서 제정된 (　　　　)법은 노동자의 단결권과 단체 교섭권을 인정하였다.

02 다음 내용이 맞으면 ○표, 틀리면 ×표를 하시오.

(1) 바이마르 공화국은 20세 이상의 남녀 보통 선거를 실시하였다. .... (　　)
(2) 제1차 세계 대전 이후 왕정이 보편적인 정치 체제로 자리 잡았다. .... (　　)
(3) 국제 노동 기구(ILO)가 설립되어 1일 8시간, 1주 48시간 노동을 국제 표준으로 확립하였다. .... (　　)

03 1913년 런던의 경마 대회에서 "여성에게 투표권을!"이라고 외치며 경주마에 뛰어든 사람의 이름은?

04 일반적으로 국민의 생존권을 보장하고 복지의 증진과 확보 및 행복의 추구를 국가의 중요한 임무로 여기는 국가는?

05 각 국가와 관련된 노동자의 권리 확대 사례를 연결하시오.

(1) 영국 •	• ㉠ 와그너법 제정
(2) 독일 •	• ㉡ 노동당 창당(1900)
(3) 미국 •	• ㉢ 바이마르 헌법 제정

06 괄호 안에 들어갈 옳은 말에 ○표 하시오.

(1) 보통 선거권은 (연령, 재산)을 기준으로 투표권을 부여하는 제도이다.
(2) 제1, 2차 세계 대전을 거치며 참정권이 (확대, 축소) 되었다.
(3) (에멀린 팽크허스트, 에밀리 데이비슨)은/는 여성 사회 정치 연합(WSPU)의 결성을 주도하며 영국의 여성 참정권 운동을 이끌었다.

07 제1차 세계 대전 이전에 여성 참정권이 부여된 나라로 옳은 것만을 〈보기〉에서 있는 대로 고르시오.

보기
ㄱ. 영국　　　ㄴ. 핀란드
ㄷ. 프랑스　　ㄹ. 뉴질랜드

08 다음 설명에 해당하는 기념일을 쓰시오.

> 1886년 5월 1일 미국 시카고의 노동자들이 8시간 노동제를 요구하는 총파업을 벌였는데, 5월 3일 경찰의 발포로 6명의 노동자가 사망하였다. 이 사건을 기리기 위해 1889년 프랑스 파리 제2 인터내셔널에서는 5월 1일을 노동자들을 위한 날로 지정하였다.

중단원 실력 쌓기

01 밑줄 친 ㉠의 사례에 해당하는 국가로 옳은 것은?

> 제1차 세계 대전에서 연합국이 승리한 후 민주주의가 더욱 발전하였다. ㉠ 제1차 세계 대전이 끝난 후 왕정을 폐지하고 공화정을 채택하는 국가가 늘어났다.

① 미국 ② 일본 ③ 영국
④ 프랑스 ⑤ 오스트리아

02 다음 대화 중 옳게 말한 사람들로만 짝지어진 것은?

> 갑: 제1차 세계 대전 이후 독일에는 바이마르 공화국이 들어섰어.
> 을: 바이마르 공화국의 헌법은 일정 수준 이상의 재산을 보유한 남녀에게 참정권을 부여하였지.
> 병: 그 헌법에는 노동자의 권리를 보호해야 한다고 명시되어 있어.
> 정: 하지만 바이마르 공화국은 이탈리아, 일본과 추축국을 형성해 다른 나라를 침략하였어.

① 갑, 을 ② 갑, 병 ③ 을, 병
④ 을, 정 ⑤ 병, 정

중요
03 교사의 질문에 대한 대답으로 옳은 것만을 〈보기〉에서 고른 것은?

> 교사: 여러분, 제1차 세계 대전을 전후로 유럽에서 여성 참정권이 인정된 배경은 무엇일까요?

보기
> ㄱ. 제1차 세계 대전에 많은 여성들이 참여했어요.
> ㄴ. 전쟁 뒤 여성 노동자의 증가로 사회적 역할이 증대했죠.
> ㄷ. 프랑스에서 2월 혁명을 계기로 보통 선거가 도입되었기 때문입니다.
> ㄹ. 미국의 와그너법 제정의 영향을 받아 유럽의 여성 참정권 인식이 변화했어요.

① ㄱ, ㄴ ② ㄱ, ㄷ ③ ㄴ, ㄷ
④ ㄴ, ㄹ ⑤ ㄷ, ㄹ

중요
04 밑줄 친 ㉠에 해당하는 국제기구에 대한 설명으로 옳은 것은?

> 수많은 사람들에게 불의·고난·궁핍을 주는 노동 조건이 존재한다. …… 일당 또는 주당 최장 노동 시간의 설정을 포함한 노동 시간의 규정, 노동력의 공급 조절, 실업의 예방, 적정 생활 임금의 지급, 직업상 발생하는 질병·질환 및 상해로부터의 근로자 보호, 아동·청소년 및 여성의 보호 …… 시급히 개선되는 것이 요구된다. …… 이 조약의 목표를 달성하기 위해 ㉠ 상설 기구를 설립한다.
> – 베르사유 조약(1919) 중 일부 –

① 여성 참정권 운동을 전개하였다.
② 주 40시간 근로제를 도입하였다.
③ 메이 데이(노동절)를 제정하였다.
④ 군비 축소를 위한 회의를 개최하였다.
⑤ 1일 8시간 노동을 국제 표준으로 확립하였다.

05 (가)에 들어갈 말로 옳은 것은?

① 주 48시간만 일하면 된다는 말이야.
② 재산에 따라 투표권을 부여한다더군.
③ 우리에게 연금 제도가 생겼다는 말일세.
④ 앞으로 사회 보험에 가입할 수 있다는 것이지.
⑤ 노동자들도 단체 교섭권을 행사할 수 있다는 것일세.

중요
06 다음은 어떤 학생이 작성한 역사 OX 퀴즈의 답안지이다. 이 학생이 받게 될 점수로 옳은 것은?

5단원 정리 문제
※ 각 문항의 내용이 맞으면 ○표, 틀리면 ×표를 하시오.
(문항당 1점)

번호	내용	답
1	바이마르 헌법은 여성 참정권을 보장하였다.	○
2	뉴질랜드는 전세계에서 가장 먼저 여성 참정권을 인정하였다.	×
3	영국에서는 1900년에 노동당이 창당되었다.	×
4	제2차 세계 대전 이후 복지 국가 이념이 발전하였다.	○

① 0점 ② 1점 ③ 2점
④ 3점 ⑤ 4점

07 (가)에 해당하는 내용으로 적절한 것만을 〈보기〉에서 고른 것은?

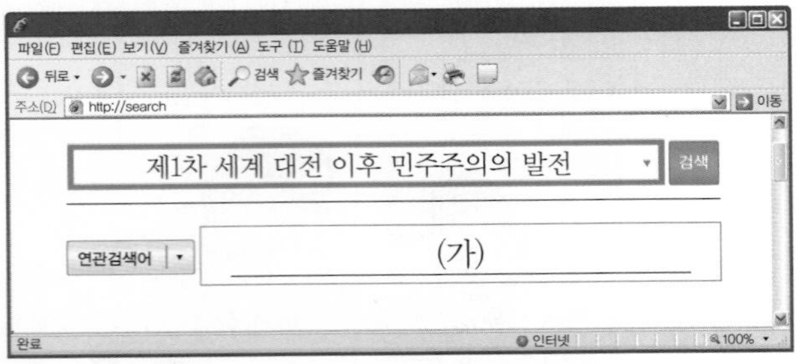

보기
ㄱ. 보통 선거의 확대
ㄴ. 바이마르 헌법의 제정
ㄷ. 프랑스 2월 혁명 발생
ㄹ. 여성 사회 정치 연합(WSPU)의 창립

① ㄱ, ㄴ ② ㄱ, ㄷ ③ ㄴ, ㄷ
④ ㄴ, ㄹ ⑤ ㄷ, ㄹ

중요
08 (가)에 들어갈 내용으로 적절한 것만을 〈보기〉에서 고른 것은?

역사 탐구 보고 계획서
• 주제: 여성 참정권의 발전
• 탐구 계획: (가)

보기
ㄱ. 에멀린 팽크허스트의 전기를 읽는다.
ㄴ. 빈 체제의 형성 과정에 대해 탐구한다.
ㄷ. 인터넷에서 에밀리 데이비슨에 대해 검색한다.
ㄹ. 베르사유 조약의 주요 내용이 무엇인지 조사한다.

① ㄱ, ㄴ ② ㄱ, ㄷ ③ ㄴ, ㄷ
④ ㄴ, ㄹ ⑤ ㄷ, ㄹ

09 다음 힌트에 모두 해당하는 국가로 옳은 것은?

힌트 1 – 제1차 세계 대전에 연합국으로 참전하였다.
힌트 2 – 19세기 후반부터 영국과 함께 여성 참정권 운동을 이끌었다.
힌트 3 – 1935년 와그너법을 제정해 노동자의 권리를 보호하였다.

① 독일 ② 미국 ③ 러시아
④ 프랑스 ⑤ 이탈리아

서술형 • 논술형

서술형

01 빈칸 ㉠에 들어갈 용어를 쓰고, ㉠ 선거의 정의를 서술하시오.

〈바이마르 헌법(일부)〉

제1조 독일은 공화국이다. 국가 권력은 국민으로부터 나온다.

제22조 국회 의원은 비례 대표제의 원칙에 따라 20세 이상의 남녀 (㉠)·평등·직접·비밀 선거로 선출된다.

서술형

02 (가)에 들어갈 참정권의 의미를 쓰고, (나)에 해당하는 역사적 사례를 한 가지만 서술하시오.

참정권은 ______(가)______. (나) 여성들은 참정권을 확보하기 위해 19세기 후반부터 노력해 온 결과 제1차 세계 대전을 전후로 유럽 대부분의 국가가 여성 참정권을 인정하였다.

서술형

03 (가)에 해당하는 용어를 쓰고, (나)의 의미를 서술하시오.

[(가)]은/는 현대 복지 국가에서 널리 인정받는 권리로, 인간다운 생활을 할 권리를 의미한다. 산업 혁명 이래, 19～20세기를 거치며 참정권이 확대되고 [(가)]에 대한 인식이 발전한 결과 제2차 세계 대전을 거치며 [(나)] 이념으로 발전하였다.

논술형

04 다음 핵심 개념을 바탕으로 제1차 세계 대전 이후 참정권이 확대된 배경에 대해 200자 내외로 논술하시오.

- 총력전
- 여성과 노동
- 사회·경제적 역할

03 인권 회복과 평화 확산을 위한 노력

+ 나치의 유대인 차별 및 학살 정책

유대인을 차별하는 법을 제정하고, 소수 인종 또는 소수 종교 집단의 거주지인 게토에 격리하였으며, 전시에는 아우슈비츠 등의 수용소로 이송해 대량 학살을 자행하였다.

+ 아우슈비츠 수용소

나치가 세운 강제 수용소 중 가장 규모가 컸던 수용소이다.

+ 난징 대학살

일본 신문에 보도된 기사에 개재된 사진으로, 해당 기사는 두 군인이 누가 먼저 백 명 이상의 목을 베는지를 겨루었다는 내용이다.

+ 런던 공습

독일의 공습을 피해 참호로 대피한 영국 어린이들의 모습이다.

+ 평화의 소녀상

2011년 12월 14일, 일본군 '위안부' 문제 해결을 촉구하며 세운 조각상이다.

❶ 대량 학살과 인권 침해

(대량 학살 → 제노사이드(genocide)라고도 한다.)

(1) 대량 학살

① **배경**: 20세기 과학 기술과 산업의 발전 과정에서 대량 살상 무기가 발달하고, 극단주의와 인종주의 등이 유행하여 다른 민족과 인종에 대한 무차별적인 폭력을 행사 → 제2차 세계 대전은 군인보다 더 많은 수의 민간인이 희생

(대량 살상 무기 → 핵무기, 생화학 무기, 무기를 운반하는 미사일 등 많은 사람을 희생시킬 수 있는 무기들을 말한다.)

② **내용**

홀로코스트	• 제2차 세계 대전 중 독일 나치가 일으킨 대량 학살 • 극단적 인종주의를 바탕으로 1천 1백만여 명의 민간인과 전쟁 포로를 학살 → 그 중 6백만 명은 유대인, 이외에 소수 민족과 장애인, 정치범도 희생
난징 대학살	• 일본이 중일 전쟁 중 중국의 수도였던 난징에서 일으킨 대량 학살 • 6주에 걸쳐 수십만의 중국군 포로와 더불어 민간인 살해
폭격과 공습	• 전투기를 활용해 후방 민간인에 대한 무차별 폭격을 통한 대량 학살 • 독일의 런던 공습, 영국과 미국의 드레스덴 폭격 등

(홀로코스트 → 제물을 '불에 태우는 제사'라는 뜻으로, 그리스어에서 유래하였다.)

(난징 대학살 → 제2차 세계 대전이 끝난 뒤 난징 전범 재판이 열렸으나, 일본의 일부 정치인들은 난징 대학살에 대해 일본의 책임이 없다고 주장하고 있다.)

Q&A 폭격으로 인한 피해는 어떠하였나요?

> 내가 본 광경들은 너무나 처참해서 제대로 묘사할 재주가 없다. 시체, 시체, 시체, 어디에나 시체였다. 숯처럼 새까맣게 탄 시체도 있었다. …… 돌 더미 사이로 팔, 머리, 다리, 깨진 두개골이 비죽이 나와 있었다. 물탱크에는 꼭대기까지 죽은 사람의 몸이 채워져 있었다. －생존자 마르가레트 프라이어의 증언－

1945년 2월 미국과 영국 연합군은 독일의 드레스덴에 폭격을 가하였다. 이 과정에서 드레스덴에 피신해 있던 많은 민간인이 사망하였고, 이곳에 남아 있던 역사 유적이 파괴되었다.

(2) 인권 침해: 전쟁 과정 중 다양한 인권 유린이 발생

강제 이주, 강제 추방	• 소련: 블라디보스토크의 한국인 및 소수 민족을 중앙아시아로 강제 이주(1937) • 독일: 폴란드 점령 후 독일인 이주를 위해 폴란드인을 강제로 추방 • 연합국: 전쟁 중 유럽 곳곳의 독일인 천만 명 이상을 현재 독일 지역으로 추방
강제 동원	• 일제가 국가 총동원령 및 국민 징용령 · 징병제 실시 • 일본군 '위안부'로 강제 동원

집중 탐구 전쟁을 기억하는 서로 다른 방식

▲ **뉘른베르크 국제 군사 재판(좌)과 빌리 브란트 서독 총리의 사죄(우)**: 독일은 홀로코스트 등 제2차 세계 대전에서 수많은 전쟁 범죄를 일으켰다. 독일의 전범들은 뉘른베르크 국제 군사 재판에서 철저히 처벌되었고, 1970년 브란트 서독 총리가 전쟁 희생자 추모비 앞에서 무릎을 꿇은 이후 독일 총리들은 대부분 홀로코스트에 대하여 반성하는 모습을 보이고 있다.

▲ **극동 국제 군사 재판(좌)과 일본 총리의 야스쿠니 신사 참배(우)**: 일본은 중일 전쟁 당시 난징 대학살, 태평양 전쟁 등 각종 전쟁 범죄를 일으켰다. 그러나 현재 일본의 일부 정치인들은 난징 대학살에 대해 일본의 책임이 없다고 주장하는 한편, 최근 일본 총리와 일부 정치인들은 A급 전범들이 합사되어 있는 야스쿠니 신사를 참배해 물의를 빚고 있다.

❷ 평화를 위한 노력

(1) 전후 처리를 위한 노력

대서양 헌장 (1941. 8.)	미국과 영국의 대표가 모여 전후 평화 수립의 원칙을 정하고, 국제 연합(UN) 창설의 기초를 마련
카이로 회담 (1943. 11.)	• 참가국: 미국, 영국, 중국 • 주요 내용: 전후 일본 처리 문제, 한국의 독립과 중국 점령지 반환
얄타 회담 (1945. 2.)	• 참가국: 미국, 영국, 소련 • 주요 내용: 독일 분할 점령, 국제 연합(UN)의 창설, 소련의 대일전 참전 결정
포츠담 회담 (1945. 7.~8.)	• 참가국: 미국, 영국, 소련 • 주요 내용: 독일 문제 처리, 일본에 무조건 항복 요구(포츠담 선언)

(2) 전쟁 범죄에 대한 재판

→ 뉘른베르크 국제 군사 재판이 고위급 전범은 예외 없이 수배하고 재판한 반면, 극동 국제 군사 재판은 천황 등 고위급 전범 대부분이 면책되었다.

뉘른베르크 국제 군사 재판(1945~1946)	극동 국제 군사 재판(1946~1948)
• 주요 나치 전범을 처벌하기 위해 두 차례 개최, 12명 사형, 3명 종신형 등 선고 • 재판 과정에서 나치당의 만행이 드러남	• 일본 도쿄에서 열린 재판(도쿄 전범 재판이라고도 함), 도조 히데키 등 7명 사형 선고 • 천황이 기소되지 않고, 731 부대의 생체 실험 등의 범죄가 규명되지 않음

→ 제2차 세계 대전 당시 일본이 중국에 주둔시켰던 세균전 부대로, 일명 '마루타(통나무) 실험'이라고 불리는 생체 실험을 자행하였다.

(3) 국제 연합

① 창설 배경: 두 차례의 세계 대전을 겪으며 평화 유지를 위한 국제기구의 필요성 대두
② 과정: 대서양 헌장을 통해 창설 기초 마련 → 샌프란시스코 회의(1945)에서 창설 결정
③ 특징: 이전의 국제 연맹과 달리 국제 연합군 및 평화 유지군을 두어 군사적 능력을 구비
④ 한계: 강대국의 영향력이 지나치게 크고, 일부 국가들이 국제 연합의 결정을 무시하며 분쟁을 일으키는 문제가 존재

→ 상임 이사국은 거부권을 행사할 수 있는데, 상임 이사국 중 어느 한 국가만 거부해도 안건이 처리되지 않는다.

더 알아보기 ▶ 국제 연합 헌장과 국제 연합의 조직

제1조(목적) 국제 연합은 국제 평화와 안전을 유지한다. 이를 위하여 평화에 대한 위협을 없애고 침략 행위 및 기타 평화를 파괴하는 행위를 진압하기 위한 집단적 조치를 취하며, 평화를 깨뜨리는 국제적 분쟁을 평화적 수단과 정의, 국제법의 원칙에 따라 해결한다.
제24조(안전 보장 이사회) 국제 연합의 신속하고 효과적인 조치를 확보하기 위하여 …… 국제 평화와 안전의 유지를 위한 일차적 책임을 안전 보장 이사회에 부여한다.
제42조(평화에 대한 위협, 평화의 파괴 및 침략 행위에 관한 조치) 안전 보장 이사회는 …… 국제 평화와 안전의 유지 또는 회복에 필요한 육·해·공군에 의한 조치를 취할 수 있다. -국제 연합 헌장-

1945년 샌프란시스코 회의에서 제정된 국제 연합 헌장은 국제 연합의 목적이 인권과 자유의 신장에 있음을 밝혔고, 더 나아가 1948년 총회에서는 「세계 인권 선언」을 채택해 인권의 기준을 제시하였다.

국제 사법 재판소(네덜란드 헤이그)

국제 연합 총회

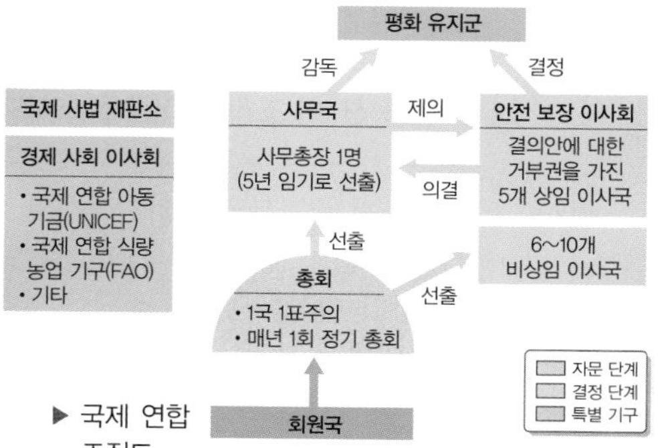

▶ 국제 연합 조직도
(『독일 프랑스 공동 역사 교과서』, 2008)

국제 연합 평화 유지군

안전 보장 이사회

✚ 얄타에 모인 3국 정상

왼쪽부터 영국의 처칠, 미국의 루스벨트, 소련의 스탈린이다.

✚ 국제 연합 본부(미국 뉴욕)

✚ 안전 보장 이사회

국제 연합의 주요 집행 기구로, 거부권을 가진 5개의 상임 이사국(미국, 러시아, 프랑스, 중국, 영국)과 2년 단위로 선출되는 10개의 비상임 이사국으로 구성되었다.

✚ 샌프란시스코 회의 후 국제 연합의 창립 헌장에 서명하고 있는 열강의 대표들(1945)

✚ 「세계 인권 선언」을 읽고 있는 유엔 인권 위원회 위원장 엘리너 루스벨트

미국 대통령 루스벨트의 아내로 세계 인권 선언을 기초하는 데 큰 공헌을 하였다.

개념 다지기

정답과 해설 | 41쪽

01 빈칸에 들어갈 알맞은 말을 쓰시오.

(1) 제2차 세계 대전 중 독일 나치가 일으킨 대량 학살을 통틀어 (　　　)(이)라고 한다.
(2) 미국은 히로시마와 나가사키에 (　　　)을/를 투하하였다.
(3) (　　　)은/는 전쟁 대비를 위해 블라디보스토크의 한국인과 여러 소수 민족을 중앙아시아로 강제 이주시켰다.
(4) 일제는 전쟁 과정 중에 일본군 '(　　　)'을/를 강제로 동원하였다.
(5) 1943년 (　　　) 회담에서는 전후 일본 처리 문제를 협의하면서 한국의 독립을 약속하였다.
(6) 극동 국제 군사 재판에서는 일본 전범 처리가 이루어졌으나 (　　　)은/는 기소되지 않았다.
(7) 제2차 세계 대전 이후 국제 평화 유지를 위해 (　　　)이/가 창설되었다.

02 다음 내용이 맞으면 ○표, 틀리면 ×표를 하시오.

(1) 독일 나치는 유대인 외에도 슬라브인, 집시 등 소수 민족과 장애인, 정치범도 학살하였다. ············ (　　　)
(2) 일본군은 중일 전쟁 중 중국의 수도 난징에서 대량 학살을 자행하였다. ············ (　　　)
(3) 국제 연합은 국제 평화를 유지하기 위해 창설되었으나 침략국을 제재할 군사적 수단이 없었다. ······ (　　　)

03 다음 사진과 관련하여 일제가 중일 전쟁 중 중국군 포로와 민간인을 대량으로 학살한 사건의 명칭을 쓰시오.

04 주요 나치 전범을 처벌하기 위해 1945년부터 1946년까지 개최된 국제 재판의 명칭을 쓰시오.

05 각 국과 관련된 역사적 사건을 연결하시오.

(1) 독일 •　　　　• ㉠ 홀로코스트
(2) 미국 •　　　　• ㉡ 난징 대학살
(3) 일본 •　　　　• ㉢ 드레스덴 폭격

06 괄호 안에 들어갈 옳은 말에 ○표 하시오.

(1) 독일 나치는 홀로코스트를 통해 (유대인, 중국인)을 대량 학살하였다.
(2) 제2차 세계 대전 중 영국과 미국은 (런던, 드레스덴)을 폭격하였다.
(3) 제2차 세계 대전 이후 (국제 연맹, 국제 연합)이 창설되었다.

07 다음 사건들을 일어난 순서대로 나열하시오.

(가) 얄타 회담
(나) 카이로 회담
(다) 포츠담 회담

08 밑줄 친 부분을 옳게 고쳐 쓰시오.

(1) <u>독일</u>은 미국과 함께 드레스덴을 폭격하였다. ············ (　　　)
(2) 독일은 <u>슬라브인</u>을 게토에 격리하였다. ······· (　　　)
(3) <u>포츠담 회담</u>으로 소련의 대일전 참전이 결정되었다. ············ (　　　)

09 밑줄 친 '이 조직'의 이름을 쓰시오.

<u>이 조직</u>은 거부권을 가진 5개의 상임 이사국(미국, 러시아, 프랑스, 중국, 영국)과 2년 단위로 선출되는 10개의 비상임 이사국으로 구성되어 있다. 상임 이사국은 안건에 대해 거부권을 행사할 수 있는데, 상임 이사국 중 어느 한 국가만 거부해도 안건이 처리되지 않는 권한을 지닌다.

중단원 실력 쌓기

중요
01 다음과 같은 상황이 전개된 배경으로 적절한 것만을 〈보기〉에서 고른 것은?

> 제2차 세계 대전 당시에는 민간인을 대상으로 한 대량 학살과 인권 유린이 발생하였다.

| 보기 |
ㄱ. 민족 자결주의가 유행하였다.
ㄴ. 대량 살상 무기가 발달하였다.
ㄷ. 극단적 민족주의가 유행하였다.
ㄹ. 제국주의 국가 간의 경쟁이 치열해졌다.

① ㄱ, ㄴ ② ㄱ, ㄷ ③ ㄴ, ㄷ
④ ㄴ, ㄹ ⑤ ㄷ, ㄹ

02 다음 안내문과 관련된 역사적 사건으로 옳은 것은?

파일(F) 편집(E) 보기(V) 즐겨찾기(A) 도구(T) 도움말(H)
뒤로 · 검색 · 즐겨찾기
주소(D) 이동

사이버 역사 투어

오늘 가 볼 곳은 아우슈비츠입니다. 이곳에는 어떤 이야기가 숨어 있을까요?

100%

① 대공황 ② 런던 공습
③ 홀로코스트 ④ 난징 대학살
⑤ 드레스덴 폭격

03 (가), (나)에 해당하는 국가로 옳은 것은?

> • (가) – 중국의 수도였던 난징을 점령해 수십만의 중국군 포로와 민간인을 학살하였다.
> • (나) – 전쟁 대비를 위해 블라디보스토크의 한국인을 중앙아시아로 강제 이주시켰다.

	(가)	(나)		(가)	(나)
①	일본	소련	②	영국	미국
③	미국	영국	④	독일	프랑스
⑤	이탈리아	일본			

중요
04 (가)에 들어갈 학습 주제로 가장 적절한 것은?

> 학습 주제: (가)
> • 주요 내용
> – 대서양 헌장(1941)의 발표
> – 뉘른베르크 국제 군사 재판
> – 국제 연합(UN)의 창설

① 전체주의의 등장
② 평화를 위한 노력
③ 노동자의 권리 보호
④ 보통 선거권의 확대
⑤ 대량 학살과 인권 침해

05 다음 강연에서 들을 수 있는 내용으로 적절한 것만을 〈보기〉에서 고른 것은?

> 오늘의 강연 주제
>
> 제2차 세계 대전 중의
> 대량 학살과 인권 침해

| 보기 |
ㄱ. 독일 나치에 의한 홀로코스트
ㄴ. 일본의 일본군 '위안부' 강제 동원
ㄷ. 사라예보 사건과 황태자 부부의 암살
ㄹ. 독일의 무제한 잠수함 작전과 미국의 참전

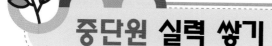

① ㄱ, ㄴ ② ㄱ, ㄷ ③ ㄴ, ㄷ
④ ㄴ, ㄹ ⑤ ㄷ, ㄹ

중요

[06~07] 다음 물음에 답하시오.

(가) 얄타 회담	(나) 대서양 헌장
(다) 카이로 회담	(라) 포츠담 회담

06 (가)~(라)를 일어난 순서대로 배열한 것은?

① (가) - (나) - (다) - (라)
② (나) - (가) - (다) - (라)
③ (나) - (다) - (가) - (라)
④ (다) - (가) - (나) - (라)
⑤ (다) - (나) - (가) - (라)

07 (나)에 대한 설명으로 옳은 것만을 〈보기〉에서 고른 것은?

| 보기 |

ㄱ. 일본에게 무조건 항복을 권고하였다.
ㄴ. 미국, 영국, 소련 대표가 참석하였다.
ㄷ. 국제 연합(UN) 창설의 기초를 마련하였다.
ㄹ. 제2차 세계 대전 이후의 평화 원칙을 수립하였다.

① ㄱ, ㄴ
② ㄱ, ㄷ
③ ㄴ, ㄷ
④ ㄴ, ㄹ
⑤ ㄷ, ㄹ

08 (가)에 대한 설명으로 옳지 않은 것은?

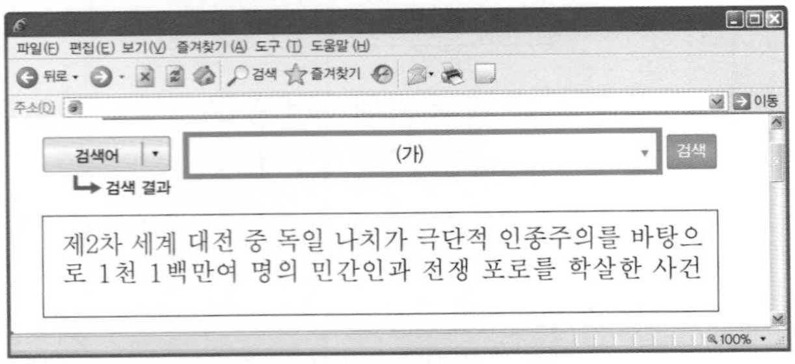

① 장애인, 정치범도 피해를 입었다.
② 6백만 명의 유대인이 희생되었다.
③ 슬라브인, 집시 등 소수 민족을 탄압하였다.
④ 문제 해결을 위해 평화의 '소녀상'이 세워졌다.
⑤ 집단 수용소에서 체계적인 학살이 이루어졌다.

09 (가), (나)에 대한 설명으로 옳은 것은?

(가)

▲ 뉘른베르크 국제 군사 재판

(나)

▲ 극동 국제 군사 재판

① (가) - 도쿄 전범 재판이라고도 한다.
② (가) - 재판 과정에서 나치당의 만행이 드러났다.
③ (나) - 나치 전범을 처벌하기 위해 개최되었다.
④ (나) - 천황을 비롯해 전쟁 범죄자들을 단죄하였다.
⑤ (가), (나) - 제1차 세계 대전 종료 후 개최되었다.

중요

10 빈칸 ㉠에 대한 설명으로 옳은 것은?

제1조(목적) (㉠)은/는 국제 평화와 안전을 유지한다. ……
제24조(안전 보장 이사회) (㉠)의 신속하고 효과적인 조치를 확보하기 위하여 …… 국제 평화와 안전 유지를 위한 일차적 책임을 안전 보장 이사회에 부여한다.

① 제안국인 미국이 불참하였다.
② 카이로 회담에서 창설이 결정되었다.
③ 독일과 소련의 가입을 허용하지 않았다.
④ 제1차 세계 대전을 반성하며 등장하였다.
⑤ 국제 연합군, 국제 연합 평화 유지군 등 군사력을 갖추었다.

서술형 • 논술형

서술형

01 다음 사진과 관련된 대학살의 사례를 쓰고, 이와 같은 일이 벌어진 배경(이유)을 한 가지만 서술하시오.

서술형

02 밑줄 친 '차이점'에 대해 서술하시오.

> 제2차 세계 대전이 끝난 뒤 독일과 일본의 전쟁 범죄에 대한 재판이 개최되었다. 그런데 두 재판은 대상과 과정에 있어 <u>차이점</u>을 보였다.

서술형

03 (가)에 해당하는 국제기구의 이름을 쓰고, 안전 보장 이사회의 운영 방식과 관련해 (가)가 지닌 한계점을 서술하시오.

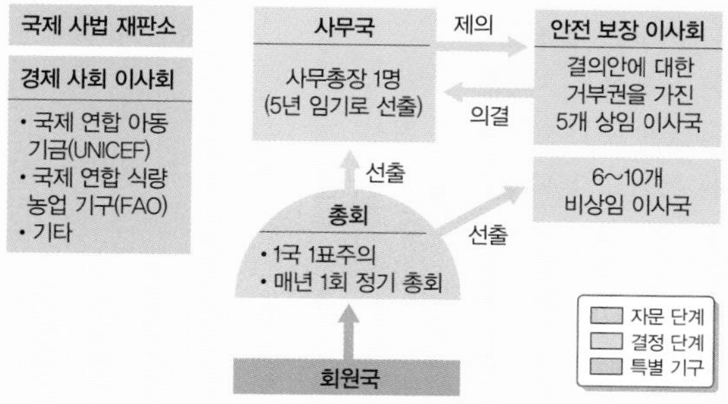

▲ (가) 조직도

논술형

04 다음 사진을 참고하여 독일과 일본이 전쟁을 기억하는 방식에 대해 비교하여 300자 내외로 논술하시오.

▲ 독일 총리의 아우슈비츠 수용소 방문 및 추모

▲ 일본 총리의 야스쿠니 신사 참배

중요

[01~02] 다음 물음에 답하시오.

(가) 미국의 참전
(나) 사라예보 사건
(다) 동맹국과 연합국의 결성
(라) 독일의 무제한 잠수함 작전

01 (가)~(라)를 일어난 순서대로 배열한 것은?

① (가) - (나) - (다) - (라) ② (나) - (가) - (다) - (라)
③ (나) - (다) - (라) - (가) ④ (다) - (가) - (나) - (라)
⑤ (다) - (나) - (라) - (가)

서술형

02 독일이 (라)를 실시한 배경과 그 내용을 서술하시오.

03 (가)에 대한 설명으로 옳은 것은?

이 그림은 (가) 을/를 풍자한 것이다. 기둥 옆에 서 있는 어른들은 당시 연합국을 상징하는데, 모두 모자를 벗어 무엇인가를 달라고 하는 자세를 취하고 있다. 벌거벗은 아이는 독일을 상징한다.

① 제2차 세계 대전 뒤 체결되었다.
② 카이로 선언의 이행을 재확인하였다.
③ 독일에게 전쟁에 대한 책임을 물었다.
④ 여성 참정권과 노동자의 단결권을 보장하였다.
⑤ 국제 평화를 위해 국제 연합의 창설이 결정되었다.

04 다음 주장을 바탕으로 베트남의 독립운동을 이끈 인물로 옳은 것은?

사회주의와 민족주의를 결합한 독립운동을 전개해야 한다.

① 간디 ② 네루 ③ 스탈린
④ 호찌민 ⑤ 수카르노

05 밑줄 친 ㉠이 한 일로 옳은 것만을 〈보기〉에서 고른 것은?

사랑하는 동지 여러분 그리고 병사와 노동자 여러분! 이제 빵과 토지, 평화와 자유를 위해 일어섭시다. 전쟁을 계속하는 임시 정부를 타도하고, 모든 권력을 소비에트가 가져야 합니다. 이 지긋지긋한 제국주의 전쟁을 끝내고, 사회주의 혁명을 이룩합시다!

▲ 사람들 앞에서 연설하고 있는 ㉠

보기

ㄱ. 경제 개발 5개년 계획을 실시하였다.
ㄴ. 독일과 강화 조약을 체결해 전쟁을 중단하였다.
ㄷ. 소비에트 사회주의 공화국 연방(소련)을 결성하였다.
ㄹ. 니콜라이 2세 퇴위 이후 임시 정부 수립을 주도하였다.

① ㄱ, ㄴ ② ㄱ, ㄷ ③ ㄴ, ㄷ ④ ㄴ, ㄹ ⑤ ㄷ, ㄹ

중요

06 (가)를 극복하기 위한 각국의 노력에 대한 대화 중 옳은 것만을 〈보기〉에서 고른 것은?

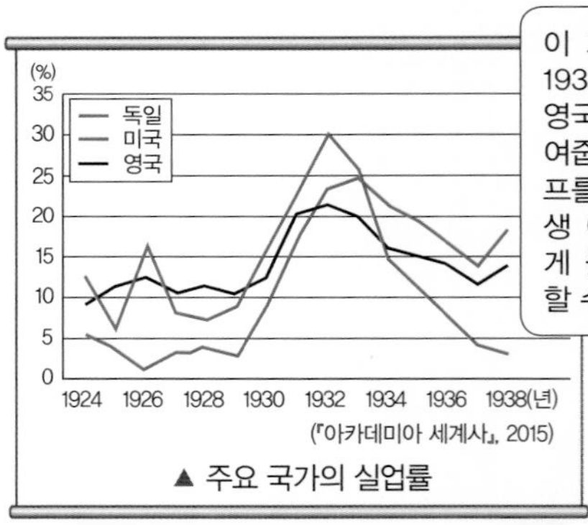

(『아카데미아 세계사』, 2015)

▲ 주요 국가의 실업률

이 그래프는 1928년부터 1938년 사이 독일, 미국, 영국의 실업률 변화를 보여줍니다. 우리는 이 그래프를 통해 (가) 의 발생 이후 실업률이 급격하게 높아졌다는 것을 확인할 수 있습니다.

보기

ㄱ. 독일에서는 뉴딜 정책이 실시되었어요.
ㄴ. 영국은 본국과 식민지를 묶는 블록 경제를 실시하였지요.
ㄷ. 미국은 대규모 공공사업을 통해 실업자를 구제하였습니다.
ㄹ. 프랑스는 에티오피아를 합병하는 침략 정책을 실시하였습니다.

① ㄱ, ㄴ ② ㄱ, ㄷ ③ ㄴ, ㄷ ④ ㄴ, ㄹ ⑤ ㄷ, ㄹ

07 밑줄 친 ㉠~㉤ 중 옳은 것은?

> 대공황 전후의 경제 위기와 사회적 불안 속에서 전체주의가 확산되었다. ㉠ 전체주의는 국가 및 민족과 개인의 이익을 함께 추구하는 것으로 ㉡ 이탈리아에서는 무솔리니가 주도하였고, ㉢ 독일에서는 프랑코가 나치당을 이끌고 정권을 장악하였다. 한편, ㉣ 에스파냐에서는 군국주의를 강화하며 대륙 침략을 감행하였고, ㉤ 일본에서는 군부 세력이 파시즘의 지원을 받아 독재 정권을 수립하였다.

① ㉠ ② ㉡ ③ ㉢ ④ ㉣ ⑤ ㉤

중요

08 밑줄 친 (가), (나)에 대한 설명으로 옳지 않은 것은?

〈특별판〉 ○○○신문 ○○○○년 ○○월 ○○일

> 〈특집 기사〉 여성 참정권 운동의 역사를 말하다.
> 지난 (가) 19세기 후반 이래 여성 참정권 운동은 크게 발전해 왔다. 특히 (나) 제1차 세계 대전은 여성 참정권의 역사와 관련해 큰 분기점이었다.

① (가) – 영국과 미국을 중심으로 진행되었다.
② (가) – 에밀리 데이비슨은 여성 사회 정치 연합을 결성하였다.
③ (나) – 제1차 세계 대전에 많은 여성들이 참가하였다.
④ (나) – 여성 노동자의 증가로 여성의 사회적 · 경제적 역할이 증대되었다.
⑤ (나) – 제1차 세계 대전을 전후로 유럽 대부분의 국가가 여성 참정권을 인정하였다.

서술형

09 (가)에 해당하는 국가 이름을 쓰고, (가)의 헌법이 당시로서는 가장 민주적인 헌법이었다면 그 근거가 무엇인지 한 가지만 서술하시오.

> 1918년 독일에서 발생한 혁명으로 독일 제국은 붕괴되었다. 그 뒤 1919년 독일에서는 제헌 의회가 수립되어 헌법을 만들고, (가) 이/가 수립되었다. (가) 의 헌법은 당시로서는 가장 민주적인 헌법이었다고 평가받고 있다.

10 다음은 제2차 세계 대전을 주제로 한 연표이다. (가)~(마) 중 '독소 불가침 조약 체결'이 들어갈 곳으로 옳은 것은?

	독일, 폴란드 침공 (1939. 9.)		독일, 프랑스 파리 점령 (1940. 6.)		소련, 스탈린그라드 전투 승리 (1943. 2.)		노르망디 상륙 작전 (1944. 6.)	
(가)		(나)		(다)		(라)		(마)

① (가) ② (나) ③ (다) ④ (라) ⑤ (마)

11 (가)~(마)에 대한 설명으로 옳지 않은 것은?

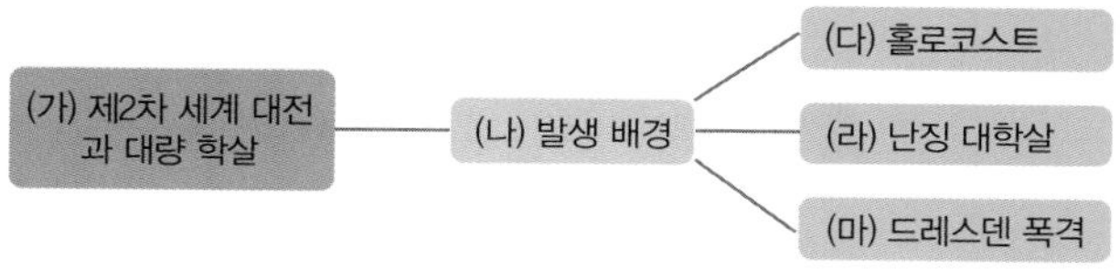

① (가) – 군인보다 민간인의 희생이 더 많았다.
② (나) – 다양한 대량 살상 무기가 개발되었다.
③ (다) – 독일 나치에 의해 자행된 대량 학살이다.
④ (라) – 일본군이 수십만의 중국인을 학살하였다.
⑤ (마) – 이 폭격으로 일본이 미국에 항복하였다.

중요

12 (가), (나)에 대한 설명으로 옳은 것은?

> (가) 은/는 제1차 세계 대전이 끝난 뒤 국제 평화와 협력 촉진을 위해 창설되었으나, 여러 가지 한계를 드러내었다. 한편, 제2차 세계 대전 종료 후에는 평화 유지를 위한 국제기구로 (나) 이/가 등장하였다.

① (가)는 국제 연합, (나)는 국제 연맹이다.
② (가): 샌프란시스코 회의에서 창설이 결정되었다.
③ (가): 주요 집행 기구로 안전 보장 이사회를 두었다.
④ (나): 윌슨의 14개조 평화 원칙에 영향을 받았다.
⑤ (나): 평화 유지군 등을 두어 군사적 능력을 갖췄다.

수행 평가 수행 평가 미리보기

선생님의 출제 의도

역사 신문 만들기

5단원에서는 두 차례의 세계 대전과 이에 따른 국제 질서의 변화와 민주주의의 확산, 인권 회복 및 평화 확산을 위한 노력에 대해 공부하였습니다. 두 차례의 세계 대전과 국제 질서의 변화는 시간의 흐름에 따라 전쟁이 인류의 삶을 어떻게 바꿔 놓았는가를 학습했다면 민주주의의 확산과 인권 회복 및 평화 확산을 위한 노력은 주제별 접근을 통해 전쟁을 어떻게 기억하고 평가할 것인가에 대해 공부했습니다. 역사라는 과목이 단순히 과거에 대한 이해에서 그치지 않고, 현재 인식 나아가 미래에 대한 준비라는 관점에서 접근할 때 역사 수행 평가는 과거에 대한 정확한 인식을 바탕으로 해당 사실 및 사건에 대한 학습자의 판단 및 평가까지 종합적으로 판단하는 유형이 출제될 수 있습니다. 따라서 역사를 학습할 때에는 과거 사실에 대한 현재의 평가, 나아가 자신의 판단까지 종합적으로 고민해 보는 것이 매우 중요합니다.

수행 평가 문제

모둠별로 세계 대전과 사회 변동을 주제로 역사 신문을 제작해 보자.

A 활동 계획 세우기

1 4인 1모둠을 구성하고, 주제를 선정한다.

주제 목록 – 제1차 세계 대전과 베르사유 체제, 러시아 혁명, 아시아·아프리카의 민족 운동, 대공황의 발생과 전체주의, 제2차 세계 대전과 대량 학살, 민주주의의 확산

2 신문 지면을 구성하고, 모둠원별로 역할을 분담한 뒤 역사 신문을 제작한다.

B 활동 단계

1단계 모둠별로 주제를 선정한다.

2단계 기존 신문(종이 신문)을 보고 지면 구성에 대해 이해한다(기사, 대담, 사설, 만평, 광고 등).

3단계 선정한 주제의 중요한 사건을 목록화하고, 해당 사건에 대한 자료를 수집한다(교과서, 단행본, 인터넷 검색 등).

4단계 모둠별로 신문 이름을 정하고, 모둠원의 개성을 반영해 신문 지면 구성을 분담한다.

5단계 역사 신문 구성 시 다양한 시각 자료를 활용하고, 기사는 육하원칙에 따라 작성한다.

6단계 완성된 역사 신문을 교실 벽에 게시하고, 갤러리 워크를 통해 친구들에게 발표한다.

C 활동하기

1 기존 신문을 보고 지면 구성(기사, 대담, 사설, 만평 등)에 대한 이해 및 기사 작성 원칙 파악

2 선정 주제의 핵심 사건 목록화 및 자료 수집

[예시]

제2차 세계 대전과 대량 학살

주요 사건 – 독소 불가침 조약 체결, 진주만 기습, 노르망디 상륙 작전, 원자 폭탄 투하, 홀로코스트, 난징 대학살, 드레스덴 폭격, 런던 공습 등

주요 인물 – 히틀러, 무솔리니, 처칠, 루스벨트

관련 자료

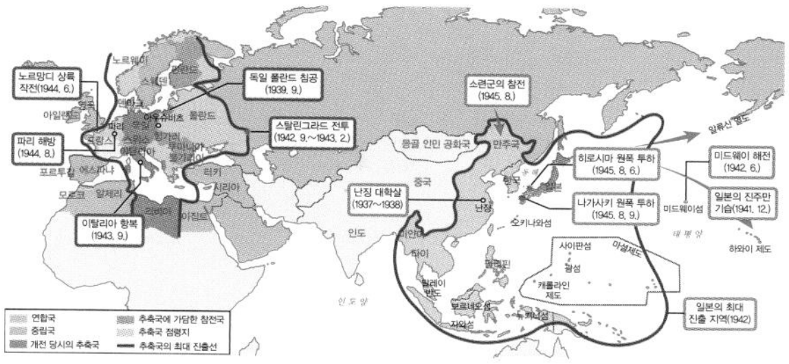

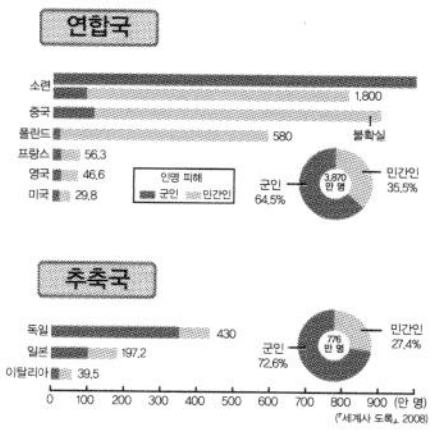

3 역사 신문 이름 정하기 및 신문 기사 작성

[예시]

세계사 일보 ○○○○년 ○○월 ○○일

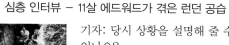

특집 기사 – 일본, 진주만을 기습 공격하다

일본 군부 세력은 지난 일요일 아침, 하와이 진주만에 위치한 미 해군 기지를 기습 공격하였다. 지난 미국의 경제 봉쇄에 대한 보복으로 유럽에서 시작된 전쟁이 이제는 아시아·태평양까지 확대되는 상황이다.

심층 인터뷰 – 11살 에드워드가 겪은 런던 공습

기자: 당시 상황을 설명해 줄 수 있나요?

에드워드: 저와 친구들은 너무 무서워 참호에 숨어 하늘만 쳐다보고 있었어요.

만평

신혼여행이 얼마나 오래 지속될 수 있을까 궁금하네?

사설 – 홀로코스트, 이대로는 안된다

최근 소식에 따르면 독일 나치당의 만행이 심각한 수준이라고 한다. 유대인을 비롯해 슬라브족, 집시 등 소수 민족에 대한 대량 학살이 자행되고 있다. 인권 차원에서 나치당의 행동은 비판받아 마땅하다. 이 문제를 해결하기 위해서 국제 사회의 공조가 매우 시급하다.

채점 기준

평가 영역	채점 기준	배점
역사적 사실의 정확성	역사 신문 기사가 역사적 사실에 입각해 작성되었다.	5
	역사 신문 기사가 역사적 사실에 두 개 이하의 오류가 있다.	3
	역사 신문 기사가 역사적 사실에 세 개 이상의 오류가 있다.	1
역사 신문 구성의 타당성	역사 신문 지면을 네 가지 형식으로 구성하였다.	5
	역사 신문 지면의 네 가지 형식 중 한 가지 이상이 누락되었다.	3
	역사 신문 지면의 네 가지 형식 중 두 가지 이상이 누락되었다.	1

수행 평가 꿀 Tip **신문 기사의 구성을 파악하는 방법**

최근에는 스마트폰의 보급으로 인터넷 신문 및 기사가 종이 신문의 수요를 앞서고 있어서 종이 신문을 보기 쉽지 않습니다. 그래서 종이 신문을 구하기 쉽지 않은데, 최근 인터넷 포털 사이트에서는 '뉴스 라이브러리' 등의 이름으로 예전 신문을 그대로 올려놓아 아주 쉽게 검색할 수 있습니다.

VI 현대 세계의 전개와 과제

01 냉전 체제와 제3 세계의 형성

✚ 냉전 체제
미국을 중심으로 한 자본주의 진영과 소련을 중심으로 한 공산주의 진영이 대립한 체제로, 직접적인 무력을 사용하지 않고 경제·외교 등의 수단으로 전개된 대립을 의미한다.

✚ 트루먼 독트린
미국의 트루먼 대통령이 공산주의의 확산을 막기 위해 유럽 국가들을 지원하겠다고 한 선언이다.

✚ 마셜 계획
미국의 국무 장관인 마셜이 서유럽에서 공산주의 세력이 확산되는 것을 방지하고자 제안한 것으로, 제2차 세계 대전 이후 유럽의 경제 부흥을 위해 경제적 지원을 하는 것을 의미한다.

✚ 서베를린으로 생필품을 운반하는 미국 비행기

소련의 베를린 봉쇄로 서베를린으로의 물자 이동이 어려워지자 미국은 비행기를 이용해 생필품을 전달하였다.

✚ 쿠바 미사일 위기
미국과 소련의 핵무기 경쟁이 치열해지고 있는 상황 속에서 미국이 터키와 중동 지역에 핵무기를 배치하자, 소련이 쿠바에 미사일 기지를 건설하려 하였다. 미국은 이를 자국을 위협하는 행위로 규정하여 소련의 철수를 요구하였고, 양국 간의 갈등으로 핵전쟁의 위기가 고조되었다.

✚ 인도네시아의 독립
인도네시아에서 독립을 위해 노력한 수카르노는 제2차 세계 대전이 끝난 직후 독립을 선언하였다. 그러나 네덜란드는 인도네시아의 독립을 인정하지 않고 전쟁을 벌였다. 이에 인도네시아는 네덜란드를 물리치고 1949년에 완전히 독립하였다.

❶ 냉전 체제의 형성과 전개

(1) 냉전 체제의 형성

① **배경**: 제2차 세계 대전 후 소련의 세력 확대, 동유럽에서 공산주의 정권의 등장
- **미국**: 공산주의 세력의 확대를 막기 위해 트루먼 독트린 및 마셜 계획 발표
- **소련**: 미국의 영향력 확대를 견제하기 위해 코민포름(공산당 정보국) 창설

② **자본주의 진영과 공산주의 진영의 대립**

구분	자본주의 진영	공산주의 진영
주요 국가	미국, 서유럽 국가 등	소련, 동유럽 국가 등
경제 협력	마셜 계획	경제 상호 원조 회의(COMECON)
군사 동맹	북대서양 조약 기구(NATO)	바르샤바 조약 기구(WTO)

(2) 냉전의 전개

→ 서방 국가들이 관할하던 지역에 새로운 마르크화가 도입된 것이 동독에 위협이 된다고 판단한 소련은 베를린과 서독을 잇는 통로를 차단하였다.

유럽	소련의 베를린 봉쇄(1948~1949) → 서독과 동독의 분단(1949) → 베를린 장벽 건설(1961)
아시아	• 중국: 국공 내전 → 중국 공산당이 중화 인민 공화국 수립(1949) • 한국: 광복 이후 남한과 북한으로 분단 → 6·25 전쟁 • 베트남: 북베트남과 남베트남의 대립 → 베트남 전쟁(미국, 한국 등 참전)
아메리카	소련, 쿠바에 미사일 기지 건설 시도 → 쿠바 미사일 위기(1962)

집중 탐구 철의 장막

> 지금 발트해의 슈체친에서 아드리아해의 트리에스테에 이르기까지 하나의 '철의 장막'이 유럽 대륙을 가로지르며 내려지고 있다. …… 이 '철의 장막'을 넘어서 서유럽에까지 손을 뻗어 온 각지의 공산당은 문명에 대한 도전이다. – 처칠의 연설 –

1946년 미국의 웨스트민스터 대학교에 초청된 처칠은 연설에서 '철의 장막'이라는 용어를 사용하였다. 이는 소련과 공산주의 진영에 속한 국가들의 폐쇄적인 외교 정책을 비판한 것으로 이후 냉전을 상징하는 용어가 되었다.

❷ 아시아·아프리카의 새로운 국가 건설

(1) 인도의 독립과 분열

① **배경**: 제2차 세계 대전 이후 영국으로부터 독립 쟁취(1947)

② **분열**: 힌두교도와 이슬람교도 사이의 종교적 갈등 → 인도(힌두교도)와 파키스탄(이슬람교도)으로 분리 독립 → 카슈미르 분쟁이 일어나는 배경도 이 분리 독립에서 시작되었다.

③ **스리랑카**: 불교도가 많은 스리랑카의 독립(1948)

④ **방글라데시**: 동·서 파키스탄 → 인종과 언어 차이로 인해 동파키스탄이 방글라데시로 분리 독립(1971)

(2) 동남아시아 여러 국가의 독립

제네바 협정을 통해 베트남의 독립이 승인되었으나 이에 반발하여 남북 베트남 간에 전쟁이 일어났다.

① **베트남**: 제2차 세계 대전 이후 프랑스에 맞서 독립 전쟁 → 제네바 협정(1954) → 남부와 북부로 분리 → 베트남 전쟁 → 북베트남의 사이공 점령 → 베트남 통일(1975)

② **캄보디아, 라오스**: 프랑스의 지배로부터 독립

③ **인도네시아**: 네덜란드의 식민 지배에 무력으로 저항 → 독립 쟁취

(3) 서아시아와 아프리카 국가의 독립

① 시리아, 레바논, 요르단 등: 프랑스와 영국의 위임 통치 상태에서 독립
(위임 통치: 제1차 세계 대전 이후 국제 연맹의 위임을 받은 국가가 패전국의 식민지를 통치한 형식을 말한다.)

② 이스라엘 건국(1948): 유대인이 영국, 미국 등의 지원을 받아 팔레스타인 지역에 건국

③ 중동 전쟁: 팔레스타인과 주변 아랍 국가들이 이스라엘 건국에 반발 → 4차례에 걸친 중동 전쟁 발발 → 이스라엘의 승리

④ 이집트: 나세르를 비롯한 청년 장교들의 쿠데타 → 공화정 수립(1952) → 수에즈 운하의 국유화 선언(1956)
(수에즈 운하의 국유화 선언: 수에즈 운하는 개통된 뒤 영국이 관할하고 있었으나 이 조치 이후 관리권이 이집트 정부로 반환되었다.)

⑤ 아프리카의 독립: 리비아 – 이탈리아로부터 독립(1951), 알제리 – 프랑스와 8년간의 전쟁 후 독립(1962)

더 알아보기 ▶ 아프리카의 해

제2차 세계 대전이 끝난 후 아프리카는 1951년 리비아가 이탈리아로부터 독립한 것을 시작으로 많은 나라가 독립을 이루었다. 특히 1960년에는 나이지리아, 카메룬, 가봉 등 17개국이 독립하여 이 해를 '아프리카의 해'라고 불렀다.

3 제3 세계의 형성과 냉전 체제의 완화

(제3 세계: 자본주의 진영과 공산주의 진영 그 어느 쪽에도 속하지 않는 비동맹주의를 내세운 아시아·아프리카의 개발 도상국을 말한다.)

(1) 제3 세계의 형성

① 배경: 전후 아시아·아프리카의 신생 독립국 출현 → 비동맹 중립주의 추구

② 전개
- 평화 5원칙: 1954년 인도의 네루와 중국의 저우언라이가 만나 상호 불가침, 평화 공존 등에 합의
- 아시아·아프리카 회의(반둥 회의, 1955): 아시아·아프리카 29개국 대표가 모여 국제 분쟁의 평화적 해결, 상호 존중 등을 강조한 '평화 10원칙' 결의
- 비동맹 회의: 1961년부터 정기적으로 개최, 상호 간의 이익 증진을 위해 노력

③ 영향: 미국과 소련 중심의 국제 질서와 냉전 체제의 완화에 영향을 줌

(2) 냉전 체제의 완화

① 배경: 1960년대 이후 미국과 소련의 영향력 약화
- 공산주의 진영: 소련과 중국이 이념 및 국경 문제로 갈등, 폴란드·헝가리·유고슬라비아 등의 독자 노선 추구
- 자본주의 진영: 프랑스의 독자 노선 추구(북대서양 조약 기구 탈퇴)
- 기타: 제3 세계의 등장, 유럽 통합 운동, 일본의 성장 등

(제3 세계의 등장: 제3 세계의 등장으로 국제 질서는 다극 체제로 바뀌었고, 이는 냉전 체제의 완화에 기여하였다.)

② 변화
- 미국: 닉슨 독트린 발표 → 베트남 전쟁에서 미군 일부 철수 → 미국 닉슨 대통령의 중국 방문(1972) → 중국과 국교 수립(1979)
- 미국과 소련: 전략 무기 제한 협정 → 군비 축소를 위해 노력, 핵무기 감축 합의
- 서독: 동독을 하나의 국가로 인정 → 국제 연합에 동시 가입

Q&A 닉슨 독트린이 발표된 배경은 무엇인가요?

1969년 당시 미국은 베트남 전쟁을 수행하는 과정에서 미군의 고엽제 사용과 많은 인명 피해 등으로 전쟁에 반대하는 여론이 형성되었고, 재정적인 어려움도 발생하였다. 이에 미국은 냉전에 대응하는 방식의 변화가 필요했고, 이는 닉슨 독트린의 발표로 이어졌다.

+ 이스라엘 건국에 대한 반발

제1차 세계 대전 중 영국은 아랍 민족에게 독립을 약속하고 협력을 요청하면서, 유대인에게도 팔레스타인 지역에서의 국가 수립을 약속하였다. 이후 1948년 유대인들이 영국의 약속에 따라 팔레스타인 지역에 이스라엘을 세우자 팔레스타인 지역에 거주하던 아랍인과 주변 아랍 국가들이 반발하였다.

+ 평화 10원칙

1. 기본적 인권과 국제 연합 헌장의 목적 및 원칙 존중
2. 모든 국가의 주권과 영토 보전 존중
3. 모든 인종 및 국가 사이의 평등 인정
4. 다른 나라의 내정 불간섭
5. 국제 연합 헌장에 따라 단독 또는 집단적으로 자기 나라를 방위할 권리 존중
6. 강대국의 이익을 위한 집단적 방위 결정에 불참가
7. 상호 불가침
8. 평화적 방법에 의한 국제 분쟁의 해결
9. 상호 협력의 촉진
10. 정의와 국제 의무의 존중

+ 닉슨 독트린

- 미국은 앞으로 베트남 전쟁과 같은 군사적 개입을 피한다.
- 미국은 강대국의 핵 위협을 제외한, 내란이나 침략인 경우 아시아 각국이 스스로 협력하여 그에 대처하기를 바란다.
- 미국은 '태평양 국가'로서 그 지역에서 중요한 역할을 계속하지만 직접적·군사적·정치적 과잉 개입은 하지 않는다.

+ 닉슨의 중국 방문

냉전 체제가 완화되는 분위기 속에서 1972년 미국의 닉슨 대통령은 중국을 방문하였다. 이는 미국이 중화 인민 공화국을 정식으로 인정한 것이었으며, 1979년에는 양국 간에 국교를 수립하였다.

개념 다지기

정답과 해설 | 45쪽

01 빈칸에 들어갈 알맞은 말을 쓰시오.

(1) 자본주의 진영과 공산주의 진영이 직접적인 무력 충돌보다는 정치, 군사, 외교 등에서 대립하던 상황을 (　　　　)(이)라고 한다.

(2) 미국 등 자본주의 진영은 냉전 체제가 형성되는 과정에서 집단 방어 체제인 (　　　　)을/를 결성하였다.

(3) (　　　　)은/는 국공 내전에서 승리하며 중화 인민 공화국을 수립하였다.

(4) 인도는 제2차 세계 대전 이후 힌두교도가 다수인 (　　　　)와/과 이슬람교도가 다수인 (　　　　)(으)로 분리 독립하였다.

(5) 인도네시아는 (　　　　)의 식민 지배에 무력으로 저항하여 독립을 쟁취하였다.

(6) 유대인들은 영국, 미국 등의 지원을 받아 팔레스타인 지역에 (　　　　)을/를 건국하였다.

(7) 자본주의 진영과 공산주의 진영 그 어느 쪽에도 속하지 않는 비동맹 중립주의를 내세운 아시아·아프리카의 국가들을 (　　　　)(이)라고 부른다.

(8) 1969년 미국 대통령 (　　　　)은/는 미국이 앞으로 아시아의 군사적 분쟁에 직접적으로 개입하지 않겠다고 선언하였다.

02 다음 내용이 맞으면 ○표, 틀리면 ×표를 하시오.

(1) 소련은 미국의 영향력 확대를 견제하기 위해 마셜 계획을 발표하였다. ………… (　　　)

(2) 쿠바 미사일 위기로 미국과 소련 간의 갈등이 고조되었다. ………… (　　　)

(3) 제2차 세계 대전 이후 베트남은 영국의 침략에 맞서 전쟁을 치렀다. ………… (　　　)

(4) 이스라엘 건국에 대한 반발로 4차례에 걸쳐 중동 전쟁이 발발하였다. ………… (　　　)

(5) 제3 세계 국가들은 1961년부터 비동맹 회의를 개최하여 상호 이익을 도모하고 있다. ………… (　　　)

(6) 윌슨 대통령이 직접 중국을 방문한 이후 미국과 중국은 국교를 정상화하였다. ………… (　　　)

03 다음 사건들을 시간 순서대로 나열하시오.

(가) 스리랑카의 독립
(나) 방글라데시의 독립
(다) 인도와 파키스탄의 분리 독립

04 다음 인물의 주요 활동과 관련 있는 내용을 연결하시오.

(1) 처칠 •	• ㉠ 철의 장막
(2) 네루 •	• ㉡ 평화 5원칙
(3) 나세르 •	• ㉢ 베트남 전쟁 철수
(4) 닉슨 •	• ㉣ 수에즈 운하 국유화

05 다음 설명에 해당하는 적절한 용어를 쓰시오.

(1) 소련이 미국의 영향력 확대를 저지하고 동유럽 국가들의 경제 협력을 강화하기 위해 결성한 것은? ………… (　　　)

(2) 소련이 독일 서쪽 지역과 베를린 사이의 교통로를 봉쇄한 사건의 명칭은? ………… (　　　)

(3) 제2차 세계 대전 후 프랑스에 맞서 독립하였으나 이후 남부와 북부로 나뉘어 전쟁을 치르고 통일된 국가는? ………… (　　　)

(4) 팔레스타인 지역에 거주하던 아랍인과 주변 아랍 국가들이 이스라엘 건국에 반발하여 일어난 전쟁은? ………… (　　　)

(5) 아프리카에서 17개국이 독립한 1960년을 기념하여 부르는 용어는? ………… (　　　)

06 밑줄 친 부분을 옳게 고쳐 쓰시오.

(1) 소련은 동유럽 국가들과 함께 군사 동맹 기구인 <u>북대서양 조약 기구</u>를 결성하였다. ………… (　　　)

(2) 제2차 세계 대전 이후 인도는 <u>프랑스</u>로부터 독립을 쟁취하였다. ………… (　　　)

(3) <u>알제리</u>에서는 1952년 나세르를 비롯한 청년 장교들의 쿠데타로 공화정이 수립되었다. ………… (　　　)

07 괄호 안의 내용 중 옳은 말에 ○표 하시오.

(1) 소련은 미국이 영향력 확대를 견제하기 위해 국제 공산당 정보기관인 (코메콘, 코민포름)을 창설하였다.

(2) 1955년 아시아·아프리카의 29개국 대표는 반둥에 모여 국제 분쟁의 평화적 해결과 상호 존중 등을 강조한 (평화 5원칙, 평화 10원칙)을 결의하였다.

(3) 미국은 아시아에서 발생하는 분쟁에 더 이상 개입하지 않겠다는 원칙을 담아 (트루먼 독트린, 닉슨 독트린)을 발표하였다.

중단원 실력 쌓기

정답과 해설 | 45쪽

01 (가)에 들어갈 내용으로 옳은 것은?

> 〈역사 용어 사전〉
>
> (가)
>
> • 의미: 제2차 세계 대전이 끝난 후 자본주의 진영과 공산주의 진영이 직접적인 무력 충돌보다는 정치, 경제, 사회 등에서 대립하는 상황

① 냉전 ② 대공황 ③ 전체주의
④ 제3 세계 ⑤ 민족 자결주의

중요
02 다음 자료가 발표된 배경으로 가장 적절한 것은?

> 나 트루먼은 미국의 정책이 소수 무장 세력이나 외부 압력에 굴복하지 않으려고 싸우는 자유민의 노력을 지원하는 것이어야 한다고 믿습니다. …… 우리가 그리스와 터키에 원조하지 못한다면, 그 영향은 동서양을 막론하고 매우 광범위할 것입니다.

① 사라예보 사건이 발생하였다.
② 나치당이 정권을 장악하였다.
③ 파리 강화 회의가 개최되었다.
④ 러시아에서 10월 혁명이 일어났다.
⑤ 소련이 동유럽에서 세력을 확대하였다.

03 밑줄 친 '이 기구'로 옳은 것은?

> <u>이 기구</u>는 동서 냉전 체제하에서 서유럽의 집단적 안전 보장 체제 구축을 위해 1949년에 창설되었다. 회원국이 다른 국가의 공격에 대응하여 상호 방어하는 것을 인정하고 있으며, 설립 당시에는 파리에 본부를 두고 있었으나 프랑스가 탈퇴한 후 현재 벨기에에 두고 있다.

① 국제 연합
② 국제 연맹
③ 바르샤바 조약 기구
④ 북대서양 조약 기구
⑤ 상호 경제 원조 회의

04 다음 연설을 한 인물로 옳은 것은?

> 지금 발트해의 슈체친에서 아드리아해의 트리에스테에 이르기까지 하나의 '철의 장막'이 유럽 대륙을 가로지르며 내려지고 있습니다. 이 '철의 장막'을 넘어서 서유럽에까지 손을 뻗어 온 각지의 공산당은 문명에 대한 도전입니다.

① 윌슨 ② 처칠 ③ 닉슨
④ 마셜 ⑤ 트루먼

중요
05 밑줄 친 '충돌'의 사례로 옳은 것만을 〈보기〉에서 고른 것은?

> 제2차 세계 대전이 끝난 후 전개된 냉전은 세계 각지에 많은 영향을 끼쳤다. 그리고 그 과정에서 냉전은 직접적인 군사적 <u>충돌</u>로 나타나기도 하였다.

보기
ㄱ. 독일이 무제한 잠수함 작전을 펼쳤다.
ㄴ. 북한의 남침으로 6·25 전쟁이 일어났다.
ㄷ. 일본이 하와이 진주만을 기습 공격하였다.
ㄹ. 베트남에서 남북 정권 간에 베트남 전쟁이 발발하였다.

① ㄱ, ㄴ ② ㄱ, ㄷ ③ ㄴ, ㄷ
④ ㄴ, ㄹ ⑤ ㄷ, ㄹ

06 (가) 시기에 있었던 사실로 옳은 것은?

일본의 무조건 항복 ➡ (가) ➡ 베를린 장벽 건설

① 카이로 회담이 열렸다.
② 대서양 헌장이 발표되었다.
③ 소련이 베를린을 봉쇄하였다.
④ 쿠바 미사일 위기가 발생하였다.
⑤ 닉슨 대통령이 중국을 방문하였다.

중요
07 (가), (나)에 들어갈 국가명을 옳게 짝지은 것은?

> 영국의 지배에 장기간 저항하였던 인도는 제2차 세계 대전이 끝난 후 독립할 수 있었다. 그러나 이 과정에서 힌두교도가 중심인 인도와 이슬람교도가 다수인 (가) (으)로 분리 독립하였다. 그리고 이후 불교도가 많은 (나) 도 분리 독립하였다.

	(가)	(나)		(가)	(나)
①	파키스탄	스리랑카	②	파키스탄	방글라데시
③	스리랑카	파키스탄	④	스리랑카	방글라데시
⑤	방글라데시	스리랑카			

08 베트남의 통일 과정에서 나타난 사건들을 시간 순서대로 옳게 나열한 것은?

> (가) 북베트남의 사이공 점령
> (나) 베트남과 프랑스의 독립 전쟁
> (다) 남베트남과 북베트남으로 분리
> (라) 제네바 협정에서 베트남 독립 인정

① (가) – (나) – (다) – (라) ② (가) – (다) – (라) – (나)
③ (나) – (가) – (라) – (다) ④ (나) – (라) – (다) – (가)
⑤ (다) – (나) – (가) – (라)

09 밑줄 친 '이 국가'를 지도에서 옳게 고른 것은?

> 네덜란드의 식민 지배를 받았던 이 국가는 제2차 세계 대전이 끝난 직후 수카르노를 중심으로 하여 독립을 선언하였다. 그러나 네덜란드가 독립을 인정하지 않아 전쟁이 일어났고, 이 국가는 1949년에 독립을 맞이하였다.

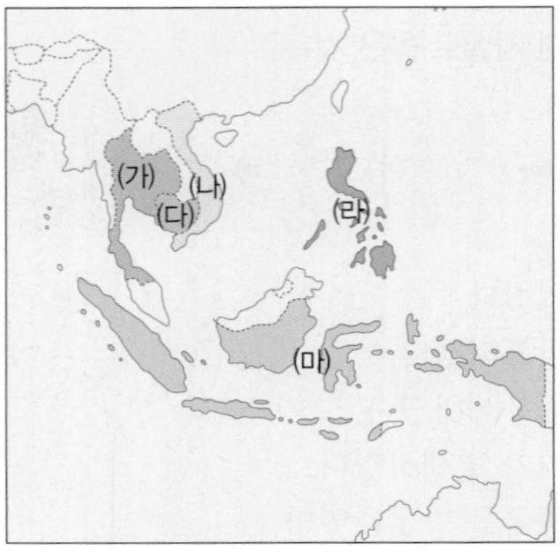

① (가)
② (나)
③ (다)
④ (라)
⑤ (마)

10 다음 사건의 영향으로 옳은 것은?

> 영국은 제1차 세계 대전 당시 유대인들에게 팔레스타인 지방에서의 국가 설립을 지원하겠다고 약속하였다. 그 결과 1948년 유대인은 영국, 미국 등의 지원을 받아 이스라엘을 건국하였다.

① 마셜 계획이 발표되었다.
② 터키 공화국이 수립되었다.
③ 제2차 세계 대전이 일어났다.
④ 노르망디 상륙 작전이 전개되었다.
⑤ 4차례에 걸쳐 중동 전쟁이 발발하였다.

중요
11 (가)에 대한 설명으로 옳은 것만을 〈보기〉에서 고른 것은?

> 제2차 세계 대전이 끝난 이후 아시아·아프리카의 신생 독립국들은 미국 중심의 자본주의 진영이나 소련 중심의 공산주의 진영에 동참하지 않고, 비동맹 중립주의를 내세우며 독자적인 세력을 구축하였다. 이러한 세력을 (가) (이)라고 부른다.

보기

ㄱ. 코민포름의 주요 구성원이다.
ㄴ. 상호 이익 증진을 위해서 비동맹 회의를 개최하고 있다.
ㄷ. 아시아·아프리카 회의에서 평화 10원칙을 결의하였다.
ㄹ. 군사적 원조를 목적으로 바르샤바 조약 기구를 조직하였다.

① ㄱ, ㄴ ② ㄱ, ㄷ ③ ㄴ, ㄷ
④ ㄴ, ㄹ ⑤ ㄷ, ㄹ

12 다음 주제를 탐구하기 위해 조사할 내용으로 적절하지 않은 것은?

> 탐구 주제: 냉전 체제의 완화

① 동독과 서독이 분단된 과정
② 미·소의 전략 무기 제한 회담 결과
③ 동유럽에서 일어난 민주화 운동 사례
④ 중국과 소련의 이념 및 국경 문제 갈등
⑤ 프랑스의 북대서양 조약 기구 탈퇴 이유

서술형 · 논술형

서술형

01 공산주의 진영이 자료의 조치에 대응하여 전개한 활동을 경제와 군사 분야로 나누어 서술하시오.

> 제2차 세계 대전 이후 미국을 중심으로 한 자본주의 진영과 소련을 중심으로 한 공산주의 진영의 대립으로 냉전 체제가 형성되었다. 그 과정에서 미국은 공산주의 세력의 확산을 막고자 유럽에 경제적 지원을 하는 마셜 계획을 발표하였고, 상호 군사 원조와 집단 방어 강화를 위해 북대서양 조약 기구를 창설하였다.

• 경제:

• 군사:

서술형

02 다음 자료를 발표한 세력을 쓰고, 이 세력이 가진 특징과 영향을 각각 서술하시오.

> **〈평화 10원칙〉**
> 2. 모든 국가의 주권과 영토 보전 존중
> 4. 다른 나라의 내정 불간섭
> 7. 상호 불가침
> 8. 평화적 방법에 의한 국제 분쟁의 해결
> 10. 정의와 국제 의무의 존중

• 세력:

• 특징:

• 영향:

논술형

03 다음 자료를 바탕으로 인도의 분리 독립 과정을 300자 이내로 논술하시오.

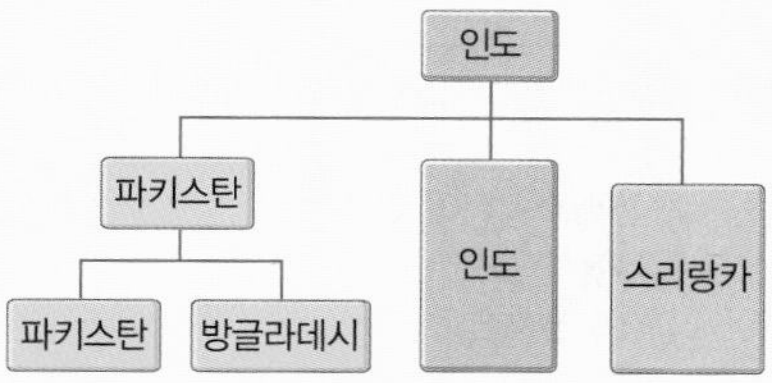

▲ 인도의 독립과 분열

논술형

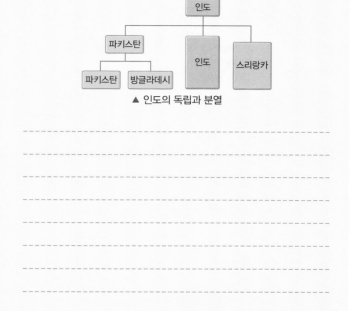

04 다음 선언이 발표된 배경을 300자 이내로 논술하시오.

> • 미국은 앞으로 베트남 전쟁과 같은 군사적 개입을 피한다.
> • 미국은 강대국의 핵 위협을 제외한, 내란이나 침략인 경우 아시아 각국이 스스로 협력하여 그에 대처하기를 바란다.
> • 미국은 '태평양 국가'로서 그 지역에서 중요한 역할을 계속하지만 직접적 · 군사적 · 정치적 과잉 개입은 하지 않는다.

02 세계화와 경제 통합

❶ 사회주의권의 붕괴와 변화

(1) 소련의 개혁 · 개방 정책

① 배경: 1970년대 이후 공산당 관료 체제와 사회주의 경제 체제 강화 → 공산당 관료 체제의 부정부패 심화, 생필품 부족 등 경제 침체

② 전개: 소련의 고르바초프, 시장 경제 원리를 도입한 개혁(페레스트로이카) · 개방(글라스노스트) 정책 추진

→ 고르바초프의 개혁 · 개방 정책에 대한 반발로 공산당이 쿠데타를 일으켰으나 옐친 등이 막았고, 이후 권력을 장악한 옐친이 소련을 해체하고, 독립 국가 연합을 결성하였다.

정치	언론의 자유와 비판을 허용하는 등 표현의 자유 확대
경제	중앙 정부의 통제 완화, 시장 경제 요소 도입

③ 영향: 소련 내 여러 공화국들의 독립 선포 → 소련 해체, 독립 국가 연합(CIS) 결성(1991)

소련이 해체된 후 기존의 소련 구성 국가 중 11개 공화국이 결성한 정치 연합으로, 각기 주권을 가진 느슨한 연합체의 성격을 띠었다.

(2) 동유럽의 변화와 독일의 통일

① 배경: 소련의 개혁 · 개방 정책, 고르바초프의 동유럽 민주화 운동에 군사적 비개입 선언

② 전개: 폴란드(바웬사의 자유 노조가 집권), 불가리아 등에 민주적 정부 수립

③ 독일의 통일

배경	공산당의 독재와 경제 불황에 반발 → 주민들의 서독 탈출 증가
전개	베를린 장벽 붕괴(1989) → 독일 통일(1990)

+ 고르바초프의 대통령 취임 연설

페레스트로이카 정책은 소련과 같은 사회주의 국가가 새로운 질적 상태로의 전환, 즉 권위주의적이고 관료주의적인 체제에서 인간적이고 민주적인 사회로 평화롭게 이행하는 유일한 길이라고 생각합니다. 나는 개혁의 모든 과정을 민주주의의 원칙에 근거하여 결단력 있게 추진할 것입니다.

페레스트로이카는 소련의 개혁 정책을 총칭하는 말로, 러시아어로 개혁을 의미한다.

+ 독일의 통일과 동유럽 사회주의권의 붕괴

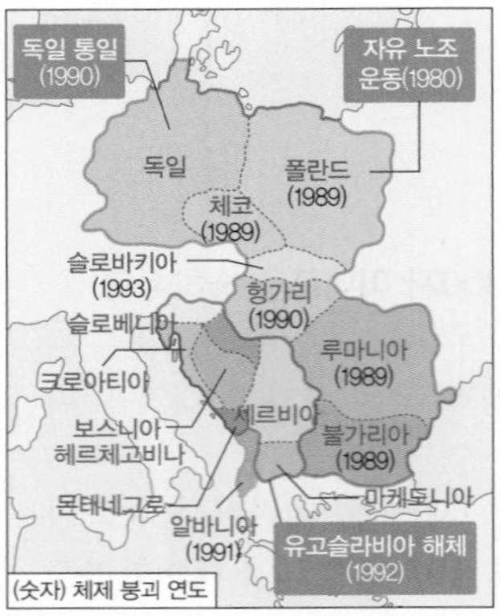

소련이 동유럽에 대한 불간섭을 선언한 이후 동유럽 여러 국가들에서 민주화 운동이 일어나 사회주의 체제가 붕괴되었다.

❷ 중국의 경제 개방

(1) 건국 이후의 정책

① 건국 초: 토지 개혁 실시, 은행과 기업 국유화

② 대약진 운동(1950년대 말): 마오쩌둥, 인민 공사 설립을 통한 농촌의 집단화 추진 → 실패

③ 문화 대혁명: 마오쩌둥의 독재 권력 강화 → 중국의 전통문화 파괴, 사회 혼란 지속

→ 대약진 운동의 실패로 인해 정치적 입지가 약화된 마오쩌둥은 자신의 정치권력을 강화하기 위해 문화 대혁명을 일으켰다.

(2) 덩샤오핑의 개혁 · 개방 정책

① 배경: 덩샤오핑 집권 후 실용주의 노선 채택 → 개혁 · 개방 정책 추진(시장 경제 요소 도입)

② 내용: 광저우, 상하이 등 경제특구 지정, 외국인의 투자 허용 등

③ 결과: 급속한 경제 성장 → 도시와 농촌 간 빈부 격차, 환경 문제 등 발생

④ 톈안먼 사건(1989): 중국의 정치적 민주화를 요구하는 시위 → 무력으로 진압

(3) 오늘날의 중국: 영국의 홍콩 반환(1997), 포르투갈의 마카오 반환(1999), 2008년 베이징 올림픽 개최

집중 탐구 | 중국의 개혁 · 개방 정책

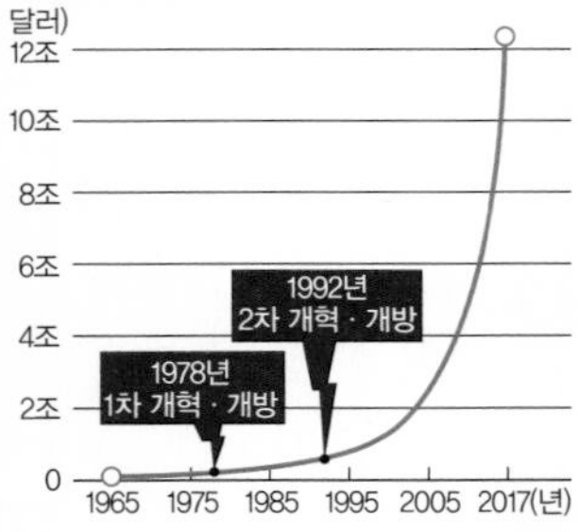

(세계은행, 2018) ◀ 중국 국내 총생산의 변화

덩샤오핑은 "검은 고양이든 흰 고양이든 쥐만 잘 잡으면 된다."라는 '흑묘백묘론'을 바탕으로 사회주의든 자본주의든 중국이 잘 살 수 있게 되는 것이 제일이라고 하였다. 그리고 중국의 경제를 살리기 위해 농업, 공업, 국방, 과학 기술 4개 분야의 현대화가 필요하다고 보아, 외국 자본과 기술을 수용하고, 시장 경제 요소를 받아들이는 적극적인 개혁 · 개방 정책을 펼쳤다. 그 결과 중국의 경제는 급속도로 성장하였고, 현재 미국에 이어 국내 총생산(GDP) 2위의 경제력을 갖춘 경제 대국으로 성장하였다.

+ 문화 대혁명

중국의 전통문화와 자본주의를 부정하고 마오쩌둥의 사상을 강조한 운동으로, 마오쩌둥이 자신의 반대파 세력을 몰아내기 위해 홍위병을 동원하여 일으킨 사건이다.

출제 포인트 1 소련의 개혁 · 개방 정책
2 덩샤오핑의 개혁 · 개방 정책
3 지역 경제 협력체

❸ 세계화와 경제 통합

(1) 자유 무역의 확대

① 제2차 세계 대전 전후의 무역

- 브레턴우즈 회의: 미국의 달러를 주거래 화폐로 정함, 국제 통화 기금(IMF)과 세계은행 설립을 통한 국제 무역 지원 합의 → 미국을 중심으로 선진 자본주의 국가들의 주도
- 관세 및 무역에 관한 일반 협정(GATT) 체결(1947): 자유 무역 체제의 확대

② 1970년대: 두 차례의 석유 파동으로 세계 경제 침체 → 신자유주의의 등장

③ 신자유주의 정책: 국영 기업과 자산의 민영화, 사회 복지 비용의 축소 등

→ 1973~1974년과 1978~1980년 두 차례에 걸친 석유 공급 부족과 석유 가격 폭등으로 세계 경제가 큰 혼란과 어려움을 겪은 일을 말한다. 오일 쇼크 또는 오일 파동이라고도 한다.

④ 신자유주의의 확산

배경	1970년대 말 세계 경제의 위기와 침체(두 차례의 석유 파동, 경기 침체와 물가 상승 등)
전개	세계 무역 기구(WTO) 결성, 자유 무역 협정(FTA) 체결의 증가 등

Q&A **대처주의와 레이거노믹스는 무엇인가요?**

1979년 영국의 총리가 된 마거릿 대처는 지나친 사회 복지 정책이 경제 성장을 막는다며 복지 비용의 삭감과 세금 감면, 국영 기업 민영화 등의 조치를 취했다. 1980년대 미국의 레이건 대통령은 정부의 기능을 축소해야 경제가 발전할 수 있다며 복지 비용을 삭감하고, 각종 규제를 완화하는 조치를 취했다. 이러한 신자유주의 정책들을 각각 대처주의, 레이거노믹스라고 부른다.

(2) 지역 단위의 협력 노력

① 배경: 신자유주의 확대와 세계화로 인한 국가 간 치열한 무역 경쟁

② 지역 경제 협력체의 등장

→ 세계화의 확산에 따라 경쟁이 치열해지자 지역 단위 내에서 경제 협력을 강화하고, 상호 이익을 추구하기 위해 지역 경제 협력체가 결성되었다.

- 아시아 · 태평양: 동남아시아 국가 연합(ASEAN), 아시아 · 태평양 경제 협력체(APEC) 등
- 유럽: 유럽 연합(EU)
- 아메리카: 북미 자유 무역 협정(NAFTA), 남미 국가 연합(UNASUR) 등
- 아프리카: 아프리카 연합(AU)

▲ 세계의 지역별 경제 협력체

더 알아보기 ▶ 유럽 통합의 과정

▲ 유럽 연합(EU)의 상징

제2차 세계 대전이 끝난 후 유럽의 통합을 위한 움직임이 일어났다. 그 결과 1952년 프랑스, 독일 등 6개국이 참여한 유럽 석탄 철강 공동체(ECSC)에서 시작하여 유럽 경제 공동체(EEC), 유럽 공동체(EC)를 거친 후 마스트리흐트 조약을 통해 유럽 연합(EU)이 출범하였다.

(3) 세계화로 인한 변화

① 자본과 노동의 국제적 이동 → 다국적 기업의 성장, 세계 시장의 통합 가속화

② 국제 통화 기금(IMF), 세계 무역 기구(WTO) 등 국제기구의 영향력 확대

③ 세계적인 교류 증가 → 문화 융합을 통한 새로운 문화 형성, 문화 획일화 현상

④ 이주민의 증가 → 다문화 사회 형성, 이주민 증가에 따른 사회 문제, 문화 갈등 발생

⑤ 선진국과 개발 도상국 간의 경제 격차 확대

⑥ 국가 간 상호 의존도 증가 → 한 국가의 경제 위기가 세계로 확대되는 부작용 증가

+ 국제 통화 기금(IMF)

1945년 국가 간 통화 협력과 환율 안정을 통한 국제 무역의 안정적 확대를 목표로 설립된 국제기구이다.

+ 관세 및 무역에 관한 일반 협정(GATT)

미국을 비롯한 23개 국가들이 맺은 협정으로, 세계의 자유 무역 체제 수립을 목표로 하였다. 이후 세계 무역 기구(WTO)로 이어졌다.

+ 신자유주의

정부의 역할을 줄이는 대신 자유 무역을 강화하고 시장에 대한 규제를 완화하고자 하는 경제 이론이다.

+ 세계 무역 기구(WTO, 1995)

GATT를 이어받아 만들어진 조직으로, 세계 무역의 자유화 확대와 국제 무역 분쟁 조정 등의 역할을 맡은 국제기구이다.

+ 마스트리흐트 조약(1992)

정식 명칭은 '유럽 연합에 관한 조약'으로 회원국 간 경제와 화폐 통합, 공동의 외교와 안보 정책, 국내 질서 유지 및 사법에 관한 협조를 목표로 하였다.

+ 유로화

유럽 연합(EU)의 국가들은 유로화라는 단일 화폐를 사용하여 경제적 통합을 위해 노력하고 있다.

+ 다국적 기업

세계 각지에 자회사나 지사 등을 두고 상품 연구, 생산, 판매 활동을 하는 기업을 의미한다. 이들은 국내외 활동에 구분이 없고, 원료 확보와 기술 개발을 위해 세계 각지에 진출하고 있다.

개념 다지기

01 빈칸에 들어갈 알맞은 말을 쓰시오.

(1) (　　　　)은/는 고르바초프가 추진하던 소련의 개혁 정책을 총칭하는 말로, 러시아어로 개혁을 의미한다.

(2) 고르바초프의 개혁·개방 정책 이후 소련이 붕괴되었고, 이후 러시아를 포함한 여러 공화국이 모여 (　　　　)이/가 결성되었다.

(3) 1989년 11월 (　　　　)이/가 붕괴되었고, 이듬해 독일이 통일되었다.

(4) 마오쩌둥은 자신의 반대파를 제거하기 위해 홍위병을 동원하여 (　　　　)을/를 일으켰다.

(5) 중국의 (　　　　)은/는 집권 후 실용주의 노선을 채택하여 개혁·개방 정책을 펼쳤다.

(6) 미국을 비롯한 23개국은 자유 무역 체제의 수립을 목표로 하여 1947년 (　　　　)을/를 체결하였다.

(7) 1989년 아시아 및 태평양 연안 국가들의 원활한 정책 대화와 협력 증진을 목적으로 지역 내 정상들의 협의 기구로 (　　　　)이/가 설립되었다.

(8) 세계화로 인해 세계 각지에서 자회사나 지사 등을 두고 연구, 생산, 판매 활동을 하는 (　　　　)이/가 늘어났다.

02 다음 내용이 맞으면 ○표, 틀리면 ×표를 하시오.

(1) 고르바초프의 개혁·개방 정책 추진 이후 동유럽 공산권의 단결이 강화되었다. ………………………… (　　　)

(2) 폴란드에서는 바웬사가 이끄는 자유 노조가 선거를 통해 정권을 장악하였다. ………………………… (　　　)

(3) 문화 대혁명으로 중국의 전통문화를 수호하고자 하는 움직임이 늘어났다. ………………………… (　　　)

(4) 덩샤오핑은 흑묘백묘론을 내세워 개혁·개방을 추진하였다. ………………………… (　　　)

(5) 브레턴우즈 회의에서는 유로화를 주거래 화폐로 정하였다. ………………………… (　　　)

(6) 세계화로 인해 국제 통화 기금, 세계 무역 기구 등의 영향력이 확대되고 있다. ………………………… (　　　)

03 다음 사건들을 시간 순서대로 나열하시오.

(가) 문화 대혁명
(나) 톈안먼 사건
(다) 대약진 운동

04 다음 지역을 연관된 공동체에 맞게 연결하시오.

(1) 유럽 •　　　　• ㉠ AU
(2) 아시아 •　　　　• ㉡ EU
(3) 아메리카 •　　　　• ㉢ ASEAN
(4) 아프리카 •　　　　• ㉣ NAFTA

05 다음 설명에 해당하는 옳은 말을 쓰시오.

(1) 1985년 집권한 소련의 지도자로 개혁·개방 정책을 추진하여 소련의 사회주의 체제의 개혁을 꾀한 인물은? ………………………… (　　　)

(2) 중국에서 인민 공사 설립을 통한 농촌의 집단화를 추진한 운동은? ………………………… (　　　)

(3) 문화 대혁명 당시 마오쩌둥의 뜻을 따르던 세력으로, 주로 학생들로 구성된 조직의 명칭은? ……… (　　　)

(4) 1989년 중국의 베이징에서 민주화를 요구하며 일어난 시위였으나 무력으로 진압된 사건은? ……… (　　　)

(5) 1995년 창설되었으며 세계 무역 자유화 확대와 국제 무역 분쟁 조정 등의 역할을 담당하는 국제기구는? ………………………… (　　　)

(6) 서유럽 6개국이 만든 유럽 석탄 철강 공동체에서 발전하여 1993년 출범한 유럽 공동체의 명칭은? … (　　　)

06 밑줄 친 부분을 옳게 고쳐 쓰시오.

(1) 1991년 러시아, 우크라이나, 카자흐스탄 등 11국은 <u>소비에트 연방 공화국</u>을 결성하였다. ………… (　　　)

(2) 1970년대 말부터 영국에서 펼쳐진 신자유주의 정책을 총리의 이름을 따 <u>레이거노믹스</u>라고 한다. ‥ (　　　)

(3) 유럽은 <u>제네바 협정</u>을 통해 회원국 간 경제와 화폐 통합, 공동의 외교 안보 등을 약속하고, 유럽 연합을 결성하였다. ………………………… (　　　)

07 괄호 안에 들어갈 옳은 말에 ○표 하시오.

(1) (마오쩌둥, 덩샤오핑)은 문화 대혁명을 통해 자신의 반대파를 제거하고자 하였다.

(2) 교통과 통신의 발달로 전 세계에서 서비스, 자본, 노동 등의 이동이 자유로워진 현상을 (세계화, 신자유주의)라고 한다.

(3) 미국은 캐나다, 멕시코 등과 함께 (북미 자유 무역 협정, 남미 국가 연합)을 결성하였다.

중단원 실력 쌓기

01 다음 연설을 한 인물에 대한 설명으로 옳은 것은?

페레스트로이카 정책은 소련과 같은 국가가 새로운 질적 상태로의 전환, 즉 권위주의적이고 관료주의적인 체제에서 인간적이고 민주적인 사회로 평화롭게 이행하는 유일한 길이라고 생각합니다.

① 피의 일요일 사건을 일으켰다.
② 러시아의 10월 혁명을 주도하였다.
③ 독일과 상호 불가침 조약을 맺었다.
④ 시장 경제 원리를 도입한 개혁을 추진하였다.
⑤ 소비에트 사회주의 공화국 연방을 수립하였다.

02 다음 사건들을 활용한 탐구 주제로 가장 적절한 것은?

- 베를린 장벽의 붕괴
- 바웬사의 대통령 선출
- 독립 국가 연합의 출범

① 제3 세계의 형성
② 국제 연합(UN)의 창설
③ 유럽 연합(EU)의 결성
④ 냉전 속에 진행된 열전
⑤ 사회주의권의 붕괴와 변화

03 중요 (가)에 들어갈 내용으로 옳은 것은?

1980년대 동독에서는 공산당의 독재와 경제 불황에 반발하는 시위가 이어졌다. 또한 많은 주민들이 서독으로 탈출하는 등 통치 체제가 붕괴되었다. 그 결과 마침내 (가)

① 독일이 통일을 이루었다.
② 베를린 장벽이 건설되었다.
③ 닉슨 독트린이 발표되었다.
④ 소련이 베를린을 봉쇄하였다.
⑤ 바르샤바 조약 기구가 결성되었다.

04 중요 (가)에 대한 설명으로 옳은 것만을 〈보기〉에서 고른 것은?

(가) 은/는 정치적 위기에 빠진 마오쩌둥이 자신의 반대파 세력을 제거하기 위해 홍위병을 동원하여 추진한 것이다.

보기
ㄱ. 대약진 운동에 영향을 주었다.
ㄴ. 중국의 전통문화를 파괴하였다.
ㄷ. 인민 공사가 설립되는 배경이 되었다.
ㄹ. 많은 예술인과 지식인들을 억압하였다.

① ㄱ, ㄴ ② ㄱ, ㄷ ③ ㄴ, ㄷ
④ ㄴ, ㄹ ⑤ ㄷ, ㄹ

05 (가)에 들어갈 인물로 옳은 것은?

앞으로 중국의 개혁·개방 방향에 대해서 말씀해 주시겠습니까?
검은 고양이(흑묘)든 흰 고양이(백묘)든 쥐만 잘 잡으면 됩니다. 이런 입장에서 서방의 자본을 들여오고 경제특구도 만들 것입니다.

▲ (가)

① 쑨원 ② 장제스
③ 호찌민 ④ 덩샤오핑
⑤ 마오쩌둥

중요

06 다음 자료에서 설명하는 사건으로 옳은 것은?

1989년 중국의 수도 베이징에 있는 광장에 백만여 명이 넘는 사람들이 모였다. 시민들은 독재 반대, 언론과 결사의 자유 등을 주장하며 집회를 열었다. 그러나 중국 공산당은 군대를 동원하여 시위대를 강제로 진압하였다.

① 신해혁명 ② 톈안먼 사건
③ 대약진 운동 ④ 문화 대혁명
⑤ 제1차 국공 합작

07 (가)에 들어갈 용어로 옳은 것은?

〈역사 용어 사전〉

(가)

- 일시: 1947년
- 장소: 제네바
- 가입국: 120여 개국

1947년 미국을 비롯한 23개국이 관세 철폐와 무역 증대를 위하여 조인한 것으로 후일 가입국이 120여 개국으로 확대되었으며, 한국은 1967년에 정회원국이 되었다.

① 마스트리흐트 조약
② 국제 통화 기금(IMF)
③ 국제 개발 부흥 은행(IBRD)
④ 아시아·아프리카 회의(반둥 회의)
⑤ 관세 및 무역에 관한 일반 협정(GATT)

08 신자유주의 정책의 사례로 옳은 것만을 〈보기〉에서 고른 것은?

보기

ㄱ. 마오쩌둥이 은행과 기업을 국유화하였다.
ㄴ. 영국의 대처 총리가 금융 규제를 완화하였다.
ㄷ. 소련을 중심으로 경제 상호 원조 회의가 구성되었다.
ㄹ. 미국의 레이건 대통령이 복지 비용 삭감을 추진하였다.

① ㄱ, ㄴ ② ㄱ, ㄷ ③ ㄴ, ㄷ
④ ㄴ, ㄹ ⑤ ㄷ, ㄹ

09 (가)~(라) 사건을 시간 순서대로 옳게 나열한 것은?

(가) 브레턴우즈 회의 개최
(나) 세계 무역 기구(WTO) 결성
(다) 두 차례에 걸친 석유 파동 발생
(라) 관세 및 무역에 관한 일반 협정(GATT) 체결

① (가) - (라) - (다) - (나) ② (나) - (가) - (라) - (다)
③ (나) - (라) - (다) - (가) ④ (다) - (나) - (라) - (가)
⑤ (라) - (나) - (가) - (다)

중요

10 (가)에 들어갈 국제기구로 옳은 것은?

다음 문제입니다. 이것은 어느 지역 공동체의 상징입니다. 이 공동체의 명칭은 무엇일까요?
(가)

① 유럽 연합(EU)
② 아프리카 연합(AU)
③ 북미 자유 무역 협정(NAFTA)
④ 동남아시아 국가 연합(ASEAN)
⑤ 아시아·태평양 경제 협력체(APEC)

11 밑줄 친 '변화'의 사례로 적절하지 않은 것은?

냉전 체제가 무너지면서 자본주의가 세계에 확산되었고, 전 세계적으로 상품과 서비스, 자본, 노동이 국경을 넘어서 자유롭게 이동하는 세계화가 가속화되었다. 이러한 세계화는 세계 각국의 경제와 문화에 있어 많은 변화를 가져왔다.

① 다국적 기업이 성장하였다.
② 국제기구의 영향력이 확대되었다.
③ 국가 간의 상호 의존도가 감소하였다.
④ 이주민의 증가로 다문화 사회가 형성되었다.
⑤ 특정 문화의 확산으로 인한 문화 획일화가 나타났다.

서술형 · 논술형

서술형

01 밑줄 친 ㉠의 구체적인 내용을 두 가지만 서술하시오.

▲ 중국에 설치된 대형 덩샤오핑 사진 간판

마오쩌둥의 사후 집권한 덩샤오핑은 실용주의에 입각하여 ㉠ 중국의 개혁 · 개방 정책을 추진하였다. 그 결과 중국의 경제는 급속도로 발전하여 경제 대국으로 성장하였다.

서술형

02 다음과 같은 지역 사회의 통합이 나타나게 된 배경을 두 가지 서술하시오.

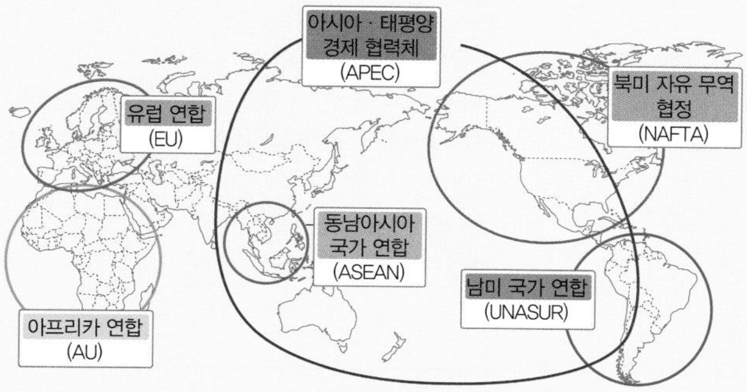

▲ 세계의 지역별 경제 협력체

논술형

03 다음 사건이 일어나게 된 배경을 200자 이내로 논술하시오.

러시아의 10월 혁명을 이끌었고, 소련의 성립을 이루었던 레닌 동상이 철거되었다. 이 동상의 철거는 소련의 붕괴를 상징하는 사건이었다.

논술형

04 세계화로 인한 변화를 다음 단어를 모두 포함하여 300자 이내로 논술하시오.

• 자본과 노동 • 문화 교류 • 이주민

03 탈권위주의 운동과 대중문화 발달

❶ 탈권위주의 운동의 전개

(1) 탈권위주의 운동의 등장

→ 젊은 학생들이 중심이 되어 기성세대가 만든 권위주의적 질서와 체제에 저항하는 운동으로, 인종 · 계층 · 성별에 따른 모든 차별을 거부하였다.

배경	• 두 차례에 걸친 세계 대전 이후 산업 사회의 여러 문제 • 대중 교육의 확산에 따른 시민 의식의 성장, 자본주의 체제에 대한 반감
전개	1950년대의 인종 차별 저항 운동, 1960년대 베트남 전쟁 반대 등 반전 · 반핵 시위, 가부장적 가족 질서, 여성 차별 등 여러 문제 비판

(2) 학생 운동: 기성세대에 대한 저항과 자유로운 공동체를 꿈꾸는 탈권위주의 운동 전개

① 1964년부터 미국 등에서 대학생들이 대학 내 정치 발언의 자유 요구

② 68 운동(1968) → 프랑스 낭테르 대학생들은 강압적인 학교 당국에 저항하며 교육 과정 변화와 학생의 대학 운영 참여권을 요구하였다. 이 시위가 다른 대학으로 확대되면서 68 운동이 시작되었다.

- 배경: 프랑스에서 권위주의적 대학 교육과 미국의 베트남 침공 반대 대학생 시위 → 노동자들의 총파업 등과 연계하며 사회 변혁 운동으로 발전
- 주장: 국가 권력의 감시와 억압 반대, 개인의 자유와 권리의 신장 주장 → 미국, 독일, 체코, 일본 등 전 세계적으로 확산
- 의의: 자유주의와 민주주의의 가치 확산, 개성이 존중되는 사회 분위기 형성에 기여
- 영향: 1970년대 여성 운동과 대중문화에 영향을 줌

(3) 민권 운동의 전개

① 배경: 두 차례의 세계 대전을 통한 인종주의의 폐해, 인권 유린의 참상에 대한 반발

② 넬슨 만델라, 아파르트헤이트 반대 운동 전개: 남아프리카 공화국의 흑인 인권 운동 주도 → 흑인에 대한 인종 차별 금지법 제정

③ 미국 몽고메리시 버스 승차 거부 운동(1955): 인종 간 버스 좌석 차별 → 승차 거부 운동

④ 마틴 루서 킹: 민권 운동 전개 → 워싱턴 행진(1963) 참여 → 민권법(1964), 투표권법(1965) 통과

→ 민권 운동: 흑인이 백인과 동등한 시민권을 얻기 위해 전개된 운동이다.

→ 워싱턴 행진: 미국 역사상 최대의 정치적 집회 중 하나였으며, 이후 민권법과 투표권법이 통과되는 데 영향을 끼쳤다.

집중 탐구 | 마틴 루서 킹

> 나에게는 꿈이 있습니다. 언제가 이 나라가 '모든 인간은 평등하게 태어났다는 것을 자명한 진실로 받아들인다.'는 믿음의 참된 의미를 실천하는 …… 나에게는 꿈이 있습니다. 나의 네 아이들이 자신의 피부색이 아니라 인격에 따라 평가받는 그런 나라에 살게 될 날이 오리라는 꿈입니다.
> –마틴 루서 킹 목사의 연설 중–

1963년 8월 28일, 미국의 수도 워싱턴 D.C.에 수십 만 명의 사람들이 모여 들었다. 아프리카계 미국인들의 시민적 · 경제적 권리와 함께 인종 차별에 대한 반대를 주장하였다. 특히 마틴 루서 킹 목사는 이 집회에서 'I Have a Dream'이라는 연설을 통해 인종 차별의 종식을 요구하였다.

⑤ 민주화 운동: 한국 – 4 · 19 혁명(1960), 멕시코 – 정권의 억압 정책에 항의(1968), 에스파냐 – 프랑코의 독재 정권에 맞선 시위, 동유럽 – 자유와 민주주의 요구

(4) 여성 운동

배경	제2차 세계 대전 이후 여성들의 고등 교육 혜택 증가, 참정권 획득 → 여성에 대한 사회적 · 문화적 차별은 지속
전개	• 여성 문제에 대한 토론회 개최, 여성 인권 관련 법안 상정 등 • 여성의 인종, 민족, 사회 계급의 차이에 따른 차별에 주목 → 성 소수자의 존재에 주목
영향	일상생활 속 성차별 인식의 개선, 여러 국가에 여성과 평등 관련 부처 및 제도 신설

+ 68 운동 당시의 구호

- 금지하는 것을 금지한다!
- 모든 권력을 상상력으로!
- 우리 안에 잠자고 있는 경찰을 없애자!

+ 넬슨 만델라(1918～2013)

남아프리카 공화국의 아파르트헤이트 정책에 대한 반대 운동을 주도하였고, 그로 인해 체포되어 종신형을 선고받았다. 교도소에서도 흑인 인권 운동에 앞장 선 그는 석방된 후 당시 대통령과 함께 아파르트헤이트 정책의 폐지를 주도하였고, 그 공로로 노벨 평화상을 수상하였다. 이듬해 그는 남아프리카 공화국 최초의 흑인 대통령이 되었다.

+ 아파르트헤이트 정책을 반대하는 포스터

아파르트헤이트는 '분리', '격리'라는 의미로, 남아프리카 공화국에서 실시된 인종 분리주의 정책을 의미한다. 이로 인해 인종별 거주 지역이 분리되는 등의 차별이 존재하였다.

+ 몽고메리시 버스 승차 거부 운동

버스에서 좌석을 양보하지 않았다는 이유로 흑인이 체포되어 벌금을 받자 흑인들은 이 부당함을 알리기 위해 1년 넘도록 버스 승차 거부 운동을 벌였다. 연방 대법원은 인종 분리를 결정한 앨라배마주의 조례가 위헌이라는 판결을 내렸고, 몽고메리시는 버스 내의 인종 분리를 법적으로 폐지하였다.

+ 민권법

1964년 미국에서 제정된 법으로, 인종, 민족, 출신 국가, 소수 종교, 여성 등을 차별하는 것을 금지하였다. 이 법의 시행으로 학교, 직장 및 공공시설에서의 인종 차별 정책이 종식되었다.

출제 포인트 1 68 운동
2 민권 운동의 사례
3 대중문화의 특징

더 알아보기 ▶ 보스턴 마라톤과 여성 주자

1967년 미국 보스턴 마라톤 대회에서 대회 관계자들이 한 참가자를 쫓아내려고 하였다. 당시 마라톤 대회에는 남성들만이 참가하였는데, 20살의 대학생이었던 캐서린 스위처가 참가했던 것이다. 이후 1972년부터 보스턴 마라톤에 여성들이 공식적으로 참여할 수 있게 되었고, 1984년부터는 올림픽 마라톤에도 참여할 수 있게 되었다.

→ 1967년 여성 최초로 보스턴 마라톤에 공식 출전했다가 대회 감독관에게 저지당했던 여자 마라토너 캐서린 스위처가 2017년 보스턴 마라톤 대회에 참가한 모습이다.

❷ 대중문화의 발달

(1) 대중 사회의 형성 배경

① 대중 사회의 형성: 제2차 세계 대전 이후 산업화와 도시화의 가속

② 대중 매체의 발달: 1960년대 이후 텔레비전, 라디오, 영화, 컴퓨터 등 대중 매체의 발달 → 정치·경제·사회·문화 등에서 대중의 영향력 증대

→ 많은 사람들에게 대량의 정보를 전달하는 수단을 의미한다.

Q&A 대중 사회는 어떻게 형성되었나요?

산업화와 도시화의 영향으로 기존의 촌락 공동체가 무너지고 도시 인구가 늘어났다. 도시에서 다양한 직업을 갖게 된 사람들은 정서적 유대보다 상호 이익을 바탕으로 한 관계에 기반을 두었고, 심리적으로 고립되어 가는 사람들이 늘어났다. 또한 도시의 대량 생산, 대량 소비 체제 속에서 비슷한 생활 양식과 생각을 공유하게 되었고, 그 과정에서 불특정 다수인 '대중'이 사회의 주체가 되었다.

(2) 대중문화의 발달

① 배경: 1960년대 후반 이후 젊은 세대가 소비의 주체로 성장

② 특징

- 팝송(로큰롤), 영화, 드라마, 팝 아트 등 새로운 장르의 등장
- 기성 사회에 대한 저항 운동을 상징하는 인물과 노래 등의 상품화
- 전통문화와 정신적 가치의 파괴, 물질적 가치를 중시하는 경향 확산
- 코카콜라와 할리우드 영화로 대표되는 미국 문화의 확산으로 문화의 획일화 진행
- 인터넷과 무선 통신의 발달 → 실시간 쌍방향 소통 → 대중이 문화의 생산자로 참여

(3) 탈권위적 청년 문화

① 배경: 1960년대 유럽과 미국의 청년들을 중심으로 탈권위적 청년 문화 형성

② 성격

- 전쟁을 비판하고, 기성세대의 문화와 가치관을 부정
- 자유분방한 음악과 장발, 청바지 등을 통해 개성 표현
- 기존 사회의 가치관에서 벗어나 탈사회적 행동을 하는 히피 문화 유행

더 알아보기 ▶ 우드스톡 페스티벌

우드스톡 페스티벌은 1969년 뉴욕 북부의 베델 평원에서 개최된 대규모 음악 예술 축제이다. '3일간의 평화와 음악'이라는 주제로 개최된 이 축제는 당시 기성세대에 대한 저항의 분위기가 높았던 시기에 개최되면서 전 세계 젊은이들이 반전과 평화 등 자신들의 메시지를 전달하는 창구가 되었다.

◀ 우드스톡 페스티벌의 포스터

✚ 사우디아라비아의 여성 운전 허용

사우디아라비아에서는 여성 운전이 금지되어 있었으나 이에 대한 지속적인 항의와 여러 노력이 더해져 2018년부터 여성 운전이 허용되었다. 남성 중심적인 사회 체제에 대한 인식의 전환과 현실적 변화를 추구하는 여성 운동은 세계 각국에서 전개되었다. 또 다른 사례로는 미인 대회 개최 반대 운동이나 포드 자동차 공장의 동일 임금 지급 요구 운동 등이 있다.

✚ 대중 사회

불특정 다수인 '대중'이 사회의 주체가 되어 영향력을 행사하는 사회를 말한다.

✚ 대중 매체의 발달

1946	최초의 컴퓨터 등장
1947	트랜지스터라디오 등장
1953	컬러텔레비전 기술 실현
1970	개인용 컴퓨터 보급
1973	휴대 전화 개발
1990	인터넷 시작
1992	스마트폰 등장
1995	소셜 네트워크 서비스(SNS) 시작

✚ 팝 아트

팝 아트는 대중문화의 요소를 대량으로 복제하는 새로운 장르의 예술이다. 대표적인 작가인 앤디 워홀은 상품·광고·영화·연예인 등을 활용한 작품으로 당시 대중문화의 획일성을 비판하였다. 그의 대표적인 작품으로는 '마릴린 먼로', '캠벨 수프 캔' 등이 있다.

✚ 히피

기성의 가치관·제도·사회적 관습을 부정하고, 인간성의 회복, 자연과의 직접적인 교감 등을 주장하며 자유로운 생활 양식을 추구하는 젊은이들로, 1960년대 후반부터 미국을 중심으로 생겨나 전 세계로 퍼졌다.

개념 다지기

정답과 해설 | 49쪽

01 빈칸에 들어갈 알맞은 말을 쓰시오.

(1) 1960년대 프랑스에서 대학생들이 대학 개혁과 민주화를 주장하며 대규모로 나선 시위를 (   )(이)라고 한다.
(2) (   )은/는 '분리', '격리'라는 의미로 남아프리카 공화국에서 실시한 인종 분리주의 정책을 의미한다.
(3) (   )은/는 워싱턴 행진 당시 'I Have a Dream' 이라는 연설을 통해 인종 차별의 종식을 요구하였다.
(4) 한국에서 일어난 대표적인 민주화 운동으로는 1960년에 일어난 (   )이/가 있다.
(5) 여성에 대한 사회적·문화적 차별 극복과 권리를 확보하기 위한 운동을 (   )(이)라고 한다.
(6) 도시의 대량 생산, 대량 소비 체제 속에서 비슷한 생활 양식과 생각을 공유하게 된 불특정 다수를 (   )(이)라고 한다.
(7) 라디오, 텔레비전, 신문 등 대중에게 대량의 정보를 전달할 수 있는 매개체를 (   )(이)라고 한다.
(8) 자유와 사랑, 평화를 주장하며 기존의 사회에서 벗어나 개인의 행복과 자유를 추구하는 문화를 (   )(이)라고 한다.

02 다음 내용이 맞으면 ○표, 틀리면 ×표를 하시오.

(1) 68 운동은 탈권위주의 운동의 대표적 사례이다. ········ (   )
(2) 마틴 루서 킹은 아파르트헤이트 정책에 반발하여 민권 운동을 전개하였다. ········ (   )
(3) 한국의 4·19 혁명은 민주화 운동의 대표적 사례이다. ········ (   )
(4) 여성 운동은 여성의 인종, 민족, 사회 계급의 차이에 따른 차별에 주목하였다. ········ (   )
(5) 대중 매체의 발달은 대중문화 발달에 영향을 주었다. ········ (   )
(6) 로큰롤과 팝 아트 등은 대중문화의 발달을 보여 주는 사례이다. ········ (   )

03 민권 운동 과정 중에 일어난 사건들을 시간 순서대로 나열하시오.

(가) 민권법 통과   (나) 워싱턴 행진
(다) 투표권법 통과

04 다음 운동과 연관된 가장 적절한 사례를 연결하시오.

(1) 학생 운동 •   • ㉠ 68 운동
(2) 민권 운동 •   • ㉡ 아파르트헤이트 반대 운동
(3) 여성 운동 •   • ㉢ 영국의 성차별 금지법 제정

05 다음 설명에 해당하는 옳은 말을 쓰시오.

(1) 강압적인 학교 당국에 맞서 대학 운영 참여권을 요구한 시위가 일어났으며, 이로 인해 68 운동이 시작된 국가는? ········ (   )
(2) 남아프리카 공화국에서 아파르트헤이트 반대 운동을 주도하였고, 남아프리카 공화국 최초의 흑인 대통령이 된 인물은? ········ (   )
(3) 1963년 미국에서 흑인들의 권리 향상을 위해 수십 만 명의 사람들이 모여 행진하였던 사건은? ········ (   )
(4) 대중 매체의 발달로 인해 계급, 성별, 지역을 넘어 대다수의 사람들이 즐기는 문화는? ········ (   )
(5) 대중문화의 요소를 대량으로 복제하여 만드는 새로운 장르의 예술은? ········ (   )
(6) 1969년 뉴욕 북부의 베델 평원에서 '3일간의 평화와 음악'이라는 주제로 개최된 대규모 음악 축제는? ········ (   )

06 민권 운동 중 흑인의 인권 향상을 위한 사례로 옳은 것만을 〈보기〉에서 있는 대로 고르시오.

| 보기 |
ㄱ. 68 운동
ㄴ. 워싱턴 행진
ㄷ. 영국의 차별 금지법 제정
ㄹ. 아파르트헤이트 반대 운동

07 괄호 안의 내용 중 옳은 말에 ○표 하시오.

(1) 넬슨 만델라는 (미국, 남아프리카 공화국)에서 흑인 인권 운동을 주도하였다.
(2) 1960년대에는 기존 사회의 가치관에서 벗어나 탈사회적 행동을 하는 (대중문화, 히피 문화)가 유행하였다.
(3) 1964년 미국에서는 인종, 민족, 출신 국가, 소수 종교, 여성 등을 차별하는 것을 금지한 (민권법, 투표권법)을 제정하였다.

중단원 실력 쌓기

정답과 해설 | 50쪽

중요
01 밑줄 친 ㉠의 사례로 옳은 것은?

> 1960년대를 전후한 시기부터 청년층을 중심으로 기성세대가 만든 권위주의적 질서와 체제에 저항하는 ㉠ 탈권위주의 운동이 전개되었다.

① 중국의 5·4 운동
② 프랑스의 68 운동
③ 영국의 차티스트 운동
④ 러시아의 브나로드 운동
⑤ 아라비아반도의 와하브 운동

02 다음과 같은 구호가 제기되었던 사건에 대한 설명으로 옳은 것만을 〈보기〉에서 고른 것은?

> • 금지하는 것을 금지한다!
> • 모든 권력을 상상력으로!
> • 우리 안에 잠자고 있는 경찰을 없애자!

| 보기 |
ㄱ. 넬슨 만델라가 주도하였다.
ㄴ. 한국의 4·19 혁명에 영향을 주었다.
ㄷ. 노동자들의 총파업 등과 연계하였다.
ㄹ. 프랑스에서 대학생들을 중심으로 시작되었다.

① ㄱ, ㄴ ② ㄱ, ㄷ ③ ㄴ, ㄷ
④ ㄴ, ㄹ ⑤ ㄷ, ㄹ

03 다음 연설을 한 인물로 옳은 것은?

> 나에게는 꿈이 있습니다. 언제가 이 나라가 '모든 인간은 평등하게 태어났다는 것을 자명한 진실로 받아들인다.'는 믿음의 참된 의미를 실천하는 …… 나에게는 꿈이 있습니다. 나의 네 아이들이 자신의 피부색이 아니라 인격에 따라 평가받는 그런 나라에 살게 될 날이 오리라는 꿈입니다.

① 루스벨트 ② 덩샤오핑
③ 고르바초프 ④ 넬슨 만델라
⑤ 마틴 루서 킹

중요
04 밑줄 친 '이 정책'으로 옳은 것은?

STOP APARTHEID NOW!
이것은 남아프리카 공화국에서 시행된 이 정책을 반대하는 내용을 담은 포스터입니다.

① 마셜 계획 ② 뉴딜 정책
③ 닉슨 독트린 ④ 페레스트로이카
⑤ 아파르트헤이트

05 다음 사건이 끼친 영향으로 옳은 것만을 〈보기〉에서 고른 것은?

> 1963년 워싱턴에서 많은 사람들이 흑인들의 시민적·경제적 권리를 옹호하기 위한 행진을 진행하였다.

| 보기 |
ㄱ. 넬슨 만델라가 체포되었다.
ㄴ. 미국에서 민권법이 제정되었다.
ㄷ. 흑인의 투표권을 보장하는 법이 만들어졌다.
ㄹ. 몽고메리시에서 버스 승차 거부 운동이 일어났다.

① ㄱ, ㄴ ② ㄱ, ㄷ ③ ㄴ, ㄷ
④ ㄴ, ㄹ ⑤ ㄷ, ㄹ

06 제2차 세계 대전 이후 볼 수 있는 여성 운동의 전개 모습으로 옳은 것만을 〈보기〉에서 고른 것은?

| 보기 |
ㄱ. 영국의 여성 참정권 운동
ㄴ. 여성 인권 관련 법안의 제정
ㄷ. 아라비아반도의 와하브 운동
ㄹ. 여성의 국적, 종교 등에 따른 차별 반대

① ㄱ, ㄴ ② ㄱ, ㄷ ③ ㄴ, ㄷ
④ ㄴ, ㄹ ⑤ ㄷ, ㄹ

중요
07 밑줄 친 '운동'의 사례로 옳지 않은 것은?

두 차례의 세계 대전 전후로 여성들은 참정권을 얻게 되었다. 그러나 20세기 후반 탈권위주의 운동 과정 속에서 여전히 존재하는 성 차별적 모습에 주목하여 남성 중심적인 사회 체제에 대한 변화를 요구하는 운동이 전개되었다.

① 미인 대회 개최 반대 운동
② 쿠바 미사일 위기 당시 반핵 시위
③ 사우디아라비아 여성의 운전 허용
④ 보스턴 마라톤 대회에 여성 참가자 허용 요구
⑤ 포드 자동차 공장의 동일 임금 지급 요구 운동

08 (가)를 이용하는 모습으로 적절하지 않은 것은?

1960년대 이후 기술의 발전으로 다수의 사람들에게 많은 정보를 동시에 전달할 수 있는 (가) 이/가 발달하면서 대중들도 쉽게 문화를 즐길 수 있었다.

① 여행 중의 소식을 편지로 전하는 학생
② 인터넷을 통해 강의를 수강하는 수험생
③ 라디오 방송을 통해 뉴스를 전하는 앵커
④ 자신의 일상을 SNS에서 공유하는 연예인
⑤ 컬러텔레비전을 통해 드라마를 시청하는 가족

09 (가) 인물에 대한 설명으로 옳은 것은?

대중문화의 발달과 함께 영화, 드라마, 팝 아트 등 새로운 장르의 예술이 등장하였다. 그중 (가) 은/는 미국의 팝 아트를 주도한 인물로, '마릴린 먼로', '캠벨 수프 캔' 등의 작품을 남겼다.

① 모던 타임스에서 대량 생산 체제를 비판하였다.
② 통기타 음악을 통해 민권 운동에 영향을 주었다.
③ 로큰롤 음악을 통해 청년들의 의사를 대변하였다.
④ 자신의 작품을 통해 대중문화의 획일성을 비판하였다.
⑤ 영국의 팝 밴드 일원으로 반전 운동 등에 영향을 주었다.

중요
10 밑줄 친 '이 축제'에 대한 설명으로 옳은 것만을 〈보기〉에서 고른 것은?

이 축제는 1969년 8월 15일부터 17일까지 뉴욕 북부의 베델 평원에서 개최된 대규모 음악 예술 축제로 '3일간의 평화와 음악'이라는 주제로 개최되었다.

| 보기 |
ㄱ. 비동맹 중립주의를 추구하였다.
ㄴ. 프랑스의 68 운동에 영향을 주었다.
ㄷ. 반전, 평화 등의 메시지를 전달하였다.
ㄹ. 탈권위적 청년 문화를 상징하는 행사였다.

① ㄱ, ㄴ ② ㄱ, ㄷ ③ ㄴ, ㄷ
④ ㄴ, ㄹ ⑤ ㄷ, ㄹ

서술형 • 논술형

서술형

01 다음 인물의 이름을 쓰고, 그의 주요 업적에 대해 두 가지만 서술하시오.

"나는 백인이 지배하는 사회에 맞서 싸웠고, 또한 흑인이 지배하는 사회에도 반대해 싸웠다. 나는 모든 사람이 함께 조화를 이루고 동등한 기회를 누리는 민주적이고 자유로운 사회에 대한 이상을 간직하고 있다."

• 이름:

• 주요 업적:

서술형

02 밑줄 친 '이 운동'이 끼친 영향을 두 가지만 서술하시오.

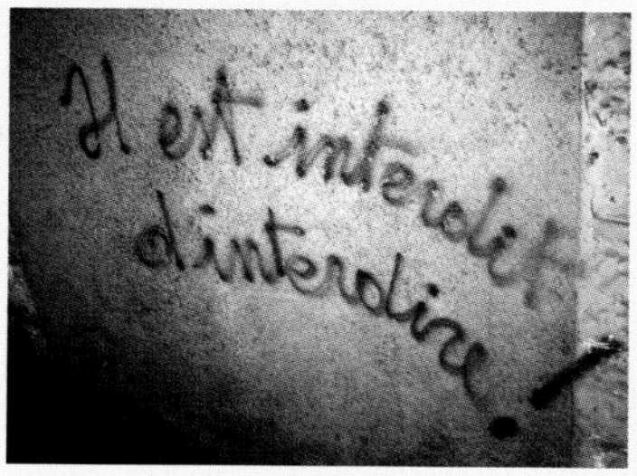

1968년 5월 프랑스에서 대학생들이 대학 개혁과 민주화를 요구하며 대규모 시위에 나섰다. 사진은 이 시위에서 발전한 이 운동의 대표적인 구호인 "금지하는 것을 금지한다."라는 글을 벽면에 써 놓은 것이다.

논술형

03 20세기에 탈권위주의 운동이 등장하게 된 배경을 다음 단어를 모두 포함하여 300자 이내로 논술하시오.

• 세계 대전 • 대공황 • 교육

논술형

04 (가) 문화의 특징 세 가지를 300자 이내로 논술하시오.

1960년대 이후 텔레비전, 라디오, 영화, 컴퓨터 등 대중 매체가 발달하였고, 이를 바탕으로 대중의 영향력이 커지게 되었다. 또한 그 다수의 대중이 일상적으로 누리는 (가) 도 발달하였다.

04 현대 세계의 문제 해결을 위한 노력

❶ 현대 사회의 분쟁과 해결 노력

(1) 지역 분쟁과 국제 갈등

① 배경: 인종, 종교, 부족 간의 갈등 등으로 인한 분쟁 발생

② 사례: 르완다 내전, 인도와 파키스탄 간의 카슈미르 분쟁, 이스라엘과 팔레스타인 간의 갈등, 센카쿠 열도 분쟁, 9·11 테러, 이라크 전쟁 등

③ 국제 사회의 노력: 국제 연합이 분쟁 지역에 국제 연합 평화 유지군(PKO) 파견

더 알아보기 ▶ 카슈미르 분쟁

인도가 파키스탄과 인도로 나뉘어 독립할 당시 카슈미르 지역에 살고 있는 사람들은 이슬람교도가 다수였으나, 당시 힌두교도인 이 지역의 지도자는 통치권을 인도에 넘겼다. 이에 반발하여 인도와 파키스탄은 전쟁을 치렀고, 그 결과 카슈미르는 인도령 카슈미르와 파키스탄령 카슈미르로 분할되었다. 그러나 그 이후에도 양측의 충돌은 지속되었고, 최근까지도 양국의 갈등이 이어지고 있다.

(2) 반전 평화 운동

① 대량 살상 무기의 폐해: 냉전의 지속과 군사 기술 발달로 대량 살상 기술 개발 → 민간인까지 무차별 학살, 인류 문명을 파괴할 가능성 내포

② 대량 살상 무기 문제 해결 노력: 핵 확산 금지 조약(NPT), 생물 무기 금지 협약(BWC), 화학 무기 금지 협약(CWC), 대량 살상 무기 확산 방지 구상(PSI) 등

생물 무기 금지 협약(BWC): 생물 및 독소 무기의 개발·생산·비축을 금지할 목적으로 1975년 발효한 다자간 군축·비확산 조약으로, 생물 무기의 완전 폐기를 목표로 한다.

③ 반전 평화 운동: 제2차 세계 대전 이전부터 지속 → 두 차례의 세계 대전을 겪으면서 전쟁에 대한 문제의식의 확산

- 제1차 세계 대전 이후: 국제 연맹 창설, 워싱턴 군축 회의 개최
- 제2차 세계 대전 이후: 국제 연합 설립, 국제 연합 평화 유지군(PKO) 창설

④ 반전 평화 운동의 전개

- 베트남 전쟁 반대 운동: 미국의 고엽제 살포, 민간인 학살 → 반전 평화 운동 확산
- 기타: 이라크 전쟁 반대 운동, 러시아의 크림반도 군사 개입 반대 운동

(3) 난민 문제

① 코소보 사태(1998), 시리아 내전(2011) 등 인종 갈등과 정치적 혼란 → 다수의 난민 발생

② 국제 사회의 대응: 국제 연합 난민 기구(1950), 난민 협약 채택, '세계 난민의 날'(6월 20일) 지정

'세계 난민의 날': 난민에 대한 관심을 촉구하기 위해 국제 연합(UN)이 2000년 유엔 총회 특별 결의안을 통해 정한 날이다. 이에 따라 다음 해인 2001년부터 이 날을 기념하고 있다.

③ 난민 수용 문제를 둘러싸고 국가 간, 국가 내 주민들 간의 갈등 발생

집중 탐구 | 난민 협약

> 난민 협약(난민 지위에 관한 협약)
>
> 제23조 모든 나라는 합법적으로 자국 영역 내에 체류하는 난민에게 공적 구호와 공적 원조에 관하여 자국민에게 부여되는 것과 동일한 대우를 부여한다.
>
> 제32조 모든 나라는 국가 안보 또는 공공질서를 이유로 하는 경우를 제외하고 합법적으로 자국 영역 내에 체류하고 있는 난민을 추방하여서는 안 된다.

1951년 채택된 난민 협약은 국제법상 최초로 난민에 대한 일반적인 정의를 내렸다. 난민 협약은 1976년 난민 의정서에서 일부 내용이 수정된 뒤 현재까지 이르고 있다. 오늘날 대부분 국가에서 난민 문제를 다루는 데 있어 기준이 되고 있다.

✚ 센카쿠 열도 분쟁

청일 전쟁 중 일본이 센카쿠 열도(중국명 댜오위다오)를 주인 없는 땅으로 여겨 강제 편입하였고, 이로 인해 중국과 일본, 타이완 간에 영토와 바다를 둘러싸고 일어난 갈등이다.

✚ 9·11 테러

2001년 9월 11일 미국의 세계 무역 센터 빌딩과 국방부 건물이 항공기 테러로 파괴된 사건이다. 이 테러로 수천 명의 사상자가 발생하였고, 미국과 아프가니스탄의 탈레반 정부 간에 전쟁이 일어났다.

✚ 반전 평화 운동

전쟁을 반대하고 평화를 정착시키려는 움직임을 의미한다. 이 문양은 영국의 핵무장을 반대하는 상징이었으나, 세계적으로 널리 사용되면서 반전 평화를 상징하는 문양이 되었다.

✚ 워싱턴 군축 회의

1921~1922년 미국의 워싱턴 D.C.에서 개최된 회의로, 제1차 세계 대전 이후 각국의 함선 건조 경쟁을 억제하기 위해 해군 군축 문제를 논의한 회담이다.

✚ 난민

인종, 종교상의 차이로 발생하는 박해나 분쟁 등을 피해 다른 지역으로 탈출하는 사람들을 말한다.

✚ 코소보 사태

1998년 동유럽의 세르비아에서 세르비아인의 통치에 맞선 코소보 주민들(알바니아인)의 저항으로 발생한 내전이다.

❷ 현대 사회의 다양한 과제

(1) 빈부 격차 문제

① **배경:** 신자유주의와 세계화 확대 → 국가 간, 국가 내의 경제적 차이 확대

② **내용**

- **남북문제:** 선진국과 개발 도상국 사이의 경제적 차이 발생
- 개발 도상국에서는 영양실조로 인한 기아 문제, 의료 시설과 의약품 부족 문제 발생
- **선진국 내부의 문제:** 산업 구조 조정, 노동 조건 악화, 금융 위기 등으로 빈부 격차 심화

③ **대응:** 국제 부흥 개발 은행, 국제 통화 기금 등 개발 도상국에 기술 및 자금 지원

→ 국제 통화 기금: IMF라고도 한다. 우리나라는 1997년 외환 위기로 IMF에 구제 금융을 신청하고, 1999년 5월 20일까지 총 10차에 걸쳐 195억 달러를 차입하는 등 IMF 구제 금융 위기를 맞기도 하였다.

(2) 환경 문제

① **배경:** 산업 혁명 이후 환경 오염 물질의 증가

② **세계의 환경 문제**

- 화석 연료 사용의 증가 → 온실가스의 발생, 지구 온난화의 가속화
- 화학 물질의 사용 → 오존층의 파괴, 기상 이변 발생
- 인구 증가로 인한 과도한 농경지 확대 → 삼림 파괴, 사막화 현상 등

③ **환경 문제의 해결 노력:** 1992년 '기후 변화에 관한 기본 협약(리우 선언)', 1997년 교토 의정서, 2015년 파리 기후 협약 채택

→ 교토 의정서: 개별 국가마다 일정량의 온실가스 감축을 합의하였다.

④ **문제점:** 선진국과 개발 도상국 간 온실가스 배출 규제를 둘러싸고 갈등

→ 온실가스의 감축을 강제하였고, 한국도 37%의 감축안을 제시하였다.

집중 탐구 **환경 문제 해결을 위한 노력**

교토 의정서(주요 내용)	파리 기후 협약(주요 내용)
• 최초로 온실가스 감축 비율 제시 • 1990년 수준보다 평균 5.2% 감축 • 선진국만 온실가스 감축 의무, 한국은 개발 도상국으로 감축 의무에서 제외됨	• 온실가스 감축의 구체적인 수치 제시 • 개발 도상국의 기후 변화 대처 사업에 지원 • 5년마다 감축 목표를 높여 제출 및 검증 • 한국도 37% 감축안 제시

1997년 발표된 교토 의정서는 산업 국가들의 온실가스 배출량 감소를 위한 노력이었다. '지속 가능한 발전'을 공동의 목표로 제시하여 지속적인 온실가스 감축 방향을 모색하였으나 각국의 상황과 실효성 문제로 갈등이 발생하였다. 그 결과 2015년 파리 기후 협약을 체결하여 선진국과 개발 도상국이 모두 온실가스 감축 의무를 정하였다.

(3) 질병 문제

① **배경:** 비위생적인 환경, 영양 부족, 질병에 대한 정보 부족 등

② **현황:** 아프리카, 아시아 일부 국가에서의 에이즈 전파, 에볼라 바이러스, 중증 급성 호흡기 증후군(SARS)을 비롯한 새로운 질병의 등장

③ **대응:** 세계 보건 기구(WHO)는 전염병을 비롯한 질병 퇴치를 위해 연구 활동 및 긴급 구호 활동 전개, 국경 없는 의사회 등 비정부 기구(NGO)의 활동

→ 국경 없는 의사회: 독립적으로 활동하는 비영리 국제 인도주의 의료 단체로서, 인종·종교·계급·성별·정치적 성향에 관계없이 도움이 필요한 사람들에게 생명을 살리는 의료를 지원하고 있다.

Q&A **현대 사회의 문제 해결을 위한 국제기구의 활동에는 어떤 것들이 있나요?**

국제 연합의 상설 기구인 유니세프는 개발 도상국 아동을 위한 긴급 구호 및 식수 공급, 기초 교육 등의 사업을 펼치고 있고, 유엔 세계 식량 계획은 식량 원조를 통한 개발 도상국의 경제, 사회 발전에 기여하고 있다. 또한 비정부 기구인 그린피스는 핵 실험 반대와 자연 보호 운동 등을 위한 활동을 펼치고 있고, 국경 없는 의사회는 인종·종교·계급 등을 막론하고 도움이 필요한 모든 사람들에게 의료 서비스를 제공하고 있다.

✚ 남북문제
북반구의 선진 공업국과 남반구의 개발 도상국 사이의 경제적 차이로 발생하는 문제를 말한다.

✚ 국제 부흥 개발 은행(IBRD)
본래 1944년 제2차 세계 대전으로 황폐화된 국가들의 재건 비용을 조달해 주기 위한 기구로 출발하였으나, 현재는 빈곤 상태들의 국가를 구제하기 위한 역할을 수행하고 있다.

✚ 온실가스
지구의 지표면에서 우주로 발산하는 적외선 복사열을 흡수하거나 반사하여 지표면의 온도를 상승시키는 역할을 하는 기체로 이산화 탄소, 메탄, 아산화 질소 등이 있다.

✚ 지속 가능한 발전
미래 세대가 사용할 경제·사회·환경 등의 자원을 낭비하지 않으면서 현재의 필요를 충족하는 발전을 의미한다.

✚ 에볼라 바이러스
1970년대에 아프리카 콩고의 에볼라강 유역에서 발견된 바이러스로, 발생 시 매우 높은 치사율을 보이는 것이 특징이다.

✚ 세계 보건 기구(WHO)
국제 연합 산하의 전문 기구로 1948년에 설립되었다. 중앙 검역소 업무, 유행병 및 전염병에 대한 대책, 회원국의 공중 보건 행정 강화를 맡고 있다. 본부는 제네바에 있다.

✚ 비정부 기구(NGO)
공식적인 정부 기관이나 조직이 아닌 민간 차원에서 조직된 비영리 시민 단체로, 개인이나 기업의 이익이 아닌 공공의 이익을 위해 조직되었다. 정치·인권·환경·보건 등 다양한 분야에서 조직되어 활동하고 있다.

개념 다지기

01 빈칸에 들어갈 알맞은 말을 쓰시오.

(1) (   ) 분쟁은 인도와 파키스탄 사이에서 일어나고 있는 대표적인 종교 분쟁이다.

(2) 제2차 세계 대전이 끝난 이후 국제 사회는 평화 유지를 목적으로 (   )하에 평화 유지군을 창설하고, 분쟁 지역에 파견하였다.

(3) 핵무기, 생화학 무기로 대표되는 (   )은/는 인류의 생존을 위협하는 무기로, 민간인까지 무차별적으로 공격한다.

(4) 인종, 종교 등의 차이로 발생하는 박해나 분쟁을 피해 다른 지역으로 이주하는 사람들을 (   )(이)라고 한다.

(5) 국제 연합은 1950년 전 세계 난민 문제 해결을 위한 기구로 (   )을/를 조직하였다.

(6) 북반구 선진 공업국과 남반구 개발 도상국 사이의 경제적 차이로 발생하는 문제를 (   )(이)라고 한다.

(7) 지구의 표면에서 우주로 발산하는 적외선 복사열을 흡수하거나 반사하여 지표면의 온도를 상승시키는 기체를 (   )(이)라고 한다.

(8) (   )은/는 1971년 의사와 언론인을 중심으로 설립된 비정부 기구로, 전 세계에서 인종·종교 등을 막론한 모든 사람들에게 의료 서비스를 제공하고 있다.

02 다음 내용이 맞으면 ○표, 틀리면 ×표를 하시오.

(1) 센카쿠 열도 분쟁은 대표적인 종교 분쟁에 해당한다. ············ (   )

(2) 국제 연합은 분쟁 지역에 국제 연합 평화 유지군을 파견하여 분쟁 해결에 노력하고 있다. ············ (   )

(3) 세계 각국은 대량 살상 무기 문제 해결을 위해 핵 확산 금지 조약(NPT) 등을 체결하였다. ············ (   )

(4) 국제 연합은 매년 6월 20일을 세계 난민의 날로 지정하여 난민에 대한 관심을 키우고 있다. ······· (   )

(5) 교토 의정서는 세계 각국의 온실가스 감축을 강제하기로 합의하였다. ············ (   )

(6) 세계 보건 기구(WHO)는 질병 퇴치를 위해 노력하는 대표적인 비정부 기구(NGO)이다. ············ (   )

03 다음 사건들을 시간 순서대로 나열하시오.

(가) 교토 의정서 채택
(나) 파리 기후 협약 채택
(다) 기후 변화에 관한 기본 협약 채택

04 다음 주제를 연관 있는 내용과 연결하시오.

(1) 대량 살상 무기 문제 •	• ㉠ 교토 의정서
(2) 빈부 격차 문제 •	• ㉡ 세계 보건 기구
(3) 환경 문제 •	• ㉢ 국제 부흥 개발 은행
(4) 질병 문제 •	• ㉣ 화학 무기 금지 협약

05 다음 설명에 해당하는 옳은 말을 쓰시오.

(1) 1998년 동유럽의 세르비아에서 세르비아인의 통치에 알바니아인들이 저항하여 일어난 사건은? ·· (   )

(2) 국제 사회가 핵보유국의 증가와 핵 개발의 통제를 위해 맺고 있는 조약은? ············ (   )

(3) 국제 연합이 평화 유지를 목적으로 분쟁 지역에 파견하는 군대의 명칭은? ············ (   )

(4) 난민의 지위 및 권리를 정의한 협약으로 1951년 채택된 협약은? ············ (   )

(5) 1944년 제2차 세계 대전으로 황폐화된 국가들의 재건 비용 조달을 위해 창설되었다가 현재 빈곤 상태의 국가를 도와주는 역할을 수행하는 기구는? ····· (   )

(6) 기후 변화에 대한 대응을 위해 세계 각국이 온실가스 감축을 강제하기로 한 협약은? ············ (   )

06 밑줄 친 부분을 옳게 고쳐 쓰시오.

(1) 2001년 <u>르완다 내전</u>으로 인해 세계 무역 센터 빌딩과 미 국방부 건물이 파괴되고, 수천 명의 사상자가 발생하였다. ············ (   )

(2) 전 세계 난민 문제 해결을 위해 국제 연합은 1950년 <u>국제 부흥 개발 은행</u>을 창설하였다. ············ (   )

(3) 신자유주의와 세계화의 확대 과정에서 나타난 남북문제는 대표적인 <u>환경 문제</u>이다. ············ (   )

07 괄호 안의 내용 중 옳은 말에 ○표 하시오.

(1) (베트남 전쟁, 이라크 전쟁) 과정에서 일어난 고엽제 살포와 민간인 학살 등으로 반전 평화 운동이 확산되었다.

(2) 우리나라는 (교토 의정서, 파리 기후 협약)에서 온실가스 감축량을 제시받았다.

(3) (그린피스, 국경 없는 의사회)는 질병 퇴치를 위해 노력하는 대표적인 비정부 기구이다.

중단원 실력 쌓기

정답과 해설 | 52쪽

중요

01 (가), (나)에 해당하는 국가로 옳은 것끼리 짝지어진 것은?

> 카슈미르 지역에 살고 있는 사람들은 이슬람교도가 다수였으나, 당시 이 지역의 통치자가 힌두교도였기에 통치권을 힌두교 국가인 (가) 에 넘겼다. 이에 반발하여 (나) 은/는 (가) 와/과 전쟁을 치렀고, 그 결과 카슈미르는 분할되었다. 그러나 그 이후에도 양측의 충돌은 지속되었고, 최근까지도 양국의 갈등이 이어지고 있다.

	(가)	(나)		(가)	(나)
①	인도	스리랑카	②	인도	파키스탄
③	파키스탄	스리랑카	④	파키스탄	인도
⑤	스리랑카	파키스탄			

02 밑줄 친 '협약'에 대한 사례로 옳은 것만을 〈보기〉에서 고른 것은?

> 두 차례에 걸친 세계 대전을 거치면서 군인뿐 아니라 많은 민간인들에게 피해를 입히는 대량 살상 무기의 위험성이 부각되었다. 이에 세계는 인류의 생존을 위협하는 대량 살상 무기의 확산을 막기 위해 <u>협약</u>을 체결하였다.

| 보기 |
ㄱ. 파리 기후 협약
ㄴ. 핵 확산 금지 조약
ㄷ. 생물 무기 금지 협약
ㄹ. 관세 및 무역에 관한 일반 협정

① ㄱ, ㄴ ② ㄱ, ㄷ ③ ㄴ, ㄷ
④ ㄴ, ㄹ ⑤ ㄷ, ㄹ

03 (가)에 들어갈 사건으로 적절한 것은?

> 인류의 역사가 시작된 이래 무수히 많은 전쟁으로 많은 사람들이 목숨을 잃었다. 반전 평화 운동은 이러한 상황을 반성하는 의미에서 전쟁을 반대하고 평화를 정착시키는 방향으로 전개되었다. 특히 1960년대에는 (가) 에 반대하는 반전 평화 운동이 전개되었다.

① 6·25 전쟁 ② 베트남 전쟁
③ 이라크 전쟁 ④ 러시아의 크림반도 침공
⑤ 미국의 아프가니스탄 침공

04 (가)에 들어갈 내용으로 가장 적절한 것은?

> **탐구 활동 보고서**
>
> ■ 탐구 주제: (가)
>
> ■ 조사 내용
>
> • 미얀마의 이슬람교도 소수 민족인 로힝야족은 박해와 폭력 사태를 피해 미얀마를 떠나 방글라데시로 탈출하고 있다.
>
> • 2011년 시리아인이 민주주의와 자유를 요구하며 시위를 벌였으나, 정부가 이를 무력 진압하였고, 이에 맞서 장기 독재 정권을 몰아내려는 내전이 일어났다. 그 과정에서 수많은 시리아인들이 생존을 위해 탈출하였다.

① 세계의 환경 문제
② 난민의 발생 사례
③ 신자유주의의 확산
④ 대량 살상 무기 문제
⑤ 빈부 격차 문제의 발생

중요

05 (가) 문제를 해결하기 위한 국제 사회의 노력으로 옳은 것만을 〈보기〉에서 고른 것은?

> 현대 세계에서는 정치·종교·사상적인 박해를 피해 다른 지역으로 이주하는 (가) 이/가 발생하고 있다. 이들은 국가의 보호도 받지 못하고, 경제적으로도 궁핍한 생활을 이어가고 있다.

| 보기 |
ㄱ. 교토 의정서 채택
ㄴ. 세계 난민의 날 지정
ㄷ. 화학 무기 금지 협약 체결
ㄹ. 국제 연합 난민 기구 창설

① ㄱ, ㄴ ② ㄱ, ㄷ ③ ㄴ, ㄷ
④ ㄴ, ㄹ ⑤ ㄷ, ㄹ

중요
06 (가)에 들어갈 내용으로 옳은 것은?

① 남북문제 ② 환경 문제 ③ 질병 문제
④ 난민 문제 ⑤ 종교 문제

07 다음의 합의가 이루어진 시기를 연표에서 옳게 고른 것은?

〈○○ 의정서 합의 사항〉
- 최초로 온실가스 감축 비율 제시
- 선진국만 온실가스 감축 의무
- 한국은 개발 도상국으로 감축 의무에서 제외

(가)	1987	(나)	1990	(다)	1992	(라)	2015	(마)
	몬트리올 의정서 채택		제네바 기후 협약 채택		리우 선언 발표		파리 기후 협약 체택	

① (가) ② (나) ③ (다) ④ (라) ⑤ (마)

08 다음에서 설명하는 기구로 옳은 것은?

1971년 의사와 언론인을 중심으로 하여 설립된 비정부 기구로, 전 세계의 약 70개 국가에서 활동하고 있다. 인종 · 종교 · 계급 · 성별을 막론하고 도움이 필요한 모든 사람에게 의료 서비스를 제공하는 것을 목표로 활동하고 있다.

▲ 단체의 상징

① 유네스코 ② 세계 보건 기구
③ 국경 없는 의사회 ④ 국제 적십자 연맹
⑤ 국제 연합 난민 기구

중요
09 (가)에 들어갈 단체로 가장 적절한 것은?

현대 사회에 나타나는 빈곤 문제를 해결하기 위해 노력하는 국제단체에는 (가) 이/가 있습니다.
주제: 현대 사회의 다양한 과제

① 국제 연맹
② 북대서양 조약 기구
③ 국제 부흥 개발 은행
④ 여성 사회 정치 연합
⑤ 동남아시아 국가 연합

10 다음에 나타난 문제를 해결하기 위한 노력으로 적절한 것만을 〈보기〉에서 고른 것은?

▲ 사막이 된 아랄해

▲ 줄어드는 극지방의 면적

| 보기 |
ㄱ. 평화 10원칙 결의
ㄴ. 그린피스 등의 활동
ㄷ. 세계 무역 기구의 결성
ㄹ. 파리 기후 협약의 체결

① ㄱ, ㄴ ② ㄱ, ㄷ ③ ㄴ, ㄷ
④ ㄴ, ㄹ ⑤ ㄷ, ㄹ

서술형 • 논술형

서술형

01 밑줄 친 '사례'에 해당하는 내용을 두 가지만 서술하시오.

현대 사회에서는 지역 분쟁뿐 아니라 난민 문제, 빈부 격차 문제, 환경 문제, 질병 문제 등이 발생하고 있다. 이러한 문제의 해결을 위해 민간 차원에서 조직된 비영리 시민 단체들이 정치, 인권, 환경, 보건 등의 분야에서 공공의 이익을 위해 활동하는 사례도 있다.

서술형

02 밑줄 친 ㉠을 해결하기 위한 노력을 두 가지만 서술하시오.

▲ 요르단과 시리아의 국경 지대에 있는 난민촌

현대 세계에서는 인종, 종교상의 차이로 발생하는 박해나 분쟁 등을 피해 이동하는 ㉠ 난민이 지속적으로 발생하고 있다. 2011년 시리아 내전으로 인한 난민과 미얀마 로힝야족 난민은 이러한 대표적인 사례이다.

논술형

03 다음 신문 기사를 읽고, 해당 지역에서 분쟁이 발생하게 된 역사적인 배경이 무엇인지 300자 이내로 논술하시오.

▲ 격추된 전투기 잔해를 수거하는 군사들의 모습

인도 카슈미르 지역에서 카슈미르 무장 단체의 자살 폭탄 테러가 발생하자 관계국 간의 군사 충돌이 촉발되었다. 양국은 전투기를 격추하고 공습을 주고받으며 갈등이 고조되고 있다. －2019. 2. 27.－

논술형

04 기후 변화 협상의 변화 과정을 300자 이내로 논술하시오. (단, 〈보기〉에 포함된 주요 기후 변화 협상의 내용과 의미를 포함시킬 것)

보기

- 기후 변화에 관한 기본 협약
- 교토 의정서
- 파리 기후 협약

대단원 마무리

VI. 현대 세계의 전개와 과제

중요
01 (가)에 들어갈 내용으로 가장 적절한 것은?

> **학습 주제:** (가)
> ■ 배경
> • 제2차 세계 대전 후 동유럽에서 공산 정권의 등장
> • 미국의 트루먼 독트린, 마셜 계획 발표
> • 소련의 코민포름 창설

① 제3 세계의 등장
② 냉전 체제의 형성
③ 세계화로 인한 변화
④ 소련의 개혁 · 개방 정책
⑤ 신자유주의 정책의 확산

02 다음 사건들을 시간 순서대로 옳게 나열한 것은?

> (가) 6 · 25 전쟁 발발　(나) 닉슨 독트린 발표
> (다) 소련의 베를린 봉쇄　(라) 베를린 장벽의 붕괴

① (가) – (나) – (다) – (라)
② (나) – (라) – (가) – (다)
③ (다) – (가) – (나) – (라)
④ (다) – (나) – (라) – (가)
⑤ (라) – (다) – (나) – (가)

서술형
03 다음에서 설명하는 회의의 명칭을 쓰고, 이 회의에 참여한 세력이 갖는 의의를 서술하시오.

> • 시기: 1955년
> • 장소: 인도네시아 반둥
> • 참여국: 아시아 · 아프리카의 29개국
> • 내용: 평화 10원칙 결의

• 회의명: ______
• 의의: ______

04 (가) 국가에 대한 설명으로 옳은 것은?

> 제2차 세계 대전이 종료된 후 본래 아랍인들이 많이 살고 있던 팔레스타인 지방에서는 서방 국가들의 도움을 받아 유대인들이 (가) 을/를 수립하였다. 이는 이후 이 지역에서 분쟁이 일어나는 계기가 되었다.

① 마셜 계획을 발표하였다.
② 중동 전쟁에서 승리하였다.
③ 아프리카의 해에 독립하였다.
④ 수에즈 운하를 국유화하였다.
⑤ 쿠바에 미사일 기지 건설을 시도하였다.

중요
05 다음 발표가 끼친 영향으로 옳은 것은?

미국은 앞으로 핵무기와 관련된 위협을 제외하고는 아시아 지역에 직접적인 군사 개입을 자제할 것입니다.

① 베를린 장벽이 건설되었다.
② 북대서양 조약 기구가 창설되었다.
③ 경제 상호 원조 회의가 설립되었다.
④ 미국이 베트남 전쟁에서 철수하였다.
⑤ 중국 공산당이 중화 인민 공화국을 수립하였다.

06 다음 주제를 탐구하기 위해 조사할 내용으로 적절하지 않은 것은?

> **주제:** 소련의 개혁 · 개방 정책이 끼친 영향

① 동독과 서독의 통일 과정
② 폴란드 자유 노조의 활동
③ 미 · 중 국교 정상화의 배경
④ 페레스트로이카의 주요 내용
⑤ 독립 국가 연합(CIS)의 결성 과정

중요
07 **(가) 인물에 대한 설명으로 옳은 것은?**

> (가) 은/는 자본주의든 공산주의든 상관없이 중국 인민을 잘 살게 하면 그것이 제일이라는 뜻에서 흑묘백묘론을 주장하였다. 그는 이러한 입장에서 중국의 경제를 살리기 위해 농업, 공업, 국방, 과학 기술 4개 분야의 현대화를 추진하였다.

① 중화민국 임시 대총통에 취임하였다.
② 문화 대혁명으로 권력을 강화하였다.
③ 홍위병을 동원하여 반대파를 몰아내었다.
④ 인도의 네루와 평화 5원칙에 합의하였다.
⑤ 광저우, 상하이 등에 경제특구를 지정하였다.

08 **(가) 인물에 대한 설명으로 옳은 것은?**

> 이 사진은 1993년 (가) 와/과 클레르크 대통령이 노벨 평화상을 수상한 모습이다. 두 사람은 아파르트헤이트 정책 폐지를 위해 노력하였다.

① 여성 운동을 이끈 대표적인 인물이다.
② 탈권위주의 운동인 68 운동에 참여하였다.
③ 몽고메리시 버스 승차 거부 운동을 이끌었다.
④ 인종 차별에 저항한 워싱턴 행진을 주도하였다.
⑤ 남아프리카 공화국 최초의 흑인 대통령이 되었다.

서술형
09 **다음과 같은 변화가 끼친 영향을 두 가지만 서술하시오.**

> 자유 무역이 확대되고 교통과 정보 통신 기술이 발달하면서 국가 간 장벽이 낮아지며 세계화가 진전되었다.

10 **다음과 같은 정책이 추진된 배경으로 가장 적절한 것은?**

대처주의	레이거노믹스
• 국영 기업 민영화 • 금융 규제 완화 • 복지 비용 삭감과 세금 감면	• 각종 규제 완화 • 금리 안정 조치 • 복지 비용 삭감과 세금 감면

① 소련이 해체되었다.
② 냉전 체제가 형성되었다.
③ 경제 대공황이 일어났다.
④ 신자유주의가 등장하였다.
⑤ 세계 무역 기구가 출범하였다.

중요
11 **교사의 질문에 대한 학생의 답변으로 옳지 않은 것은?**

1960년대 이후 대중 매체가 발달하면서 대중문화가 발달하였습니다. 이러한 문화의 등장이 가져온 변화에는 어떤 것들이 있을까요?

① 문화의 획일화 현상이 나타나게 되었어요.
② 젊은 세대가 문화 소비의 주체가 되었어요.
③ 물질적 가치를 중시하는 경향이 확산되었어요.
④ 소수의 일부 계층이 문화를 독점하게 되었어요.
⑤ 로큰롤과 팝 아트 등 새로운 장르의 등장으로 이어졌어요.

12 **다음과 같은 조약과 협약이 갖는 목적으로 옳은 것은?**

> • 핵 확산 금지 조약(NPT)
> • 생물 무기 금지 협약(BWC)
> • 화학 무기 금지 협약(CWC)

① 국가 간 경제적 차이 축소
② 전 세계 난민 문제의 해결
③ 환경 오염 물질의 배출 통제
④ 대량 살상 무기 문제의 해결
⑤ 새로운 질병의 발생에 대한 대응

수행 평가 미리보기

선생님의 출제 의도

현대 사회의 문제에 대한 해결 방안 탐구

6단원에서는 현대사의 흐름과 함께 현대 세계에서 발생하는 여러 문제들에 대해 학습했는데요. 이러한 현대 세계의 여러 문제들은 지금도 우리 주변에 영향을 미치고 있는 사례이며, 우리가 앞으로 함께 해결해야 할 과제이기도 합니다. 따라서 단순히 어떤 문제들이 있는지를 파악하는 것에서 나아가 현재 자신의 위치에서 이러한 문제를 해결하기 위해 어떤 노력을 할 수 있는지에 대한 고민이 필요합니다. 따라서 수행 평가에서는 현대 세계에 어떤 문제가 있는지를 확인하고, 이를 해결하기 위한 노력에 대해 묻는 문제가 출제될 수 있습니다.

수행 평가 문제

모둠별로 현대 세계에 발생하고 있는 여러 문제들을 해결하기 위해 학생들이 직접 실천할 수 있는 해결 방안을 담아 캠페인 포스터를 만들어 보자.

A) 활동 계획 세우기

1 모둠에서 선택할 주제를 선정하여, 해당 문제에 대한 자료를 조사한다.

2 학생 수준에서 실천할 수 있는 해결 방안을 찾아본다.

B) 활동 단계

1단계 현대 사회에서 발생하고 있는 다양한 문제(지역 분쟁, 평화 운동, 난민 문제, 빈부 격차 문제, 환경 문제, 질병 문제) 중 어떤 문제에 대한 캠페인을 전개할 것인지를 모둠별로 정한다.

2단계 모둠별로 선택한 문제의 발생 원인과 현황, 해결을 위한 노력 방안 등을 찾아본다.

3단계 여러 해결 노력 방안 중 우리들이 직접 실천할 수 있는 노력 방안을 선택한다.

4단계 현대 세계의 문제가 발생한 원인과 현황, 우리의 노력 방안을 담아 캠페인 포스터를 제작한다.

5단계 모둠별로 제작한 캠페인 포스터를 소개한다.

C) 활동하기

1 인터넷이나 책 등을 통해 현대 사회에 발생하고 있는 문제의 원인과 현황, 해결 방안을 찾아보기

[예시]

선택한 주제	환경 문제
문제의 발생 배경	• 화석 연료 사용의 증가 • 화학 물질 사용의 증가 • 인구 증가로 인한 과도한 개발
문제의 전개 현황	• 온실가스의 발생 • 지구 온난화의 가속화 • 오존층의 파괴, 기상 이변 • 삼림 파괴, 사막화 현상 등
국제 사회의 노력	• 재활용품 사용 증가 노력 • 그린피스 등 비정부 기구(NGO)의 활동 • 기후 협정의 체결을 통한 온실가스 감축 노력 등

2 자료를 바탕으로 실제 우리가 직접 실천할 수 있는 방안

[예시]

실천 방안	
• 급식 잔반 줄이기 • 1회용품 사용 줄이기 • 짧은 거리는 걸어 다니기 • 친환경 제품 사용하기 등	• 개인 컵 사용하기 • 재활용품 분리수거 정확히 하기 • 재생용지, 이면지 사용하기

3 실천 방안을 담은 캠페인 포스터 제작하기

[예시]

음식 남기지 않기
음식물 쓰레기는 하루 1만 5,903톤이 발생하고 있습니다.
음식물 쓰레기 처리 비용은 연간 8천억 원 이상 소요되고, 처리 시 온실가스가 배출됩니다(2017년 기준).

채점 기준

평가 영역	채점 기준	배점
주제의 적절성	선택한 주제가 현대 사회의 여러 문제 중 하나로 정확히 선정된 경우	2
	선택한 주제가 현대 사회의 여러 문제에 적절하지 않은 경우	1
내용 조사의 정확성	선정된 주제에 대한 내용 조사에 원인, 현황, 해결 노력이 모두 충실하게 반영된 경우	3
	선정된 주제에 대한 내용 조사에 원인, 현황, 해결 노력 중 두 가지 내용만 작성된 경우	2
	선정된 주제에 대한 내용 조사에 원인, 현황, 해결 노력 중 한 가지 내용만 작성된 경우	1
실천 방안의 적절성	실천 방안으로 제시된 내용이 모두 학생 수준에서 실천 가능한 내용으로 구성되어 있는 경우	3
	실천 방안이 제시되었으나 일부 방안이 학생 수준에서 실천이 어려운 내용으로 구성된 경우	2
	실천 방안이 제시되었으나 학생 수준에서 실천이 어려운 내용으로만 구성된 경우	1
발표의 적절성	포스터 내용에 담긴 문제에 대한 원인과 현황, 해결 방안을 담아 정확하게 설명한 경우	2
	포스터 내용에 담긴 문제에 대한 원인과 현황, 해결 방안에 대한 설명이 미흡한 경우	1

수행 평가 꿀 Tip **제작한 캠페인 포스터를 활용하는 방법**

각 모둠별로 직접 제작한 캠페인 포스터를 수업 시간에 발표하는 것을 넘어 학교의 허락을 얻은 후 등교 시간이나 점심시간 등을 이용해 실제 전교생을 대상으로 한 캠페인 활동을 전개하는 것도 좋습니다.

memo

EBS 중학

뉴런

| 역사 ① |

실전책

| 기획 및 개발 |

박영민 이은희

| 집필 및 검토 |

강현태(학익고) 심원섭(신일고) 안정희(면목고) 왕홍식(보성중) 전에스더(사당중) 한유섭(성서중)

| 감수 |

김정인(춘천교대) 남종국(이화여대) 윤세병(공주대) 윤재운(대구대) 최병택(공주교대)

| 검토 |

김경미 김창수 박지숙 방대광 서인원 송병욱 오정현 이지은 정흥태
최효성 한효석

교재 정답지, 정오표 서비스 및 내용 문의 EBS 중학사이트 → 교재 검색 → 교재 선택

필독

중학 국어로 수능 잡기

필독 중학 국어로 수능 잡기 시리즈

문학 – 비문학 독해 – 문법 – 교과서 시 – 교과서 소설

EBS 중학

뉴런

| 역사 ① |

실전책

Application 이 책의 효과적인 활용법

'뉴런 개념책'으로 학교 진도에 따라 공부를 마쳤나요?
그렇다면 이제 '뉴런 실전책'으로 실력을 다질 차례입니다.

• 뉴런 실전책으로 공부하는 마무리 3단계 •

1 단계

대단원 개념 채우기

대단원별 핵심이 정리된 표의 빈칸을 채우면서 중요한 개념은 꼭 암기까지 완료하세요.

2 단계

대단원 종합 문제

앞서 공부한 핵심 개념을 바탕으로 대단원 종합 문제를 풀어 보면서 단원별 핵심 문제를 완벽히 대비해 보세요.

3 단계

대단원 서술형 · 논술형 문제

중학교 시험에서 비중이 높은 서술형 · 논술형 문제는 연습이 필수! 서술형 · 논술형 문제 만큼은 확실히 다질 수 있도록 개념책에 이어 실전책에도 구성하였으니 활용해 보세요.

- 문제가 어렵게 느껴지거나 자신 없는 부분이 있다면?
  '뉴런 개념책'으로 돌아가 해당 부분은 다시 공부하기로 해요.
- 혼자 공부했는데도 잘 모르는 부분이 있다면?
  뉴런 강의가 있으니 걱정 마세요. EBS 중학 사이트에는 언제든지 만날 수 있는 강의가 준비되어 있습니다.

EBS 중학 홈페이지 **mid.ebs.co.kr**

Contents 이 책의 차례

실전책

• 교재 및 강의 내용에 대한 문의는 EBS 중학 홈페이지(mid.ebs.co.kr)의 Q&A 서비스를 활용하시기 바랍니다.

대단원 개념 채우기

01 역사의 의미와 역사 학습의 목적

❶ 역사의 의미와 역사 학습의 목적

역사의 의미	• 사실: ❶□□□ – 일어난 사실 그 자체 • 기록: 주관적 – 개인의 사상이나 의견을 반영
역사 학습의 목적	현재에 대한 올바른 이해, 미래에 대한 안목을 키움, 역사적 ❷□□□ 향상

02 세계의 선사 문화와 고대 문명

❶ 인류의 출현(인류의 진화)

오스트랄로피테쿠스 아파렌시스	약 390만 년 전, 직립 보행
호모 에렉투스	약 180만 년 전, 불과 언어 사용
호모 네안데르탈렌시스	약 40만 년 전, 시체 매장 풍습
호모 ❸□□□□	약 20만 년 전, 현생 인류

❷ 선사 문화

구분	구석기 시대	신석기 시대
시기	인류 출현~약 1만 년 전	약 1만 년 전~청동기 사용 전
도구	뗀석기	간석기, ❹□□
경제	사냥, 채집	사냥, 채집, 농경, 목축
주거	동굴, 바위 그늘, 막집	강가, 해안가의 움집
사회	무리 생활, 이동 생활	정착 생활
신앙	시체 매장	애니미즘, ❺□□□□
예술	동굴 벽화, 풍만한 여인 조각상	동물 뼈, 조개껍데기 치장
주요 유물	 ▲ 뗀석기(찍개, 주먹 도끼)	 ▲ 간석기(갈돌과 갈판)
	 ▲ 빌렌도르프의 비너스	 ▲ 토기
	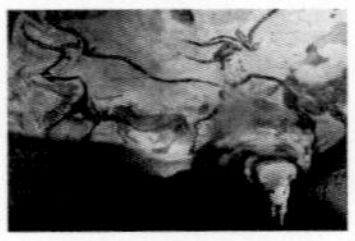 ▲ 라스코 동굴 벽화	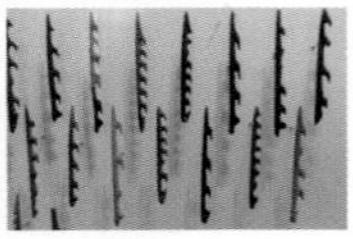 ▲ 뼈로 만든 작살

❸ 문명의 발생

문명 발생 요소	농업 발달	큰 강 유역의 비옥한 지역의 관개 농업
	❻□□ 발생	잉여 생산물 독점, 청동기 사용
	문자 사용	통치와 교역의 편리를 위한 문자 사용
	도시 국가 형성	정복 활동, 각종 시설 및 제도 정비

❹ 메소포타미아 문명과 이집트 문명

구분	메소포타미아 문명	이집트 문명
발생	기원전 3500년경	기원전 3000년경
지역	티그리스강, 유프라테스강 유역	나일강 유역
지리	개방적 지형	폐쇄적 지형
사상	현세 중시	내세 중시
건축	❼□□□□ 	스핑크스, 피라미드 
문자	점토판에 쐐기 문자 기록	파피루스에 그림 문자 기록
수학	60진법	10진법
역법	태음력	태양력
기타	함무라비 법전	강력한 신권 정치(파라오)

❺ 인도 문명

발생	기원전 2500년경 인더스강 유역에서 발생
특징	• 계획도시 발달(모헨조다로, 하라파) • 청동기·그림 문자 사용, 메소포타미아 지역과 교역
아리아인의 이동	• 기원전 1500년경 인더스강 유역으로 이동 → 기원전 1000년경 갠지스강 유역으로 진출 • 철제 무기 및 농기구 전파 • ❽□□□ 제도: 엄격한 신분제 • 브라만교 성립: 경전(베다), 브라만 계급은 특권을 누림

❻ 중국 문명

발생	기원전 2500년경
지역	황허강 유역
상 왕조	• 성립: 기원전 1600년경 • 특징: 신권 정치, ❾□□□(한자의 기원)
주 왕조	• 성립: 기원전 1100년경 • ❿□□□: 수도는 왕이, 지방은 왕족·공신을 제후로 삼아 다스리게 함 • 기원전 8세기 초 유목 민족의 침입 → 동쪽으로 천도

정답 ❶ 객관적 ❷ 사고력 ❸ 사피엔스 ❹ 토기 ❺ 토테미즘 ❻ 계급 ❼ 지구라트 ❽ 카스트 ❾ 갑골문 ❿ 봉건제

03 고대 제국들의 특성과 주변 세계의 성장

❶ 페르시아 제국

아시리아	기원전 7세기 서아시아 최초 통일, 피정복민에 대한 강압적 통치로 멸망
아케메네스 왕조 페르시아	• 기원전 6세기 서아시아 재통일 • ❶□□□□ 1세: 전국에 총독 파견, 감찰관('왕의 눈', '왕의 귀') 파견, 도로망('왕의 길') 정비, 화폐·도량형 통일 • 관용 정책: 피정복민의 문화를 인정 → 200년 동안 통일 제국 유지
파르티아	한과 로마 사이에서 중계 무역으로 번성, 사산 왕조 페르시아에 멸망
사산 왕조 페르시아	• 아케메네스 왕조 페르시아 계승, 중계 무역으로 번영 • 동로마(비잔티움) 제국과의 싸움으로 쇠퇴 → 7세기 이슬람 세력의 침입을 받아 멸망
페르시아 제국의 문화	• 국제적 문화: 활발한 대외 교류를 통한 문화 융합 • 페르세폴리스 궁전, 정교한 공예 발달(금속, 유리)  ▲ 페르세폴리스 궁전  ▲ 아후라 마즈다(부조) • ❷□□□□□□ – 선의 신 아후라 마즈다 숭배 – 다리우스 1세 때 확산, 사산 왕조 때 국교 지정 – 크리스트교, 이슬람교 교리에 영향

❷ 진·한 제국

춘추 전국 시대	• 주 왕실 권위 하락 → 제후의 난립(춘추 5패, 전국 7웅) • 사회·경제적 변화 – 농업 발달: 철제 농기구 사용, 우경 시작 – 상업·수공업 발달: 화폐 사용, 시장과 도시 성장 • ❸□□□□의 출현: 유가, 도가, 묵가, 법가 등
진(秦)	• 법가 사상을 바탕으로 중국 최초 통일 • 시황제의 통일 정책: 황제 칭호 사용, 군현제 실시, 도로망 정비, 화폐·문자·도량형 통일, 영토 확장 • 멸망: 만리장성 축조 등 토목 공사, ❹□□□□ 등 사상 탄압으로 불만 고조 → 농민 반란
한	• 고조: 중국을 다시 통일, 군국제(군현제+봉건제) 실시 • 무제: 군현제 실시, 영토 확장(흉노 정벌, 고조선 멸망), 유교 사상 통치 이념화, ❺□□□ 개척, 전매제(소금·철 등) 실시 • 멸망: 외척·환관의 정치 개입, 농민 봉기(황건적의 난) → 멸망 후 위·촉·오로 분열 • 문화: 유교 발달(태학 설치, 훈고학 발달), 역사서 편찬(사마천의 『사기』), 제지술 개량(채륜), 불교 전래

❸ 고대 그리스 세계와 알렉산드로스 제국

고대 그리스 세계	• 성립: 기원전 8세기경 산지가 많은 지형적 특징 → 작은 도시 국가(폴리스) 등장 • ❻□□□의 민주 정치 – 왕정 → 귀족정 → 민주정 – 그리스·페르시아 전쟁 후 직접 민주주의 발달 • 펠로폰네소스 전쟁 후 쇠퇴 → 마케도니아에 정복 • 문화: 합리적·인간 중심적 – 조화와 균형을 강조한 건축·미술 – 역사(헤로도토스, 투키디데스), 문학(호메로스) – 철학(소피스트, 소크라테스, 플라톤, 아리스토텔레스) 발달
알렉산드로스 제국	• 동서 융합 정책: 정복지에 알렉산드리아 건설 후 그리스인 이주, 그리스인–페르시아인의 결혼 장려 • ❼□□□□ 문화: 그리스 문화와 동방 문화 융합 – 특징: 세계 시민주의, 개인주의 – 철학: 스토아학파, 에피쿠로스학파 등장 – 미술: 사실적 표현(라오콘 군상, 밀로의 비너스) – 과학: 기하학(유클리드), 물리학(아르키메데스)

❹ 로마 제국의 성장

공화정	• 성립: 기원전 8세기 건국 → 기원전 6세기 말 공화정 • 공화정 구성: 원로원, 집정관, 호민관 → 상호 견제 • 발전 – 3세기 중엽 이탈리아반도 통일 – ❽□□□ 전쟁 후 귀족의 라티푼디움 경영 확산, 중소 자영농 몰락 – 그라쿠스 형제의 개혁 실패 • 쇠퇴: 군인 정치가 등장 → 카이사르 권력 장악 → 옥타비아누스 권력 장악
제정	• 성립: 기원전 27년, 옥타비아누스의 사실상 황제 등극 • '로마의 평화' 시대: 옥타비아누스~5현제(약 200년) • 군인 황제 시대 • ❾□□□□□□ 대제의 개혁: 수도 이전, 크리스트교 공인 • 쇠퇴: 동·서 로마 분열 → 서로마 멸망(476), 동로마 제국(1453년까지 지속)
문화	• 특징: 실용적 문화 발달 • 법률: 관습법 → 12표법 → 시민법 → 만민법 → 유스티니아누스 법전 • 건축: 콜로세움, 개선문, 공중목욕탕, 수도교 등  ▲ 콜로세움  ▲ 수도교 • 크리스트교: 황제 숭배 거부로 박해 → ❿□□□ 칙령으로 공인 → 4세기 말 국교 채택 → 세계 종교로 성장

정답 ❶ 다리우스 ❷ 조로아스터교 ❸ 제자백가 ❹ 분서갱유 ❺ 비단길 ❻ 아테네 ❼ 헬레니즘 ❽ 포에니 ❾ 콘스탄티누스 ❿ 밀라노

대단원 종합 문제

01 다음 대화에서 B가 할 수 있는 적절한 대답만을 〈보기〉에서 고른 것은?

A: 역사라는 말에는 어떤 뜻이 있을까?
B: ______________ 이라는 의미가 있어.

| 보기 |
ㄱ. 미래에 대한 예측
ㄴ. 지질 시대의 흔적
ㄷ. 과거에 일어났던 사실
ㄹ. 과거 사실에 대한 기록

① ㄱ, ㄴ ② ㄱ, ㄷ ③ ㄴ, ㄷ
④ ㄴ, ㄹ ⑤ ㄷ, ㄹ

02 (가)에 대한 설명으로 옳은 것은?

지금으로부터 약 390만 년 전 최초의 인류인 오스트랄로피테쿠스 아파렌시스가 아프리카에서 출현하였다. …… 약 20만 년 전에는 (가) 이/가 나타났다. 이들은 정교한 석기 및 뼈 도구를 사용하고 현생 인류로 진화하였다.

① 계급 사회를 형성하였다.
② 동굴 벽화를 제작하였다.
③ 문자를 사용해 기록을 남겼다.
④ 움집을 짓고 정착하여 살았다.
⑤ 농경과 목축을 시작해 식량을 생산하였다.

03 빈칸에 들어갈 내용으로 옳지 않은 것은?

구석기 시대 인류는 사냥과 채집에 의존하여 살았다. 따라서 이들의 경우 대자연이 공급을 허락한 식량의 양에 따라 인구가 제한되었다. …… 신석기 시대가 되자 인류는 ______________

① 자연물에 깃든 영혼을 숭배하였다.
② 특정 동물을 수호신으로 숭배하였다.
③ 수학이 발달하여 60진법을 사용하였다.
④ 토기를 만들어 음식을 조리하고 저장하였다.
⑤ 동물의 뼈, 조개껍데기 등으로 몸을 치장하였다.

04 다음 신분제를 가진 문명에 대한 설명으로 옳은 것은?

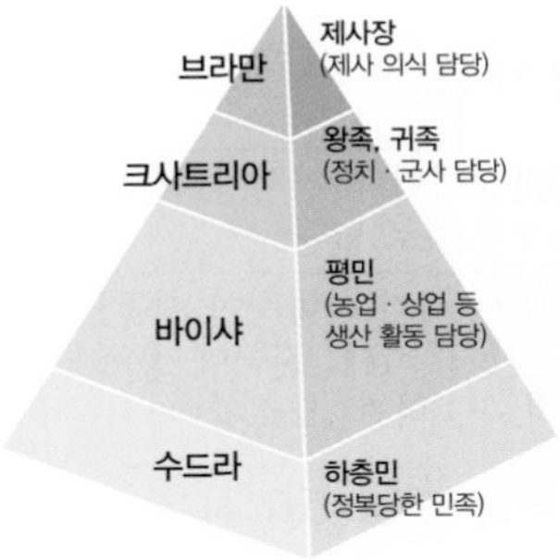

① 갑골문을 사용하였다.
② 길가메시 서사시를 남겼다.
③ 10진법과 태양력을 사용하였다.
④ 점토판에 쐐기 문자를 기록하였다.
⑤ 자연신을 찬양하는 경전 '베다'를 만들었다.

05 다음 문명과 관련 있는 유물만을 〈보기〉에서 고른 것은?

티그리스강과 유프라테스강 유역에서 발달하였다. 토지가 비옥해 일찍부터 농경이 발달하였다.

| 보기 |
ㄱ.

ㄴ.
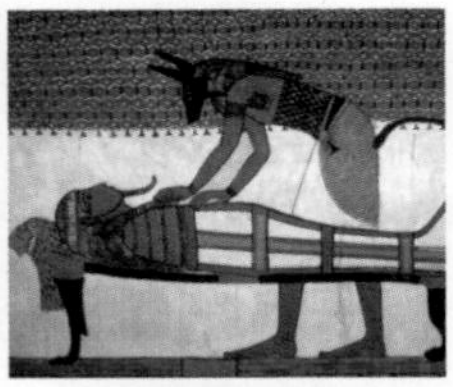
ㄷ.

ㄹ.

① ㄱ, ㄴ ② ㄱ, ㄷ ③ ㄴ, ㄷ
④ ㄴ, ㄹ ⑤ ㄷ, ㄹ

06 (가)~(다)를 남긴 문명이 옳게 연결된 것은?

> (가) 스핑크스, 피라미드
> (나) 함무라비 법전
> (다) 은허 유적

	(가)	(나)	(다)
①	이집트	중국	메소포타미아
②	이집트	메소포타미아	중국
③	메소포타미아	이집트	인도
④	인도	메소포타미아	중국
⑤	중국	인도	이집트

07 빈칸에 들어갈 내용으로 옳은 것만을 〈보기〉에서 고른 것은?

> 유가는 가족 윤리를 중시하고, 그것을 천하에 확장함으로써 사회 질서를 바로잡고자 하였다. 공자는 인과 예를 중심으로 한 도덕 정치를 주장하였다. 한편, 도가는 ________________

보기

ㄱ. 노자와 장자가 대표적인 인물이다.
ㄴ. 자연의 순리대로 살 것을 강조하였다.
ㄷ. 차별 없는 사랑과 평화를 주장하였다.
ㄹ. 엄격한 법률로 백성을 다스리자고 주장하였다.

① ㄱ, ㄴ ② ㄱ, ㄷ ③ ㄴ, ㄷ
④ ㄴ, ㄹ ⑤ ㄷ, ㄹ

08 한의 역사를 정리한 필기 내용으로 옳지 않은 것은?

> **한의 정치와 문화**
> (가) 정치: 군현제(고조) → 군국제(무제)
> (나) 영토 확장: 흉노 정벌, 고조선 정복
> (다) 채륜의 제지술 개량 → 학문 발달에 기여
> (라) 사마천의 『사기』 편찬 → 역사 서술의 모범
> (마) 장건의 비단길 개척 → 인도의 불교가 전래됨

① (가) ② (나) ③ (다)
④ (라) ⑤ (마)

09 다음 제도를 처음 시행한 왕조에 대한 설명으로 옳지 않은 것은?

> …… 늘어난 영토와 백성을 다스리기 위해 법가 사상을 바탕으로 중앙 집권 정책을 추진하였다. 전국을 군으로 나누고 그 밑에 현을 설치해서 관리를 파견하였다. ……

① 중국을 처음으로 통일하였다.
② 문자, 화폐, 도량형을 통일하였다.
③ 처음으로 황제 칭호를 사용하였다.
④ 비단길을 개척하여 서역과 교류하였다.
⑤ 흉노를 북쪽으로 몰아내고 만리장성을 축조하였다.

10 다음 자료와 관련된 국가에 대한 옳은 설명만을 〈보기〉에서 고른 것은?

> 왼쪽의 화폐를 발행한 국가는 조로아스터교를 국교로 정하여 금화에도 조로아스터교의 상징인 불을 새겨 넣었다.

보기

ㄱ. 3세기 초에 등장하여 파르티아를 정복하였다.
ㄴ. 전국을 20여 개의 주로 나누어 총독을 파견하였다.
ㄷ. 로마 제국, 쿠샨 왕조와 경쟁하며 동서를 잇는 중계 무역을 통해 번영하였다.
ㄹ. 신속한 왕명 전달과 세금 징수를 위해 수도와 각 지방을 연결하는 도로 '왕의 길'을 건설하였다.

① ㄱ, ㄴ ② ㄱ, ㄷ ③ ㄴ, ㄷ
④ ㄴ, ㄹ ⑤ ㄷ, ㄹ

11 다음 지도와 관련된 전쟁 이후의 아테네에 대한 설명으로 옳은 것만을 〈보기〉에서 고른 것은?

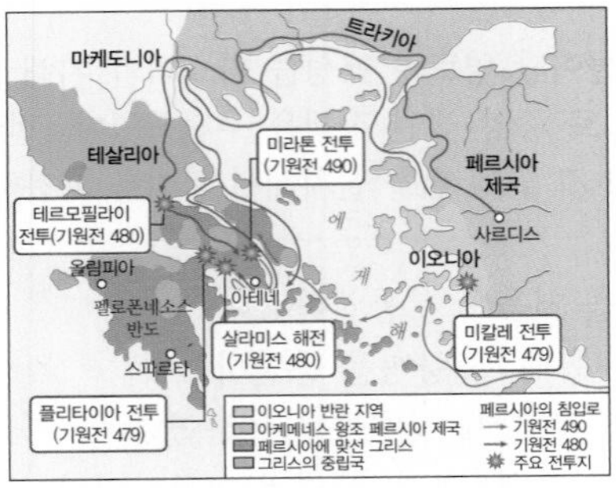

| 보기 |

ㄱ. 민회 중심의 직접 민주주의가 발전하였다.
ㄴ. 아테네가 주도하는 델로스 동맹이 등장하였다.
ㄷ. 독재자를 추방하기 위해 도편 추방제가 도입되었다.
ㄹ. 남성 시민에게 어린 시절부터 군사 교육을 실시하였다.

① ㄱ, ㄴ ② ㄱ, ㄷ ③ ㄴ, ㄷ
④ ㄴ, ㄹ ⑤ ㄷ, ㄹ

12 다음 지도에 나타난 원정의 결과로 옳은 것은?

① 동서 융합 정책으로 헬레니즘 문화가 탄생하였다.
② 아테네의 국력이 성장하여 민주 정치가 꽃피었다.
③ 귀족들은 라티푼디움(대농장)을 경영하고, 자영 농민이 몰락하였다.
④ 지방 총독을 감시하는 '왕의 눈', '왕의 귀'라 불리는 감찰관이 파견되었다.
⑤ 스파르타 주도의 펠로폰네소스 동맹이 그리스 세계의 패권을 장악하였다.

13 로마 정치 발전 과정을 순서대로 옳게 나열한 것은?

(가) 귀족들이 왕을 몰아내고 공화정을 수립하였다.
(나) 밀라노 칙령을 통해 크리스트교가 공인되었다.
(다) '로마의 평화'라 불리는 200여 년의 전성기가 찾아왔다.
(라) 자영 농민이 몰락하자 그라쿠스 형제가 사회 개혁을 추진하였다.

① (가) – (나) – (다) – (라) ② (가) – (다) – (라) – (나)
③ (가) – (라) – (다) – (나) ④ (다) – (가) – (나) – (라)
⑤ (다) – (라) – (가) – (나)

14 빈칸 ㉠~㉢에 들어갈 알맞은 용어를 옳게 연결한 것은?

로마 공화정은 행정을 담당하는 (㉠)과 귀족으로 구성되어 주요 정책을 의결하는 (㉡)을 중심으로 운영되었다. 이후 평민들이 정치에 참여하면서 귀족 세력을 견제할 수 있는 (㉢)을 뽑을 수 있게 되었다.

	㉠	㉡	㉢
①	원로원	집정관	호민관
②	원로원	호민관	집정관
③	집정관	원로원	호민관
④	집정관	호민관	원로원
⑤	호민관	원로원	집정관

15 로마 제국의 문화유산으로 옳은 것만을 〈보기〉에서 고른 것은?

| 보기 |

ㄱ.

▲ 라오콘 군상

ㄴ.

▲ 수도교

ㄷ.

▲ 콜로세움

ㄹ.

▲ 아후라 마즈다 부조

① ㄱ, ㄴ ② ㄱ, ㄹ ③ ㄴ, ㄷ
④ ㄴ, ㄹ ⑤ ㄷ, ㄹ

대단원 서술형·논술형 문제

정답과 해설 | 57쪽

서술형

01 다음 자료를 통해 알 수 있는 아케메네스 왕조 페르시아의 통치 방향과 결과를 서술하시오.

▲ 키루스 2세의 원통

나는 키루스 2세, 세계의 왕, 위대한 왕, 정정당당한 왕, 사방의 왕이며 …… 아후라 마즈다의 뜻에 따라 말하니 살아있는 한 너희의 전통과 종교를 존중하겠다.

서술형

02 다음의 상황을 해결하기 위해 시행한 정책에 대하여 서술하시오.

한은 무제 때 이르러 급속히 팽창하였다. 흉노를 대대적으로 공격하여 만리장성 북쪽으로 밀어냈고, 베트남 북부 지역을 복속시켰으며, 고조선을 멸망시켰다. 이에 따라 한을 위협하던 세력이 사라졌고, 한의 영역은 크게 확장되었다. 그러나 이러한 무제의 대외 원정은 국가 재정에 큰 부담을 주었다.

논술형

03 다음의 연설문이 등장하게 된 배경을 설명하고, 개혁하고자 하는 바가 무엇인지 300자 내외로 논술하시오.

들짐승도 저마다 보금자리를 가지고 있습니다. 그런데 조국을 위해 싸우다 죽은 로마 시민은 햇볕과 공기밖에는 아무것도 가진 것이 없습니다. 집도 없고, 땅도 없이 아내와 자식들을 데리고 떠돌아다닐 수밖에 없습니다. 병사들은 용감하게 싸웠고, 용감하게 죽었습니다. 하지만 그것은 그들 자신을 위해서가 아니라 남의 재산과 행복을 지키기 위해서였습니다. 로마 시민은 이제 승리자이고, 세계의 지배자입니다. 하지만 로마 시민은 이제 자기 것이라고는 흙 한 줌 가지고 있지 않습니다.

－그라쿠스 연설문－

대단원 개념 채우기

01 불교 및 힌두교 문화의 형성과 확산

❶ 불교의 성립과 통일 왕조

불교의 성립	배경	• 상업의 발달 → 크샤트리아·바이샤 계급 성장 • 브라만교의 형식적인 제사와 카스트 제도의 계급 차별 반대
	성립	• 고타마 싯다르타(석가모니)가 창시 • ❶□□와 □□, 해탈 강조
	결과	크샤트리아와 바이샤 계급의 지지 → 확산
마우리아 왕조	성립	찬드라굽타 마우리아
	발전	• 아소카왕(기원전 3세기) 때 발전 • 남부 일부를 제외한 인도 전역 통일 • 중앙 집권 체제 강화: 도로망 정비, 전국에 관료 파견 • ❷□□□ 불교 장려 → 동남아시아에 전파
쿠샨 왕조	성립	쿠샨족이 건국 → 중앙아시아 지역 차지
	발전	• 카니슈카왕 때 발전 • 영토 확장 → 동서 교역로 장악 • 학문과 불교 장려 → 대승 불교가 중앙아시아, 중국 등으로 전파
	문화	• ❸□□□ 양식의 성립: 간다라 지방에서 헬레니즘 문화와 불교문화 결합 → 불상 제작에 영향 • 발전: ❹□□ 불교와 함께 중국, 한국, 일본 등 동아시아에 전파

❷ 굽타 왕조와 힌두교의 발전

굽타 왕조	성립	4세기 초 인도 북부 재통일
	발전	• 찬드라굽타 2세 때 발전 • 영토 확장, 동서 해상 교역로 확보, 경제와 문화 발달
	쇠퇴	에프탈의 침략으로 쇠퇴 → 6세기 중엽 멸망
❺□□□의 성립과 발전	성립	브라만교에 민간 신앙, 불교 등 결합 → 창시자나 체계적인 교리 없음
	발전	굽타 왕조의 후원 → 인도 민족 종교로 성장
	영향	마누 법전 정리 → 힌두교와 카스트 제도에 기초한 사회 질서 정착
인도 고전 문화의 발전	배경	정치적 안정과 경제적 발전 → 인도 고전 문화의 전성기 형성
	내용	• 산스크리트어 문학 발달: 『마하바라타』, 『라마야나』 등 • ❻□□ 양식의 발달: 아잔타·엘롤라 석굴 사원 • 수학과 천문학 발달: '0'의 개념, 원주율, 지구 자전설 등
	영향	이슬람 세계에 전파 → 이슬람의 자연 과학 발달에 영향

02 동아시아 문화의 형성과 확산

❶ 한족과 유목 민족의 문화 융합

위진 남북조 시대	• 후한 멸망 후 위·촉·오 분열 → 위를 계승한 진이 통일 • 5호 16국 시대: 북방의 5민족이 화북 차지 → 한족이 창장강 이남으로 이동 → 동진 건국 • 남북조 시대 – 북조: ❼□□가 통합(효문제의 한화 정책 실시) → 서위와 동위 → 북주와 북제로 이어짐 – 남조: 한족 왕조의 빈번한 교체(동진 → 송 → 제 → 양 → 진)
	• 문벌 귀족 사회 형성: ❽□□□□□ 실시 • 불교의 발달: 왕실과 귀족의 보호 → 윈강·룽먼 석굴 사원 조성 • 도교와 청담 사상의 유행: 귀족 문화의 발달(남조)

❷ 수·당 통일 제국의 발전

수	건국 및 발전	• 선비족 계통의 양견(문제)이 통일 • 문제: ❾□□□ 실시, 토지·조세·군사 제도 정비 → 중앙 집권 체제 강화 • 양제: 대운하 건설 → 화북과 강남의 경제 통합
	멸망	대규모 토목 공사, 고구려 원정 실패 → 농민 반란으로 멸망
당	건국 및 변천	• 이연(고조)이 장안에 건국(618) • ❿□□ 때 가장 융성 • 3성 6부, 균전제·조용조·부병제 실시 • 영토 확장: 동돌궐 정복, 고구려 원정, 나당 연합으로 백제·고구려 멸망
	쇠퇴	탈라스 전투 패배, 안사의 난 이후 권력 다툼, 절도사 성장, 황소의 난 → 절도사에 의해 멸망
당의 문화	귀족 문화	• 시와 산수화: 이백, 두보, 왕유 • 『오경정의』 편찬, 현장 등 인도 불교 전래, 도교 사원 건립
	국제적 문화	• 유학생·유학승의 왕래, ⓫□□□ 유행 • 조로아스터교·경교·마니교·이슬람교 등 전래

❸ 동아시아 문화권의 형성

동아시아 문화권	• 한자·율령·유교·불교 등 당 문화의 동아시아 전파 • 3성 6부제 도입, 장안성 모방
만주·한반도	고조선 멸망 → 삼국 경쟁 → 나당 연합으로 신라의 삼국 통일 → 발해 건국으로 남북국 시대 전개
일본	야마토 정권 수립 → 아스카 문화 형성 → 다이카 개신(645, 당의 율령 수용) → 일본, 천황 칭호 사용 → ⓬□□ 시대(⓭□□□□ 건설, 도다이사 건립) → 헤이안 시대(헤이안쿄 천도, 귀족 성장과 무사 등장, 가나 문자 제정 등 일본 고유문화 발달)

정답 ❶ 자비, 평등 ❷ 상좌부 ❸ 간다라 ❹ 대승 ❺ 힌두교 ❻ 굽타 ❼ 북위 ❽ 9품중정제 ❾ 과거제 ❿ 태종 ⓫ 당삼채 ⓬ 나라 ⓭ 헤이조쿄

03 이슬람 문화의 형성과 확산

❶ 이슬람 제국의 성립과 발전

이슬람교의 성립	배경	사산 왕조 페르시아와 비잔티움 제국의 대립 → 새로운 교역로 등장 → 메카, 메디나 번성
	성립	• ❶□□□□가 창시 • 유일신 알라 숭배, 신 앞의 평등 주장 → 하층민 지지, 귀족들의 탄압
	확산	무함마드가 메디나로 이동(헤지라) → 이슬람 공동체 조직 → 메카 입성 → 아라비아반도 통일
정통 칼리프 시대		• ❷□□□ 선출 • 시리아와 이집트 정복, 사산 왕조 페르시아를 멸망시킴
우마이야 왕국		• 우마이야 가문이 칼리프 세습 → ❸□□□와 수니파로 분열 • 아랍인 우월주의 실시
아바스 왕조		• 수도 ❹□□□□ 건설 • 비아랍인에 대한 차별 폐지 • 당과의 탈라스 전투에서 승리 → 동서 교역로를 장악하며 번성
확산		• 후우마이야 왕조: 이베리아반도 차지 → 유럽에 영향 • 셀주크 튀르크: 칼리프로부터 술탄 칭호를 받음, 예루살렘 점령

❷ 이슬람의 경제와 문화

이슬람 상인의 국제 교류	배경	상업 활동 중시, 도로망 정비 → 자유로운 상업 활동 보장 → 도시의 성장
	전개	유럽·아프리카와 아시아의 통로 → 육로와 해로를 통한 동서 교역 활발
	영향	• 금·은·비단·향신료 등 거래 → 경제 발달 • ❺□□□·나침반·화약 등 중국 문물을 유럽에 소개 → 유럽의 과학 기술 발달에 영향
이슬람 문화권의 형성	특성	쿠란과 아랍어 중시 → 종교 중심의 사회
	내용	• 신학과 법학 발달 • 역사학 발달: 무함마드의 전기 • 천문·지리학: 메카 순례와 상업 활동에 필요 • 문학: ❻『□□□□□□□□』가 대표적 • 건축: 모스크 건축 활발(돔과 첨탑, 아라베스크 문양) • 자연 과학 발달: 의학·천문학·화학·수학·연금술 발달, 제지술 영향(탈라스 전투 계기)

04 크리스트교 문화의 형성과 확산

❶ 서유럽 봉건 사회와 비잔티움 제국의 변화

프랑크 왕국	• 성립: 게르만족의 이동 → 서로마 제국 멸망 → 게르만 왕국 건설 • 발전: 이슬람 침략 격퇴 → 교황의 지지(비잔티움 제국 황제의 성상 숭배 금지령에 반발) → ❼□□□□ 대제 때 교황이 서로마 황제로 대관 • 분열: 카롤루스 대제 사후 분열(서·중·동프랑크)
봉건 사회	• 성립: 프랑크 왕국의 분열, 이민족 침입 → 계약에 의한 주종 관계, 장원 경제 → 왕권 약화, 영주 권한 막강 • 교황권의 성장: 신성 로마 제국의 성립(오토 1세) → 교회의 세속화로 수도원 운동 전개 → 성직 임명권 분쟁으로 교황과 황제 대립(❽□□□의 굴욕) • 크리스트교 중심의 서유럽 문화 발달: 고딕 양식 발달(첨탑, 스테인드글라스)
비잔티움 제국	• 유스티니아누스 황제 때 발전: 서로마 제국 영토 회복, 유스티니아누스 법전 편찬, 성 소피아 대성당 건설 • 관료제, 황제 교황주의, 중앙 집권 체제 유지 • 그리스어 공용, 그리스 정교 바탕, 헬레니즘과 로마 전통 융합, 비잔티움 양식의 발전(❾□ □□□ 대성당) → 이탈리아 르네상스에 영향

❷ 십자군 전쟁

배경	셀주크 튀르크의 위협 → 비잔티움 황제의 요청 → 교황의 성지 회복 호소 → 유럽 전 지역의 참가
전개	1차 원정 때 성지 탈환 이후 변질 → 170여 년 동안 지속 → 실패
영향	• 도시의 성장: 원거리 무역 발달, 이탈리아와 북독일 도시 발달 → ❿□□□ 확보 • 장원의 해체: 상품 화폐 경제의 발달, 흑사병 유행, 농민 반란이 원인 • 교황권의 쇠퇴: 성직자 과세 문제로 국왕과 대립(아비뇽 유수) → 교회의 분열 • 왕권의 강화: 봉건 영주들의 세력 약화 → ⓫□□ □□과 장미 전쟁으로 중앙 집권 국가 등장

❸ 르네상스와 종교 개혁

르네상스	• 배경: 십자군 원정으로 비잔티움·이슬람 문화 전파 → 그리스 고전 연구 활발 → 인간 중심의 문화 창조(인문주의) • 전개 ┌ 이탈리아: 문학과 미술 발달 └ 알프스 이북: 현실 사회와 종교 비판
종교 개혁	• 루터: 교회의 면벌부 판매 → ⓬□□□□ □□□ 발표 → 아우크스부르크 화의로 인정 • 영국: 헨리 8세의 이혼 문제로 독립 선언 • 칼뱅: 예정설·직업 소명설 주장, 상공업자들의 환영 → 유럽 전역에 확산 → 독일에서 30년 전쟁 발발 → ⓭□□□□□ □□ 체결로 인정

정답 ❶ 무함마드 ❷ 칼리프 ❸ 시아파 ❹ 바그다드 ❺ 제지술 ❻ 아라비안나이트 ❼ 카롤루스 ❽ 카노사 ❾ 성 소피아 ❿ 자치권 ⓫ 백년 전쟁 ⓬ 95개 조 반박문 ⓭ 베스트팔렌 조약

01 밑줄 친 '나'에 대한 설명으로 옳은 것만을 〈보기〉에서 고른 것은?

> 칼링가를 정복하면서 나는 결코 돌이킬 수 없는 양심의 가책을 느꼈다. 그들의 영토가 수많은 시체로 뒤덮인 처참한 광경을 바라보면서 나의 가슴은 찢어졌다. …… 앞으로 나는 오직 진리에 맞는 법만을 실천하고 가르칠 것이다.

| 보기 |
ㄱ. 산치 대탑을 건설하였다.
ㄴ. 동남아시아에 상좌부 불교를 전파하였다.
ㄷ. 대승 불교의 사원과 탑 건설을 적극 지원하였다.
ㄹ. 북인도에서 중앙아시아에 이르는 영토를 확보하였다.

① ㄱ, ㄴ ② ㄱ, ㄷ ③ ㄴ, ㄷ
④ ㄴ, ㄹ ⑤ ㄷ, ㄹ

02 (가) 왕조 시기에 있었던 사실로 옳은 것은?

① 마누 법전이 편찬되었다.
② 간다라 양식이 유행하였다.
③ 산스크리트 문학이 발달하였다.
④ 아잔타 석굴 사원이 조성되었다.
⑤ 연금술이 유행하여 화학이 발달하였다.

03 (가), (나) 양식에 대한 설명으로 옳지 않은 것은?

(가)

▲ 간다라 불상

(나)

▲ 사르나트 불상

① (가) – 굽타 왕조 시기에 조성되었다.
② (가) – 헬레니즘 문화에 자극을 받았다.
③ (나) – 힌두교의 성립으로 유행하였다.
④ (나) – 인체의 윤곽선을 그대로 드러냈다.
⑤ (나) – (가)에 인도 고유의 특색이 가미되었다.

04 밑줄 친 '황제'에 대한 설명으로 옳은 것만을 〈보기〉에서 고른 것은?

> 황제께서 관료들에게 "어제 그대들의 부녀자가 입은 의복을 보니 여전히 옷깃과 소매가 모두 좁았다. 왜 선비족의 옷을 입지 말라는 조칙을 지키지 않는가?"라고 꾸짖었다.

| 보기 |
ㄱ. 대운하를 건설하였다.
ㄴ. 균전제를 실시하였다.
ㄷ. 수도를 뤄양으로 옮겼다.
ㄹ. 3성 6부제를 시행하였다.

① ㄱ, ㄴ ② ㄱ, ㄷ ③ ㄴ, ㄷ
④ ㄴ, ㄹ ⑤ ㄷ, ㄹ

05 (가), (나) 제도가 시행된 시기 사이에 있었던 사실로 옳은 것은?

(가)	(나)
중정관이 지역 사회의 평판과 덕망, 재능 등을 바탕으로 지역의 인재를 9등급으로 평가하여 중앙에 추천하였다.	시험을 통해 관리를 선발함으로써 비교적 능력 중심의 관료를 공정하게 선발하는 제도가 처음 시행되었다.

① 문벌 귀족 사회가 발달하였다.
② 농민 반란인 황소의 난이 일어났다.
③ 장건의 서역 파견으로 비단길이 개척되었다.
④ 대운하의 완성으로 남북 경제가 통합되었다.
⑤ 절도사 세력이 독립적인 세력으로 성장하였다.

06 다음 제도가 시행되었을 때의 상황으로 옳은 것은?

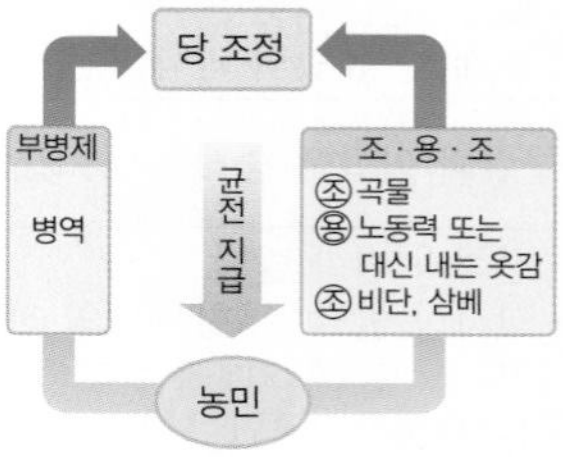

① 황소의 난이 일어났다.
② 자영 농민이 육성되었다.
③ 중앙 정부의 통치력이 약해졌다.
④ 지방에서 절도사의 권한이 강해졌다.
⑤ 지배층의 대토지 소유가 유행하였다.

07 (가) 왕조의 문화에 대한 설명으로 옳지 않은 것은?

> (가) 왕조에서는 활발한 대외 교류를 바탕으로 국제적 문화가 발달하면서 한 대부터 시작된 중국의 문화가 주변국에 영향을 주어 동아시아 문화권을 형성하였다.

① 당삼채가 제작되었다.
② 오경정의가 편찬되었다.
③ 대진경교유행중국비가 건립되었다.
④ 죽림칠현 등 청담 사상이 유행하였다.
⑤ 현장이 가져온 인도 불경을 번역하여 간행하였다.

08 (가) 문화에 대한 설명으로 옳은 것은?

> 한반도의 삼국이 성장하는 과정에서 일어난 전쟁과 정치적 격변을 피해 많은 사람들이 일본으로 건너갔다. 일본에서는 이들을 도래인(渡來人)이라 불렀다. 이들은 불교, 유학, 토기 제조법, 배 만드는 기술 등의 문화를 전파하여 (가) 문화를 이루었다.

① 다이카 개신의 영향을 받았다.
② 청동기와 철기가 함께 사용되었다.
③ 쇼토쿠 태자가 불교를 장려하였다.
④ '일본'과 '천황'의 칭호가 사용되었다.
⑤ 치안과 경호를 위해 고용된 무사가 행정을 주도하였다.

09 (가), (나)의 문화 특성이 나타난 시대에 대한 설명으로 옳은 것만을 〈보기〉에서 고른 것은?

(가)

▲ 일본식 관복

(나)

▲ 일본식 가옥인 보도인 봉황당

| 보기 |
ㄱ. 헤이안쿄로 천도하였다.
ㄴ. 헤이조쿄가 건설되었다.
ㄷ. 가나 문자가 사용되었다.
ㄹ. 도다이사 등 사찰이 건립되었다.

① ㄱ, ㄴ ② ㄱ, ㄷ ③ ㄴ, ㄷ
④ ㄴ, ㄹ ⑤ ㄷ, ㄹ

10 (가) 왕조에 대한 설명으로 옳은 것만을 〈보기〉에서 고른 것은?

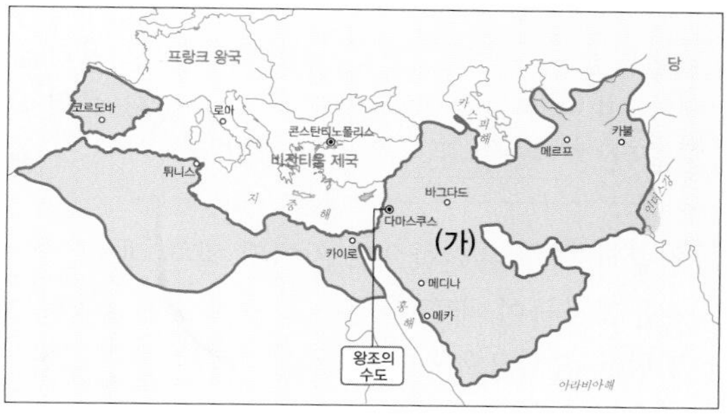

| 보기 |
ㄱ. 사산 왕조 페르시아를 정복하였다.
ㄴ. 아랍인을 우대하는 정책을 폈다.
ㄷ. 시아파와 수니파가 나뉘어 대립하였다.
ㄹ. 이베리아반도에 알함브라 궁전을 건설하였다.

① ㄱ, ㄴ ② ㄱ, ㄷ ③ ㄴ, ㄷ
④ ㄴ, ㄹ ⑤ ㄷ, ㄹ

11 (가) 왕조에 대한 설명으로 옳은 것만을 〈보기〉에서 고른 것은?

〈다큐멘터리 기획〉

세계의 유명한 역사 도시를 가다. –바그다드 편–

이 그림은 8세기에 성립된 (가) 왕조의 수도인 바그다드를 그린 것으로, 바그다드는 정치와 경제의 중심지였을 뿐만 아니라, 학문이 크게 번성하였다. 또한 동서양의 다양한 문물이 유입되어 국제도시로 성장하였다.

| 보기 |
ㄱ. 아라비아반도를 통일하였다.
ㄴ. 몽골의 침략으로 멸망하였다.
ㄷ. 당과 탈라스 전투에서 승리하였다.
ㄹ. 이슬람 공동체가 칼리프를 선출하였다.

① ㄱ, ㄴ ② ㄱ, ㄷ ③ ㄴ, ㄷ
④ ㄴ, ㄹ ⑤ ㄷ, ㄹ

12 밑줄 친 ㉠의 내용으로 옳지 않은 것은?

> 이슬람 제국이 확대되면서 이슬람 문화가 세계 각지에 전파되었고, 다양한 문화가 이슬람 세계로 흘러들어 왔다. 그리하여 이슬람교를 바탕으로 다양한 문화 요소가 융합된 ㉠ 이슬람 문화가 발달하였다.

① 첨탑과 색채 유리창으로 지어진 쾰른 대성당
② 천문학자들이 개량한 천문 기구 아스트롤라베
③ 민담을 중심으로 설화를 모은 아라비안나이트
④ 이슬람 의학을 집대성한 이븐 시나의 의학전범
⑤ 연금술 연구 과정에서 사용된 알칼리 등 화학 용어

13 (가) 제국에 대한 설명으로 옳지 않은 것은?

① 그리스어를 공용어로 삼았다.
② 황제가 교회의 우두머리 역할을 하였다.
③ 슬라브족의 문화 발전에 영향을 주었다.
④ 아서왕 이야기 등 기사 문학이 유행하였다.
⑤ 관료제 정비 등 중앙 집권 체제를 유지하였다.

14 밑줄 친 '원정'의 결과로 옳은 것만을 〈보기〉에서 고른 것은?

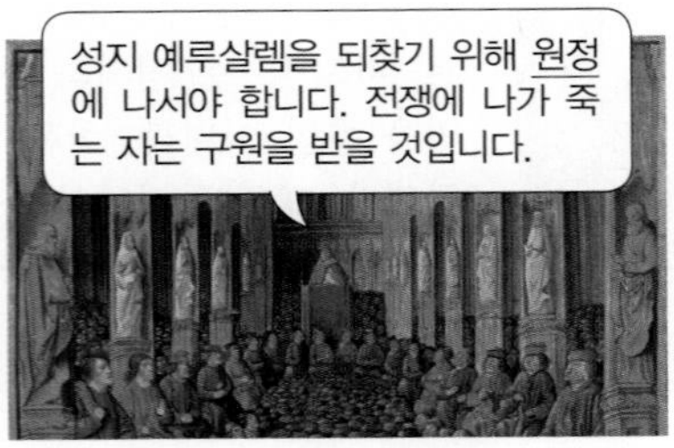

성지 예루살렘을 되찾기 위해 원정에 나서야 합니다. 전쟁에 나가 죽는 자는 구원을 받을 것입니다.

보기
ㄱ. 교황권이 강해지고 왕권이 약해졌다.
ㄴ. 지방 분권적 봉건 사회가 형성되었다.
ㄷ. 원거리 무역이 발달하고 도시가 성장하였다.
ㄹ. 비잔티움과 이슬람 문화가 유럽에 전파되었다.

① ㄱ, ㄴ ② ㄱ, ㄷ ③ ㄴ, ㄷ
④ ㄴ, ㄹ ⑤ ㄷ, ㄹ

15 (가) 사건 이전의 유럽 상황으로 옳은 것만을 〈보기〉에서 고른 것은?

세계사 신문 ○○○○년 ○○월 ○○일

(가)

그림은 카롤루스 대제가 로마 교황에게 서로마 황제의 관을 받는 장면이다. 이로써 유럽은 종교적·정치적으로 두 세계로 분리되는 계기가 마련되었다.

보기
ㄱ. 교황이 군주의 성직 임명권을 부정하였다.
ㄴ. 이민족의 침입으로 봉건제 사회가 형성되었다.
ㄷ. 프랑크 왕국이 이슬람 세력의 침략을 격퇴하였다.
ㄹ. 비잔티움 제국 황제가 성상 숭배 금지령을 내렸다.

① ㄱ, ㄴ ② ㄱ, ㄷ ③ ㄴ, ㄷ
④ ㄴ, ㄹ ⑤ ㄷ, ㄹ

16 (가), (나)에 대한 설명으로 옳은 것만을 〈보기〉에서 고른 것은?

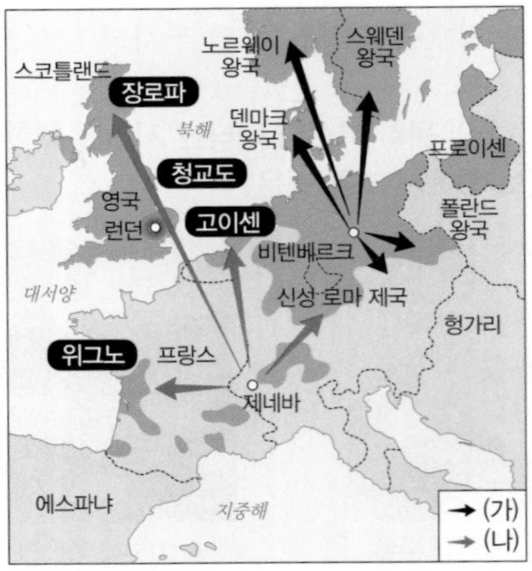

보기
ㄱ. (가) – 예수회를 설립하여 전파하였다.
ㄴ. (가) – 교회의 면벌부 판매를 반박하였다.
ㄷ. (나) – 아우크스부르크 화의로 신앙을 인정받았다.
ㄹ. (가), (나) – 성서에 기반한 믿음을 중요시하였다.

① ㄱ, ㄴ ② ㄱ, ㄷ ③ ㄴ, ㄷ
④ ㄴ, ㄹ ⑤ ㄷ, ㄹ

대단원 서술형·논술형 문제

정답과 해설 | 60쪽

서술형

01 다음 통치 체제와 이 체제를 갖춘 왕조를 쓰고, 그 특징을 한 가지 서술하시오.

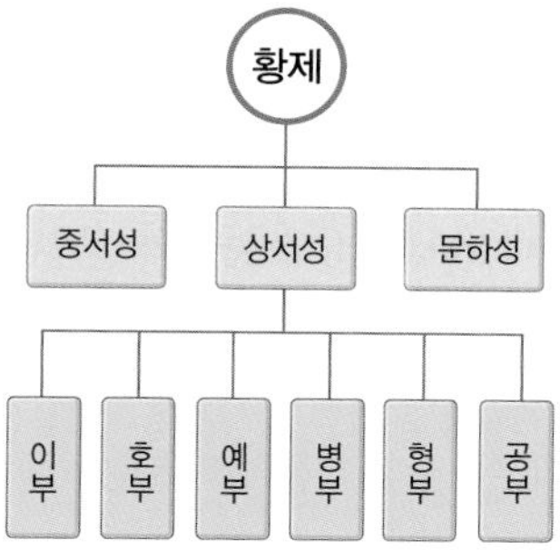

서술형

02 빈칸 ㉠에 들어갈 명칭을 쓰고, (가)와 (나)의 건축 특징을 각각 두 가지만 서술하시오.

(가)

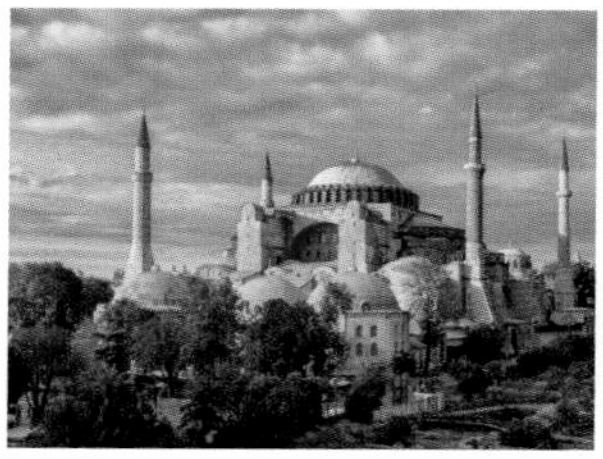

▲ ㉠

(나)

▲ 샤르트르 대성당

논술형

03 이슬람 문화권의 공통적인 특징을 서술하고, 이슬람 문화가 세계 문화의 발전에 기여한 점을 300자 이내로 논술하시오.

대단원 개념 채우기

01 몽골 제국과 문화 교류

❶ 송과 북방 민족의 성장

송의 발전	건국		조광윤이 카이펑을 수도로 건국(960)
	❶□□ □□		과거제 개혁, 황제권 강화, 사대부 사회 형성 → 군사력 약화, 재정 악화
	경제	농업	개간 사업, 모내기법 보급, 이모작 시작, 상품 작물 재배
		상공업	수공업자 동업 조합, 지폐 유통(교자) 등
		해상 교역	해상 무역 발달, 시박사 확대 설치
	문화	❷□□□	주희가 집대성한 유교의 한 갈래로서 우주와 인간의 기본 질서 탐구
		서민 문화 발달	경제 성장으로 서민 경제력 성장 → 공연장 마련, 서민 오락 성행
		과학 기술	화약, 나침반, 활판 인쇄술
북방 민족의 성장	요		거란의 야율아보기가 부족 통일(916), 화북 지방 연운 16주 차지
	서하		탕구트족이 건국, 비단길 장악
	❸□		아구다가 여진족 통일하고 건국(1115), 송을 남쪽으로 밀어내고(남송) 화북 지방 차지

❷ 몽골 제국과 문화 교류

몽골 제국의 성장	건국		테무친(칭기즈 칸)의 몽골 제국 건설
	원	성립	쿠빌라이 칸이 국호를 원, 수도를 대도(베이징)로 천도하고 중국 대륙 전체 지배
		정책	❹□□ □□□□: 몽골인을 최고 신분으로 하고 색목인 우대, 한인과 남인 차별
		쇠퇴	홍건적의 난으로 쇠퇴
		문화	서민 경제력 향상 → 서민 문화 발달(구어체 소설, 잡극 등)
문화 교류	❺□□ 설치		광대한 영토의 효율적 통치를 위해 도로망을 마련하고 설치
	해상 교역		바닷길을 중심으로 교역이 이루어짐 → 서역 상인 왕래, 문물 교류 활발
	다양한 문화		몽골 제국의 관용적 태도: 티베트 불교(라마교), 이슬람교, 크리스트교, 마니교 등 다양한 종교 공존
	여행자들		❻□□□ □□의 『동방견문록』, 이븐 바투타의 『여행기』, 선교사 카르피니 등
	과학 기술		• 이슬람의 천문학·역법·자연 과학 등 유입 • 중국의 화약·나침반·활판 인쇄술 등이 서양에 전파

02 동아시아 지역 질서의 변화

❶ 명·청 제국의 성장

명	건국	홍건족 출신 주원장이 난징에 건국(1368)
	홍무제	• 중앙 집권 강화: 재상제 폐지, 이갑제 실시, 토지 대장과 호적 대장 정리 • 한족 전통 부흥: 육유 반포 – 백성 교화
	대외 관계	• 해금 정책: 민간의 해상 무역 금지 • ❼□□·□□ 체제: 조선, 일본, 베트남 등이 정권 안정과 경제적 이익을 위해 조공
	영락제	• 중앙 집권 강화: 자금성 건설, 베이징 천도 • 대외 팽창 정책: ❽□□의 함대 파견 → 명 중심 조공 질서 확립
	멸망	북로남왜, 임진왜란 때 조선 파병으로 재정 악화 → 이자성의 농민 반란군에게 멸망(1644)
청	건국	누르하치가 후금 건국 → 홍타이지 때 국호를 '청'으로 바꿈
	통치 정책	• 강경책: 팔기군 유지, 한족에게 변발·호복 강요, 중화사상에 의한 만주족 비난 금지 • 회유책: ❾□□ 병용, 농민의 조세 부담 경감, 편찬 사업
경제	농업	창장강 하류 상품 작물 재배, 외래 작물 보급
	대외 교역	• 차·도자기·비단 등 수출 증가 → 은의 유입 → 은을 세금으로 납부(명 – 일조편법, 청 – 지정은제) • 명 대 해금 정책 완화 → 청 대 공행 무역 중심
문화	학문	명 – 양명학(지행합일), 청 – 고증학(실증적)
	서민 문화	삼국지연의·수호전·서유기·홍루몽 등 소설과 경극 유행
	서양 문물 전래	크리스트교, 대포 제조법, 천문학·역법·수학·지리학 등 전래, ❿□□□ □□의 '곤여만국전도', '천주실의'

❷ 일본의 막부 정치

배경	헤이안 시대 말 귀족들이 장원을 지키기 위해 무사 고용 → 무사 중심 봉건 사회 발전
전개	• 가마쿠라 막부: 최초의 무사 정권, 몽골의 침략 • 무로마치 막부: 조선과 외교, 명과 감합 무역 • ⓫□□ 시대: 100여 년 동안 혼란 → 도요토미 히데요시가 통일, 임진왜란
에도 막부	• 성립: 도쿠가와 이에야스가 에도(도쿄)에 수립 • 특징: 중앙 집권적 봉건제(⓬□□□□□□제) • 대외 교류: 해금 정책, 나가사키에서 네덜란드 상인들만 무역 허용 • 문화: 난학(서양 학문) 유입, ⓭□□ 문화(서민 문화) 발달 – 우키요에, 가부키 등

정답 ❶ 문치주의 ❷ 성리학 ❸ 금 ❹ 몽골 제일주의 ❺ 역참 ❻ 마르코 폴로 ❼ 조공, 책봉 ❽ 정화 ❾ 만한 ❿ 마테오 리치 ⓫ 전국 ⓬ 산킨코타이 ⓭ 조닌

03 서아시아 · 북아프리카 지역 질서의 변화

❶ 서아시아의 이슬람 왕조

셀주크 튀르크	성장	아바스 왕조의 수도인 바그다드 정복 → 칼리프로부터 술탄의 칭호를 얻음
	발전	예루살렘 정복, 비잔티움 제국 압박 → ❶□□□ 전쟁으로 쇠퇴
티무르 왕조	건국	티무르가 몽골 제국의 부활을 내세우고 건국
	발전	수도 사마르칸트, 동서 무역으로 번영
사파비 왕조	건국	이란 지역에서 이스마일 1세가 페르시아 제국의 계승을 내세우며 건설
	발전	시아파 이슬람교를 국교로 삼음, 아바스 1세 때 발전, 수도 이스파한

❷ 오스만 제국의 성장

성립		오스만 튀르크족이 셀주크 튀르크의 지배에서 독립하여 건국(1299)
발전	메흐메트 2세	• 비잔티움 제국 정복(1453), 수도 이스탄불, 종교 공동체인 밀레트 허용 • ❷□□ □□□ 제도: 오스만 제국의 술탄이 칼리프의 지위 획득
	술레이만 1세	헝가리 정복, 『술레이만 법전』 편찬, 유럽의 연합 함대 격퇴
	관용 정책	• 비이슬람교도도 인두세(지즈야)만 내면 종교의 자유와 자치 허용 • ❸□□□□ 편성: 발칸반도의 크리스트교 청소년들을 이슬람교로 개종시켜 술탄의 호위 부대로 삼음
쇠퇴		레판토 해전 패배, 서양 세력의 침입으로 쇠퇴
문화		• 오스만 튀르크 문화: 이슬람 문화를 바탕으로 페르시아 · 튀르크 · 비잔티움 문화 융합 • 세밀화, 모스크 발달(술탄 아흐메트 사원)

❸ 인도의 무굴 제국

성립		중앙아시아에서 일어난 티무르의 후손 바부르가 인도에 침입하여 건국(1526)
발전	❹□□□□ 황제	데칸고원 이남을 제외한 인도 대부분 통일, 힌두교와 이슬람교의 화합 정책 추진(인두세 폐지)
	아우랑제브 황제	최대 영토 확보(남인도 점령), ❺□□□ □□주의(인두세 부활, 힌두 사원 파괴)
쇠퇴		각지의 반란으로 분열, 18세기 영국과 프랑스의 침략으로 쇠퇴
문화		인도 · 이슬람 문화: 시크교, 우르두어, 타지마할, 무굴 회화 발달

04 신항로 개척과 유럽 지역 질서의 변화

❶ 신항로 개척

배경		동방과의 교류 욕구 증대, 과학 기술 발달(지도, 나침반 등)
전개	바스쿠 다 가마	인도 항로 개척
	❻□□□□	서인도 제도 도착
	마젤란 일행	최초의 세계 일주
영향	교역망의 확장	• 지중해 무역 → 대서양 무역 • ❼□□ 무역: 유럽 – 아메리카 – 아프리카
	아메리카	토착 문명 파괴, 금은 수탈, 플랜테이션 농장 건설, 원주민 인구 급감
	아프리카	노예 무역으로 인구 급감
	유럽	새로운 작물 유입(감자 · 토마토 · 담배 등), 물가 상승, 자본주의 발달

❷ 절대 왕정의 성립과 발전

의미		국왕 중심의 중앙 집권적 정치 체제
기반	❽□□ □□설	왕권은 신이 부여한 것이므로 반드시 복종해야 한다는 사상
	중상주의	수출 장려, 관세를 높여 수입 억제, 상공 시민 계층의 활동 보호
	관료제	중앙 집권적 통치를 위한 행정 관리
	상비군	항상 준비된 왕의 군대
서유럽	에스파냐	펠리페 2세, 무적함대를 만들어 지중해 해상권 장악
	영국	엘리자베스 1세, 무적함대 격파, 해외 시장 개척, 모직물 공업 육성
	프랑스	❾□□ 14세, '태양왕', 베르사유 궁전 건설, 중상주의 경제 정책
동유럽	러시아	표트르 대제, 서유럽 문화 수용, 상트페테르부르크 건설, 서구화 정책
	프로이센	프리드리히 2세, 영토 확장, 산업 장려, 상수시 궁전 건설

❸ 17~18세기의 문화

과학 혁명	뉴턴	만유인력의 법칙	
근대 철학	데카르트	인간의 이성 강조	
	몽테스키외	삼권 분립	❿□□사상 → 시민 혁명의 기반
	볼테르	언론의 자유	
	루소	국민 주권설	

정답 ❶ 십자군 ❷ 술탄 칼리프 ❸ 예니체리 ❹ 아크바르 ❺ 이슬람 제일 ❻ 콜럼버스 ❼ 삼각 ❽ 왕권신수 ❾ 루이 ❿ 계몽

01 다음과 같은 국제 정세 속에서 있었던 사실로 옳은 것은?

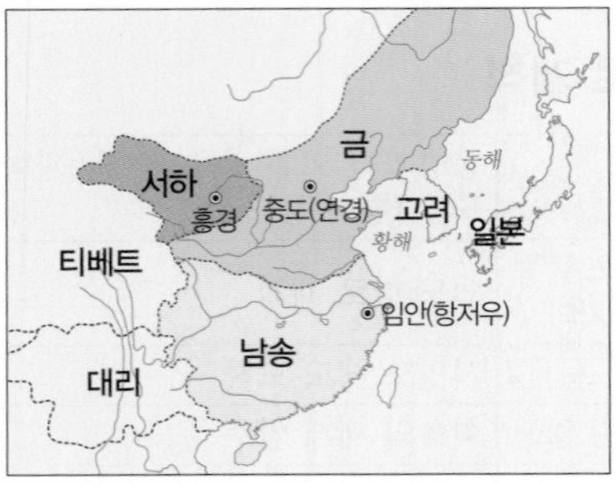

① 몽골이 세계 제국을 건설하였다.
② 중화사상에 의한 만주족 비난이 금지되었다.
③ 요는 연운 16주를 차지하고 송과 대립하였다.
④ 조광윤은 송을 건국하고 5대 10국의 분열을 수습해 나갔다.
⑤ 금은 송의 수도 카이펑을 함락하고 화북 지방을 차지하였다.

02 빈칸 ㉠에 들어갈 검색어로 옳은 것은?

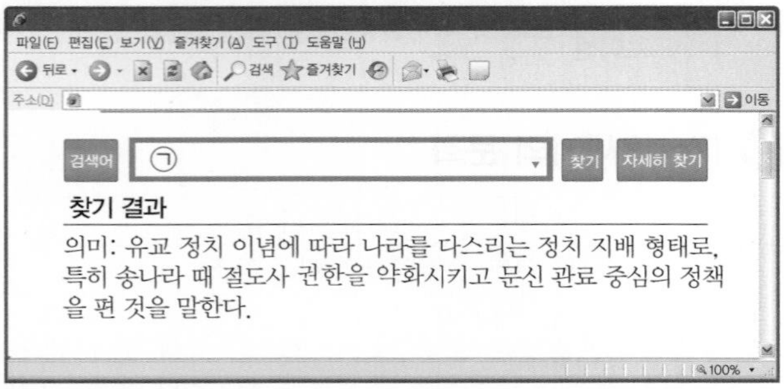

① 세폐　　② 성리학
③ 문치주의　　④ 서민 문화
⑤ 전시 제도

03 다음 대화에 나타난 제도에 대한 설명으로 옳지 <u>않은</u> 것은?

① 몽골 제일주의라고 한다.
② 한인은 가장 차별받는 집단이었다.
③ 색목인은 서역인을 말하는데, 조세 징수, 국가 재정 등을 맡았다.
④ 소수의 몽골인들이 주요 관직을 차지하고, 한족의 관직 진출을 막았다.
⑤ 몽골인과 색목인이 지배 계층을 형성하고 한인과 남인은 피지배층이었다.

04 다음 퀴즈의 정답으로 옳은 것은?

① 정화　　② 주희
③ 아구다　　④ 조광윤
⑤ 홍타이지

05 다음 지도에 대한 설명으로 옳은 것은?

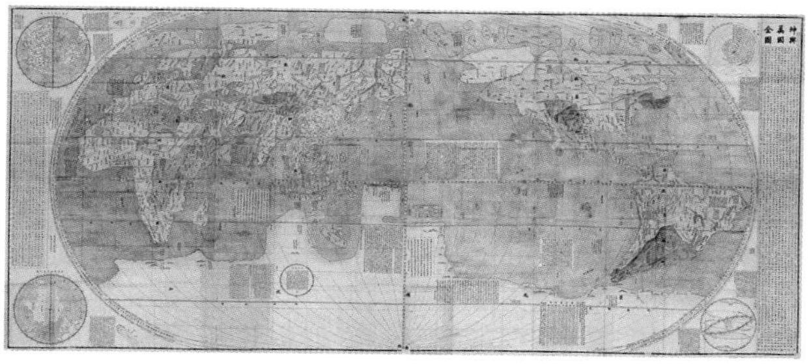

▲ 곤여만국전도

① 유럽에서 만들어졌다.
② 중화사상 전파에 기여하였다.
③ 아담 샬이 만든 세계 지도이다.
④ 원나라 시기 활발한 동서 교류의 결과 만들어진 지도이다.
⑤ 아시아, 유럽, 아메리카, 아프리카 등의 대륙이 나타나 있다.

06 다음 자료와 유사한 목적의 정책으로 적절한 것은?

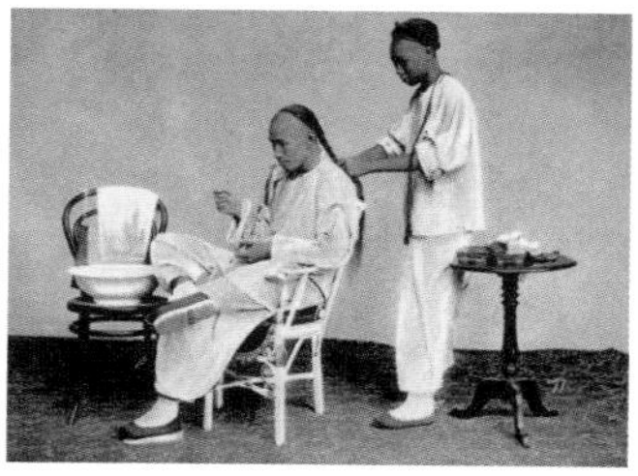

① 이갑제
② 해금 정책
③ 육유 반포
④ 만한 병용제
⑤ 만주족 비난 금지

07 일본에서 다음 제도가 의무적으로 실시된 시기에 있었던 사실로 옳은 것은?

> 다이묘를 통제하고자 도입한 제도로, 막부가 다이묘의 가족을 에도에 거주하게 하여 인질로 삼고, 다이묘에게 영지와 에도를 주기적으로 왕복하게 한 제도이다.

① 몽골의 침략을 받았다.
② 최초의 무사 정권이 수립되었다.
③ 100여 년 동안 무사들이 다툼을 벌였다.
④ 도요토미 히데요시가 조선을 침략하였다.
⑤ 나가사키에서 네덜란드 상인들이 무역하였다.

08 다음 제도를 통해 알 수 있는 오스만 제국의 성격으로 옳은 것은?

> 오스만 제국은 자치권을 가진 종교 공동체인 밀레트를 허용하여 인두세만 납부하면 종교의 자유를 허용하였다.

① 술탄 칼리프 제도가 확립되었다.
② 시아파 이슬람교를 국교로 삼았다.
③ 페르시아 제국의 부활을 추구하였다.
④ 동서 무역을 독점하여 번영을 누렸다.
⑤ 다양한 민족의 문화와 종교를 포용하였다.

09 다음 편지의 소재가 된 문화유산으로 옳은 것은?

> ○○에게
> 잘 지내고 있니? 난 지금 이스탄불을 여행하고 있어. 여러 문화 유적이 인상적이었지만, 가장 기억에 남는 것은 '블루 모스크'야. 오스만 제국의 술탄이 성 소피아 대성당보다 더 아름다운 건축물을 짓겠다며 그 건너편에 만든 이 모스크는 사원 내부가 파란색과 녹색의 타일로 장식되어 있어 '블루 모스크'라고 불린다고 해.

①

▲ 타지마할

②

▲ 상수시 궁전

③

▲ 콘스탄티노폴리스 요새

④

▲ 술탄 아흐메트 사원

⑤

▲ 이맘 모스크

10 빗금 친 영역을 차지한 나라에 대한 설명으로 옳은 것만을 〈보기〉에서 고른 것은?

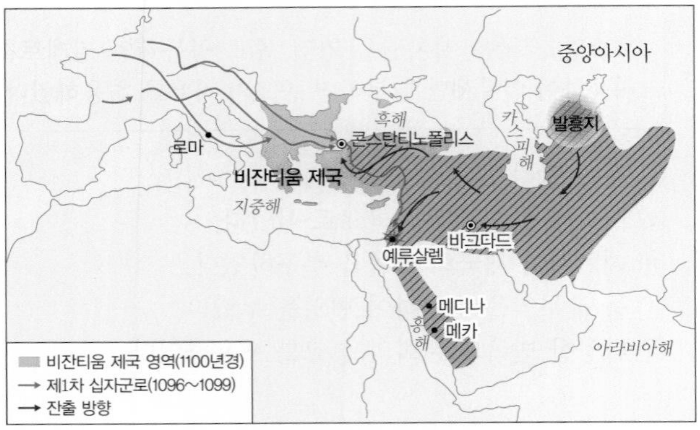

보기

ㄱ. 십자군 전쟁으로 쇠퇴하였다.
ㄴ. 페르시아 제국의 계승을 내세웠다.
ㄷ. 아바스 왕조의 칼리프로부터 술탄의 칭호를 얻었다.
ㄹ. 콘스탄티노폴리스를 이스탄불로 고쳐 수도로 삼았다.

① ㄱ, ㄴ ② ㄱ, ㄷ ③ ㄴ, ㄷ
④ ㄴ, ㄹ ⑤ ㄷ, ㄹ

11 무굴 제국의 아크바르 황제와 아우랑제브 황제를 비교한 표의 내용 중 옳은 것은?

구분	아크바르 황제	아우랑제브 황제	
영토	최대 영토	데칸고원 이남을 제외한 인도 대부분 통일	(가)
종교	힌두교	이슬람교	(나)
정치	이슬람교와 힌두교 화합 정책 추진	이슬람 제일주의	(다)
인두세	부활	폐지	(라)
결과	힌두교도 반발	제국의 안정	(마)

① (가) ② (나) ③ (다)
④ (라) ⑤ (마)

12 다음 가상 일기에 나타난 사건의 직접적인 영향으로 옳은 것은?

1492년 ○○월 ○○일

오늘 드디어 산타 마리아호가 인도에 도착하였다. 에스파냐를 출발한지 69일 만의 일이다. 역시 대서양을 건너 서쪽으로 항해해도 인도에 도착할 수 있다는 생각이 맞았다.

육지가 보이지 않으면 내 목숨을 내놓으려고 했는데 정말 다행이다.
이곳은 정말 아름답고 새로운 동식물들로 가득하다. 이 땅은 앞으로 에스파냐 왕의 소유가 될 것이다.

① 유럽인들이 아메리카 대륙을 식민지로 삼았다.
② 희망봉을 돌아 인도로 가는 항로를 발견하였다.
③ 향신료, 비단 등의 물품이 유럽에서 유행하게 되었다.
④ 최초의 세계 일주로 지구가 둥글다는 것이 증명되었다.
⑤ 지중해를 통하지 않고 동방으로 가는 새로운 항로를 개척하였다.

13 빈칸 ㉠에 해당하는 내용으로 가장 적절한 것은?

■ 제목: ㉠

- 펠리페 2세는 무적함대를 만들어 지중해 해상권을 장악하였다.
- 엘리자베스 1세는 무적함대를 격파하고 모직물 공업을 육성하였다.
- 루이 14세는 태양왕을 자처하고 베르사유 궁전을 건설하였다.

① 서유럽의 절대 왕정
② 신항로 개척의 전개
③ 계몽사상가들의 생각
④ 17~18세기 과학 혁명
⑤ 대서양 삼각 무역의 시작

대단원 서술형·논술형 문제

정답과 해설 | 62쪽

서술형

01 다음 건축물에 나타난 힌두 양식과 이슬람 양식의 특징을 각각 두 가지씩 서술하시오.

▲ 타지마할

서술형

02 다음 내용이 가능했던 배경을 몽골 제국 교통 제도의 특징이 드러나게 서술하시오.

> 마르코 폴로는 약 17년 동안 중국에 머무르며 각지를 육로와 해로를 따라 큰 어려움 없이 여행하였다고 한다. 이후 그는 고향으로 돌아가 여행 기간에 보고 들었던 것을 기록하여 『동방견문록』을 남겼다고 한다.

논술형

03 유럽의 신항로 개척이 아메리카에 미친 영향을 두 가지 이상 서술하고, 그에 대한 자신의 입장을 밝혀 300자 이내로 논술하시오.

대단원 개념 채우기

01 유럽과 아메리카의 국민 국가 체제

❶ 시민 혁명의 전개

영국 혁명	배경	도시와 상공업이 발달하면서 젠트리와 시민 계급 성장, 청교도 세력이 의회 장악
	청교도 혁명	• 배경: 찰스 1세의 전제 정치 → 의회의 권리 청원 제출 → 찰스 1세의 의회 탄압 • 전개: 의회파와 왕당파의 내전 발생 → 의회파 승리 → 공화정 수립 • ❶□□□: 항해법 제정, 호국경 취임, 청교도 윤리에 입각한 독재 정치 실시
	명예 혁명	• 배경: 왕정복고, 제임스 2세의 전제 정치 • 전개: 의회 주도로 국왕 폐위 → 메리와 윌리엄을 공동 왕으로 추대 • 결과: 의회가 제출한 ❷□□ □□ 승인, 의회 중심 입헌 군주정의 토대 마련
	대영 제국	• 앤 여왕 때 스코틀랜드를 병합하여 대영 제국 수립 • 내각 책임제 수립: 의회의 다수 정당이 내각을 조직하여 국정 운영
미국 혁명	배경	영국의 차세·인지세 등 각종 세금 부과 → 식민지 주민 반발 → ❸□□□ □ 사건
	전개	대륙 회의 개최 → 독립 전쟁 발발 → 독립 선언문 발표 → 식민지군 승리
	결과	• ❹□□ □□과 연방주의에 기초한 헌법 제정 • 아메리카 합중국 탄생
프랑스 혁명	배경	신분제의 모순, 시민 계급의 성장, 계몽사상의 유행, 정부의 재정 위기
	전개	루이 16세의 삼부회 소집 → 제3 신분의 국민 의회 결성, 테니스코트의 서약 → 국왕의 국민 의회 탄압 → 파리 시민의 바스티유 감옥 습격
	국민 의회	• 봉건제 폐지 선언, '인간과 ❺□□의 권리 선언' 발표 • 입헌 군주제를 규정한 헌법 제정
	입법 의회	오스트리아·프로이센과 혁명 전쟁
	❻□□ □□	• 공화정 선포, 루이 16세 처형 • 로베스피에르의 공포 정치 → 온건파의 반발 → 총재 정부 수립 → 나폴레옹의 쿠데타
나폴레옹 시대	개혁	나폴레옹 ❼□□ 편찬, 국민 교육 제도 도입
	전쟁	• 대프랑스 동맹 격파, 대륙 봉쇄령 선포 • 영국과 러시아를 제외한 대부분 지역 장악
	몰락	러시아 원정 실패 이후 대프랑스 동맹군에게 패배
	영향	프랑스 혁명의 이념인 자유주의가 전 유럽으로 확산

❷ 국민 국가의 형성

자유주의 운동	배경	❽□ □□ 성립: 메테르니히 주도, 자유주의와 민족주의 탄압
	프랑스	• 7월 혁명: 샤를 10세의 전제 정치에 대한 반발, 루이 필리프 추대, 입헌 군주정 수립 • ❾□□ 혁명: 노동자들의 선거권 확대 요구, 공화정 수립 → 빈 체제의 붕괴에 영향
	영국	• 가톨릭교도에 대한 차별 폐지 • 곡물법·항해법 폐지(자유주의 경제) • 노동자들이 인민헌장을 발표하고 ❿□□□□ 운동 전개
	러시아	• 배경: 차르의 전제 정치, 농노제 유지 • 데카브리스트 봉기, 알렉산드르 2세의 내정 개혁, 브나로드 운동
민족주의 운동	이탈리아	사르데냐 왕국이 통일 주도, 재상 카보우르와 ⓫□□□□의 활약 → 이탈리아 왕국 수립
	독일	• 프로이센 주도로 관세 동맹 체결 • 비스마르크의 ⓬□□ 정책 → 오스트리아·프랑스 격파 → 독일 제국 성립
	미국	• ⓭□□□를 둘러싸고 북부와 남부 대립 • 링컨 대통령 당선 → 남부 연방 탈퇴 → 남북 전쟁 발발 → 북부 승리
	라틴 아메리카	• 배경: 미국 혁명과 프랑스 혁명의 영향, 미국의 먼로 선언 발표 • 전개: 아이티가 가장 먼저 독립, 산마르틴·볼리바르와 같은 크리오요가 독립운동 주도

02 유럽의 산업화와 제국주의

산업 혁명	의미	• 기계의 발명과 기술의 혁신으로 경제와 사회 구조에 큰 변화 • 가내 수공업 → ⓮□□□ □□ 공업
	영국의 산업 혁명	• 배경: 정치적 안정, 넓은 식민지, 인클로저 운동으로 노동력 확보, 풍부한 지하자원 • 방직기·방적기 개발 → 면직물 산업 발전 • ⓯□□ □□ 개량 → 기계의 동력으로 사용
	산업 혁명의 확대	• 독일, 미국 등의 급속한 산업 성장 • 중공업 중심 발전, 철도 건설 활발
	자본주의 발달	증기 기관차·증기선·전신·전화 등의 발명으로 교통과 통신 발달, 도시 발달, 산업 사회로 변화, 자본가와 노동자 계급 등장
	사회 문제	• 빈부 격차 확대, 저임금·장시간 노동, 각종 도시 문제 발생 • 기계 파괴 운동(러다이트 운동) 전개, 노동조합 결성 • 자본주의를 비판하며 ⓰□□□□ 사상 등장

정답 ❶ 크롬웰 ❷ 권리 장전 ❸ 보스턴 차 ❹ 삼권 분립 ❺ 시민 ❻ 국민 공회 ❼ 법전 ❽ 빈 체제 ❾ 2월 ❿ 차티스트 ⓫ 가리발디 ⓬ 철혈 ⓭ 노예제 ⓮ 공장제 기계 ⓯ 증기 기관 ⓰ 사회주의

제국주의	형성 배경	• 자본주의 발달: 값싼 원료 공급지와 상품 판매 시장을 위해 식민지 확보 요구 • ❶□□ □□□: 우월한 국가가 열등한 국가를 지배하는 것이 당연하다는 논리 • 인종주의: 백인이 우월한 인종이라는 인식
	아프리카 분할	• 영국: 이집트 보호국화, 아프리카 ❷□□정책 → 파쇼다 사건(프랑스와 충돌) • 프랑스: 알제리 장악, 아프리카 횡단 정책 • 독일: 모로코를 두고 프랑스와 대립 • 에티오피아와 라이베리아를 제외한 전 지역이 식민지로 전락
	아시아 분할	• 영국: 프랑스를 물리치고 인도 지배 • 프랑스: 인도차이나반도 점령 • 네덜란드: 동인도 회사를 앞세워 ❸□□섬 장악, 인도네시아 대부분을 식민지화 • 미국: 괌과 하와이 제도 병합, 필리핀 차지

03 서아시아와 인도의 국민 국가 건설 운동

오스만 제국	근대적 개혁	• ❹□□□□: 서양 문물 수용, 근대적 군대와 사법 제도 정비 • 근대적 헌법: 입헌 군주제와 의회 설립 규정
	청년 튀르크당	• 전개: 청년 장교·학생 등이 무장봉기 → 정권 장악, 헌법 부활 • 튀르크 민족주의를 내세워 다른 민족 탄압
서아시아	아랍	❺□□□ 운동: 이슬람교 초기 정신 회복 주장, 아랍 민족 운동의 기반
	이란	• 카자르 왕조의 쇠퇴 → 러시아와 영국의 침략 → 영국이 담배 독점권 획득 → 담배 불매 운동 전개 • 입헌 혁명: 헌법 제정과 의회 개설 요구
아프리카	이집트	• 무함마드 알리: 근대화 정책 추진, 근대적 공장 설립, 징병제 실시 • 아라비 파샤: '이집트인을 위한 이집트 건설'을 내세우며 혁명 시도
인도	영국의 침략	무굴 제국 쇠퇴 → 동인도 회사의 활동 → 플라시 전투에서 영국 승리 → 식민지화
	❻□□□의 항쟁	• 전개: 세포이 봉기 → 독립 전쟁으로 확대 → 영국의 진압 • 영향: 무굴 제국 황제 폐위, 영국이 인도 직접 통치(영국령 인도 제국)
	인도 국민 회의	• 초기 활동: 영국에 협조하면서 인도인 권익 확보에 주력 • 반영 운동: ❼□□ □□□ 발표에 반발, 4대 강령 채택(스와라지, 스와데시, 영국 상품 불매, 국민 교육 진흥) • 결과: 영국의 벵골 분할령 철회, 형식적으로 인도인의 자치 인정

04 동아시아의 국민 국가 건설 운동

❶ 동아시아 3국의 개항

중국	• 제1차 아편 전쟁: 청의 아편 단속 강화 → 아편 전쟁 발발 → 영국의 승리 • 난징 조약: ❽□□ 할양, 5개 항구 개항, 공행 폐지, 영사 재판권 인정 • 제2차 아편 전쟁: 무역 확대 요구, 애로호 사건 → 영·프 연합군 공격 → 톈진 조약, 베이징 조약 체결
일본	• 배경: 미국 ❾□□ 함대의 무력 시위 • 미일 화친 조약: 2개 항구 개항, 최혜국 대우 • 미일 수호 통상 조약: 추가 개항, 영사 재판권 인정
한국	• 배경: 통상 개화에 대한 관심, 운요호 사건 • 강화도 조약: 3개 항구 개항, 영사 재판권 인정 등

❷ 국민 국가 건설 운동

중국	태평천국 운동	• 전개: ❿□□□이 주도, 청 왕조 타도와 한족 국가 수립 주장 • 개혁: 천조 전무 제도(토지 균등 분배), 남녀평등, 악습 폐지 주장 → 농민층 지지 • 결과: 신사층이 조직한 군대(향용)와 외국 군대의 공격을 받아 진압
	⓫□□ 운동	이홍장 등 한족 관료 주도, 중체서용을 바탕으로 서양 과학 기술 수용 → 청일 전쟁 패배로 중단
	변법자강 운동	• 내용: 캉유웨이 등이 주도, 일본의 메이지 유신 모방, 의회 설립, 입헌 군주제 지향 • 결과: 서태후 등 보수파의 반발로 실패
	의화단 운동	• 전개: 의화단이 부청멸양을 내걸고 교회·철도 등을 공격 → 8개국 연합군에게 진압 • 결과: 신축조약 체결, 베이징에 외국 군대 주둔
	신해혁명	• 쑨원: 중국 동맹회 조직, 삼민주의 제시 • 청의 철도 국유화 → 우창에서 신군 봉기 → ⓬□□□□ 성립, 임시 대총통에 쑨원 취임
일본	메이지 유신	• 개혁: 중앙 집권 체제, ⓭□□□□, 신분 제도 폐지, 이와쿠라 사절단 파견 • 자유 민권 운동: 헌법 제정과 서양식 의회 설립 주장 → 메이지 정부 탄압
	침략 전쟁	• 청일 전쟁: 시모노세키 조약으로 타이완, 랴오둥반도 차지 → ⓮□□ □□으로 랴오둥반도 반환 • 러일 전쟁: 포츠머스 조약으로 만주와 한반도 이권 확보 → 대한 제국 식민지화
한국	근대화 노력	• 강화도 조약 이후 개화 정책 추진 • 급진 개화파의 주도로 갑신정변 발발, 농민들이 동학 농민 운동 전개, 갑오개혁으로 신분제 폐지
	근대 국가 수립	• ⓯□□ □□: 근대적 의회 설립 운동 전개 • 대한 제국: 자주 독립 국가 선포, 광무개혁

정답 ❶ 사회 진화론 ❷ 종단 ❸ 자바 ❹ 탄지마트 ❺ 와하브 ❻ 세포이 ❼ 벵골 분할령 ❽ 홍콩 ❾ 페리 ❿ 홍수전 ⓫ 양무 ⓬ 중화민국 ⓭ 폐번치현 ⓮ 삼국 간섭 ⓯ 독립 협회

대단원 종합 문제

01 (가) 인물에 대한 설명으로 옳은 것은?

그림은 영국의 의회파를 주도한 (가) 이다. 그는 청교도 혁명을 승리로 이끈 이후 호국경에 취임한 인물이었다. 또한 그는 왕당파의 거점인 아일랜드를 정복하였으며, 항해법을 제정하여 대외 무역을 확대하였다.

① 혁명 재판소를 설치하였다.
② 에스파냐의 무적함대를 격파하였다.
③ 의회가 제정한 권리 장전을 승인하였다.
④ 메리와 윌리엄을 공동 왕으로 추대하였다.
⑤ 청교도 윤리를 앞세운 독재 정치를 실시하였다.

02 다음 선언문이 발표된 시기를 연표에서 옳게 고른 것은?

모든 사람은 평등하게 태어났으며, 창조주로부터 빼앗을 수 없는 권리를 부여받았다. 그중에는 생명과 자유, 행복을 추구할 권리가 포함되어 있다. …… 어떠한 형태의 정부이든 본래의 목적을 파괴했을 때, 인민은 언제든지 정부를 바꾸거나 무너뜨릴 권리가 있다.

명예혁명 시작		보스턴 차 사건		파리 조약 체결		나폴레옹 황제 즉위		미국, 남북 전쟁		러시아 혁명
	(가)		(나)		(다)		(라)		(마)	

① (가) ② (나) ③ (다) ④ (라) ⑤ (마)

03 (가)에 들어갈 내용으로 옳은 것은?

메테르니히의 주도로 성립된 빈 체제는 보수적인 질서를 지키고자 러시아를 중심으로 신성 동맹을 결성하였고, 곧이어 4국 동맹을 수립하여 유럽 각국의 (가)

① 산업 혁명을 주도하였다.
② 통일 운동을 지원하였다.
③ 선거권 확대에 기여하였다.
④ 군대를 연합하여 나폴레옹에 대항하였다.
⑤ 자유주의와 민족주의 운동을 탄압하였다.

04 (가), (나) 사이에 있었던 사실로 옳은 것은?

(가)

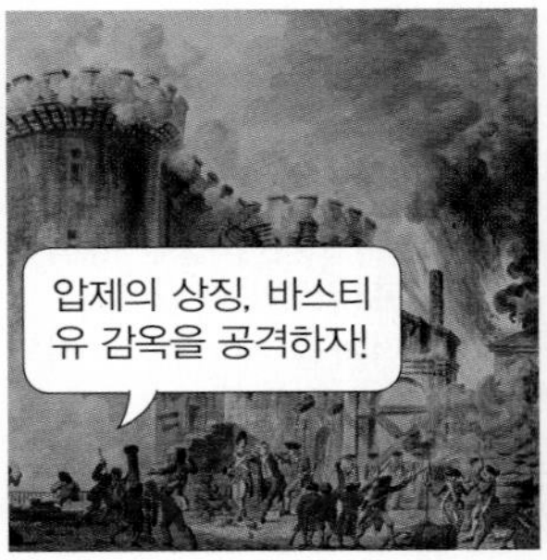

압제의 상징, 바스티유 감옥을 공격하자!

(나)

나, 로베스피에르가 이렇게 무너지다니

① 찰스 1세가 처형되었다.
② 백년 전쟁이 발발하였다.
③ 나폴레옹 법전이 편찬되었다.
④ 국민 공회가 공화정을 선포하였다.
⑤ 루이 필리프가 새로운 왕으로 추대되었다.

05 (가)에 들어갈 내용으로 가장 적절한 것은?

19세기부터 유럽 각국에서는 시민들에게 선거권을 부여했지만, 노동자들은 처음에는 빠져 있었어.
영국에서는 노동자들이 인민헌장을 발표하고 차티스트 운동을 전개하였어.
프랑스에서는 노동자들이 선거권 확대를 요구하며 (가) 을/를 주도하였어.

① 2월 혁명 ② 7월 혁명
③ 러다이트 운동 ④ 인클로저 운동
⑤ 브나로드 운동

06 빗금 친 지역에서 일어난 통일 운동에 대한 설명으로 옳은 것만을 〈보기〉에서 고른 것은?

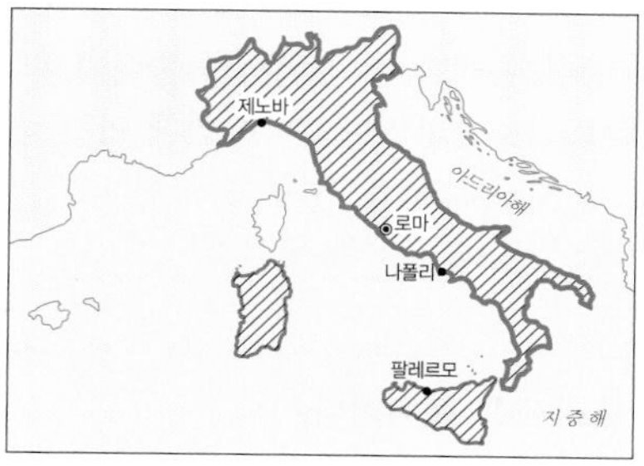

| 보기 |
ㄱ. 사르데냐 왕국이 통일을 주도하였다.
ㄴ. 가리발디가 나폴리, 시칠리아를 점령하였다.
ㄷ. 관세 동맹을 통해 경제적 통합이 이루어졌다.
ㄹ. 프랑크푸르트 의회에서 통일 방안이 논의되었다.

① ㄱ, ㄴ ② ㄱ, ㄷ ③ ㄴ, ㄷ
④ ㄴ, ㄹ ⑤ ㄷ, ㄹ

07 (가), (나) 국가에 대한 설명으로 옳은 것은?

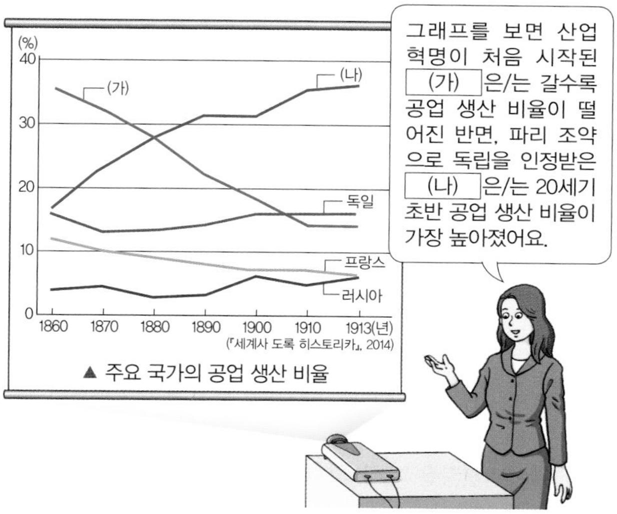

(『세계사 도록 히스토리카』, 2014)
▲ 주요 국가의 공업 생산 비율

① (가) – 노예제를 둘러싸고 남북 전쟁이 발발하였다.
② (가) – 한자 동맹을 맺어 북유럽 무역을 주도하였다.
③ (나) – 대륙 횡단 철도를 건설하였다.
④ (나) – 데카브리스트의 봉기를 진압하였다.
⑤ (가), (나) – 통일 이후 정부의 주도로 산업화가 진행되었다.

08 밑줄 친 '이 혁명'이 끼친 영향으로 옳지 않은 것은?

이 혁명은 면직물 공업에서 시작되었다. 면직물의 수요가 증가하자 실을 뽑는 방적기와 옷감을 짜는 방직기 등이 개발되었다. 이러한 기계는 전통적인 물레질보다 훨씬 빠르게 실을 생산하였다. 또한 제임스 와트가 개량한 증기 기관이 기계의 동력으로 사용되면서 면직물의 대량 생산이 가능해졌다.

① 산업 사회가 형성되었다.
② 빈부 격차가 줄어들었다.
③ 급속한 도시화가 진행되었다.
④ 공장제 기계 공업이 발달하였다.
⑤ 자본가와 노동자 계급이 등장하였다.

09 다음 자료를 공통으로 활용한 탐구 활동 주제로 가장 적절한 것은?

- 사회 진화론은 더 발달된 사회가 덜 발달된 사회를 지배할 수 있다는 논리를 합리화하였으며, 강대국의 약소국 지배를 정당화하는 이론적 바탕이 되었다.
- 소수의 거대 기업과 은행들은 전 세계적으로 산업 생산을 이끌며 자본을 끌어모았고, 이러한 발전을 지속하기 위해 식민지 정복을 부추겼다.

① 신항로의 개척 ② 계몽사상의 영향
③ 제국주의의 등장 ④ 냉전 체제의 형성
⑤ 종교 개혁의 전개

10 (가) 제국에 대한 설명으로 옳은 것은?

(가) 제국의 청년 장교들은 술탄의 전제 정치에 반발하여 봉기를 일으켰다. 이들은 규율, 정의, 질서, 헌법 만세 등을 내세우며 정권을 장악하였다.

① 와하브 운동을 전개하였다.
② 아프리카 횡단 정책을 실시하였다.
③ 플라시 전투에서 영국에 패배하였다.
④ 영국에 맞서 담배 불매 운동을 전개하였다.
⑤ 탄지마트라고 불리는 근대적 개혁을 실시하였다.

11 다음과 같은 조치가 끼친 영향으로 가장 적절한 것은?

벵골은 인구가 많고 면적이 넓어 통치하는 데 어려움이 많다. 행정의 효율성을 높이기 위해 벵골 지방을 동서로 나누어 통치할 것이다.

▲ 인도 총독 커즌

네팔
부탄
서벵골
(힌두교도)
콜카타
미얀마
벵골만
동벵골
(이슬람교도)
아라비아해
분할선
분할 전의 벵골주

① 세포이의 항쟁이 일어났다.
② 영국 여왕이 인도 황제를 겸임하였다.
③ 아우랑제브 황제가 인두세를 부활하였다.
④ 프랑스령 인도차이나 연방이 수립되었다.
⑤ 인도 국민 회의가 반영 운동을 전개하였다.

12 (가), (나) 국가에 대한 설명으로 옳은 것은?

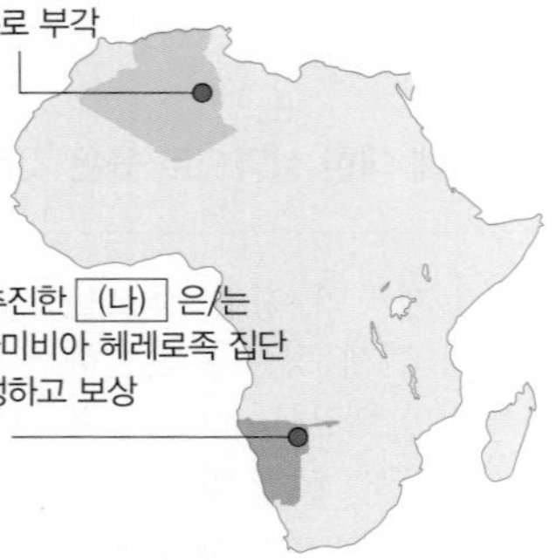
알제리를 식민 지배했던 (가) 에서 2017년에 '알제리 전쟁 때 민간인 학살 사과'가 대선 이슈로 부각
3B 정책을 추진한 (나) 은/는 2015년에 '나미비아 헤레로족 집단 학살' 을 인정하고 보상 작업에 착수

▲ 유럽의 아프리카에 대한 과거사 청산

① (가) – 수에즈 운하를 차지하였다.
② (가) – 아프리카 종단 정책을 실시하였다.
③ (나) – 이집트를 보호국화하였다.
④ (나) – 마다가스카르를 식민지로 삼았다.
⑤ (가), (나) – 모로코에서 두 차례 충돌하였다.

13 밑줄 친 '전쟁'으로 체결된 조약의 내용으로 옳은 것만을 〈보기〉에서 고른 것은?

영국은 중국에 대한 무역 적자를 줄이기 위해 인도산 아편을 청에 밀수출하였다. 이로 인해 아편 중독자가 증가하고 은이 유출되자 청 정부는 아편 단속에 나섰다. 영국은 이를 빌미로 전쟁을 일으켰다.

| 보기 |
ㄱ. 공행 제도를 폐지한다.
ㄴ. 홍콩을 영국에 할양한다.
ㄷ. 크리스트교 포교의 자유를 허용한다.
ㄹ. 베이징에 외국 군대의 주둔을 인정한다.

① ㄱ, ㄴ ② ㄱ, ㄷ ③ ㄴ, ㄷ ④ ㄴ, ㄹ ⑤ ㄷ, ㄹ

14 밑줄 친 '이 운동'에 대한 설명으로 옳은 것은?

이 운동은 중체서용을 바탕으로 서양의 군사 기술 등을 수용하려 하였다. 각지에 근대식 군수 공장이 설립되었는데, 사진은 그중 하나인 금릉 기기국에서 생산된 총포와 포탄이다.

① 메이지 유신을 본보기로 삼았다.
② 서태후 등 보수파가 반발하였다.
③ 청일 전쟁의 패배로 중단되었다.
④ 중화민국이 성립되는 계기가 되었다.
⑤ 캉유웨이, 량치차오 등이 주도하였다.

15 다음 헌법을 발표한 정부의 정책으로 옳지 않은 것은?

제1조 대일본 제국은 만세일계의 천황이 통치한다.
제4조 천황은 국가의 원수로서 통치권을 총괄하고 헌법의 조항에 따라 이를 행한다.
제5조 천황은 제국 의회의 동의를 얻어 입법권을 행사한다.

① 징병제를 실시하였다.
② 자유 민권 운동을 탄압하였다.
③ 이와쿠라 사절단을 파견하였다.
④ 번을 폐지하고 현을 설치하였다.
⑤ 미일 수호 통상 조약을 체결하였다.

대단원 서술형 · 논술형 문제

정답과 해설 | 65쪽

서술형

01 빈칸 ㉠, ㉡에 들어갈 알맞은 말을 쓰고, 문서가 등장하게 된 배경과 결과를 서술하시오.

▲ ㉠○○ ○○을 승인하는 메리와 윌리엄 공동 왕

제1조 국왕이 ㉡ □□의 동의 없이 법의 효력을 정지하거나 법의 집행을 정지하는 것은 위법이다.

제4조 ㉡ □□의 승인 없이 국왕을 위해 세금을 거두어들이는 행위는 위법이다.

제6조 ㉡ □□의 동의 없이 평상시에 상비군을 징집하고 유지하는 것은 위법이다.

제9조 ㉡ □□ 안에서 말하고 토론하고 의논한 내용으로 ㉡ □□ 아닌 어떤 곳에서도 고발당하거나 심문을 당하지 않는다.

서술형

02 밑줄 친 '민족주의 운동'의 구체적인 사례 두 가지를 서술하시오.

프랑스 혁명의 이념은 나폴레옹의 정복 전쟁 과정에서 유럽 전역으로 전파되었으며, 그가 전파한 혁명 정신은 유럽과 라틴 아메리카의 자유주의와 <u>민족주의 운동</u>을 촉진하였다.

논술형

03 (가)~(다)와 관련된 조약의 이름을 각각 서술하고, 이 시기 제국주의 열강들이 동아시아 국가들과 맺은 조약의 특징에 대해 대표적인 조항 두 가지 이상을 들어 300자 이내로 논술하시오.

(가) (나) (다)

광저우 외에도 샤먼, 푸저우, 닝보, 상하이를 개항하시오!
시모다, 하코다테 외에도 가나가와, 나가사키, 니가타, 효고 등을 개항하시오!
부산 외에도 원산, 인천 등을 개항하시오!

대단원 개념 채우기

01 세계 대전과 국제 질서의 변화

❶ 제1차 세계 대전과 베르사유 체제

제1차 세계 대전	배경	• 제국주의 국가 간 대립 • 3국 ❶□□ ⇄ 3국 협상	
	전개	사라예보 사건 → 동맹국과 연합국의 참전으로 전쟁 확대 → 전쟁의 장기화로 ❷□□□ 전개 → 독일의 무제한 잠수함 작전 → ❸□□의 참전 → 연합국 승리	
베르사유 체제	파리 강화 회의	목적	제1차 세계 대전의 전후 처리
		원칙	윌슨의 14개조 평화 원칙
		결과	❹□□□□ 조약 체결
	승전국 중심의 세계 질서인 베르사유 체제 형성		
	❺□□□□	목적	전후 국제 평화, 협력 촉진
		한계	미국 불참, 군사적 제재 수단 부재

❷ 러시아 혁명

러시아 혁명	배경	• 차르 중심의 전제 정치 • 피의 일요일 사건 발생(군대의 발포)
	전개	• 2월 혁명: 노동자·병사 중심의 ❻□□□□ 주도로 로마노프 왕조 타도 → 임시 정부 수립 • 10월 혁명: 임시 정부의 전쟁 지속 → ❼□□이 이끄는 볼셰비키 주도로 소비에트 정부 수립
소련의 수립	레닌의 정책	• 독일과 강화 조약 체결, 사회주의 개혁(토지·산업 국유화) → ❽□□□ 정책(NEP) 실시 • 소비에트 사회주의 공화국 연방(❾□□) 결성
	스탈린의 정책	• 독재 체제 강화 • 경제 개발 5개년 계획 추진

❸ 아시아·아프리카의 민족 운동

아시아	중국	• 신문화 운동 및 5·4 운동 전개 • 일제에 저항해 제1, 2차 국공 합작 성립
	인도	• ❿□□의 비폭력·불복종 운동 전개 • 인도 독립 동맹, 네루 중심의 민족 운동
	동남아시아	• 베트남: ⓫□□□, 베트남 공산당 결성 • 인도네시아: 수카르노 중심의 민족 운동
	서아시아	• 터키: 무스타파 케말, 터키 공화국 수립 • 팔레스타인 문제: 아랍인 ↔ 유대인
아프리카	이집트	영국의 수에즈 운하 군대 주둔 조건으로 독립
	범아프리카 운동	사하라 사막 이남 지역에서 아프리카의 통일 추구

❹ 대공황의 발생과 전체주의

대공황	배경	• 과잉 생산에 비해 구매력 감소 • 미국 주가 대폭락(1929) → 유럽 및 전 세계로 파급	
	극복 노력	미국	⓬□□ 정책 실시: 국가가 생산 조절
		영국, 프랑스	블록 경제: 본국과 식민지 블록 형성 → 높은 관세를 바탕으로 보호 무역 실시
⓭□□ 주의	등장 배경	경제 기반이 약하고 식민지가 없거나 적은 국가에서 대공황 전후의 경제 위기와 사회적 불안을 틈타 등장	
	유형	이탈리아	⓮□□□□의 파시스트당이 '로마 진군'을 통해 정권 장악 → 에티오피아 합병
		독일	⓯□□□의 나치당이 정권 장악 → 유대인 탄압, 오스트리아 병합, 체코슬로바키아 일부 점령
		에스파냐	파시즘 지원을 받은 프랑코가 독재 정권 수립
		일본	군부의 정권 장악, 군국주의를 앞세워 대륙 침략
	추축국의 형성	독일과 일본의 방공 협정 체결 → 이탈리아의 참여로 추축국 형성	

❺ 제2차 세계 대전

제2차 세계 대전의 발발과 전개	발발	독일, 소련과 독소 ⓰□□□ 조약 체결 → 폴란드 침공 → 영국·프랑스의 선전 포고
	⓱□□ 전선	독일이 영국 외 유럽 대부분 점령 → 프랑스와 영국의 항전 → 독일의 불가침 조약 파기 후 소련 침공
	⓲□□□ 전선	중일 전쟁 장기화 → 일본의 동남아 침략 → 미국의 경제 봉쇄 → 일본의 진주만 기습(태평양 전쟁 발발) → 미국이 연합국의 일원으로 참전
제2차 세계 대전의 종결	유럽 전선	• 소련: 스탈린그라드 전투에서 독일에 승리 • 연합군: 무솔리니 정권 타도 → ⓳□□□□ 상륙 작전으로 프랑스 해방 → 독일의 항복
	태평양 전선	미국이 미드웨이 해전에서 승리 → 일본의 저항 → 히로시마와 나가사키에 ⓴□□ □□ 투하 → 제2차 세계 대전 종결

정답 ❶ 동맹 ❷ 총력전 ❸ 미국 ❹ 베르사유 ❺ 국제 연맹 ❻ 소비에트 ❼ 레닌 ❽ 신경제 ❾ 소련 ❿ 간디 ⓫ 호찌민 ⓬ 뉴딜 ⓭ 전체 ⓮ 무솔리니 ⓯ 히틀러 ⓰ 불가침 ⓱ 유럽 ⓲ 태평양 ⓳ 노르망디 ⓴ 원자 폭탄

02 민주주의의 확산

❶ 공화정의 확산

❶□□ □□ 공화국	수립	독일 혁명으로 독일 제국 붕괴 → 바이마르 헌법 제정 및 공화국 선포
	바이마르 헌법	당시로서는 가장 ❷□□□인 헌법: 여성 참정권 인정, 노동자의 단결권과 단체 교섭권 인정
	붕괴	히틀러의 나치당 정권에 의해 붕괴
신생 독립국의 탄생	등장	민족 자결주의 원칙에 따라 신생 독립국 탄생 → 대부분 ❸□□ □□□ 채택
	• 오스트리아·헝가리 제국: 민주 공화국 수립 • 오스만 제국: 여러 국가로 분리, 터키 공화국 수립 • 러시아 제국: 동유럽 여러 민족으로 독립	

❷ 보통 선거의 확대와 여성 참정권 운동

보통 선거의 확대	의미	성별, 재산 정도에 관계없이 일정 ❹□□ 이상 국민 모두에게 선거권을 주는 제도
	배경	제1차 세계 대전의 총력전 양상 → 여성·노동자·농민의 역할 증대
	결과	❺□□ 참정권 및 보통 선거의 확대
여성 ❻□□□ 운동	등장	영국과 미국 중심으로 19세기 후반부터 전개 → 여성 참정권 주장 단체 결성, 집회·시위 등
	전개	제1차 세계 대전 전후로 여성의 사회적·경제적 역할 증대 → 유럽 대부분의 국가가 제1차 세계 대전 전후로 여성 참정권 인정

❸ 노동자의 권리 보호와 복지 국가 이념의 등장

노동자의 권리 확대	배경	제1차 세계 대전을 전후로 노동자의 역할 증대
	전개	• 메이 데이(노동절) 제정(1889) • 영국: 노동당 창당(1900) • 국제 노동 기구(ILO) 설립(1919) • 독일: 사회 민주당 창당 및 바이마르 헌법에서 노동자 권리 보호 명시 • 미국: ❼□□□법 제정 및 최저 임금제와 주 40시간 근로제 도입
복지 국가 이념의 등장	배경	두 차례의 전쟁을 거치며 사회권에 대한 인식 발전
	전개	• 19세기 후반: 독일의 사회 보장 제도 도입 • 20세기: 유럽의 노동자 정당의 활동 • 제2차 세계 대전 이후: ❽□□ 국가 이념 발전

03 인권 회복과 평화 확산을 위한 노력

❶ 대량 학살과 인권 침해

대량 학살	배경	• 제2차 세계 대전, 후방의 ❾□□□에게 무차별 공습과 폭격 • 대량 살상 무기의 발달 및 극단적 민족주의 및 인종주의의 유행
	유형	• ❿□□□□□: 독일 나치 – 유대인 등 소수 인종과 장애인·정치범 등을 대량 학살 • ⓫□□ □□□: 일제 – 중일 전쟁 중 수십 만의 중국인 학살 • 폭격과 공습: 독일의 런던 공습, 영국과 미국의 드레스덴 폭격 등
인권 침해	강제 이주, 강제 추방	• 소련: 블라디보스토크의 한국인 및 소수 민족을 중앙아시아로 강제 이주 • 독일: 폴란드인 강제 추방 • 연합국: 유럽 곳곳의 독일인을 독일로 강제 추방
	강제 동원	• 일제가 국가 총동원령 및 국민 징용령·징병제 실시 • 일본군 ⓬'□□□' 강제 동원

❷ 평화를 위한 노력

전후 처리를 위한 노력	⓭□□□ 헌장	전후 평화 수립 원칙 제정, 국제 연합(UN) 창설 결정
	카이로 회담	• 미국, 영국, 중국 참가 • 전후 일본 처리 문제 협의 • 한국의 독립 약속
	얄타 회담	• 미국, 영국, 소련 참가 • 전후 독일 영토의 분할 점령 • 소련의 대일전 참전 결정
	포츠담 회담	• 미국, 영국, 소련 참가 • 독일 문제 처리와 일본에 무조건 항복 권고
전범 재판	뉘른베르크 국제 군사 재판	주요 나치 전범 재판, 재판 과정에서 나치당의 만행 노출
	극동 국제 군사 재판	일본의 전쟁 범죄 재판, ⓮□□이 기소되지 않고, 생체 실험 등의 범죄 규명 실패
⓯□□ □□	창설 배경	두 차례의 세계 대전 후 평화 유지를 위한 국제기구의 필요성 대두
	과정	대서양 헌장에서 기초 마련 → 샌프란시스코 회의에서 창설 결정
	특징	국제 연합군 및 국제 연합 평화 유지군 등 군사적 능력 구비
	한계	안전 보장 이사회의 상임 이사국 등 강대국의 권한이 지나치게 큼

정답 ❶ 바이마르 ❷ 민주적 ❸ 민주 공화정 ❹ 연령 ❺ 여성 ❻ 참정권 ❼ 와그너 ❽ 복지 ❾ 민간인 ❿ 홀로코스트 ⓫ 난징 대학살 ⓬ 위안부 ⓭ 대서양 ⓮ 천황 ⓯ 국제 연합

대단원 종합 문제

01 다음 그림을 보고 나눈 대화 중 옳은 것만을 〈보기〉에서 고른 것은?

| 보기 |
ㄱ. 제2차 세계 대전이 시작되는 상황을 묘사하고 있어요.
ㄴ. 3국 동맹에 대해 영국, 프랑스, 러시아가 3국 협상으로 대항하였어요.
ㄷ. 범게르만주의와 범슬라브주의가 충돌하면서 각국 사이에 대립이 심해졌어요.
ㄹ. 결국 3국 동맹이 추축국으로, 3국 협상이 연합국으로 확대되면서 전쟁이 발발하였어요.

① ㄱ, ㄴ ② ㄱ, ㄷ ③ ㄴ, ㄷ ④ ㄴ, ㄹ ⑤ ㄷ, ㄹ

02 다음 조약에 대해 나눈 대화 중 적절하지 않은 것은?

제119조 독일은 해외 식민지에 관한 모든 권리와 소유권을 연합국과 그 협력국에 넘겨 준다.
제191조 독일에서 잠수함의 건조와 취득은 금지된다. 이는 상업적 목적을 위한 경우에도 마찬가지이다.
제235조 독일은 연합국과 그 협력국의 최종 청구액이 확정되기 이전에 …… 시급히 필요한 200억 마르크 금화에 상당하는 돈을 지불한다.

① 갑: 파리 강화 회의에서 체결된 조약입니다.
② 을: 제1차 세계 대전의 승전국과 독일 사이에 체결되었습니다.
③ 병: 독일과 더불어 승전국에게도 전쟁에 대한 책임이 있음을 명시했습니다.
④ 정: 다른 패전국들도 전승국들과 위와 유사한 강화 조약을 체결하였습니다.
⑤ 무: 이처럼 위 조약에 따라 새롭게 나타난 국제 질서를 베르사유 체제라고 부릅니다.

03 도표와 관련된 전쟁에 대한 설명으로 옳은 것은?

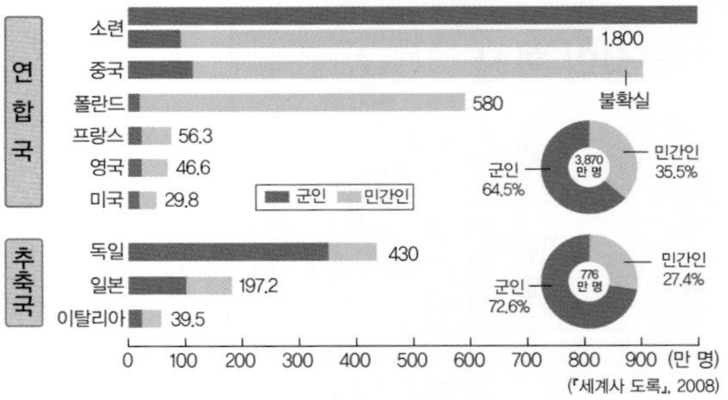

▲ 연합국과 추축국의 인명 피해

① 사라예보 사건을 계기로 발생하였다.
② 기관총, 탱크, 잠수함 등 신무기가 등장하였다.
③ 전후 세계 평화를 위해 국제 연합이 창설되었다.
④ 참호를 파고 장기간 대치하는 참호전이 전개되었다.
⑤ 독일은 영국의 해상 봉쇄에 맞서 무제한 잠수함 작전을 펼쳤다.

04 다음 신문 기사 제목을 일어난 순서대로 나열한 것은?

(가) 피의 일요일 사건이 일어나다!
(나) 레닌, 신경제 정책(NEP)을 실시하다!
(다) 볼셰비키, 소비에트 정부를 수립하다!
(라) 노동자 · 병사들이 로마노프 왕조를 붕괴시키다!

① (가) – (나) – (다) – (라) ② (가) – (라) – (다) – (나)
③ (나) – (다) – (가) – (라) ④ (다) – (가) – (나) – (라)
⑤ (다) – (나) – (가) – (라)

05 (가)에 들어갈 내용으로 적절한 것은?

〈역사 탐구 계획서〉
• 주제: 제1차 세계 대전 이후 아시아 · 아프리카 민족 운동
• 계획: (가)

① 와하브 운동에 관한 책을 살펴본다.
② 세포이 항쟁의 배경에 대해 찾아본다.
③ 탄지마트의 뜻을 인터넷에서 검색한다.
④ 이란의 담배 불매 운동에 대해 살펴본다.
⑤ 중국 5 · 4 운동의 전개 과정에 대해 탐구한다.

06 (가)에 대한 설명으로 옳은 것만을 〈보기〉에서 고른 것은?

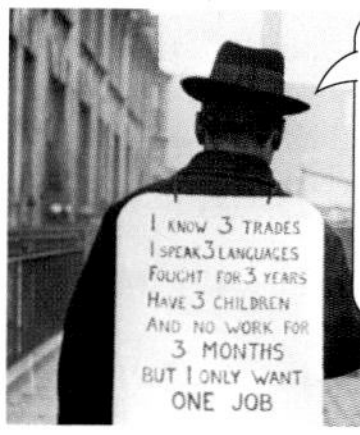

나는 세 종류의 일을 할 줄 알고, 세 개의 언어를 구사하고, 3년간 전쟁에 참여하였으며, 세 명의 자녀가 있다. 그리고 3개월 동안 실업 상태이다. 하지만 나는 오직 일자리 하나만을 원한다.

◀ (가) 시기 일자리를 구하는 실업자

보기

ㄱ. 유럽에서 시작되어 미국 및 세계 곳곳으로 파급되었다.
ㄴ. 영국과 프랑스 등에서 블록 경제를 실시한 것이 주요 발생 원인이 되었다.
ㄷ. 미국에서 과도한 투자로 생산이 늘어나는 것에 비해 소비가 이를 따라가지 못하였다.
ㄹ. 1929년 10월, 미국 뉴욕의 증권 시장에서 주가가 폭락하면서 많은 은행과 기업이 도산하였다.

① ㄱ, ㄴ ② ㄱ, ㄷ ③ ㄴ, ㄷ ④ ㄴ, ㄹ ⑤ ㄷ, ㄹ

07 다음 설명에 모두 해당되는 국가는?

- 제1차 세계 대전에서 연합국 측에 가담
- 파운드 블록을 형성
- 드레스덴 폭격 실시
- 얄타 회담 참가국

① 독일
② 영국
③ 미국
④ 러시아
⑤ 이탈리아

08 연표를 보고 나눈 대화 중 옳은 것만을 〈보기〉에서 고른 것은?

1893년 뉴질랜드	1918년 독일, 영국(30세 이상)	1944년 프랑스
1906년 핀란드	1920년 미국	1945년 일본
1913년 노르웨이	1928년 영국(21세 이상)	1948년 대한민국

▲ 각국의 여성 참정권 보장

보기

ㄱ. 제1차 세계 대전을 거치며 여성의 사회적 역할이 확대되었어요.
ㄴ. 각국의 여성 참정권이 보장되면서 보통 선거권이 확대되어 나갔어요.
ㄷ. 제2차 세계 대전을 전후로 대부분의 유럽 국가가 여성 참정권을 인정하였어요.
ㄹ. 미국에서는 여성 사회 정치 연합(WSPU)을 중심으로 치열하게 여성 참정권 운동이 전개되었어요.

① ㄱ, ㄴ ② ㄱ, ㄷ ③ ㄴ, ㄷ ④ ㄴ, ㄹ ⑤ ㄷ, ㄹ

09 (가)~(다)에 들어갈 내용을 옳게 짝지은 것은?

〈세계사 노트 필기〉

※ 전체주의 등장
- 등장 배경: 대공황 전후의 경제 위기와 사회적 불안을 틈타 확산
- 유형: (가) 무솔리니가 이끄는 파시스트당이 정권 장악
  (나) 파시즘 지원을 받은 프랑코 세력이 권력 장악
  ⋮
- 전개: (다) 의 형성(독일, 이탈리아, 일본)

	(가)	(나)	(다)
①	독일	에스파냐	연합국
②	독일	이탈리아	동맹국
③	이탈리아	에스파냐	추축국
④	이탈리아	독일	동맹국
⑤	일본	독일	연합국

10 (가)~(라)를 일어난 순서대로 배열한 것은?

사진으로 보는 제2차 세계 대전

(가)

▲ 일본의 진주만 기습

(나)

▲ 노르망디 상륙 작전

(다)

▲ 독일의 폴란드 침공

(라)

▲ 일본에 원자 폭탄 투하

① (가) – (나) – (다) – (라) ② (나) – (가) – (다) – (라)
③ (나) – (다) – (가) – (라) ④ (다) – (가) – (나) – (라)
⑤ (다) – (나) – (가) – (라)

정답과 해설 | 66쪽

11 밑줄 친 '(가) 회담'에 대한 설명으로 옳은 것은?

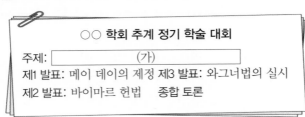

카이로 회담 (1943. 11.) ➡ (가) 회담 (1945. 2.) ➡ 포츠담 회담 (1945. 7.~8.)

① 미국, 영국, 중국이 참가하였다.
② 소련의 대일전 참전을 결정하였다.
③ 종전 후 한국의 독립에 합의하였다.
④ 일본에 대한 무조건 항복을 권고하였다.
⑤ 국제 연합(UN) 창설의 기초를 마련하였다.

12 (가)에 들어갈 내용으로 가장 적절한 것은?

○○ 학회 추계 정기 학술 대회

주제: (가)
제1 발표: 메이 데이의 제정 제3 발표: 와그너법의 실시
제2 발표: 바이마르 헌법 종합 토론

① 노동자의 권리 강화
② 노동절 제정을 위한 노력
③ 국제 노동 기구 설립의 의미
④ 노동자의 단결권과 단체 교섭권
⑤ 최저 임금제와 주 40시간 근로제

13 (가)~(라)에 대한 설명으로 옳지 않은 것은?

제2차 세계 대전은 (가) 군인보다 민간인의 희생이 훨씬 더 많았다. 독일 나치는 극단적 인종주의를 바탕으로 (나) 을/를 자행하였다. 또한 일제는 중일 전쟁 중 (다) 을/를 일으켰으며, 각국은 대규모 (라) 폭격과 공습을 여러 차례 감행하였다.

① (가) – 참호전이 전개됨에 따라 전쟁이 장기화되고, 총력전의 형태로 바뀌었기 때문이다.
② (나) – 유대인 외에 슬라브인, 집시 등 소수 민족도 탄압하였다.
③ (다) – 난징 대학살로 수십만의 중국군 포로와 민간인이 희생되었다.
④ (라) – 독일의 폭격으로 영국의 런던이 초토화되었다.
⑤ (라) – 독일의 공습에 대항해 영국과 미국은 드레스덴을 폭격하였다.

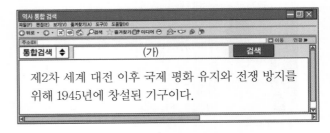

14 (가)에 대한 설명으로 옳지 않은 것은?

역사 통합 검색
통합검색 | (가) | 검색

제2차 세계 대전 이후 국제 평화 유지와 전쟁 방지를 위해 1945년에 창설된 기구이다.

① 미국 대통령 윌슨이 창설을 제안하였다.
② 평화 유지군 등 군사적 능력을 갖추었다.
③ 대서양 헌장에서 창설 기초가 마련되었다.
④ 샌프란시스코 회의에서 창립이 결정되었다.
⑤ 안전 보장 이사회의 상임 이사국 권한이 막강하다.

15 다음 발표 중 적절한 것만을 〈보기〉에서 고른 것은?

교사: 다음 두 장의 사진을 참고해 제2차 세계 대전 이후 독일과 일본의 전쟁에 대한 태도를 비교하여 발표해 볼까요?

▲ 독일 총리의 아우슈비츠 수용소 방문

▲ 일본 총리의 야스쿠니 신사 참배

| 보기 |

ㄱ. 독일 총리들은 대부분 홀로코스트에 대해 반성하는 모습을 보이고 있어요.
ㄴ. 독일은 뉘른베르크 국제 군사 재판을 통해 전쟁 범죄를 처벌하였습니다.
ㄷ. 일본은 천황을 기소하는 등 극동 국제 군사 재판을 통해 전범을 처벌하였어요.
ㄹ. 일본 정부도 난징 대학살에 대한 일본의 책임을 인정하고 문제 해결을 위한 노력을 펼치고 있어요.

① ㄱ, ㄴ ② ㄱ, ㄷ ③ ㄴ, ㄷ
④ ㄴ, ㄹ ⑤ ㄷ, ㄹ

대단원 서술형 · 논술형 문제

정답과 해설 | 67쪽

서술형

01 밑줄 친 '나'에 해당하는 인물이 누군지 쓰고, 그가 추진한 일을 두 가지만 서술하시오.

> '나'는 2월 혁명으로 수립된 임시 정부가 전쟁을 지속하자 볼셰비키를 이끌고 10월 혁명을 성공하였습니다. 이후 독일과 단독 강화를 추진해 러시아를 제1차 세계 대전에서 구해 냈습니다.

서술형

02 밑줄 친 ㉠에 해당하는 국제기구의 명칭을 쓰고, 해당 기구가 확립한 국제 표준은 무엇인지 서술하시오.

> 수많은 사람들에게 불의 · 고난 · 궁핍을 주는 노동 조건이 존재한다. …… 일당 또는 주당 최장 노동 시간의 설정을 포함한 노동 시간의 규정, 노동력의 공급 조절, 실업의 예방, 적정 생활 임금의 지급, 직업상 발생하는 질병 · 질환 및 상해로부터의 근로자 보호, 아동 · 청소년 및 여성의 보호 …… 시급히 개선되는 것이 요구된다. …… 이 조약의 목표를 달성하기 위해 ㉠ 상설 기구를 설립한다.
>
> – 베르사유 조약(1919) 중 일부 –

논술형

03 다음 지도를 참고하여 영국과 프랑스 등이 어떤 방식으로 대공황을 극복하려고 했는지 200자 내외로 논술하시오.

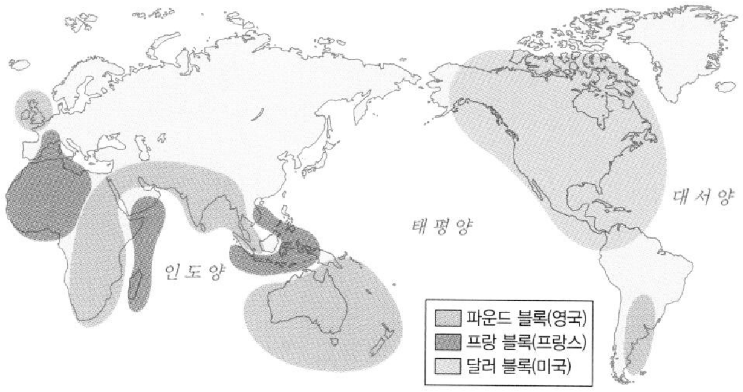

논술형

04 제2차 세계 대전 중 여러 차례의 대량 학살이 발생한 배경이 무엇인지 두 가지 이상의 근거를 제시해 300자 내외로 논술하시오.

대단원 개념 채우기

01 냉전 체제와 제3 세계의 형성

❶ 냉전 체제의 형성과 전개

❶□□ 체제의 형성	배경	제2차 세계 대전 후 동유럽에서 공산 정권의 등장, 미국의 트루먼 독트린 발표, 소련의 코민포름 창설 등	
	진영 대립	자본주의 진영	• 마셜 계획 • 북대서양 조약 기구
		공산주의 진영	• 경제 상호 원조 회의 • 바르샤바 조약 기구
냉전의 전개	유럽	소련의 베를린 봉쇄 → 서독과 동독의 분단 → 베를린 장벽 건설	
	아시아	중화 인민 공화국 수립, 6·25 전쟁, 베트남 전쟁	
	아메리카	쿠바 미사일 위기	

❷ 아시아·아프리카의 새로운 국가 건설

아시아 국가의 독립	• 인도: 제2차 세계 대전 이후 영국으로부터 독립 쟁취 → 종교적 갈등으로 인도와 ❷□□□□으로 분리 독립 • 베트남: 프랑스에 맞서 독립 전쟁 → 남부와 북부로 분리 → 베트남 전쟁 → 통일 • 인도네시아: 네덜란드의 지배에 무력 저항 → 독립
서아시아와 아프리카 국가의 독립	• ❸□□□□: 유대인이 영국과 미국 등의 후원을 받아 팔레스타인 지역에 건국 • 중동 전쟁: 팔레스타인과 주변 아랍 국가들이 이스라엘 건국에 반발 → 4차례에 걸친 중동 전쟁 → 이스라엘 승리 • 이집트: 나세르 등의 쿠데타 → 공화정 수립, 수에즈 운하의 국유화 선언

❸ 제3 세계의 형성과 냉전 체제의 완화

❹□□ □□의 형성	• 배경: 전후 아시아·아프리카의 신생 독립국 출현 → 비동맹 중립주의 추구 • 전개: 평화 5원칙 합의(인도와 중국), 아시아·아프리카 회의(반둥 회의, 평화 10원칙 결의) • 영향: 미·소 중심의 국제 질서와 냉전 완화에 영향을 줌	
냉전 체제의 완화	배경	• 1960년대 이후 미국과 소련의 영향력 약화 • 소련과 중국의 이념 및 국경 문제 갈등 • 동유럽 국가들의 독자 노선 추구 • 프랑스의 독자 노선 추구 • 제3 세계의 등장, 유럽 통합 운동 등
	변화	• ❺□□ 독트린 발표 → 닉슨의 중국 방문 • 미·소 전략 무기 제한 협정 • 서독, 동독과 함께 국제 연합에 동시 가입

02 세계화와 경제 통합

❶ 사회주의권의 붕괴와 변화

소련의 개혁·개방 정책	• 배경: 1970년대 이후 공산당 관료 체제의 부정부패 심화, 경제 침체 • 전개: 소련의 개혁·개방 정책, ❻□□□□□의 동유럽 민주화 운동에 비개입 선언 • 내용: 언론의 자유와 비판 허용, 중앙 정부의 통제 완화, 시장 경제 요소 도입
동유럽의 변화와 독일의 통일	• 배경: 소련의 개혁·개방 정책, 고르바초프의 동유럽 민주화 운동에 대한 비개입 선언 • 전개: 폴란드(바웬사의 자유 노조가 집권), 불가리아 등에 민주적 정부 수립 • 독일의 통일: 공산당의 독재와 경제 불황에 반발, 주민들의 서독 탈출, ❼□□□ □□ 붕괴 → 독일 통일

❷ 중국의 경제 개방

건국 이후의 정책	• ❽□□□ 운동: 마오쩌둥, 인민 공사 설립을 통한 농촌의 집단화 추진 → 실패 • 문화 대혁명: 마오쩌둥의 독재 권력 강화 → 중국의 전통문화 파괴, 사회 혼란
덩샤오핑의 개혁·개방 정책	• 배경: ❾□□□□ 집권 후 실용주의 노선 채택 → 개혁·개방 정책 추진 • 내용: 광저우·상하이 등 경제특구 지정, 외국인의 투자 허용 등 • 톈안먼 사건: 민주화를 요구하는 시위 → 무력 진압

❸ 세계화와 경제 통합

자유 무역의 확대	• 제2차 세계 대전 전후: 브레턴우즈 회의, 관세 및 무역에 관한 일반 협정(GATT) 체결 • 1970년대: 두 차례의 석유 파동으로 경제 침체 → 신자유주의의 등장 • ❿□□□□□ 정책: 국영 기업과 자산의 민영화, 사회 복지 비용 축소 → 세계 무역 기구(WTO) 결성, 자유 무역 협정(FTA) 체결 증가
지역 단위의 협력 노력	• 배경: 신자유주의 확대와 세계화로 인한 무역 경쟁 증가 • 아시아·태평양: 동남아시아 국가 연합(ASEAN), 아시아·태평양 경제 협력체(APEC) 등 • 유럽: ⓫□□ □□(EU) • 아메리카: 북미 자유 무역 협정(NAFTA), 남미 국가 연합(UNASUR) 등 • 아프리카: 아프리카 연합(AU)  ▲ 유럽 연합의 상징
세계화로 인한 변화	• 자본과 노동의 국제적 이동 → ⓬□□□ 기업의 성장 • 세계적 교류 증가 → 새로운 문화 형성, 문화 획일화 • 이주민의 증가 → 다문화 사회 형성, 문화 갈등 발생 • 국가 간 상호 의존도 증가

정답 ❶ 냉전 ❷ 파키스탄 ❸ 이스라엘 ❹ 제3 세계 ❺ 닉슨 ❻ 고르바초프 ❼ 베를린 장벽 ❽ 대약진 ❾ 덩샤오핑 ❿ 신자유주의 ⓫ 유럽 연합 ⓬ 다국적

03 탈권위주의 운동과 대중문화 발달

❶ 탈권위주의 운동의 전개

등장 배경			두 차례에 걸친 세계 대전 이후 산업 사회의 여러 문제 발생
학생 운동	❶□□ 운동	배경	프랑스에서 권위주의적 대학 교육과 미국의 베트남 침공 반대 대학생 시위 → 노동자들의 총파업 등과 연계하며 발전
		주장	국가 권력의 감시와 억압 반대, 개인의 자유와 권리 신장 주장 → 미국, 독일, 체코, 일본 등 전 세계적으로 확산
		의의	자유주의와 민주주의의 가치 확산, 개성이 존중되는 사회 분위기 형성에 기여
		영향	1970년대 여성 운동과 대중문화에 영향
민권 운동	넬슨 만델라		❷□□□□□□□□ 반대 운동 전개, 남아프리카 공화국의 흑인 인권 운동 주도 → 흑인에 대한 인종 차별 금지법 제정
	❸□□ □□ □		흑인이 백인과 동등한 시민권을 얻기 위한 민권 운동 전개 → 워싱턴 행진(1963) 참여 → 민권법(1964), 투표권법(1965) 통과
여성 운동	배경		제2차 세계 대전 이후 여성들의 참정권 획득 → 여성에 대한 사회적·문화적 차별은 지속
	전개		여성 인권 관련 법안 상정, 여성의 인종·민족·사회 계급의 차이에 따른 차별에 주목
	영향		일상생활 속 성차별 인식의 개선, 여러 국가에 여성과 평등 관련 부처 및 제도 신설

❷ 대중문화의 발달

대중 사회의 형성	형성	제2차 세계 대전 이후 산업화와 도시화의 가속
	발달	1960년대 이후 텔레비전, 라디오, 영화, 컴퓨터 등 ❹□□ □□의 발달
❺□□ □□의 발달	배경	1960년대 후반 젊은 세대가 소비의 주체로 성장
	특징	• 팝송(로큰롤), 영화, 드라마, 팝 아트 등 새로운 장르의 등장 • 기성 사회에 대한 저항 운동을 상징하는 인물과 노래 등의 상품화 • 전통문화와 정신적 가치의 파괴, 물질적 가치를 중시하는 경향 확산
탈권위적 청년 문화	배경	1960년대 유럽과 미국의 청년들을 중심으로 탈권위적 청년 문화 형성
	성격	• 전쟁 비판, 기성세대의 문화와 가치관을 부정 • 자유분방한 음악과 장발, 청바지 등을 통해 개성 표현 • 기존 사회의 가치관에서 벗어나 탈사회적 행동을 하는 히피 문화 유행

04 현대 세계의 문제 해결을 위한 노력

❶ 현대 사회의 분쟁과 해결 노력

지역 분쟁과 국제 갈등	• 배경: 인종, 종교, 부족의 차이 등으로 인한 분쟁 발생 • 사례: 르완다 내전, 인도와 파키스탄 간의 ❻□□□□ 분쟁, 이스라엘과 팔레스타인 간의 갈등, 센카쿠 열도 분쟁, 9·11 테러 등 • 국제 사회의 노력: 국제 연합이 분쟁 지역에 ❼□□□□ □□ □□□(PKO) 파견
대량 살상 무기 문제 해결	핵 확산 금지 조약(NPT), 생물 무기 금지 협약(BWC), 화학 무기 금지 협약(CWC), 대량 살상 무기 확산 방지 구상(PSI) 등으로 해결 노력
반전 평화 운동	• ❽□□□ □□ 반대 운동: 미국의 고엽제 살포, 민간인 학살 → 반전 평화 운동 확산 • 이라크 전쟁 반대 운동, 러시아의 크림반도 군사 개입 반대 운동 등
난민 문제	• 배경: 코소보 사태, 시리아 내전 등 인종 갈등과 정치적 혼란 → 다수의 ❾□□ 발생 • 난민 기구 조직(국제 연합 난민 기구), 난민 협약, '세계 난민의 날'(6월 20일) 지정

❷ 현대 사회의 다양한 과제

빈부 격차 문제	배경	신자유주의와 세계화 확대 → 국가 간, 국가 내의 경제적 차이 확대
	내용	• ❿□□문제: 선진국과 개발 도상국 간의 경제적 차이 • 개발 도상국에서는 영양실조로 인한 기아 문제, 의료 시설과 의약품 부족 문제 발생 • 선진국 내부의 문제: 산업 구조 조정, 노동 조건 악화, 금융 위기 등으로 인한 빈부 격차 심화
	대응	국제 부흥 개발 은행(IBRD), 국제 통화 기금(IMF) 등 개발 도상국에 기술 및 자금 지원
환경 문제	배경	산업 혁명 이후 환경 오염 물질의 증가
	현황	• 화석 연료 사용의 증가 → 온실가스의 발생, 지구 온난화의 가속화 • 화학 물질의 사용 → 오존층의 파괴, 기상 이변 발생 • 과도한 농경지 확대 → 삼림 파괴, 사막화 현상 등
	노력	• 1992년 '기후 변화에 관한 기본 협약' 채택 • 1997년 ⓫□□ □□□ 채택: 개별 국가마다 일정량의 온실가스 감축 합의 • 2015년 파리 기후 협정: 온실가스 감축의 강제
질병 문제	배경	비위생적 환경, 영양 부족, 질병에 대한 정보 부족 등
	현황	에이즈 전파, 에볼라 바이러스, 중증 급성 호흡기 증후군(SARS) 등 새로운 질병의 등장
	대응	⓬□□ □□ □□(WHO)는 전염병을 비롯한 질병 퇴치를 위해 연구 활동 및 긴급 구호 활동 전개, 국경 없는 의사회 등 비정부 기구(NGO)의 활동

정답 ❶ 68 ❷ 아파르트헤이트 ❸ 마틴 루서 킹 ❹ 대중 매체 ❺ 대중문화 ❻ 카슈미르 ❼ 국제 연합 평화 유지군 ❽ 베트남 전쟁 ❾ 난민 ❿ 남북 ⓫ 교토 의정서 ⓬ 세계 보건 기구

대단원 종합 문제

01 (가)에 들어갈 내용으로 가장 적절한 것은?

> • 주제: ______(가)______
> • 조사 자료

▲ 핵미사일 위에 앉아 팔씨름을 하는 미국과 소련

▲ 지구를 반으로 나눠 앉은 미국과 소련

① 제3 세계의 형성　② 냉전 체제의 전개
③ 지역 분쟁과 갈등　④ 지역 사회의 통합
⑤ 사회주의권의 붕괴

02 (가) 시기에 있었던 사실로 옳은 것은?

중화 인민 공화국의 수립 ➡ (가) ➡ 쿠바 미사일 위기

① 이스라엘의 건국　② 6·25 전쟁의 발발
③ 베트남 전쟁의 종결　④ 톈안먼 사건의 발생
⑤ 트루먼 독트린의 발표

03 (가)~(다) 국가에 대한 설명으로 옳은 것은?

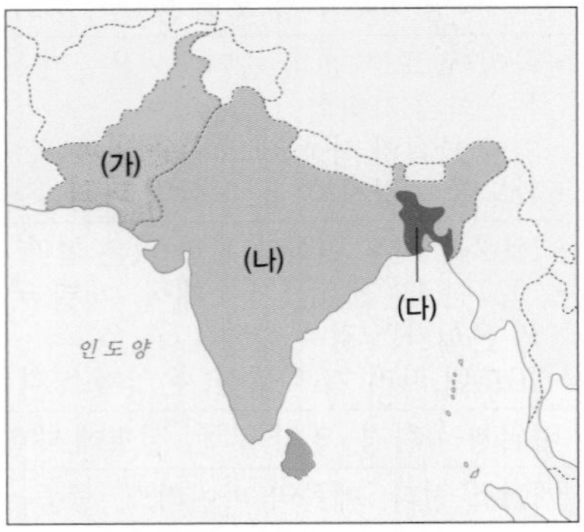

① (가)–중국과 평화 5원칙에 합의하였다.
② (나)–스리랑카와 같은 종교를 국교로 한다.
③ (다)–(가)~(다) 중 가장 먼저 독립하였다.
④ (가), (나)–카슈미르 지역을 두고 분쟁하고 있다.
⑤ (나), (다)–이슬람교도가 다수인 국가이다.

04 교사의 질문에 대한 학생의 답변으로 가장 적절한 것은?

이 사람은 중동 전쟁에서 패배한 이집트 왕정을 몰아내고 공화정을 수립하였습니다. 이 사람의 다른 활동에는 무엇이 있을까요?

① 나치당을 결성하였어요.
② 카이로 회담에 참여하였어요.
③ 수에즈 운하의 국유화를 선언하였어요.
④ 로마 진군을 통해 권력을 장악하였어요.
⑤ 오스만 제국으로부터 자치권을 획득하였어요.

05 다음 자료에 대한 설명으로 옳은 것만을 〈보기〉에서 고른 것은?

> 1. 기본적 인권과 국제 연합 헌장의 목적 및 원칙 존중
> 2. 모든 국가의 주권과 영토 보전 존중
> 4. 다른 나라의 내정 불간섭
> 6. 강대국의 이익을 위한 집단적 방위 결정에 불참가
> 7. 상호 불가침
> 10. 정의와 국제 의무의 존중

보기
ㄱ. 네루와 저우언라이가 합의하였다.
ㄴ. 비동맹 중립주의 원칙을 담고 있다.
ㄷ. 미·소 중심의 냉전 체제 형성에 기여하였다.
ㄹ. 아시아·아프리카 회의(반둥 회의)에서 결의되었다.

① ㄱ, ㄴ　② ㄱ, ㄷ　③ ㄴ, ㄷ
④ ㄴ, ㄹ　⑤ ㄷ, ㄹ

06 다음과 같은 정책이 등장하게 된 배경으로 가장 적절한 것은?

> 1979년 영국의 총리가 된 마거릿 대처는 지나친 사회 복지 정책이 성장을 부진하게 한다며, 복지에 드는 비용을 줄이고, 정부가 운영하던 국영 기업을 민영화하는 정책을 펼쳤다.

① 코소보 사태가 발생하였다.
② 인도가 영국으로부터 독립하였다.
③ 세계 무역 기구(WTO)가 발족하였다.
④ 두 차례에 걸쳐 석유 파동이 일어났다.
⑤ 국가 간 자유 무역 협정 체결이 늘어났다.

07 (가)에 들어갈 내용으로 가장 적절한 것은?

> ■ 탐구 주제: ______(가)______
> ■ 탐구 사례
> • 1997년 영국으로부터 홍콩을 반환받았다.
> • 1999년 포르투갈로부터 마카오를 반환받았다.
> • 2008년 베이징 올림픽 대회를 개최하였다.

① 동유럽 사회주의의 붕괴
② 톈안먼 사건의 발생 배경
③ 대약진 운동이 끼친 영향
④ 중국의 성장과 영향력 확대
⑤ 덩샤오핑의 개혁 · 개방 정책

08 다음에서 설명하고 있는 경제 공동체를 지도에서 옳게 고른 것은?

> 이 공동체는 1952년 6개국이 만든 석탄 철강 공동체(ECSC)에서 출발하였으며, 마스트리흐트 조약을 통해 출범한 뒤 정치적 · 경제적 통합을 추구하고 있다.

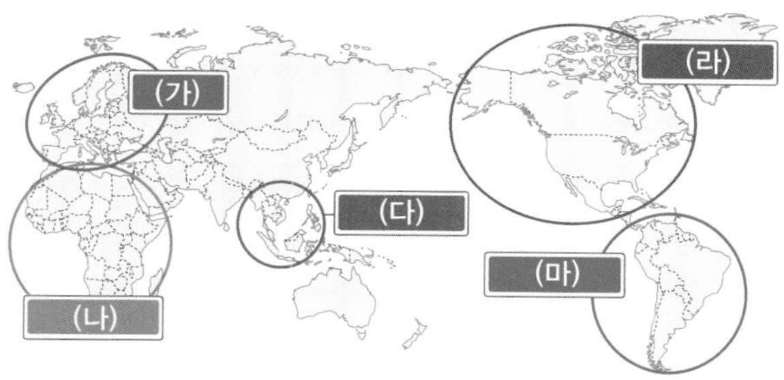

① (가) ② (나) ③ (다) ④ (라) ⑤ (마)

09 교사의 질문에 대한 학생의 답변으로 가장 적절한 것은?

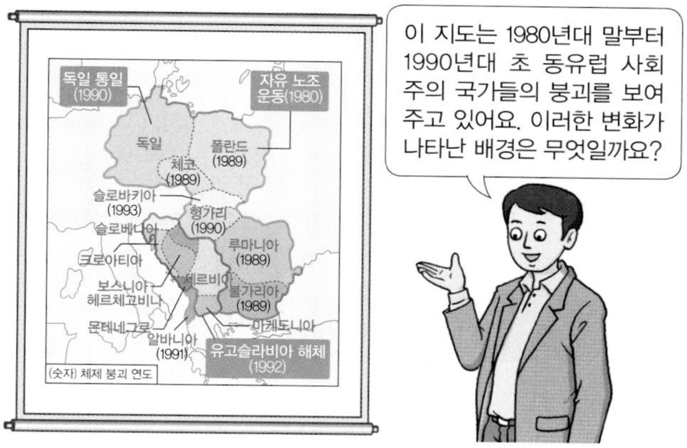

① 문화 대혁명이 일어났어요.
② 베를린 장벽이 건설되었어요.
③ 바르샤바 조약 기구가 창설되었어요.
④ 4차례에 걸쳐 중동 전쟁이 발발하였어요.
⑤ 고르바초프가 개혁 · 개방 정책을 추진하였어요.

10 다음 사건이 일어난 이후의 사실로 옳은 것은?

취임 이후 미 · 중 관계의 개선을 위해 노력하던 미국의 닉슨 대통령이 오늘 중국을 직접 방문하였습니다.

① 마셜 계획이 발표되었다.
② 닉슨 독트린이 선언되었다.
③ 베트남이 남북으로 나뉘었다.
④ 미국이 중국과 국교를 정상화하였다.
⑤ 인도와 중국이 평화 5원칙에 합의하였다.

11 다음 인물에 대한 설명으로 옳은 것만을 〈보기〉에서 고른 것은?

나에게는 꿈이 있습니다. 어느 날 네 명의 우리 아이가 피부 색이 아니라 인격에 따라 평가받는 나라에서 살리라는 꿈 말입니다.

보기

ㄱ. 워싱턴 행진에 참여하였다.
ㄴ. 아파르트헤이트 반대 운동을 펼쳤다.
ㄷ. 민권법, 투표권법 통과에 기여하였다.
ㄹ. 미국에서 노예 해방 선언을 발표하였다.

① ㄱ, ㄴ ② ㄱ, ㄷ ③ ㄴ, ㄷ
④ ㄴ, ㄹ ⑤ ㄷ, ㄹ

12 교사의 질문에 대한 학생의 답변으로 적절하지 <u>않은</u> 것은?

1946	최초의 컴퓨터 등장
1947	트랜지스터 라디오 등장
1953	컬러텔레비전 기술 실현
1970	개인용 컴퓨터 보급
1973	휴대 전화 개발
1990	인터넷 시작
1992	스마트폰 등장
1995	소셜 네트워크 서비스 (SNS) 시작

이러한 발전이 가져온 영향에는 무엇이 있을까요?

① 탈권위적 청년 문화가 형성되었어요.
② 대중이 문화의 생산자로 참여하였어요.
③ 젊은 세대가 소비의 주체로 성장하였어요.
④ 전통문화를 지키려는 움직임이 확산되었어요.
⑤ 팝 아트 등 새로운 장르의 예술이 등장하였어요.

13 (가), (나)에 해당하는 국가로 옳은 것끼리 짝지어진 것은?

> 이 분쟁은 세계에서 대표적인 영토 분쟁 중 하나로 동중국해에 있는 섬인 센카쿠 열도(댜오위다오)를 둘러싼 것이다. (가) 은/는 19세기 말에 일어난 전쟁 중 주인이 없는 땅을 자신들이 편입한 것이라고 주장하고 있는 반면, (나) 은/는 역사적으로 계속 자신들의 영토였다고 주장하고 있다.

	(가)	(나)
①	일본	베트남
②	일본	중국, 타이완
③	중국, 타이완	일본
④	중국, 타이완	베트남
⑤	베트남	중국, 타이완

14 (가)에 들어갈 내용으로 가장 적절한 것은?

> 이 문양은 본래 영국의 핵무장을 반대하는 상징이었으나, 세계적으로 널리 사용되면서 (가) 을/를 상징하는 문양으로 사용되고 있다.

① 난민 해결 ② 여성 운동
③ 청년 운동 ④ 환경 운동
⑤ 반전 평화 운동

15 다음 협약에 대한 설명으로 옳지 <u>않은</u> 것은?

> • 온실가스 감축의 구체적인 수치 제시
> • 선진국이 개발 도상국의 기후 변화 대처 사업에 지원
> • 2023년 이후 5년마다 감축 목표를 높여 제출 및 검증
> • 한국도 37% 감축안 제시

① 온실가스 감축을 강제하였다.
② 파리 기후 협정에서 채택되었다.
③ 교토 의정서 체결에 영향을 주었다.
④ 환경 문제 해결을 위한 노력의 일환이다.
⑤ 개발 도상국에게 온실가스 감축 의무를 부여하였다.

대단원 서술형 · 논술형 문제

정답과 해설 | 70쪽

서술형

01 다음 연설을 한 인물을 쓰고, 밑줄 친 '철의 장막'이 의미하는 바를 서술하시오.

> 지금 발트해의 슈체친에서 아드리아해의 트리에스테에 이르기까지 하나의 '철의 장막'이 유럽 대륙을 가로지르며 내려지고 있다. …… 이 '철의 장막'을 넘어서 서유럽에까지 손을 뻗어 온 각지의 공산당은 문명에 대한 도전이다.

(1) 인물명: ______

(2) 의미: ______

서술형

02 다음 그래프와 같이 중국이 경제 성장을 이룰 수 있었던 배경을 서술하시오.

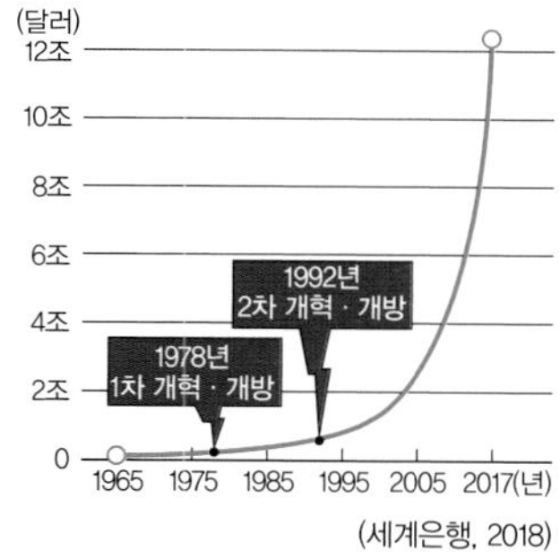

▲ 중국 국내 총생산의 변화

______

논술형

03 (가) 정책의 명칭을 쓰고, (가) 정책이 실시된 배경과 내용, 영향을 〈보기〉의 단어를 모두 포함하여 500자 이내로 서술하시오.

> (가) 정책은 소련과 같은 국가가 질적으로 새로운 상태로의 전환, 즉 권위주의적이고 관료주의적인 체제에서 인간적이고 민주적인 사회로 평화롭게 이행하는 유일한 길이라고 생각합니다. 나 고르바초프는 (가) 정책을 추진하는 과정을 민주주의의 원칙에 근거하여 결단력 있게 추진할 것입니다.

보기
- 고르바초프
- 옐친
- 바웬사
- 불가리아
- 베를린 장벽

(1) (가): ______

(2) 배경과 내용, 영향: ______

memo

EBS 중학

뉴런

| 역사 ① |

정답과 해설

정답과 해설 개념책

I. 문명의 발생과 고대 세계의 형성

01 역사의 의미와 역사 학습의 목적

개념 다지기 (본문 9쪽)

01 (1) 역사 (2) 사실 (3) 비판 (4) 사료 **02** (1) 유적 (2) 선사 시대 (3) 주관성 (4) 2001~2100년 (5) 불멸 기원 **03** (1) 기록으로서의 역사 (2) 사료 비판 (3) 역사적 사고력 (4) 단군기원 (5) 역사 시대 **04** (1) × (2) × (3) ○ (4) × (5) ○ **05** (1) 적 (2) 물 (3) 물 (4) 적

중단원 실력 쌓기 (본문 10~11쪽)

01 ⑤ **02** ① **03** ④ **04** ⑤ **05** ② **06** ⑤ **07** ④ **08** ⑤

01 역사는 '사실로서의 역사'와 '기록으로서의 역사' 두 가지 의미를 갖고 있기 때문에, 역사를 학습한다는 것은 두 가지 모두를 배우는 것이다. 따라서 ⑤는 잘못된 서술이다.

오답피하기 ①, ②, ③, ④는 모두 맞는 서술이다.

02 사료는 역사 연구에 필요한 유물, 유적, 기록 등 과거 사람들이 남긴 모든 흔적을 뜻하며, 역사가는 사료 비판을 통해 엄격하게 검증된 사료를 바탕으로 역사를 서술한다. 따라서 ①이 정답이다.

오답피하기 ②, ③, ④, ⑤는 모두 사료의 하위 범주에 해당하는 것들이다.

03 폴란드 사람들이 아우슈비츠 수용소를 박물관으로 활용하고 있는 이유는 ④ '과거의 아픔이 있는 곳을 기억하여 교훈으로 삼아 비극이 다시 발생하지 않도록 함으로써 더 나은 미래로 나아가기 위해서'이다.

04 유적은 과거 사람들의 흔적이 남아 있는 자리로, 크고 무거워 옮길 수 없는 것이다. ㄷ. 만리장성, ㄹ. 마추픽추가 바로 유적에 해당한다. 과거 사람들이 남긴 물건으로 유적에 비해 작아서 옮길 수 있는 것은 유물이다. 유물 중 문자로 적어 남긴 것은 기록이다.

오답피하기 ㄱ. 빗살무늬 토기는 유물, ㄴ. 조선왕조실록은 기록에 해당한다.

05 제시문은 '기록으로서의 역사'에 대한 내용으로, ㄱ. '개인의 사상이나 의견을 반영하기'와 ㄷ. '과거 사실 중에서 의미 있는 것을 선택하기'가 밑줄 친 부분에 들어갈 내용으로 적절하다.

오답피하기 역사를 기록하는 사람은 사료에 대해 철저하게 검증하여 역사를 서술해야 하고, 의미 있다고 생각하는 것을 선택하여 기록하기 때문에 ㄴ. '사료에 대한 검증 없이 역사를 서술하기'와 ㄹ. '과거에 일어난 모든 사실을 있는 그대로 기록하기'는 오답이다.

06 '기록으로서의 역사'는 역사가의 생각과 의견이 반영된 것으로, ㄷ. '김유신은 지혜와 용기 있는 명장이 아니라 음험하고 사나운 정치가였다.'와 ㄹ. '수 양제는 무리한 토목건축과 대외 원정으로 재정을 낭비하여 나라를 위태롭게 하였다.'에 해당된다.

오답피하기 ㄱ. '서로마 제국은 476년에 멸망하였다.'와 ㄴ. '로마의 콘스탄티누스 대제는 수도를 콘스탄티노폴리스로 옮겼다.'는 '사실로서의 역사'에 해당한다.

07 역사 학습의 목적은 현재에 대한 올바른 이해, 미래에 대한 안목 키우기, 역사적 사고력 향상 등에 있으며, 을의 '과거의 경험으로부터 삶의 지혜와 교훈을 획득하기 위해서'와 정의 '과거의 업적을 계승하고, 부끄러운 과거를 반성함으로써 더 나은 미래로 나아가기 위함'이 옳은 대답이라고 볼 수 있다.

오답피하기 갑의 '다른 나라를 침략하기 위해서'와 병의 '남들보다 앞서가고, 위대했음을 증명하기 위해서'라는 답변은 역사를 학습하면서 지양해야 할 일이다.

08 종교적 성격을 없애고 중립적으로 연대를 표현하기 위해 사용하는 명칭은 BCE(Before the Common Era: 공통 시대 이전), CE(Common Era: 공통 시대)이다. ⑤ B.C.와 A.D.는 예수 탄생을 기준으로 연대를 표기하는 크리스트교 문화 중심의 서력기원에 해당한다.

오답피하기 ①, ②, ③, ④는 모두 옳은 설명이다.

서술형・논술형

본문 11쪽

01 **| 예시 답안 |** 역사를 기록하는 사람이 의미 있다고 생각하는 것을 선택하여 기록하기 때문에 주관적이라고 할 수 있다.

| 필수 키워드 | 선택하여 기록, 주관적

| 평가 기준 |

상	기록하는 사람이 의미 있다고 생각하는 것을 선택하여 기록한다는 내용과 그렇기 때문에 주관적이다라는 두 가지 내용을 모두 서술한 경우
중	기록하는 사람이 의미 있다고 생각하는 것을 선택하여 기록한다는 내용과 그렇기 때문에 주관적이다라는 두 가지 내용 중 한 가지만 서술한 경우
하	위의 두 가지 내용 중 한 가지도 제대로 서술하지 못한 경우

02 **| 예시 답안 |** 슈톨퍼스타인을 통해 일상 속에서 과거의 잘못을 끊임없이 되새기겠다는 독일을 비롯한 유럽인들의 의지를 볼 수 있다. 이는 부끄러운 과거를 반성하여 극복함으로써 같은 일이 반복되지 않는 더 나은 미래를 만들겠다는 역사 학습의 목적에 해당한다. 이와 같은 다른 사례로는 2011년 엘리자베스 2세가 아일랜드 추모 공원을 방문하여 100여 년 전 영국의 공격으로 사망한 아일랜드인을 추모한 것을 들 수 있다. 또는 1970년 독일 총리 빌리브란트가 폴란드 바르샤바의 홀로코스트 희생자 위령탑을 방문해 무릎을 꿇고 사죄했던 것을 들 수 있다.

| 평가 기준 |

상	제시문을 통해 슈톨퍼스타인을 설치한 의도를 파악하고, 과거를 반성하여 더 나은 미래로 나아간다는 역사 학습의 목적과 연결시켜 서술하고 유사한 사례 한 가지를 명확하게 서술한 경우
중	제시문을 통해 슈톨퍼스타인을 설치한 의도를 파악하고, 역사 학습의 목적과 연결시켜 서술하였으나 유사한 사례를 명확하게 제시하지 못한 경우, 반대로 사례는 제시하였으나 역사 학습의 목적과 연결시켜 서술하지 못한 경우
하	제시문을 통해 슈톨퍼스타인을 설치한 의도를 파악하는 내용과 과거를 반성하여 더 나은 미래로 나아간다는 역사 학습의 목적과 연결시켜 서술하지 못하고, 유사한 사례를 불명확하게 서술한 경우

02 세계의 선사 문화와 고대 문명

개념 다지기

본문 16쪽

01 (1) 호모 사피엔스 (2) 뗀석기 (3) 신석기 혁명 (4) 계급 (5) 메소포타미아 (6) 봉건제 **02** (1) 신 (2) 구 (3) 신 (4) 구 **03** (1) ○ (2) × (3) ○ (4) × (5) × **04** (1) ㉡ (2) ㉠ (3) ㉤, ㉥ (4) ㉢, ㉣ **05** (1) 오스트랄로피테쿠스 아파렌시스 (2) 애니미즘 (3) 토기 (4) 함무라비 법전 (5) 길가메시 서사시 (6) 태양력 (7) 유대교

중단원 실력 쌓기

본문 17~19쪽

01 ④	02 ①	03 ④	04 ⑤	05 ③
06 ③	07 ①	08 ①	09 ④	10 ⑤
11 ②	12 ①	13 ③		

01 인류는 (라) 오스트랄로피테쿠스 아파렌시스(약 390만 년 전) – (나) 호모 에렉투스(약 180만 년 전) – (다) 호모 네안데르탈렌시스(약 40만 년 전) – (가) 호모 사피엔스(약 20만 년 전) 순서로 출현하였다.

02 찍개와 주먹 도끼는 구석기 시대에 사용된 대표적인 뗀석기이다. 구석기 시대에는 동굴이나 바위 그늘에 거주하였기 때문에 구석기 시대의 생활 모습에 해당되는 것은 ㄱ과 ㄴ이다.

오답피하기 ㄷ, ㄹ은 모두 신석기 시대의 생활 모습이다.

03 움집과 뼈로 만든 작살은 신석기 시대의 유적과 유물이다. ④ 신석기 시대에는 음식을 조리하고 저장하기 위해 토기를 사용하였다.

오답피하기 ①, ②, ③, ⑤는 모두 문명이 등장한 이후의 모습으로, 청동기 시대 이후의 모습이다.

04 문명 발생의 공통적인 요소는 청동으로 무기와 제사 및 의례 도구를 만들었다는 것, 큰 강 유역의 비옥한 평야 지대에서 발생했다는 것, 통치와 교역의 편리를 위해 문자를 사용했다는 것, 활발한 정복 활동을 통해 여러 부족을 통합하면서 각종 시설과 제도가 정비되어 도시 국가가 등장했다는 것이다. ⑤는 폐쇄적인 지형으로 오랜 기간 왕조를 유지했던 이집트 문명에는 해당되지 않는 설명이다.

05 쐐기 문자는 메소포타미아 지방에서 사용된 것이다. 메소포타미아 문명의 특징에 해당하는 것은 ㄴ. 태음력, ㄹ. 60진법, ㅁ. 지구라트이다.

오답피하기 ㄱ. 태양력, ㄷ. 10진법, ㅂ. 피라미드는 모두 이집트 문명의 특징에 해당하는 것이다.

06 자료는 스핑크스와 피라미드로 이집트 문명에 해당한다. 이집트 문명은 나일강 유역에서 발생하였고, 지도자인 파라오는 태양신의 아들로 여겨져 강력한 권력을 행사할 수 있었다. 내세(죽은 뒤의 세계)의 존재에 대한 믿음이 있어 파라오가 죽으면 시신을 미라로 만들었고, 파피루스에 상형(그림) 문자를 남겼다. 또한 수학이 발달해 10진법으로 숫자를 계산하였다. ③ 60진법은 메소포타미아 문명에 해당한다.

07 페니키아는 아프리카 북부에 카르타고 등 식민 도시를 건설하였고, 그들이 사용했던 표음 문자는 그리스에 전해져 알파벳의 기원이 되었다.

오답피하기 히타이트는 우수한 철기 문화를 바탕으로 활발한 정복 활동을 벌였고, 바빌로니아 왕국을 멸망시켰다. 헤브라이는 유일신을 섬기는 유대교를 믿었는데, 이것이 훗날 크리스트교와 이슬람교 성립에 영향을 주었다. 이집트와 인도 문명이 그림 문자를 사용하였고, 갑골 문자는 중국 문명의 상 왕조에서 사용하였다.

08 카스트 제도는 아리아인이 인더스강과 갠지스강 유역으로 진출하는 과정에서 원주민을 지배하기 위해 만든 엄격한 신분제로 ① 인도 문명에 해당한다.

09 자료는 모헨조다로 유적으로 인도 문명의 대표적인 계획도시에 해당한다. 이곳에서는 청동기와 상형 문자가 사용되었고, 동물과 문자가 새겨진 인장(도장)과 제사장으로 추정되는 인물상이 발견되었으며, 공중목욕탕, 상하수도 등의 공공시설이 발견되었다.

오답피하기 ㄱ은 중국 문명, ㄷ은 이집트 문명에 해당한다.

10 자료는 갑골문으로 중국 문명의 상 왕조 때 사용되었으며, 훗날 한자의 기원이 된다. 상 왕조는 매우 발달된 청동기를 사용하고, 태음력을 적용한 달력을 사용하였으며, 왕이 정치와 종교 의식을 주관하는 신권 정치를 특징으로 한다.

오답피하기 ① 봉건제는 주 왕조 때 실시되었다.
② 지구라트는 메소포타미아 문명에 해당한다.
③ 왕을 태양신의 아들(파라오)로 여겼던 것은 이집트 문명이다.
④ 카스트 제도는 인도 문명에 해당한다.

11 ㄱ. 봉건제는 중국 문명의 주 왕조 때 시행되었다. ㄹ. 메소포타미아 문명은 개방적인 지형으로 인해 잦은 이민족의 침입으로 죽은 후의 세계보다 현세를 중요시하는 종교관을 갖고 있었으며, 그러한 면을 보여 주는 것이 바로 '길가메시 서사시'이다.

오답피하기 ㄴ. 사자의 서는 이집트 문명의 내세적 종교관을 보여 주는 유물이다.
ㄷ. 은허 유적은 중국 문명의 상 왕조 때 마지막 수도였던 곳의 유적이다.

12 함무라비 법전비는 바빌로니아 왕국의 함무라비왕이 효과적인 통치를 위해 법전을 편찬하여 돌기둥에 새긴 것으로 메소포타미아 문명에 해당한다. 메소포타미아 문명은 태음력과 60진법, 지구라트를 특징으로 한다.

오답피하기 ② 피라미드와 ④ 미라는 이집트 문명의 내세적 종교관을 보여 주는 유적, 유물이다.
③ 표음 문자는 페니키아인들이 사용했던 것으로, 훗날 그리스 지역에 전파되어 알파벳의 기원이 된다.
⑤ 은허는 중국 문명의 상 왕조 때 마지막 수도였던 곳이다.

13 지도의 (가)는 아리아인이다. 중앙아시아의 유목민이었던 아리아인은 기원전 1500년경 인더스강 유역으로 이동했다가 기원전 1000년경에는 갠지스강 유역으로 진출하였는데, 발달된 철제 무기와 농기구를 사용했던 이들의 문화가 함께 전파되었다. 아리아인은 정복 과정에서 원주민을 효과적으로 지배하기 위해 엄격한 신분제인 카스트 제도를 만들었다.

오답피하기 ㄱ. 갑골문은 중국 문명의 상 왕조 때 사용되었다.
ㄹ. 피라미드와 스핑크스는 이집트 문명에 해당한다.

서술형 • 논술형

본문 19쪽

01 **| 예시 답안 |** 길가메시 서사시에는 세상 모든 것의 운명이 정해져 있어, 누구도 운명을 바꿀 수 없다는 메소포타미아인의 현세적 종교관이 반영되어 있다. 이와 같은 종교관이 나타날 수밖에 없었던 이유는 개방적인 지형으로 인해 이민족의 잦은 침입을 받아 사회가 혼란하여 현재의 안정된 삶을 중시했기 때문이다.

| 필수 키워드 | 개방적 지형, 현세적 종교관

| 평가 기준 |

상	'개방적 지형으로 인한 이민족의 잦은 침입을 받았다.'는 사실과 '사회의 혼란 속에서 현재의 안정된 삶을 중시하여 현세적 종교관이 나타났다.'는 두 가지 내용을 모두 명확하게 서술한 경우
중	'개방적 지형으로 인한 이민족의 잦은 침입을 받았다.'는 사실과 '사회의 혼란 속에서 현재의 안정된 삶을 중시하여 현세적 종교관이 나타났다.'는 두 가지 내용 중 한 가지만 명확하게 서술한 경우
하	'개방적 지형으로 인한 이민족의 잦은 침입을 받았다.'는 사실과 '사회의 혼란 속에서 현재의 안정된 삶을 중시하여 현세적 종교관이 나타났다.'는 두 가지 내용 모두 불명확하게 서술한 경우

02 **| 예시 답안 |** 봉건제는 왕이 혈연관계에 있는 형제나 공신에게 토지를 나누어 주어 국가를 운영했던 방식이다. 제후는 왕으로부터 토지와 관직을 받고, 군역과 공납을 바칠 의무가 있었다. 제후는 다시 혈연을 바탕으로 경, 대부를 임명하고 토지와 관직을 수여하였다. 하지만 시간이 오래 지나게 되면 왕실과 제후 간의 혈연관계가 느슨해져 왕에게 충성하지 않게 되는 제후가 나타나 독자적인 세력으로 성장할 수 있다는 한계점을 갖고 있다.

| 평가 기준 |

상	봉건제의 운영 방식과 봉건제의 한계점 모두를 명확하게 서술한 경우
중	봉건제의 운영 방식과 봉건제의 한계점 중 한 가지만 명확하게 서술한 경우
하	봉건제의 운영 방식과 봉건제의 한계점 두 가지 내용 모두 불명확하게 서술한 경우

03 고대 제국들의 특성과 주변 세계의 성장

개념 다지기

본문 25쪽

01 (1) × (2) × (3) × (4) ○ (5) ○ **02** (1) 조로아스터 (2) 법가 (3) 아테네 (4) 알렉산드리아 (5) 밀라노 칙령 **03** (1) ㉡ (2) ㉢ (3) ㉠ (4) ㉣ **04** (1) 아케메네스 왕조 페르시아 (2) 만리장성 (3) 무제 (4) 아테네 (5) 그라쿠스 형제 (6) 콘스탄티누스 **05** (1) 다리우스 1세 (2) 제자백가 (3) 비단길 (4) 채륜 (5) 도편 추방제 (6) 스토아학파 (7) 콜로세움

중단원 실력 쌓기

본문 26~28쪽

01 ③	02 ⑤	03 ③	04 ①	05 ⑤
06 ②	07 ②	08 ①	09 ④	10 ②
11 ①	12 ④	13 ①	14 ③	15 ④
16 ①	17 ③			

01 자료의 (가)에 들어갈 국가는 서아시아 지역을 처음으로 통일한 아시리아에 해당한다. 아시리아는 피정복민에 대한 강압적 통치로 인해 반란이 일어나 서아시아 지역을 통일한 지 오래되지 않아 멸망하였다.

오답피하기 ①, ②, ④, ⑤는 모두 아케메네스 왕조 페르시아에 해당하는 내용이다.

02 자료는 기원전 6세기경 창시된 조로아스터교에 대한 것이다. 조로아스터교는 현실을 선의 신과 악의 신이 대립하는 공간으로 보았다. 조로아스터교의 교리인 구세주의 출현, 최후의 심판, 천국과 지옥 같은 내용은 크리스트교, 이슬람교의 교리에 영향을 주었다.

03 자료는 파르티아에 대한 설명이다. 파르티아는 아케메네스 왕조 페르시아 제국 멸망 후 기원전 3세기 무렵 현재의 이란 동북부 지역에서 등장하였으며, 동서 무역을 통해 번영하다가 로마와 갈등을 겪으며 쇠퇴하다 사산 왕조 페르시아에 멸망당했다.

04 자료는 아케메네스 왕조 페르시아의 영역을 나타낸 지도이다. ① 아케메네스 왕조 페르시아는 그리스·페르시아 전쟁 이후 점차 쇠퇴하다가 기원전 4세기 후반 알렉산드로스의 공격을 받아 멸망하였다.

오답피하기 ②, ③, ④, ⑤는 모두 아케메네스 왕조 페르시아에 해당하는 내용이다.

05 자료는 기원전 539년에 키루스 2세가 바빌로니아를 정복하고 그들의 전통과 종교를 존중하겠다는 선언을 진흙판에 쐐기 문자로 새긴 원통이다. 따라서 자료와 관련된 나라는 아케메네스 왕조 페르시아이다. 아케메네스 왕조 페르시아는 ㄷ. 전국을 20여 개주로 나누어 총독을 파견하고, 감찰관을 두어 총독을 감시하였다. ㄹ. 그리스·페르시아 전쟁 패배 후 점차 쇠퇴하다가 기원전 4세기 말에 알렉산드로스에게 멸망당하였다.

오답피하기 ㄱ. 파르티아는 사산 왕조 페르시아에 멸망당하였다. ㄴ. 조로아스터교를 국교로 지정했던 것은 사산 왕조 페르시아이다.

06 자료는 춘추 전국 시대를 나타낸 지도이다. 춘추 전국 시대에는 정치적으로는 혼란스러웠으나 사회 · 경제 · 문화적으로는 많은 발전이 이루어졌다. ② 전국 7웅 중 진(秦)이 법가 사상을 채택하여 부국강병에 성공해 중국을 최초로 통일하였다.

오답피하기 ①, ③, ④, ⑤는 모두 춘추 전국 시대에 대한 설명이다.

07 덕과 예로써 백성을 이끌고 다스려야 한다고 주장하였던 인물은 유가의 대표적인 사상가인 공자이다.

오답피하기 ① 노자, ④ 장자는 도가 사상가로 자연의 순리에 따르며 살자고 주장하였다.

③ 묵자는 차별 없는 사랑을 강조하였다.

⑤ 한비자는 엄격한 법으로 백성들을 통제하여 다스려야 한다고 주장하였다.

08 법가 사상을 바탕으로 부국강병에 성공한 진의 시황제는 ㄱ. 최초로 중국을 통일하였으며, ㄴ. 문자, 화폐, 도량형 등을 통일하였다.

오답피하기 ㄷ. 유가의 사상을 통치 이념으로 삼았던 것은 한 무제이다.

ㄹ. 과거제는 수 왕조 때 처음 시행되었다.

09 한 무제 때 군현제를 전국으로 확대하고, 흉노를 정벌하는 과정에서 ㄴ. 비단길이 개척되었으며, ㄹ. 소금과 철, 술 등을 국가가 독점하여 생산하고 판매하는 전매 제도가 실시되었다.

오답피하기 ㄱ. 군국제는 한 고조가 실시하였다.

ㄷ. 만리장성은 진의 시황제가 축조하였다.

10 사마천이 저술한 『사기』는 중국 신화시대부터 한 무제 때까지의 역사를 기록한 책으로 황제들의 업적과 주요 인물들의 활동 등이 담겨 있다.

11 한 무제는 흉노 정벌을 위해 대월지와 동맹을 맺고자 장건을 서역으로 파견하였다. 비록 동맹이 체결되는 데는 실패했지만 장건이 오갔던 길은 훗날 비단과 같은 교역품이 오가는 비단길이 되었다.

오답피하기 ㄷ. 불교가 한나라 때 전래되기는 하였으나, 장건이 인도의 불교를 수용하기 위한 목적으로 서역에 갔던 것은 아니다.

ㄹ. 지방에 파견된 총독을 감시하기 위해 감찰관을 파견하는 제도는 아케메네스 왕조 페르시아 때 존재하였다.

12 ㄴ. 그리스의 여러 도시 국가는 같은 신, 언어를 공유하였으며, 동족 의식을 강화하기 위해 올림피아 제전을 열었다. ㄹ. 그리스 · 페르시아 전쟁 이후 아테네를 중심으로 하는 델로스 동맹과 스파르타가 중심이 된 펠로폰네소스 동맹이 대립하다 전쟁을 벌여 스파르타가 승리해 그리스 지역의 패권을 장악하였다.

오답피하기 ㄱ. 민주 정치가 발달했던 것은 아테네였다.

ㄷ. 폴리스는 도시와 주변의 농촌으로 구성되었으며, 중심 도시에는 아크로폴리스, 아고라 등이 있었다.

13 자료에는 아테네의 민주 정치가 소개되어 있다. ① 원로원은 로마 공화정 시기에 존재한 귀족으로 구성된 회의체이다.

오답피하기 ②, ③, ④는 아테네의 민주 정치 발전 과정에서 나타난 사실이다.

⑤는 아테네 민주 정치의 한계이다.

14 알렉산드로스는 동서 융합을 위해 제국 내 곳곳에 '알렉산드리아'라는 도시를 건설하고 그리스인을 이주시켰다. 그리고 그리스인과 페르시아인의 결혼을 장려하였다.

오답피하기 ㄱ. 조로아스터교를 국교로 지정한 것은 사산 왕조 페르시아에 해당한다.

ㄹ. 지방에 총독을 파견하고, 감찰관을 파견한 것은 아케메네스 왕조 페르시아에 해당한다.

15 자료는 그리스 문화유산인 파르테논 신전이다. ④ 크리스트교가 유럽의 보편적인 종교로 자리 잡은 것은 중세 시대와 관련이 있다.

16 자료는 알렉산드로스 제국 시기에 발달한 헬레니즘 문화를 보여 주는 대표적인 작품인 라오콘 군상이다. 헬레니즘 문화는 그리스 문화에 동방 문화가 결합된 것을 말한다. ① 실용적 문화는 로마 시대의 특징이다.

오답피하기 ②, ③, ④, ⑤는 모두 헬레니즘 문화에 해당하는 내용이다.

17 자료는 ③ 그라쿠스 형제가 포에니 전쟁 이후 귀족의 라티푼디움(대농장) 경영을 제한하고, 중산층이자 군대의 주력인 자영 농민의 몰락을 막기 위해 추진하였던 개혁의 내용이다. 그러나 이들의 개혁은 귀족의 반발로 실패하였다.

서술형·논술형

본문 29쪽

01 **| 예시 답안 |** 한 무제는 흉노를 정벌하기 위한 목적으로 대월지와 동맹을 맺기 위해 장건을 서역으로 떠나게 하였다. 장건은 동맹 목적을 달성하지 못하고 돌아왔지만, 한에서 서역으로 연결되는 교역로인 비단길이 개척되었다.

| 필수 키워드 | 비단길, 한 무제, 대월지, 동맹, 흉노

| 평가 기준 |

상	'흉노를 정벌하기 위한 목적으로 대월지와 동맹을 맺기 위해 한 무제의 명령을 받고 떠났다.'는 내용과 '비단길이 개척되었다.'는 두 가지 내용을 모두 명확하게 서술한 경우
중	'흉노를 정벌하기 위한 목적으로 대월지와 동맹을 맺기 위해 한 무제의 명령을 받고 떠났다.'는 내용과 '비단길이 개척되었다.'는 두 가지 내용 중 한 가지만 명확하게 서술한 경우
하	'흉노를 정벌하기 위한 목적으로 대월지와 동맹을 맺기 위해 한 무제의 명령을 받고 떠났다.'는 내용과 '비단길이 개척되었다.'는 두 가지 내용 모두 불명확하게 서술한 경우

02 **| 예시 답안 |** (1) 조로아스터교

(2) 조로아스터교의 '최후의 심판, 구세주의 출현, 천국과 지옥'과 같은 교리는 훗날 등장하는 크리스트교, 이슬람교와 같은 종교에 영향을 주었다.

| 필수 키워드 | 크리스트교, 이슬람교, 최후의 심판, 구세주의 출현, 천국과 지옥

| 평가 기준 |

상	'최후의 심판, 구세주의 출현, 천국과 지옥'과 같은 교리 내용과 '크리스트교와 이슬람교에 영향을 주었다.'는 두 가지 내용을 모두 명확하게 서술한 경우
중	'최후의 심판, 구세주의 출현, 천국과 지옥'과 같은 교리 내용과 '크리스트교와 이슬람교에 영향을 주었다.'는 두 가지 내용 중 한 가지만 명확하게 서술한 경우
하	'최후의 심판, 구세주의 출현, 천국과 지옥'과 같은 교리 내용과 '크리스트교와 이슬람교에 영향을 주었다.'는 두 가지 내용 모두 불명확하게 서술한 경우

03 **| 예시 답안 |** (가)는 법가, (나)는 유가의 주장에 해당한다. 법가는 엄격한 법을 통해 백성을 통제하고 다스려야 한다고 주장하였는데, 진 시황제는 이러한 법가를 채택하여 사회 질서를 바로잡아 부국강병에 성공해 중국을 통일할 수 있었다. 한편, 중국의 통일 이후에는 사상을 통일하여 중앙 집권 체제를 확립하기 위해 자신의 정책에 반대하는 유가 사상이나 학자들을 탄압하는 분서갱유를 단행하였다.

| 평가 기준 |

상	'(가), (나)에 해당하는 학파', '법가 사상이 중국 통일에 끼친 영향', '시황제가 유가를 탄압한 이유' 중 세 가지 모두를 명확하게 논술한 경우
중	'(가), (나)에 해당하는 학파', '법가 사상이 중국 통일에 끼친 영향', '시황제가 유가를 탄압한 이유' 중 두 가지를 명확하게 논술한 경우
하	'(가), (나)에 해당하는 학파', '법가 사상이 중국 통일에 끼친 영향', '시황제가 유가를 탄압한 이유' 중 한 가지를 명확하게 논술한 경우

04 **| 예시 답안 |** (가)는 아피아 가도로 로마의 정복지와 수도를 연결하는 도로였다. 이 길을 통해 로마의 군대가 신속하게 이동할 수 있었으며, 물자 운송에도 활용되었다. (나)는 수도교로 산에서 물을 끌어오기 위해 세운 수로이자 교통로이다. 맨 위층이 수로이고, 아래층에는 사람과 말이 다녔다.

(가), (나)를 통해 로마의 문화가 실용적이었다는 특징을 갖고 있음을 알 수 있으며, 이와 같은 특징을 갖게 된 이유는 로마가 넓은 제국을 효율적으로 통치하기 위해서였다.

| 평가 기준 |

상	'(가), (나)에 대한 설명', '로마 문화의 특징과 그러한 특징이 나타나게 된 이유' 두 가지 모두를 명확하게 논술한 경우
중	'(가), (나)에 대한 설명', '로마 문화의 특징과 그러한 특징이 나타나게 된 이유' 두 가지 내용 중 한 가지만 명확하게 논술한 경우
하	'(가), (나)에 대한 설명', '로마 문화의 특징과 그러한 특징이 나타나게 된 이유' 두 가지 내용 모두 불명확하게 논술한 경우

대단원 마무리

본문 30~31쪽

01 ③	02 ④	03 예시 답안 참조	04 ⑤
05 ③	06 ④	07 ⑤	08 ①
09 예시 답안 참조	10 ④	11 ②	12 ③

01 역사의 의미는 두 가지로 구분할 수 있다. 하나는 '사실로서의 역사'이고 다른 하나는 '기록으로서의 역사'이다. 전자는 과거에 일어났던 사실 자체를 뜻하기에 객관적 성격을 갖고 있고, 후자는 역사가에 의해 중요하다고 생각되는 것이 취사선택된 것이기 때문에 주관적 성격을 갖고 있다고 볼 수 있다. ③ 과거에 실제로 일어난 모든 사실은 (가)에 해당한다.

02 자료는 빌렌도르프의 비너스, 라스코 동굴 벽화이다. 이는 모두 구석기 시대의 유물이다. ④ 구석기 시대에는 돌을 깨뜨려 만든 뗀석기를 활용해 수렵 및 채집 활동을 하였다.

오답피하기 ① 문자의 사용, ② 청동기의 제작은 청동기 시대에 해당한다.

③ 농경과 목축의 시작, ⑤ 토기의 사용은 신석기 시대에 해당하는 내용이다.

03 **| 예시 답안 |** 구석기 시대에는 동굴이나 바위 그늘, 막집에서 살았지만 신석기 시대에는 강가나 해안가에 움집을 짓고 살았다. 그 이유는 이동 생활을 하던 구석기 시대와는 달리 신석기 시대에 들어와 농경과 목축이 시작되어 정착 생활을 하게 되었기 때문이다.

| 필수 키워드 | 농경, 목축, 이동 생활, 정착 생활

| 평가 기준 |

상	'농경과 목축의 시작', '이동 생활에서 정착 생활로의 변화' 두 가지 내용을 모두 명확하게 서술한 경우
중	'농경과 목축의 시작', '이동 생활에서 정착 생활로의 변화' 두 가지 내용 중 한 가지만 명확하게 서술한 경우
하	'농경과 목축의 시작', '이동 생활에서 정착 생활로의 변화' 두 가지 내용을 모두 불명확하게 서술한 경우

04 자료는 주 왕조의 봉건제에 대한 것이다. 주는 이민족의 침입을 받아 수도를 동쪽(낙읍)으로 옮겼는데 그로 인해 왕실의 권위가 하락하고, 제후들이 난립하면서 춘추 전국 시대가 시작되었다.

오답피하기 ①은 상 왕조, ②는 이집트 문명, ③, ④는 메소포타미아 문명에 해당하는 내용이다.

05 자료는 메소포타미아 문명 중 바빌로니아 왕국의 함무라비 법전에 해당한다. 메소포타미아 문명은 점토판에 쐐기 문자로 기록하였다는 특징을 갖고 있다.

오답피하기 ①은 페니키아, ②는 이집트 문명, ④, ⑤는 인도 문명에 해당하는 내용이다.

06 자료는 그리스 지역의 지도이다. 고대 그리스 세계는 같은 신을 믿고, 같은 언어를 공유하며, 동족 의식을 다지기 위해 올림피아 제전을 열었다는 특징을 갖고 있다.

오답피하기 ①은 인도 문명, ②는 페니키아, ③은 헤브라이, ⑤는 메소포타미아 문명에 해당한다.

07 자료는 춘추 전국 시대를 보여 주고 있는 지도이다. 춘추 전국 시대에는 정치적으로는 혼란스러웠으나 사회·경제·사상·문화의 발전이 이루어진 시기였다. 사상적으로는 ㄷ. 제자백가가 출현하여 사회적 혼란의 해결책을 제시하였고, 경제적으로는 ㄹ. 철제 농기구가 사용되고 소를 이용해 농사를 지으면서 농업 생산력이 높아졌다.

오답피하기 ㄱ, ㄴ. 모두 진 시황제의 업적이다.

08 자료는 한나라 때 사마천이 저술한 『사기』에 대한 설명이다. ① 한나라 때에는 유교가 국가 통치 이념으로 채택되었고, 태학을 설립하여 유교 교육을 실시하는가 하면, 유교 경전을 해석하여 주석을 다는 훈고학이 발달하였다.

오답피하기 ② 상앙의 개혁, ④ 춘추 전국 시대의 통일, ⑤ 최초로 황제 칭호 사용은 진에 해당한다.

③ 조로아스터교의 유행은 페르시아에 해당하는 내용이다.

09 **| 예시 답안 |** 한나라 때 종이 만드는 법을 개량한 사람은 채륜이다. 종이의 생산이 쉬워지면서 서적이 널리 보급되고 학문과 문화가 발전하는 계기가 되었다.

| 필수 키워드 | 채륜, 학문과 문화 발전의 계기

| 평가 기준 |

상	'채륜', '학문과 문화 발전의 계기' 두 가지 모두를 명확하게 서술한 경우
중	'채륜', '학문과 문화 발전의 계기' 두 가지 내용 중 한 가지만 명확하게 서술한 경우
하	'채륜', '학문과 문화 발전의 계기' 두 가지 내용 모두 불명확하게 서술한 경우

10 자료는 아테네의 민주 정치 발전 과정에 대한 내용이다. (가)는 클레이스테네스, (나)는 페리클레스, (다)는 솔론이 발전시킨 내용에 해당하므로, ④ '(다)-(가)-(나)'가 일어난 순서대로 나열된 것이다.

11 (가)는 제정이 시작되는 시기, (나)는 서로마 제국의 멸망 시기에 해당한다. 두 시기의 사이에 해당하는 내용은 ②이다.

오답피하기 ①, ③, ④, ⑤는 모두 제정 시기 이전에 발생한 사건들이다.

12 자료의 건축물 사진은 로마의 콜로세움이다. ③ 스토아학파와 에피쿠로스학파는 알렉산드로스 제국 때 처음 등장하였다.

오답피하기 ①, ②, ④, ⑤는 모두 로마 시기의 문화에 대한 설명에 해당한다.

Ⅱ. 세계 종교의 확산과 지역 문화의 형성

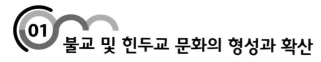

01 불교 및 힌두교 문화의 형성과 확산

개념 다지기
본문 38쪽

01 (1) 자비, 평등 (2) 아소카왕 (3) 상좌부 불교 (4) 대승 불교 (5) 간다라 (6) 힌두교 (7) 산스크리트어 02 (1) ○ (2) × (3) ×
03 마누 법전 04 (1) 굽타 왕조 (2) 마우리아 왕조 (3) 쿠샨 왕조
05 (1) ㉢ (2) ㉡ (3) ㉠ 06 (1) × (2) ○ (3) ○ 07 ㄷ, ㄹ
08 (1) 쿠샨 왕조 (2) 간다라 양식 (3) 힌두교 09 ㄱ, ㄴ, ㄹ
10 사자, 수레바퀴

중단원 실력 쌓기
본문 39~41쪽

01 ②	02 ④	03 ⑤	04 ③	05 ②
06 ④	07 ④	08 ③	09 ②	10 ③
11 ①	12 ①	13 ⑤		

01 불교를 창시한 고타마 싯다르타(석가모니)는 브라만교의 형식적인 제사 의식과 권위주의에 반대하고 자비와 평등을 강조하였다. 그는 욕심을 버리고 바르게 수행하면 번뇌와 윤회의 속박에서 벗어나 해탈할 수 있다고 주장하였다. 이러한 불교의 가르침은 크샤트리아와 바이샤의 지지를 받았다. ② 불교는 카스트 제도의 엄격한 신분 차별에 반대하였다.

02 지도는 파탈리푸트라를 수도로 남부 지역 일부를 제외한 인도 대부분을 지배한 것으로, (가) 왕조는 마우리아 왕조임을 알 수 있다. 마우리아 왕조의 아소카왕 때 상좌부 불교가 발달하였으며, 교역로를 따라 실론(스리랑카) 및 동남아시아 지역에 전파되었다.
오답피하기 ㄱ. 쿠샨 왕조 시기에 간다라 양식이 발달하였다.
ㄷ. 굽타 왕조 시기에 산스크리트어가 공용어로 사용되었다.

03 제시문에서 '무력으로 칼링가를 정복, 온통 후회와 슬픔, 진리에 맞는 법만을 실천하고 가르칠 것' 등을 통해, 밑줄 친 '나'는 아소카왕임을 알 수 있다. 아소카왕은 산치 대탑을 세워 부처님의 사리를 보관하였다.
오답피하기 ① 마우리아 왕조의 찬드라굽타에 해당한다.
② 마우리아 왕조 성립 이전 시기, ③ 굽타 왕조 시기, ④ 쿠샨 왕조 시기에 해당된다.

04 밑줄 친 '이 기둥'은 아소카왕의 석주로, 아소카왕은 불교의 가르침과 자신의 정책 등을 새긴 돌기둥을 전국에 세워 불교를 장려하려는 자신의 뜻을 널리 알렸다. 석주의 머리 부분에는 왕의 권위를 나타내는 사자, 진리를 뜻하는 수레바퀴가 새겨져 있는데, 이 무늬는 현재 인도의 지폐와 국기에 그려져 있다. ③ 쿠샨 왕조 시기에 헬레니즘 문화의 영향을 받아 간다라 불상이 제작되었다.

05 지도에서 수도가 푸르샤푸라, 간다라 등을 통해, (가) 왕조는 쿠샨 왕조임을 알 수 있다. 쿠샨 왕조 시기에 대승 불교가 발달하였다.
오답피하기 ① 마누 법전은 굽타 왕조 시기에 편찬되었다.
③ 마우리아 왕조 성립 이전에 불교가 창시되었다.
④ 굽타 왕조 시기에 인도 고전 문화의 전성기를 맞이하였다.
⑤ 굽타 왕조 시기에 엘롤라(엘로라) 석굴 사원이 만들어졌다.

06 초기 불교에서는 부처의 발자국, 보리수, 연꽃, 수레바퀴 등으로 부처를 표현하였으나 간다라 지방에 그리스인이 정착하면서 헬레니즘 문화의 영향을 받은 불상이 제작되기 시작하였다.

07 지도에서 중앙아시아를 거쳐 중국, 한반도, 일본에까지 전파된 경로를 통해, (가) 불교는 대승 불교임을 알 수 있다. 대승 불교는 왕권의 강화에 기여하였으며 중생의 구제를 목표로 하였다.
오답피하기 ㄱ. 상좌부 불교는 개인의 해탈을 중시하였다.
ㄷ. 상좌부 불교는 아소카왕이 적극 지원하였다.

08 사진 자료는 (가) 카니슈카왕을 새긴 금화이다. 쿠샨 왕조의 카니슈카왕은 로마 제국 등 다른 지역과의 교역이 활발해지면서 금화를 발행하였다. 금화에는 왕의 모습을 새겨 왕의 업적과 위엄을 나타내고자 하였다. 카니슈카왕은 간다라 지방을 중심으로 정복 활동을 벌여 인도 중부 지역까지 영토를 넓히고 쿠샨 왕조의 전성기를 이끌었다. 또한 대승 불교를 적극 지원하였다.
오답피하기 ① 마누 법전은 굽타 왕조 시기에 정비되었다.
② 쿠샨 왕조는 기원전 2세기에 쿠샨족이 세운 것으로, 제3대 왕인 카니슈카왕 때 전성기를 맞이하였다.
④ 굽타 왕조가 멸망한 후 8세기부터 인도 서북부에 이슬람 세력이 침입하였고, 11세기 초부터 이슬람 왕조인 가즈니 왕조가 인도 북부를 점령하였다. 13세기 초에는 델리를 수도로 하는 이슬람 왕조가 등장하여 델리 술탄 왕조를 이루었다.
⑤ 상좌부 불교가 동남아시아로 전파된 것은 마우리아 왕조 때이다.

09 파탈리푸트라를 수도로 북부 지역을 차지한 (가) 왕조는 굽타 왕조이다. 굽타 왕조 시기에 국왕이 힌두교를 지원하여 힌두교가 민족 종교로 발전하였다.

오답피하기 ① 쿠샨 왕조 시기에 간다라 불상이 제작되기 시작하였다.

③ 마우리아 왕조는 불교를 장려하였으며, 불교는 카스트 제도의 신분 차별을 반대하였다.

④ 마우리아 왕조의 아소카왕은 실론(스리랑카) 등지에 포교단을 파견하여 상좌부 불교를 전파하였다.

⑤ 아소카왕은 불교의 가르침을 돌기둥에 새겨 전국 각 지역에 세웠다.

10 자료는 파괴의 신인 시바상으로 힌두교에서 숭배하는 신이다. 힌두교는 브라만교와 달리 복잡하고 까다로운 제사 의식이 없었다. 또한 힌두교는 카스트에 따른 의무 수행을 중시하여 브라만 중심의 카스트 제도가 인도 사회에 정착되었다. ③ 마우리아 왕조는 불교를 장려하였으며, 불교는 카스트 제도의 신분 차별을 반대하였고, 고된 수행 끝에 해탈할 수 있다고 하였다.

11 밑줄 친 '이것'은 마누 법전이다. 마누 법전은 카스트를 비롯한 각종 의례와 관습, 법 등을 산스크리트어로 기록하여 힌두교도의 일상생활에 영향을 주었다. 카스트 제도의 의무를 강조한 결과 브라만 계급의 지위와 영향력이 높아지게 되었다. ① 마누 법전은 굽타 왕조 시기에 정비되어 힌두교와 카스트 제도에 기초한 사회 질서가 마련되었다.

12 굽타 왕조 시대에 인도의 고전 문화가 발달하였다. 그 내용으로는 산스크리트 문학이 발달하였으며 미술에서는 굽타 양식이 유행하였다. 굽타 왕조에서는 천문학과 수학도 발달하였다. ① 산치 대탑 등 스투파를 세운 시기는 마우리아 왕조 때이다.

13 (가)는 사르나트에서 출토된 불상이며, (나)는 연꽃을 들고 화려한 장신구를 착용하고 있는 아잔타 석굴 사원의 벽화로 모두 굽타 양식에 해당한다. 굽타 양식은 인체의 윤곽을 그대로 드러냈으며, 얼굴 모습과 옷차림 등에서 인도 고유의 특색을 엿볼 수 있다.

오답피하기 ㄱ. 쿠샨 왕조 시기에 간다라 지방에서 헬레니즘 문화의 영향을 받아 불상이 제작되었다. 굽타 양식은 간다라 양식에 인도 민족 고유의 양식이 융합되었다.

ㄴ. 상좌부 불교는 마우리아 왕조 때 발전하였다.

서술형 • 논술형

본문 41쪽

01 **| 예시 답안 |** (가)는 대승 불교로, 대승 불교는 쿠샨 왕조 시기에 발달하였으며 중생의 구제를 목표로 하였다. (나)는 상좌부 불교로, 마우리아 왕조 때 발달하였으며 개인의 해탈을 중시하였다.

| 필수 키워드 | (가) – 대승 불교, 쿠샨 왕조, 중생 구제, (나) – 상좌부 불교, 마우리아 왕조, 개인의 해탈 중시

| 평가 기준 |

상	(가)와 (나)의 불교 종파를 명확히 쓰고, (가)와 (나)의 차이점을 두 가지 모두 서술한 경우
중	(가)와 (나)의 불교 종파를 명확히 쓰고, (가)와 (나)의 차이점을 한 가지만 서술한 경우
하	(가)와 (나)의 불교 종파만을 명확히 쓴 경우

02 **| 예시 답안 |** 불교가 등장하면서 위기를 맞은 브라만교는 점차 복잡한 제사 의식과 제물을 간소화하여 사람들의 부담을 줄여 주었다. 또 해탈에 이르는 다양한 방식을 인정하였다. 뿐만 아니라 불교의 석가모니를 비롯하여 수많은 토속신도 모두 힌두교의 신으로 받아들이는 포용성을 갖추면서 여러 종교가 융합되어 힌두교가 탄생하였다. 그 결과 많은 인도인이 힌두교를 믿게 되었다. 심지어 힌두교도들은 현실의 카스트라는 삶에 충실하면 다음 생에 더 좋은 카스트로 태어난다는 믿음 아래 카스트 제도의 신분제도 인정하였다. 또한 굽타 왕조는 곳곳에 힌두 사원을 짓고 사제들에게 땅과 재산을 나누어 주는 등 힌두교를 적극 지원하는 정책을 펼쳤다. 이런 노력으로 힌두교가 널리 확산되어 오늘날 인도의 대표적인 종교가 되었다.

| 평가 기준 |

평가 항목	평가 내용
논리성	힌두교의 특성과 불교와의 융합 등 주제에 맞게 자신의 주장을 논리적으로 풀어 글을 매끄럽게 서술하였음
타당성	자신의 주장에 대한 근거를 명확하고 적절하게 제시하였음
적합성	글자 수 등 요구 사항을 잘 적용하였음

02 동아시아 문화의 형성과 확산

개념 다지기 본문 44쪽

01 (1) 동진 (2) 북위 (3) 효문제 (4) 위진 남북조 (5) 도교 (6) 현장 (7) 당 **02** (1) ○ (2) × (3) × **03** 과거제 **04** (1) 호족 (2) 절도사 (3) 문벌 귀족 **05** (1) ㉢ (2) ㉡ (3) ㉠ **06** (1) ○ (2) × (3) ○ **07** ㄱ, ㄴ, ㄷ, ㅁ **08** (1) 아스카 문화 (2) 도다이사 (3) 헤이조쿄 **09** ㄱ, ㄴ, ㅂ

중단원 실력 쌓기 본문 45~47쪽

01 ③	02 ③	03 ④	04 ⑤	05 ③
06 ⑤	07 ③	08 ②	09 ①	10 ①
11 ⑤	12 ①	13 ②		

01 (가) 왕조는 5호 16국을 통일한 북위이다. 북위의 효문제는 한화 정책을 실시하여 선비족과 한족의 문화를 융합하였다.

오답피하기 ① 위를 계승하고 삼국을 통일한 것은 진(晉) 왕조이다.

② 화북 지방을 처음 점령한 유목민은 흉노족이었으나 북위를 세운 것은 선비족이었다.

④ 북방 유목민의 남하에 영향을 받아 한족이 창장강 이남으로 이동하였으며, 진(晉)의 황족이 동진을 세웠다.

⑤ 두 차례에 걸친 고구려 원정은 수에 의해 이루어졌다.

02 자료에서 '룽먼 석굴, 수도를 평성에서 뤄양으로 옮겼다.' 등을 통해, 밑줄 친 '이 인물'은 북위 효문제임을 알 수 있다. ③ 과거제를 시행하여 관료를 처음 선발한 것은 수 문제에 이르러서였다.

03 자료에서 '남조의 진을 정복, 중국을 다시 통일' 등을 통해, 밑줄 친 '이 인물'은 수 문제임을 알 수 있다. 과거제는 수 문제 때 처음 실시되었다.

오답피하기 ① 수 양제는 대운하를 완성하였다.

② 진 시황제는 흉노를 막기 위해 만리장성을 축조하였다.

③ 당 태종은 수의 관제를 계승하여 율령 체제를 완성하였다.

⑤ 한 무제는 재정 확보를 위해 소금과 철의 전매제를 실시하였다.

04 지도에서 (가) 국가는 남조의 송에 해당된다. ㄷ. 남북조 시대에 남조는 선진 기술을 이용하여 강남 지역 개발을 촉진하였다. ㄹ. 남조에서는 귀족 문화가 발달하였으며, 노장 사상과 청담 사상이 유행하였다.

오답피하기 ㄱ. 북위의 효문제는 한화 정책을 시행하였다.

ㄴ. 북위 시기에 윈강 석굴 사원이 조성되기 시작하였다.

05 지도는 수 문제와 양제 때 완성한 대운하이다. 대운하 건설로 대규모 토목 사업에 동원된 농민들의 반란이 일어나 수 멸망의 원인으로 작용하였다. 대운하 건설로 강남의 물자가 화북 지방으로 옮겨져 남과 북의 경제가 통합되었다.

오답피하기 ㄱ. 절도사는 당 현종 때 변경의 방어와 지방 통치를 위해 마련된 직책으로, 군사·재정·행정을 장악하면서 그 세력이 커졌다.

ㄹ. 문벌 귀족의 관직 독점을 방지한 것은 과거제의 실시이다.

06 자료에서 '고구려 원정, 안시성 싸움, 방현령' 등을 통해, 밑줄 친 '이 인물'은 당 태종임을 알 수 있다. 당 태종은 유목 민족으로부터 최고의 유목 군주라는 '천가한'이라는 칭호를 얻었다. 당 태종은 북으로 동돌궐을 정복하였으며 남으로는 토번과 화친하였다. 중앙 관제로 3성 6부제를 완성하였으며 『오경정의』를 편찬케 하였다. ⑤ 당 현종 때 안사의 난이 일어났으며, 이를 계기로 중앙 권력이 약해졌다.

07 자료는 당의 경제 운영 원리를 도표로 설명한 것이다. 당은 농민에게 균전제를 시행하여 토지를 분배하고 그 대가로 곡물, 노역, 직물을 세금으로 납부하도록 하였으며 전쟁이 나면 병사로 전쟁에 동원하였다. 이러한 체제 아래 ③ 자영농이 육성되어 지주에게 토지를 빌려 경작할 필요가 없었다.

08 자료의 도성은 궁성, 황성, 대명궁, 주작대로, 동시, 서시 등을 통해, 당의 장안성임을 알 수 있다. 장안성에는 불교, 도교, 네스토리우스교(경교), 조로아스터교 사원이 건설되었으며, 대진경교유행중국비가 건축되었다. 승려 현장은 인도에서 가져온 불경을 간행하여 보관했는데, 그것이 대안탑이다. 당에서는 백색·갈색·녹색을 사용하여 당삼채를 제작하였다. ② 대운하가 건설된 것은 수 대이다.

09 지도의 영역을 통해 (가) 왕조는 당임을 알 수 있다. 당 후기에 안사의 난을 계기로 절도사가 권력을 장악하여 중앙을 위협하였다. 당 시기에 유학에서는 훈고학을 집대성한 『오경정의』가 편찬되었다.

오답피하기 ㄷ. 고구려 원정과 살수 대첩은 수와 관련 있다.
ㄹ. 흉노 정벌과 장건의 파견은 한 무제와 관련 있다.

10 자료는 당의 3성 6부제에 관한 도표이다. 당은 수의 관제를 계승하여 중앙 관제로 3성 6부제를 정비하였으며 정책 수립 – 심의 – 집행 업무를 분리함으로써 황제 권력의 독주를 막을 수 있었다. 3성 6부제는 발해와 일본의 중앙 관제에 영향을 주었다. ① 위진 남북조 시대에 9품중정제를 실시하여 중정관이 관리를 선발하였다.

11 한반도와 중국으로부터 일본으로 건너간 도래인(渡來人)은 일본 고대 국가 형성과 발전에 기여하였다. 일본은 6세기 무렵 한국과 중국으로부터 선진 문물을 적극적으로 받아들여 아스카 문화가 발달하였다.
오답피하기 ① 일본은 나라에 도읍을 옮긴 후 도다이사와 같은 대규모 사찰을 건립하였다.
② 7세기 중엽에는 당의 제도를 모방한 다이카 개신이 일어나 중앙 집권 체제가 확립되었다.
③ 일본은 헤이안쿄로 천도 이후 한자를 간략하게 고쳐서 만든 가나 문자를 제정하였다.
④ 기원전 3세기경부터 중국과 한반도의 선진 기술이 일본에 전해져 청동기·철기가 사용되는 야요이 시대가 시작되었다.

12 자료에서 '중국과 한반도에서 유교와 불교 등 선진 문물을 받아들여 중앙 집권 체제를 강화하였다.'를 통해 밑줄 친 '이 인물'이 쇼토쿠 태자임을 알 수 있다. 6세기에 한반도로부터 일본에 불교가 전래되었는데, 이후 쇼토쿠 태자의 주도로 호류사가 건립되는 등 아스카 문화가 발달하였다.
오답피하기 ② 다이센 고분은 앞은 네모나고 뒤는 둥근 형태의 무덤으로, 야마토 정권 시기 일본 전역에 많이 만들어져 당시 강력한 정치체가 존재하였음을 알려 준다.
③ 일본은 7세기 말에 '일본'이라는 국호와 '천황'이라는 호칭을 쓰기 시작하였다.
④ 일본은 8세기 말에 수도를 헤이안쿄(교토)로 옮겼고, 이후 약 400년간 헤이안 시대가 전개되었다.
⑤ 7세기 중반에 일본의 야마토 정권은 당의 율령 체제를 본떠 중앙 집권 체제의 토대를 마련한 다이카 개신을 단행하였다.

13 자료는 도다이사, 도다이사 대불로, 이 사찰이 건립된 시대는 나라 시대이다. ㄱ. 장안을 본떠 헤이조쿄(나라)를 세워 수도를 옮겨 나라 시대를 열었다. ㄷ. 7세기 말부터 '일본'이라는 국호와 '천황'이라는 칭호가 사용되기 시작하였다.
오답피하기 ㄴ. 헤이안 시대에 일본의 전통을 강조하는 독자적인 문화인 국풍 문화가 발달하였다.
ㄹ. 헤이안 시대에 한자를 변형해 만든 일본 고유 문자인 가나를 사용하였고, 주택·관복 등에서도 고유의 특색을 강조하였다.

서술형·논술형

본문 47쪽

01 | 예시 답안 | 북위의 효문제는 한화 정책을 시행하였다. 화북으로 이주한 북방 민족은 토착민인 한족과 갈등을 줄이기 위해 민족 사이의 융합 정책을 펼쳤는데, 대표적인 인물이 북위의 효문제이다.
| 필수 키워드 | 북위 효문제, 유목민과 한족 간의 갈등·융합, 한화 정책
| 평가 기준 |

상	북위의 효문제를 쓰고, 북방 민족의 화북 진출과 토착민인 한족과의 갈등·융합 등을 매끄럽게 서술한 경우
중	북위의 효문제를 쓰고, 북방 민족의 화북 진출과 토착민인 한족과의 갈등·융합 등을 매끄럽지 못하게 서술한 경우
하	북위 효문제만을 쓴 경우

02 | 예시 답안 | (가)는 위진 남북조 때 시행된 9품중정제이고, (나)는 수 문제 때 처음 시행된 과거제이다. 9품중정제 실시 이후 호족이 중앙 관직을 독점하게 되면서 문벌 귀족 사회를 이루었다. 문벌 귀족이 대토지를 소유하고 농민들이 예속되어 국가의 재정 확보에 어려움이 있었다. 과거제를 실시하여 유학 실력을 갖춘 인재를 시험으로 뽑으면서 문벌 귀족 세력은 약화되고 왕권을 중심으로 중앙 집권 국가를 이루게 되었다. 인재 선발은 능력 위주의 관료를 공평하게 뽑아야 하며 그러한 제도를 갖추어야 국가의 발전을 이룰 수 있다.
| 평가 기준 |

평가 항목	평가 내용
논리성	9품중정제의 특징과 문제점, 과거제의 특징과 장점 등 주제에 맞게 자신의 주장을 논리적으로 접근하여 글을 매끄럽게 서술하였음
타당성	자신의 주장에 대한 근거를 명확하고 적절하게 제시하였음
적합성	글자 수 등 요구 사항을 잘 적용하였음

03 이슬람 문화의 형성과 확산

개념 다지기

본문 50쪽

01 (1) 메카 (2) 알라 (3) 정통 칼리프 (4) 아바스 (5) 술탄 (6) 제지술, 화약, 나침반 (7) 아라베스크 **02** (1) ○ (2) ○ (3) ○ **03** 칼리프 **04** (1) 우마이야 왕조 (2) 아바스 왕조 (3) 후우마이야 왕조 **05** (1) ㉠ (2) ㉢ (3) ㉡ **06** (1) × (2) × (3) ○ **07** (1) 탈라스 (2) 수니파 **08** ㄱ, ㄹ, ㅂ **09** (1) 수니파 (2) 바그다드 (3) 아라비아어(아랍어) **10** (다), (가), (라), (나)

중단원 실력 쌓기

본문 51~53쪽

01 ③	02 ④	03 ①	04 ⑤	05 ①
06 ④	07 ②	08 ⑤	09 ②	10 ①
11 ③	12 ⑤	13 ⑤		

01 메카의 상인이었던 무함마드는 우상 숭배를 금지하고 유일신인 알라에 절대 복종해야 한다고 주장하며 이슬람교를 창시하였다. 모든 인간은 신 앞에서 평등하다고 주장하여 메카의 귀족들이 탄압하자 메카에서 메디나로 근거지를 옮겼다(헤지라). 그는 이슬람 공동체를 만들었고, 이후 메카를 정복한 뒤 아라비아반도의 대부분을 통일하였다. ③ 무함마드가 죽은 후 이슬람 공동체는 이슬람 세계의 새로운 지도자로 칼리프를 선출하였다.

02 자료는 이슬람교도의 의무 규정이다. 이슬람교도들은 쿠란에 근거하여 우상 숭배를 금지하며, 아랍어를 공용어로 사용하였으며, 이슬람교도의 평등을 중요시하였다. ④ 이슬람 사회에서는 상업 활동을 통해 이익을 얻는 것을 긍정적으로 여겼다.

03 메카의 귀족들이 무함마드를 탄압하자 무함마드는 신자들과 함께 메디나로 근거지를 옮겼다. 무함마드는 메디나에서 세력을 키워 이슬람 공동체를 만들었고, 이후 메카를 정복하였다.

오답피하기 ㄷ. 이슬람 제국의 영토가 확대되면서 칼리프 자리를 둘러싸고 지배층 내에 분열이 생겼다. 제4대 칼리프인 알리가 내분으로 암살당하자 우마이야 가문이 칼리프를 자손에게 세습하면서 우마이야 왕조가 성립하였다. 그러자 이슬람교도들은 우마이야 왕조의 정통성을 두고 시아파와 수니파로 나뉘어 대립하였다.

ㄹ. 아바스 왕조는 9세기 중엽 이후 정치적 내분으로 혼란하였고, 페르시아계와 튀르크계 국가들이 성장하면서 아바스 왕조를 위협하였다. 11세기에는 셀주크 튀르크가 바그다드에 입성하여 이슬람 세계를 주도하였다.

04 지도는 비잔티움 제국과 사산 왕조 페르시아 간의 전쟁이 계속된 6세기 아라비아반도 주변의 상황을 표현한 것이다. 이 시기에 아라비아 사막을 가로지르는 육상 교역로가 활성화하였고, 메카와 메디나가 교역의 중심 도시로 성장하였다.

오답피하기 ① 셀주크 튀르크는 비잔티움 제국을 위협하고 예루살렘을 점령하였다.

② 아바스 왕조는 당과 탈라스 전투에서 승리하였으며 이 시기에 중국의 제지술이 전파되었다.

③ 정통 칼리프 시대에 비잔티움 제국의 군대를 물리치고 시리아와 이집트를 차지하였으며 사산 왕조 페르시아를 멸망시켰다.

④ 아바스 왕조는 당과의 탈라스 전투에서 승리하여 사막길을 장악하여 동서 교역을 주도하였다.

05 지도에서 아프리카를 거쳐 이베리아반도 진출 등을 통해 (가) 왕조는 우마이야 왕조임을 알 수 있다. 우마이야 왕조는 수도를 다마스쿠스로 삼았으며, 수니파가 다수를 차지하였다.

오답피하기 ㄷ. 아바스 왕조는 당과의 탈라스 전투에서 승리하였다. 이를 계기로 제지술이 이슬람 세계에 전파되었다.

ㄹ. 우마이야 왕조는 아랍인 우월주의 정책을 펼쳐 비아랍인인 이슬람교도들의 불만을 샀다.

06 도표에서 (가)는 우마이야 왕조를 계승한 점에서 아바스 왕조임을 알 수 있다. 아바스 왕조는 새로운 수도로 바그다드를 건설하였고, 비아랍인에 대한 차별을 없앴으며, 당과의 탈라스 전투에서 승리하여 동서 교역을 장악하였다.

오답피하기 ① 정통 칼리프 시대에 이슬람 공동체가 칼리프를 선출하였다.

② 우마이야 왕조는 아랍인 우월주의 정책을 펼쳤다. 아바스 왕조는 비아랍인에 대한 차별을 없앴다.

③ 사산 왕조 페르시아는 정통 칼리프 시대에 멸망하였다.

⑤ 우마이야 왕조는 북부 아프리카와 이베리아반도로 진출하였다.

07 아바스 왕조는 당과 탈라스 전투를 벌여 승리하였으며, 이후 중앙아시아는 이슬람화되었고 중국의 제지술이 이슬람 세계에 전해졌다.

08 지도에서 수도 바그다드, 예루살렘 점령 등을 통해, (가) 국가는 셀주크 튀르크임을 알 수 있다. 셀주크 튀르크는 11세기에 바그다드에 입성하여 이슬람 세계를 주도하였다. 그 결과 아바스 왕조의 칼리프는 셀주크 튀르크의 지배자를 술탄에 임명하였다. 셀주크 튀르크는 이슬람 세계를 통합하고, 이후 예루살렘을 점령하여 비잔티움 제국을 압박하였다.

오답피하기 ㄱ. 우마이야 왕조는 아랍인 우월주의 정책을 펼쳐 아랍인과 비아랍인을 차별하였다.

ㄴ. 정통 칼리프 시대에 사산 왕조 페르시아를 정복하였다.

09 밑줄 친 '이 도시'는 바그다드이다. 바그다드는 아바스 왕조의 수도였으며 국제 교역과 문화의 중심지로 번영을 누렸다.

오답피하기 ㄴ. 이슬람교의 최대 성지인 메카는 무함마드가 태어난 곳이며 이슬람교가 정립된 곳이다.

ㄹ. 무함마드는 메카에서 메디나로 근거지를 옮긴 후 이슬람 공동체를 조직하였다.

10 지도는 이슬람 상인들의 상업 활동과 교역을 보여 주고 있다. 이슬람 사회에서는 상업 활동을 통해 이익을 얻는 것을 긍정적으로 여겼고, 국가적으로도 도로망을 정비하고 상인들의 상업 활동을 지원하였다. 또 이슬람 제국은 유럽과 아프리카, 아시아를 잇는 통로에 자리하고 있어 육로와 해로를 통한 무역이 활발하였다. 이에 이슬람 세계에서는 상업과 교역이 크게 발전하였다. 특히 탈라스 전투를 계기로 이슬람 제국이 주요 교역로를 장악하면서 동서 무역을 주도하였다. ① 이슬람 상인들은 거래를 위해 금은을 화폐로 사용하였고 어음·수표를 거래에 이용하면서 금융 산업도 발달하였다.

11 자료는 예루살렘에 건설된 바위의 돔으로, 무함마드가 승천했다는 바위를 둘러싸고 지어진 이슬람교의 성지이다. 이슬람 건축에서는 돔과 미너렛으로 이루어진 모스크가 많이 만들어졌으며, 우상 숭배를 금지하였기 때문에 내부는 아라베스크 문양으로 장식하였다.

12 이슬람 세계는 그리스와 로마, 페르시아, 인도 등의 학문을 적극 받아들여 화학·천문학·의학·지리학·수학 등의 자연 과학을 발달시켰다. 지리학과 천문학은 메카를 향한 예배와 성지 순례, 교역을 위해 활발하게 연구되었다.

오답피하기 ① 인도의 굽타 왕조에서는 영(0)의 개념을 처음 발견하였다.

② 중국에서는 활판 인쇄술, 화약, 나침반을 발명하였다.

③ 이집트에서는 미라를 만드는 과정에서 의학이 발달하였다.

④ 이집트에서는 강의 범람을 예측하기 위해 태양력을 만들었다.

13 자료는 천체 관측 기구인 아스트롤라베로, 행성의 운동과 별의 위치를 계산할 때 사용하였으며, 방향과 시간을 알 수 있었다. 고대 그리스에서 처음 만들어졌으며 이슬람 천문학자들이 개량하였다. 유럽에도 전해져 항로 개척에 활용되었다. ⑤ 연금술은 비금속을 인공적 수단을 통해 귀금속으로 전환하는 것을 목표로 삼았다. 따라서 제시된 자료와는 관련이 없다.

서술형·논술형

본문 53쪽

01 **| 예시 답안 |** (가)는 시아파, (나)는 수니파로, 이슬람 제국의 영토가 확대되면서 칼리프 자리를 둘러싸고 지배층 내에 분열이 생겼다. 제4대 칼리프인 알리가 우마이야 가문과 대립하던 중 살해되자 알리를 지지하던 사람들이 우마이야 왕조와 새 칼리프를 인정하지 않고 무함마드의 혈통을 계승한 후손만이 칼리프가 될 수 있다고 주장하며 시아파라고 하였다. 반면 수니파는 무함마드의 혈통이 아니어도 능력과 자질을 갖춘 사람이라면 누구나 칼리프가 될 수 있다고 주장하였다.

| 필수 키워드 | 시아파, 수니파, 알리, 우마이야 왕조

| 평가 기준 |

상	(가)와 (나)의 명칭을 쓰고, 지배층의 내분과 칼리프의 혈통 등 분열 이유를 두 가지 모두 서술한 경우
중	(가)와 (나)의 명칭을 쓰고, 지배층의 내분과 칼리프의 혈통 등 분열 이유 중 한 가지만 서술한 경우
하	(가)와 (나)의 명칭만을 쓴 경우

02 **| 예시 답안 |** 이슬람 여성들이 착용하는 '히잡'은 이슬람 여성들을 차별하는 상징으로 보기보다는 이슬람의 전통 의상으로 보는 것이 옳다고 생각한다. 히잡은 쿠란에 기록된 여성들의 전통적인 복장으로, 지역이나 종교적 성향에 따라 모양이나 색깔이 다양하고 차도르, 니카브, 부르카 등이 신체의 대부분을 가리는 것과 달리 히잡은 머리와 가슴 일부분만 가리고 얼굴을 드러낸다. 아라비아의 사막 지역에 사는 여성으로서 뜨거운 햇살을 쬐어

야만 하는 상황에서 히잡을 써 강한 햇빛을 가릴 수 있는 것도 나쁘지만은 않다고 생각한다. 풍습과 의복은 종교적 영향도 있지만 자연적인 조건을 극복할 수 있는 대안이 되기도 하기 때문에 히잡을 굳이 여성 차별의 상징으로 볼 필요는 없을 것이다.

| 평가 기준 |

평가 항목	평가 내용
논리성	이슬람 문화와 아라비아 지역의 상황을 고려한 점 등 주제에 맞게 자신의 주장을 논리적으로 접근하여 글을 매끄럽게 서술하였음
타당성	자신의 주장에 대한 근거를 명확하고 적절하게 제시하였음
적합성	글자 수 등 요구 사항을 잘 적용하였음

04 크리스트교 문화의 형성과 확산

개념 다지기 본문 58쪽

01 (1) 서로마 제국 (2) 크리스트교 (3) 성상 숭배 금지령 (4) 장원제 (5) 농노 (6) 수도원 (7) 그리스 정교 **02** (1) ○ (2) ○ (3) × **03** 베스트팔렌 조약 **04** (1) 카롤루스 대제 (2) 유스티니아누스 대제 (3) 에라스뮈스 **05** (1) ㉡ (2) ㉠ **06** (1) 제후와 농민 (2) 백년 전쟁 **07** ㄹ, ㅂ **08** (1) 북독일 (2) 슬라브족 (3) 성직자 과세 **09** (1) × (2) ○ **10** 구텐베르크, 활판 인쇄술

중단원 실력 쌓기 본문 59~61쪽

01 ②	**02** ②	**03** ⑤	**04** ⑤	**05** ④
06 ①	**07** ③	**08** ⑤	**09** ②	**10** ③
11 ④	**12** ③	**13** ⑤		

01 지도는 게르만족의 이동 상황을 나타내고 있다. 4세기 말 훈족의 압박을 받은 게르만족은 로마 영토로 대규모 이동을 하였고, 이들은 서로마 제국 곳곳에 나라를 세웠다. 이 과정에서 서로마 제국은 게르만족 출신 용병 대장에게 멸망하였다.

오답피하기 ① 십자군 전쟁을 계기로 도시가 발달하고 장원이 붕괴되었다.

③ 14세기에 흑사병이 유행하여 유럽 인구의 1/3이 줄어들었으며 농민의 노동력이 크게 감소하였고, 그 결과 농민의 지위가 향상되었다.

④ 프랑크 왕국은 8세기 초 서유럽을 침입해 온 이슬람 세력을 막아 내었다.

⑤ 서유럽은 프랑크 왕국이 분열된 이후 바이킹, 마자르족, 이슬람 세력 등 이민족의 침략으로 혼란에 빠져, 결국 각 지역을 스스로 방어하려는 목적에서 봉건 사회가 형성되었다.

02 카롤루스 대제는 옛 서로마 제국 영토의 대부분을 정복하였으며 정복지에 교회를 세워 크리스트교를 전파하였다. 이에 교황은 카롤루스 대제를 서로마 황제로 임명하였다. 카롤루스 대제는 궁정과 수도원에 학교를 세워 로마 고전 문화의 부활을 장려하였다. ② 8세기 카롤루스 마르텔은 이슬람 세력이 이베리아반도를 넘어 침입하자 이를 격퇴하고 크리스트교 세계를 보호하였다.

03 비잔티움 제국의 황제 레오 3세가 성자와 성모상 숭배를 금지한 성상 숭배 금지령을 내렸다. 로마 교회는 게르만족 포교를 위해 성상이 필요하다는 이유로 이를 거부하였으며, 로마 교황이 프랑크 왕국의 카롤루스 대제를 서로마 황제로 임명하면서 결국 11세기에 크리스트교 세계는 서유럽의 로마 가톨릭과 동유럽의 그리스 정교로 나뉘게 되었다.

오답피하기 ㄱ. 교황 그레고리우스 7세가 신성 로마 제국 황제인 하인리히 4세와 성직자 임명권을 두고 대립하여 카노사의 굴욕 사건이 일어났다.

ㄴ. 11세기 후반 이슬람 세력인 셀주크 튀르크가 예루살렘을 점령하고 비잔티움 제국을 위협하자 비잔티움 제국의 황제는 로마 교황 우르바누스 2세에게 도움을 요청하였다. 이에 교황은 예루살렘을 되찾아야 한다며 전쟁을 호소하여 십자군 전쟁이 시작되었다.

04 자료는 봉건 사회의 구조도이다. 봉신은 장원의 지배자인 영주로서 주군의 간섭을 받지 않고 장원을 다스렸다. 장원 주민의 대다수는 농노였는데, 이들은 교회에 예속되어 교회가 정한 달력에 맞추어 일하였다.

오답피하기 ㄱ. 주군과 봉신은 주종 관계가 형성되었는데, 서로 의무를 지켜야 하는 계약 관계가 바탕이 되었다.

ㄴ. 농노는 고대의 노예와는 달리 약간의 재산을 소유하고 결혼하여 가정을 꾸릴 수가 있었다. 하지만 농노는 자유롭게 거주지를 옮길 수 없었고 영주의 땅을 경작하며 각종 세금을 부담하였다.

05 자료에서 교회는 왕과 봉건 제후들로부터 봉토를 받았다는 것과 '성직자 임명권도 왕과 제후가 차지, 교회는 점차 세속화, 성직자가 혼인을 하거나 성직을 매매' 등을 통해 교회 개혁 운동이 전개된 상황임을 알 수 있다. ㄴ. 교회의 부패 현상을 해결하기 위해 수도원 운동이 일어났다. ㄹ. 교황 그레고리우스 7세는 성직 매매와 성직자의 결혼을 금지하고 왕과 제후들이 갖고 있는 성직 임명권을 금지하였다. 이에 신성 로마 제국의 황제가 반발하여 '카노사의 굴욕' 사건이 일어났다.

오답피하기 ㄱ. 백년 전쟁은 프랑스 왕위 계승 문제를 두고 영국과 프랑스가 벌인 전쟁이다. 전쟁 초기에는 영국이 우세하였으나 잔다르크의 활약으로 프랑스가 승리하였다.

ㄷ. 14세기 초 성직자 과세권을 두고 로마 교황과 프랑스 왕이 대립하다가 로마 교황청이 아비뇽으로 옮겨져 프랑스 왕의 통제를 받았다(아비뇽 유수).

06 자료는 성 소피아 대성당 사진이다. 성 소피아 대성당은 비잔티움 양식의 대표적인 성당으로 웅장한 돔과 내부의 화려한 모자이크 벽화를 특징으로 한다.

오답피하기 ② 서유럽에서는 가톨릭교의 영향을 받아 고딕 양식이 유행하였는데, 스테인드글라스가 특징이다.

③ 아라베스크 문양은 이슬람 세계에서 모스크의 내부를 장식하는 문양이다.

④ 서유럽에서는 고딕 양식이 발달하였는데, 첨탑과 아치 양식이 유행하였다.

⑤ 그리스 정교에서는 성상 숭배를 우상 숭배라 여겨 성모와 성자상을 만들지 않았다. 반면 서유럽의 가톨릭교회에서는 게르만족에게 선교하기 위해 성모와 성자상 등의 성상을 만들어 숭배하였다.

07 자료는 십자군 전쟁 과정을 표현한 지도이다. 십자군 전쟁의 결과 영주의 권위가 약해져 장원이 해체되었고, 원거리 무역이 발달하여 도시가 번성하였다. ③ 십자군 전쟁의 실패로 교황의 권위는 약해졌다.

08 자료에서 '노동력 부족, 영주들은 농노의 처우 개선, 농민 억압, 농민 지위 향상, 장원 해체, 중세 봉건 사회도 흔들리게 되었다.' 등을 통해 장원의 해체에 대한 상황임을 알 수 있다. 14세기 중엽에는 흑사병의 유행으로 인구가 감소하여 노동력이 부족해졌다. 이에 지방 세력가들이 농민의 처우를 개선해 주었고, 그 결과 농노의 신분에서 벗어나는 사람들이 늘어나 농민의 지위가 상승하였다. 그러나 한편에서는 지방 세력가와 국가의 수탈이 심해져 자크리의 난, 와트 타일러의 난 등 농민 반란이 곳곳에서 일어났다. ⑤ 상업과 도시의 발달로 화폐가 널리 사용되면서 영주는 농노에게 노동력이나 현물 대신 화폐로 세금을 받았다.

09 지도에서 수도가 콘스탄티노폴리스이고, 옛 로마 제국의 영토를 지배했음을 통해, (가) 황제는 유스티니아누스 황제임을 알 수 있다. 유스티니아누스 황제 때 성 소피아 대성당이 건설되었으며, 로마법을 집대성하여 유스티니아누스 법전을 편찬하였다.

오답피하기 ㄴ. 로마 제국의 콘스탄티누스 대제는 수도를 옮기고 콘스탄티노폴리스라고 정하였다.

ㄹ. 비잔티움 제국의 황제 레오 3세는 성상 숭배를 금지하여 성상 파괴령을 내렸다.

10 (가)는 루터파, (나)는 칼뱅파이다. 칼뱅은 예정론과 직업 소명설을 주장하여 상공업자의 환영을 받았고, 베스트팔렌 조약을 통해 공식적으로 인정되었다.

오답피하기 ㄱ. 신성 로마 제국의 황제는 교황으로부터 황제의 관을 수여받았기 때문에 전통적으로 가톨릭 세계의 수호자 역할을 맡아 왔다.

ㄹ. 30년 전쟁은 1618~1648년 독일을 무대로 신교(프로테스탄트)와 구교(가톨릭) 간에 벌어진 종교 전쟁이다.

11 자료는 보티첼리의 '비너스의 탄생'과 레오나르도 다빈치의 '모나리자'로, 이탈리아 르네상스의 대표적인 미술 작품이다. 이탈리아 르네상스 시기에는 인간의 개성과 아름다움을 중시하였다.

오답피하기 ① 알프스 이북의 르네상스 시기에는 서민들의 일상생활을 그림으로 표현하였다.

② 르네상스는 도시의 발달과 상인 세력의 성장과 관련이 깊다.

③ 활판 인쇄술의 발달로 서적의 보급이 확대되어 종교 개혁 확산에 영향을 주었다.

⑤ 알프스 이북의 르네상스는 부패한 교회와 불합리한 현실을 비판하였다.

12 자료에서 '16세기 이후, 알프스 이북으로 확산, 부패한 교회와 불합리한 현실을 비판하는 경향' 등을 통해, 알프스 이북의 르네상스와 관련 있음을 알 수 있다. 에라스뮈스는 『우신예찬』에서 교황과 성직자의 부패를 지적하였다.

오답피하기 ① 이탈리아 르네상스 시기 문학에서는 보카치오가 인간의 욕망을 솔직하게 묘사한 『데카메론』을 남겼다.

② 이슬람 세계에서 이븐 시나가 『의학전범』을 저술하였다.

④ 이탈리아의 미켈란젤로는 '천지창조'라는 미술 작품을 남겼다.

⑤ 토머스 맬러리는 중세 기사도 문학으로 『아서왕 이야기』를 저술하였다.

13 자료는 95개조 반박문 중 일부 내용이다. 교황 레오 10세가 면벌부를 판매하자 루터는 95개조 반박문을 발표하였다. 그는 진실로 회개한 크리스트교도는 면벌부가 없어도 벌을 면할 수 있다고 주장하여 제후와 농민의 지지를 받았다. ⑤ 아우크스부르크 화의에서 루터의 주장은 공식적으로 인정을 받았다.

오답피하기 ① 칼뱅은 예정설과 직업 소명설을 주장하였다.
② 가톨릭 신부였던 로욜라 등이 예수회를 창설하여 아시아, 아프리카 등 해외 선교에 힘을 쏟았다.
③ 영국의 헨리 8세는 왕비와의 이혼을 교황이 허락하지 않자 수장법을 발표하여 자신이 영국 교회의 수장임을 발표하였다.
④ 구텐베르크는 활판 인쇄술을 개발하여 종교 개혁에 영향을 끼쳤다.

서술형 · 논술형

본문 61쪽

01 **| 예시 답안 |** (가)는 로마 가톨릭, (나)는 그리스 정교이다. 동로마 황제가 우상 숭배를 금지하기 위해 성상 숭배 금지령을 발표하였다. 로마 교황은 게르만족 포교를 위해 이를 거부하고 프랑크 왕국의 카롤루스 대제를 서로마 황제로 임명하여 비잔티움 제국 황제의 영향에서 벗어났다. 결국 11세기에 와서 크리스트교는 로마 가톨릭과 그리스 정교로 분열하였다.

| 필수 키워드 | 로마 가톨릭, 그리스 정교, 성상 숭배 금지령

| 평가 기준 |

상	(가)와 (나)의 개념을 명확히 쓰고, 성상 숭배 금지령을 계기로 동서 교회가 분열되는 과정을 모두 서술한 경우
중	(가)와 (나)의 개념을 명확히 쓰고, 성상 숭배 금지령에 대한 내용만 서술한 경우
하	(가)와 (나)의 개념만을 명확히 쓴 경우

02 **| 예시 답안 |** 인간의 구원이 면벌부에 의해 결정된다면 재산을 갖지 못한 농민들은 구원을 받을 수 없게 된다. 그러므로 개인의 구원은 오직 믿음과 신의 은총에 의해서만 이루어지며 신앙의 근거는 성서라는 루터의 주장에 농민들은 적극 지지를 보냈다. 반면 칼뱅은 인간의 구원은 신에 의해 예정되어 있으므로 인간은 주어진 직업에 소명감을 갖고 생활해야 한다고 주장하였다. 이는 상업 활동에 대해 부정적인 인식을 갖고 있었던 기존의 생각에서 벗어날 수 있게 하였으며 상공업자들에게 직업에 대한 자신감을 갖게 함으로써 적극적인 상공업 활동에 임할 수 있는 기반을 만들어 주었다. 칼뱅의 주장은 인간 구원에 관한 종교적 관심에서 벗어나 인간 사회의 현실 문제로 관심을 집중하게 하였다는 점에서 역사에 전환점을 마련한 것으로 의미가 크다고 생각된다.

| 평가 기준 |

평가 항목	평가 내용
논리성	루터와 칼뱅의 주장이 갖는 차이점과 농민·상공업자들의 입장 등 주제에 맞게 자신의 주장을 논리적으로 접근하여 글을 매끄럽게 서술하였음
타당성	자신의 주장에 대한 근거를 명확하고 적절하게 제시하였음
적합성	글자 수 등 요구 사항을 잘 적용하였음

대단원 마무리

본문 62~63쪽

01 ③	02 ④	03 예시 답안 참조		04 ④
05 ④	06 ①	07 ④	08 ①	09 ⑤
10 ②	11 ⑤	12 예시 답안 참조		

01 사진 자료는 산치 대탑이다. 마우리아 왕조의 아소카왕은 부처의 유골을 전국으로 보내 각지에 탑을 세웠다. 특히 산치 언덕에 세 개의 탑을 세웠는데 그중 산치 대탑이 가장 큰 탑이다. 아소카왕은 칼링가 왕국을 정복하는 과정에서 전쟁의 참상을 겪은 후 불교의 가르침에 따라 나라를 다스렸다. 이 시기에는 개인의 해탈을 강조하는 상좌부 불교가 발달하였다.

오답피하기 ㄱ. 쿠샨 왕조 때 카니슈카왕은 불교를 널리 장려하였는데, 이 시기에는 중생의 구제를 강조하는 대승 불교가 발달하였다.
ㄹ. 쿠샨 왕조는 중국, 인도, 서아시아를 잇는 동서 무역로인 사막길을 차지하고 중계 무역으로 번영을 누렸다. 동서 무역로를 따라 대승 불교와 간다라 양식이 중앙아시아를 거쳐 중국에 전해졌다.

02 굽타 왕조 시기에는 힌두 문화가 장려되어 문학·미술 분야에서 인도 고유의 색채가 강하게 드러났다. 힌두교가 성립되었으며, 마누 법전이 정비되었지만 불교는 오히려 쇠퇴하였다. 산스크리트어가 공용어로 사용되었으

며, 『마하바라타』와 『라마야나』 등 산스크리트 문학이 발달하였다. 인도인들은 숫자 '0'의 개념과 10진법을 사용하였다.

03 **| 예시 답안 |** 간다라 불상이 그리스 신상의 영향을 받아 섬세한 옷 주름 등을 특징으로 한 반면, 굽타 양식의 불상은 인도 고유의 색채가 반영되어 인체의 윤곽선이 그대로 드러나는 특징을 보이고 있다.

| 필수 키워드 | 간다라 양식 – 그리스 신상의 영향, 굽타 양식 – 인도 고유의 색체

| 평가 기준 |

상	간다라 양식과 굽타 양식의 불상이 갖는 차이점을 모두 서술한 경우
중	굽타 양식의 특징만 서술한 경우
하	굽타 양식의 특징을 불명확하게 서술한 경우

04 지도에서 북위(북조), 송(남조) 등을 통해 남북조 시대임을 알 수 있다. 위진 남북조 시대에 9품중정제가 실시되었으며, 불교가 발전하여 윈강·룽먼 석굴 사원이 조성되었다. 5호 16국을 통합한 북위는 한화 정책을 실시하여 북방 민족과 한족의 문화가 융합되었다. 남조에서는 유교에 대한 반발로 노장 사상이 유행하였다. ④ 당은 율령에 기초하여 중앙에는 3성 6부를, 지방에는 주현제를 실시하였다.

05 자료는 당의 3성 6부제 도표이다. 당 대 유학에서는 한 대 이래의 훈고학을 집대성한 『오경정의』가 편찬되어 과거 시험의 기준이 되었다. 또한 현장 등의 승려가 인도에서 가져온 불교 경전을 번역하면서 불교의 수준이 크게 높아졌다. 현장이 인도에서 가져온 경전을 보존하기 위해 대안탑이 건축되었다.

오답피하기 ㄱ. 수 양제는 대운하를 건설하여 남과 북의 경제를 통합하였다.
ㄷ. 수 문제는 과거제를 처음 실시하였다.

06 자료에서 '야마토 정권, 나라에 천도, 일본이라는 국호, 천황이라는 칭호 사용' 등을 통해, 밑줄 친 '이 시기'는 나라 시대임을 알 수 있다. 나라 시대에 도다이사를 비롯한 많은 사찰이 건립되는 등 불교가 발달하였다.

오답피하기 ② 헤이안 시대에 가나 문자가 제정되었다.
③ 7세기 야마토 정권은 당의 율령을 모방하여 다이카 개신을 실시하였다.
④ 헤이안 시대 말기에 정부의 지방 통제가 약해지자 귀족들이 무사들을 고용하여 세력을 키웠다.
⑤ 6세기 무렵 야마토 정권은 한국과 중국으로부터 선진 문물을 받아들여 아스카 문화가 발달하였다.

07 자료에서 '당과 벌인 탈라스 전투에서 승리, 중앙아시아의 동서 교역로 장악, 수도 바그다드' 등을 통해, 밑줄 친 '이 왕조'는 아바스 왕조임을 알 수 있다. 아바스 왕조는 아랍인 중심의 차별 정책을 폐지하고 아랍인이 아닌 이슬람교도에게 부과하던 세금을 면제해 주고 주요 관직을 개방하였다.

오답피하기 ① 정통 칼리프 시대에 사산 왕조 페르시아를 정복하였다.
② 우마이야 왕조 때 북부 아프리카를 거쳐 이베리아반도에 진출하였다.
③ 정통 칼리프 시대에는 이슬람 공동체가 칼리프를 선출하였다.
⑤ 제4대 칼리프인 알리가 암살되고 우마이야 가문이 칼리프를 세습하자 이를 지지하는 수니파와 반대하는 시아파로 이슬람 세계가 분열하였다.

08 자료에서 (가)는 '메카의 상인 무함마드가 성립' 등을 통해 이슬람교, (나)는 '비잔티움 제국, 고대 그리스·로마 문화와 헬레니즘 문화 결합' 등을 통해 그리스 정교임을 알 수 있다. 이슬람교와 그리스 정교는 우상 숭배를 배격하여 성상을 거부하였다.

09 자료에서 '하인리히 4세, 카노사' 등을 통해, 이 사건은 '카노사의 굴욕'임을 알 수 있다. 카노사의 굴욕은 성직 임명권을 둘러싸고 교황과 황제가 대립하여 일어났다.

오답피하기 ① 14세기 초 로마 교황청이 아비뇽으로 옮겨져 프랑스 국왕의 영향력 아래에 놓이게 되었다. 이 시기에 로마 교황이 새로 선출되면서 교회가 분열하였다.
② 종교 개혁의 움직임은 구교인 로마 가톨릭과 신교인 루터파, 칼뱅파 등 사이의 종교 전쟁으로 이어져 30년 전쟁이 일어났다. 그 결과 베스트팔렌 조약이 체결되어 칼뱅파가 신앙을 인정받았다.
③ 클뤼니 수도원을 중심으로 교회 세속화에 반대하여 교회 개혁 운동이 일어났다.
④ 성상 숭배 금지 명령으로 로마 교황과 비잔티움 제국의 황제가 분열하였으며, 결국 로마 가톨릭교와 그리스 정교로 분열하였다.

10 이슬람 문화는 동서 문화를 융합하여 국제적인 문화를 형성하였다. 이슬람의 천문 역법은 중국을 거쳐 한국에도 전해져 활용되었으며, 중국에서 발명된 제지술, 나침

반, 화약이 이슬람을 거쳐 유럽에 전해져 근대 학문 발전에 기여하였다. 이슬람의 의학 서적은 중세 유럽에 전해져 영향을 끼쳤으며, 그리스에서 만든 천문 관측 기구인 아스트롤라베를 개량하여 활용하였다. ② 최초로 '0'이라는 숫자를 만들고 10진법을 사용한 시기는 인도의 굽타 왕조에서였다.

11 자료에서 '프랑크 왕국의 왕, 고전 문화 부흥, 교회 건립, 서유럽 통합의 상징' 등을 통해, 밑줄 친 '그'는 카롤루스 대제임을 알 수 있다. 카롤루스 대제는 로마 교황으로부터 서로마 황제의 관을 받았다.

오답피하기 ① 비잔티움 제국의 유스티니아누스 황제는 성 소피아 대성당을 건설하였다.
② 비잔티움 제국의 황제 레오 3세가 성상 숭배 금지령을 내렸으나 로마 교황은 게르만족 포교를 위해 성상이 필요하다는 이유로 이를 거부하였다.
③ 신성 로마 제국 황제 하인리히 4세는 성직자 임명권을 두고 교황과 대립하였으나 결국 굴복하였다(카노사의 굴욕).
④ 영국의 헨리 8세는 자신의 이혼 문제를 계기로 국왕이 영국 교회의 수장임을 선포하였다.

12 **| 예시 답안 |** 구텐베르크가 발명한 활판 인쇄술로 루터가 독일어로 번역한 성경과 95개조 반박문을 인쇄하여 널리 보급함으로써 종교 개혁에 영향을 주었다.
| 필수 키워드 | 구텐베르크, 활판 인쇄술, 루터, 성경, 95개조 반박문
| 평가 기준 |

상	활판 인쇄술 발달과 루터의 종교 개혁 등 두 가지 모두 서술한 경우
중	활판 인쇄술 발달과 루터의 종교 개혁 등 두 가지 중 한 가지만 서술한 경우
하	활판 인쇄술 발달과 루터의 종교 개혁 등 두 가지 중 한 가지마저도 애매하게 서술한 경우

Ⅲ. 지역 세계의 교류와 변화

01 몽골 제국과 문화 교류

개념 다지기 (본문 70쪽)

01 (1) 문치주의 (2) 전시 제도 (3) 여진 (4) 모내기법 (5) 사대부 (6) 성리학 **02** (1) ㄱ (2) ㄹ (3) ㄴ (4) ㄷ **03** (1) ○ (2) ○ (3) ○ **04** (1) Ⓒ (2) ㉠ (3) Ⓛ **05** (1) ○ (2) ○ (3) × **06** (1) 색목인 (2) 역참 (3) 원 **07** (1) 원 (2) 원 (3) 송 (4) 송 (5) 원

중단원 실력 쌓기 (본문 71~73쪽)

01 ②	02 ①	03 ④	04 ②	05 ④
06 ①	07 ①	08 ④	09 ⑤	10 ①
11 ②	12 ③	13 ②	14 ④	15 ①

01 문치주의란 문신 관료 위주의 정치를 말한다. 송의 문치주의는 국방력의 약화를 가져와 북방 민족의 침입을 받게 되었다. ② 송의 조광윤은 당의 멸망 원인을 절도사의 권한 강화로 보고 절도사의 권한을 약화시키고 문신을 우대하였다.

02 (가)는 거란이 세운 요이다. 요는 화북 지방의 연운 16주를 차지하고 세력을 떨치며 송에 막대한 세폐를 받았다. 이후 금(여진)이 송과 연합하여 요를 무너뜨렸다.
오답피하기 ②는 탕구트(서하), ③, ⑤는 여진(금), ④는 흉노에 대한 설명이다.

03 송의 지배 계층인 사대부에 대한 설명이다. 사대부는 성리학적 소양을 가지고 과거 시험을 통해 관직에 진출하였다.

04 송 대 사용된 지폐는 '교자'라고 하였다. '교초'는 원 대에 사용된 지폐였다.

05 (가) 영역을 차지했던 중국의 왕조는 원이다. 원은 이민족 왕조로는 최초로 중국 전체를 지배하였고, 몽골인을 우대하고 한족을 차별하는 몽골 제일주의 정책을 썼다.
오답피하기 ㄱ. 문치주의는 송과 관련된 설명이다.
ㄷ. 위진 남북조 시대에 대한 것이다.

06 송 대에는 서민 경제력이 성장하면서 서민 문화가 발달하였다. 구어체의 소설, 희곡 등 서민 문학이 발달하고, 서민들을 위한 공연장이 생겨나 곡예나 인형극을 공연하였다.

07 몽골 제국은 테무친이 부족을 통일하고 칭기즈 칸으로 추대되면서 성립하였다. 이후 러시아와 동유럽까지 정벌하여 유럽에서 동아시아에 이르는 역사상 최대 규모의 제국으로 발전하였다. ① 문치주의 정책은 송 대에 실시되었다.

08 원은 대외 정복 전쟁에 협조한 정도에 따라 민족을 차별하는 몽골 제일주의 정책을 폈다. (가) 몽골인은 주요 관직을 독점하였고, (나) 색목인은 재정과 경제를 담당하였던 서역인이다. (다) 한인은 하급 관리를 맡았고, (라) 남인은 마지막까지 몽골의 지배에 저항한 남송인으로 정치 진출과 사회적 지위 등 차별을 받았다. ④의 내용은 (라) 남인에 해당한다.

09 자료의 『동방견문록』 등을 통해 마르코 폴로에 대한 설명임을 알 수 있다.
오답피하기 ① 이탈리아 선교사이다.
② 몽골 제국의 제1대 칸이다.
③ 모로코 출신으로 중국을 여행하고 『여행기』를 남겼다.
④ 몽골 제국의 제5대 칸으로, 원나라의 시조이다.

10 전시 제도에 대한 설명이다. 황제가 직접 시험관이 되어 관리를 뽑게 되면서 관리들의 황제에 대한 충성심이 더욱 높아지는 계기가 되었다.
오답피하기 ②, ③, ④ 위진 남북조 시대의 9품중정제로 문벌 귀족 사회가 성립하는 계기가 되었다.

11 원 대에는 몽골 제국의 교통로를 통해 동서 교류가 활발하여 이슬람의 천문·수학 등이 전해지고, 중국의 과학 기술이 유럽에 전파되었다. 또한 서민 문화가 발달하여 구어체 소설이 유행하였다. ② 성리학은 송 대에 등장하였다.

12 (가)는 나침반으로, 송의 해상 무역 확대와 유럽의 신항로 개척에 기여하였다. (나)는 화약으로, 이슬람 세계를 거쳐 유럽에 전해졌다. (다)는 활판 인쇄술로, 지식의 보급에 기여하였다. 나침반과 화약, 활판 인쇄술은 한 대에 발명된 채륜의 제지법과 더불어 중국의 4대 발명품이다.

13 역참 제도에 대한 설명이다. 각지로 뻗어나가는 도로망과 역참으로 인해 상인·선교사·여행가 등이 활발하게 왕래하였고 동서 교류가 확대되었다.

14 원은 황위 계승을 둘러싼 다툼, 귀족들의 사치와 낭비, 지폐 남발로 인한 경제 혼란의 와중에 한족의 반란으로 북쪽으로 쫓겨나게 되었다. ④는 송 대의 일이다.

15 요, 서하, 금은 송 대에 성장한 북방 민족으로 고유의 문자를 만들어 독자적 전통과 문화를 지키려고 노력하였다.

서술형·논술형

본문 73쪽

01 **| 예시 답안 |** 절도사 권한을 약화시키고 군대를 황제 직속으로 개편하였으며, 황제가 과거 시험을 주관하는 전시 제도를 실시하였다.
| 필수 키워드 | 군대를 황제 직속으로 개편, 전시 제도
| 평가 기준 |

상	황제권 강화, 과거 시험 개혁(전시 제도) 등 두 가지 내용을 모두 명확하게 서술한 경우
중	두 가지 내용 중 한 가지만 명확하게 서술한 경우
하	두 가지 내용 중 한 가지 제도도 명확하게 서술하지 못한 경우

02 **| 예시 답안 |** 몽골은 다수의 한족을 다스리기 위해 대외 정복 전쟁 때 협력한 정도에 따라 민족을 차별적으로 대우하는 몽골 제일주의 정책을 실시하였다. 몽골족은 정치·군사권을 독점하고, 색목인은 재정과 경제를 담당하였다. 화북의 한인은 하급 관리로 일하였고, 원에 끝까지 저항한 남인은 가장 수가 많았지만 관직에 오를 수 없고 가혹한 형벌을 적용받는 등 가장 심한 차별을 받았다. 결국 차별받던 한인과 남인들은 몽골이 쇠퇴하자 농민 반란을 일으켰고 몽골족은 만리장성 북쪽으로 밀려났다.
| 평가 기준 |

평가 항목	평가 내용
평가 충실도	정해진 분량 기준을 충족시킴(단, 제시된 질문과 전혀 상관없는 내용으로 답변했을 시에는 분량 기준을 충족시키지 못한 것으로 간주함)
내용 이해도	몽골 제일주의의 내용을 명확하게 확인할 수 있음
글의 논리성	전체적인 글의 구성과 짜임새가 매끄러우며, 내용의 연결이 자연스러움

02 동아시아 지역 질서의 변화

개념 다지기
본문 76쪽

01 (1) 이갑제 (2) 정화 (3) 변발 (4) 일조편법 (5) 공행 (6) 막부
02 (1) 회 (2) 회 (3) 강 (4) 강 **03** (1) ○ (2) ○ (3) ○ (4) × (5) × (6) ○ (7) × **04** (1) ㉡ (2) ㉢ (3) ㉣ (4) ㉠ **05** (1) × (2) × (3) ○ (4) ○ (5) × **06** (1) 쇼군 (2) 토지 (3) 전국 (4) 도요토미 히데요시 (5) 조닌 **07** (1) 명 (2) 청 (3) 명 (4) 명 (5) 청 (6) 명

중단원 실력 쌓기
본문 77~79쪽

01 ⑤	02 ④	03 ②	04 ③	05 ⑤
06 ④	07 ④	08 ①	09 ②	10 ⑤
11 ④	12 ④	13 ②	14 ③	

01 자료는 명나라 홍무제가 발표한 '육유(여섯 가지 유교 가르침)'의 내용이다. 홍무제는 한족 왕조와 유교 이념을 부활하는 데 힘을 기울였다.

02 지도는 정화의 항해를 나타낸 것이다. 정화는 영락제의 명을 받아 대규모 함대를 거느리고 7차례에 걸쳐 남해를 원정하여 주변국과 명 중심의 조공 질서 체제를 확립하였다.

03 정화의 원정은 한족의 동남아시아 진출이 활발해지는 계기가 되었고, 명 중심의 조공 질서가 수립되었다.

04 제시문의 사건은 임진왜란이다. 임진왜란으로 조선은 인구가 크게 감소하고 국력이 약화되었으며, 일본에서는 도쿠가와 이에야스가 에도 막부를 수립하였고, 만주에서는 후금이 건국되어 명을 공격하였다.

05 지도에 나타난 중국 왕조는 청이다. 청은 오늘날 중국 영토의 대부분을 확보하였다.
오답피하기 ① 양명학이 등장한 것은 명과 관련이 있다.
② 청은 만주족이 세운 왕조이다.
③은 원, ④는 송과 관련된 것이다.

06 청은 다수의 한족을 다스리기 위해 회유책과 강경책을 적절히 사용하였다. 제시문의 만한 병용제, 과거제 실시, 대규모 편찬 사업 등은 한족을 지배하기 위한 회유책에 해당한다.

07 명 · 청 시대에는 신대륙의 은이 중국으로 대량 유입되어 화폐로 사용되었고, 유교적 소양을 갖춘 지식인인 신사 계층이 사회를 주도하였다.
오답피하기 ㄱ, ㄷ은 청에만 해당한다.

08 명 · 청 대의 『수호전』, 『서유기』, 『삼국지연의』, 『홍루몽』과 같은 구어체 소설과 경극은 서민들을 위한 문화였다.

09 명 대에는 왕양명이 형식에 치우친 성리학을 비판하며 지행합일의 실천을 강조하는 양명학을 제창하였다. 청 대에는 정부의 사상 통제로 인해 현실 정치를 멀리하고 경전을 실증적으로 연구하는 고증학이 유행하였다.

10 명 · 청 대에 생산된 차, 비단, 도자기는 유럽인에게 인기가 높았다. 유럽 상인들이 신대륙과 일본의 은으로 물품 대금을 지급하면서 대량의 은이 중국에 들어와 은이 화폐로 쓰이게 되었고 세금도 은으로 거두었다.

11 일본의 막부 정치는 (다) 가마쿠라 막부를 시작으로 (가) 무로마치 막부, (라) 전국 시대, (나) 에도 막부 순으로 전개되었다.

12 막부의 최고 지배자는 쇼군으로 실질적인 지배권을 행사하며 무사들의 충성과 봉사를 받고, 천황은 상징적인 존재가 되었다.

13 그림은 에도 시대에 유행한 일본의 풍속화인 우키요에이다. 에도 시대에는 서양 학문을 토대로 난학이 발달하였고, 상공업이 발달하면서 도시 상공업자인 조닌이 경제력을 바탕으로 가부키, 우키요에 등의 조닌 문화를 발전시켰다.
오답피하기 ㄴ. 일본 최초의 무사 정권은 가마쿠라 막부이다.
ㄹ. 에도 막부 이전 시기의 일이다.

14 에도 막부는 집권 체제를 강화하기 위해 크리스트교를 금지하고 쇄국 정책을 실시하였다. 하지만 네덜란드 상인에게 나가사키를 개방하여 무역을 허용하였다. 네덜란드 상인들을 통해 조선술 · 천문학 · 의학 등 서양의 학문과 기술을 도입하였다.

서술형 • 논술형

본문 79쪽

01 **| 예시 답안 |** 회유책으로는 만한 병용, 유교 문화 존중, 과거 제도 실시 등이 있고, 강압책으로는 중화사상에 의한 만주족 비난 금지, 변발 강요 등이 있다.

| 필수 키워드 | 만한 병용, 과거 제도, 중화사상, 변발

| 평가 기준 |

상	강압책과 회유책을 각각 두 가지씩 명확하게 서술한 경우
중	강압책과 회유책을 각각 한 가지씩 명확하게 서술한 경우
하	강압책이나 회유책 중 한 가지만 서술한 경우

02 **| 예시 답안 |** 에도 막부는 다이묘를 통제하기 위해 산킨코타이 제도를 실시하였다. 이 제도는 막부가 다이묘의 처자들을 에도에 거주하게 하여 인질로 삼고, 다이묘들이 영지와 에도에 교대로 머물도록 한 제도였다. 다이묘는 이동할 때마다 대규모 수행원의 이동 및 주거 비용 때문에 막대한 재정적 부담을 졌다. 한편으로는 전국 도로망과 숙박업, 상업의 발달이 이루어지는 계기가 되었다. 또한 에도를 비롯한 중앙의 문화를 지방으로 전파하여 지방 문화의 발달을 자극하였다.

| 평가 기준 |

평가 항목	평가 내용
평가 충실도	정해진 분량 기준을 충족시킴(단, 제시된 질문과 전혀 상관없는 내용으로 답변했을 시에는 분량 기준을 충족시키지 못한 것으로 간주함)
내용 이해도	산킨코타이 제도의 실행 목적과 그 영향을 명확하게 확인할 수 있음
글의 논리성	전체적인 글의 구성과 짜임새가 매끄러우며, 내용의 연결이 자연스러움

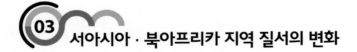

03 서아시아 · 북아프리카 지역 질서의 변화

개념 다지기

본문 82쪽

01 (1) 셀주크 튀르크 (2) 사마르칸트 (3) 이스탄불 (4) 술레이만 1세 (5) 아크바르, 아우랑제브 (6) 타지마할 **02** (1) ㄹ (2) ㄴ (3) ㄷ (4) ㄱ **03** (1) × (2) ○ (3) ○ (4) × **04** (1) ㉠, ㉢ (2) ㉡, ㉣ **05** (1) ○ (2) × (3) ○ (4) × (5) ○ (6) ○ **06** (1) 메흐메트 2세 (2) 밀레트 (3) 세밀화 (4) 타지마할 **07** (1) 지즈야 (2) 예니체리 (3) 술탄 칼리프 제도 (4) 인도(힌두) · 이슬람 문화 (5) 시크교

중단원 실력 쌓기

본문 83~85쪽

01 ⑤ **02** ② **03** ④ **04** ⑤ **05** ⑤ **06** ⑤ **07** ③ **08** ④ **09** ⑤ **10** ⑤ **11** ④ **12** ①

01 셀주크 튀르크는 중앙아시아의 유목 민족으로 바그다드를 점령하고 술탄의 칭호를 받아 이슬람 세계의 실질적 지배자가 되었다. 또한 비잔티움 제국을 공격하고 예루살렘을 차지하여 십자군 전쟁의 원인을 제공하였다.

02 빈칸 ㉠에 해당하는 나라는 티무르 제국으로, 사마르칸트는 티무르 제국의 수도이다. 티무르 제국은 몽골 제국의 재건과 이슬람 세계의 확대를 내세웠다.

오답피하기 ①은 오스만 제국, ③은 셀주크 튀르크, ④는 사파비 왕조에 대한 설명이다.

⑤ 인도에 세워진 이슬람 왕조에는 가즈니 왕조, 델리 술탄 왕조, 무굴 제국 등이 있었다.

03 지도에 표시된 제국은 오스만 제국이다. 오스만 제국은 메흐메트 2세 때 비잔티움을 멸망시켰고, 콘스탄티노폴리스의 이름을 이스탄불로 바꾸어 수도로 삼았다. 오스만 제국의 지배자는 술탄 칼리프로, 이슬람 세계의 최고 정치적 · 종교적 권위를 누리고 아시아, 아프리카, 유럽에 걸친 제국을 지배하였다. ④ 십자군 전쟁과 관련 있는 나라는 셀주크 튀르크이다.

04 (라) 셀주크 튀르크(1037), (가) 오스만 제국(1299), (다) 티무르 왕조(14세기 후반), (나) 사파비 왕조(1501) 순으로 건국되었다.

05 빈칸 ㉠에 들어갈 용어는 예니체리이다. 오스만 제국은 정복지의 크리스트교 청소년 중 뛰어난 인재를 선별하여 이슬람교로 개종시키고 최고급 교육을 받을 기회를 제공하였다. 그중 일부는 술탄의 친위대인 '예니체리'로 편성하였다.

오답피하기 ① 밀레트는 자치권을 지닌 종교 공동체이다.

② 부병제, ③ 봉건제에 대한 설명이다.

④ 크리스트교 청소년을 이슬람으로 개종시켜 군사 훈련을 실시하였다.

06 ㄱ. 지즈야는 이슬람교도가 아닌 사람들에게 거두었던 인두세이다. ㄴ. 밀레트는 종교에 따른 자치 공동체

로, 오스만 제국은 비이슬람교도도 지즈야를 내면 종교의 자유와 자치 공동체 조직을 허용하였다. ㄷ. 술탄 칼리프 제도는 '세속 군주'를 뜻하는 술탄이 '이슬람 공동체의 우두머리'를 뜻하는 칼리프를 겸하는 제도이다. ㄹ. 예니체리는 발칸반도의 크리스트교 청소년들을 개종시켜 만든 술탄의 친위 부대이다.

07 자료는 이스탄불에 있는 그랜드 바자르에 대한 설명이다. 이곳은 동서 교역의 중심지였던 이스탄불의 모습을 잘 볼 수 있는 시장이다. 지금도 5천 개가 넘는 상점이 들어서 있다 .

08 지도의 영역을 차지한 나라는 무굴 제국이다. 인도에 이슬람 세력이 진출하면서 원래의 힌두 문화에 이슬람 문화가 융합된 인도·이슬람 문화가 발전하였다.
오답피하기 ① 십자군 전쟁은 셀주크 튀르크가 예루살렘을 점령하고 비잔티움 제국을 위협하면서 유럽의 기독교도들이 이슬람교도로부터 예루살렘을 탈환하기 위해 일으킨 전쟁이다.
②는 오스만 제국에 대한 설명이다.
③은 사파비 왕조에 대한 설명이다.
⑤는 비잔티움 제국, 오스만 제국에 대한 설명이다.

09 아크바르 황제는 힌두교도 왕비를 맞아들이고, 인두세를 폐지하였으며, 힌두교도들도 관료로 등용하는 등 이슬람교와 힌두교의 화합에 힘썼다.

10 무굴 제국에서는 힌두 문화와 이슬람 문화가 융합된 인도·이슬람 문화가 발전하였다.

11 제시된 통치 정책을 시행한 것은 아우랑제브 황제이다. 아우랑제브 황제는 남인도를 정복하여 최대 영토를 차지하였다. 독실한 이슬람교도였던 그는 인두세를 부활하고 힌두 사원을 파괴하는 등 지나친 이슬람화 정책을 펴서 힌두교도의 반발을 샀다.

12 자료에서 설명하는 건축물은 대표적인 인도·이슬람 건축물인 인도의 타지마할이다.
오답피하기 ②는 터키 이스탄불의 술탄 아흐메트 사원이다.
③은 터키 이스탄불의 콘스탄티노폴리스 요새이다.
④는 터키 이스탄불의 성 소피아 대성당이다.
⑤는 이란 이스파한의 이맘 모스크이다.

서술형·논술형

본문 85쪽

01 | 예시 답안 | • ㉠: 예니체리 • ㉡: 밀레트 제도
• 목적: 오스만 제국은 다양한 민족과 종교가 공존할 수 있도록 제국 내의 이교도들에게 이슬람교를 강요하지 않고, 혈통과 출신에 관계없이 유능한 자를 관리로 등용하는 종교적 관용 정책을 썼다.
| 필수 키워드 | 예니체리, 밀레트 제도, 종교적 관용 정책
| 평가 기준 |

상	세 가지 키워드를 모두 정확하게 서술한 경우
중	세 가지 키워드 중 두 가지를 정확하게 서술한 경우
하	세 가지 키워드 중 한 가지를 정확하게 서술한 경우

02 | 예시 답안 | 아크바르 황제는 인두세를 폐지하고 힌두교도들도 군인과 관료로 등용하는 등 이슬람교와 힌두교의 화합에 힘썼다. 이러한 관용 정책은 종교적·사회적으로 분열되어 대립하던 사람들을 화해시키는 역할을 하였고, 제국이 안정적으로 발전하는 데 도움이 되었다. 이에 힘입어 무굴 제국은 번영을 누리게 되었다.
| 평가 기준 |

평가 항목	평가 내용
평가 충실도	정해진 분량 기준을 충족시킴(단, 제시된 질문과 전혀 상관없는 내용으로 답변했을 시에는 분량 기준을 충족시키지 못한 것으로 간주함)
내용 이해도	아크바르 황제의 종교 관용 정책의 내용과 목적을 명확하게 확인할 수 있음
글의 논리성	전체적인 글의 구성과 짜임새가 매끄러우며, 내용의 연결이 자연스러움

04 신항로 개척과 유럽 지역 질서의 변화

개념 다지기

본문 88쪽

01 (1) 포르투갈 (2) 바르톨로메우 디아스 (3) 바스쿠 다 가마 (4) 콜럼버스 (5) 마젤란 **02** (1) ㄹ (2) ㄴ (3) ㄷ (4) ㄱ **03** (1) × (2) ○ (3) × (4) × **04** (1) ㉡ (2) ㉢ (3) ㉠ (4) ㉣ **05** (1) × (2) ○ (3) × (4) ○ (5) ○ **06** (1) 뉴턴 (2) 데카르트 (3) 계몽사상 (4) 시민 혁명 **07** (1) ㉠ (2) ㉢ (3) ㉡

중단원 실력 쌓기

본문 89~91쪽

01 ⑤	02 ①	03 ③	04 ④	05 ⑤
06 ②	07 ②	08 ③	09 ⑤	10 ①
11 ④	12 ②	13 ①		

01 십자군 전쟁 이후 유럽에서는 후추, 정향, 육두구 등 향신료의 인기가 점점 높아졌다. 향신료는 주로 인도와 동남아시아 일대에서 재배되었는데, 향신료 무역은 이슬람과 이탈리아 상인들이 독점하여 가격이 매우 비쌌다. 유럽인들은 해당 지역과 직접 교류하여 이러한 향신료를 확보하기 위해 신항로 개척에 나섰다.

오답피하기 ①, ②, ③, ④ 신항로 개척의 배경에 해당하지만 자료와 관련 있는 것은 아니다.

02 지도는 신항로 개척을 나타낸 것이다. 이러한 신항로 개척의 영향으로 동방의 물품이 유럽으로 전해졌고, 아메리카 대륙의 신작물이 유럽에 전래되었다. 또 아메리카 대륙의 금은의 유입으로 가격 혁명이 일어났고, 상공 계층이 크게 성장하였으며, ① 무역의 중심이 지중해에서 대서양으로 이동하면서 대서양 무역이 활성화되었다.

03 콜럼버스는 대서양 항로를 발견하고, 아메리카 대륙의 서인도 제도에 도착하였다.

오답피하기 ① 마젤란 일행은 최초로 세계 일주에 성공하였다.
② 코르테스는 아스테카 제국을 정복하였다.
④ 바스쿠 다 가마는 희망봉을 돌아 인도의 캘리컷에 도착하여 인도 항로를 개척하였다.
⑤ 바르톨로메우 디아스는 희망봉으로 가는 항로를 개척하였다.

04 지도의 ㉠은 마젤란 일행의 항로를 표시한 것이다. 마젤란 일행은 에스파냐의 지원으로 아메리카 남단을 돌아 태평양을 가로질러 최초로 세계 일주에 성공하였다. ④ 바스쿠 다 가마의 항해에 대한 설명이다.

05 그림은 노예 무역선을 그린 것이다. 유럽인들이 아프리카 대륙에서 노예를 사냥해 아메리카 대륙에 팔면서 아프리카의 인구는 감소하고 성비가 불균형해졌다.

06 신항로 개척 이후 아메리카 대륙은 유럽인에 의해 토착 문명이 파괴되고 유럽의 식민지로 전락하였다. 에스파냐는 원주민을 동원하여 막대한 양의 금은을 수탈하고 플랜테이션 농장을 건설하여 막대한 부를 축적하였다. 반면 원주민들은 고된 노동과 유럽에서 전해진 천연두와 홍역 등 질병으로 수백만 명이 목숨을 잃었다. 노동력이 부족해지자 유럽인은 아프리카인을 노예로 끌고 와 노동에 동원하였다. 한편, 신항로 개척으로 유럽에는 감자, 담배, 옥수수 등 새로운 작물이 전래되었다.

07 그림은 고흐의 '감자 먹는 사람들'이다. 신항로 개척 이후 유럽인들은 감자, 옥수수, 담배 등 신대륙의 새로운 작물을 수입해 유럽에 보급하였다. 특히 감자는 생명력이 강하고 경작이 쉬워 유럽의 가난한 농민들에게 영양원이 되었다.

오답피하기 을. 감자는 신대륙에서 전래된 농작물이다.
병. 감자는 유럽에 보급되어 재배되었다.
무. 금은의 유입으로 유럽의 물가가 급등하면서 서민들의 생활은 어려워졌다.

08 빈칸의 A는 관료제, B는 중상주의이다. 관료제는 국왕의 통치를 뒷받침하는 관료 조직으로 관료제와 상비군을 유지하기 위해서는 막대한 비용이 들었다. 이를 뒷받침한 것이 상공 시민층이었다. 또한 절대 왕정기 유럽 각국은 수입을 억제하고 수출을 장려하는 중상주의 경제 정책을 폈다.

오답피하기 ㄱ. 상비군에 대한 설명이다.
ㅁ. 중상주의에서는 수입품에 높은 관세를 부과하고 완성품의 수입과 원료의 수출을 금지하여 국내 상공업을 보호·육성하였다.

09 제시문에 나타난 사상은 왕권신수설이다. 왕권은 신으로부터 주어진 것으로 왕은 신에 대해서만 책임을 지며 왕에게 반드시 복종해야 한다는 왕권신수설은 절대 왕정을 뒷받침하는 사상적 기반이 되었다.

오답피하기 ① 중상주의는 국가의 부를 증대하기 위해 국내 산업을 보호 육성하려는 경제 정책이다.
② 계몽사상은 인간의 이성과 인류의 진보를 믿고 불합리한 제도를 개혁하여 사회를 발전시키려는 사상이다.
③ 민주주의는 국가의 주권이 국민에게 있고 국민을 위해 정치가 이루어지는 제도 또는 사상을 뜻한다.
④ 인문주의는 인간의 존재를 중요시하고 인간의 존엄성을 회복하려는 사상이다.

10 제시문은 프랑스의 절대 왕정을 확립한 루이 14세에 관한 내용이다.

11 자료의 문화유산은 상수시 궁전이다. 상수시 궁전은 프로이센의 프리드리히 2세가 건설한 것으로, 경쾌하고 사

치스러운 로코코 양식의 대표적인 건축물이다. 프리드리히 2세는 '군주는 국가 제1의 심부름꾼'이라는 신조 하에 계몽 전제 군주의 전형을 이루었다.

오답피하기 ①, ③은 영국의 엘리자베스 1세, ②는 러시아의 표트르 대제, ⑤는 에스파냐의 펠리페 2세에 대한 설명이다.

12 자료의 문화유산은 베르사유 궁전이다. 루이 14세 때 지어진 이 궁전은 왕권과 국력을 과시하는 화려하고 웅장한 건축물과 조형이 특징이다.

13 (가)는 로크의 '시민 정부론'의 내용으로 사회 계약설을 담고 있다. (나)는 몽테스키외의 '법의 정신'의 내용으로 3권 분립에 대해 이야기하고 있다. 이러한 사상을 계몽 사상이라 하며 시민 혁명에 영향을 주었다. ① 왕권신수설은 국왕의 권리는 신에게서 받은 절대적인 것이므로 인민이나 의회에 의하여 제한되지 않는다는 것이다.

서술형 · 논술형

본문 91쪽

01 **| 예시 답안 |** 절대 왕정은 국왕의 권력은 신에게서 나온 것이라는 왕권신수설을 바탕으로 관료제와 상비군을 통해 왕권을 강화하였고, 부강한 나라를 만들기 위해 중상주의 정책을 펼쳤다.

| 필수 키워드 | 왕권신수설, 관료제, 상비군, 중상주의

| 평가 기준 |

상	네 가지 용어의 개념을 정확하게 이해하고 적절하게 사용한 경우
중	네 가지 용어 중 세 가지를 정확하게 사용한 경우
하	네 가지 용어 중 두 가지 이하를 정확하게 사용한 경우

02 **| 예시 답안 |** 신항로 개척으로 세계적인 교역망이 형성되었고, 유럽의 상공업이 크게 성장한 것, 새로운 작물이 유럽에 전래되어 하층민들의 식량 사정이 개선된 것 등은 긍정적인 영향이라고 할 수 있다. 하지만 부정적인 영향도 크다. 아메리카 대륙에서는 토착 문명이 파괴되고 원주민 인구가 급감하였으며 유럽의 식민지로 전락하였다. 아프리카에서는 노예 무역으로 인구가 급속하게 감소하였다. 신항로 개척으로 인해 일어난 긍정적인 영향은 유럽 대륙에 국한되었고, 부정적인 영향이 아메리카와 아프리카 대륙에 국한된 것은 신항로 개척의 침략적 성격을 보여 주는 것이다.

| 평가 기준 |

평가 항목	평가 내용
평가 충실도	정해진 분량 기준을 충족시킴(단, 제시된 질문과 전혀 상관없는 내용으로 답변했을 시에는 분량 기준을 충족시키지 못한 것으로 간주함)
내용 이해도	신항로 개척의 긍정적·부정적 영향을 잘 이해하고 있음
글의 논리성	전체적인 글의 구성과 짜임새가 매끄러우며, 내용의 연결이 자연스러움
비판적 사고력	역사적 사건에 대한 자신의 판단을 논리적으로 제시하고 있음

대단원 마무리

본문 92~93쪽

01 ① **02** ④ **03** ③ **04** ① **05** ③
06 예시 답안 참조 **07** ③ **08** ④ **09** ②
10 ⑤ **11** 예시 답안 참조 **12** ⑤ **13** ②

01 빈칸 ㉠에 들어갈 말은 문치주의이다. 송의 문치주의 정책은 학문을 중시하기 때문에 문관들이 높은 관직에 많이 뽑혔고, 이 때문에 자연스럽게 무인은 적게 뽑히고 대우도 낮아졌으며, 국방력의 약화를 가져왔다.

02 지도는 11세기 중국의 정세를 나타낸 것이다. 이 시기에는 송, 요, 서하가 다원적 국제 질서를 형성하였다. 요는 연운 16주를 차지하면서 만리장성 이남에 영토를 갖게 되었고, 티베트 계통의 탕구트족이 서하를 건국하면서 번영을 누렸다. 송은 문치주의 정책으로 국력이 약화되어 요와 서하에 많은 물자를 제공하고 화친을 맺었다.

오답피하기 ㄱ. 지도는 카이펑을 수도로 하고 있으므로 북송 때의 상황이다. 몽골 제국이 건설된 것은 남송 이후의 일이다. ㄷ. 송이 창장강 이남으로 수도를 옮긴 것은 남송 때의 일이다.

03 원은 몽골 제일주의에 따라 소수의 몽골인이 중요 관직을 독점하였고 몽골인, 색목인, 한인, 남인 순으로 신분이 형성되었다. ③ 청은 만한 병용제를 실시하여 주요 관직에 만주족과 한족을 같은 수로 임명하였다.

04 지도는 정화의 항해를 나타낸 것이다. 정화는 명나라 영락제의 명을 받아 동남아시아에서 인도양을 항해하였고, 이후 30여 개에 이르는 국가가 명에 새로 조공하게 되었다.

05 지도는 청의 영역을 나타낸 것이다. 청은 17세기 후반 강희제부터 옹정제, 건륭제에 이르는 130여 년 동안 전성기를 누렸다.

오답피하기 ①, ⑤는 원, ②는 명, ④는 송과 관련 있다.

06 **| 예시 답안 |** 유럽 상인들이 중국의 비단·도자기·차 등을 수입하고 그 대금을 신대륙 및 일본에서 생산된 은으로 지불하면서 중국에 은이 대량으로 유입되었다. 명·청 대에는 은을 화폐로 사용하였고, 세금을 은으로 걷었는데, 명 대에는 일조편법, 청 대에는 지정은제를 시행하였다.

| 필수 키워드 | 세금을 은으로 냈다는 내용, 일조편법, 지정은제

| 평가 기준 |

상	세 가지 키워드를 정확하게 서술한 경우
중	세 가지 키워드 중 두 가지를 정확하게 서술한 경우
하	세 가지 키워드 중 한 가지를 정확하게 서술한 경우

07 자료는 일본의 봉건 제도를 나타낸 것이다. 일본 봉건제에서는 막부의 쇼군이 실질적인 지배권을 행사하였고, ③ 천황은 상징적인 존재였다.

08 자료의 A는 예니체리이다. 예니체리는 발칸반도의 크리스트교 청소년을 개종시켜 만든 술탄의 친위 부대로, 오스만 제국에서는 신분이나 출신보다는 능력에 따라 인재를 뽑았음을 보여 준다.

09 사파비 왕조의 아바스 1세는 수도를 이스파한으로 옮기고 이맘 모스크를 건설하였다.

10 아크바르 황제는 힌두교도에 거두던 인두세를 없애고 힌두교도를 관리로 등용하였으며, 다양한 종교와 사상을 모두 존중하였다. ⑤는 아우랑제브 황제에 대한 것이다.

11 **| 예시 답안 |** (1) 아크바르, (2) 아크바르는 인두세를 폐지하고, 이슬람으로 개종할 것을 강요하지 않고 모든 종교를 동등하게 대우하여 무슬림이 아닌 사람도 관리로 등용하였다. 오스만 제국에서는 인두세를 내면 종교의 자유를 인정해 주었다.

| 필수 키워드 | 아크바르의 인두세 폐지, 비이슬람교도도 관리 등용, 오스만 제국은 인두세를 내면 종교의 자유를 얻음

| 평가 기준 |

상	키워드 세 가지를 정확하게 서술한 경우
중	키워드 세 가지 중 두 가지를 정확하게 서술한 경우
하	키워드 세 가지 중 한 가지를 정확하게 서술한 경우

12 지도는 신항로 개척에 따른 삼각 무역을 보여 준다. 신항로 개척의 영향으로 세계적인 교역망이 형성되고, 새로운 작물이 전래되었으며, 물가가 급등하여 가격 혁명이 발생하였다.

오답피하기 ① 신항로 개척의 영향으로 아프리카의 인구는 노예 무역으로 급감한 반면, 유럽의 인구는 증가하였다.
② 교역망이 확장되면서 무역의 중심지가 지중해에서 대서양으로 이동하였다.
③ 대서양 삼각 무역은 신항로 개척의 영향으로 전개된 무역이다.
④ 신항로 개척으로 고된 노동과 천연두, 홍역 등의 질병으로 아메리카 인구는 급감하였다.

13 제시문은 절대 왕정의 요소들이다. 절대 왕정을 열었던 유럽의 군주에는 루이 14세, 펠리페 2세, 엘리자베스 1세, 프리드리히 2세, 표트르 대제 등이 있다.

Ⅳ. 제국주의 침략과 국민 국가 건설 운동

01 유럽과 아메리카의 국민 국가 체제

개념 다지기
본문 102쪽

01 (1) 젠트리 (2) 권리 청원 (3) 크롬웰 (4) 제임스 2세 (5) 보스턴 (6) 삼권 분립 (7) 성직자
02 (1) × (2) ○ (3) ○
03 나폴레옹
04 (1) ② (2) ① (3) ③
05 (1) ㉡ (2) ㉠ (3) ㉢
06 (1) ○ (2) × (3) ○
07 ㄱ, ㄴ, ㄹ
08 (1) 샤를 10세 (2) 러시아 (3) 카보우르
09 (1) ㄱ (2) ㄷ

중단원 실력 쌓기
본문 103~105쪽

01 ②	02 ①	03 ②	04 ③	05 ④
06 ⑤	07 ④	08 ③	09 ②	10 ④
11 ①	12 ②	13 ③		

01 자료는 17세기 영국의 정치적 상황을 담고 있다. 영국 국왕인 찰스 1세가 시민 계급·젠트리 등이 다수를 차지하고 있는 의회를 무시하면서 전제 정치를 강화하자, 이에 대항하여 의회는 찰스 1세에게 권리 청원을 제출하여 승인을 받았다.
오답피하기 ① 가격 혁명은 신항로 개척으로 유럽에 아메리카 금은이 대량으로 들어와 물가가 치솟았던 현상이다.
③ 왕권신수설은 절대 왕정이 수립되는 과정에서 등장하였다.
④ 영국의 동인도 회사는 엘리자베스 1세 때 설립되었다.
⑤ 카노사의 굴욕은 1077년에 일어난 사건이다.

02 자료에서 의회파를 이끌고 왕당파 군대를 격파한 점, 찰스 1세를 처형하고 공화정을 수립한 점 등을 통해, 밑줄 친 '그'는 크롬웰임을 알 수 있다. 크롬웰은 아일랜드를 정복하고 항해법을 제정하였다.
오답피하기 ㄷ. 콘스탄티노폴리스는 1453년 오스만 제국에 의해 함락되었다.
ㄹ. 영국 절대 왕정을 대표하는 엘리자베스 1세에 대한 설명이다.

03 자료 (가)는 영국이 아메리카 식민지로부터 각종 세금을 징수하게 되는 상황을 보여 주고 있고, 자료 (나)는 영국의 강경한 대응에 아메리카 식민지 대표들이 첫 번째 대륙 회의를 개최한 상황을 담고 있다. (가), (나) 사이 시기에 보스턴 차 사건(1773)이 일어났다.
오답피하기 ① 십자군 전쟁은 11세기 말에 시작되었다.
③ 비잔티움 제국은 4세기에 성립되었다.
④ 루터의 95개조 반박문은 16세기 초에 발표되었다.
⑤ 콜럼버스의 서인도 제도 발견은 15세기 말의 일이다.

04 자료에서 아메리카 식민지 대표들이 발표한 것이며 민주주의 원리가 담겨 있다고 한 것을 통해, 밑줄 친 '이 선언문'은 1776년에 발표된 미국 독립 선언문임을 알 수 있다. 이후 요크타운 전투가 일어났으며, 파리 조약으로 미국은 독립을 인정받게 되었다.
오답피하기 ㄱ. 아비뇽 유수는 14세기 초의 일이다.
ㄹ. 백년 전쟁은 14세기 중엽에 일어났다.

05 자료 내용은 18세기 말에 일어난 프랑스 혁명의 전개 과정을 담고 있다. 국민 의회가 탄압을 받자, 파리 시민들이 바스티유 감옥을 습격하였다.
오답피하기 ① 길드는 중세 상공업자 조직을 가리킨다.
② 자크리의 난은 14세기 후반에 일어났다.
③ 권리 장전은 17세기 말에 승인되었다.
⑤ 클뤼니 수도원 중심의 개혁은 10세기 초의 일이다.

06 자료는 프랑스 혁명의 전개 과정 내용에 해당한다. 국민 의회가 '인간과 시민의 권리 선언'을 발표한 이후, 입법 의회와 국민 공회가 차례로 수립되었다. 국민 공회는 공화정을 선포하고 루이 16세를 처형하였다. 그러나 로베스피에르와 급진파가 주도하여 공포 정치를 펼치자, 이에 반발한 세력이 국민 공회를 무너뜨리고 총재 정부를 수립하였다.

07 자료에서 메테르니히의 주도로 진행되었다고 한 것을 통해, 밑줄 친 '이 회의'는 19세기 초에 개최된 빈 회의임을 알 수 있다. 빈 회의의 결과 유럽은 프랑스 혁명 이전의 상황으로 되돌아가게 되었으며, 프랑스에 왕정이 복고되었다.
오답피하기 ① 요크타운 전투는 미국 혁명 당시에 벌어졌다.
② 명예혁명은 프랑스 혁명 이전인 17세기 말에 일어났다.
③ 베스트팔렌 조약은 17세기 중반에 체결되었다.
⑤ 와트 타일러의 난은 14세기 말에 일어났다.

08 (가)는 사르데냐 왕국의 재상 카보우르가 이탈리아의 통일을 위해 추진한 대외 정책에 해당한다. (나)는 이탈리아 남부 지역을 점령한 가리발디가 사르데냐 왕국에 협력하는 상황에 해당한다. 이는 모두 19세기에 전개된 이탈리아 통일 운동과 관련이 있다.

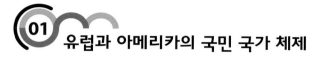

09 자료에서 1804년 프랑스의 황제로 즉위하였으며 자신의 형을 에스파냐의 국왕으로 세웠다고 한 것을 통해, 밑줄 친 '그'는 나폴레옹임을 알 수 있다. 나폴레옹은 총재 정부를 무너뜨리고 통령 정부를 세웠으며, 이후 국민의 지지를 얻어 황제의 자리에 올랐다. 그는 국립 은행을 설립하고 대륙 봉쇄령을 실시하였다.

오답피하기 ㄴ. 국민 공회, ㄹ. 크롬웰에 대한 설명이다.

10 지도는 19~20세기 초에 라틴 아메리카가 에스파냐와 포르투갈의 식민 지배에서 독립한 상황을 보여 주고 있다. 이 과정에서 미국이 먼로 선언을 발표하여 라틴 아메리카에 대한 유럽의 간섭을 막았다. 또 볼리바르가 에스파냐에 무력으로 항쟁하여 베네수엘라, 볼리비아 등을 독립시켰다.

오답피하기 ㄱ. 비잔티움 제국의 멸망은 15세기의 일이다.
ㄷ. 영국의 제임스 2세 폐위는 17세기 말에 일어난 명예혁명과 관련이 있다.

11 자료는 19세기 유럽에서 전개된 자유주의 개혁을 보여 준다. 영국에서는 19세기에 의회 주도로 여러 법률이 개정되었는데, 대표적으로 가톨릭교도 차별 폐지와 도시 상공업 계층의 선거권 획득 등을 꼽을 수 있다.

오답피하기 ㄷ. 미국 혁명의 배경이 된 영국의 재정 정책에 해당한다.
ㄹ. 루이 필리프가 추대된 것은 프랑스 7월 혁명의 결과에 해당한다.

12 지도에 표시된 영역과 범례에서 1871년에 성립하였다고 한 것을 통해, (가) 국가는 독일 제국임을 알 수 있다. 독일 제국은 프로이센이 주도한 독일 통일 운동의 결과로 수립되었는데, 이 과정에서 독일 지역 내의 여러 국가들 사이에 관세 동맹이 체결되었다.

오답피하기 ① 30년 전쟁은 17세기 전반에 일어났다.
③ 베르사유 궁전은 프랑스 루이 14세 때 건설되었다.
④ 아우크스부르크 화의는 16세기 중반에 이루어졌다.
⑤ 프리드리히 2세의 개혁은 18세기에 추진되었다.

13 자료에서 남부와 북부가 충돌한 점, 영국과 프랑스가 북부의 입장을 지지하였다는 점 등을 통해, 밑줄 친 '이 전쟁'은 19세기 후반에 일어난 미국 남북 전쟁임을 알 수 있다. 이 전쟁은 미국 북부와 남부의 경제적 상황 차이에서 오는 대립을 배경으로 일어났다. 그리고 전쟁 중에 있었던 링컨의 노예 해방 선언이 전세에 영향을 끼쳤다.

오답피하기 ㄱ. 서부 개척은 남북 전쟁 이전에 시작되었다.
ㄹ. 워싱턴은 독립 전쟁의 승리 이후 미국의 초대 대통령에 오르게 되었다.

서술형·논술형

본문 105쪽

01 **| 예시 답안 |** 영국은 19세기에 선거법을 개정하면서 선거권을 행사할 수 있는 계층을 늘려 나갔다. 이 과정에서 제1차 선거법 개정에 불만을 가진 노동자들이 인민헌장을 발표하고 차티스트 운동을 전개하였다.

| 필수 키워드 | 노동자, 인민헌장, 차티스트 운동

| 평가 기준 |

상	1차 개정과 2차 개정 사이 시기에 노동자들이 인민헌장을 발표하고 차티스트 운동을 펼쳤음을 모두 서술한 경우
중	1차 개정과 2차 개정 사이 시기에 노동자들이 인민헌장을 발표한 것, 차티스트 운동을 펼친 것 중 하나만 서술한 경우
하	1차 개정과 2차 개정 사이 시기에 노동자들이 불만을 나타냈다고만 서술한 경우

02 **| 예시 답안 |** 제시된 사건은 19세기 초에 일어난 그리스 독립과 관련이 있다. 당시는 빈 체제가 형성되어 있던 시기였기 때문에 각국의 영토가 변동되거나 갈등이 일어나는 것은 유럽 지도자들이 원하는 바가 아니었다. 따라서 메테르니히는 현상 유지를 위해 그리스 독립 전쟁에 개입하지 않고자 하였다.
그러나 자국의 이익을 더 우선시하였던 국가들이 오스만 제국을 견제하면서 그리스를 지원하였고, 결국 그리스는 오스만 제국에서 독립하게 되었다. 이후 빈 체제는 균열이 생기고 쇠퇴하게 되었다.

| 평가 기준 |

평가 항목	평가 내용
평가 충실도	정해진 분량 기준을 충족시킴(단, 제시된 질문과 전혀 상관없는 내용으로 답변했을 시에는 분량 기준을 충족시키지 못한 것으로 간주함)
고차적 인지 능력	제시된 자료에 나타난 역사적 상황을 명확하게 파악하였음을 확인할 수 있음
글의 타당성	자기 주장과 그에 대한 근거가 타당하게 연결되어 있음
글의 논리성	전체적인 글의 구성과 짜임새가 매끄러우며, 주장과 근거의 연결이 자연스러움

02 유럽의 산업화와 제국주의

개념 다지기 본문 108쪽

01 (1) 면직물 (2) 증기 기관 (3) 스티븐슨 (4) 남북 (5) 통신 (6) 방직기 (7) 산업 **02** (1) × (2) ○ (3) ○ **03** 러다이트 운동 **04** (1) × (2) ○ (3) ○ **05** (1) ㉡ (2) ㉠ (3) ㉢ **06** (1) × (2) ○ (3) ○ **07** ㄴ, ㄹ, ㅁ **08** (1) 필리핀 (2) 라이베리아 (3) 케이프타운 **09** 플라시 전투 **10** 미국

중단원 실력 쌓기 본문 109~111쪽

01 ④	**02** ⑤	**03** ③	**04** ②	**05** ②
06 ④	**07** ⑤	**08** ⑤	**09** ①	**10** ①
11 ④	**12** ②	**13** ②		

01 자료 (가)는 산업 혁명 이전의 가내 수공업 형태, 자료 (나)는 산업 혁명 이후에 나타난 공장제 기계 공업 형태를 보여 주고 있다. 이러한 산업의 변화로 제품의 대량 생산이 가능해지고 자본주의 경제가 발전할 수 있게 되었다.

오답피하기 ① 신항로 개척은 15세기에 전개되었다.
② 젠트리의 성장은 산업 혁명 이전에 시작되었다.
③ 대서양 삼각 무역은 신항로 개척이 이루어지면서 본격적으로 전개되었다.
⑤ 유럽의 가격 혁명은 신항로 개척에 따른 영향으로 나타났다.

02 산업 혁명은 18세기 후반 영국에서부터 시작되었다. 영국은 명예혁명 이후 정치적인 안정이 이루어졌고, 18세기에 일어난 인클로저 운동으로 다수의 농민이 토지를 떠나게 되어 노동 인구가 늘어났다. 또 석탄, 철 등의 지하자원이 풍부하였다.

오답피하기 ㄱ. 장원은 중세 유럽의 농업 경제를 대표하는 것이다.
ㄴ. 로베스피에르는 프랑스 혁명과 관련된 인물이다.

03 산업 혁명 시기인 18세기 후반~19세기에 새로운 동력 기관으로 증기 기관이 등장하였는데, 이를 공장이나 교통 수단에 사용할 수 있도록 개량한 '그'는 제임스 와트이다. 이후 스티븐슨이 증기 기관차를 만들고, 풀턴이 증기선을 제작하였다.

오답피하기 ① 칼뱅은 16세기 종교 개혁에 나섰던 인물이다.
② 스티븐슨은 증기 기관을 철도에 적용하여 증기 기관차를 제작하였다.
④ 하인리히 4세는 신성 로마 제국의 황제로 카노사의 굴욕을 겪은 인물이다.
⑤ 바스쿠 다 가마는 포르투갈의 지원을 받아 인도로 향하는 항로를 개척한 인물이다.

04 그래프에서 공업 생산 점유율이 급성장을 보이고 있는 점, 남북 전쟁 이후 산업화가 빠르게 전개되었다고 한 점 등을 통해, (가) 국가는 미국임을 알 수 있다. 미국은 혁명을 통해 독립을 쟁취하고 민주 공화정 체제를 채택하여 수립되었다.

오답피하기 ① 데카브리스트의 봉기는 19세기 전반에 러시아에서 일어난 사건이다.
③ 대륙 봉쇄령은 프랑스가 나폴레옹의 통치 시기에 내린 조치이다.
④ 카보우르는 사르데냐 왕국의 재상으로, 이탈리아 통일 운동을 주도하였다.
⑤ 로베스피에르는 프랑스 국민 공회를 이끌었던 인물이며, 그의 통치가 몰락한 이후 총재 정부가 들어섰다.

05 자료는 19세기 후반에 교통과 통신의 발달, 새로운 산업 분야의 성장 등에 힘입어 산업 혁명이 새롭게 진전하였다는 내용을 담고 있다. 전신과 전화의 등장으로 세계가 보다 긴밀히 연결되고, 철강 · 석유 화학 등 새로운 분야가 성장한 것이 이에 해당한다.

오답피하기 ㄴ. 캐러벨선은 신항로 개척 때부터 항해에 이용되었다. 산업 혁명 시기에는 증기선이 등장하였다.
ㄹ. 산업 혁명이 진전되면서 독일, 미국 등이 영국을 앞서는 새로운 공업 강국으로 성장하였다.

06 자료로 제시된 러다이트 운동은 19세기 초 영국의 산업 혁명이 활발히 이루어지면서 공장제 기계 공업이 발전하자, 기계에게 일자리를 빼앗길 것이라 생각한 노동자들이 벌인 사건이었다. 이전까지 전통적으로 인간의 노동력에 기초한 수공업 단계의 산업이 산업 혁명으로 얼마나 급격하게 변화하였는지를 잘 보여 주는 사례라 할 수 있다.

07 자료의 밑줄 친 ㉠ 부분은 산업 혁명이 가져온 여러 사회 문제, 그중에서도 산업화에 따른 부작용이 무엇인지 묻고 있다. 산업 혁명으로 공장제 기계 공업이 발달하고 생산량 증가, 도시화, 물질적 풍요 등이 이루어졌지만, 노동자들의 처지 곤란, 도시 생활의 열악함 등이 나타나

났다. ⑤ 길드는 중세 유럽의 상공업자들이 만든 동업 조합이다.

오답피하기 ① 산업화의 진전으로 자본주의 경제가 발전하면서 이윤을 추구하는 자본가들이 노동자들에게 장시간 노동과 저임금을 강요하였다.

② 노동자들의 생활이 열악해지자 아동과 여성들도 일터에 나가서 힘든 노동을 해야만 하였다.

③ 노동자들이 거주한 곳은 밀집된 주택에 많은 사람이 모였기 때문에 위생 문제가 생기면서 전염병 위험에 노출되었다.

④ 농촌 인구가 도시로 들어오면서 도시 인구가 증가하자 수도 시설, 주택 등 생활 면에서 여러 어려움이 발생하였다.

08 첫 번째 자료를 보면 사회가 진화하며 여러 사회들 간에 적자생존 원칙이 적용된다고 하였다. 두 번째 자료를 보면 인간을 문명인과 미개인으로 구분하고 있음을 알 수 있다. 이러한 주장들은 모두 사회 진화론의 주요 논리에 해당한다. 사회 진화론은 제국주의 열강의 침략 행위를 정당화하는 데 이용되었다.

09 그림을 보면 두 열차의 모습이 매우 다르다는 것을 알 수 있다. 위의 열차는 제대로 갖추어진 객실에 잘 차려입은 사람들이 타고 있고, 아래 열차는 객실은커녕 화물과 사람이 함께 실려 가는 모습을 보여 준다. 이는 산업 혁명이 전개되면서 자본주의 경제가 발전하는 가운데 빈부 격차 문제가 심각해졌음을 반영하고 있다.

10 자료에서 19세기 이후 자본주의 체제에 문제가 드러난 상황을 비판하는 사상이라고 한 점을 통해, (가) 사상은 사회주의 사상임을 알 수 있다. 사회주의 사상은 초기에는 오언과 같은 이들이 협동을 통한 이상적 공동체 건설을 주장하였다. 그러나 마르크스와 엥겔스 등은 노동자들이 단결하여 자본가를 타도해야 한다고 주장하였다.

오답피하기 ㄷ. '인간과 시민의 권리 선언'은 프랑스 혁명 당시에 발표되었다.

ㄹ. 인클로저 운동은 산업 혁명 이전에 일어났다.

11 그림에서 소녀가 파쇼다라고 쓰인 파이를 들고 있다고 한 것을 통해, 해당 풍자 내용은 1898년에 일어난 파쇼다 사건임을 알 수 있다. 따라서 (가) 국가는 영국에 해당한다. 영국은 이집트 카이로에서 남아프리카의 케이프타운을 잇는 아프리카 종단 정책을 전개하였다.

오답피하기 ① 3B 정책(베를린, 비잔티움, 바그다드를 연결하는 정책)은 독일이 추진하였다.

② 플라시 전투는 영국과 프랑스가 인도 벵골 지방의 지배권을 놓고 충돌한 사건으로 프랑스가 패배하였다.

③ 콜럼버스의 항해를 지원한 국가는 에스파냐에 해당한다.

⑤ 모로코를 둘러싸고 독일과 충돌한 국가는 프랑스이다.

12 지도에 표시된 인도차이나 지역을 차지한 (가) 국가는 프랑스에 해당한다. 프랑스는 아프리카 횡단 정책을 추진하면서 식민지를 확보하였으며, 아시아 지역에서는 베트남을 비롯한 동남아시아 지역에 진출하였다. ② 먼로 선언을 발표한 국가는 미국에 해당한다.

오답피하기 ① 프랑스는 아프리카 북부의 알제리를 식민지로 삼았다.

③ 프랑스는 알제리와 마다가스카르섬을 연결하는 아프리카 횡단 정책을 추진하였다.

④ 프랑스는 루이 14세 때 콜베르를 등용하고 중상주의 정책을 추진하였다.

⑤ 프랑스에서는 1848년 2월 혁명의 결과로 다시 한번 공화정이 수립되었다.

13 자료에서 아편 전쟁을 계기로 서양 열강의 침략을 받은 점을 통해, (가) 국가는 중국임을 알 수 있다. 또 미국이 에스파냐를 물리치고 식민지로 삼았다고 한 것을 통해, (나) 국가는 필리핀임을 알 수 있다.

서술형·논술형

본문 111쪽

01 **| 예시 답안 |** 자료를 보면 깔끔하게 정돈된 거리와 잘 차려입은 도시민의 모습과 공장 매연으로 대기가 오염되고 환경이 악화된 모습을 대비하였다. 이를 통해 산업 혁명으로 산업화와 도시화가 진행되고 물질적 풍요 속에서 사람들의 삶의 질이 높아진 부분도 있으나, 환경 오염 문제, 도시의 인구 밀집과 위생 불량 문제, 노동자 처지 악화 문제 등도 같이 나타나고 있음을 파악할 수 있다.

| 필수 키워드 | 산업 혁명, 산업화, 도시화, 풍요, 환경 오염, 도시 문제

| 평가 기준 |

상	자료를 통해 산업 혁명이 전개되면서 나타난 긍정적인 측면과 부정적인 측면을 모두 추론하여 서술한 경우
중	자료를 통해 산업 혁명이 전개되면서 나타난 긍정적인 측면 혹은 부정적인 측면 중 하나만 추론하여 서술한 경우
하	단순히 산업 혁명 시기에 여러 가지 사회 문제가 발생하였다고만 서술한 경우

02 | 예시 답안 | (가) 정책은 영국의 아프리카 종단 정책임을 알 수 있다. 이러한 영국의 제국주의 침략 활동을 정당화하는 데 이용된 사상으로는 사회 진화론과 인종주의 등을 들 수 있다. 사회 진화론은 인간 사회에도 적자생존과 약육강식 등의 법칙이 적용된다는 것이고, 인종주의는 백인종이 다른 인종보다 우월하다는 주장이다. 이 사상들은 서양의 정치나 문화만이 우월하고 아프리카나 아시아 등은 그렇지 못하다는 그릇된 시각을 가지고 있어 다른 문화권에 대한 존중의 태도를 보이지 못한다.

| 평가 기준 |

평가 항목	평가 내용
평가 충실도	정해진 분량 기준을 충족시킴(단, 제시된 질문과 전혀 상관없는 내용으로 답변했을 시에는 분량 기준을 충족시키지 못한 것으로 간주함)
고차적 인지 능력	서양 열강의 제국주의 팽창 논리가 갖는 문제점을 명확하게 파악하였음을 확인할 수 있음
글의 타당성	자기 주장과 그에 대한 근거가 타당하게 연결되어 있음
글의 논리성	전체적인 글의 구성과 짜임새가 매끄러우며, 주장과 근거의 연결이 자연스러움

03 서아시아와 인도의 국민 국가 건설 운동

개념 다지기

본문 114쪽

01 (1) 비잔티움 (2) 그리스 (3) 탄지마트 (4) 헌법 (5) 튀르크당 (6) 와하브 (7) 카자르 **02** (1) × (2) × (3) ○ **03** 무함마드 알리 **04** (1) ○ (2) ○ (3) × **05** (1) ㉡ (2) ㉠ (3) ㉢ **06** (1) ○ (2) × (3) ○ **07** ㄴ, ㄷ **08** (1) 이슬람교도 (2) 폐지 **09** (1) ㄷ (2) ㄴ

중단원 실력 쌓기

본문 115~117쪽

01 ① **02** ① **03** ② **04** ① **05** ③
06 ⑤ **07** ① **08** ④ **09** ④ **10** ⑤
11 ④ **12** ③

01 19세기에 이르러 오스만 제국은 술탄의 권위가 쇠퇴하고 서구 열강의 압력을 받는 등 대내외적인 위기를 겪었다. 이에 19세기 전반부터 탄지마트라고 불리는 근대적 개혁을 추진하였다. 탄지마트의 주된 목적은 서양식 문물을 받아들여 근대 국가를 이루는 데 있었다.

오답피하기 ② 권리 청원은 1628년 6월 찰스 1세의 승인을 얻은 국민의 인권에 관한 선언이다. 권리 장전이 명예혁명의 결과로 이루어진 인권 선언인 데 대해서, 권리 청원은 청교도 혁명과 관련을 가지는 인권 선언이다.
③ 19세기 전반 미국의 먼로 대통령이 아메리카 대륙에 대한 유럽의 간섭을 막고자 발표한 것이다.
④ 18세기 중엽 아라비아반도에서 이슬람교 초기의 순수성을 회복하자고 주장하며 일어난 운동이다.
⑤ 영국에서 지주들이 공동 경작지와 미개간지에 울타리를 쳐서 자신들의 소유지로 삼은 운동이다.

02 오스만 제국은 탄지마트를 통해 행정 · 과세 제도를 개선하였으며, 철도를 도입하고 유럽식 교육을 시행하였다. 유럽인 장교를 고용하여 군대를 근대화하였고, 젊은이들을 유럽으로 보내 과학과 기술을 익히게 하였다. 또한 1876년에는 헌법을 제정하고 이듬해에는 의회를 설립하는 등 입헌 정치를 실시하였다.

오답피하기 ㄷ. 청년 튀르크당은 탄지마트가 실패로 돌아간 이후 결성되었다.
ㄹ. '인간과 시민의 권리 선언'은 프랑스 혁명의 전개 과정에서 발표되었다.

03 오스만 제국은 탄지마트를 통해 근대 국가로의 변화를 추구하였다. 탄지마트의 결실은 헌법 제정으로 나타났다. 이 헌법은 개인의 자유, 출판의 자유, 의회 설립 등 서구의 헌법과 유사한 내용을 담았다. 그러나 개혁이 실패한 뒤 술탄의 전제 정치가 강화되었고, 이에 반발한 청년 장교와 지식인 등이 청년 튀르크당을 결성하였다.

오답피하기 ① 17세기 후반 영국에서 일어난 일이다.
③ 19세기 후반에 일어난 인도의 반영 운동에 해당한다.
④ 19세기 후반에 이집트에서 일어난 반영 운동이다.
⑤ 라틴 아메리카의 독립 운동에 대한 내용이다.

04 밑줄 친 '이 단체'는 청년 튀르크당이다. 오스만 제국에서 탄지마트가 실패로 돌아가자 술탄은 전제 정치를 강화하였다. 이에 젊은 장교와 관료, 지식인이 중심이 되어 조직한 청년 튀르크당은 입헌 정치의 부활을 요구하며 혁명을 일으켰다. 이들은 정권을 장악하고 헌법과 의회를 부활시켰다(1908).

오답피하기 ② 2월 혁명은 프랑스에서 1848년에 일어났으며, 루이 필리프의 왕정을 폐지하고 공화정을 수립하였다.

③ 영국이 인도 식민 지배 과정에서 벵골주를 동서로 분할한다고 발표하였다. 인도인들은 이를 인도 민족 운동을 분열시키는 것으로 보고 반발하였다.
④ 와하브 운동은 18세기 중엽 아라비아반도에서 이슬람교 초기의 순수성을 회복하자고 주장하며 일어난 운동이다.
⑤ 19세기 접어들어 오스만 제국이 쇠퇴하자 오스만 제국의 지배를 받던 여러 민족이 독립 운동을 전개하였다. 특히 그리스는 서구 열강의 지원을 받아 독립에 성공하였다.

05 자료에서 이슬람 초기의 순수성을 되찾자고 한 것을 통해, 밑줄 친 '이 운동'은 와하브 운동임을 알 수 있다. 와하브 운동의 결과 제1차 사우디 왕국이 수립되었으나 오스만 제국에 의해 멸망당하였다. 그러나 와하브 운동은 이후 아랍 민족 운동의 기반이 되었다.
오답피하기 ① 19세기 유럽 각국에서 자유주의와 민족주의 운동이 확산되면서 빈 체제가 동요하였다.
② 청년 튀르크당에 대한 설명이다.
④ 이집트에 대한 설명이다.
⑤ 이란에서 일어난 담배 불매 운동에 대한 설명이다.

06 자료는 이란의 카자르 왕조가 영국과 러시아의 이권 침탈에 어려움을 겪는 상황을 담고 있다. 특히 영국이 이란의 담배 판매권을 장악하자 이에 저항하여 담배 불매 운동이 전개되었다.
오답피하기 ① 대륙 봉쇄령은 나폴레옹이 영국을 견제하기 위해 실시한 정책이다.
② 러다이트 운동은 19세기 초반 영국에서 일어난 기계 파괴 운동이다.
③ 1898년의 파쇼다 사건은 아프리카 식민지 쟁탈 과정에서 프랑스와 영국이 충돌한 일이었다.
④ 청년 튀르크당은 오스만 제국의 근대화 개혁 과정에서 결성된 단체였다.

07 지도의 (가) 국가는 이란이며 당시에는 카자르 왕조가 집권하고 있었다. 영국과 러시아의 침탈로 곤란을 겪고 있던 이란의 민족주의 세력은 이를 극복하기 위해 20세기 초 입헌 혁명을 일으켜 헌법을 제정하고 의회를 설립하였다.
오답피하기 ② 3C 정책은 카이로, 케이프타운, 콜카타를 연결하는 영국의 팽창 정책이었다.
③ 탄지마트는 오스만 제국의 근대화 개혁에 해당한다.
④ 국민 공회는 프랑스 혁명 시기에 결성되었다.
⑤ 테니스코트의 서약은 프랑스 혁명의 시작을 알리는 사건이었다.

08 자료에서 이집트가 자금을 빌려 수에즈 운하를 건설하였다고 한 것을 통해, (가) 국가는 영국임을 알 수 있다. 영국은 동인도 회사를 앞세워 인도에 진출하였고, 19세기에 영국령 인도 제국을 수립하였다.
오답피하기 ① 먼로주의는 미국과 관련이 있다.
② 쿠바를 보호국으로 삼은 것은 미국에 해당한다.
③ 모로코를 놓고 독일과 충돌한 것은 프랑스에 해당한다.
⑤ 알렉산드르 2세의 농노 해방령은 러시아의 개혁에 해당한다.

09 자료에서 여학생이 언급한 '이 나라'는 이집트에 해당한다. 오스만 제국의 지배를 받던 이집트에서는 나폴레옹의 침공을 계기로 근대화의 필요성을 느끼게 되었다. 이에 이집트 총독이 된 무함마드 알리는 학교와 군대를 개혁하고 산업을 장려하는 등 근대화 정책을 펼쳤다. ④ 입헌 혁명은 이란에서 전개된 민족 운동이다.
오답피하기 ① 이집트는 19세기 중반부터 철도와 전신 시설을 마련하고 수에즈 운하를 건설하였다.
② 이집트가 열강의 침탈을 받자 아라비 파샤가 혁명을 일으켜 저항하였다.
③ 이집트는 근대화 개혁을 추진하여 국력을 발전시킨 결과, 오스만 제국의 지배를 물리치고 자치권을 확보하였다.
⑤ 이집트는 아라비 파샤의 저항 운동이 영국 군대에 진압된 이후 사실상 영국의 보호국으로 전락하고 말았다.

10 자료에서 근대 교육을 받은 지식인들의 정치 참여를 확대하여 영국에 대한 불만을 잠재우려 했다는 점에서, 밑줄 친 '이 단체'는 인도 국민 회의임을 알 수 있다. 인도 국민 회의는 초기에는 영국의 통치에 협조적이었으나, 벵골 분할령 발표 이후로는 반영 운동에 앞장섰으며, 영국 상품 불매, 국산품 애용(스와데시), 자치 획득(스와라지), 민족 교육의 4대 강령을 채택하였다.
오답피하기 ㄱ. 오스만 제국에 대한 설명이다.
ㄴ. 아라비아반도에서 일어난 민족 운동이다.

11 자료에서 동인도 회사의 용병들이 일으켰다고 한 것을 통해, 밑줄 친 '이 사건'은 세포이의 항쟁임을 알 수 있다. 세포이의 항쟁은 각계각층의 사람들이 참여하는 대규모 반영 민족 운동으로 발전하였다. 이들은 한때 델리를 점령하고 북인도까지 장악하였지만, 결국 영국군에 진압되었다. 이 과정에서 무굴 제국의 황제가 폐위되어 무굴 제국은 멸망하였다. 이후 영국 왕이 인도를 직접 통치하는 영국령 인도 제국이 수립되었다(1877).
오답피하기 ㄱ. 벵골 분할령은 세포이의 항쟁 이후인 1905년에 발표되었다.

ㄷ. 파쇼다 사건은 영국과 프랑스의 아프리카 식민지 쟁탈과 관련이 있다.

12 지도에 표시된 지역은 벵골에 해당한다. 따라서 (가) 정책은 벵골 분할령임을 알 수 있다. 영국이 힌두교도와 이슬람교도의 분열을 꾀할 목적으로 벵골 분할령을 발표하자 이를 계기로 인도 국민 회의가 반영 운동에 앞장섰다. 인도 국민 회의는 영국 상품 불매, 국산품 애용(스와데시), 자치 획득(스와라지), 민족 교육의 4대 강령을 채택하고 반영 운동을 전개하였다.

오답피하기 ① 플라시 전투는 18세기 후반에 영국과 프랑스가 인도 벵골 지방의 지배권을 놓고 충돌한 사건이다.
② 세포이의 항쟁은 벵골 분할령 발표 이전에 일어났던 반영 민족 운동이다.
④ 인도 국민 회의의 결성은 벵골 분할령 발표 이전의 일이다.
⑤ 영국령 인도 제국은 세포이의 항쟁이 진압된 이후 수립되었으며, 벵골 분할령 발표 이전에 해당한다.

서술형 • 논술형
본문 117쪽

01 **| 예시 답안 |** 세포이의 항쟁을 진압한 영국은 무굴 제국의 황제를 폐위시키고, 동인도 회사의 인도 지배권을 박탈하였다. 그리고 영국은 영국령 인도 제국을 세워 인도를 직접 통치하였다.

| 필수 키워드 | 무굴 제국 황제 폐위(무굴 제국 멸망), 영국령 인도 제국 수립(인도 직접 통치)

| 평가 기준 |

상	영국이 무굴 제국 황제를 폐위시키고, 인도를 직접 통치하는 영국령 인도 제국을 수립하는 내용에 대해 바르게 서술한 경우
중	영국이 무굴 제국 황제를 폐위시킨 내용 또는 영국령 인도 제국을 수립한 내용만 서술한 경우
하	영국의 인도 통치 방식 변화를 서술하지 못한 경우

02 **| 예시 답안 |** 수에즈 운하는 지중해와 홍해를 연결하는 운하이다. 수에즈 운하의 개통으로 유럽에서 아시아로 가는 항해 거리가 약 3분의 1로 줄어들었다. 그러나 수많은 이집트인이 운하 공사에 강제로 동원되었고, 고된 노동과 굶주림으로 많은 사람들이 목숨을 잃었다.
이집트인의 희생 위에 건설된 수에즈 운하는 재정난을 겪던 이집트 정부가 주식을 영국에 헐값에 넘기면서 영국의 차지가 되었다. 영국은 운하를 관리한다는 구실로 이집트에 군대를 주둔시키고 내정에 간섭하였다. 영국에 대항하여 아라비 파샤가 '이집트인을 위한 이집트 건설'을 내세우며 혁명을 일으켰으나, 영국은 이를 진압하고 이집트를 보호령으로 삼았다. 결국 수에즈 운하는 영국 제국주의 확대의 도구로 사용되었다.

| 평가 기준 |

평가 항목	평가 내용
내용의 정확성	수에즈 운하 개통의 의미를 설명하고, 수에즈 운하가 이집트에 끼친 부정적 영향을 역사적 사실에 부합하여 정확히 서술하였음
고차적 인지 능력	수에즈 운하 건설과 개통으로 나타난 이집트의 변화를 명확하게 확인할 수 있음
글의 논리성	전체적인 글의 구성과 짜임새가 매끄러우며, 연대기적인 오류가 없음

04 동아시아의 국민 국가 건설 운동

개념 다지기
본문 120쪽

01 (1) 인도 (2) 임칙서 (3) 난징 (4) 태평천국 (5) 양무운동 (6) 메이지 유신 (7) 의화단 운동 **02** (1) × (2) ○ (3) ○ **03** 미일 화친 조약 **04** (1) × (2) ○ (3) ○ **05** (1) ㉢ (2) ㉠ (3) ㉡ **06** (1) ○ (2) × (3) ○ **07** ㄴ, ㄹ, ㅁ **08** (1) 부청멸양 (2) 운요호 사건 (3) 갑신정변 **09** (1) ㄴ (2) ㄷ

중단원 실력 쌓기
본문 121~123쪽

01 ⑤ **02** ⑤ **03** ⑤ **04** ② **05** ③
06 ② **07** ④ **08** ① **09** ③ **10** ⑤
11 ① **12** ③ **13** ②

01 (가)는 영국과 청이 직접 무역을 전개한 상황, (나)는 영국, 청, 인도의 삼각 무역이 전개된 상황을 보여 준다. 청이 공행을 통해서만 교역하도록 통제하자 영국은 무역에서 손해를 보게 되었다. 이에 영국은 인도산 아편을 몰래 판매하였다. 그 결과 청에서 다량의 은이 국외로 빠져나가고, 아편 중독으로 인한 사회 문제가 발생하였다.

오답피하기 ㄱ. (가) 무역 상황에서 영국이 청의 물품을 구입하는 양이 많아지면서 영국의 무역 적자가 심화되었다.

ㄴ. (나) 무역 상황의 영향으로 일어난 제1차 아편 전쟁의 결과 체결된 난징 조약과 관련이 있다.

02 상하이 등 5개 항구 개항, 홍콩을 영국에 할양, 공행 무역 폐지 등을 통해, 자료의 조약이 난징 조약임을 알 수 있다. 난징 조약은 제1차 아편 전쟁의 결과로 체결되었다. 전쟁에서 패배한 청은 개항과 홍콩 할양, 막대한 배상금 지불 등 많은 어려움을 겪게 되었다. ⑤ 애로호 사건은 1856년 청 관리가 애로호의 선원들을 밀수 혐의로 체포하고 영국 국기를 강제로 내리게 한 사건이다. 제2차 아편 전쟁의 빌미가 되었다.

03 자료에 제시된 천조 전무 제도는 (가) 운동인 태평천국 운동을 주도한 세력이 주장하였다. 아편 전쟁 이후 청 정부가 세금을 늘리자 농민들의 불만이 커졌다. 이때 홍수전이 만주족이 세운 청을 타도하고 한족 국가를 세우자고 주장하며 태평천국 운동을 일으켰다(1851). ⑤ 중체서용을 내세운 것은 양무운동에 해당한다.

오답피하기 ①, ③ 태평천국 운동은 크리스트교의 영향을 받은 홍수전이 주도하여 일어났다.
② 태평천국 운동은 만주족이 수립한 청 정부를 몰아내자고 하였다.
④ 태평천국 운동 세력은 기존의 사회 질서와 풍습을 거부하면서 남녀평등, 악습 폐지 등을 주장하였다.

04 자료에서 '부청멸양'을 외치며 반외세 운동을 일으켰다고 한 것을 통해, 밑줄 친 '이들'은 의화단임을 알 수 있다. 따라서 이들이 일으킨 운동은 의화단 운동이다. 청 정부는 의화단을 지원하며 열강에 선전 포고를 하였다. 그러나 의화단 운동은 러시아, 일본 등 8개국 연합군에 진압되었고, 청 정부는 열강과 신축조약을 체결하여 배상금을 지불하게 되었다.

05 자료에서 양무운동의 한계를 느끼고 더 넓은 범위의 개혁을 요구한 점, 정치 체제의 근본적 개혁을 주장하였다고 한 점 등을 통해, 밑줄 친 '이 운동'은 변법자강 운동임을 알 수 있다. 변법자강 운동은 일본의 메이지 유신을 모방하여 제도 개혁을 추구하였다. ③ 삼민주의는 쑨원이 주장하였으며, 봉건 체제 타파와 민주 공화국 수립이 혁명 운동의 이념이 되었다.

오답피하기 ① 변법자강 운동은 일본의 메이지 유신을 본받아 근본적 체제 개혁을 위해 실시되었다.
② 변법자강 운동은 캉유웨이, 량치차오 등의 개혁적 지식인들을 중심으로 전개되었다.
④ 변법자강 운동은 정치 체제의 개편을 추구하여 의회 설립, 입헌 군주제 확립 등을 목표로 하였다.
⑤ 변법자강 운동은 서태후를 비롯한 보수파가 일으킨 정변으로 100여 일 만에 중단되었다.

06 민족, 민권, 민생의 삼민주의를 주장한 인물은 쑨원이다. 쑨원은 공화 정부 수립을 목표로 혁명 운동을 주도하여 중국 동맹회를 결성하였다(1905). 또 신해혁명으로 중화민국이 수립되면서 초대 임시 대총통에 취임하였다.

오답피하기 ㄴ. 이홍장 등의 한인 관료가 조직한 의용군과 외국 군대의 공격으로 태평천국 운동이 진압되었다.
ㄹ. 위안스카이에 대한 설명이다.

07 (가)는 미일 수호 통상 조약(1858), (나)는 강화도 조약(1876)이다. (가)는 미국의 요구를 일본이 수용하여 체결되었고, (나)는 일본이 조선에 요구하여 체결되었다. 두 조약은 모두 치외 법권을 인정하는 등 불평등 조약의 내용을 담고 있다.

오답피하기 ① (가) 조약에만 해당한다.
② (나) 조약에만 해당한다.
③ (가), (나) 모두 영토 할양에 대한 내용은 담겨 있지 않다. 반면 제1차 아편 전쟁의 결과 체결된 난징 조약에는 청이 홍콩을 영국에 할양한다는 내용이 담겨 있다.
⑤ 난징 조약에 대한 설명이다.

08 청일 전쟁에서 승리한 일본은 삼국 간섭으로 러시아에 견제를 받은 이후 배상금의 대부분을 군사력 증대에 이용하여 대륙 진출을 준비하였다. 러시아가 만주와 한반도에서 영향력을 확대하려 하자, 일본은 영국과 동맹을 맺고 러일 전쟁을 일으켰다(1904). 전쟁에서 승리한 일본은 러시아를 몰아내고 만주와 한반도에 대한 이권을 차지하였다.

09 메이지 정부는 서양 문물을 적극적으로 수용하는 대대적인 근대화 정책인 메이지 유신을 추진하였다. 이 과정에서 헌법 제정과 서양 의회 제도 도입을 주장하는 자유 민권 운동이 일어났다. 메이지 정부는 이를 탄압하는 한편, 일본 제국 헌법을 제정하고(1889), 이듬해에는 의회를 개설하였다.

오답피하기 ①, ⑤ 일본 제국 헌법 제정 후의 일이다.
②, ④ 메이지 정부 수립 전인 에도 막부 말기에 있었던 일이다.

10 조선에서 전봉준 등이 주도하여 반봉건·반외세의 기치를 내걸고 일어난 (가) 운동은 동학 농민 운동에 해당한다. 이들은 한때 전주성을 점령하고 전라도 일대에서 자치적인 개혁을 실시하기도 하였으나 관군과 일본군에 의해 진압되었다.

11 임오군란 이후 청의 간섭으로 개혁이 더디게 진행되자, 김옥균을 비롯한 급진 개화파 세력이 갑신정변을 일으켰다(1884). 그러나 청의 무력 개입으로 실패하였다. 1894년에는 전봉준이 농민들을 모아 지배층의 횡포와 외세에 저항하는 동학 농민 운동을 전개하였지만 관군과 일본군에게 진압되었다. 한편, 일본은 동학 농민 운동을 구실로 조선의 내정에 간섭하고 개혁을 강요하였다. 이후 조선은 신분제와 과거제 폐지 등을 주요 내용으로 하는 갑오개혁을 단행하였다. 1895년 일본이 명성 황후를 시해하자 위협을 느낀 고종은 이듬해 러시아 공사관으로 거처를 옮겼다. 러시아의 내정 간섭과 열강의 이권 침탈이 심해지자 독립 협회가 만민 공동회를 열어 자주 국권 운동을 전개하였다. 따라서 (가)-(다)-(라)-(나) 순으로 전개되었다.

12 조선 정부는 강화도 조약 이후 개화 정책을 펼쳤다. 그러나 개화의 방향을 놓고 서양의 기술만을 수용하자는 입장(온건 개화파)과 서양의 정치 제도·사상까지 수용하자는 입장(급진 개화파)이 대립하였다. 김옥균, 박영효를 중심으로 한 급진 개화파는 메이지 유신을 모델로 근대적 국가를 이룩하려 하였다. 이들은 갑신정변을 일으켜 정권을 장악하고 근대적 개혁안을 발표하였다. 그러나 보수파의 반발과 청의 개입으로 정변은 3일 만에 실패로 돌아갔다. 따라서 (가)는 급진 개화파, (나)는 메이지 유신이다.

13 자료에서 고종이 러시아 공사관에서 돌아온 후에 수립되었던 점을 통해, 밑줄 친 '새로운 정부'는 대한 제국임을 알 수 있다. 1897년 고종은 국호를 '대한 제국', 연호를 '광무'로 고치고 황제에 즉위하였다. 그리고 광무개혁을 추진하여 서구 근대 문물을 받아들이는 한편, 황제의 무한한 권력을 규정한 '대한국 국제'를 선포하였다(1899).

오답피하기 ㄴ. 독립 협회에 대한 설명이다.
ㄹ. 대한 제국은 황제의 무한한 권력을 규정하여 전제 군주정임을 선언하였다.

서술형·논술형

본문 123쪽

01 **| 예시 답안 |** 메이지 정부에서는 다이묘들이 다스리던 번을 없애고 현을 설치하여 중앙 집권 체제를 확립하였다. 또한 신분 차별을 없애고 서양식 교육 제도를 실시하였으며, 징병제를 통해 근대적 군대를 육성하였다.

| 필수 키워드 | 폐번치현, 근대적 산업과 군대의 육성, 서양식 교육 제도 실시

| 평가 기준 |

상	메이지 정부의 근대화 정책 세 가지 모두 서술한 경우
중	메이지 정부의 근대화 정책 중 두 가지만 서술한 경우
하	메이지 정부의 근대화 정책 중 한 가지만 서술한 경우

02 **| 예시 답안 |** (가)는 양무운동, (나)는 변법자강 운동이다. 양무운동은 이홍장 등 한인 관료들의 주도로 추진되었다. 이들은 '중체서용'이라는 논리를 바탕으로 서양의 무기, 과학 기술을 도입하여 부국강병을 이루려 하였다. 양무운동으로 인해 군수 공업 육성, 서양식 군함 생산, 민간 기업 설립, 산업 시설 건설 등이 이루어졌다. 그러나 양무운동은 정부의 체계적 계획 없이 지방에서 개별적으로 추진되었다. 그리고 전통적인 체제를 유지한 채 서양의 기술만을 받아들이는 데는 한계가 있었다. 결국 청일 전쟁의 패배로 양무운동은 한계를 뚜렷이 드러냈다.

양무운동의 실패 이후 청에서는 캉유웨이, 량치차오 등의 개혁적 지식인들을 중심으로 보다 근본적인 정치 체제의 개혁을 요구하는 변법자강 운동이 일어났다. 이들은 일본의 메이지 유신을 모방하여 제도 개혁을 해야 한다고 주장하였다. 또한 황제의 지지를 바탕으로 의회 설립, 입헌 군주제 확립, 근대 교육 실시 등의 개혁을 추진하였다. 그러나 변법자강 운동은 서태후를 비롯한 보수파가 일으킨 정변으로 100여 일 만에 중단되었다.

| 평가 기준 |

평가 항목	평가 내용
내용의 정확성	양무운동과 변법자강 운동의 주도 세력, 주장, 개혁 내용 등을 역사적 사실에 부합하게 서술하였음
고차적 인지 능력	중국의 근대화 운동 과정에서 나타난 다양한 방법론을 인식하고, 성과와 한계를 서술하였음
글의 논리성	전체적인 글의 구성과 짜임새가 매끄러우며, 연대기적인 오류가 없음

대단원 마무리

본문 124~125쪽

01 ①	02 ②	03 ②	04 예시 답안 참조	
05 ③	06 ③	07 ①	08 ①	09 ②
10 예시 답안 참조		11 ⑤	12 ④	

01 자료에서 의회파를 이끌었으며 찰스 1세를 처형하였다고 한 것을 통해, (가)는 영국의 크롬웰임을 알 수 있다. 크롬웰은 호국경의 지위에 올랐으며, 왕당파의 근거지에 해당하는 아일랜드를 정복하였고 항해법을 제정하였다. 그리고 청교도 윤리에 입각한 독재 정치를 실시하였다.

오답피하기 ㄷ. 찰스 1세에 대한 설명이다.

ㄹ. 나폴레옹에 대한 설명이다.

02 자료는 미국 독립 혁명의 전개 과정을 보여 주는 장면을 제시하고 있다. 영국이 각종 세금을 부과하면서 아메리카 식민지를 압박하자 아메리카인들은 보스턴 차 사건을 일으켜 저항하였다. 그리고 대륙 회의를 개최하여 독립 전쟁을 전개하고 독립 선언을 발표하였다. 그 결과, 아메리카는 영국으로부터 독립하게 되었고 미합중국이 수립되었다.

오답피하기 ①, ④ 1860년에 링컨이 대통령에 당선되자 남부의 여러 주가 연방을 탈퇴하고, 이것을 계기로 남북 전쟁이 벌어졌는데 남부가 1865년에 항복함으로써 미국의 통일이 유지되고 노예 제도는 폐지되었다.

③ 먼로 선언은 1823년 미국 대통령 먼로가 의회에 제출한 연두 교서에서 밝힌 고립주의 외교 방침이다.

⑤ 최초의 대륙 횡단 철도는 미국에서 1869년에 완성되었다.

03 자료에서 유럽 각국 대표들이 오스트리아의 빈에 모여 전쟁 수습을 논의하였다고 한 것을 통해, 밑줄 친 '그'는 나폴레옹임을 알 수 있다. 나폴레옹은 국민 공회에 이어 성립한 총재 정부를 무너뜨리고 통령 정부를 수립하였다.

오답피하기 ① 영국의 공동 왕인 메리와 윌리엄에 해당한다.

③ 국민 공회는 프랑스 혁명 과정 중 입법 의회에 이어서 성립되었다.

④ 프랑스 제3 신분에 해당한다.

⑤ 루이 필리프에 대한 설명이다.

04 **| 예시 답안 |** 자료에서 독일의 통일은 철과 피에 의해서만 가능하다고 한 것을 통해, 해당 인물은 비스마르크임을 알 수 있다. 그의 주장에 따라 프로이센은 강력한 군비 확장 정책을 펼쳐 오스트리아를 격파하고 북독일 연방을 결성하였다. 이어 프랑스와의 전쟁에서도 승리하여 독일 제국을 수립하였다.

| 필수 키워드 | 비스마르크, 군비 확장, 북독일 연방, 오스트리아, 프랑스, 독일 제국

| 평가 기준 |

상	자료의 인물을 정확히 쓰고, 프로이센의 군비 확장과 전쟁 승리, 북독일 연방 결성 등 두 가지 사실을 서술한 경우
중	자료의 인물을 정확히 쓰고, 프로이센의 군비 확장 내용 한 가지만 서술한 경우
하	자료의 인물만을 쓴 경우

05 자료에서 아프리카 종단 정책을 추진하였다고 한 것을 통해, (가) 국가는 영국임을 알 수 있다. 영국에서는 엘리자베스 1세 때 에스파냐의 무적함대를 물리치는 등 세력을 확대하였으며, 인도와 아시아로 진출해 나갔다. ③ 세포이의 항쟁은 인도에서 발생하였다.

오답피하기 ① 19세기 초반 산업 혁명이 한창이던 영국에서 기계 파괴 운동인 러다이트 운동이 일어났다.

② 영국은 엘리자베스 1세 때 동인도 회사를 설립하고 아시아에 진출하였다.

④ 산업 혁명이 일어나기 이전에 영국에서는 인클로저 운동이 일어나 농민들이 토지를 잃게 되었다.

⑤ 19세기 전반 영국의 노동자들이 참정권 확대를 요구하며 인민헌장을 발표하였다.

06 자료에서 청년 장교와 지식인 등으로 이루어졌으며 술탄의 전제 정치를 막고 오스만 제국의 발전을 위해 봉기하였다고 한 것을 통해, 밑줄 친 '우리'는 청년 튀르크당임을 알 수 있다. 청년 튀르크당은 튀르크 민족주의를 내세웠으며, 정권을 장악한 후 근대적 헌법을 부활시켰다.

오답피하기 ㄱ. 와하브 운동은 아라비아반도에서 전개된 이슬람 개혁 운동이다.

ㄹ. 볼리바르, 산마르틴 등 라틴 아메리카 독립 운동을 전개한 이들에 대한 설명이다.

07 자료 (가)는 19세기 전반 이집트가 오스만 제국의 영향에서 벗어난 상황을 보여 주고 있다. 자료 (나)는 19세기 후반 아라비 파샤의 주도로 이집트가 영국에 저항한 사실을 담고 있다. (가), (나) 사이 시기에 이집트에서 수에즈 운하가 건설되었다.

오답피하기 ② 탈라스 전투는 아바스 왕조의 군대가 중국 당나라 군대를 탈라스강가에서 물리친 싸움이다. 이 싸움으로 아바스 왕조가 중앙아시아를 차지하게 되었고, 포로가 된 당나라의 제지 기술자를 통해 제지 기술을 수용하게 되었다.
③ 비잔티움 제국은 1453년에 오스만 제국에 의해 멸망당하였다.
④ 11세기에 셀주크 튀르크는 아바스 왕조의 수도인 바그다드에 입성하면서 이슬람 세계를 주도하였다.
⑤ 베스트팔렌 조약은 30년 전쟁을 끝마치며 유럽 각국 사이에 맺어진 조약이다.

08 자료에서 영국의 지원을 받아 결성된 점, 인도 지식인 계층의 이익과 정치적 권리 확대에 노력한 점 등을 통해, 밑줄 친 '이 단체'는 인도 국민 회의임을 알 수 있다. 인도 국민 회의는 영국의 벵골 분할령 발표를 계기로 반영 운동을 전개하였으며, 콜카타 대회를 개최하여 스와라지와 스와데시 등을 주장하였다.
오답피하기 ㄷ. 세포이의 항쟁을 진압한 영국이 인도를 직접 지배하기 위해 영국령 인도 제국을 건설하였다.
ㄹ. 플라시 전투에서 프랑스를 물리친 것은 영국이었다.

09 자료에서 청이 영국에 홍콩을 넘기는 규정이 있다는 점, 공행 무역이 폐지된 점 등을 통해, 밑줄 친 '이 조약'은 1842년에 체결된 난징 조약임을 알 수 있다. 난징 조약은 1840년에 발발한 제1차 아편 전쟁의 결과로 맺어졌다.
오답피하기 ① 톈진 조약, 베이징 조약에 해당한다.
③ 홍건적의 난은 원 말기에 일어난 사건이다.
④ 난징 조약이 미일 화친 조약보다 먼저 체결되었다.
⑤ 정화의 항해는 명의 영락제 때 시작되었다.

10 **| 예시 답안 |** (가) 단체는 독립 협회에 해당한다. 독립 협회는 근대 의식을 보급하기 위해 노력하였으며 의회 설립 운동을 전개하기도 하였다.
| 필수 키워드 | 독립 협회, 근대 의식 보급, 의회 설립 운동 전개
| 평가 기준 |

상	독립 협회가 근대 의식을 보급하고 의회 설립 운동을 전개하였음을 구체적으로 서술한 경우
중	독립 협회가 근대 의식을 보급하였다고만 서술한 경우
하	독립 협회라는 단체 이름만 쓴 경우

11 자료에서 민족·민권주의가 언급되고 있는 것, 출전이 『민보』 창간사인 점 등을 통해, 밑줄 친 '나'는 쑨원임을 알 수 있다. 쑨원은 중국 동맹회를 결성하여 혁명 운동을 전개하였으며, 신해혁명의 결과로 수립된 중화민국의 임시 대총통에 올랐다.
오답피하기 ㄱ. 태평천국을 수립한 것은 홍수전에 해당한다.
ㄴ. 양무운동은 이홍장, 증국번 등 한인 관료층이 주도하였다.

12 자료로 제시된 이와쿠라 사절단은 밑줄 친 '정부'인 메이지 정부가 서구에 파견하였다. 메이지 정부는 에도 막부가 붕괴되고 왕정복고가 이루어지면서 성립하였으며, 메이지 유신을 추진하였다. 그리고 일본 제국 헌법을 공포하여 천황 중심의 통치 체제를 확립하였다.
오답피하기 ① 삼국 간섭은 러시아가 프랑스, 독일과 함께 일으켜 일본의 대륙 진출을 막은 사건이었다.
② 갑오개혁은 조선 정부가 19세기 말에 추진한 근대적 개혁이었다.
③ 변법자강 운동은 캉유웨이, 량치차오 등이 청 황제(광서제)의 호응을 받아 전개한 근대화 개혁이었다.
⑤ 산킨코타이 제도는 에도 막부가 다이묘들을 통제하기 위해 실시하였다.

V. 세계 대전과 사회 변동

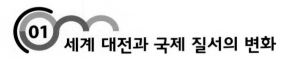

01 세계 대전과 국제 질서의 변화

개념 다지기 본문 134쪽

01 (1) 사라예보 (2) 미국 (3) 베르사유 (4) 소비에트 (5) 신경제 정책 (6) 호찌민 (7) 뉴딜 정책 (8) 전체주의 (9) 불가침 **02** (1) × (2) ○ (3) ○ (4) ○ **03** 파리 강화 회의 **04** (1) ㉠ (2) ㉢ (3) ㉡ **05** (1) 미국 (2) 2월 (3) 5·4 운동 **06** (나), (다), (가), (라) **07** (1) 3국 협상 (2) 간디 (3) 영국 **08** (1) ㄴ (2) ㄱ (3) ㄷ (4) ㄹ

중단원 실력 쌓기 본문 135~136쪽

01 ①	**02** ④	**03** ①	**04** ③	**05** ⑤
06 ①	**07** ①	**08** ②	**09** ⑤	**10** ⑤
11 ④				

01 독일은 19세기 중엽 산업 혁명을 거치며 뒤늦게 제국주의 경쟁에 뛰어들었다. 19세기 후반 이래 제국주의 국가 사이의 경쟁이 치열해지면서 독일은 오스트리아·헝가리 제국, 이탈리아를 끌어들여 삼국 동맹을 체결하고 발칸반도에서 범게르만주의를 이끌었다.

02 지도는 제1차 세계 대전 중의 유럽 모습을 보여 준다. 사라예보 사건을 계기로 시작된 제1차 세계 대전은 전쟁 초기 독일이 유리하였으나 연합국의 반격으로 참호전이 펼쳐지고, 전쟁이 장기화되었다. 특히 ④ 독일은 영국의 봉쇄 정책으로 해전에서 불리해지자 무제한 잠수함 작전을 펼쳤고, 이 과정에서 미국이 연합국으로 전쟁에 참여하였다.

03 자료로 제시된 조약은 베르사유 조약으로, 제1차 세계 대전이 끝난 뒤 열린 파리 강화 회의에서 승전국과 독일 사이에서 체결된 것이다. 베르사유 조약은 전쟁 책임이 독일에 있음을 분명히 하였고, 독일에게 군비를 감축하고 배상금을 지불하도록 하였다.

오답피하기 ㄷ. 독일인들은 베르사유 조약을 '베르사유의 명령'으로 부르며 불만을 표출하였고, 이는 대공황 이후에 히틀러가 집권하게 되는 중요한 계기로 작용하였다.

ㄹ. 국제 연합(UN) 창설을 결정한 것은 대서양 헌장(1941)이다.

04 20세기 초까지 전제 군주의 지배를 받았던 러시아에서는 러일 전쟁의 열세와 물가 폭등 등으로 생활이 어려워진 노동자들이 개혁을 요구하였으나 차르는 군대를 동원해 민중들에게 발포하였다(피의 일요일 사건). 이후 제1차 세계 대전에서의 연이은 패배와 경제난은 노동자, 병사 중심의 소비에트가 2월 혁명을 일으키는 배경으로 작용하였고, 그 결과 니콜라이 2세가 퇴위하고 임시 정부가 수립되었다. 그러나 임시 정부가 전쟁을 지속하자 레닌이 이끄는 볼셰비키가 임시 정부를 붕괴시키고 소비에트 정부를 수립하는 10월 혁명이 발생하였다.

05 2월 혁명은 노동자, 병사로 이루어진 소비에트가 로마노프 왕조를 무너뜨리고 임시 정부를 수립한 사건이다.

오답피하기 ①, ② 10월 혁명에 대한 설명이다.

③ 20세기 초까지 러시아의 상황이다.

④ 스탈린은 레닌이 죽은 후 소련에서 독재 체제를 구축한 인물이다.

06 밑줄 친 '나'는 간디로, 제1차 세계 대전 중 영국이 참전의 대가로 인도인에게 자치를 약속했으나 이를 이행하지 않자 '비폭력·불복종 운동'을 펼쳐 영국의 식민 지배에 저항하였다. 이후 네루는 인도의 완전한 독립을 주장하며 인도 독립 동맹을 이끌었다.

07 문제에 제시된 가상 일기는 대공황 시기 실업자가 일자리를 찾고 있는 상황을 보여 주고 있다. 1929년 미국에서 발생한 대공황은 급격히 늘어난 생산에 비해 구매력이 이를 뒷받침하지 못하자 발생하였고, 수많은 기업과 은행이 도산하면서 많은 실업자가 생겨났다. 미국에서 시작된 대공황은 유럽을 비롯해 여러 나라로 퍼져 나갔다.

오답피하기 ㄷ. 대공황은 구매력(소비)에 비해 생산이 과도하게 늘어나면서 발생하였다.

ㄹ. 대공황의 극복 과정에서 미국은 기존의 자유방임의 경제 원칙 대신에 정부가 적극적으로 생산 활동에 개입하는 경제 방식을 채택하였다.

08 자료는 히틀러가 자신의 저서 『나의 투쟁』에서 주장한 내용이다. 히틀러는 국가와 민족을 최우선 가치로 두는 전체주의를 앞세워 유대인 등을 탄압하는 홀로코스트를 자행하였다.

오답피하기 ①, ④ 이탈리아의 무솔리니에 대한 설명이다.

③은 일본의 군부에 대한 설명이다.

⑤는 에스파냐의 프랑코 정권에 대한 설명이다.

09 그림은 1939년에 독일과 소련 사이에 체결된 독소 불가침 조약을 풍자한 것이다. 이 그림 하단에는 "신혼여행이 얼마나 오래 지속될 수 있을까 궁금하네?"라고 쓰여 있다.

10 일본은 중일 전쟁이 장기화되자 동남아시아를 침략하였고, 이에 미국은 일본에 경제 봉쇄 조치로 맞섰다. 그러자 일본은 하와이와 진주만을 공격(1941. 12.)하여 태평양 전쟁을 일으켰고, 미국이 연합국의 일원으로 전쟁에 참가하였다. 한편, 이탈리아로 진격해 무솔리니 정권을 무너뜨린 연합군은 노르망디 상륙 작전(1944. 6.)을 통해 프랑스 파리를 해방시키고 독일로 진격하였다.

오답피하기 ① 진주만 기습 작전은 일본이 미국을 기습 공격한 것이다.
② 미국의 경제 봉쇄에 대한 대응이었다.
③ 독일의 폴란드 침공(1939. 9.)에 맞서 영국과 프랑스가 선전 포고를 하면서 제2차 세계 대전이 발발하였다.
④ 스탈린그라드 전투에 대한 설명이다.

11 제2차 세계 대전은 전체 사망자가 약 5,000만 명에 달할 정도로 인류 역사상 가장 피해가 큰 전쟁으로 민간인의 희생도 컸다. (가)는 연합국, (나)는 추축국에 해당한다.

서술형・논술형

본문 137쪽

01 | 예시 답안 | (가)에 해당하는 국제 조직은 국제 연맹이다. 국제 연맹은 침략국을 제재할 군사적 제재 수단이 부재했다는 한계를 지닌다.

| 필수 키워드 | 국제 연맹, 한계점 – 군사적 제재 수단 부재, 미국의 불참, 독일과 소련의 가입 제외

| 평가 기준 |

상	국제 연맹을 쓰고, 한계점을 명확히 서술한 경우
중	• 국제 연맹을 썼으나 한계점을 서술하지 못한 경우 • 국제 연맹을 쓰지 못했으나 한계점을 명확히 서술한 경우
하	국제 연맹을 쓰지 못하고, 한계점도 서술하지 못한 경우

02 | 예시 답안 | (가)에 해당하는 인물은 무스타파 케말이다. 그는 (나) 터키 공화국을 수립하고, (다) 남녀평등권을 도입하는 등 여러 가지 개혁을 추진하였다.

| 필수 키워드 | (가) 무스타파 케말, (나) 터키, (다) 남녀평등권 도입, 터키 문자 제정

| 평가 기준 |

상	(가), (나), (다)를 명확하게 서술한 경우
중	(가), (나), (다) 중 한 가지를 미흡하게 서술한 경우
하	(가), (나), (다) 중 두 가지 이상을 미흡하게 서술한 경우

03 | 예시 답안 | ㉠에 해당하는 용어는 뉴딜이다. 미국은 뉴딜 정책을 통해 ㉡ 대규모 공공사업을 벌여 실업자를 구제하고, 각종 사회 보장 제도를 실시하였다.

| 필수 키워드 | ㉠ 뉴딜, ㉡ 대규모 공공사업, 최저 임금제 도입, 연금과 실업 보험 실시

| 평가 기준 |

상	㉠, ㉡을 모두 명확하게 서술한 경우
중	㉠, ㉡ 중 한 가지를 미흡하게 서술한 경우
하	㉠, ㉡ 모두 미흡하게 서술한 경우

04 | 예시 답안 | 제1차 세계 대전 중에는 기관총, 탱크, 잠수함 등 신무기가 등장하였다. 심지어 독가스와 같은 화학 무기까지 개발해 사용하자 전쟁 사상자의 숫자가 크게 늘어났다. 한편, 보병에 의한 돌격 전술이 쉽지 않게 되자 참호를 파고 대치하는 참호전이 전개되었다. 참호전의 전개로 인해 전쟁은 장기화되었고, 이에 따라 전방과 후방의 경계 없이 국가의 모든 인적·물적 자원을 총동원하는 총력전이 전개되었다.

| 평가 기준 |

평가 항목	평가 내용
평가 충실도	정해진 분량 기준을 충족시킴(단, 제시된 질문과 전혀 상관없는 내용으로 답변했을 시에는 분량 기준을 충족시키지 못한 것으로 간주함)
역사적 사실의 정확성	제시된 역사적 개념이 사실에 부합함
글의 논리성	전체적인 글의 구성과 짜임새가 매끄러우며, 논리적으로 전개됨

02 민주주의의 확산

개념 다지기

본문 140쪽

01 (1) 바이마르 (2) 공화정 (3) 보통 (4) 참정권 (5) 여성 (6) 바이마르 (7) 와그너 **02** (1) ○ (2) × (3) ○ **03** 에밀리 데이비슨 **04** 복지 국가 **05** (1) ㉡ (2) ㉢ (3) ㉠ **06** (1) 연령 (2) 확대 (3) 에멀린 팽크허스트 **07** ㄴ, ㄹ **08** 메이 데이(노동절)

중단원 실력 쌓기

본문 141~142쪽

01 ⑤	02 ②	03 ①	04 ⑤	05 ⑤
06 ③	07 ①	08 ②	09 ②	

01 제1차 세계 대전 이후 유럽에서는 공화정이 대세를 이루었다. 왕을 중심으로 단결하자는 국가주의를 제1차 세계 대전의 원인으로 보고, 이를 극복하기 위한 대안으로 공화정이 등장한 것이다. 오스트리아는 1918년 제정이 폐지되고 공화국이 되었다.

오답피하기 ① 미국은 독립 전쟁을 통해 민주 공화국이 수립되었다.

② 일본은 1889년에 제정된 제국 헌법을 통해 입헌 군주제 국가가 되었다.

③ 영국은 명예혁명 이후 입헌 군주제의 전통이 자리 잡았다.

④ 프랑스는 프랑스 혁명 당시 국민 공회 시기에 최초로 공화정이 들어섰다.

02 제1차 세계 대전 이후 독일에서는 바이마르 공화국이 수립되었다. 바이마르 공화국의 헌법은 당시 존재했던 법 중에 가장 민주적인 헌법으로 여성 참정권을 보장하고 노동자의 단결권과 단체 교섭권 등을 포함하였다.

오답피하기 을. 바이마르 헌법은 연령을 기준으로 한 보통 선거를 도입하였다.

정. 바이마르 공화국은 히틀러의 나치당이 총선에서 승리해 정권을 장악하면서 소멸되었다. 이탈리아, 일본과 추축국을 형성한 것은 나치 독일이다.

03 제1차 세계 대전에서 여성의 참여 및 전후 여성 노동자들의 증가로 여성의 사회적·경제적 역할이 증대되며 대부분의 유럽 국가들이 여성 참정권을 인정하였다.

오답피하기 ㄷ. 1848년 프랑스의 2월 혁명으로 보통 선거가 도입되었으나, 이는 남성에게만 투표권을 부여한 불완전한 보통 선거였다.

ㄹ. 1935년 미국에서 제정된 와그너법은 노동자의 단결권과 단체 교섭권을 인정하였다.

04 밑줄 친 ㉠은 국제 노동 기구(ILO)로, 베르사유 조약에 규정된 노동 관련 상설 기구로 창립되었다. 국제 노동 기구는 1일 8시간, 1주 48시간 노동을 국제 표준으로 확립하였다.

오답피하기 ① 여성 참정권 운동은 19세기 후반부터 전개되었다.

② 미국의 노동자 권리 보호 사례이다.

③ 메이 데이(노동절)는 1889년 프랑스 파리에서 제정되었다.

④ 미국 주도로 군비 축소를 위한 워싱턴 회의가 개최되었다.

05 미국은 대공황이 발생하자 뉴딜 정책을 실시하며 국가가 생산에 적극적으로 개입하고 대규모 공공사업을 통해 일자리를 창출하였다. 나아가 와그너법을 도입해 노동자들의 단결권과 단체 교섭권을 보장함으로써 노동자들의 지위 향상에 기여하였다.

오답피하기 ① 국제 노동 기구가 확립한 국제 표준이다.

②, ③, ④ 와그너법과 관계가 없는 내용이다.

06 바이마르 공화국의 헌법은 여성 참정권을 보장하였고, 뉴질랜드는 전 세계에서 가장 먼저 여성 참정권을 보장한 나라이다. 한편, 영국에서는 노동당이 창당(1900)되어 노동자 권익 보호에 앞장섰고, 제2차 세계 대전 이후 복지 국가 이념이 발전하였다. 따라서 학생이 받아야 할 점수는 2점이다.

07 제1차 세계 대전 이후 민주주의의 발전이 전개되어 유럽 곳곳에서 공화정이 채택되었고, 보통 선거권 및 여성 참정권이 확대되었다. 특히 바이마르 헌법은 보통 선거권, 여성 참정권 등을 보장한 민주적인 헌법이었다.

오답피하기 ㄷ. 프랑스의 2월 혁명은 1848년에 발생하였다.

ㄹ. 여성 사회 정치 연합은 에멀린 팽크허스트가 1903년에 결성을 주도한 단체이다.

08 여성 참정권 운동은 19세기 후반 이래 영국과 미국 중심으로 전개되었다. 특히 영국의 에멀린 팽크허스트는 여성 사회 정치 연합(WSPU)을 결성하였고, 소속 회원인 에밀리 데이비슨은 여성 참정권 보장을 주장하며 달리는 왕의 경주마에 뛰어들었으나, 결국 비극적인 최후를 맞이하였다.

오답피하기 ㄴ. 빈 체제는 나폴레옹 몰락 이후 유럽 각국 대표가 오스트리아 빈에 모여 유럽 각국의 영토와 정치 체제를 프랑스 혁명 이전으로 회복하기로 합의한 결과 성립된 체제이다.

ㄹ. 베르사유 조약은 제1차 세계 대전 이후 독일과 승전국들 사이에 체결된 조약으로 여성 참정권의 발전과는 관련이 없다.

09 미국은 영국으로부터 독립한 이래 19세기 후반을 거치며 산업 혁명에 성공하였다. 제1차 세계 대전 초반 당시 중립적 입장을 유지하다 독일의 무제한 잠수함 작전과 치머만 전보 사건 등을 계기로 연합국 측에 합류하였다. 한편, 19세기 후반 이래 미국은 영국과 여성 참정권 운

동을 주도하였고, 1935년에는 와그너법을 제정해 노동자의 권리를 보호하였다.

서술형 • 논술형

본문 143쪽

01 **| 예시 답안 |** 빈칸 ㉠에 들어갈 용어는 '보통'이다. 보통 선거란 성별, 재산 정도와 관계없이 일정 연령 이상의 국민 모두에게 선거권을 주는 제도이다.

| 필수 키워드 | 보통, 일정 연령 이상의 국민 모두에게 선거권을 주는 제도

| 평가 기준 |

상	보통을 쓰고, 일정 연령 이상의 국민 모두에게 선거권을 준다는 맥락을 명확하게 서술한 경우
중	둘 중 하나를 명확하게 서술하지 못한 경우
하	둘 다 명확하게 서술하지 못한 경우

02 **| 예시 답안 |** (가) 참정권은 투표권을 비롯해 정치에 참여할 수 있는 시민의 권리를 말한다. (나) 여성 참정권을 확보하기 위해 영국에서는 1903년 에멀린 팽크허스트의 주도로 여성 사회 정치 연합이 창립되었다.

| 필수 키워드 | (가) 정치에 참여할 수 있는 권리, (나) 에멀린 팽크허스트, 여성 사회 정치 연합

| 평가 기준 |

상	(가), (나) 모두 명확하게 서술한 경우
중	(가), (나) 중 한 가지만 명확하게 서술한 경우
하	(가), (나) 모두 명확하게 서술하지 못한 경우

03 **| 예시 답안 |** (가)에 해당하는 용어는 사회권이다. (나)는 국민의 생존권을 보장하고 복지 증진을 국가의 중요한 임무로 하는 복지 국가를 의미한다.

| 필수 키워드 | (가) 사회권, (나) 국민의 생존권 보장, 복지 증진

| 평가 기준 |

상	(가), (나) 모두 명확하게 서술한 경우
중	(가), (나) 중 한 가지를 미흡하게 서술한 경우
하	(가), (나) 모두 미흡하게 서술한 경우

04 **| 예시 답안 |** 제1차 세계 대전이 전방과 후방의 구분 없이 국가의 모든 국력을 총동원하는 총력전으로 전개되자 여성과 노동자, 농민 등도 전쟁에 적극적으로 참여하게 되었다. 특히 여성의 경우 전선에서는 간호 인력으로, 후방에서는 물자 공급 등의 역할을 맡았다. 한편, 제1차 세계 대전 이후 여성의 사회적 · 경제적 비중이 높아지고, 노동자가 생산과 소비의 주체로서 자리매김하자 참정권 및 보통 선거권이 확대되었다.

| 평가 기준 |

평가 항목	평가 내용
평가 충실도	정해진 분량 기준을 충족시킴(단, 제시된 질문과 전혀 상관없는 내용으로 답변했을 시에는 분량 기준을 충족시키지 못한 것으로 간주함)
역사적 사실의 정확성	제시된 역사적 개념이 사실에 부합함
글의 논리성	전체적인 글의 구성과 짜임새가 매끄러우며, 논리적으로 전개됨

03 인권 회복과 평화 확산을 위한 노력

개념 다지기

본문 146쪽

01 (1) 홀로코스트 (2) 원자 폭탄 (3) 소련 (4) 위안부 (5) 카이로 (6) 천황 (7) 국제 연합 **02** (1) ○ (2) ○ (3) × **03** 난징 대학살 **04** 뉘른베르크 국제 군사 재판 **05** (1) ㉠ (2) ㉢ (3) ㉡ **06** (1) 유대인 (2) 드레스덴 (3) 국제 연합 **07** (나), (가), (다) **08** (1) 영국 (2) 유대인 (3) 얄타 회담 **09** 국제 연합 안전 보장 이사회

중단원 실력 쌓기

본문 147~148쪽

01 ③	**02** ③	**03** ①	**04** ②	**05** ①
06 ③	**07** ⑤	**08** ④	**09** ②	**10** ⑤

01 제2차 세계 대전 중에는 후방의 민간인에게 무차별 공습과 폭격이 자행되었다. 그로 인해 수많은 민간인들이 희생을 당하는 대량 학살이 이루어졌는데, 이는 대량 살상 무기의 발달과 극단적 애국주의와 인종주의의 유행을 배경으로 하고 있다.

오답피하기 ㄱ. 윌슨이 제시한 14개조 평화 원칙 중 하나이다. 이를 바탕으로 제1차 세계 대전 패전국의 식민지가 독립하였다. ㄹ. 제국주의 국가 간의 경쟁은 19세기 후반 이래의 상황으로 제1차 세계 대전으로 이어졌다.

02 사진은 나치가 세운 강제 수용소 중 가장 규모가 컸던 아우슈비츠 수용소이다. 독일의 나치는 제2차 세계 대

전 당시 아우슈비츠를 비롯한 수용소에서 유대인을 비롯한 소수 민족을 학살하는 홀로코스트를 자행하였다.

오답피하기 ① 대공황은 1929년 미국에서 시작되어 전 세계로 파급된 경제 하강 국면을 의미한다.
② 독일이 영국의 런던을 공습하였다.
④ 일본이 중일 전쟁 중에 난징 대학살을 자행하였다.
⑤ 영국과 미국이 연합하여 독일의 드레스덴을 폭격하였다.

03 일본은 1937년 중일 전쟁 중 중국의 수도 난징을 점령한 뒤 6주에 걸쳐 수십만의 중국군 포로와 민간인을 살해하였다. 한편, 소련은 1937년 블라디보스토크의 한국인 및 여러 소수 민족을 중앙아시아로 강제 이주시켰다.

04 제2차 세계 대전은 인류 역사상 가장 큰 피해를 가져왔을 뿐만 아니라, 대량 학살이나 강제 동원을 통해 인간의 잔혹함을 드러내었다. 그리하여 세계 평화를 위한 염원이 높아져 다양한 노력을 전개하였다. 연합국은 제2차 세계 대전 중에 대서양 헌장을 발표해 전후 평화 원칙을 천명하였고, 전쟁이 끝난 뒤에는 뉘른베르크 국제 군사 재판을 통해 전쟁 범죄를 처벌하였다. 또한 국제 평화를 위해 국제 연합(UN)이 창설되었다.

05 제2차 세계 대전 중에는 대량 살상 무기의 발달과 극단적 인종주의로 인해 수많은 대량 학살과 인권 유린이 자행되었다. 독일 나치는 1천 1백만여 명의 민간인과 전쟁 포로를 학살한 홀로코스트를 자행하였고, 일본은 중일 전쟁 및 태평양 전쟁을 치르는 과정에서 한국을 비롯한 식민지 여성들을 일본군 '위안부'로 강제 동원하는 만행을 저질렀다.

오답피하기 ㄷ. 보스니아의 사라예보에 방문한 오스트리아 · 헝가리 제국의 황태자 부부가 세르비아 청년에게 암살당한 사건으로, 제1차 세계 대전이 발생하는 계기가 되었다.
ㄹ. 제1차 세계 대전 중 독일이 중립국 선박까지 공격한 작전으로, 미국의 참전 계기가 되었다.

06 제2차 세계 대전이 끝날 무렵부터 전후 처리를 위한 노력이 전개되었다. 1941년에는 대서양 헌장을 통해 전후 평화 원칙이 수립되었고, 뒤이어 카이로 회담 – 얄타 회담 – 포츠담 회담 순으로 전후 처리를 위한 회담이 이어졌다.

07 1941년 미국과 영국의 정상은 대서양 헌장을 통해 전후 평화 수립의 원칙을 천명하고, 국제 연합(UN) 창설의 기초를 마련하였다.

오답피하기 ㄱ. 포츠담 회담에 대한 설명이다.
ㄴ. 얄타 회담, 포츠담 회담에 해당하는 설명이다.

08 (가)는 홀로코스트이다. 제2차 세계 대전 중 독일 나치는 유대인 등 소수 민족을 비롯해 장애인, 정치범들을 대량 학살하였다. ④ 일본군 '위안부' 문제 해결을 위해 평화의 소녀상이 제작되었다.

09 (가) 뉘른베르크 국제 군사 재판은 주요 나치 전범을 처벌하기 위해 두 차례 개최되었는데 재판 과정에서 나치당의 만행이 드러났다. (나) 극동 국제 군사 재판은 일본 도쿄에서 열렸는데, 천황이 기소되지 않고 731 부대의 생체 실험 등의 범죄가 규명되지 않았다.

오답피하기 ① (나)에 대한 설명이다.
③ (가)에 대한 설명이다.
④ 천황은 기소되지 않았다.
⑤ 제2차 세계 대전 종료 후 개최되었다.

10 빈칸 ㉠은 국제 연합으로, 국제 연합은 두 차례의 세계 대전 이후 국제 평화를 유지하게 위해서 창설되었다. 국제 연맹과는 달리 국제 연합군, 국제 연합 평화 유지군 등을 두어 군사력을 갖추었다.

오답피하기 ①, ③, ④ 국제 연맹에 관한 설명이다.
② 대서양 헌장에서 창설 기초가 마련되고, 샌프란시스코 회의에서 창설이 결정되었다.

서술형 · 논술형

본문 149쪽

01 | 예시 답안 | 사진과 관련된 인권 유린의 사례는 난징 대학살이다. 이러한 일이 벌어지게 된 것은 대량 살상 무기가 발달하고, 극단적인 애국주의와 인종주의가 유행하였기 때문이다.

| 필수 키워드 | 난징 대학살, 대량 살상 무기, 극단적 애국주의와 인종주의

| 평가 기준 |

상	난징 대학살을 쓰고, 배경을 명확하게 서술한 경우
중	둘 중 하나를 명확하게 서술하지 못한 경우
하	둘 다 명확하게 서술하지 못한 경우

02 | 예시 답안 | 독일 전범 재판의 경우 모든 전쟁 범죄자를 대상으로 철저하게 처벌된 반면에, 일본의 전범 재판은

천황이 기소되지 않고 731 부대의 생체 실험 등의 범죄도 규명되지 않았다.

| 필수 키워드 | 모든 전쟁 범죄자 처벌, 천황

| 평가 기준 |

상	독일과 일본의 사례를 모두 명확하게 서술한 경우
중	두 사례 중 하나만 명확하게 서술한 경우
하	두 사례 모두 명확하게 서술하지 못한 경우

03 **| 예시 답안 |** (가)에 해당하는 국제기구의 이름은 국제 연합(UN)이다. 국제 연합은 안전 보장 이사회의 5개의 상임 이사국 등 강대국의 영향력이 지나치게 크다는 한계가 있다.

| 필수 키워드 | 국제 연합, 강대국의 영향력

| 평가 기준 |

상	국제 연합과 한계점을 모두 명확하게 서술한 경우
중	국제 연합과 한계점 중 한 가지를 미흡하게 서술한 경우
하	국제 연합과 한계점 모두 미흡하게 서술한 경우

04 **| 예시 답안 |** 독일의 경우 제2차 세계 대전 당시 벌어진 전쟁 범죄를 반성하려는 분위기가 비교적 높은 편이다. 특히 1970년 서독의 브란트 총리가 유대인 희생자 추모비에서 무릎을 꿇고 사죄한 이후 독일 총리들은 대부분 홀로코스트에 대해 반성하는 모습을 보이고 있다. 한편, 일본의 경우 일부 정치인들은 난징 대학살에 대해 책임이 없다고 항변한다. 최근 일본 총리와 일부 정치인들은 A급 전범들이 합사되어 있는 야스쿠니 신사를 참배해 물의를 빚고 있다.

| 평가 기준 |

평가 항목	평가 내용
평가 충실도	정해진 분량 기준을 충족시킴(단, 제시된 질문과 전혀 상관없는 내용으로 답변했을 시에는 분량 기준을 충족시키지 못한 것으로 간주함)
역사적 사실의 정확성	제시된 역사적 개념이 사실에 부합함
글의 논리성	전체적인 글의 구성과 짜임새가 매끄러우며, 논리적으로 전개됨

대단원 마무리

본문 150~151쪽

01 ③	02 예시 답안 참조	03 ③	04 ④
05 ③	06 ③	07 ②	08 ②
09 예시 답안 참조	10 ①	11 ⑤	12 ⑤

01 사라예보 사건으로 3국 동맹과 3국 협상 등 여러 나라가 전쟁에 휘말리면서 제1차 세계 대전이 발발하였다. 각국은 동맹국과 연합국으로 재편되면서 전쟁이 본격화되었고, 독일의 무제한 잠수함 작전과 치머만 전보 사건 등을 계기로 미국이 연합국 측에 참전하게 되었다. 따라서 (나)－(다)－(라)－(가)의 순으로 전개되었다.

02 **| 예시 답안 |** 독일의 무제한 잠수함 작전은 독일이 영국의 해상 봉쇄에 대항해 연합국을 오가는 군용 및 민간 선박을 가리지 않고 경고 없이 공격한 작전이다.

| 필수 키워드 | 영국의 해상 봉쇄, 군용 및 민간 선박 불문 공격

| 평가 기준 |

상	배경과 내용을 모두 명확하게 서술한 경우
중	둘 중 하나만 명확하게 서술한 경우
하	둘 다 명확하게 서술하지 못한 경우

03 (가)는 베르사유 조약이다. 파리 강화 회의에서 승전국과 독일 사이에 체결된 베르사유 조약은 전쟁 책임이 독일에 있음을 명확히 하였고, 독일의 군비 축소와 막대한 배상금 지불을 규정하였다. 이에 독일인들은 베르사유 조약을 '베르사유의 명령'이라 불렀다.

오답피하기 ① 제1차 세계 대전 후 체결되었다.
② 포츠담 회담에 대한 설명이다.
④ 바이마르 헌법에 대한 설명이다.
⑤ 국제 연합은 대서양 헌장에서 창설 기초가 마련되고, 샌프란시스코 회의에서 창설이 결정되었다.

04 사진 속 인물은 베트남의 호찌민으로, 호찌민은 베트남 공산당을 결성해 민족 운동을 주도하였다.

05 밑줄 친 ㉠은 레닌으로, 레닌은 볼셰비키를 이끌고 10월 혁명을 성공시켜 소비에트 정부를 수립하였다. 이후 레닌은 독일과 강화 조약을 체결해 제1차 세계 대전을 중단하였고, 1922년에는 소비에트 사회주의 공화국 연방, 즉 소련을 결성하였다.

오답피하기 ㄱ. 스탈린에 대한 설명이다.
ㄹ. 2월 혁명에 대한 설명이다.

06 (가)는 대공황이다. 대공황이 발생하자 미국은 뉴딜 정책을 실시하여 대규모 공공사업을 통해 실업자를 구제하고 각종 복지 정책을 실시하였다. 영국과 프랑스는 본국과 식민지를 하나로 묶는 보호 무역 체제인 블록 경제

를 추진하였다. 독일, 이탈리아, 에스파냐, 일본 등 식민지가 적거나 없던 나라에서는 전체주의가 대두하였다.

오답피하기 ㄱ. 뉴딜 정책은 미국에서 실시되었다.
ㄹ. 이탈리아에 대한 설명이다.

07 대공황 전후의 경제 위기와 사회 불안 속에서 전체주의가 대두하였다. 이탈리아에서는 무솔리니 주도의 파시스트당이, 독일에서는 히틀러를 중심으로 한 나치당이, 에스파냐에서는 나치당의 지원을 받은 프랑코 세력이, 일본에서는 군부 세력이 각각 정권을 장악하였다.

08 19세기 후반 이래 영국과 미국을 중심으로 여성 참정권 운동이 전개되었다. 특히 에멀린 팽크허스크는 1903년 여성 사회 정치 연합을 결성해 운동을 주도하였고, 그 단체의 회원이었던 에밀리 데이비슨은 여성 참정권을 요구하며 달리는 왕의 경주마에 뛰어들었다. 한편, 제1차 세계 대전이 총력전으로 전개되면서 여성의 참여가 늘어났고, 전쟁 이후 여성 노동자의 증가로 여성의 사회적 · 경제적 역할이 증대되자 대부분의 유럽 국가들이 제1차 세계 대전 전후로 여성 참정권을 인정하였다.

09 **| 예시 답안 |** (가)에 해당하는 국가는 바이마르 공화국이다. 바이마르 공화국 헌법은 여성 참정권을 인정하고 노동자의 단결권을 보장하는 등 당시로선 매우 민주주적인 헌법이었다.

| 필수 키워드 | 바이마르 공화국, 여성 참정권 인정 및 노동자의 단결권 보장

| 평가 기준 |

상	바이마르 공화국과 헌법의 민주적 요소를 모두 명확하게 서술한 경우
중	둘 중 하나만 명확하게 서술한 경우
하	둘 다 명확하게 서술하지 못한 경우

10 독일은 독소 불가침 조약을 체결한 뒤 폴란드를 침공하였다. 이후 프랑스로 진격해 파리를 함락시켰으나 프랑스와 영국이 끈질기게 항전하자 소련과의 불가침 조약을 파기하고 소련을 침공하였다. 그러나 소련은 스탈린그라드 전투에서 독일에 승리를 거두며 전세를 역전하였다. 한편, 연합국은 이탈리아로 진격해 무솔리니 정권을 무너뜨리고 노르망디 상륙 작전을 통해 프랑스를 해방시켰다.

11 제2차 세계 대전 중에는 대량 살상 무기가 발달하면서 대량 학살이 벌어졌고, 이로 인해 군인보다 민간인의 희생이 더 많았다. 독일 나치는 극단적 인종주의를 바탕으로 유대인과 소수 인종을 학살하는 홀로코스트를 자행하였고, 중국 난징에서는 일본군이 수십만의 중국인을 학살한 난징 대학살이 벌어졌다. 한편, 영국과 미국은 독일의 폭격에 대항해 드레스덴을 폭격하였다. ⑤ 미국이 히로시마와 나가사키에 원자 폭탄을 투하하면서 일본은 무조건 항복을 선언하였다.

12 (가)는 국제 연맹, (나)는 국제 연합이다. 국제 연맹은 윌슨의 제안으로 파리 강화 회의 이후 국제 평화 유지를 위해 창설되었다. 그러나 제안국인 미국이 불참하고, 초기에 소련과 독일의 참가가 허용되지 않는 등 한계가 있었다. 국제 연합의 경우 대서양 헌장에서 창설 기초가 마련되고 샌프란시스코 회의에서 창설이 결정되었다. 주요 기구로 안전 보장 이사회를 두고, 국제 연합 평화 유지군 등을 통해 군사력을 갖추었다.

오답피하기 ① (가)와 (나)가 반대로 설명되어 있다.
②, ③ 국제 연합에 대한 설명이다.
④ (가)에 대한 설명이다.

VI. 현대 세계의 전개와 과제

01 냉전 체제와 제3 세계의 형성

개념 다지기 (본문 158쪽)

01 (1) 냉전 (2) 북대서양 조약 기구(NATO) (3) 중국 공산당 (4) 인도, 파키스탄 (5) 네덜란드 (6) 이스라엘 (7) 제3 세계 (8) 닉슨 **02** (1) × (2) ○ (3) × (4) ○ (5) ○ (6) × **03** (다), (가), (나) **04** (1) ㉠ (2) ㉡ (3) ㉣ (4) ㉢ **05** (1) 경제 상호 원조 회의(COMECON) (2) 베를린 봉쇄 (3) 베트남 (4) 중동 전쟁 (5) 아프리카의 해 **06** (1) 바르샤바 조약 기구 (2) 영국 (3) 이집트 **07** (1) 코민포름 (2) 평화 10원칙 (3) 닉슨 독트린

중단원 실력 쌓기 (본문 159~160쪽)

01 ①	02 ⑤	03 ④	04 ②	05 ④
06 ③	07 ①	08 ④	09 ⑤	10 ⑤
11 ③	12 ①			

01 제2차 세계 대전이 끝난 후 미국을 중심으로 하는 자본주의 진영과 소련을 중심으로 하는 공산주의 진영이 직접적인 무력을 사용하지 않고 정치·경제·사회·외교 등의 수단을 통해 서로 대립하였다. 이러한 체제를 냉전이라고 한다.

오답피하기 ② 1929년 미국으로부터 시작된 대공황은 전 세계 다른 나라의 경제에 큰 타격을 주었다.

③ 전체주의는 개인의 자유를 억압하고 국가와 민족을 최우선으로 하는 정치사상으로, 이탈리아의 파시즘, 독일의 나치즘 등이 이에 해당한다.

④ 제3 세계는 자본주의 진영과 공산주의 진영 그 어느 쪽에도 속하지 않겠다고 한 아시아·아프리카의 신생 독립국을 의미한다.

⑤ 민족 자결주의는 제1차 세계 대전의 전후 처리 과정에서 미국 대통령 윌슨이 제창한 14개조 평화 원칙의 하나이다.

02 자료에서 트루먼이 미국의 정책이 외부 압력에 굴복하지 않기 위해 그리스와 터키에 원조해야 한다는 것으로 보아 트루먼 독트린에 대한 것임을 알 수 있다. 제2차 세계 대전의 종결 이후 동유럽에서 공산주의 세력이 확대되자 미국은 이를 저지하고자 유럽 국가들을 지원하겠다는 트루먼 독트린을 선언하였다.

오답피하기 ① 사라예보 사건은 제1차 세계 대전의 배경이 되었던 사건으로 1914년에 일어났다.

② 1932년 나치당은 총선에서 승리하며 정권을 장악하였다.

③ 파리 강화 회의는 제1차 세계 대전의 전후 처리를 위해 개최되었다.

④ 러시아에서 10월 혁명이 일어난 것은 1917년의 사실이다.

03 동서 냉전 체제하에서 자본주의 진영과 공산주의 진영은 각각 집단적 안전 보장 체제 구축을 위한 군사 동맹을 체결하였다. 자본주의 진영은 북대서양 조약 기구(NATO)를 결성하였고, 공산주의 진영은 바르샤바 조약 기구(WTO)를 결성하였다.

04 '철의 장막'이 유럽 대륙을 가로지르고 있다는 내용을 통해 제시된 연설은 영국 처칠의 발언임을 알 수 있다. 영국의 처칠은 1946년 미국의 웨스트민스터 대학교에서 행한 연설에서 소련과 공산주의 진영에 속한 국가들의 폐쇄적인 외교 정책을 상징하는 용어로 '철의 장막'이라는 용어를 사용하였다.

오답피하기 ① 윌슨은 미국의 대통령으로, 14개조 평화 원칙을 제시하였다.

③ 닉슨은 미국의 대통령으로, 닉슨 독트린을 발표하였고 중국을 방문하여 냉전의 완화에 기여하였다.

④ 마셜은 미국의 국무 장관으로, 서유럽에서 공산주의 세력의 확대를 막기 위한 마셜 계획을 제안하였다.

⑤ 트루먼은 미국의 대통령으로, 공산주의의 확산을 막기 위해 유럽 국가들을 지원하겠다는 트루먼 독트린을 발표하였다.

05 제2차 세계 대전 이후 전개된 냉전의 과정 중에서도 직접적인 무력 충돌이 일어났다. 대표적으로 북한의 남침으로 한반도에서는 6·25 전쟁이 일어났으며, 베트남에서는 남북 정권 간에 베트남 전쟁이 전개되었다.

오답피하기 ㄱ. 독일이 무제한 잠수함 작전을 펼쳤던 것은 제1차 세계 대전 중의 사실이다.

ㄷ. 일본이 하와이 진주만을 기습 공격했던 것은 1941년의 사실로, 태평양 전쟁의 발발과 관련이 있다.

06 자료에서 일본의 무조건 항복은 1945년 8월 15일의 사실이고, 베를린 장벽 건설은 1961년의 사실이다. 따라서 (가)에는 두 시기 사이에 발생한 사실이 들어가야 한다. 소련이 베를린을 봉쇄한 것은 1948~1949년 사이의 사실이다.

오답피하기 ① 카이로 회담이 개최된 것은 1943년의 사실이다.

② 대서양 헌장이 발표된 것은 1941년의 사실이다.

④ 쿠바 미사일 위기가 발생한 것은 1962년의 사실이다.
⑤ 닉슨 대통령이 중국을 방문한 것은 1972년의 사실이다.

07 인도는 제2차 세계 대전이 끝난 이후 영국으로부터 독립할 수 있었다. 하지만 인도 내부의 종교적인 갈등으로 인해 힌두교도가 중심인 인도와 이슬람교가 다수인 파키스탄으로 분리 독립하였고, 이듬해 불교도가 중심인 스리랑카도 분리 독립하였다. 또한 동파키스탄은 추후 인종과 언어 차이 등으로 인해 방글라데시로 분리 독립하였다. 따라서 (가)는 파키스탄, (나)는 스리랑카이다.

08 제2차 세계 대전이 끝난 이후 베트남은 베트남 민주 공화국을 수립하고 독립을 선언하였다. 하지만 프랑스는 이를 인정하지 않았고, 베트남과 프랑스 사이에 전쟁이 벌어졌다. 그 결과 베트남이 승리하였고, 1954년 제네바 협정에서 베트남의 독립을 인정하였다. 그러나 이후 베트남은 남베트남과 북베트남으로 분리되었고, 1975년 북베트남이 사이공을 점령하며 전쟁이 종결되었다. 이를 순서대로 배열하면 (나) – (라) – (다) – (가)이다.

09 밑줄 친 '이 국가'는 인도네시아이다. 수카르노는 인도네시아의 정치가이자 독립운동가로 네덜란드의 식민 지배에 맞섰던 인물이다. 그러나 네덜란드가 인도네시아의 독립을 인정하지 않아 인도네시아와 네덜란드 사이에 전쟁이 벌어졌고, 인도네시아는 전쟁에서 승리하고 1949년 독립을 맞이하였다.
오답피하기 ① (가)는 태국이다.
② (나)는 베트남이다.
③ (다)는 캄보디아이다.
④ (라)는 필리핀이다.

10 영국은 제1차 세계 대전 당시 아랍인들에게 도움을 받는 대가로 아랍인의 국가 건설을 지지하겠다고 약속하였으나, 동시에 유대인들에게도 같은 약속을 하였다. 그 결과 제2차 세계 대전이 종결된 이후 유대인이 이스라엘을 건국(1948)하자 아랍인들이 이에 저항하며 4차례에 걸친 중동 전쟁이 전개되었다.
오답피하기 ① 마셜 계획은 서유럽 부흥을 위한 미국의 경제 지원 계획으로, 이스라엘 건국 전인 1947년에 발표되었다.
② 터키 공화국이 수립된 것은 제1차 세계 대전이 끝난 뒤의 사실이다.
③ 제2차 세계 대전이 일어난 것은 1939년의 사실이다.
④ 노르망디 상륙 작전은 제2차 세계 대전 중에 일어났다.

11 제2차 세계 대전이 끝난 후 세계는 미국을 중심으로 한 자본주의 진영과 소련을 중심으로 한 공산주의 진영으로 양분되었다. 하지만 아시아·아프리카의 신생 독립국들은 양쪽 진영에 들어가는 것을 거부하였고, 비동맹 중립주의를 내세우며 독자적인 세력을 구축하였다. 이들을 제3 세계라고 부른다.
오답피하기 ㄱ. 코민포름은 공산주의 진영의 조직이다.
ㄹ. 바르샤바 조약 기구는 공산주의 진영의 군사 동맹이다.

12 냉전 체제의 완화는 1960년대 이후 미국과 소련의 영향력이 약화되는 상황과 관련이 있다. 소련은 중국과 이념 및 국경 문제로 갈등을 겪었고, 폴란드, 헝가리, 유고슬라비아 등은 독자 노선을 추구하였다. 자본주의 진영에서는 프랑스가 북대서양 조약 기구를 탈퇴하며 독자 노선을 추구하였다. 그 결과 미국과 소련은 전략 무기 제한 회담을 통해 군비 축소를 위해 노력하기로 합의하였고, 핵무기 감축도 합의하였다. ① 동독과 서독이 분단되는 상황은 냉전의 형성과 관련된 내용이다.

서술형·논술형

본문 161쪽

01 **| 예시 답안 |** • 경제: 공산주의 국가들이 경제 협력을 위해 경제 상호 원조 회의(COMECON)를 조직하였다.
• 군사: 공산주의 국가들이 군사 안보를 위해 바르샤바 조약 기구(WTO)를 창설하였다.
| 필수 키워드 | 경제 상호 원조 회의(COMECON), 바르샤바 조약 기구(WTO)
| 평가 기준 |

상	공산주의 진영의 경제 분야와 군사 분야의 협력 사례를 모두 정확하게 작성한 경우
중	공산주의 진영의 경제 분야와 군사 분야의 협력 사례 중 한 가지만 정확하게 작성한 경우
하	공산주의 진영의 경제 분야와 군사 분야의 협력 사례를 구체적인 명칭 없이 서술한 경우

02 **| 예시 답안 |** • 세력: 제3 세계
• 특징: 자본주의 진영과 공산주의 진영 어디에도 가담하지 않는 비동맹 중립주의를 추구하였다.
• 영향: 세계 질서의 다극화를 통해 미국과 소련 중심의 냉전 체제가 완화되는 데 기여하였다.
| 필수 키워드 | 제3 세계, 비동맹 중립주의, 냉전 체제의 완화

| 평가 기준 |

상	제3 세계 명칭을 정확하게 쓰고, 제3 세계가 가진 특징과 영향을 모두 정확하게 작성한 경우
중	제3 세계 명칭을 정확하게 작성하였으나, 제3 세계가 가진 특징과 영향 중 한 가지만 정확하게 작성한 경우
하	제3 세계 명칭만을 정확하게 작성하고, 특징과 영향을 작성하지 않은 경우

03 **| 예시 답안 |** 제2차 세계 대전이 끝난 후 인도는 영국으로부터 독립을 쟁취하였다. 그러나 독립 과정에서 힌두교도와 이슬람교도 간의 종교적 갈등으로 인해 많은 피해가 있었고, 이에 힌두교도가 다수인 인도와 이슬람교도가 다수인 파키스탄으로 분리 독립하였다. 다음 해에는 불교도가 다수인 스리랑카도 별도로 독립하였다. 이후 동·서로 갈라져 있던 파키스탄에서 인종과 언어 차이 등으로 인한 독립 투쟁이 일어났고, 그 결과 동파키스탄이 방글라데시로 독립하였다.

| 평가 기준 |

평가 항목	평가 내용
평가 충실도	정해진 분량 기준을 충족시킴(단, 제시된 질문과 전혀 상관없는 내용으로 답변했을 시에는 분량 기준을 충족시키지 못한 것으로 간주함)
사실 관계의 정확성	인도의 독립과 분열 과정을 시간 순서에 맞게 정확하게 작성하였음
글의 타당성	자기 주장과 그에 대한 근거가 타당하게 연결되어 있음
글의 논리성	전체적인 글의 구성과 짜임새가 매끄러우며, 주장과 근거의 연결이 자연스러움

04 **| 예시 답안 |** 닉슨 독트린이 발표된 1969년 당시 미국은 베트남 전쟁에 참전하고 있었으나 수많은 인명 피해와 재정적 어려움 등으로 인해 반전 여론이 커지고 있었다. 또한 유고슬라비아, 헝가리 등이 독자 노선을 추구하고, 소련과 중국이 이념과 국경 문제로 갈등하는 등 공산주의 세력의 위협이 다소 감소하였다. 이외에도 제3 세계의 등장, 유럽 통합 운동 등 국제 질서의 변화에 따라 미국의 냉전 체제에 대응하는 방식이 변화할 필요가 있었다. 이에 미국은 닉슨 독트린을 발표하였다.

| 평가 기준 |

평가 항목	평가 내용
평가 충실도	정해진 분량 기준을 충족시킴(단, 제시된 질문과 전혀 상관없는 내용으로 답변했을 시에는 분량 기준을 충족시키지 못한 것으로 간주함)
사실 관계의 정확성	닉슨 독트린의 발표 배경을 냉전 체제의 완화라는 시대적 배경과 함께 서술함
글의 타당성	자기 주장과 그에 대한 근거가 타당하게 연결되어 있음
글의 논리성	전체적인 글의 구성과 짜임새가 매끄러우며, 주장과 근거의 연결이 자연스러움

02 세계화와 경제 통합

개념 다지기 (본문 164쪽)

01 (1) 페레스트로이카 (2) 독립 국가 연합 (3) 베를린 장벽 (4) 문화 대혁명 (5) 덩샤오핑 (6) 관세 및 무역에 관한 일반 협정(GATT) (7) 아시아·태평양 경제 협력체 (8) 다국적 기업 **02** (1) × (2) ○ (3) × (4) ○ (5) × (6) ○ **03** (다), (가), (나) **04** (1) ㉡ (2) ㉢ (3) ㉣ (4) ㉠ **05** (1) 고르바초프 (2) 대약진 운동 (3) 홍위병 (4) 톈안먼 사건 (5) 세계 무역 기구(WTO) (6) 유럽 연합(EU) **06** (1) 독립 국가 연합(CIS) (2) 대처주의 (3) 마스트리흐트 조약 **07** (1) 마오쩌둥 (2) 세계화 (3) 북미 자유 무역 협정

중단원 실력 쌓기 (본문 165~166쪽)

01 ④ **02** ⑤ **03** ① **04** ④ **05** ④ **06** ② **07** ⑤ **08** ④ **09** ① **10** ① **11** ③

01 자료에서 페레스트로이카 정책을 추진하겠다고 발표하고 있는 것을 통해 해당 인물이 고르바초프임을 알 수 있다. 고르바초프는 공산당 관료 체제의 부정부패 심화와 생필품 부족 등으로 어려운 상황 속에서 소련에 시장 경제 원리를 도입하는 개혁·개방 정책을 추진하였다.

오답피하기 ① 피의 일요일 사건은 1905년 니콜라이 2세 재위 시기에 노동자 등이 개혁을 요구하며 전개했던 시위를 무력으로 진압한 사건이다.
② 러시아의 10월 혁명을 주도한 인물은 레닌이다.
③ 소련이 독일과 상호 불가침 조약을 체결한 것은 1939년의 사실이다.
⑤ 레닌은 1922년 소비에트 사회주의 공화국 연방을 수립하였다.

02 고르바초프가 동유럽 국가들에 대한 군사적 개입을 하지 않겠다고 선언한 이후 동유럽 국가들에서는 민주화 운동이 일어나며 사회주의권이 붕괴되는 변화가 나타났다. 폴란드에서는 바웬사가 이끄는 자유 노조가 정권을 장악하였고, 독일에서는 베를린 장벽이 붕괴되고 통일이 이루어졌다. 한편, 고르바초프의 개혁·개방 정책으로 소련이 해체되고 난 뒤 독립 국가 연합이 출범하였다.

03 1980년대 동독에서는 공산당의 독재와 경제 불황에 반발하는 주민들의 시위가 늘어났다. 또한 동독 주민들이

서독으로 탈출하는 현상도 증가하였다. 그 결과 1989년 베를린 장벽이 붕괴되었고, 서독이 동독을 흡수하는 방식으로 통일이 이루어졌다(1990).

오답피하기 ② 베를린 장벽이 건설된 것은 1961년의 사실이다.

③ 닉슨 독트린은 미국이 아시아에 대한 직접적 군사 개입을 자제하겠다는 것으로 1969년에 발표되었다.

④ 소련이 베를린을 봉쇄한 것은 1948~1949년의 사실이다.

⑤ 바르샤바 조약 기구는 냉전 과정에서 동유럽 국가들의 군사 안보를 위해 결성되었다(1955).

04 (가)는 문화 대혁명이다. 대약진 운동의 실패 이후 정치적 위기에 빠진 마오쩌둥은 자신의 반대파 세력을 제거하고 권력을 강화하기 위해 홍위병을 동원하여 문화 대혁명을 일으켰다. 문화 대혁명의 과정에서 중국의 전통 문화가 많이 파괴되었고, 많은 예술인과 지식인들이 억압당하는 등 사회 혼란이 지속되었다.

오답피하기 ㄱ. 문화 대혁명은 대약진 운동의 실패 이후 마오쩌둥이 추진한 것이다.

ㄷ. 인민 공사는 대약진 운동의 과정 중 농촌의 집단화를 추진하는 과정에서 설립되었다.

05 중국의 개혁·개방을 논의하고 있고, 검은 고양이든 흰 고양이든 쥐만 잘 잡으면 된다는 흑묘백묘론을 이야기하고 있는 것으로 보아 (가) 인물이 덩샤오핑임을 알 수 있다. 덩샤오핑은 마오쩌둥의 사후 실용주의 노선을 채택하여 시장 경제 요소를 도입하는 개혁·개방 정책을 추진하였다.

오답피하기 ① 쑨원은 신해혁명의 결과 수립된 중화민국의 임시 대총통이 되었던 인물이다.

② 장제스는 쑨원의 사후 중국 국민당을 이끌었던 인물로, 북벌을 완수하였다.

③ 호찌민은 베트남의 민족 운동가이다.

⑤ 마오쩌둥은 중국 공산당을 이끌고 중화 인민 공화국을 수립하였고, 문화 대혁명을 주도한 인물이다.

06 1989년 중국의 베이징 광장에서 많은 사람들이 모여 독재 반대, 언론과 결사의 자유 등을 주장하며 집회를 열었고, 중국 공산당이 군대를 동원하여 강제로 진압하였다는 사실을 통해 제시된 사건이 톈안먼 사건임을 알 수 있다.

오답피하기 ① 신해혁명은 1911년에 우창 봉기로 시작되어 중화민국을 수립한 사건이다.

③ 대약진 운동은 1950년대 말 마오쩌둥이 생산력 향상을 추진한 사건이다.

④ 문화 대혁명은 마오쩌둥이 권력을 강화하기 위해 일으킨 사건이다.

⑤ 제1차 국공 합작은 군벌 세력의 타도를 위해 중국 국민당과 중국 공산당이 손잡았던 사건이다.

07 1947년 제네바에서 열렸고, 미국을 비롯한 23개국이 관세 철폐와 무역 증대를 위해 조인하였다는 내용을 통해 (가)가 관세 및 무역에 관한 일반 협정(GATT)임을 알 수 있다. GATT 이후 자유 무역 체제는 점차 확대되어 1995년에는 세계 무역 기구(WTO)가 형성되었다.

08 1970년대 두 차례의 석유 파동으로 세계 경제가 침체되자 국영 기업의 민영화, 사회 복지 비용의 축소를 내세운 신자유주의가 등장하였다. 영국의 마거릿 대처는 대처주의라고 불리는 신자유주의 경제 정책을 추진하였고, 미국의 레이건 대통령은 레이거노믹스라고 불리는 신자유주의 경제 정책을 추진하였다.

오답피하기 ㄱ. 마오쩌둥이 은행과 기업을 국유화하였던 것은 중화 인민 공화국 건국 초기의 사실로, 사회주의 경제 정책에 해당한다.

ㄷ. 소련을 중심으로 경제 상호 원조 회의가 구성된 것은 냉전의 형성 과정 중에 있었던 것으로, 신자유주의 정책의 사례에 해당되지 않는다.

09 (가)의 브레턴우즈 회의는 1944년 미국의 달러를 주거래 화폐로 정하고, 국제 통화 기금(IMF)과 세계은행 설립을 합의한 사건이다. (나)의 세계 무역 기구(WTO)는 1995년에 설립된 기구이며, (다)의 두 차례에 걸친 석유 파동은 1970년대에 있었던 사건이다. (라)의 관세 및 무역에 관한 일반 협정(GATT)은 1947년에 체결되었다. 이를 순서대로 배열하면 (가)–(라)–(다)–(나)이다.

10 자료에서 유럽 연합의 상징인 기가 제시된 것으로 보아 (가)에 적절한 것은 유럽 연합(EU)이다. 제2차 세계 대전이 끝난 후 유럽에서는 유럽 통합을 위한 노력이 이루어졌다. 그 결과 프랑스, 독일 등 6개국이 참여한 유럽 석탄 철강 공동체에서 시작하여 유럽 연합이 출범하였다.

11 냉전 체제가 붕괴되고 자본주의가 확산되면서 세계화가 가속화되었다. 이로 인해 전 세계적으로 상품과 서비스·자본·노동이 국경을 넘어 이동하였고, 그 과정에서 다국적 기업이 성장하였으며 국제기구의 영향력이 확대

되었다. 또한 이주민의 증가로 다문화 사회가 형성되었고, 미국 문화 등의 전파 등으로 인한 문화 획일화도 나타났으며, 국가 간 상호 의존도가 증가하여 한 국가의 경제 위기가 세계로 확대되는 부작용도 가져왔다.

| 평가 기준 |

평가 항목	평가 내용
평가 충실도	정해진 분량 기준을 충족시킴(단, 제시된 질문과 전혀 상관없는 내용으로 답변했을 시에는 분량 기준을 충족시키지 못한 것으로 간주함)
사실 관계의 정확성	소련의 해체가 일어나게 된 배경을 정확하게 작성하였음
글의 논리성	글의 인과 관계 서술이 자연스럽고, 전체적인 글의 구성과 짜임새가 매끄러움

서술형・논술형

본문 167쪽

01 | 예시 답안 | 덩샤오핑은 광저우, 푸저우 등에 경제특구를 지정하였고, 기업가의 자율적인 경영과 외국인의 투자를 허용하였다.

| 필수 키워드 | 경제특구, 기업가의 자율 경영, 외국인의 투자 허용 등

| 평가 기준 |

상	덩샤오핑이 추진한 개혁·개방 정책의 구체적인 내용을 두 가지 모두 서술한 경우
중	덩샤오핑이 추진한 개혁·개방 정책의 구체적인 내용을 한 가지만 서술한 경우
하	덩샤오핑이 추진한 개혁·개방 정책의 구체적인 내용 없이 개혁·개방을 추진했다는 사실만 서술한 경우

02 | 예시 답안 | 신자유주의의 확대와 세계화로 인해 국가 간의 무역 경쟁이 치열해지면서 각국은 지역 단위의 경제 협력을 강화하고, 공동의 이익을 추구하기 위해 지역별 경제 협력체를 구성하였다.

| 필수 키워드 | 신자유주의의 확대, 세계화, 지역 단위의 경제 협력

| 평가 기준 |

상	지역별 경제 협력체가 등장하게 된 배경을 두 가지 모두 서술한 경우
중	지역별 경제 협력체가 등장하게 된 배경을 한 가지만 서술한 경우
하	지역별 경제 협력체가 등장하였다는 사실만 서술한 경우

03 | 예시 답안 | 1970년대 이후 소련에서는 공산당 일당 독재 체제와 사회주의 경제 체제의 한계로 경제가 침체되었다. 이러한 상황 속에서 등장한 고르바초프는 개혁(페레스트로이카)과 개방(글라스노스트)을 내세우며 시장 경제 제도를 도입하고 정치의 민주화를 추진하였다. 그 결과 소련을 이루고 있던 여러 공화국들은 독립을 선포하였고, 소련이 해체되었다.

04 | 예시 답안 | 세계화에 따라 다국적 기업들은 국외에 공장을 건설하고, 노동자들도 일자리를 찾아 이주하는 등 자본과 노동의 국제적 이동이 늘어났다. 이러한 과정에서 이주민의 증가로 인해 다문화 사회가 형성되는 한편, 이주민 증가에 따른 사회 문제와 문화 갈등이 나타나기도 하였다. 또한 세계적인 문화 교류의 증가로 인해 각국의 문화가 융합되면서 새로운 문화가 형성되기도 하고, 특정 문화의 확산으로 문화 획일화 현상이 나타나기도 하였다.

| 평가 기준 |

평가 항목	평가 내용
평가 충실도	정해진 분량 기준을 충족시킴(단, 제시된 질문과 전혀 상관없는 내용으로 답변했을 시에는 분량 기준을 충족시키지 못한 것으로 간주함)
사실 관계의 정확성	세계화로 인한 변화 사례를 정확하게 서술한 경우
조건의 충족	제시된 단어를 모두 포함하여 서술하였음
글의 논리성	전체적인 글의 구성과 짜임새가 매끄러우며, 주장과 근거의 연결이 자연스러움

03 탈권위주의 운동과 대중문화 발달

개념 다지기

본문 170쪽

01 (1) 68 운동 (2) 아파르트헤이트 (3) 마틴 루서 킹 (4) 4·19 혁명 (5) 여성 운동 (6) 대중 (7) 대중 매체 (8) 히피 문화 **02** (1) ○ (2) × (3) ○ (4) ○ (5) ○ (6) ○ **03** (나), (가), (다) **04** (1) ㉠ (2) ㉡ (3) ㉢ **05** (1) 프랑스 (2) 넬슨 만델라 (3) 워싱턴 행진 (4) 대중문화 (5) 팝 아트 (6) 우드스톡 페스티벌 **06** ㄴ, ㄹ **07** (1) 남아프리카 공화국 (2) 히피 문화 (3) 민권법

중단원 실력 쌓기

본문 171~172쪽

01 ②	02 ⑤	03 ⑤	04 ⑤	05 ③
06 ④	07 ②	08 ①	09 ④	10 ⑤

01 탈권위주의 운동은 1960년대를 전후한 시기부터 기성세대가 만든 권위주의적인 질서와 체제에 저항하는 메시지를 담아 전개되었다. 대표적인 사례로는 프랑스의 68 운동이 있다.

오답피하기 ① 중국의 5·4 운동은 일본의 대중국 21개조 요구가 파리 강화 회의에서 열강으로부터 승인되었다는 소식이 전해지자 이에 저항하여 일어난 민족 운동이다.

③ 영국의 차티스트 운동은 19세기 노동자들이 선거권 확대를 요구하며 전개한 운동이다.

④ 러시아의 브나로드 운동은 러시아의 지식인들이 농촌에서 전개한 계몽 운동이다.

⑤ 아라비아반도의 와하브 운동은 18세기 중엽 압둘 와하브가 이슬람교의 개혁을 내세우며 전개한 운동이다.

02 '금지하는 것을 금지한다!, 모든 권력을 상상력으로!, 우리 안에 잠자고 있는 경찰을 없애자!'라는 구호를 통해 1968년 프랑스에서 전개된 68 운동임을 알 수 있다. 프랑스에서 권위주의적인 대학 교육과 미국의 베트남 침공 반대 시위가 노동자들의 총파업 등과 연계하여 사회 변혁 운동으로 발전하였다.

오답피하기 ㄱ. 넬슨 만델라가 주도한 것은 아파르트헤이트 반대 운동 등에 해당한다.

ㄴ. 한국의 4·19 혁명은 1960년에 있었던 사건으로, 68 운동이 일어나기 전의 사건이다.

03 자료는 미국의 마틴 루서 킹이 워싱턴 행진 당시 발표한 'I Have a Dream'이라는 연설문의 일부이다. 1963년 미국의 수도 워싱턴 D.C.에서 수십 만 명의 사람들이 인종 차별에 반대하며 그 종식을 요구하였다. 그 결과 민권법과 투표권법이 통과되었다.

오답피하기 ① 루스벨트는 미국의 대통령으로 대공황 시기 뉴딜 정책을 추진하였다.

② 덩샤오핑은 마오쩌둥의 사후 중국에서 개혁·개방 정책을 추진하였다.

③ 고르바초프는 소련에서 페레스트로이카라고 불리는 개혁 정책을 추진하였다.

④ 넬슨 만델라는 남아프리카 공화국에서 아파르트헤이트 반대 운동을 주도하였다.

04 포스터에 제시된 내용과 함께 남아프리카 공화국에서 시행된 정책이라는 점 등을 통해, 밑줄 친 '이 정책'이 아파르트헤이트임을 알 수 있다. 아파르트헤이트는 '분리', '격리'라는 의미로 남아프리카 공화국에서 실시한 인종 분리주의 정책을 의미한다.

오답피하기 ① 마셜 계획은 제2차 세계 대전이 끝난 후 서유럽 경제 부흥을 위한 미국의 경제 원조 계획을 의미한다.

② 뉴딜 정책은 세계 경제 대공황 당시 이를 타개하기 위해 루스벨트 대통령이 추진한 정책이다.

③ 닉슨 독트린은 미국의 닉슨 대통령이 아시아에 대한 직접적인 군사 개입을 자제하겠다고 발표한 것이다.

④ 페레스트로이카는 소련의 고르바초프가 추진한 개혁 정책을 의미한다.

05 1963년 워싱턴에서 많은 사람들이 흑인들의 시민적·경제적 권리를 옹호하기 위한 행진을 하였다는 사실을 통해 워싱턴 행진에 대한 것임을 알 수 있다. 워싱턴 행진의 결과 1964년 미국에서 인종, 민족, 출신 국가, 여성 등을 차별하는 것을 법으로 금지하였고, 1965년에는 흑인의 투표권을 보장하는 투표권법이 통과되었다.

오답피하기 ㄱ. 넬슨 만델라는 남아프리카 공화국의 인권 운동가이다.

ㄹ. 몽고메리시 버스 승차 거부 운동은 1955년에 전개되었다.

06 제2차 세계 대전 이후 여성들의 고등 교육 혜택이 증가하고, 여성들의 참정권 획득도 이루어졌다. 그러나 여성에 대한 사회적·문화적 차별은 지속되었고, 이에 맞서 여성 운동이 전개되었다. 이러한 움직임의 사례로는 여성 인권 관련 법안의 제정, 여성의 국적·종교 등에 따른 차별 반대 등이 있다.

오답피하기 ㄱ. 영국의 여성 참정권 운동은 제2차 세계 대전 이전에 전개되었다.

ㄷ. 아라비아반도의 와하브 운동은 18세기 아라비아반도에서 이슬람교 초기의 순수성을 되찾자며 일어났다.

07 자료에서 여성들의 참정권 획득 이후 여전히 존재하는 성 차별적 모습에 저항하여 남성 중심적인 사회 체제에 대한 변화를 요구하는 운동이 전개되었다는 내용을 통해, 밑줄 친 '운동'이 여성 운동임을 알 수 있다. ② 쿠바 미사일 위기 당시 반핵 시위는 반전 운동에 대한 것으로, 여성 운동의 사례로는 부적절하다.

08 1960년대 이후 기술의 발전으로 다수의 사람들에게 많은 정보를 전달할 수 있는 대중 매체가 발달하였다. 따

라서 (가)는 대중 매체임을 알 수 있다. 대표적인 대중 매체로는 텔레비전, 라디오, 영화, 컴퓨터, 소셜 네트워크 서비스(SNS) 등이 있다. ① 편지는 대중 매체에 해당하지 않는다.

오답피하기 ② 인터넷은 다수의 사람들이 접속 가능한 대중 매체의 하나이다.
③ 라디오 방송은 대중에게 정보를 전달할 수 있는 대중 매체 사례이다.
④ 소셜 네트워크 서비스(SNS)는 최근에 발달한 대중 매체의 대표적인 사례이다.
⑤ 컬러텔레비전은 대중문화의 발달을 가져온 대표적인 대중 매체이다.

09 팝 아트 작품인 '마릴린 먼로' 등이 제시되어 있고, 이 작품을 제작한 인물을 물어 보았으므로 (가) 인물이 앤디 워홀임을 알 수 있다. 앤디 워홀은 대중문화의 요소인 상품 · 광고 · 영화 · 연예인 등을 대량으로 복제하는 방법을 통해 대중문화의 획일성을 비판하는 예술을 선보였다.

오답피하기 ① 모던 타임스에서 대량 생산 체제를 비판한 것은 찰리 채플린이다.
② 통기타 음악을 통해 민권 운동에 영향을 준 대표적 인물은 밥 딜런이다.
③ 로큰롤 음악을 통해 청년들의 의사를 대변한 대표적 인물은 엘비스 프레슬리이다.
⑤ 영국의 팝 밴드 일원으로 반전 운동 등에 영향을 준 인물은 비틀즈의 멤버였던 존 레논이다.

10 1969년 뉴욕 북부의 베델 평원에서 개최되었다는 점과 '3일간의 평화와 음악'이라는 주제로 개최되었다는 내용을 통해, 밑줄 친 '이 축제'가 우드스톡 페스티벌임을 알 수 있다. 우드스톡 페스티벌은 당시 기성세대에 대한 저항의 분위기가 높았던 시기에 개최되면서 전 세계 젊은이들이 반전, 평화 등의 메시지를 전달하는 창구가 되었다.

오답피하기 ㄱ. 제3 세계의 특징에 해당한다.
ㄴ. 프랑스의 68 운동은 우드스톡 페스티벌이 개최되기 전인 1968년에 전개되었다.

서술형 • 논술형

본문 173쪽

01 | 예시 답안 | • 이름: 넬슨 만델라

• 주요 업적: 남아프리카 공화국에서 아파르트헤이트 반대 운동을 주도하였고, 흑인 최초의 남아프리카 공화국 대통령이 되었다.

| 필수 키워드 | 넬슨 만델라, 아파르트헤이트 반대 운동, 흑인 최초의 남아프리카 공화국 대통령

| 평가 기준 |

상	넬슨 만델라의 이름을 정확히 쓰고, 그의 주요 업적을 두 가지 모두 서술한 경우
중	넬슨 만델라의 이름을 정확히 쓰고, 그의 주요 업적을 한 가지만 서술한 경우
하	넬슨 만델라의 이름을 정확히 썼으나, 그의 주요 업적을 한 가지도 제대로 서술하지 못한 경우

02 | 예시 답안 | 밑줄 친 '이 운동'은 68 운동이다. 프랑스의 68 운동은 미국, 독일 등 다른 나라의 탈권위주의 운동의 확산과 1970년대 여성 운동, 대중문화 형성에 영향을 주었다.

| 필수 키워드 | 68 운동, 탈권위주의 운동의 확산, 여성 운동, 대중문화 형성

| 평가 기준 |

상	68 운동이 끼친 영향을 두 가지 모두 정확히 서술한 경우
중	68 운동이 끼친 영향을 한 가지만 서술한 경우
하	68 운동임을 서술하였으나, 그 영향을 제대로 서술하지 못한 경우

03 | 예시 답안 | 두 차례에 걸친 세계 대전을 겪으며 인류는 수많은 사람이 희생당하였고, 대공황과 같은 경제적 위기를 겪으며 인류가 만들어 온 산업 사회에 대한 문제점이 드러났다. 그 과정에서 전쟁을 겪은 부모 세대는 자녀의 교육에 많은 투자를 하였고, 이로 인해 교육의 수준이 높아지고 시민 의식이 성장하였다. 이러한 과정을 통해 성장한 청년 세대들은 기성세대가 가지고 있던 기존의 가치관과 권위에 의문을 가지고 저항하였으며, 이는 탈권위주의 운동으로 발전하였다.

| 평가 기준 |

평가 항목	평가 내용
평가 충실도	정해진 분량 기준을 충족시킴(단, 제시된 질문과 전혀 상관없는 내용으로 답변했을 시에는 분량 기준을 충족시키지 못한 것으로 간주함)
사실 관계의 정확성	탈권위주의 운동이 일어난 배경을 정확하게 작성하였음
조건의 충족	제시된 단어를 모두 포함하여 서술하였음
글의 논리성	글의 인과 관계 서술이 자연스럽고, 전체적인 글의 구성과 짜임새가 매끄러움

04 | 예시 답안 | (가) 문화는 대중문화이다. 대중들이 널리 즐기는 대중문화는 로큰롤, 영화, 드라마, 팝 아트 등 대중 매체를 통한 새로운 장르를 등장시켰다. 또한 물질적 가치를 중시하는 경향이 강해지면서 전통문화와 정신적 가치가 파괴되었고, 코카콜라와 할리우드 영화로 대표되는 미국 문화가 확산되면서 문화의 획일화 현상이 나타게 되었다. 최근에는 인터넷과 무선 통신의 발달로 인해 실시간 쌍방향 소통이 가능해지면서 대중이 문화의 소비자일 뿐만 아니라 문화의 생산자로도 참여하는 특징을 보여 주고 있다.

| 평가 기준 |

평가 항목	평가 내용
평가 충실도	정해진 분량 기준을 충족시킴(단, 제시된 질문과 전혀 상관없는 내용으로 답변했을 시에는 분량 기준을 충족시키지 못한 것으로 간주함)
조건의 충족	대중문화의 특징 세 가지를 정확하게 서술하였음
글의 논리성	전체적인 글의 구성과 짜임새가 매끄러우며, 주장과 근거의 연결이 자연스러움

04 현대 세계의 문제 해결을 위한 노력

개념 다지기 본문 176쪽

01 (1) 카슈미르 (2) 국제 연합 (3) 대량 살상 무기 (4) 난민 (5) 국제 연합 난민 기구 (6) 남북문제 (7) 온실가스 (8) 국경 없는 의사회
02 (1) × (2) ○ (3) ○ (4) ○ (5) × (6) × **03** (다), (가), (나)
04 (1) ㉣ (2) ㉢ (3) ㉠ (4) ㉡ **05** (1) 코소보 사태 (2) 핵 확산 금지 조약(NPT) (3) 국제 연합 평화 유지군 (4) 난민 협약 (5) 국제 부흥 개발 은행 (6) 파리 기후 협약 **06** (1) 9·11 테러 (2) 국제 연합 난민 기구 (3) 빈부 격차 문제 **07** (1) 베트남 전쟁 (2) 파리 기후 협약 (3) 국경 없는 의사회

중단원 실력 쌓기 본문 177~178쪽

01 ②	02 ③	03 ②	04 ②	05 ④
06 ①	07 ④	08 ③	09 ③	10 ④

01 자료에서 카슈미르 지역을 둘러싸고 대립하고 있다는 내용을 통해 인도와 파키스탄 간의 카슈미르 분쟁에 대한 것임을 알 수 있다. 따라서 힌두교 국가인 (가)는 인도이고, (나)는 파키스탄임을 알 수 있다.

02 인류의 생존을 위협하는 대량 살상 무기의 확산을 막기 위한 협약이라는 점을 통해 밑줄 친 '협약'이 대량 살상 무기 문제의 해결을 위한 노력이라는 점을 알 수 있다. 국제 사회는 이 문제의 해결을 위해 핵 확산 금지 조약(NPT), 생물 무기 금지 협약(BWC), 화학 무기 금지 협약(CWC), 대량 살상 무기 확산 방지 구상(PSI) 등을 통해 노력하고 있다.
오답피하기 ㄱ. 파리 기후 협약은 환경 문제 해결을 위한 노력이다.
ㄹ. 관세 및 무역에 관한 일반 협정은 자유 무역 체제를 확대하기 위한 노력으로 1947년에 체결되었다.

03 자료에서 반전 평화 운동이 제시되었고, 특히 1960년대에 전개된 반전 운동으로 (가)가 제시되었으므로, (가)에는 1960년대의 전쟁이 포함되어야 한다. 1960년대의 대표적인 반전 운동에는 미국의 고엽제 살포와 민간인 학살 등에 반발하여 일어난 베트남 전쟁 반대 운동이 있다.
오답피하기 ① 6·25 전쟁은 1950년대에 있었던 사건이다.
③ 이라크 전쟁은 2000년대에 있었던 사건이다.
④ 러시아의 크림반도 침공은 2010년대에 있었다.
⑤ 미국의 아프가니스탄 침공은 2000년대에 있었다.

04 자료는 로힝야족에 대한 박해와 시리아 내전으로 인한 난민 발생 사례를 제시하고 있으므로 (가)에 들어갈 내용으로는 난민의 발생 사례가 적절하다. 코소보 사태, 시리아 내전 등 인종 갈등과 정치적 혼란 등으로 인해 다수의 난민이 발생하였고, 이로 인해 난민 수용 문제를 둘러싸고 갈등이 발생하고 있다.

05 현대 세계에서는 정치·종교·사상적인 박해를 피해 다른 지역으로 이주하는 (가)가 발생한다고 하였으므로, (가)는 난민임을 알 수 있다. 난민을 보호하기 위해 국제 연합은 1950년 국제 연합 난민 기구를 창설하였고, 1951년에는 난민 협약을 체결하였다. 또한 6월 20일을 '세계 난민의 날'로 지정하여 난민에 대한 관심을 높이기 위해 노력하고 있다.
오답피하기 ㄱ. 교토 의정서는 환경 문제를 해결하기 위한 대응이다.
ㄷ. 화학 무기 금지 협약은 대량 살상 무기 문제를 해결하기 위한 노력이다.

06 북반구의 선진 공업국과 남반구의 개발 도상국 사이의 경제적 차이로 발생하는 문제라고 하였으므로 (가)에 들어갈 용어는 남북문제이다. 신자유주의와 세계화의 확대 과정에서 국가 간, 국가 내의 경제적 차이가 발생하며 국가 간 빈부 격차 문제가 발생하고 있다.

07 ○○ 의정서 합의 사항이라고 제시되어 있고, 최초로 온실가스 감축 비율을 제시하였으며, 선진국에게만 온실가스 감축 의무를 부여하였고, 한국 등 개발 도상국에게는 의무를 부여하지 않았다는 점을 통해 제시된 합의는 1997년에 있었던 교토 의정서에 대한 것임을 알 수 있다.

08 자료에서 1971년 의사와 언론인을 중심으로 하여 설립된 비정부 기구라는 점, 인종·종교·계급·성별을 막론하고 도움이 필요한 모든 사람에게 의료 서비스를 제공하는 것을 목표로 한다는 점 등을 통해 국경 없는 의사회에 대한 설명임을 알 수 있다.

오답피하기 ① 유네스코는 유엔 교육 과학 문화 기구로, 각국이 가입되어 있는 유엔의 전문 기구이다.
② 세계 보건 기구는 질병 퇴치를 위한 연구와 긴급 구호 활동을 전개하는 유엔의 전문 기구이다.
④ 국제 적십자 연맹은 전쟁이나 재난 시기의 구호 등을 담당하는 국제기구이다.
⑤ 국제 연합 난민 기구는 난민 문제 해결을 위한 국제기구이다.

09 교사의 질문에서 현대 사회의 빈곤 문제를 해결한다고 하였으므로, (가)에는 빈곤 문제를 해결하기 위해 노력하는 단체가 제시되어야 한다. 국제 부흥 개발 은행은 본래 제2차 세계 대전 이후 여러 국가들의 재건 비용 마련을 위한 기구로 출발하였으나, 현재는 빈곤 상태의 국가들을 구제하기 위한 역할을 수행하고 있다.

오답피하기 ① 국제 연맹은 제1차 세계 대전 이후 국제 평화 유지를 위해 만들어졌다.
② 북대서양 조약 기구는 냉전이 형성되는 과정에서 서유럽의 군사 안보를 위해 창설되었다.
④ 여성 사회 정치 연합은 에멀린 팽크허스트가 결성하여 영국의 여성 참정권 운동을 주도한 단체이다.
⑤ 동남아시아 국가 연합은 동남아시아 지역의 국가 간 협력 강화를 위한 경제 협력체이다.

10 자료에서 사막이 된 아랄해의 모습과 줄어드는 극지방의 면적을 상징하는 사진이 제시된 것으로 보아 환경 문제에 대한 것임을 알 수 있다. 국제 사회는 환경 문제에 대응하기 위해 파리 기후 협약을 체결하여 온실가스의 감축을 의무화하였으며, 그린피스, 지구의 벗 등의 비정부 기구(NGO)들도 환경 문제 해결을 위해 지속적으로 노력하고 있다.

오답피하기 ㄱ. 평화 10원칙은 제3 세계의 국가들이 1955년 아시아·아프리카 회의(반둥 회의)에서 결의한 것이다.
ㄷ. 세계 무역 기구(WTO)는 전 세계의 자유 무역 확대를 위한 기구이다.

서술형·논술형

본문 179쪽

01 **| 예시 답안 |** 그린피스는 핵 실험 반대와 자연 보호 운동 등을 통해 환경 문제 해결을 위해 노력하고 있으며, 국경 없는 의사회는 인종, 계급, 종교 등을 막론하고 도움이 필요한 모든 사람들에게 의료 서비스를 제공하고 있다.

| 필수 키워드 | 그린피스, 국경 없는 의사회 등 비정부 기구의 활동

| 평가 기준 |

상	비정부 기구의 활동 사례를 두 가지 모두 서술한 경우
중	비정부 기구의 활동 사례를 한 가지만 서술한 경우
하	비정부 기구의 활동 사례를 제대로 서술하지 못한 경우

02 **| 예시 답안 |** 1950년 국제 연합은 전 세계 난민 문제 해결을 위한 기구로 국제 연합 난민 기구를 조직하였고, 1951년 난민의 지위와 권리를 정의한 난민 협약을 채택하였다. 또한 매년 6월 20일을 '세계 난민의 날'로 지정하여 난민에 대한 관심을 증대시키기 위해 노력하고 있다.

| 필수 키워드 | 국제 연합 난민 기구, 난민 협약, 세계 난민의 날

| 평가 기준 |

상	난민 문제 해결을 위한 국제 사회의 노력을 두 가지 모두 서술한 경우
중	난민 문제 해결을 위한 국제 사회의 노력을 한 가지만 서술한 경우
하	난민 문제 해결을 위한 구체적 사례 없이 서술한 경우

03 **| 예시 답안 |** 인도는 제2차 세계 대전 이후 독립할 당시 종교 문제로 인해 힌두교를 믿는 사람이 다수인 인도와 이슬람교를 믿는 사람이 다수인 파키스탄으로 분리 독립하였다. 그러나 양국의 경계에 위치한 카슈미르 지역

은 이슬람교를 믿는 사람이 다수임에도 불구하고, 힌두교도였던 당시 이 지역의 지도자가 통치권을 인도에 넘겼다. 이로 인해 카슈미르 지역에서 갈등이 발생하였고, 인도와 파키스탄 간의 무력 충돌로 이어졌다. 그 결과 카슈미르는 인도령 카슈미르와 파키스탄령 카슈미르로 분할되었으나, 이후에도 최근까지 양국의 충돌과 갈등이 지속되고 있다.

| 평가 기준 |

평가 항목	평가 내용
평가 충실도	정해진 분량 기준을 충족시킴(단, 제시된 질문과 전혀 상관없는 내용으로 답변했을 시에는 분량 기준을 충족시키지 못한 것으로 간주함)
사실 관계의 정확성	카슈미르 분쟁이 일어난 배경을 종교와 연결시켜 정확하게 작성하였음
글의 논리성	글의 인과 관계 서술이 자연스럽고, 전체적인 글의 구성과 짜임새가 매끄러움

04 **| 예시 답안 |** 국제 사회는 환경 문제의 해결을 위해 1992년 '기후 변화에 관한 기본 협약'을 맺고, 1997년 교토 의정서를 채택하여 개별 국가들마다 일정량의 온실가스를 줄여나가기로 합의하였다. 이는 최초로 온실가스 감축 비용을 제시하였다는 의의가 있으나, 선진국만을 의무 대상으로 하였다는 점 등에서 한계가 있었다. 이에 2015년 파리 기후 협약을 체결하여 선진국과 개발 도상국이 모두 구체적인 수치를 제시하여 온실가스 배출량을 줄일 것을 의무화하였고, 5년마다 검증을 받도록 하였다.

| 평가 기준 |

평가 항목	평가 내용
평가 충실도	정해진 분량 기준을 충족시킴(단, 제시된 질문과 전혀 상관없는 내용으로 답변했을 시에는 분량 기준을 충족시키지 못한 것으로 간주함)
사실 관계의 정확성	주요 기후 변화 협상의 내용과 의미를 시간 순서에 따라 정확하게 서술하였음
조건의 충족	<보기>에 제시된 단어를 모두 포함하여 서술하였음
글의 논리성	전체적인 글의 구성과 짜임새가 매끄러우며, 주장과 근거의 연결이 자연스러움

대단원 마무리

본문 180~181쪽

01 ②	02 ③	03 예시 답안 참조	04 ②
05 ④	06 ③	07 ⑤	08 ⑤
09 예시 답안 참조	10 ④	11 ④	12 ④

01 자료에서 제2차 세계 대전 후 동유럽에서 공산 정권이 등장하고 있고, 미국이 공산주의 세력의 확대를 막고 서유럽의 부흥을 지원하기 위해 트루먼 독트린과 마셜 계획을 발표하였다는 점, 소련이 공산당 정보국인 코민포름을 창설하였다는 점 등을 통해 냉전 체제의 형성 배경임을 알 수 있다.

02 (가) 6·25 전쟁은 1950년에 발발한 사건이고, (나) 닉슨 독트린은 1969년에 발표되었다. (다) 소련의 베를린 봉쇄는 1948~1949년에 있었고, (라) 베를린 장벽 붕괴는 1989년의 사실이다. 따라서 이를 시간 순서대로 나열해 보면 (다)–(가)–(나)–(라)이다.

03 **| 예시 답안 |** • 회의명: 아시아·아프리카 회의(반둥 회의)
• 의의: 미국과 소련 중심의 냉전 체제가 완화되는 데 기여하였다.

| 필수 키워드 | 아시아·아프리카 회의(반둥 회의), 냉전의 완화

| 평가 기준 |

상	아시아·아프리카 회의(반둥 회의)의 명칭을 정확히 쓰고, 냉전의 완화에 기여한 사실을 정확하게 서술한 경우
중	냉전의 완화에 기여한 사실만을 정확하게 서술한 경우
하	아시아·아프리카 회의(반둥 회의)의 명칭만을 정확하게 서술한 경우

04 자료에서 제2차 세계 대전이 종료된 후 팔레스타인 지방에서 영국과 미국의 지원을 받아 유대인들이 수립한 국가라는 내용을 통해 (가) 국가가 이스라엘임을 알 수 있다. 이스라엘의 건국에 맞서 팔레스타인과 주변 아랍 국가들은 4차례 걸쳐 중동 전쟁을 일으켰으나, 이스라엘이 승리하였다.

오답피하기 ① 마셜 계획은 미국에서 발표한 것이다.
③ 아프리카의 해는 나이지리아, 카메룬, 가봉 등 17개국이 독립한 1960년을 의미한다. 이스라엘은 1948년에 수립되었다.
④ 수에즈 운하를 국유화한 국가는 이집트이다.
⑤ 쿠바에 미사일 기지를 건설하려 한 국가는 소련이다.

05 문제 속 사진과 미국이 앞으로 핵무기와 관련된 위협을 제외하고는 아시아에 직접적인 군사 개입을 자제하겠다는 내용을 통해 1969년에 발표한 닉슨 독트린임을 알 수 있다. 닉슨 독트린의 발표 이후 미국은 당시 참전하고 있던 베트남 전쟁에서 군대를 철수하기 시작하였다.

오답피하기 ① 베를린 장벽이 건설된 것은 1961년의 사실이다.

② 북대서양 조약 기구가 창설된 것은 냉전 체제가 형성될 때의 사실로, 닉슨 독트린 발표 이전의 사실이다.
③ 경제 상호 원조 회의는 냉전이 형성되던 시기 소련을 비롯한 동유럽 국가들이 마셜 계획에 맞서 설립한 것이다.
⑤ 중국 공산당이 중화 인민 공화국을 수립한 것은 1949년의 사실이다.

06 소련의 개혁 · 개방 정책이 끼친 영향을 살펴본다는 주제에 맞춰서는 사회주의권의 붕괴와 변화에 관련된 사실을 찾아야 한다. 고르바초프가 1980년대 중반 이후 페레스트로이카로 불리는 개혁 정책을 추진하고, 동유럽에 대한 불간섭을 선언한 이후 동유럽 국가에서는 폴란드의 자유 노조의 활동과 같은 민주화 운동이 일어나 사회주의 국가들이 붕괴하였다. 독일에서는 베를린 장벽이 붕괴되고 독일의 통일이 이루어졌으며, 소련에서는 소련이 해체되고 독립 국가 연합이 결성되었다. ③ 미 · 중 국교 정상화가 이루어진 것은 1979년의 사실로, 소련의 개혁 · 개방 정책이 추진되기 이전의 사실이다. 닉슨 독트린의 발표 이후 미국 대통령 닉슨이 중국을 방문하였고, 1979년 미 · 중 국교 정상화가 이루어졌다.

07 자료에서 흑묘백묘론을 주장하였고 중국의 경제를 살리기 위해 농업, 공업, 국방, 과학 기술 4개 분야의 현대화를 추진했다는 내용을 통해 (가) 인물이 덩샤오핑임을 알 수 있다. 마오쩌둥의 사후 중국의 개혁 · 개방 정책을 이끈 덩샤오핑은 광저우와 상하이 등에 경제특구를 설치하고 외국인의 투자를 허용하는 등의 정책을 펼쳤다.
오답피하기 ① 중화민국의 임시 대총통에 취임한 인물은 쑨원이다.
② 문화 대혁명으로 권력을 강화한 인물은 마오쩌둥이다.
③ 홍위병을 동원하여 반대파를 몰아낸 인물은 마오쩌둥이다.
④ 인도의 네루와 평화 5원칙에 합의한 인물은 저우언라이이다.

08 아파르트헤이트 정책 폐지를 위해 노력하였고, 노벨 평화상을 수상하였다는 내용을 통해 (가) 인물이 넬슨 만델라임을 알 수 있다. 넬슨 만델라는 남아프리카 공화국에서 흑인 인권 운동에 앞장섰고, 그 공로로 노벨 평화상을 수상하였으며, 이듬해 남아프리카 공화국 최초의 흑인 대통령이 되었다.

09 **| 예시 답안 |** 세계화로 인해 자본과 노동의 국제적 이동이 늘어나면서 다국적 기업이 성장하였고, 이주민의 증가로 인해 다문화 사회가 형성되었다.

| 필수 키워드 | 다국적 기업의 성장, 다문화 사회의 형성
| 평가 기준 |

상	세계화가 끼친 영향을 두 가지 모두 서술한 경우
중	세계화가 끼친 영향을 한 가지만 서술한 경우
하	지구촌이 되었다 등 단순한 사실만 서술한 경우

10 자료에서 국영 기업 민영화와 복지 비용 삭감 등의 대처주의와, 각종 규제 완화와 복지 비용 삭감을 내세운 레이거노믹스가 제시된 것으로 보아 신자유주의 정책의 추진 사례임을 알 수 있다. 1970년대 두 차례의 석유 파동으로 인해 세계 경제가 침체되자 경제 부흥을 위해 신자유주의가 등장하였다. 대처주의와 레이거노믹스는 대표적인 신자유주의 정책의 추진 사례이다.

11 교사의 질문에서 대중 매체의 발달에 따른 대중문화의 발달을 언급하고 있고, 이에 따른 변화를 묻고 있다. 대중문화의 발달은 로큰롤, 팝 아트 등 새로운 장르의 예술이 등장하는 배경이 되었고, 젊은 세대가 소비의 주체로 성장하는 바탕이 되었다. 또한 전통문화와 정신적 가치가 파괴되고 물질적 가치를 중시하는 경향이 확산되었으며, 미국 문화의 확산 등으로 인한 문화의 획일화 현상도 나타나게 되었다. ④ 대중문화는 불특정 다수인 대중이 누리는 문화로 소수의 일부 계층이 문화를 독점하는 것과는 관련이 없다.

12 자료에 제시된 핵 확산 금지 조약(NPT), 생물 무기 금지 협약(BWC), 화학 무기 금지 협약(CWC)은 모두 민간인까지 무차별적으로 학살하고 인류 문명을 파괴할 가능성을 내포한 대량 살상 무기 문제의 해결을 위한 국제 사회의 노력에 해당한다.
오답피하기 ① 국가 간 경제적 차이 축소를 위해서는 국제 부흥 개발 은행(IBRD), 국제 통화 기금(IMF) 등이 활동하고 있다.
② 전 세계 난민 문제의 해결을 위한 노력으로는 국제 연합 난민 기구의 설치와 난민 협약 등이 있다.
③ 환경 오염 물질의 배출 통제를 위해 교토 의정서, 파리 기후 협약 등이 맺어졌다.
⑤ 새로운 질병의 발생에 대응하기 위해 세계 보건 기구 등이 연구 활동을 전개하고 있다.

I 문명의 발생과 고대 세계의 형성

대단원 종합 문제

본문 6~8쪽

01 ⑤	02 ②	03 ③	04 ⑤	05 ②
06 ②	07 ①	08 ①	09 ④	10 ②
11 ①	12 ①	13 ③	14 ③	15 ③

01 역사의 의미는 두 가지로 구분할 수 있다. 첫 번째는 ㄷ. 과거에 일어났던 사실 그 자체이며, 객관적인 성격을 갖고 있다. 두 번째는 ㄹ. 과거 사실에 대한 기록으로 역사가의 관점이 개입되기 때문에 주관적이라고 할 수 있다.

02 (가)는 호모 사피엔스에 해당한다. 호모 사피엔스는 ② 동굴 벽화를 제작하고, 정교한 석기 및 뼈 도구를 사용했으며, 현생 인류로 진화하였다.

오답피하기 ①, ③은 청동기 시대, ④, ⑤는 신석기 시대에 해당한다.

03 자료는 구석기 시대~신석기 시대의 생활 모습을 나타낸 것이다. ③ 수학이 발달하여 60진법을 사용했던 것은 청동기 시대에 성립된 메소포타미아 문명에 해당한다.

오답피하기 ①, ②, ④, ⑤는 모두 신석기 시대의 생활 모습에 해당한다.

04 자료는 인도 문명의 카스트 제도에 대한 것이다. 인도 문명은 도로망, 공중목욕탕, 하수 시설 등이 구비된 모헨조다로, 하라파와 같은 계획도시가 있었다는 것과 자연신을 찬양하는 경전 '베다'를 만들었다는 것을 특징으로 한다.

오답피하기 ①은 중국 문명의 상 왕조, ②, ④는 메소포타미아 문명, ③은 이집트 문명에 해당한다.

05 티그리스강과 유프라테스강 유역에서 발달한 문명은 메소포타미아 문명이다. 메소포타미아인들은 ㄱ. 도시마다 신전인 지구라트를 건축하고, ㄷ. 점토판에 쐐기 문자로 기록하여 효율적인 통치를 하였다.

오답피하기 ㄴ. 미라를 만드는 모습은 이집트 문명에 해당한다.
ㄹ. 이집트 문명의 스핑크스와 피라미드이다.

06 (가) 스핑크스, 피라미드는 이집트 문명, (나) 함무라비 법전은 메소포타미아 문명의 바빌로니아 왕국, (다) 은허 유적은 중국 문명의 상 왕조의 수도 유적에 해당한다.

07 춘추 전국 시대 제자백가 중 하나인 도가의 대표 인물은 노자와 장자로, 자연의 순리에 맞게 살 것을 강조하였다.

오답피하기 ㄷ은 묵가, ㄹ은 법가에 해당한다.

08 한 고조는 중앙은 군현제로, 지방은 봉건제로 다스리는 형태인 군국제를 실시하였고, 무제 때 전국을 군현제로 다스리는 방식으로 전환하였다.

09 자료는 군현제에 대한 것으로, 이 제도를 처음 시행했던 것은 진(秦) 왕조였다. ④ 비단길을 개척하여 서역과 교류했던 것은 한 왕조이다.

오답피하기 ①, ②, ③, ⑤는 모두 진 왕조에 대한 설명에 해당한다.

10 자료는 사산 왕조 페르시아 때 발행된 화폐이다. 사산 왕조 페르시아는 ㄱ. 3세기 초에 등장하여 파르티아를 정복하였으며, ㄷ. 로마 제국, 쿠샨 왕조와 경쟁하며 동서를 잇는 중계 무역을 통해 번영하였다.

오답피하기 ㄴ, ㄹ은 아케메네스 왕조 페르시아에 해당한다.

11 자료는 그리스·페르시아 전쟁에 대한 것이다. ㄱ. 그리스·페르시아 전쟁 이후 아테네는 민회 중심의 직접 민주주의가 발전하였고, ㄴ. 페르시아의 재침입에 대비하기 위해 아테네가 주도하여 델로스 동맹이 만들어졌다.

오답피하기 ㄷ. 그리스·페르시아 전쟁 이전 클레이스테네스가 도입한 것이다.
ㄹ. 스파르타에 해당한다.

12 자료는 알렉산드로스의 동방 원정에 대한 것이다. 알렉산드로스의 동방 원정 이후 동서 융합 정책으로 헬레니즘 문화가 탄생하였다.

오답피하기 ②는 그리스·페르시아 전쟁 이후의 아테네에 해당한다.
③은 포에니 전쟁 이후의 로마에 해당한다.
④는 아케메네스 왕조 페르시아에 해당한다.
⑤는 펠로폰네소스 전쟁 이후의 스파르타에 해당한다.

13 기원전 8세기 중엽 건국된 로마는 (가) 기원전 6세기 말 왕정에서 공화정으로 바뀌었고, (라) 공화정 시기 포에니 전쟁 이후 자영 농민의 몰락을 그라쿠스 형제가 개혁을 통해 막아보려 했으나 실패하였다. (다) 옥타비아누스가 권력을 장악한 뒤 5현제 시대가 이어져 약 200년 동안 로마의 평화 시대가 찾아왔으며, (나) 콘스탄티누스 대제 때 밀라노 칙령을 내려 크리스트교가 공인되었다.

14 로마의 공화정은 귀족으로 구성된 ㉡ 원로원이 감독과 자문 역할을 하고 중요 사안을 의결하였으며, ㉠ 두 명의 집정관이 행정과 군사와 관련된 일을 맡았다. ㉢ 호민관은 귀족 세력을 견제하기 위해 평민들이 뽑은 대표로 원로원이나 집정관의 결정에 대해 거부권을 행사할 수 있었다.

15 로마와 관련된 문화재는 ㄴ. 수도교, ㄷ. 콜로세움이 해당된다.

오답피하기 ㄱ은 라오콘 군상으로 알렉산드로스 제국 시기, ㄹ은 조로아스터교의 선의 신 아후라 마즈다의 상징에 해당한다.

대단원 서술형 • 논술형 문제

본문 9쪽

01 **| 예시 답안 |** 아케메네스 왕조 페르시아는 피정복민에 대한 관용 정책을 펼쳐 세금을 거두는 대신 고유한 언어, 종교, 법 등을 인정하고 자치를 허용하였다. 그로 인해 정복지 주민의 협력을 얻어 약 200년 동안 통일 제국을 유지할 수 있었다.

| 필수 키워드 | 관용 정책, 통일 제국 유지

| 평가 기준 |

상	'피정복민에 대한 관용 정책'과 '오랜 기간 통일 제국을 유지할 수 있었다.'는 내용 두 가지 모두 서술한 경우
중	'피정복민에 대한 관용 정책'과 '오랜 기간 통일 제국을 유지할 수 있었다.'는 내용 중 한 가지만 서술한 경우
하	'피정복민에 대한 관용 정책'과 '오랜 기간 통일 제국을 유지할 수 있었다.'는 내용 모두 불명확하게 서술한 경우

02 **| 예시 답안 |** 한 무제는 부족한 재정을 확보하기 위해 소금, 철, 술 등을 국가가 독점하여 생산하고 판매하는 방식의 전매제를 실시함으로써 재정을 확보하고자 하였다.

| 필수 키워드 | 전매제, 소금, 철, 술

| 평가 기준 |

상	'전매제의 운영 방식에 대한 설명', '소금, 철, 술 등 전매제로 운영된 구체적 물품' 두 가지 모두를 명확하게 서술한 경우
중	'전매제의 운영 방식에 대한 설명', '소금, 철, 술 등 전매제로 운영된 구체적 물품' 두 가지 내용 중 한 가지만 명확하게 서술한 경우
하	'전매제의 운영 방식에 대한 설명', '소금, 철, 술 등 전매제로 운영된 구체적 물품' 두 가지 내용 모두 불명확하게 서술한 경우

03 **| 예시 답안 |** 로마는 카르타고와의 포에니 전쟁 이후 중산층이자 군대의 주력을 담당했던 자영 농민의 몰락과 더불어 정복지의 노예를 동원하여 라티푼디움(대농장)을 운영했던 귀족들로 인해 공화정이 무너질 위기에 직면하였다. 이에 그라쿠스 형제가 소수 귀족의 대토지 소유를 제한하고, 빈민에게 싼 가격으로 곡물을 분배하며, 자영 농민에게 토지를 재분배하고, 그 비용을 국고 보조금으로 지원함으로써 군사력을 강화하여 로마의 공화정을 다시 회복하려고 노력하였다.

| 평가 기준 |

상	'그라쿠스 형제의 연설문이 나오게 된 배경'과 '귀족의 대농장 운영 제한과 자영 농민 구제 방안' 두 가지 모두를 명확하게 논술한 경우
중	'그라쿠스 형제의 연설문이 나오게 된 배경'과 '귀족의 대농장 운영 제한과 자영 농민 구제 방안' 두 가지 내용 중 한 가지만 명확하게 논술한 경우
하	'그라쿠스 형제의 연설문이 나오게 된 배경'과 '귀족의 대농장 운영 제한과 자영 농민 구제 방안' 두 가지 내용 모두 불명확하게 논술한 경우

Ⅱ 세계 종교의 확산과 지역 문화의 형성

대단원 종합 문제

본문 12~14쪽

01 ①	02 ②	03 ①	04 ③	05 ①
06 ②	07 ④	08 ③	09 ②	10 ③
11 ③	12 ①	13 ④	14 ⑤	15 ⑤
16 ④				

01 자료에서 '칼링가를 정복, 진리에 맞는 법만을 실천하고 가르칠 것'을 통해, 밑줄 친 '나'는 아소카왕임을 알 수 있다. 마우리아 왕조의 아소카왕은 부처의 유골을 전국으로 보내 각지에 탑을 세웠다. 특히 산치 언덕에 세 개의 탑을 세웠는데 그중 산치 대탑이 가장 큰 탑이다. 아소카왕은 칼링가 왕국을 정복하는 과정에서 전쟁의 참상을 겪은 후 불교의 가르침에 따라 나라를 다스렸다. 이 시기에는 개인의 해탈을 강조하는 상좌부 불교가 발달하였으며 교역로를 따라 동남아시아로 전파되었다.

오답피하기 ㄷ. 쿠샨 왕조의 카니슈카왕 때 중생의 구제를 강조하는 대승 불교가 발달하였다.

ㄹ. 쿠샨 왕조는 북인도에서 성립되어 중앙아시아로 영토를 확장하였다.

02 지도의 (가) 왕조는 수도가 푸르샤푸라이며, 인더스강을 중심으로 이루어졌으므로 쿠샨 왕조임을 알 수 있다. 쿠샨 왕조의 간다라 지방에서는 인도 문화와 헬레니즘 문화가 융합된 간다라 양식이 발달하였다.

오답피하기 ① 굽타 왕조 때의 사실이다.

③ 굽타 왕조 때 산스크리트 문학이 발달하였다.

④ 굽타 왕조 때 아잔타 석굴 사원이 조성되었다.

⑤ 이슬람 문화에서 연금술이 유행하여 화학이 발달하였다.

03 (가)는 간다라 양식의 불상이며, (나)는 굽타 양식의 사르나트 불상이다. ① 간다라 양식은 헬레니즘 문화의 영향을 받아 쿠샨 왕조 때 발달하였다.

04 자료에서 '옷깃과 소매가 매우 좁았다.', '선비족 복장을 입지 말라는 조칙'을 통해, 밑줄 친 '황제'는 북위의 효문제임을 알 수 있다. 효문제는 수도를 뤄양으로 옮기고 적극적인 한화 정책을 시행하였으며, 균전제를 실시하여 자영농을 육성하는 정책을 펼쳤다.

오답피하기 ㄱ. 수 양제의 업적이다.

ㄹ. 당 태종의 업적이다.

05 (가)는 9품중정제, (나)는 과거제에 대한 설명이다. ① 9품중정제가 실시된 결과 유력 호족이 중앙 관직을 독점하게 되면서 문벌 귀족 사회가 형성되었다. 수 문제가 과거제를 처음 실시하면서 문벌 귀족들의 세력이 약화되었다.

오답피하기 ② 당 말기에는 농민 반란인 황소의 난을 겪으면서 혼란이 가중되었고, 결국 절도사 세력에 의해 멸망하였다.

③ 한 무제 때 흉노 정벌을 위해 장건을 서역에 파견하였는데, 이를 계기로 비단길이 개척되었다.

④ 수 양제 때 대운하를 완성하여 남북의 경제를 통합하였다.

⑤ 당은 8세기 중반에 일어난 안사의 난 이후 국경을 수비하던 절도사들이 독립적인 세력으로 성장하였다.

06 자료는 균전제, 조용조, 부병제에 대한 것이다. 균전제를 실시하여 농민에게 일정한 토지를 나누어 주고 그 대가로 조용조의 세금을 거두었으며, 농민을 병사로 복무시키는 부병제를 실시하였다. 이는 당이 자영 농민을 국가 운영의 기반으로 삼았음을 보여 준다.

오답피하기 ① 당은 농민의 생활이 악화되고 농민 반란인 황소의 난 등을 겪으면서 더욱 혼란해졌다.

③ 안사의 난을 계기로 중앙 정부의 통치력이 약해졌다.

④ 안사의 난을 계기로 절도사의 권한이 강해졌다.

⑤ 당은 8세기 들어 지배층의 대토지 소유로 농민층이 몰락하였다.

07 자료에서 '활발한 대외 교류', '국제적 문화가 발달', '동아시아 문화권 형성' 등을 통해 (가) 왕조는 당 왕조임을 알 수 있다. ④ 위진 남북조 시기에 청담 사상이 유행하여 죽림칠현이 나타났다.

08 일본에서는 한반도와 중국으로부터 건너온 사람들을 도래인(渡來人)이라 불렀다. 6세기 무렵 한국과 중국으로부터 선진 문물을 적극 받아들여 아스카 문화를 발전시켰다. 이 시기에 쇼토쿠 태자는 불교를 장려하여 국왕의 권위를 높이려고 하였다.

오답피하기 ① 7세기 야마토 정권은 당의 율령을 모방하여 다이카 개신을 실시하였다.

② 기원전 3세기경 청동기와 철기가 사용되는 야요이 시대가 시작되었다.

④ 7세기 말에 '일본'이라는 국호와 '천황'이라는 칭호가 사용되었다.

⑤ 12세기 귀족과 호족들이 무사를 고용하면서 무사 세력이 성장하였다.

09 자료는 국풍 문화를 보여 주는 헤이안 시대의 관복과 건축물인 뵤도인 봉황당이다. ㄱ. 8세기 말 일본은 수도를 나라에서 헤이안쿄(교토)로 옮겼다. 이 시기를 헤이안 시대(794 ~ 1185)라고 한다. ㄷ. 이 시기에 한자를 변형해 만든 일본의 고유 문자인 가나를 사용하였다.

오답피하기 ㄴ. 8세기 초 일본은 수도를 헤이조쿄(나라)로 정하고 당의 장안을 본떠 정비하면서 나라 시대를 열었다.

ㄹ. 나라 시대에 불교가 융성하여 도다이사와 같은 대규모 사찰이 건립되었다. 또한 고대 역사와 신화를 정리한 『고사기』, 『일본서기』 등의 역사서가 편찬되었다.

10 지도에서 (가) 왕조는 수도가 다마스쿠스이며 이슬람 왕조 중 가장 넓은 영토를 확보한 점을 통해 우마이야 왕조임을 알 수 있다. ㄴ. 우마이야 왕조는 아랍인을 우대하여 비아랍인인 이슬람교도의 불만을 샀다. ㄷ. 우마이야 왕조가 성립된 후 우마이야 왕조의 정통성을 두고 시아파와 수니파로 나뉘어 대립하였다.

오답피하기 ㄱ. 정통 칼리프 시대에 사산 왕조 페르시아를 정복하였다.

ㄹ. 알함브라 궁전은 유럽에서 이슬람 왕조가 번영했음을 보여 주며, 에스파냐의 마지막 왕조인 나스르 왕조 때 건설되었다.

11 자료에서 바그다드, 정치와 경제의 중심지, 학문의 발달, 국제도시로 성장 등을 통해, (가) 왕조는 아바스 왕조임을 알 수 있다. ㄴ. 11세기 셀주크 튀르크가 바그다드에 입성하여 이슬람 세계를 주도하였다. 그 결과 아바스 왕조의 칼리프는 정치적 권력을 잃은 채 종교적 권위만을 이어가게 되었으며, 결국 13세기에 몽골의 침략으로 멸망하였다. ㄷ. 아바스 왕조는 당과 벌인 탈라스 전투(751)에서 승리하여 중앙아시아의 동서 교역로를 장악하였으며, 이로써 동서양을 잇는 국제 무역으로 번영하였다.

오답피하기 ㄱ. 무함마드는 메카를 장악하고 아라비아반도를 통일하였다.

ㄹ. 무함마드가 사망하자 이슬람 공동체는 무함마드를 대신하여 공동체를 이끌어 갈 지도자인 칼리프를 선출하였다. 이 시기를 정통 칼리프 시대라고 한다.

12 이슬람 세계는 그리스와 로마, 페르시아, 인도 등의 학문을 적극적으로 받아들여 화학 · 천문학 · 의학 · 수학 등의 자연 과학을 발달시켰다. ① 서유럽에서는 첨탑과 색채 유리창(스테인드글라스)이 특징인 고딕 양식이 유행하였는데, 독일의 쾰른 대성당이 대표적이다.

13 지도에서 수도가 콘스탄티노폴리스로 옛 로마 제국의 영토를 차지하였음을 통해, (가) 제국은 비잔티움 제국임을 알 수 있다. 비잔티움 제국은 황제가 교회의 우위에 서는 황제 교황주의가 발전하였으며 그리스 정교를 바탕으로 독자적인 문화를 발전시키면서 그리스어를 공용어로 삼았다. 비잔티움 문화는 슬라브족에 전해져 러시아와 동유럽 문화의 발전에 영향을 주었다. ④ 『아서왕 이야기』 등 기사 문학은 서유럽에서 유행하였다.

14 자료에서 교황이 성지 예루살렘을 되찾자고 주장한 것을 통해, 밑줄 친 '원정'은 십자군 전쟁임을 알 수 있다. 십자군 전쟁으로 비잔티움과 이슬람 문화가 유럽에 전파되었으며, 원거리 무역이 발달하고 도시가 성장하였다.

오답피하기 ㄱ. 십자군 전쟁의 결과 교황의 권위가 추락하고 상대적으로 왕권이 강해져 중앙 집권 국가가 나타났다.

ㄴ. 9세기 말 서유럽은 이민족의 침입으로 지방 세력가의 통제를 받는 봉건 사회가 형성되었다.

15 자료는 카롤루스 대제가 서로마 교황에게 황제의 관을 받는 장면이다. 프랑크 왕국이 이슬람의 침략을 막자 서로마 교황은 프랑크 왕국을 지지하였으며, 비잔티움 황제가 성상 숭배 금지령을 내리자 카롤루스 대제를 서로마 황제로 임명하여 비잔티움 황제로부터 독립하려 하였다.

오답피하기 ㄱ. 11세기 후반 로마 교황이 군주들의 성직자 임명권을 금지하자 신성 로마 제국의 황제와 대립하여 카노사의 굴욕 사건이 나타났다.

ㄴ. 카롤루스 대제 사후 프랑크 왕국이 분열하고 바이킹 등 이민족의 침략으로 혼란에 빠지자 지방 세력가의 통제를 받는 봉건제 사회가 형성되었다.

16 지도에서 (가)는 비텐베르크, 북유럽에 전파 등을 통해 루터파, (나)는 제네바, 서유럽에 전파 등을 통해 칼뱅파임을 알 수 있다. ㄴ. 루터파는 교회의 면벌부 판매를 반박하는 95개조 반박문을 발표함으로써 성립되었다. ㄹ. 루터파와 칼뱅파 등 신교는 가톨릭의 교리를 반박하고 성서에 기반한 믿음을 강조하였다.

오답피하기 ㄱ. 가톨릭교회 세력은 기존의 교리를 재확인하였으며, 예수회를 창설하여 선교 사업을 펼쳤다.

ㄷ. 루터파는 아우크스부르크 화의에서, 칼뱅파는 베스트팔렌 조약에서 신앙을 인정받았다.

대단원 서술형·논술형 문제

본문 15쪽

01 **| 예시 답안 |** 자료는 당의 3성 6부제이며, 3성 6부제는 정책 수립－심의－집행을 분리시켜 황제 권력의 독주를 막았다.

| 필수 키워드 | 당, 3성 6부제, 황제 독재 금지

| 평가 기준 |

상	당, 3성 6부제의 명칭과 운영 체제의 특징을 모두 서술한 경우
중	당, 3성 6부제의 명칭과 운영 체제의 특징 중 두 가지만 서술한 경우
하	당, 3성 6부제의 명칭과 운영 체제의 특징 중 한 가지만 서술한 경우

02 **| 예시 답안 |** ㉠은 성 소피아 대성당이다. 성 소피아 대성당은 거대한 돔과 내부의 모자이크 장식이 특징인 비잔티움 양식으로 건축되었으며, 샤르트르 대성당은 고딕 양식으로 첨탑과 내부의 스테인드글라스 장식이 특징이다.

| 필수 키워드 | • 성 소피아 대성당: 비잔티움 양식, 돔과 모자이크

• 샤르트르 대성당: 고딕 양식, 첨탑과 스테인드글라스

| 평가 기준 |

상	㉠의 명칭을 명확히 쓰고, 두 건축물의 특징을 두 가지 모두 서술한 경우
중	㉠의 명칭을 명확히 쓰고, 두 건축물의 특징을 한 가지만 서술한 경우
하	㉠의 명칭만 쓴 경우

03 **| 예시 답안 |** 이슬람 세계에서는 그리스와 로마, 페르시아, 인도 등의 학문을 적극적으로 받아들여 화학·천문학·의학·수학 등의 자연 과학이 발달하였다. 수학에서는 인도의 영향을 받아 숫자 '0'을 도입하고 아라비아 숫자를 완성하였다. 또 연금술의 발달은 화학 용어에도 영향을 주었다. 천문학에서는 그리스의 천문 기술을 받아들여 발전시켰고, 의학 분야에서는 예방 의학과 외과 수술이 성행하였으며 의학자들의 저술은 유럽에서 교재로 사용되었다. 이 중 천문 지식과 역법은 중국을 거쳐 한국까지 전해졌다. 또한 중국에서 발명된 제지술과 화약 제조술 등이 이슬람 세계를 거쳐 유럽에 전해졌으며, 이슬람의 자연 과학은 유럽에 전해져 유럽의 근대 과학 발전에도 기여하였다.

| 평가 기준 |

평가 항목	평가 내용
논리성	이슬람 문화가 동서 문화를 융합한 점 등 주제에 맞게 자신의 주장을 논리적으로 접근하여 글을 매끄럽게 서술하였음
타당성	자신의 주장에 대한 근거가 명확하고 적절하게 제시하였음
적합성	글자 수 등 요구 사항을 잘 적용하였음

III 지역 세계의 교류와 변화

대단원 종합 문제

본문 18~20쪽

01 ⑤	02 ③	03 ②	04 ①	05 ⑤
06 ⑤	07 ⑤	08 ⑤	09 ④	10 ②
11 ③	12 ①	13 ①		

01 지도에는 금이 중국의 북쪽을 차지하여 송이 남쪽으로 내려간 남송 시대가 나타나 있다.

02 검색창 ㉠에 들어갈 적절한 검색어는 문치주의이다. 문치주의는 유교 이념에 따라 나라를 다스리는 정치 지배 형태로, 송나라는 문치주의로 국력이 약해져서 여러 북방 민족의 침입을 받았다.

03 대화에 나타난 제도는 몽골 제일주의이다. ② 한인은 화북 지방의 한인, 거란인, 여진인, 고려인 등을 의미한다. 원의 지배에 끝까지 저항한 남송인들을 남인이라고 하는데, 이들이 가장 차별받는 집단이었다.

04 퀴즈의 정답은 정화이다. 정화는 명나라 영락제의 명으로 대함대를 이끌고 동남아시아에서 아프리카 해안까지 7차례 원정을 떠나 30여 개국의 조공을 받는 데 성공하였고, 명 중심의 조공 체제를 확립하였다.

05 지도는 마테오리치의 '곤여만국전도'이다. 아시아, 유럽, 아메리카, 아프리카, 남극 등 5대륙이 나타나 있는데, 이탈리아에서 중국으로 가져온 세계 지도를 대본으로 하여 지명을 한문으로 번역하여 만든 것이다.
오답피하기 ① 곤여만국전도는 중국에서 만들어졌다.
② 곤여만국전도는 중국이 세계의 중심이라는 중화사상을 타파하는 데 기여하였다.
③ 아담 샬은 독일 출신의 예수회 선교사로, 중국에 건너가 서양의 천문과 역법을 소개하고 망원경, 총포의 제조 방법을 전파하였다.
④ 곤여만국전도는 명 말에 만들어졌다.

06 자료는 변발을 보여 주고 있다. 변발은 앞머리를 밀고 뒷머리만 남겨 땋는 것으로, 만주족의 전통 머리 모양이었다. 만주족은 한족에게 변발과 만주식 복장을 강요하고, 중화사상을 통한 만주족 비난을 금지하는 등 한족을 강압적으로 다스렸다.
오답피하기 ① 이갑제와 ③ 육유 반포는 명나라 때의 일이다.
② 해금 정책은 중국에서 해상의 교통·무역·어업 등에 대하여 행해졌던 정책으로, 백성들과 상인이 금지된 물건을 가지고 해외에 나가지 못하게 하던 것이다.
④ 만한 병용제는 한족을 회유하기 위한 것이다.

07 제시문에 나타난 제도는 산킨코타이 제도로, 에도 막부 시기에 실시되었다. 에도 막부는 도쿠가와 이에야스가 임진왜란 이후 지금의 도쿄에 연 것으로, 산킨코타이를 통해 다이묘들을 통제한 중앙 집권적인 막부 정권이었다. 이 시기에는 나가사키에서 네덜란드 상인들을 통해 제한적으로 서양 문물을 수입하였다.
오답피하기 ①, ②는 가마쿠라 막부, ③은 전국 시대, ④는 임진왜란과 관련된 것이다.

08 오스만 제국에 편입된 다양한 민족의 종교·문화적 자치성을 보장해 주면서, 술탄을 정점으로 결집시켰던 제도가 밀레트이다. 즉, 밀레트는 오스만 제국 하의 피지배 계층에 허락된 종교와 민족에 따른 자치 공동체를 의미한다.

09 편지의 소재가 된 문화유산은 술탄 아흐메트 사원이다. 술탄 아흐메트 사원의 6개의 첨탑은 술탄의 권력을 상징한다.
오답피하기 ①은 무굴 제국에서 건설된 타지마할이다.
②는 프로이센 왕국의 상수시 궁전이다.
③은 콘스탄티노폴리스 공방전이 벌어졌던 콘스탄티노폴리스 요새이다.
⑤는 이란에 있는 이맘 모스크이다.

10 지도에 빗금으로 표시한 나라는 셀주크 튀르크이다. 셀주크 튀르크는 아바스 왕조의 수도인 바그다드를 정복한 후 칼리프로부터 술탄의 칭호를 얻었다. 예루살렘을 정복하고 비잔티움 제국을 압박하여 유럽과 십자군 전쟁을 치러 쇠퇴하였다.
오답피하기 ㄴ. 사파비 왕조, ㄹ. 오스만 제국에 대한 설명이다.

11 무굴 제국의 아크바르 황제는 북인도 전체와 아프가니스탄을 아우르는 대제국을 건설하고, 비이슬람교도에 대한 관용 정책을 써서 인두세를 폐지하고 힌두교도를 고위 관료로 등용하는 등 이슬람교와 힌두교의 화합 정

실전책

책을 추진하였다. 한편, 아우랑제브 황제는 데칸고원 및 인도 남쪽까지 영토를 확장하여 최대 영토를 차지하고, 이슬람 제일주의 정책을 추진하여 이슬람교로의 개종을 강요하였으며, 힌두교 사원을 파괴하고 인두세를 부활시키는 등 강경한 정책을 써서 힌두교도와 시크교도의 반발로 쇠퇴하였다.

12 문제의 가상 일기를 쓴 사람은 콜럼버스와 관련이 있다. 콜럼버스는 에스파냐 국왕의 지원을 받아 대서양을 횡단하여 서인도 제도에 도착하였다. 죽을 때까지 자신이 도착한 곳이 인도라고 생각하였다. 이 항해의 결과 유럽인들은 아메리카 대륙을 식민지로 삼고 아메리카의 막대한 금과 은을 채굴하여 부를 누렸다.

13 펠리페 2세, 엘리자베스 1세, 루이 14세는 모두 서유럽 절대 왕정을 확립한 왕이다.

대단원 서술형•논술형 문제

본문 21쪽

01 **| 예시 답안 |** 타지마할은 이슬람 양식과 힌두 양식이 혼합된 무굴 양식의 대표적인 건축물이다. 뾰족한 탑과 둥근 돔, 아치는 이슬람의 양식이고, 연꽃무늬와 격자무늬 창 등은 힌두교의 양식이다.

| 필수 키워드 | • 이슬람 양식: 뾰족한 탑, 둥근 돔, 아치 중 2개

• 힌두 양식: 연꽃무늬, 격자무늬 창

| 평가 기준 |

상	타지마할에 나타난 힌두 양식과 이슬람 양식의 특징을 각각 두 가지씩 정확하게 서술한 경우
중	위의 네 가지 필수 키워드 중 세 가지를 정확하게 서술한 경우
하	위의 네 가지 필수 키워드 중 두 가지를 정확하게 서술한 경우

02 **| 예시 답안 |** 몽골은 넓은 제국을 원활하게 다스리기 위해 도로망을 건설하고 역참을 설치하였다. 이 도로망을 활용하여 수많은 사람과 물자들이 안정적으로 교류되었고 마르코 폴로도 그중 하나이다.

| 필수 키워드 | 도로망, 역참

| 평가 기준 |

상	몽골 제국의 도로망과 역참을 교통 제도의 특징이 드러나도록 논리적으로 서술한 경우
중	몽골 제국의 도로망과 역참을 썼으나 논리적으로 연결되지 않은 경우
하	몽골 제국의 도로망과 역참만을 쓴 경우

03 **| 예시 답안 |** 아메리카 대륙에서는 원주민 토착 문명이 파괴되고 유럽의 식민지로 전락하였다. 원주민들은 사탕수수와 담배 등의 재배와 금은 채굴에 강제로 동원되었고, 전염병의 유행으로 수가 급감하였다.

유럽인들이 자신의 이익을 위해 원주민들을 착취한 것은 옳지 못한 행동이다. 신항로 개척으로 인한 이득은 오로지 유럽인들에게만 돌아갔고, 원주민들은 노예와 같은 수준으로 전락하고 말았다.

| 평가 기준 |

평가 항목	평가 내용
평가 충실도	정해진 분량 기준을 충족시킴(단, 제시된 질문과 전혀 상관없는 내용으로 답변했을 시에는 분량 기준을 충족시키지 못한 것으로 간주함)
비판적 사고력	역사적 사건에 대한 자신의 판단을 논리적으로 타당한 근거를 들어 서술하였음
글의 논리성	전체적인 글의 구성과 짜임새가 매끄러우며, 주장과 근거의 연결이 자연스러움

IV 제국주의 침략과 국민 국가 건설 운동

대단원 종합 문제

본문 24~26쪽

01 ⑤	02 ②	03 ⑤	04 ④	05 ①
06 ①	07 ③	08 ②	09 ③	10 ⑤
11 ⑤	12 ⑤	13 ①	14 ③	15 ⑤

01 (가)는 영국의 크롬웰이다. 당시 영국은 찰스 1세의 전제 정치로 의회파와 왕당파 간의 갈등이 내전으로까지 발전하였으며, 이때 크롬웰이 의회파를 승리로 이끌게 되면서 공화정을 수립하였다. 이후 크롬웰은 항해법을 제정하고 호국경에 취임하여 청교도 윤리에 입각한 독재 정치를 실시하였다.

오답피하기 ① 프랑스 혁명 당시 국민 공회가 세운 기구이다.
② 영국 엘리자베스 1세 때의 사실이다.
③ 명예혁명 이후 영국의 메리와 윌리엄 공동 왕이 승인하였다.
④ 영국의 명예혁명 때의 사실이다.

02 자료는 미국의 독립 선언문이다. 아메리카 식민지인들은 영국의 과세에 저항하며 보스턴 차 사건을 일으켰다. 이후 대륙 회의를 개최하여 독립 선언문을 발표하고 독립 전쟁을 전개하였다. 결국 승리한 아메리카 13개 식민지는 1783년 파리 조약의 체결로 영국으로부터 독립하였다.

03 프랑스 혁명과 나폴레옹 시대 이후 프랑스를 견제하기 위해 오스트리아의 메테르니히가 주도한 빈 체제는 프랑스 혁명 정신의 영향으로 유럽의 각국에 퍼진 자유주의와 민족주의 운동을 탄압하였다. 이에 대항하는 각국의 시민들은 다양한 혁명을 전개하였으며, 그 결과 프랑스의 2월 혁명을 기점으로 빈 체제는 붕괴되었다.

오답피하기 ① 영국의 발전에 대한 설명이다.
② 이탈리아의 통일 운동 당시 프랑스가 지원하였다.
③ 프랑스의 2월 혁명이다.
④ 나폴레옹 시대에 대한 설명이다.

04 (가)는 국민 의회의 탄압에 반발하여 1789년 7월 14일 파리 시민들이 바스티유 감옥을 습격한 사건이다. (나)는 1794년 7월 로베스피에르의 공포 정치에 반발한 이들이 쿠데타를 일으키는 장면이다(테르미도르의 반동). 따라서 (가)와 (나) 사이에 들어갈 알맞은 내용은 프랑스 혁명 당시 국민 공회가 공화정을 선포하고 루이 16세를 처형한 ④번이다.

오답피하기 ① 영국의 청교도 혁명이다.
② 영국과 프랑스 사이에 14~15세기에 발생한 전쟁이다.
③ 나폴레옹은 총재 정부를 무너뜨리고 정권을 장악하였다. 그의 재위 시기에 『나폴레옹 법전』이 편찬되었다.
⑤ 프랑스의 7월 혁명이다.

05 (가)에 들어갈 내용은 ① 2월 혁명이다. 프랑스에서는 노동자들의 선거권 확대 요구 시위가 확산되면서 2월 혁명이 발생하였다. 그 결과 입헌 군주제의 정부가 무너지고 루이 필리프가 쫓겨나 영국으로 망명하였으며 공화정이 수립되었다. 이 2월 혁명은 빈 체제의 종말을 알리는 사건이기도 하였다.

오답피하기 ② 샤를 10세의 전제 정치에 대한 반발로 일어난 혁명이다.
③ 산업 혁명으로 인한 각종 사회 문제에 저항하는 노동자들의 기계 파괴 운동이다.
④ 토지에서 밀려난 빈농들이 도시로 이주해 노동자로 변모하였다.
⑤ 러시아 지식인 계층의 자유주의 운동이다.

06 자료는 이탈리아 지역이다. 이탈리아는 오랫동안 오스트리아 등 외세의 간섭으로 분열 상태에 놓여 있었다. 이후 19세기 민족주의 운동의 확산에 영향을 받아 이탈리아 북부의 사르데냐 왕국의 주도로 통일 운동이 시작되었으며, 가리발디가 이탈리아 남부 지역인 나폴리와 시칠리아를 점령하여 사르데냐 왕국에 바침으로써 통일이 완성되었다.

오답피하기 ㄷ. 관세 동맹을 통해 경제적 통합이 이루어진 것은 독일이다.
ㄹ. 독일의 통일에 대한 내용이다.

07 (가)는 영국, (나)는 미국이다. 영국은 산업 혁명을 처음으로 일으켰으며, 19세기에는 전 세계에 걸친 식민지를 바탕으로 전 세계의 공업을 주도하였다. 이후 독립 및 남북 전쟁을 거친 미국이 세계의 공업을 주도하면서 빠른 속도로 성장하였으며, 독일 역시 통일 완수 이후 비스마르크의 철혈 정책에 기초하여 공업이 성장하면서 영국을 앞지르게 되었다.

오답피하기 ① 미국에 대한 설명이다.
② 한자 동맹은 13~17세기에 북유럽의 여러 도시들이 연합하여 만들어진 무역 공동체이다.

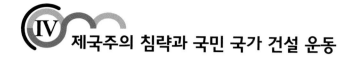

실전책

④ 러시아에 대한 설명이다.
⑤ 독일에 대한 설명이다.

08 밑줄 친 '이 혁명'은 산업 혁명이다. 영국에서 시작된 산업 혁명으로 산업 사회가 형성되었으며, 많은 사람들이 일자리를 찾아 도시로 몰려들면서 급속한 도시화가 진행되었다. 그리고 공장제 기계 공업이 발달하였으며 자본가와 노동자 계급이 등장하였다. 다만 노동자들의 열악한 환경과 빈부 격차의 확대는 이후 노동자들의 사회 운동(러다이트 운동, 차티스트 운동 등)이 일어나는 배경이 되었다.

09 산업 혁명 이후 유럽에서는 자본주의가 발달하면서 값싼 원료의 공급지와 상품 판매 시장을 위한 식민지 확보를 요구하는 목소리가 높아졌다. 이에 유럽의 많은 국가들이 우월한 국가가 열등한 국가를 지배하는 것은 당연하다는 사회 진화론과 백인 우월주의를 앞세워 다른 나라를 침략하였다. 이러한 강대국들의 논리를 제국주의라고 일컫는다.

10 (가)는 오스만 제국이다. 오스만 제국은 19세기에 그리스의 독립과 이집트의 자치권 획득 및 유럽 열강의 압박 등으로 국력이 매우 약화되었다. 이에 오스만 제국에서는 근대화를 시도하기 위해 서양 문물의 수용 및 근대적 군대와 사법 제도의 정비를 포함하는 탄지마트 개혁을 실시하였다. 하지만 입헌 군주제와 의회 설립 등을 포함한 헌법의 정비와는 달리 술탄의 전제 정치가 강화되는 흐름에 청년 장교들이 반발하여 청년 튀르크당을 결성하고 봉기를 일으키기도 하였다.

오답피하기 ① 서아시아 아랍의 민족 운동이다.
② 프랑스의 아프리카 침략에 대한 설명이다.
③ 인도의 주도권을 두고 영국과 프랑스가 맞붙은 전투로, 프랑스가 패배하면서 영국이 인도를 장악하는 계기가 되었다.
④ 이란의 민족 운동에 대한 설명이다.

11 무굴 제국이 붕괴되고 영국의 식민지로 전락한 인도에서는 영국이 인도인들을 회유하기 위해 정치 조직의 결성을 지원하면서 인도 국민 회의가 출범하였다. 인도 국민 회의는 초기에 영국에 협조하면서 인도인의 권익을 확보하는데 주력하였으나, 벵골 분할령의 발표에 반발하면서 4대 강령을 내세운 반영 운동을 전개하였다. 이러한 민족 운동의 결과 영국은 벵골 분할령을 철회하였으며, 형식적으로나마 인도인의 자치를 인정하게 되었다.

오답피하기 ①, ② 1857년에 인도에서 영국 동인도 회사의 용병인 세포이가 항쟁을 일으켰다. 세포이의 항쟁은 영국군의 출동으로 1859년에 진압되었으며, 그 결과 무굴 제국이 멸망하고 영국 여왕이 인도 황제를 겸임하면서 인도를 직접 지배하게 되었다.
③ 아우랑제브(1618~1707)는 인도 무굴 제국의 제6대 황제이다.
④ 프랑스령 인도차이나는 프랑스의 동남아시아에 있는 식민지 연방으로 베트남, 라오스, 캄보디아로 이루어져 있었다.

12 (가)는 프랑스, (나)는 독일에 대한 설명이다. 19세기 이후 제국주의의 분위기가 팽배한 가운데 유럽의 열강들은 앞다투어 아프리카, 아시아 등지에 식민지를 확보하기 위한 침략 전쟁에 나섰으며, 그 결과 프랑스는 알제리를 장악하고 아프리카 횡단 정책을 추진하였다. 또한 통일 이후 뒤늦게 침략 전쟁에 나선 독일은 모로코를 두고 프랑스와 대립하였으며, 중남부 아프리카 지역을 침략하여 원주민을 학살하기도 하였다.

오답피하기 ①, ②, ③ 영국에 대한 설명이다.
④ 프랑스에 대한 설명이다.

13 밑줄 친 '전쟁'은 아편 전쟁이다. 영국은 중국(청)과의 무역에서 큰 적자를 보고 있었기 때문에, 이를 만회하고자 중독성이 강한 마약류인 아편을 인도에서 생산하여 몰래 중국에 판매하였다. 이에 반발한 중국에서는 아편을 금지하고 영국 상인이 소지한 아편을 압수하여 버렸다. 그 결과 영국은 자국 재산의 손해를 핑계로 아편 전쟁을 일으켰으며, 제1차 아편 전쟁의 결과 난징 조약이 체결되면서 공행 제도가 폐지되고 홍콩이 영국에 할양되었다.

오답피하기 ㄷ. 제2차 아편 전쟁 이후 중국이 열강들과 체결한 톈진 조약, 베이징 조약의 내용이다.
ㄹ. 의화단 운동을 진압한 후 체결된 베이징 의정서(신축조약)의 주요 내용이다.

14 밑줄 친 '이 운동'은 아편 전쟁의 패배 이후 중국의 근대화를 위해 실시된 양무운동이다. 양무운동은 중체서용의 정신을 바탕으로 실시된 개혁으로, 이홍장 등의 한인 관료가 주도하였으며, 서양의 과학 기술을 수용하였다. 이 운동은 청일 전쟁의 패배로 개혁의 한계가 드러나 중단되었다.

오답피하기 ①, ②, ⑤ 변법자강 운동에 대한 설명이다.
④ 신해혁명에 대한 설명이다.

15 자료는 일본의 메이지 정부에서 발표한 대일본 제국 헌법의 내용이다. 에도 막부를 무너뜨리고 성립된 메이지 정부는 메이지 유신을 실시하여 서양식 근대화를 추진하였다. 이에 징병제를 실시하고 이와쿠라 사절단을 파견하여 서양의 문물을 학습하였으며, 번을 폐지하고 현을 설치하여 중앙 집권 체제를 정비하였다. 이후 서양식 의회의 설립을 주장하면서 일어난 자유 민권 운동을 탄압하였으나, 입헌 군주와 의회 설립의 내용이 형식적으로나마 담긴 헌법을 발표하기도 하였다. ⑤ 미일 수호 통상 조약의 체결은 메이지 유신이 일어나기 전인 1858년의 일이다.

대단원 서술형•논술형 문제

본문 27쪽

01 **| 예시 답안 |** 빈칸에 들어갈 단어는 ㉠ '권리 장전', ㉡ '의회'이며, 제시된 문서인 권리 장전은 명예혁명 당시 발표되었다. 찰스 2세와 제임스 2세의 전제 정치 강화에 반발하여 명예혁명이 일어났으며, 그 결과 입헌 군주제가 확립되었다.

| 필수 키워드 | 권리 장전, 의회, 전제 정치, 명예혁명, 입헌 군주제

| 평가 기준 |

상	빈칸 ㉠, ㉡에 들어갈 용어를 정확히 쓰고, 명예혁명의 배경과 결과를 역사적 용어로 정확히 제시했을 경우
중	빈칸 ㉠, ㉡에 들어갈 용어를 정확히 쓰고, 명예혁명의 배경과 결과를 대략적으로 제시하거나, 원인과 결과 중 하나만 제시했을 경우
하	빈칸 ㉠, ㉡에 들어갈 용어를 쓰지 못하고, 명예혁명의 배경과 결과를 쓰지 못하였을 경우

02 **| 예시 답안 |** 라틴 아메리카에서는 크리오요가 주도하여 많은 국가들이 독립하였으며, 이탈리아는 카보우르와 가리발디의 활약으로 통일을 이루었고, 독일은 비스마르크의 철혈 정책을 배경으로 통일을 이룩하였다.

| 필수 키워드 | 크리오요, 카보우르, 가리발디, 비스마르크, 철혈 정책

| 평가 기준 |

상	유럽과 라틴 아메리카 민족주의 운동의 구체적인 사례 두 가지를 정확하게 서술했을 경우
중	유럽과 라틴 아메리카 민족주의 운동의 구체적인 사례를 한 가지만 서술했을 경우
하	유럽 또는 라틴 아메리카 민족주의 운동을 두 가지 미만으로 간단히 서술했을 경우

03 **| 예시 답안 |** (가)는 난징 조약, (나)는 미일 수호 통상 조약, (다)는 강화도 조약이다. 이 시기 제국주의 열강들은 강력한 무력을 앞세워 동아시아의 국가들에게 불평등 조약을 강요하였다. 그 결과 외국인이 현재 거주하는 나라의 법률을 적용받지 않고 영사가 자국의 법에 따라 재판하는 영사 재판권을 허용하였고, 관세 자주권을 상실하여 관세를 정할 때에는 상대 국가의 동의를 받아야 하였다. 또한 다른 나라와 조약을 맺을 때 그 나라에 부여한 가장 유리한 대우를 이미 조약을 맺은 나라에게 자동으로 부여하는 최혜국 대우 등을 인정하였다.

| 평가 기준 |

평가 항목	평가 내용
평가 충실도	정해진 분량 기준을 충족시킴(단, 제시된 질문과 전혀 상관없는 내용으로 답변했을 시에는 분량 기준을 충족시키지 못한 것으로 간주함)
고차적 인지 능력	제시된 조약의 이름과 그 내용을 구체적으로 확인할 수 있음
글의 타당성	자기 주장과 그에 대한 근거가 타당하게 연결되어 있음
글의 논리성	전체적인 글의 구성과 짜임새가 매끄러우며, 주장과 근거의 연결이 자연스러움

Ⅴ 세계 대전과 사회 변동

대단원 종합 문제

본문 30~32쪽

01 ③	02 ③	03 ③	04 ②	05 ⑤
06 ⑤	07 ②	08 ①	09 ③	10 ④
11 ②	12 ①	13 ①	14 ①	15 ①

01 그림은 사라예보 사건을 풍자한 것으로, 오스트리아·헝가리 제국은 세르비아에게 선전 포고를 하였고, 3국 동맹과 3국 협상에 얽힌 러시아, 독일, 프랑스, 영국 등이 잇따라 전쟁에 가담하면서 제1차 세계 대전이 일어났다. 특히 발칸반도의 경우 이미 독일 중심의 범게르만주의와 러시아 중심의 범슬라브주의가 대립하면서 갈등을 빚어왔다.

오답피하기 ㄱ. 사라예보 사건은 제1차 세계 대전이 시작되는 계기가 되었다.

ㄹ. 3국 동맹은 동맹국으로 확대되었다.

02 제시된 베르사유 조약은 제1차 세계 대전 후 파리 강화 회의에서 승전국과 독일 사이에 체결되었다. 베르사유 조약은 전쟁 책임이 독일에 있음을 분명히 하였고, 독일에게 군비를 감축하고 배상금을 지불하도록 하였다. ③ 제1차 세계 대전은 제국주의 국가 사이의 대립이 발생 배경이었음에도 모든 전쟁 책임을 독일에게 전가하였다.

03 제2차 세계 대전은 대공황 전후 전체주의가 대두하면서 독일, 이탈리아, 일본이 추축국을 형성하였고, 독일의 폴란드 침공을 계기로 시작되었다. 유럽 전선과 태평양 전선을 중심으로 전개된 제2차 세계 대전은 연합국의 승리로 끝났고, 전후 세계 평화를 위해 국제 연합이 창설되었다.

오답피하기 ①, ②, ④, ⑤ 제1차 세계 대전에 대한 설명이다.

04 20세기 초까지 전제 군주의 지배를 받았던 러시아에서는 러일 전쟁의 열세와 물가 폭등 등으로 생활이 어려워진 노동자들이 개혁을 요구하였으나 차르는 군대를 동원해 민중들에게 발포하였다(피의 일요일 사건). 이후 제1차 세계 대전에서의 연이은 패배와 경제난은 노동자, 병사 중심의 소비에트가 2월 혁명을 일으키는 배경으로 작용하였고, 그 결과 로마노프 왕조가 무너지고 임시 정부가 수립되었다. 그러나 임시 정부가 전쟁을 지속하자 레닌이 이끄는 볼셰비키가 임시 정부를 붕괴시키고 소비에트 정부를 수립하는 10월 혁명이 발생하였다. 레닌은 혁명 이후 경제난이 심각해지자 시장 경제 원리를 일부 수용한 신경제 정책(NEP)을 추진하였다. 따라서 (가)－(라)－(다)－(나)의 순으로 전개되었다.

05 제1차 세계 대전 이후 아시아·아프리카에서는 활발하게 민족 운동이 전개되었다. 중국에서는 신문화 운동과 일본에 저항하는 5·4 운동이 전개되었고, 인도에서는 간디의 비폭력·불복종 운동 등이 전개되었다.

오답피하기 ① 와하브 운동은 18세기 중엽 이븐 압둘 와하브에 의해 전개되었다.

② 세포이 항쟁(1857~1859)은 영국의 침략과 수탈 심화에 따라 세포이가 일으킨 무장 봉기이다.

③ 탄지마트는 오스만 제국이 19세기 후반 서양 열강의 침탈, 제국 내의 분열 등의 문제를 극복하기 위해 실시한 것이다.

④ 이란의 담배 불매 운동은 19세기 후반 영국의 담배에 관한 독점적 권리 획득에 저항하여 일어난 운동이다.

06 (가)는 대공황으로, 미국에서 시작되어 유럽 및 세계 곳곳으로 퍼져 나갔다. 대공황은 미국에서 과도한 투자로 생산이 늘어나는 것에 비해 구매력이 이를 따라가지 못해서 발생하였다. 그 결과, 1929년 10월 미국 뉴욕의 증권 시장에서 주가가 폭락하면서 많은 은행과 기업이 도산하였다.

오답피하기 ㄱ. 대공황은 미국의 주가 대폭락을 계기로 시작되어 전 세계로 파급되었다.

ㄴ. 영국과 프랑스는 대공황을 극복하기 위해 블록 경제를 실시하였다.

07 영국은 제1차 세계 대전에 연합국 측으로 가담해 동맹국과 싸웠고, 대공황 시기에는 본국과 식민지를 하나로 묶어 파운드 블록을 형성하였다. 제2차 세계 대전 당시에는 미국과 함께 독일 드레스덴을 폭격하였고, 얄타 회담에도 미국, 소련 등과 함께 참여하였다.

08 제1차 세계 대전이 총력전으로 전개되자 여성이 전쟁에 직간접적으로 참여하게 되었고, 그 결과 사회적·경제적 역할이 증대되어 유럽에서는 제1차 세계 대전을 전후로 여성 참정권이 인정되고 보통 선거권이 확대되었다.

오답피하기 ㄷ. 제1차 세계 대전 전후에 여성 참정권이 유럽 각국에서 보장되었다.

ㄹ. 영국의 에멀린 팽크허스트는 여성 사회 정치 연합(WSPU)을 창립하였다.

09 대공황 전후의 경제 위기와 사회적 불안을 틈타 전체주의가 대두하였다. 이탈리아에서는 무솔리니가 이끄는 파시스트당이, 독일에서는 히틀러가 이끄는 나치당이 집권하였고, 에스파냐에서는 파시즘의 지원을 받은 프랑코 세력이 권력을 장악하였다. 전체주의 세력 중 독일, 이탈리아, 일본은 추축국을 형성하였다.

10 독일은 독소 불가침 조약을 체결한 뒤 폴란드를 침공(1939)하였고, 프랑스로 진격해 파리를 함락시켰다. 이후 프랑스와 영국이 끈질기게 항전하자 소련과의 불가침 조약을 파기하고 소련을 침공하였다. 그러나 소련은 스탈린그라드 전투에서 독일에 승리를 거두며 전세를 역전하였다. 연합국은 이탈리아로 진격해 무솔리니 정권을 무너뜨리고 노르망디 상륙 작전(1944)을 통해 프랑스를 해방시켰다. 한편, 태평양 전선에서는 일본의 진주만 기습(1941)으로 전쟁이 시작되었으나 미국의 원자폭탄 투하(1945)로 일본이 무조건 항복하였다. 따라서 (다)–(가)–(나)–(라)의 순으로 전개되었다.

11 제2차 세계 대전 전후로 전후 처리를 위한 노력이 전개되었다. 카이로 회담에서는 미국, 영국, 중국 대표가 참가해 전후 일본 처리 문제를 협의하고, 한국의 독립을 약속하였다. 얄타 회담에서는 전후 독일 영토의 분할 점령과 소련의 대일전 참전을 결정하였다. 포츠담 회담에서는 일본에 무조건 항복을 권고하였다.

오답피하기 ①, ③ 카이로 회담에 해당한다.
④ 포츠담 회담에 해당한다.
⑤ 대서양 헌장의 내용이다.

12 19세기 후반 이래 노동자의 권리를 보호하기 위한 각국의 노력이 전개되었다. 1889년 프랑스 파리에서는 메이데이(노동절)가 제정되었고, 바이마르 헌법은 노동자의 권리를 법으로 명시하였다. 또 1935년 미국에서는 와그너법을 통해 노동자의 단결권과 단체 교섭권을 인정하였다.

13 제2차 세계 대전 중에는 후방의 민간인들에게 무차별 공습과 폭격이 이루어져 많은 민간인들이 희생되었다. 독일 나치는 홀로코스트를 자행하였고, 일제는 중일 전쟁 중에 난징 대학살을 일으켰다. 또한 독일의 런던 공습, 영국과 미국의 드레스덴 폭격 등 여러 차례의 폭격과 공습으로 수많은 사람들이 희생되었다. ① 제1차 세계 대전의 특징에 해당한다.

14 (가)는 국제 연합(UN)으로, 국제 연합은 제2차 세계 대전이 끝난 뒤 국제 평화와 전쟁 방지를 목적으로 창설되었다. 1943년 대서양 헌장으로 창설의 기초가 마련되고, 1945년 샌프란시스코 회의를 통해 창설이 결정되었다. 주요 기구로 안전 보장 이사회를 두고, 평화 유지군 등 군사력을 보유하였다. 그러나 안전 보장 이사회의 상임 이사국 등 강대국의 권한이 과대하다는 한계점도 존재한다. ① 국제 연맹에 관한 설명이다.

15 제2차 세계 대전 이후 독일은 뉘른베르크 국제 군사 재판, 일본은 극동 국제 군사 재판을 통해 전쟁 범죄를 처벌하였다. 독일의 경우 나치의 전쟁 범죄를 철저히 밝힌 것에 비해, 일본은 천황이 기소에서 제외되는 등 많은 한계를 드러냈다. 또 독일 정부는 브란트 총리의 사죄를 비롯해 홀로코스트에 대해 지속적인 사과를 표명하는 반면, 일본의 경우 일부 정치인들을 중심으로 난징 대학살에 대한 일본의 책임을 부정하고, 일본 총리가 A급 전범들이 합사되어 있는 야스쿠니 신사를 참배하는 등 전쟁 범죄에 대한 인정과 사죄를 하지 않는 모습을 보이고 있다.

대단원 서술형·논술형 문제

본문 33쪽

01 **| 예시 답안 |** 밑줄 친 '나'는 레닌이다. 레닌은 10월 혁명 이후 러시아가 경제난에 시달리자 신경제 정책(NEP)을 실시하는 한편, 소비에트 사회주의 공화국 연방을 선포하였다.

| 필수 키워드 | 레닌, 신경제 정책, 소비에트 사회주의 공화국 연방 선포

| 평가 기준 |

상	레닌이라는 이름을 쓰고, 레닌이 실시한 개혁 내용 중 두 가지를 모두 명확하게 서술한 경우
중	레닌이라는 이름을 쓰고, 레닌이 실시한 개혁 내용 중 한 가지만 명확하게 서술한 경우
하	레닌이라는 이름을 쓰고, 레닌이 실시한 개혁 내용 중 한 가지도 명확하게 서술하지 못한 경우

02 **| 예시 답안 |** ㉠에 해당하는 기구는 국제 노동 기구(ILO)이다. 국제 노동 기구는 1일 8시간, 1주 48시간 노동을 국제 표준으로 확립하였다.

| 필수 키워드 | 국제 노동 기구(ILO), 1일 8시간, 1주 48시간

| 평가 기준 |

상	국제 노동 기구와 국제 표준의 내용 두 가지를 모두 명확하게 서술한 경우
중	두 가지 중 한 가지만 명확하게 서술한 경우
하	두 가지 모두 명확하게 서술하지 못한 경우

03 **| 예시 답안 |** 1929년 미국에서 시작된 대공황이 유럽을 비롯해 전 세계 곳곳으로 퍼져 나가자 영국과 프랑스는 본국과 식민지를 하나의 경제권역으로 묶는 블록 경제를 실시하였다. 영국과 프랑스는 과잉 생산된 상품을 식민지에 팔고, 수입을 억제하는 보호 무역 체제를 강화하여 자국의 산업을 보호하였다.

| 평가 기준 |

평가 항목	평가 내용
평가 충실도	정해진 분량 기준을 충족시킴(단, 제시된 질문과 전혀 상관없는 내용으로 답변했을 시에는 분량 기준을 충족시키지 못한 것으로 간주함)
역사적 사실의 정확성	제시된 역사적 개념이 사실에 부합함
글의 논리성	전체적인 글의 구성과 짜임새가 매끄러우며, 논리적으로 전개됨

04 **| 예시 답안 |** 제2차 세계 대전 중에는 후방의 민간인에게도 무차별 공습과 폭격 등이 이루어졌다. 이로 인해 많은 민간인들이 희생되는 대량 학살이 이루어졌는데, 이는 대량 살상 무기가 발달하고 극단적인 애국주의와 인종주의가 유행하면서 비롯되었다. 특히 독일 나치는 극단적인 인종주의를 바탕으로 유대인을 비롯한 슬라브족, 집시 등 소수 민족과 장애인, 정치범까지 학살하는 홀로코스트를 자행하였다. 나치는 아우슈비츠 등 대규모 수용소를 유럽 곳곳에 지어 유대인 등을 체계적으로 학살하는 만행을 저질렀다.

| 평가 기준 |

평가 항목	평가 내용
평가 충실도	정해진 분량 기준을 충족시킴(단, 제시된 질문과 전혀 상관없는 내용으로 답변했을 시에는 분량 기준을 충족시키지 못한 것으로 간주함)
역사적 사실의 정확성	제시된 역사적 개념이 사실에 부합함
글의 논리성	전체적인 글의 구성과 짜임새가 매끄러우며, 논리적으로 전개됨

VI 현대 세계의 전개와 과제

대단원 종합 문제

본문 36~38쪽

01 ②	02 ②	03 ④	04 ③	05 ④
06 ④	07 ④	08 ①	09 ⑤	10 ④
11 ②	12 ④	13 ②	14 ⑤	15 ③

01 왼쪽 자료에서는 미사일에 앉아 팔씨름을 하는 미국과 소련의 대립을 묘사하고 있고, 오른쪽 자료에서는 미국과 소련이 지구로 묘사된 물체 위에 절반으로 나누어 서로를 바라보고 있는 모습이 묘사되어 있다. 이는 냉전이 전개되던 당시의 상황을 묘사한 것으로 미국으로 대표되는 자본주의 진영과 소련으로 대표되는 공산주의 진영의 대립을 보여 주고 있다.

02 중화 인민 공화국이 수립된 것은 1949년의 사실이고, 쿠바 미사일 위기가 발생한 것은 1962년의 사실이다. 따라서 (가)에는 그 사이 시기의 사실이 들어가야 한다. 6·25 전쟁이 발발한 것은 1950년의 사실이다.

오답피하기 ① 이스라엘의 건국은 1948년의 사실이다.
③ 베트남 전쟁이 종결된 것은 1975년의 사실이다.
④ 톈안먼 사건이 발생한 것은 1989년의 사실이다.
⑤ 트루먼 독트린이 발표된 것은 1947년의 사실이다.

03 자료는 인도의 분리 독립을 나타내는 지도로, (가)는 파키스탄, (나)는 인도, (다)는 방글라데시를 나타낸다. 인도와 파키스탄은 종교 문제로 인해 분리 독립하였고, 그 과정에서 카슈미르 지역을 두고 양국 간의 무력 충돌이 발생하기도 하였다.

오답피하기 ① 중국과 평화 5원칙에 합의한 국가는 인도이다.
② 스리랑카는 불교를 국교로 하며, 인도는 힌두교가 다수이다.
③ 제시된 국가 중에서 가장 늦게 독립한 방글라데시는 파키스탄에서 인종과 종교 문제로 1971년에 독립하였다.
⑤ 인도는 힌두교도, 방글라데시는 이슬람교도가 다수인 국가이다.

04 자료의 인물은 이집트의 나세르이다. 나세르는 중동 전쟁에서 패배한 이집트 왕정을 몰아내고 쿠데타를 일으켜 공화정을 수립하였다. 이후 그는 수에즈 운하의 국유화를 선언하였다.

오답피하기 ① 나치당을 결성한 사람은 히틀러이다.
② 카이로 회담에 참여한 국가는 미국, 영국, 중국이다.

④ 로마 진군을 통해 권력을 장악한 사람은 무솔리니이다.
⑤ 오스만 제국으로부터 자치권을 획득한 사람은 무함마드 알리이다.

05 자료는 10가지의 내용이 제시되어 있는 점, 다른 나라의 내정에 불간섭하고, 상호 불가침한다는 점, 강대국의 이익을 위한 집단적 방위 결정에 불참가한다는 점 등을 통해 1955년 아시아·아프리카 회의(반둥 회의)의 결과 결의된 평화 10원칙임을 알 수 있다. 제2차 세계 대전 이후 독립한 아시아·아프리카 국가들은 냉전이 전개되는 과정 속에서 비동맹 중립주의를 내세우며 제3 세계를 형성하였고, 아시아·아프리카 회의(반둥 회의)에서 평화 10원칙을 결의하였다.
오답피하기 ㄱ. 인도와 중국 대표가 합의한 것은 평화 10원칙에 영향을 준 평화 5원칙이다.
ㄷ. 제3 세계의 활동은 미·소 중심의 냉전 체제가 완화되는 데 기여하였다.

06 자료에서는 영국의 마거릿 대처 총리가 복지 비용을 줄이고, 국영 기업을 민영화하는 등 신자유주의 정책을 펼치는 모습을 보여 주고 있다. 1970년대 두 차례에 걸친 석유 파동으로 세계 경제가 침체되었고, 이를 타개하기 위해 신자유주의가 등장하였다. 마거릿 대처의 이러한 정책은 신자유주의 정책의 대표적인 사례이다.
오답피하기 ① 1998년 3월 초 코소보의 알바니아 분리주의 반군들이 세르비아 경찰을 공격하면서 코소보 사태가 시작되었다.
② 인도는 제2차 세계 대전 이후에 독립하였다.
③ 세계 무역 기구의 발족은 1995년의 일이다.
⑤ 국가 간 자유 무역 협정 체결이 늘어난 것은 신자유주의 정책의 결과에 해당한다.

07 자료에서 중국이 1997년 영국으로부터 홍콩을 반환받은 것, 1999년 포르투갈로부터 마카오를 반환받은 것, 2008년 베이징 올림픽 대회를 개최한 것은 모두 중국의 성장 모습을 보여 주는 사례이다. 마오쩌둥 사후 덩샤오핑이 집권하면서 실용주의 정책을 채택한 중국은 시장 경제 요소를 도입하며 경제 발전을 꾀하였다. 그리고 20세기 말부터는 세계 경제에 많은 영향을 끼치는 국가로 발전하였고, 올림픽 등 국제 행사를 개최하기도 하였다.

08 1952년 6개국이 만든 유럽 석탄 철강 공동체(ECSC)에서 출발하였으며, 마스트리흐트 조약을 통해 출범한 뒤 정치적·경제적 통합을 추구하고 있는 지역 공동체는 (가) 유럽 연합(EU)이다. 유럽 연합의 국가들은 유로화라는 단일 화폐를 사용하여 경제적 통합을 위해 노력하고 있다.
오답피하기 ② (나)는 아프리카 연합이다.
③ (다)는 동남아시아 국가 연합이다.
④ (라)는 북미 자유 무역 협정이다.
⑤ (마)는 남미 국가 연합이다.

09 지도는 동유럽 사회주의 국가들의 붕괴를 보여 주고 있다. 소련의 고르바초프가 개혁·개방 정책을 추진하고, 동유럽 국가들에 대한 군사적인 비개입을 선언한 이후 동유럽에서는 민주화 운동이 일어나 사회주의권이 붕괴되었다.

10 자료는 1972년 미국 대통령 닉슨이 중국을 방문한 모습이다. 닉슨은 1969년 닉슨 독트린을 발표하고 베트남 전쟁에서 철수 정책을 추진하는 등 냉전의 완화를 위해 노력하였다. 그리고 1972년 중국을 방문하여 중국을 인정하였고, 이는 이후 1979년 미국과 중국이 국교를 정상화하는 배경이 되었다.
오답피하기 ① 마셜 계획은 제2차 세계 대전 이후 서유럽의 부흥을 위한 것으로 냉전의 형성과 관련 있다.
② 닉슨 독트린이 발표된 것은 1969년의 사실이다.
③ 베트남이 남북으로 나뉜 것은 베트남이 1954년 프랑스와의 전쟁에서 승리한 이후의 사실이다.
⑤ 인도와 중국이 평화 5원칙에 합의한 것은 1954년의 일이다.

11 제시된 사진과 '나에게는 꿈이 있습니다.'라는 연설의 내용을 통해 자료의 인물이 마틴 루서 킹임을 알 수 있다. 마틴 루서 킹은 흑인에 대한 차별에 반대하는 워싱턴 행진에 참여하여 'I Have a Dream'이라는 연설을 남겼다. 또한 이후 흑인 민권 운동을 이끌며, 민권법과 흑인들의 투표권법 통과에도 기여하였다.
오답피하기 ㄴ. 아파르트헤이트 반대 운동을 주도한 사람은 넬슨 만델라이다.
ㄹ. 미국에서 노예 해방 선언을 발표한 사람은 링컨 대통령이다.

12 자료는 대중 매체의 발달을 보여 주고 있다. 이러한 대중 매체의 발달은 대중문화의 발달로 이어졌고, 젊은 세대가 소비의 주체로 성장하는 배경이 되었다. 또한 대중문화의 등장으로 대중이 문화의 생산자로 참여하였고, 탈권위적 청년 문화가 형성되었으며, 팝 아트 등 새로운 장르의 예술이 등장하기도 하였다. 그러나 ④ 전통문화

와 정신적 가치의 파괴로 물질적 가치를 중시하는 경향이 확산되기도 하였다.

13 자료에서 센카쿠 열도(댜오위다오)를 둘러싼 분쟁을 이야기하고 있으므로, 일본과 중국, 타이완 간의 갈등임을 알 수 있다. 일본은 19세기 말 청일 전쟁 중 주인이 없는 땅을 자신들이 오키나와의 일부로 편입한 것이라고 주장하고 있는 반면, 중국과 타이완은 역사적으로 계속 자신들의 영토였다고 주장하고 있다. 따라서 (가)는 일본, (나)는 중국, 타이완임을 알 수 있다.

14 자료의 문양은 본래 영국의 핵무장을 반대하는 상징이었으나, 세계적으로 널리 사용되면서 반전 평화 운동을 상징하는 문양이 되었다. 이는 전쟁을 반대하고 평화를 정착시키려는 움직임을 의미한다.

15 자료에서 온실가스의 구체적인 수치를 제시하였고, 5년마다 현황을 제출 검증한다는 점, 특히 한국도 감축안을 제시하였다는 내용을 통해 2015년에 파리 기후 협정에서 채택된 파리 기후 협약임을 알 수 있다. 파리 기후 협약은 환경 문제 해결을 위한 노력의 일환으로 온실가스 배출량 감축을 강제하였다는 점에서 의미를 가진다. 이 협약에서는 개발 도상국에게도 온실가스 감축 의무를 부여하였다. ③ 교토 의정서는 1997년에 채택된 것으로 파리 기후 협약이 맺어지기 전의 사실이다.

대단원 서술형·논술형 문제

본문 39쪽

01 **| 예시 답안 |** (1) 인물명: 처칠

(2) 의미: '철의 장막'은 소련 등 공산주의 진영 국가들이 폐쇄적인 외교 정책을 펼치는 것을 비유한 것이다.

| 필수 키워드 | 처칠, 소련, 공산주의 진영, 폐쇄적 외교 정책

| 평가 기준 |

상	인물명을 정확히 쓰고, '철의 장막'의 의미를 명확하게 서술한 경우
중	인물명은 정확히 썼으나, '철의 장막'의 의미를 공산주의 진영의 특징과 연결시켜 서술하지 못한 경우
하	인물명을 쓰지 못하고, 철의 장막의 의미를 적절하게 서술하지 못한 경우

02 **| 예시 답안 |** 마오쩌둥의 사후 집권한 덩샤오핑은 실용주의에 입각하여 중국의 개혁·개방 정책을 추진하였다. 그 과정에서 시장 경제 요소를 도입한 중국은 광저우, 상하이 등을 경제특구로 지정하였고, 외국인의 투자를 허용하였다. 그 결과 중국의 경제는 급속도로 발전하여 경제 대국으로 성장하였다.

| 필수 키워드 | 개혁·개방 정책, 경제특구, 외국인 투자 허용 등

| 평가 기준 |

상	중국의 개혁·개방 정책의 내용을 경제 성장과 연결시켜 서술한 경우
중	중국이 개혁·개방 정책을 추진하였음을 단순하게 서술한 경우
하	중국의 경제 성장 배경을 정확하게 서술하지 못한 경우

03 **| 예시 답안 |** (1) (가): 페레스트로이카

(2) 배경과 내용, 영향: 1970년대 이후 공산당 관료 체제와 사회주의 경제 체제가 강화되면서 공산당 관료 체제의 부정부패가 심화되었고, 생필품 부족 등 경제가 침체되었다. 이에 소련의 서기장이 된 고르바초프는 시장 경제 원리를 도입한 개혁·개방 정책, 이른바 페레스트로이카를 추진하였다. 이 과정에서 소련은 언론의 자유와 비판을 허용하는 등 표현의 자유를 확대하였고, 중앙 정부의 경제 통제를 완화하였으며, 동유럽 국가들에 대해 소련이 군사적 개입을 하지 않겠다고 발표하였다. 이후 공산당이 쿠데타를 일으켰으나 옐친이 이를 막았고 소련을 해체한 후 독립 국가 연합을 결성하였다.

한편, 동유럽에서는 민주화 운동이 일어나 폴란드에서 자유 노조를 이끌던 바웬사가 대통령에 당선되었고, 불가리아 등에서도 민주적인 정부가 수립되었다. 또한 독일에서는 베를린 장벽이 무너지고 통일이 이루어졌다.

| 평가 기준 |

평가 항목	평가 내용
평가 충실도	정해진 분량 기준을 충족시킴(단, 제시된 질문과 전혀 상관없는 내용으로 답변했을 시에는 분량 기준을 충족시키지 못한 것으로 간주함)
내용의 사실성	(가) 정책의 명칭을 정확하게 적고, 그 배경과 내용, 영향을 정확하게 서술하였음
조건의 충족	〈보기〉에 제시된 용어를 모두 사용하여 서술하였음
글의 논리성	전체적인 글의 구성과 짜임새가 매끄러우며, 주장과 근거의 연결이 자연스러움

인용 사진 출처

〈기본책〉

국경 없는 의사회 국경 없는 의사회(178쪽)

국립중앙박물관 빗살무늬 토기(10쪽)

문화재청 고려청자(9쪽), 신석기 시대 집터(9쪽), 신라 고분에서 출토된 유리병(20쪽)

어진박물관 조선왕조실록(10쪽)

연합뉴스 빌리 브란트 서독 총리의 사죄(144쪽), 일본 총리의 야스쿠니 신사 참배(144쪽, 149쪽), 국제 사법 재판소(145쪽), 일본 총리의 야스쿠니 신사 참배(144쪽, 149쪽), 레닌 동상 철거 사진, 요르단과 시리아의 국경 지대에 있는 난민촌(179쪽), 격추된 전투기 자해를 수거하는 군사들의 모습(179쪽), 넬슨 만델라와 클레르크 대통령의 노벨 평화상 수상 모습(181쪽)

전곡선사박물관 네안데르탈인(12쪽)

픽스타 메소포타미아 지방의 토기(13쪽, 16쪽), 도편 추방제(22쪽), 카타콤(24쪽), 자치권을 인정한 특허장을 받은 시민(56쪽)

agefotostock / Alamy Stock Photo 나폴레옹1세의 대관식(8쪽), 로제타석(9쪽), 지구라트(14쪽), 무스타파 케말(131쪽, 137쪽)

American Photo Archive / Alamy Stock Photo KKMR2E 국제 연합 총회(145쪽)

Andrew Woodley / Alamy Stock Photo 낙타를 탄 이슬람 상인(49쪽)

AP / **연합뉴스** 보스턴 마라톤의 여성 주자(169쪽)

ART Collection / Alamy Stock Photo 레오폴트 폰 랑케(8쪽), 북위 효문제 출행도(42쪽)

ART Collection 2 / Alamy Stock Photo 카롤루스 대제의 서로마 황제 대관식(54쪽, 61쪽)

Artokoloro / Alamy Stock Photo 룽먼문 석굴 조각상(45쪽)

B Christopher / Alamy Stock Photo 우드스톡 페스티벌의 포스터(169쪽, 172쪽)

Bernard Bialorucki / Alamy Stock Photo 상수시 궁전(90쪽)

Boston Herald 보스턴 마라톤의 여성 주자(169쪽)

Bridgeman Images 8시간 노동 포스터(139쪽)

celebrity / Alamy Stock Photo 히틀러(136쪽)

China Images / Alamy Stock Photo 은허 유적(15쪽), 중국에 설치된 대형 마오쩌둥 사진 간판(167쪽)

Classic Image / Alamy Stock Photo 사르나트에서 출토된 불상(37쪽, 41쪽)

CPA Media Pte Ltd / Alamy Stock Photo 간다라 불상(36쪽, 40쪽), 당 태종(46쪽), 다우선을 타고 있는 이슬람 상인(49쪽), 캉유웨이(123쪽), 난징 대학살(144쪽, 146쪽, 153쪽)

Cultural Archive / Alamy Stock Photo 이슬람 연금술사(49쪽)

Darling Archive / Alamy Stock Photo 페르시아 춤인 호선무(43쪽)

Design Pics Inc / Alamy Stock Photo 페르세폴리스 궁전의 만국의 문(20쪽)

Digital Image Library / Alamy Stock Photo 사람들 앞에서 연설하고 있는 레닌(150쪽)

Dmitriy Moroz / Alamy Stock Photo 함무라비 법전비(14쪽, 19쪽)

dpa picture alliance / Alamy Stock Photo 나폴레옹 법전(99쪽), 독일 총리의 아우슈비츠 수용소 방문 및 추모(149쪽), 톈안먼 사건(166쪽), 사우디아라비아의 여성 운전 허용(169쪽)

Edi Chen / Alamy Stock Photo 만리장성(10쪽)

Entertainment Pictures / Alamy Stock Photo 아바타(65쪽)

Espencat / CC by 3.0 68 운동(173쪽)

FALKENSTEINFOTO / Alamy Stock Photo 바이마르 공화국의 투표 용지(138쪽)

F. Jack Jackson / Alamy Stock Photo 미라를 만드는 모습(14쪽, 33쪽)

FLHC 1C / Alamy Stock Photo 세포이의 항쟁 모습(113쪽)

funkyfood London–Paul Williams / Alamy Stock Photo 차탈회위크에서 발굴된 여신 조각상(13쪽)

Glasshouse Images / Alamy Stock Photo 히틀러 친위대의 행진(132쪽)

Globuss Images / Alamy Stock Photo 고행하는 석가모니(36쪽)

Granger Historical Picture Archive / Alamy Stock Photo 아프리카 침략 풍자화(107쪽), 테네시강 유역 개발 공사 당시의 댐 건설 모습(132쪽), 독소 불가침 조약 풍자화(133쪽, 136쪽, 153쪽), 개선문을 통과하는 독일군(133쪽), 얄타에 모인 3국 정상(145쪽), 엘리너 루스벨트(145쪽), 윌슨(180쪽)

Hector Christiaen / Alamy Stock Photo 국제 노동 기구 본부(스위스)(139쪽)

Hemis / Alamy Stock Photo 라스코 동굴 벽화(12쪽, 16쪽, 30쪽)

Heritage Image Partnership Ltd / Alamy Stock Photo 프랑스 초대 황제 나폴레옹의 대관식 행렬(8쪽), 카니슈카왕이 새겨진 금화(36쪽, 40쪽), 2월 혁명의 모습(100쪽), 스탈린그라드 전투(133쪽)

Historic Images / Alamy Stock Photo 근대적 모습을 갖춘 일본 모습(119쪽)

History and Art Collection / Alamy Stock Photo 키릴 형제와 키릴 문자(55쪽), 인종주의 풍자화(107쪽), 청년 튀르크당의 행진(112쪽, 115쪽)

History collection 2016 / Alamy Stock Photo 워싱턴 행진(171쪽)

Homer Sykes / Alamy Stock Photo 국제 연합 평화 유지군(145쪽)

imageBROKER / Alamy Stock Photo 슈톨퍼스타인(11쪽)

incamerastock / Alamy Stock Photo 고야의 '1908년 5월 3일의 학살'(104쪽)

INTERFOTO / Alamy Stock Photo 독일의 폴란드 침공(133쪽)

ITAR–TASS News Agency / Alamy Stock Photo 고르바초프(165쪽)

John Frost Newspapers / Alamy Stock Photo 베르사유 조약을 풍자한 그림(150쪽)

Keystone–France / gettyimages 선거 포스터를 보고 있는 유권자들의 모습(138쪽)

kolvenbach / Alamy Stock Photo 빌렌도르프의 비너스(12쪽, 16쪽, 30쪽)

Lanmas / Alamy Stock Photo 우루크의 길가메시왕(19쪽)

Lebrecht Music & Arts / Alamy Stock Photo 변발(74쪽), 여성의 전쟁 참여(138쪽)

Leemage / gettyimages 러일 전쟁의 풍자화(119쪽, 122쪽)

Leonid Plotkin / Alamy Stock Photo 쿰브멜라 축제(65쪽)

Matthew Corrigan / Alamy Stock Photo 파괴와 창조의 신 시바(37쪽, 40쪽)

mccool / Alamy Stock Photo 예니체리(93쪽)

National GalFineArt / Alamy Stock Photo 아르놀피니 부부의 초상(57쪽)

Niday Picture Library / Alamy Stock Photo 보스턴 차 사건(98쪽, 124쪽), 데카브리스트의 봉기(100쪽), 뉘른베르크 국제 군사 재판(144쪽, 148쪽)

North Wind Picture Archives / Alamy Stock Photo 오염된 대기 환경(106쪽), 19세기 유럽의 모습(111쪽)

Oldtime / Alamy Stock Photo 가내 수공업(109쪽)

PA Images / Alamy Stock Photo 달리는 경주마에 뛰어든 에밀리 데이비슨(139쪽)

PAINTING / Alamy Stock Photo 가나가와의 높은 파도 아래(79쪽)

PBL Collection / Alamy Stock Photo 사탕수수 농장의 노예들 그림(95쪽)
Peter Barritt / Alamy Stock Photo 농부의 결혼식(57쪽)
Peter Horree / Alamy Stock Photo 창조의 신 브라흐마(37쪽), 산비탈레 성당의 모자이크화(55쪽, 61쪽)
philipus / Alamy Stock Photo 성당의 내부 모습(55쪽)
Photo 12 / Alamy Stock Photo 반둥 회의(180쪽)
Pictorial Press Ltd / Alamy Stock Photo 면벌부(57쪽), 제니 방직기(106쪽), 런던 만국 박람회 수정궁 내부(106쪽), 파쇼다 사건 풍자화(107쪽, 111쪽), 노르망디 상륙 작전(133쪽), 폐허가 된 히로시마(133쪽)
PjrTravel / Alamy Stock Photo 부처의 발자국(40쪽)
Prioryman CC By 3.0 키루스 2세의 원통(20쪽, 26쪽)
PRISMA ARCHIVO / Alamy Stock Photo 찍개(12쪽), 찍개와 주먹 도끼(17쪽), 뼈로 만든 작살(13쪽, 17쪽), 쐐기 문자(14쪽, 17쪽), 페르시아 주전자(20쪽), 카노사의 굴욕(54쪽)
PWB Images / Alamy Stock Photo 빈 체제의 풍자화(100쪽)
robertharding / Alamy Stock Photo 모헨조다로의 인물상(15쪽)
Science History Images / Alamy Stock Photo 이슬람 천문학자(49쪽), 이슬람 수학서(49쪽), 인체 해부도(49쪽)
South Africa History Online / www.sahistory.org.za 아파르트헤이트 정책을 반대하는 포스터(168쪽)
Stock Montage, Inc. / Alamy Stock Photo 세실 로즈 풍자화(111쪽)
The Granger Collection / Alamy Stock Photo 영국의 제국주의 풍자화(107쪽)
The History Collection / Alamy Stock Photo 대진경교유행중국비(43쪽), 쇼토쿠 태자(47쪽), 볼리바르(101쪽), 런던 뒷골목의 주택(106쪽), 러다이트 운동(110쪽), 세포이들의 모습(113쪽), 스와데시 운동 기간 중의 시민 행진(113쪽)
The Photolibrary Wales / Alamy Stock Photo 차티스트 운동 모자이크 벽화(100쪽)
The Picture Art Collection / Alamy Stock Photo 수 문제(45쪽), 죽음의 무도(56쪽), 기린도(74쪽)
The Print Collector / Alamy Stock Photo 긁개(12쪽), 모헨조다로의 인장(15쪽), 리버풀과 맨체스터를 오가는 기차(110쪽)
The Reading Room / Alamy Stock Photo 인민헌장을 든 노동자 풍자화(100쪽)
Tomas Abad / Alamy Stock Photo 평화의 신 비슈누(37쪽)
Tom Gardner / Alamy Stock Photo 구석기 시대의 움집(13쪽, 17쪽, 30쪽)
Top Photo Corporation / Alamy Stock Photo 서역인의 모습이 표현된 당삼채(43쪽)
Trinity Mirror / Mirrorpix / Alamy Stock Photo 넬슨 만델라(173쪽)
Tuul and Bruno Morandi / Alamy Stock Photo 아잔타 제1석굴의 보살상(37쪽, 41쪽)
Universal Images Group North America LLC / Alamy Stock Photo 아스트롤라베(49쪽, 53쪽)
View Stock / Alamy Stock Photo 활판 인쇄술(69쪽)
Vito Arcomano / Alamy Stock Photo 아피아 가도(24쪽, 29쪽)
World History Archive / Alamy Stock Photo 사자의 서(14쪽, 33쪽), 런던 공습(144쪽, 153쪽), 샌프란시스코 회의 후 국제 연합의 창립 헌장에 서명하고 있는 열강의 대표들(145쪽), 서베를린에서 생필품을 운반하는 미국 비행기(156쪽), 문화 대혁명(162쪽)
ZUMA Press, Inc. / Alamy Stock Photo 갑골 문자(18쪽)

〈실전책〉

연합뉴스 일본 총리의 신사 참배(32쪽)
픽스타 토기(4쪽)
Art Collection 2 / Alamy Stock Photo 카롤루스 대제의 서로마 황제 대관식(14쪽)
Bernard Bialorucki / Alamy Stock Photo 상수시 궁전(19쪽)
Classic Image / Alamy Stock Photo 사르타트 불상(12쪽)
CPA Media Pte Ltd / Alamy Stock Photo 간다라 불상(12쪽)
Design Pics Inc / Alamy Stock Photo 페르세폴리스 궁전(5쪽)
dpa picture alliance / Alamy Stock Photo 독일 총리의 추모(32쪽)
F. Jack Jackson / Alamy Stock Photo 미라를 만드는 모습(6쪽)
Granger Historical Picture Archive / Alamy Stock Photo 세계의 유명한 역사 도시를 가다(13쪽)
Hemis / Alamy Stock Photo 라스코 동굴 벽화(4쪽)
Historic Collection / Alamy Stock Photo 청년 튀르크당의 행진(25쪽)
INTERFOTO / Alamy Stock Photo 독일의 폴란드 침공(31쪽)
kolvenbach / Alamy Stock Photo 빌렌도르프의 비너스(4쪽)
Lebrecht Music & Arts / Alamy Stock Photo 변발(19쪽)
Pictorial Press Ltd / Alamy Stock Photo 인도 총독 커즌(26쪽), 노르망디 상륙 작전(31쪽), 일본에 원자 폭탄 투하(31쪽)
Prioryman CC By 3.0 키루스 2세의 원통(9쪽)
PRISMA ARCHIVO / Alamy Stock Photo 뗀석기(4쪽), 뼈로 만든 작살(4쪽), 쐐기 문자(6쪽)
The Print Collector / Alamy Stock Photo 권리 장전을 승인하는 메리와 윌리엄 공동 왕(27쪽)

〈미니북〉

Bridgeman Images 8시간 노동 포스터(19쪽)
China Images / Alamy Stock Photo 은허 유적(3쪽)
CPA Media Pte Ltd / Alamy Stock Photo 난징 대학살(20쪽)
Design Pics Inc / Alamy Stock Photo 페르세폴리스 궁전의 만국의 문(5쪽)
Edi Chen / Alamy Stock Photo 만리장성(5쪽)
Granger Historical Picture Archive / Alamy Stock Photo 얄타에 모인 3국 정상(20쪽)
Hector Christiaen / Alamy Stock Photo 국제 노동 기구 본부(19쪽)
Homer Sykes / Alamy Stock Photo 국제 연합 평화 유지군(20쪽)
Niday Picture Library / Alamy Stock Photo 보스턴 차 사건(13쪽)
The Print Collector / Alamy Stock Photo 권리 장전을 승인하는 메리와 윌리엄 공동 왕(13쪽)
Tom Gardner / Alamy Stock Photo 스코틀랜드 신석기 시대의 움집(2쪽)
Top Photo Corporation / Alamy Stock Photo 당삼채(7쪽)
World History Archive / Alamy Stock Photo 문화 대혁명(22쪽)

위 사진 외 북앤포토 진행

EBS 중학

뉴런

| 역사 ① |

미니북

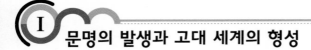

I 문명의 발생과 고대 세계의 형성

01 역사의 두 가지 의미

❶ **사실로서의 역사(객관적):** 인간이 살아온 과정에서 일어난 모든 사실 그 자체

❷ **기록으로서의 역사(주관적):** 기록자 개인의 사상이나 의견을 반영하여 기록

02 세계의 선사 문화와 고대 문명

❶ 인류의 진화

구분	등장 시기	특징
오스트랄로피테쿠스 아파렌시스	약 390만 년 전	아프리카 동남부에서 발견, 두 발로 걷고 간단한 도구 사용
호모 에렉투스	약 180만 년 전	중국 베이징, 인도네시아 자와 등에서 발견, 불과 언어 사용
호모 네안데르탈렌시스	약 40만 년 전	시체 매장의 풍습 존재
호모 사피엔스	약 20만 년 전	동굴 벽화 제작, 정교한 석기와 뼈 도구 사용, 현생 인류로 진화

❷ 선사 시대의 생활

구분	구석기 시대	신석기 시대
시기	인류 출현～약 1만 년 전	약 1만 년 전～청동기 사용 전
도구	뗀석기(긁개, 찍개, 주먹 도끼)	간석기(갈돌, 갈판, 돌낫), 토기
경제	사냥, 채집	사냥, 채집, 농경, 목축
주거	동굴, 바위 그늘, 막집	강가, 해안가의 움집
사회	무리 생활, 이동 생활, 평등 사회	정착 생활, 평등 사회
신앙	시체 매장	애니미즘(자연물 숭배), 토테미즘(동물 숭배)
예술	사냥감의 번성, 풍요로움 기원	동물 뼈, 조개껍데기 치장

❶ 구석기 시대의 나무로 만든 막집(프랑스, 복원 모형)
❷ 신석기 시대의 움집(스코틀랜드)

❸ 문명의 발생

(1) **문명 발상지의 공통점:** 큰 강 유역, 계급 발생, 문자 사용, 도시 국가 형성

(2) **메소포타미아 문명과 이집트 문명**

구분	메소포타미아 문명	이집트 문명
발생	기원전 3500년경	기원전 3000년경
지역	티그리스강, 유프라테스강 유역	나일강 유역
지리	개방적 지형	폐쇄적 지형
사상	현세 중시(길가메시 서사시)	내세 중시(미라, 사자의 서)
건축	지구라트	스핑크스, 피라미드
문자	점토판에 쐐기 문자 기록	파피루스에 상형 문자 기록
기타	• 바빌로니아 왕국의 함무라비 법전 • 60진법과 태음력 사용	• 강력한 신권 정치(파라오) • 10진법과 태양력 사용

(3) **인도 문명**

발생	기원전 2500년경
지역	인더스강 유역
특징	계획도시 발달(모헨조다로, 하라파 등), 상형 문자 사용
아리아인의 이동	기원전 1500년경 인더스강 유역 → 기원전 1000년경 갠지스강 유역으로 진출 → 철제 무기 및 농기구 전파, 카스트 제도·브라만교 성립

(4) **중국 문명**

발생	기원전 2500년경
지역	황허강 유역
상 왕조	기원전 1600년경 성립, 신권 정치, 갑골문(한자의 기원), 은허 유적
주 왕조	• 기원전 1100년경 성립, 봉건제 실시 • 기원전 8세기 초 유목 민족의 침입 → 동쪽으로 천도

▲ 지구라트 (이라크)

▲ 피라미드 (이집트)

▲ 모헨조다로 유적 (파키스탄)

▲ 은허 유적 (중국)

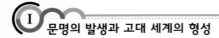

03 고대 제국들의 특성과 주변 세계의 성장

❶ 페르시아 제국

아시리아	기원전 7세기 서아시아 지역 대부분 통일, 피정복민에 대한 강압적 통치
아케메네스 왕조 페르시아	• 성립: 기원전 6세기 서아시아 재통일 • 다리우스 1세: 전국에 총독 파견, 감찰관('왕의 눈', '왕의 귀') 파견, 도로망('왕의 길') 정비, 화폐 · 도량형 통일 • 관용 정책: 피정복민의 문화를 인정 → 200년 동안 통일 제국 유지
파르티아	한과 로마 사이에서 중계 무역으로 번성, 사산 왕조 페르시아에 멸망
사산 왕조 페르시아	• 발전: 아케메네스 왕조 페르시아 계승, 중계 무역으로 번영 → 동로마 제국과 경쟁 • 쇠퇴: 7세기 이슬람 세력의 침입을 받아 멸망
페르시아 제국의 문화	• 국제적 문화: 활발한 대외 교류를 통한 문화 융합, 페르세폴리스 궁전, 정교한 공예 발달(금속 · 유리 등) • 조로아스터교: 선(善)의 신 아후라 마즈다 숭배, 다리우스 1세 때 확산, 사산 왕조 때 국교 지정, 크리스트교 · 이슬람교 교리에 영향

❷ 진 · 한 제국

춘추 전국 시대	• 시작: 주 왕실의 권위 하락 → 제후의 난립 • 사회 · 경제적 변화: 농업 발달(철제 농기구 사용, 우경 시작), 상업 · 수공업 발달(화폐, 시장, 도시 성장) • 제자백가의 출현: 유가, 도가, 묵가, 법가 등
진(秦)	• 진의 통일: 법가 사상을 바탕으로 중국 최초 통일 • 시황제의 통일 정책: 황제 칭호 사용, 군현제 실시, 도로망 정비, 화폐 · 문자 · 도량형 통일, 영토 확장(만리장성 축조) • 멸망: 대규모 토목 공사, 사상 탄압으로 불만 고조 → 농민 반란
한	• 고조: 중국 재통일, 군국제(군현제+봉건제) 실시 • 무제: 군현제 실시, 영토 확장, 유교 사상 채택, 비단길 개척, 전매제 실시 • 멸망: 외척 · 환관의 정치 개입, 농민 봉기 → 위 · 촉 · 오로 분열 • 문화: 유교 발달(태학 설치, 훈고학 발달), 역사서 편찬(사마천의 『사기』), 제지술 개량(채륜), 비단길을 통해 불교 전래

❸ 고대 그리스 세계와 알렉산드로스 제국

고대 그리스 세계	• 성립: 기원전 10세기~기원전 8세기경 작은 도시 국가(폴리스) 등장 • 아테네의 민주 정치: 그리스·페르시아 전쟁 후 직접 민주주의 발달 • 쇠퇴: 펠로폰네소스 전쟁 후 쇠퇴 → 마케도니아에 정복 • 문화: 합리적·인간 중심적, 파르테논 신전, 아테나 여신상, 역사(헤로도토스), 문학(호메로스), 철학(소피스트, 소크라테스, 플라톤, 아리스토텔레스)
알렉산드로스 제국	• 동서 융합 정책: 정복지에 그리스인 이주, 페르시아인과 결혼 장려 • 헬레니즘 문화: 그리스 문화에 동방 문화 융합 – 철학: 세계 시민주의와 개인주의, 스토아학파·에피쿠로스학파 등장 – 미술: 사실적 표현(라오콘 군상, 밀로의 비너스) – 과학: 기하학(유클리드), 물리학(아르키메데스)

❹ 로마의 발전

공화정	• 성립: 기원전 8세기 건국 → 기원전 6세기 말 공화정 • 공화정 구성: 원로원, 집정관, 호민관 → 상호 견제 • 발전: 기원전 3세기 중엽 이탈리아반도 통일 → 포에니 전쟁 후 귀족의 라티푼디움 경영, 중소 자영농 몰락 → 그라쿠스 형제의 개혁 실패 • 쇠퇴: 군인 정치가 등장 → 카이사르 암살
제정	• 성립: 기원전 27년, 옥타비아누스의 사실상 황제 등극 • '로마의 평화' 시대: 옥타비아누스~5현제(약 200년) → 군인 황제 시대 • 콘스탄티누스 대제의 개혁: 수도 이전(콘스탄티노폴리스), 크리스트교 공인 • 쇠퇴: 동·서 로마 분열 → 서로마 멸망(476), 동로마(1453년까지 지속)
문화(실용적)	• 법률: 관습법 → 12표법 → 시민법 → 만민법 → 유스티니아누스 법전 • 건축: 콜로세움, 개선문, 공중목욕탕, 수도교 등 • 크리스트교: 황제 숭배 거부로 박해 → 밀라노 칙령으로 공인 → 4세기 말 국교 채택 → 세계 종교로 성장

▲ 페르세폴리스 궁전의 만국의 문(이란)

▲ 만리장성(중국)

▲ 파르테논 신전(그리스)

▲ 콜로세움(이탈리아)

Ⅱ 세계 종교의 확산과 지역 문화의 형성

01 불교 및 힌두교 문화의 형성과 확산

❶ 불교의 성립과 통일 왕조

불교의 성립	• 고타마 싯다르타(석가모니)가 창시 • 브라만교의 권위주의와 신분 차별 반대 → 자비와 평등, 해탈 강조
마우리아 왕조	• 아소카왕(기원전 3세기) 때 발전 • 상좌부 불교 장려 → 스리랑카, 동남아시아로 전파
쿠샨 왕조	• 카니슈카왕 때 발전 • 대승 불교와 간다라 양식이 중앙아시아, 중국 등으로 전파

❷ 굽타 왕조와 힌두교의 발전

굽타 왕조	• 찬드라굽타 2세 때 발전: 동서 해상 교통로 확보, 문화 발달 • 에프탈의 침략으로 쇠퇴, 6세기 중엽 멸망
힌두교의 성립	• 브라만교에 민간 신앙, 불교 등과 결합 • 굽타 왕조의 후원 → 인도 민족 종교로 성장 • 마누 법전 정리 → 힌두교와 카스트 제도에 기초한 사회 질서 정착
인도 고전 문화의 발전	• 산스크리트어 문학 발달: 『마하바라타』, 『라마야나』 등 • 굽타 양식의 발달: 아잔타 석굴 사원, 엘롤라(엘로라) 석굴 사원 • 수학과 천문학의 발달: '0'의 개념, 원주율, 지구 자전설 등

02 동아시아 문화의 형성과 확산

❶ 위진 남북조와 수 · 당

위진 남북조	• 북위 효문제의 한화 정책 실시 → 한족과 유목 민족의 문화 융합 • 강남 개발로 경제적 발전(남조) • 문벌 귀족 사회 형성: 9품중정제 실시 • 불교와 도교의 발달: 윈강 · 룽먼 석굴 사원 조성, 도교 사원 건설
수	• 문제: 균전제, 부병제, 과거제 실시 → 왕권 강화 • 양제: 대운하 건설 → 화북과 강남의 경제 통합 • 대규모 토목 공사, 고구려 원정 실패 → 농민 반란으로 멸망

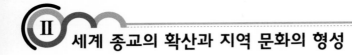

당	• 태종 때 가장 융성 • 율령 체제 완성: 3성 6부와 주현제 시행, 균전제 · 조용조 · 부병제 실시 • 동돌궐 정벌, 고구려 원정 → 나당 연합으로 백제 · 고구려 멸망 • 안사의 난 이후 중앙 권력 다툼, 농민 반란(황소의 난) → 절도사에 멸망

❷ 당의 문화와 동아시아 문화권의 형성

당의 문화	• 귀족 문화의 발달: 시 · 산수화 발달, 훈고학의 집대성(『오경정의』 편찬), 경전의 번역 · 인도 순례(현장)로 불교 발달, 도교 발달 • 국제적인 문화 발달: 조로아스터교 · 경교(네스토리우스교) · 마니교 · 이슬람교 등 전래, 당삼채 유행
동아시아 문화권의 형성	• 한반도: 신라의 삼국 통일 → 발해 건국으로 남북국 시대 전개 • 일본: 야마토 정권, 아스카 문화 형성(쇼토쿠 태자, 불교 발달) → 다이카 개신 → 나라 시대(헤이조쿄 건설 후 천도, 도다이사 건립) → 헤이안 시대〔헤이안쿄(교토) 천도, 일본 고유문화 발달〕 • 동아시아 문화권 형성: 한반도와 일본 · 베트남 등이 한자 · 율령 · 유교 · 불교 등 당의 선진 문화 수용 → 각국의 상황에 맞게 독자적 발전

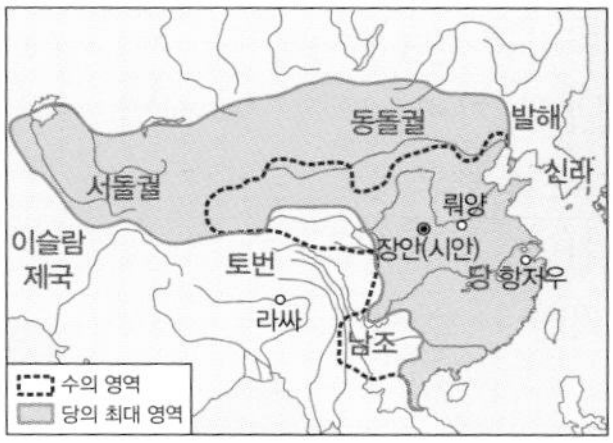

▲ 수 · 당의 영역

▲ 윈강 석굴 (중국)

▲ 당삼채 (중국)

▲ 도다이사 (일본)

03 이슬람 문화의 형성과 확산

❶ 이슬람교의 성립과 이슬람 제국

이슬람교의 성립	• 무함마드가 창시: 유일신 알라 숭배, 신 앞의 평등 강조 → 하층민 지지 • 메디나로 이동(헤지라) → 메카 입성 → 아라비아반도 통일
이슬람 제국	• 정통 칼리프 시대: 시리아 · 이집트 정복, 사산 왕조 페르시아를 멸망시킴 • 우마이야 왕조: 수니파 · 시아파 분열, 아랍인 우월주의 실시 • 아바스 왕조: 비아랍인에 대한 차별을 없앰, 동서 교역 장악

❷ 이슬람 세계의 확산과 이슬람 문화권의 형성

이슬람 세계의 확산	• 셀주크 튀르크: 칼리프로부터 술탄 칭호를 받음, 예루살렘 점령 • 이슬람 상인의 교류로 인도와 동남아시아, 북부아프리카로 이슬람교 확산
이슬람 문화권	• 쿠란 · 아랍어 중시 → 신학 · 법학 · 역사학 · 천문 · 지리학 발달 • 문학: 『아라비안나이트』 • 건축: 모스크 건축 활발(둥근 지붕 · 첨탑, 아라베스크 문양 발달) • 자연 과학 발달: 의학 · 천문학 · 화학 · 수학 · 연금술 발달

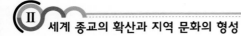

▲ 예루살렘에 건설된 바위의 돔

04 크리스트교 문화의 형성과 확산

❶ 프랑크 왕국과 봉건 사회의 형성

프랑크 왕국	• 이슬람 세력의 침략 격퇴 후 로마 교황의 지지를 얻음(8세기 초) • 카롤루스 대제: 옛 서로마 제국 영토의 대부분 차지, 정복지에 교회 건설 → 교황의 서로마 황제 대관(800) → 사망 후 프랑크 왕국 분열
봉건 사회의 형성	• 프랑크 왕국의 분열, 노르만족 등 이민족 침입 • 계약에 의한 주종 관계 형성, 장원 경제 기반 → 봉건제 발달 → 왕권 약화, 영주 권한 막강

❷ 교황권의 성장과 서유럽 문화권의 형성

교황권의 성장	• 동로마 제국으로부터 독립: 성상 숭배 금지령(비잔티움 제국 황제) → 카롤루스 대제를 서로마 황제로 임명 • 신성 로마 제국의 성립: 프랑크 왕국 분열 후 동프랑크의 오토 1세 임명 • 카노사의 굴욕: 군주의 성직 임명권 부정(그레고리우스 7세)
서유럽 문화권의 형성	• 로마 문화, 크리스트교, 게르만 문화 융합 → 서유럽 문화권 형성 • 신학 발달(토마스 아퀴나스의 『신학대전』), 대학 성립(자치 운영), 고딕 양식의 교회 건축 발달(첨탑, 스테인드글라스), 기사 문학 유행(『아서왕 이야기』 등)

❸ 비잔티움 제국과 문화

비잔티움 제국	• 유스티니아누스 황제 때 발전 • 황제 중심의 중앙 집권 체제 확립, 황제 교황주의
비잔티움 제국의 문화	• 그리스 정교 바탕, 그리스어 공용 •『유스티니아누스 법전』 편찬 • 비잔티움 양식 발달: 성 소피아 대성당(돔 · 모자이크화 유행)

❹ 십자군 전쟁과 유럽의 변화

십자군 전쟁	• 셀주크 튀르크의 위협 → 교황의 성지 회복 주장 → 170여 년 동안 지속 → 실패 • 교황권 하락(아비뇽 유수), 왕권 강화(백년 전쟁), 도시의 발달, 장원의 해체
르네상스	• 인간 중심의 새로운 문화 창조 • 이탈리아: 문학과 미술 발달, 『데카메론』(보카치오), 미켈란젤로, 보티첼리, 레오나르도 다빈치 등 • 알프스 이북: 현실과 종교 비판, 『우신예찬』(에라스뮈스) 등
종교 개혁	• 루터: 면벌부 판매 → 95개조 반박문 발표 → 아우크스부르크 화의로 인정 • 칼뱅: 예정설 · 직업 소명설 주장, 상공업자들의 환영 → 서유럽 확산 → 30년 전쟁으로 확대 → 베스트팔렌 조약 체결로 인정

▲ 미켈란젤로의 '천지창조'

▲ 보티첼리의 '비너스의 탄생'

▲ 16세기 유럽의 종교 분포

III 지역 세계의 교류와 변화

01 몽골 제국과 문화 교류

❶ 송의 건국과 문치주의

건국	조광윤이 카이펑을 수도로 건국
문치주의	과거제 개혁, 황제권 강화, 사대부 사회 형성 → 지나친 문치주의로 군사력 약화, 재정 악화
경제	농업 생산력 증대, 상업 발달, 해상 무역 발달
문화	성리학과 서민 문화 발달, 나침반 사용, 화약 무기 개발, 활판 인쇄술 발달

❷ 몽골 제국의 사회와 문화

건국	테무친(칭기즈 칸)의 몽골 제국 건설
원	쿠빌라이 칸이 국호를 원으로 바꿈, 남송 정복
사회·문화	몽골 제일주의 정책 실시, 잡극 등 서민 문화 발달, 티베트 불교(라마교) 유행, 이슬람의 뛰어난 학문 전래
동서 교역	역참 설치 → 동서 문화 교류 촉진

02 동아시아 지역 질서의 변화

❶ 명·청 제국의 발전

구분	명	청
지배 민족	한족	만주족
발전	• 홍무제: 한족 문화 부흥, 몽골 풍습 금지, 육유 반포 • 영락제: 정화의 원정(조공 질서 확립)	• 한족 지배를 위한 회유책: 만한 병용제, 대규모 편찬 사업 • 강압책: 변발·호복 강요, 중화사상에 의한 만주족 비난 금지
지배층	신사–유교적 소양을 갖춘 지식인, 향촌 질서 유지	
유학	양명학(실천 강조)	고증학(실증적)
대외 교류	해금 정책, 조공·책봉 체제 확립	공행 무역
경제	은의 유입 → 세금을 은으로 납부(명–일조편법, 청–지정은제)	
문화	서민 문화 발달(소설, 경극 유행), 서양 문물 전래(곤여만국전도 등)	

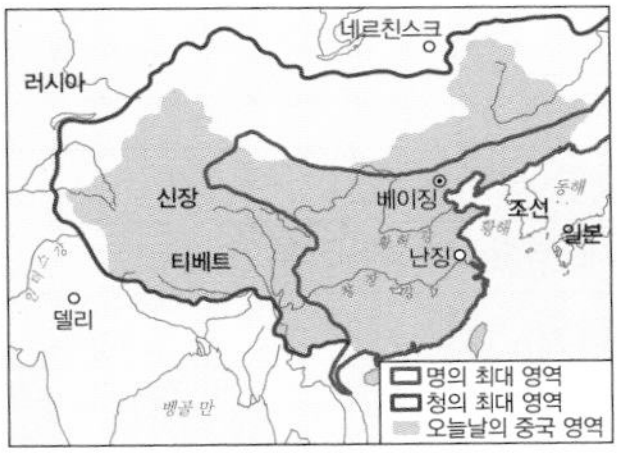

▲ 명 · 청 제국의 발전

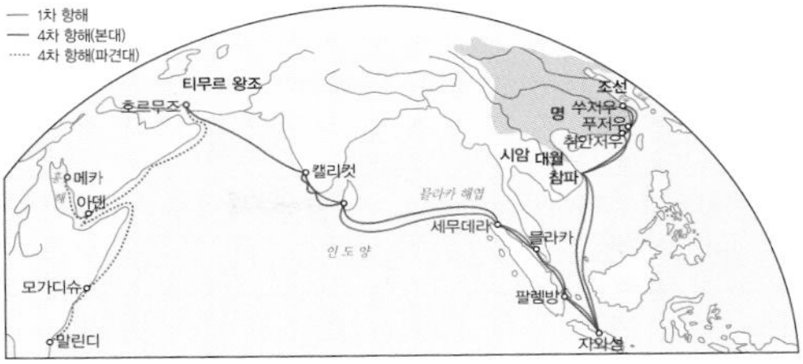

▲ 정화의 원정

❷ 일본 무사 정권의 성립과 변화

막부의 성립과 발전	가마쿠라 막부(12세기 말) → 무로마치 막부(14세기 초) → 전국 시대(15세기) → 도요토미 히데요시의 통일 → 임진왜란 → 에도 막부
에도 막부	도쿠가와 이에야스가 에도에 수립, 중앙 집권적 막부(산킨코타이를 통해 다이묘 통제)
대외 교류	크리스트교 금지, 나가사키 항에서 네덜란드 상인만 무역 허용
문화	조닌 문화, 난학

03 서아시아 · 북아프리카 지역 질서의 변화

❶ 다양한 이슬람 국가

셀주크 튀르크	바그다드 점령 후 술탄의 칭호를 받아 이슬람 세계 지배
일한국	몽골 제국이 이란 일대에 건설
티무르 제국	몽골 제국의 부활과 이슬람 세계의 확대 추구, 수도 사마르칸트
사파비 왕조	페르시아 제국의 부흥 주장, 아바스 1세, 수도 이스파한

❷ 오스만 제국

성립	13세기 말 오스만 튀르크족이 소아시아 지역에서 건국
발전	비잔티움 제국 정복, 수도 이스탄불
정치	비이슬람교도도 지즈야만 납부하면 신앙의 자유와 종교 공동체(밀레트) 허용, 능력에 따른 인재 등용, 예니체리 양성
문화	다양한 민족과 문화 공존, 오스만 튀르크 문화(이슬람 + 페르시아 + 튀르크 + 비잔티움 문화) – 세밀화, 모스크 등

❸ 인도의 무굴 제국

건국	티무르의 후손 바부르가 델리를 중심으로 건국
아크바르	무굴 제국의 전성기, 힌두교와 이슬람교의 화합 정책
아우랑제브	최대 영토 확보, 이슬람 제일주의 정책(인두세 부활) → 제국 분열
문화	인도·이슬람 문화 – 시크교, 우르두어, 타지마할, 무굴 회화 등

04 신항로 개척과 유럽 지역 질서의 변화

❶ 신항로 개척

배경	동방과의 교류 욕구 증대, 과학 기술 발달(지도·나침반 등)
전개	바스쿠 다 가마(인도 항로 개척), 콜럼버스(서인도 제도 도착), 마젤란 일행(최초의 세계 일주)
영향	대서양 무역 발달, 아메리카(토착 문명 파괴), 아프리카(노예 무역), 유럽(새로운 작물 유입, 물가 상승, 자본주의 발달)

❷ 절대 왕정

사상적 토대	왕권신수설, 중상주의
왕권의 기반	관료제, 상비군, 상공 시민층의 경제적 지원
서유럽의 절대 왕정	• 에스파냐: 펠리페 2세, 무적함대 • 영국: 엘리자베스 1세, 무적함대 격파, 해외 시장 개척, 모직물 공업 육성 • 프랑스: 루이 14세, '태양왕', 중상주의 경제 정책, 베르사유 궁전
동유럽의 절대 왕정	• 러시아: 표트르 대제, 서유럽 문화 수용 • 프로이센: 프리드리히 2세, 상수시 궁전 건설

❸ 문화: 과학 혁명(뉴턴), 계몽사상(몽테스키외, 볼테르, 루소)

▲ 신항로의 개척

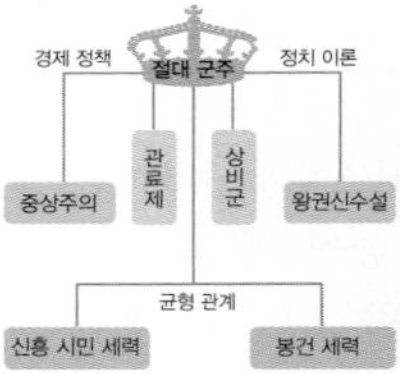

▲ 절대 왕정의 구조

▲ 베르사유 궁전

Ⅳ 제국주의 침략과 국민 국가 건설 운동

01 유럽과 아메리카의 국민 국가 체제

❶ 시민 혁명의 전개

영국 혁명	• 청교도 혁명: 찰스 1세의 전제 정치 → 의회의 권리 청원 제출 → 의회 해산 → 의회파와 왕당파의 내전 → 의회파 승리, 공화정 수립 → 크롬웰의 독재 정치 • 명예혁명: 제임스 2세의 전제 정치 → 의회 주도로 국왕 폐위 → 메리와 윌리엄을 공동 왕으로 추대, 권리 장전 승인
미국 혁명	영국이 아메리카 식민지에 각종 세금 부과 → 보스턴 차 사건 발생 → 영국의 무력 탄압 → 식민지 대표들의 대륙 회의 개최 → 독립 전쟁 발발, 독립 선언문 발표 → 아메리카 식민지인들의 승리, 미국 탄생
프랑스 혁명	제3 신분의 국민 의회 결성, 테니스코트의 서약 → 바스티유 감옥 습격, 봉건제 폐지 선언, '인간과 시민의 권리 선언' 발표 → 입법 의회 구성, 혁명 전쟁 전개 → 국민 공회 구성, 공화정 선포 → 루이 16세 처형, 로베스피에르의 공포 정치 → 총재 정부 수립 → 나폴레옹의 쿠데타, 통령 정부 수립 → 나폴레옹의 내정 개혁, 대외 팽창(프랑스 혁명 이념의 유럽 전파)

▲ 권리 장전을 승인하는 메리와 윌리엄 공동 왕

▲ 보스턴 차 사건

▲ 인간과 시민의 권리 선언

❷ 국민 국가의 형성

빈 체제	메테르니히가 주도, 프랑스 혁명 이전으로 회귀, 자유주의·민족주의 운동 탄압
자유주의의 개혁	• 프랑스: 7월 혁명(루이 필리프 추대, 입헌 군주정 수립), 2월 혁명(중소 시민층·노동자들의 선거권 확대 요구, 공화정 수립 → 빈 체제 붕괴에 영향) • 영국: 가톨릭교도 차별 폐지, 선거법 개정 → 노동자들의 인민헌장 발표, 차티스트 운동 전개, 곡물법·항해법 폐지 • 러시아: 차르의 전제 정치 강화, 농노제 유지 → 데카브리스트의 봉기, 알렉산드르 2세의 농노 해방령, 브나로드 운동 전개

통일 국가 수립 노력	• 이탈리아: 사르데냐 왕국 주도, 카보우르와 가리발디의 활약 → 이탈리아 왕국 수립 • 독일: 프로이센 주도, 관세 동맹 체결, 비스마르크의 철혈 정책 → 독일 제국 성립
아메리카의 변화	• 미국: 산업 혁명으로 경제 발전, 남부와 북부 갈등 → 남북 전쟁 발발 → 노예제 폐지 선언, 북부 승리 → 서부 개척, 영토 확장 • 라틴 아메리카: 에스파냐, 포르투갈의 식민 지배에 저항 → 볼리바르, 산마르틴 등의 활약으로 여러 국가가 독립

▲ 이탈리아의 통일

▲ 독일의 통일

▲ 라틴 아메리카의 독립

02 유럽의 산업화와 제국주의

❶ 산업 혁명

(1) **특징**: 기계 발명과 기술 혁신으로 공장제 기계 공업 발전, 생산력 증대

(2) **내용**

전개	영국에서 시작(정치 안정, 노동력과 지하자원 풍부 등), 면직물 산업 발전(방직기 · 방적기 개발, 증기 기관 사용), 철도 부설, 통신 발달 → 유럽 각국으로 확산, 독일 · 미국의 급속한 산업화
결과	공업 도시 발달, 산업 사회로 변화, 자본주의 경제 발달(자본가 · 노동자 계급 등장)

(3) **문제**: 빈부 격차 확대, 저임금 · 장시간 노동, 각종 도시 문제 발생 → 러다이트 운동 전개, 노동조합 결성, 사회주의 사상 등장

❷ 제국주의

(1) **배경**: 자본주의 발달 → 열강들의 식민지 확보 경쟁 가열, 사회 진화론 · 인종주의 주장

(2) **내용**

아프리카 분할	• 영국: 이집트 보호국화, 아프리카 종단 정책, 파쇼다 사건 • 프랑스: 알제리 장악, 아프리카 횡단 정책 추진, 파쇼다 사건 • 독일: 모로코를 놓고 프랑스와 대립	에티오피아와 라이베리아를 제외한 전 지역이 식민지로 전락
아시아 분할	• 영국: 플라시 전투 승리, 인도 지배 → 영국령 인도 제국 수립 • 프랑스: 인도차이나반도 점령 • 네덜란드: 자와섬 장악, 인도네시아 대부분을 식민지화 • 미국: 괌과 하와이 제도 병합, 필리핀 차지	

03 서아시아와 인도의 국민 국가 건설 운동

❶ 오스만 제국의 근대화 노력

(1) **탄지마트**: 서양 문물 수용, 근대적 제도 마련 → 헌법 제정, 의회 설립 추진

(2) **청년 튀르크당**: 술탄의 전제 정치 강화에 저항하여 무장봉기 → 정권 장악, 헌법 부활, 튀르크 민족주의 강조

❷ 서아시아, 이집트의 민족 운동

서아시아	• 아랍의 와하브 운동(아랍 민족 운동 기반) • 이란의 담배 불매 운동(영국의 이권 침탈에 저항)과 입헌 혁명
이집트	무함마드 알리의 근대화 추진, 오스만 제국에서 자치권 획득 → 아라비 파샤의 혁명 시도(영국의 침탈에 저항)

❸ 인도의 민족 운동

세포이 항쟁	영국의 식민 통치(종교 갈등 조장 등)에 저항하여 세포이가 무장봉기 → 영국의 진압 → 무굴 제국 멸망, 영국령 인도 제국 성립
인도 국민 회의	초기에 영국에 협조하면서 인도인의 권익 확보에 노력 → 벵골 분할령을 계기로 반영 운동 전개(콜카타 대회 개최, 스와라지 · 스와데시, 영국 상품 불매 등 추진) → 영국의 벵골 분할령 취소, 인도인의 자치 인정

04 동아시아의 국민 국가 건설 운동

❶ 중국의 국민 국가 건설 운동

(1) **개항**: 영국과의 아편 전쟁에서 패배, 난징 조약 체결(항구 개항, 홍콩 할양 등)

(2) **근대화 개혁과 민족 운동**

태평천국 운동	청 왕조 타도와 한족 국가 수립 주장, 천조 전무 제도 제시
양무운동	이홍장 등 한족 관료 주도, 중체서용을 바탕으로 서양 과학 기술 수용, 근대적 산업 육성 → 청일 전쟁 패배로 한계 인식
변법자강 운동	캉유웨이 등 주도, 일본의 메이지 유신을 본떠 근본적 개혁 주장, 광서제의 호응 → 서태후와 보수파의 반발로 실패
의화단 운동	반외세 분위기 속에서 부청멸양을 내세우며 교회와 철도, 서양인 등 공격
신해혁명	청 정부 타도 목소리 고조, 쑨원이 중국 동맹회를 조직하여 혁명 운동 주도 → 청의 민영 철도 국유화 시도 → 우창에서 신군 봉기 → 각 성의 독립 선언 → 중화민국 수립

❷ 일본의 국민 국가 건설 운동

(1) **개항**: 미국 페리 함대의 무력시위로 미일 화친 조약 체결

(2) **메이지 유신**: 하급 무사들의 막부 타도 운동 → 천황 중심의 메이지 정부 수립, 근대화 개혁 추진(폐번치현, 신분 제도 폐지, 근대 시설과 제도 마련) → 자유 민권 운동 탄압 이후 일본 제국 헌법 공포, 의회 설립

(3) **일본의 제국주의 팽창**

청일 전쟁	조선의 동학 농민 운동 전개 → 청일 전쟁 발발 → 일본의 승리, 시모노세키 조약 체결(배상금 획득, 타이완과 랴오둥반도 할양 등) → 삼국 간섭
러일 전쟁	일본의 뤼순 공격, 러일 전쟁 발발 → 미국의 중재로 포츠머스 조약 체결(일본의 만주와 한반도에 대한 지배권 확보)

❸ 조선의 국민 국가 건설 운동

(1) **개항**: 운요호 사건을 빌미로 일본이 개항 강요 → 강화도 조약 체결

(2) **근대 국가 수립 노력**: 개화 정책 추진, 위정척사파의 반발, 개화파 내부의 대립 → 갑신정변 → 동학 농민 운동 발생, 갑오개혁 추진(신분제 폐지 등) → 독립 협회의 국권·민권 수호 운동 → 대한 제국 수립

V 세계 대전과 사회 변동

01 세계 대전과 국제 질서의 변화

❶ 제1차 세계 대전과 베르사유 체제

(1) 제1차 세계 대전

배경	제국주의 국가 간의 대립(3국 동맹 vs 3국 협상)
계기	사라예보 사건(범슬라브주의와 범게르만주의의 대립)
전개	사라예보 사건 → 동맹국 vs 연합국의 참전으로 전쟁 확대 → 독일의 무제한 잠수함 작전 → 미국의 참전 → 연합국의 승리
특징	신무기의 등장, 참호전 · 총력전의 전개로 많은 인명 피해

(2) 제1차 세계 대전 이후의 세계

① 베르사유 체제의 성립: 파리 강화 회의(윌슨의 14개조 평화 원칙에 기초)에서 베르사유 조약 체결(독일에 전쟁 책임) → 승전국 중심의 국제 질서 형성

② 국제 연맹 창설: 국제 평화와 협력 촉진을 위한 국제기구였으나 미국 불참, 침략국 제재를 위한 군사력 부재 등의 한계점 존재

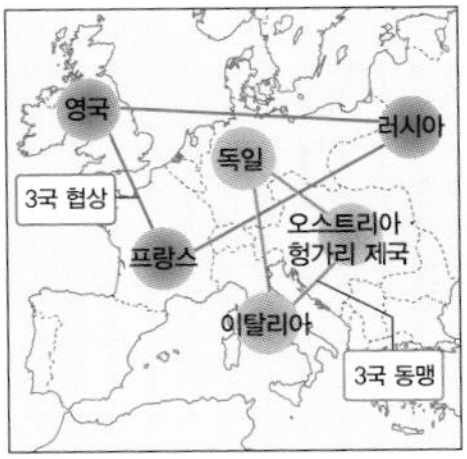

▲ 삼국 협상과 삼국 동맹

▲ 사라예보 사건의 풍자화

제45조 독일은 자르강 유역에 있는 탄광 지대의 독점 채굴권을 포함한 소유권을 프랑스에 넘겨준다.
제119조 독일은 해외 식민지에 관한 모든 권리와 소유권을 연합국에 넘겨준다.
제231조 연합국이 입은 손실에 대한 책임은 독일과 그 동맹국에게 있음을 확인한다.
제235조 독일은 …… 1921년 4월까지 200억 마르크 금화에 해당하는 액수를 지불해야 한다.

▲ 베르사유 조약

❷ 러시아 혁명

(1) 러시아 혁명

배경	차르 중심의 전제 정치 → 19세기 말부터 산업화의 진행으로 노동자 계층 성장
계기	피의 일요일 사건(군대의 무력 진압)
전개	• 2월 혁명: 노동자 · 병사 소비에트의 주도 → 임시 정부 수립 • 10월 혁명: 레닌 중심의 볼셰비키의 주도 → 소비에트 정부 수립

(2) 소련의 수립

레닌	독일 등과 단독 강화 조약 체결, 신경제 정책〔NEP〕 실시, 소련 결성(1922)
스탈린	독재 체제 강화, 경제 개발 5개년 계획 실시

❸ 아시아 · 아프리카의 민족 운동

중국	신문화 운동 및 5 · 4 운동, 제1, 2차 국공 합작
인도	간디의 비폭력 · 불복종 운동, 네루 주도의 인도 독립 동맹
동남아시아	베트남(호찌민 중심의 베트남 공산당), 인도네시아(수카르노)
서아시아	터키(무스타파 케말, 터키 공화국), 팔레스타인 문제(아랍인 vs 유대인)
이집트	영국으로부터 독립

❹ 대공황의 발생

배경	과잉 생산에 비해 구매력 감소
전개	미국의 주가 대폭락(1929)으로 시작 → 전 세계로 파급
극복	• 미국의 뉴딜 정책: 국가가 생산 조절, 대규모 공공사업 및 복지 정책 실시 • 영국, 프랑스 등 블록 경제: 높은 관세를 바탕으로 보호 무역 실시

❺ 전체주의의 등장

배경	대공황 전후의 경제 위기와 사회적 불안을 틈타 등장
내용	• 이탈리아: 무솔리니가 이끄는 파시스트당의 독재 • 독일: 히틀러가 이끄는 나치당의 정권 장악 • 에스파냐: 파시즘의 지원을 받은 프랑코 세력이 독재 정권 수립 • 일본: 군부가 권력을 잡고 군국주의 강화
전개	독일 · 이탈리아 · 일본이 추축국 형성

❻ 제2차 세계 대전

발발	독일이 소련과 불가침 조약을 체결한 후 폴란드 침공 → 연합국의 선전 포고
전개	독일의 파리 점령 → 독일의 소련 침공 → 일본의 진주만 기습
종결	이탈리아의 항복 → 노르망디 상륙 작전 → 독일의 항복 → 미국이 일본에 원자 폭탄 투하 → 일본의 항복

02 민주주의의 확산

❶ 공화정의 확산

(1) **바이마르 공화국**

① 수립: 독일 혁명으로 독일 제국 붕괴 → 바이마르 헌법 제정 및 공화국 수립

② 몰락: 히틀러의 나치당의 정권 장악으로 붕괴

(2) **신생 독립국의 탄생**

① 등장: 제1차 세계 대전 패전국의 식민지 등 신생 독립국의 탄생

② 공화정의 확산: 신생 독립국들 대부분 공화정 채택

❷ 보통 선거의 확대와 여성 참정권 운동

보통 선거의 확대	제1차 세계 대전의 총력전 양상 → 여성과 노동자·농민의 전쟁 참여 → 여성 참정권 및 보통 선거권의 확대
여성 참정권 운동	19세기 후반부터 영국·미국을 중심으로 전개 → 제1차 세계 대전 전후로 유럽 대부분의 국가가 여성 참정권 인정

❸ 노동자의 권리 보호와 복지 국가 이념의 등장

(1) **노동자의 권리 확대**

① 배경: 제1차 세계 대전을 전후로 노동자의 역할 증대 및 사회적 지위 향상

② 전개: 국제 노동 기구(ILO) 설립, 바이마르 헌법(1919), 와그너법(1935) 등을 통한 권리 향상

(2) **복지 국가 이념의 등장**

① 배경: 제1, 2차 세계 대전을 거치며 참정권의 확대 및 사회권에 대한 인식 발전

② 전개: 19세기 후반 독일의 사회 보장 제도 이래 제2차 세계 대전 이후 복지 국가 이념 발전

▲ 여성 참정권 획득 시기

▲ 8시간 노동 포스터

▲ 국제 노동 기구(ILO) 본부(스위스 제네바)

03 인권 회복과 평화 확산을 위한 노력

❶ 대량 학살과 인권 침해

(1) 대량 학살

배경	대량 살상 무기의 발달, 극단적 애국주의 및 인종주의의 유행
내용	• 홀로코스트: 독일 나치에 의한 대량 학살, 유대인 등 소수 민족 희생 • 난징 대학살: 중일 전쟁 중 일본군이 난징에서 일으킨 대량 학살 • 폭격과 공습: 런던 공습(독일), 드레스덴 폭격(영국 · 미국) 등

(2) 인권 침해

강제 이주, 강제 추방	• 소련: 블라디보스토크의 소수 민족을 중앙아시아로 강제 이주 • 독일: 폴란드 점령 후 폴란드인 강제 추방 • 연합국: 제2차 세계 대전 중 유럽 곳곳의 독일인 강제 추방
강제 동원	일본: 국가 총동원령 및 국민 징용령 · 징병제 실시, 한국 및 식민지 여성을 일본군 '위안부'로 강제 동원

❷ 평화를 위한 노력

(1) 전후 처리를 위한 노력

① 대서양 헌장(1941): 전후 평화 수립 원칙 제정, 국제 연합(UN) 창설 기초 마련

② 카이로 회담(1943. 11.), 얄타 회담(1945. 2.), 포츠담 회담(1945. 7.~8.) 등

(2) 전쟁 범죄에 대한 재판: 뉘른베르크 국제 군사 재판, 극동 국제 군사 재판 개최

(3) 국제 연합의 창설

배경	두 차례 세계 대전을 거치며 국제 평화를 위한 국제기구의 필요성 대두
전개	대서양 헌장을 통해 창설 기초 마련 → 샌프란시스코 회의에서 창설 결정
특징	국제 연합군 및 국제 연합 평화 유지군을 두어 군사적 능력 구비

▲ 난징 대학살의 신문 보도 기사

▲ 얄타에 모인 3국 정상

▲ 국제 연합(UN)

▲ 국제 연합 평화 유지군의 활동

VI 현대 세계의 전개와 과제

01 냉전 체제와 제3 세계의 형성

❶ 냉전 체제의 형성과 전개

(1) **배경**: 제2차 세계 대전 후 동유럽에서 공산주의 정권의 등장

① 미국: 트루먼 독트린 및 마셜 계획 발표

② 소련: 코민포름(공산당 정보국) 창설

(2) **자본주의 진영과 공산주의 진영의 대립**

구분	자본주의 진영	공산주의 진영
주요 국가	미국, 서유럽 국가 등	소련, 동유럽 국가 등
경제 협력	마셜 계획	경제 상호 원조 회의(COMECON)
군사 동맹	북대서양 조약 기구(NATO)	바르샤바 조약 기구(WTO)

(3) **냉전의 전개**

① 유럽: 소련의 베를린 봉쇄, 동·서독의 분단, 베를린 장벽의 건설

② 아시아: 국공 내전, 6·25 전쟁, 베트남 전쟁

③ 아메리카: 쿠바 미사일 위기 발생

❷ 아시아·아프리카의 새로운 국가 건설

(1) **인도의 독립과 분열**: 제2차 세계 대전 이후 영국으로부터 독립 쟁취 → 종교 갈등으로 인도(힌두교)와 파키스탄(이슬람교)으로 분리 → 스리랑카와 방글라데시의 분리 독립

(2) **베트남**: 프랑스에 맞서 독립 전쟁 → 남부와 북부로 분리 → 북베트남이 통일

(3) **이스라엘 건국**: 유대인이 팔레스타인 지역에 건국 → 중동 전쟁 발발

(4) **이집트**: 나세르, 공화정 수립 → 수에즈 운하의 국유화 선언

❸ 제3 세계의 형성과 냉전 체제의 완화

(1) **제3 세계의 형성**: 전후 아시아·아프리카 국가들의 비동맹 중립주의 추구 → 아시아·아프리카 회의(반둥 회의)에서 '평화 10원칙' 결의

(2) **냉전 체제의 완화**

① 배경: 동유럽 국가들과 프랑스의 독자 노선 추구, 제3 세계의 형성 등

② 변화: 닉슨 독트린의 발표, 닉슨의 중국 방문, 미·중 국교 정상화 등

▲ 닉슨의 중국 방문

02 세계화와 경제 통합

❶ 사회주의권의 붕괴와 변화

(1) **소련의 개혁 · 개방 정책**: 고르바초프의 시장 경제 원리를 도입한 개혁 추진 → 소련 내 여러 공화국의 독립 선포 → 소련 해체, 독립 국가 연합(CIS) 결성

(2) **동유럽의 변화와 독일의 통일**

① 동유럽: 폴란드(자유 노조의 집권), 불가리아 등 민주적 정부 수립

② 독일: 베를린 장벽 붕괴 → 독일 통일

❷ 중국의 경제 개방

(1) **건국 이후의 정책**: 대약진 운동(인민 공사 설립), 문화 대혁명

(2) **덩샤오핑의 개혁 · 개방 정책**: 실용주의 노선 채택 → 경제특구 지정, 외국인 투자 허용 등 시장 경제 요소 도입 → 중국의 경제 발전

❸ 세계화와 경제 통합

(1) **자유 무역의 확대**: 관세 및 무역에 관한 일반 협정(GATT) → 신자유주의 확산 → 세계 무역 기구(WTO) 결성, 자유 무역 협정(FTA) 체결 증가

(2) **지역 단위의 협력 노력**: 동남아시아 국가 연합(ASEAN), 아시아 · 태평양 경제 협력체(APEC), 유럽 연합(EU), 북미 자유 무역 협정(NAFTA) 등

(3) **세계화로 인한 변화**: 다국적 기업의 등장, 이주민의 증가 등

▲ 문화 대혁명

▲ 유럽 연합(EU)의 상징

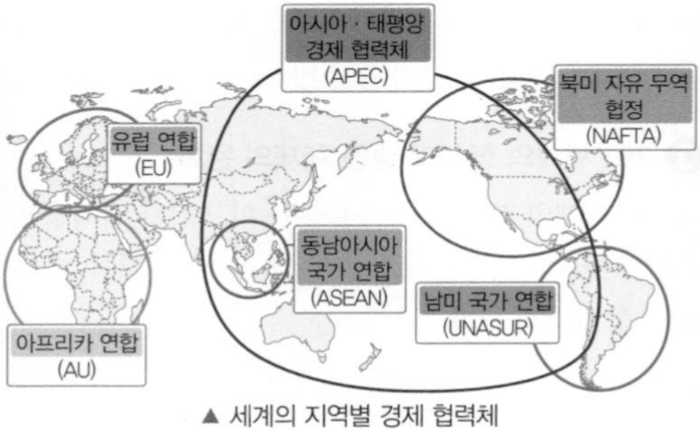

▲ 세계의 지역별 경제 협력체

03 탈권위주의 운동과 대중문화 발달

❶ 탈권위주의 운동의 전개

(1) **학생 운동**: 68 운동(1968), 국가 권력의 감시와 억압 반대

(2) **민권 운동**: 넬슨 만델라(아파르트헤이트 반대 운동), 마틴 루서 킹(워싱턴 행진)

(3) **여성 운동**: 여성의 사회·문화적 차별에 대한 저항 → 인종, 민족, 사회 계급의 차이에 따른 차별에 주목

❷ 대중문화의 발달

(1) **배경**: 대중 사회의 형성과 대중 매체의 발달 → 대중의 영향력 증대

(2) **대중문화의 발달**: 팝송(로큰롤)과 팝 아트 등 새로운 장르의 등장, 물질적 가치를 중시하는 경향 확산, 문화의 획일화, 인터넷과 무선 통신의 발달을 통해 대중이 문화의 생산자로 참여

(3) **탈권위적 청년 문화**: 전쟁을 비판하고, 기성세대의 문화 가치관을 부정

04 현대 세계의 문제 해결을 위한 노력

❶ 현대 사회의 분쟁과 해결 노력

(1) **지역 분쟁과 국제 갈등**: 인종 분쟁(르완다 내전 등), 종교 분쟁(카슈미르 분쟁 등), 영토 분쟁(센카쿠 열도 분쟁 등)

(2) **대량 살상 무기 문제의 해결 노력**: 핵 확산 금지 조약, 생물 무기 금지 협약 등

(3) **반전 평화 운동의 전개**: 베트남 전쟁 반대 운동, 이라크 전쟁 반대 운동 등

(4) **난민 문제 대응**: 국제 연합 난민 기구 조직, 난민 협약 체결, '세계 난민의 날' 지정 등

❷ 현대 사회의 다양한 과제

(1) **빈부 격차 문제**: 남북문제, 개발 도상국의 기아 문제 등 → 국제 부흥 개발 은행(IBRD), 국제 통화 기금(IMF) 등 개발 도상국에 기술 및 자금 지원

(2) **환경 문제 해결을 위한 노력**: '기후 변화에 관한 기본 협약(리우 선언)' → 교토 의정서(1997) → 파리 기후 협약(2015, 온실가스 감축 강제) 채택

(3) **질병 문제 해결을 위한 노력**: 세계 보건 기구(WHO), 국경 없는 의사회 등 비정부 기구(NGO) 등

memo